国家出版基金项目
NATIONAL PUBLICATION FOUNDATION

"十三五"国家重点图书出版规划项目

民国时期
外国海军论集

马骏杰　编

山东画报出版社

济南

图书在版编目（CIP）数据

民国时期外国海军论集/马骏杰编.—济南：山东画报出
版社,2023.12

（中国近代海军史研究丛书/刘震,张军勇主编）

ISBN 978-7-5474-3172-6

Ⅰ.①民… Ⅱ.①马… Ⅲ.①海军－军事史－国外－文
集 Ⅳ.①E19-53

中国国家版本馆CIP数据核字(2023)第223260号

MINGUO SHIQI WAIGUO HAIJUN LUNJI

民国时期外国海军论集

马骏杰 编

责任编辑	怀志霄
装帧设计	Pallaksch

主管单位	山东出版传媒股份有限公司
出版发行	山东画报出版社
社　　址	济南市市中区舜耕路517号　邮编 250003
电　　话	总编室（0531）82098472
	市场部（0531）82098479
网　　址	http://www.hbcbs.com.cn
电子信箱	hbcb@sdpress.com.cn
印　　刷	山东临沂新华印刷物流集团有限责任公司
规　　格	976毫米×1360毫米　1/32
	22.75印张　5幅图　745千字
版　　次	2023年12月第1版
印　　次	2023年12月第1次印刷
书　　号	ISBN 978-7-5474-3172-6
定　　价	148.00元

如有印装质量问题，请与出版社总编室联系更换。

说　明

本文集着重收录民国时期主要期刊刊载的有关外国海军问题的论文，虽然文体、篇幅、语言风格等都有较大差别，但反映的主题却十分鲜明。为方便读者参考起见，所选文章原则上以发表时间顺序排列，连载文章为保持连续性，对顺序进行适当调整。

民国时期有千余种期刊面世，所刊载的与外国海军有关的文章数量庞大，本文集主要选录能直接反映外国海军建设理论与实践的论文，新闻报道、档案资料以及有关海军技术的文章不在选录之列。由于我们掌握的期刊数量有限，遗漏在所难免。

民国期刊林林总总，不仅风格不同，而且编辑水平、印刷质量、纸张成色等差异很大。同一报刊，不同年份的情况也不尽相同。有些报刊编排、文字等错误较多，有些报刊印刷质量较差，存放时间过久，字迹难以辨认。对此我们做了专门处理。对于一些文字中的明显错误，我们直接予以纠正；对于难以判断正误的用词，或明知有错误而对研究者有一定参考价值的词语，则用"（）"标出。对于模糊、漏印或其他难以辨认的字，用"□"代替。

本文集所选文章均注明期刊名称及发表时间，文章内容所涉及的专业名词术语，我们尽量进行注释。

本文集所辑录的文章，均是全文登录，对于有些文章存在的观点和方法上的不妥，为保持原貌，不作处理。

由于我们掌握的资料不够充分，编辑能力有限，难免存在疏漏，敬请读者批评指正。

编者

2023年10月于山东威海

目 录

日本增设海军与中国[1]　　其　尤

记者足下，吾闻月晕而风，础润而雨，乃理势所自然。人未知者，特疏忽耳。故在昔德意志实行军国民主义[2]，各国效之。识者金期期以为欧洲将大动兵戈，果而去年奥塞导火线一发，全欧尽卷入战争漩涡中。今者日本增设海军问题，仆以为犹是也。请先述日本对于海军增设之由来。日本关此问题，固匪朝夕。观本月海军大臣加藤君[3]，答众议员质问略曰：八四舰队[4]之方针，实继承历来海军大臣之意，非余变更。但欲实行，兹事重大，必内审经济情势，外观战局云云而可知。八四舰计划，即从今年起至后八年，建造战斗舰四只、巡洋战舰二只、轻巡洋舰六只、驱逐舰十只、潜航艇九只、特务舰二只。即以"扶桑"型超"弩"级战舰八只，及"金刚"型超"弩"级巡洋战舰四只为基干，编成一舰队，由现海军七十万总吨数，一跃而为百二三十万吨之增加。重据加藤君，预算额之说明，则为二亿五千六百万元也。至此偌大海军力之维持费，试为比英国一吨，每年需二百五十元，美国一吨，每年需二百八十元，日本最少，一吨年需二百三十元左右。则自六年后，此八四舰队之维持费，每年

---

〔1〕此文是作者1915年12月10日寄自日本东京的一封信，发表于《新中华》1915年第1卷第5号。

〔2〕军国民主义是一种提倡社会组织军事化，社会成员军人化的思想，强调每个国民皆有从军的义务；主张对全体国民进行广泛的军事教育，使一般国民具有军人的精神；对国民进行军事训练，掌握必要的军事知识和技能，以实现全民皆兵。

〔3〕加藤友三郎，曾任四届政府的海军大臣。

〔4〕"八四舰队"案是1914年日本海军大臣八代六郎提出的"八八舰队"第二阶段的整备案，内容是计划先装备未满8年的战列舰8艘，战列巡洋舰4艘。该案1916年2月获得日本国会通过。

需二亿五千万元（含新造费六七千万元）。夫以日本国民贫乏，又苦重税，年来恒起风潮，今政府突欲实行所谓八四舰队计划，殊从经济上推测，发生一疑问也。抑凡立国之道，军备财政，二者相依。如财政未充也，毋论如何欲扩张军备，势有未可。即强欲为之，亦必酌量程度。各国于此，鲜有外者。如英岁入为二〇九〇（以百元为单位下仿此），海军费为五一五；德岁入为一八五〇，海军费为二四四；俄岁入为三六一三，海军费为二六二；美岁入为二〇九〇，海军费为二九〇；法岁入为二一五〇，海军费为二三四；日岁入为五五九，海军费为一〇〇。仅就此论之，日已极偏重海军矣。今再欲为一亿元，进为二亿数千万元之大海军费，以日本今日经济上着想，又足予吾人疑问也。现届议会，各政党对此案态度，除政友会外，虽平日自号在野稳健派之国民党，亦不反对，他若政府与党之一致赞成勿论矣。然则此海军大扩张案，早晚可告成立，毫无疑义。于此显见其政策非防守的，乃侵略的，属于前者，就现海军力似已充足，而可为证；属于后者，世人颇多议论，殆以为以美国为假敌，因美现亦欲大扩张海陆军也（美现届六十四回议会政府提出预算案扩张海陆军事费合计三亿千三百八十余万，比前凡三亿元之多）。仆视之，谓其欲握太平洋羁权，染指中国为主因，对美则其附因也。不信从侧面观美国忽变其孟禄主义[1]，增设军备之主旨，虽由欧战所警觉，实则有鉴此次日攻青岛，与要索中国之蛮横，并有以知其野心未已。全国新闻论调一致，而他日欲为太平洋主张之发言，不得不先从实力上预备。究之到底，无非可引为吾国忧者。吁，室主鼾睡方浓，而彼狡者磨刀霍霍，正思着手，奈何奈何！课忙书此，百未尽一，聊以供关心时局者之一助。

---

〔1〕即门罗主义，它是1823年12月2日美国总统门罗提出的美国对外政策的原则，主要内容是宣布任何欧洲强国都不得干涉南北美洲的事务，否则就是对美国不友好的表现。

日美海军之竞争观[1]

环太平洋而国者，无虑十数，强弱悬殊，文野各别。其东西遥遥相对，具有海军国威力，足以控制两半球。自命为太平洋主人翁者，殆日美两国乎。美自一战西班牙，夺得菲律宾群岛，于太平洋上，已得有根据地，迨巴拿马运河开通，两大陆益形接近。美于太平洋沿岸之基础，亦愈臻巩固矣。孰料欧战发生，日人藉口日英同盟，向德宣战。一面派遣海军占领德属赤道以南之加挪林、撒毛阿两群岛，遂移德领为日有。该群岛密迩菲律宾，一苇可航，一朝日美宣战，日人得此为海军根据地，实足牵掣美国之行动。盖美国军舰，由旧金山至菲律宾，至速须半阅月。况海岸线延长，沿岸布防调遣，尤非易事。日人动员令一下，举佐世保横须贺之舰队，不出五日，能集中菲律宾。同时赤道以南两群岛之海军，相为策应，运输乌秫，接济无虞，迅雷不及掩耳，恐两军尚未交锋，而菲律宾已非美有矣。昔犬养毅入为临时外交调查会委员，曾发表意见，并云加挪林及撒毛阿两群岛，譬如太平洋之两眼，日人得之，足以称雄于太平洋，此后讲和会议，当力争勿失等语。现该两群岛，虽由国际联盟规定，予日本以委任统治权，然委任统治，能否制限委任国对于被委任统治地之军事的设施，已不无疑问。故日人据此，菲律宾防务之吃紧，早为识者所公认。顾卧榻之旁，岂容他人鼾睡。美虽守门罗主义，而对于太平洋霸权，断难容第三国之染指，拱手而让诸人者也。最近美国太平洋舰队，悉心擘画，惟恐后时，其目标所在，固注于素以军国主义自豪之日本，概可知矣。兹将美国太平洋新

---

[1] 此文发表于《东方杂志》1919年第16卷第9号，无作者。

舰队之威力，举之如下。

美国海军长官达理尔律斯氏，曾声明明年夏间，美国可实现一最有力太平洋新舰队分美海军力为二，驻于太平大西两洋。太平洋新舰队之计划，计有战舰三十五艘、装甲巡洋舰四艘、巡洋舰十五艘、驱逐舰一百二十五艘、潜航艇十五艘、炮舰十艘、扫海船六十艘、潜航驱逐艇百艘、病院船五艘、补给船十艘、燃料船十二艘，共战舰以下四百十六艘。另水上飞行机二十五架，就中战舰二十五艘，比前年一周世界战舰多九艘，比日本现时之斗舰多十艘。此外"弩"级战舰"礼仅阿达""奥克拉和麦"两号（二舰排水量各二七五〇〇吨，速力二〇五，备有十四时炮十门、五时炮二十一门，系一九一五年新造者），及新型船之编成，尚不计其内。惟太平洋岸石灰产量甚少，"弩"级战舰须采重油为燃料。而此种重油，乃太平洋岸最丰富之产物，亦即美国太平洋舰队燃料之特色也。现新司令长官系拉突麦稳少将，欧战前曾充大西洋舰队战队司令官，自美国加入战团后，率"纽约"型战舰一队，与英国舰队共活动于北海方面，大博令名云。

美国太平洋海军，既极力扩张，日本不甘居人下，况将来武装平和，亦不能不赖庞大舰队为后盾。山本内阁时代，有所谓八八舰队[1]案者，业将实行。而海军受贿案发生，物议沸腾，随而中辍。历大隈寺内两内阁，由八三舰队而八六舰队[2]，原内阁锐意恢复八八舰队原案。现海军预算，计年额四亿二千万元，新造巡舰以下二十二舰，其内容分经常费临时费新计划费三项。分说如下：

（甲）经常费　经常费每年度原有定额，间绊新舰船增加，则经常支出，亦随之增涨。据大正九年度预算，海军经常费计六千八百四十万元，比诸大正六年度，前后三年间，竟增加至一千八百十余万元之巨。其主要部分，即（一）新舰船经费；（二）海军定员增加费；（三）学生练习生增加费；（四）杂舰制造费；（五）舰艇行动用需品增加费等是也。

（乙）临时费　临时费占日本海军预算最主要部分。盖日本海军，较诸英

---

[1] "八八舰队"案的主要内容，是第一线舰队以舰龄不满8年的战列舰8艘、装甲巡洋舰8艘为最低限度的主力，并以巡洋舰以下各种舰艇作为辅助舰队。

[2] "八六舰队"案是"八八舰队"案的第二阶段案，计划新建舰艇86艘，1917年获得通过。

美，原属幼稚，急起直追，百端草篆，故临时费一项，每年度特别增加。查大正九年度预算，海军临时费计三亿四千七百余万元，其大部分为继续费。盖自明治四十四年起，至大正十二年止，递年支出海军继续费，其主成分，即旧军舰之刷新、港湾之改筑、台湾预备油田之试掘、航空队之设备、无线电信所之配置等是也。

（丙）新计划费　新计划费虽有种种，而其重要者，即水陆设备费，及军备补充费（军舰制造费）是也。（一）水陆设备费。水陆设备费，据大正九年度预算，虽不过七百万元，而追加预算一项，计达一亿元左右。第四十一议会，加藤海军当局提出八六舰队，水陆设备费约一亿元左右之概算，其主要部分，即吴军港船渠船台之增设、制造纲（钢）部之扩张、潜水舰机械制作所之设备、飞行机之制造、潜水学校之建设等是也。（二）军舰制造费。军舰制造费，大正九年度预算，本定一亿五百四十三万余元，而伴物价腾贵，支出额约增至十之六五，计达二亿六千四百八十万元。就中八八舰队之完成，巡洋战舰及补助舰艇等之建造，列表如下：

巡战舰二艘	四万吨级	一亿二千八百万元
巡洋舰二艘	五千吨级	一千八百万元
驱逐舰六艘	八百吨级	九百六十万元
潜水舰十二艘	七百吨级	一千六百八十万元

以上大小共二十二艘，预算制造费，计一亿七千二百四十万元。自大正九年度至十二年度四年间分配之。此种庞大之预算，际兹欧和会议[1]高唱军备撤废永久平和之时，而日海军当局，竟惨淡经营，如临大敌。将来太平洋上，日美海军之角逐，能免爆裂者，亦云幸矣。

日本急于完成八八舰队，新舰建造，旧舰补充，提出大规模预算，竭国民之膏脂而不惜，顾制造新舰，则海军工厂，不能不扩张者势也。查日本海军工

---

〔1〕即巴黎和会。第一次世界大战后的1919年1月18日至6月28日，英、法、美、日、意、中等二十七个国家在巴黎举行和会，签订了《凡尔赛和约》和《国联盟约》。和会将战前德国在山东的特权擅自转交给日本，引起中国人民愤慨，掀起"五四"爱国运动，迫使中国代表团拒绝在和约上签字。

厂，首推吴兵工厂，厂内船渠，因鉴于日俄战争之结果，列强海军之趋势，已采大舰巨炮主义，其制造能力，以四万吨超"弩"级战舰为极点。近因欧美海军造船率示绝大之进步，建造军舰，增大舰型，益感巨炮主义之必要。如都海军界，因吴工厂船渠制造力至四万吨超"弩"级战舰为限度，超四万吨级以上者，即不能从事制造。益以大正九年度预算，新造巡洋战舰如贺土佐二艘，皆四万吨以上。该船渠颇嫌狭隘，现拟凿山开道，为大规模的扩张。同时第三船渠，亦增大同一面积，俾便修缮旧舰之用。该两船渠告成之日，日本造船界，又来一大变化矣。

吴工厂内两船渠，既着手扩张，则同厂制钢部，亦当随之整顿。盖日本军舰舰体所用之钢身板，本属枝光制铁所、日本制钢所等专造，此防御敌弹钢铁板及作炮塔钢板，除吴工厂制钢部外，皆不能制造。从来由他处海军工厂及民间造船所建造之军舰，皆议装于吴工厂完成全部制造机关。现该工厂制钢部，因旧式设备及制作能力，伴于军舰之新造舰之增大，制作率每苦不足，对于制造舰前途，实有绝大影响。兹拟由大正九年度起三年间计划，极力从事扩张，以期制钢率之增进云。

新加坡军港与远东政局[1] 梁云松

英国自从一千九百二十二年华盛顿会议后，墨迹还没有干，就公然提议建筑新加坡海军港。后来因为日本大地震，损失很大，英国人以为日本差不多失了它的海军上竞争能力。同时英国那时候的财政，亦很困难，所以新加坡筑港的问题，也就一时搁起，直到劳动党起执政权，很想对于他们国里头，稍事休养，趁机做几种社会改革的事业。同时也想对于国际上，主张一种新政策，所以对于远东海军根据地问题，更没有意思，急于从事。去年总选举的结果，劳动党失败，保守党重张旗鼓起来，他们劈头在入阁第一次宣布政纲的时候，就把新加坡建筑军港的计划，旧事重提。自从这个计划宣布以来，各国都很注意，日本人尤其恐慌。而与这种问题，有密切关系的中国，反不觉得怎样，恍惚是"如秦人视越人之肥瘠"，实在可怜得很。其实这个问题，关系中国很大，因为它关系远东将来的国际政局很不小，而吾国是逃不了远东政局的漩涡的。

本来英国人想在新加坡建筑一个军港，早已处心积虑有年了。这个气候酷热的赤道上一个小岛，原属于荷兰的东印度公司，英国人不惜把他们大几倍的蓼岛，同荷兰人对换，当时即蓄意想把这个岛，做一个海军根据地，以握欧洲到东亚的孔道。因为这一条路，是由印度洋来中国距离最短的路，同时，因为这个小岛，密接马来半岛，平时可以由这个根据地，逐渐侵入暹罗[2]，且由暹

---

〔1〕此文发表于《现代评论》1925年第15期。

〔2〕今泰国。

罗可以直透到缅甸，和印度直接交通。当日俄战争时候，俄国波罗的海舰队，"不远千里"的来东亚会战，经过马来海峡，英国人当时报上，闹得很凶，深悔向来没有留心，在东亚建设一个海军根据（地），以封锁东亚之门户。及世界大战争的时候，德国的远东军舰，颇为跋扈，妨害英国与东方之交通者甚久，于是英人益发觉得远东海军根据地之不可少。大战还没有了结，他们帝国军事会议，开会几次，老早已秘密决定，去补救此缺憾。大战之后，国际上的海军局势，为之一变。大战之前，英国的劲敌，只是德国，大战之后，日美变成他的劲敌了，而日美都是太平洋岸上的国家，所以太平洋一跃而代大西洋为海军逐鹿之场。太平洋会议[1]，也是因由此而发生。当英美日三国议决，在太平洋上于一定经线度之内，不得增加海上防御工作的时候，不知者以为英人怎样能放弃香港，其实英国人心目中，固早已决定在新加坡设防也。（前数日英海军部次长演说，承认新加坡军港，为很久的计划。）

原来战争的时候，最重要的一个条件，就是保持前方和后方的交通线。这一次吴佩孚的失败，同德国那年的失败一样，都是因为后方接济没有了。不过在陆上的战争，我们的交通线，是固定的道路，（这个包括铁路马路运河等而言）这些道路，因为容易被敌人冲破，所以就要有适当的保护和防御。至于海上的战争，却不如此。海上战争的时候，它的交通线，不是固定的，是活动的，故保持之法，不在乎于一定线上有固定的防御工作，只须于大海上各条航海线必经之路，如苏彝士、巴拿马运河、济不罗尔大、亚丁等诸海峡，为相当之防御设备，就可以一夫当关，万夫莫开。且海上防御与陆上防御工作，是完全不同的：陆上交通线，可以随处被敌人冲破，海上的交通线，则敌人只能于一定之点攻之。此点酷似陆战上的大本营，必须攻破之后，而后得聚而歼之。又陆战和海战，还有一个不同之点，就是海军以一个舰队为单位，其立足点，是活动的，故战斗时可以全部逃遁，或全军覆没，陆战则没有这个利益。又海上防御问题最要紧的，是根据地的背后，譬如济不罗尔大之对面有瘦达（Centa），本来可以守住由大西洋入地中海的门户，阿博（Obok）亦可以守住

---

[1] 1921年11月12日至1922年2月6日，美、英、日、法、意、比、荷、葡、中等九国在华盛顿召开会议，旨在调整列强海军力量对比和重新划分远东、太平洋地区势力范围，故称"九国会议"或"太平洋会议"。

红海海峡之门户，但是因为他们背后地位不安全，所以它的军事上的价值，也就减少了。因为在海港上为防御工作，比较的比在海上舰中，为射击工作，无论如何容易些。一个战舰所能载之大炮，有一定的限度，而陆上则无这个限度，故普通一个海港炮台，如果有相当的设备，就不能完全仅用海军的力量可打破它，必须同时兼用陆上袭击之法。例如日俄战争时，日本之攻旅顺，又如世界大战时，英人想于特利破里[1]去打土耳其人在达旦海峡[2]的防御皆。故海军根据地的价值，大半看它的背后容易被敌人袭攻或围困与否而定。譬如背后如果离大陆太远，就不免有被敌人封锁断绝接济之虞。反之，如离大陆太近，又恐容易被敌人袭攻。（参观英国大佐Winkinson最近论说。）

新加坡位置，是在马来半岛之极南。在它的西方，是马拉甲海峡[3]，这海峡长约二百海哩，宽约二十五海哩；在它的东方，则有无数小岛，可以为潜水艇鱼雷及飞机根据地。战争时候，新加坡可以封锁由太平洋入印度洋的门户，断绝交战国及中立国和缅甸、印度及波斯湾之交通，而自己则可以不慌不忙的，在印度和其他自己的领土，为糇粮及军械之接济。且新加坡现在和马来半岛，有一个线道，可以通火车，而这个半岛，现在也是英国的保护国。战争时候，当然受英国人之支配，又半岛是长狭形，两面皆在海军舰上大炮射击距离之内，故敌人想由此半岛袭攻新加坡，是很难的。况且半岛里头，森林稠密，行军实难，附近也没有近代新式兵工厂，可以为敌人接济，故苟欲攻破此军港，只有由海上进攻一个法子。那末，这敌人一定要有比英国强数倍的海军，始能行之。譬如香港，就没有这样的地利。因为香港离各国海军根据地太近。东北就有日本的台湾[4]，东南又有美国之菲律宾，西南又有法国之安南，都是朝发夕至。且背后离大陆太近，陆上可以袭击九龙，九龙一去，香港难守。而大陆不比半岛，不能用海军劫持。中国虽弱，也有近世的小兵工厂数处，且和日本俄国陆上交通，已甚发达，则日俄之兵工厂，可以直接接济中国。战争的时候，纵令中国不加入战争，它的中立，也未必不为敌人破坏，而敌人之第一

---

〔1〕即特里波利，黎巴嫩城市。
〔2〕即达达尼尔海峡。
〔3〕即马六甲海峡。
〔4〕指日本占据下的台湾。

目的，一定是袭击香港。故香港之不能为军港，英人固早已知道。复次，入印度洋之孔道有四条：由大西洋来，第一条路是经过喜望角[1]；第二条路由地中海经过苏彝士运河；由太平洋来，第一条路是由澳洲，第二条路就是经过马来海峡。由喜望角及由澳洲这两条路，距离太长，且沿途都有英国的军港和添煤的地方，大概战争时候，敌人不敢由这两条路来的。由地中海经过苏彝士那条路，也完全在英国势力之下，也是难犯的。惟有马来海峡，现在还算是开放，因为左边的苏门塔拉[2]，是荷兰的马来半岛，也没有设防，这条孔道，在战争的时候，当然是一个大危险。但是新加坡军港成后，英国就可以改印度洋之名，为英国的地中海，英国的对远东的边境，就算已成了一可守的防线。大概将来英国在远东之作战计划，假定的最重要敌人，自然是日本。日本如对英宣战，它第一目的物是香港。香港是难守的，上面既经说明。香港下后，日本之第二步调，自然是英属南洋群岛。看它巴黎和会时，拼命和美国人争德国人的加罗林等诸群岛，可以知其用意所在。英属南洋，乃是英国人把守澳洲和印度最重要的枢纽，亦是与列强争中国的第一防线。南洋是一中心，而印度、澳洲、中国，乃其半径也。南洋如果有危险，英国人在印度的地位，会动摇的。南洋如属日本，则澳洲、新西兰，也必有"实逼处此"之虞。纵令英国海军，能退守澳洲，其交通线已太长了。故英日如果有战争，英人必死拉美国加入，以制日本之后；日本方面，亦必拉俄国加入，以制英国在印度、波斯、小亚细亚之后。在欧洲则法国惟恐德人复仇，是不能动的。故将来远东战争，必是英美对日俄的战争。至于中国在现状之下，将来必为大战的导火线，而且为"举足轻重"之一国，因为吾国不但是供给战争需用之原料（包括人口）的地方，也是海陆战争上必要的根据地。吾国届时如果变成了一强有力的国家，不至为任何国破坏中立，或势力操纵，那末，不但是各国战争的原因，也就可以消灭，且中国可以为远东之美国，可以宣布门罗主义，各国之海军根据地，也将变为"无用武之地"了。如其不然，新加坡军港成后，就可以固定英人在印度、缅甸、马来之地位，巩固英人在香港及一般在中国数十年来侵略所得之利

---

[1] 即好望角。
[2] 即苏门答腊。

益。从此英国就可以蚕食暹罗，侵略中国，逼压日本。那末，新加坡军港之建筑，就是将来远东民族独立和自由的大威逼。因为我们东洋诸国，自日本强盛，暹罗维新，中国改革，我东洋民族们，似乎一天一天的渐脱离欧洲人政治的经济的支配。新加坡一条孔道，如果开放，或在我们手里，一旦有事，我们就可以杜绝欧人来远东之路，可以宣布门罗主义。现在英人要在那里筑军港，就是对我东洋民族们的当头一棒，是一种包藏祸心的表示。复次现在日本与美国的关系，已经是很紧张了，早晚恐怕不免有一回冲突。却是如果美国是单独的来远东作战，它虽是很强很富，因为劳师涉远，在远东又没有很大的根据，就不免觉得"孤军深入"。若有英人为之声援，与它为掎角之势，美人就会无所顾忌的了。故新加坡筑港，日美战争，会促成的，是远东和平的大危险，是太平洋战争的导火线。吾人如想先事预防，或提出国际联盟，或以其他手段，以打消英人这个计划，刻下是急不容缓的了。

（附注）看这几天的消息美国似乎已有提议再开海军各国会议。英国政府，亦已承认。伦敦的报纸，对于此事，非常注意，惟法国尚无具体的表示。前日日本外相币原氏，在国会发出宣言，对于上次太平洋会议，以追念的赞词，郑重宣提，亦是一种半官式的答复。惟自日俄条约缔结后，远东政局，亦为一变。欧洲且疑惧日俄，别有密约牵及吾国。据近日巴黎的路透电，法人近来讨论对太平洋政策甚多。巴杜氏（Janques Bardoux）在那 Lo Temps 主张英法协力，以保证日本，使其不至与俄德联结。前殖民总长沙罗（Albert Sarraut）亦演说主张英法合作，谓法国可以助英，保证其在印度地位之安全。且说英国若无安南之煤铁，新加坡船坞必至荒废。故看现在的趋势，日本与英美的关系，似已日见疏远。此数年日人之联法政策，似亦渐次缓淡，则将来远东政治，或竟成为日俄德与英美法对抗之局，亦未可知。而新加坡军港之成就，也就恐是促成此局的动机的一个大原动力。

英国海军势力之东渐[1]　　幼　雄

英国海军，近来有逐渐趋重东方之势。政府既于去年决定在新加坡建造军港，复于最近议决创设印度新海军，于二月九日在议会中正式发表内容。印度海军的创设，由历史上说起来，实不过新加坡建造军港计划的展开，或为其主要的一部分，毋庸再事惊疑。但就军事上说起来，英国国防的东进，实在是很可注意的事情。盖自英日同盟[2]废弃以后，虽有华盛顿会议的四国协定，谋所以保持远东太平洋的和平，可是英国并不以此为满足，尚着着努力于东洋澳洲方面海军力的完成。新加坡筑港与印度海军创设要都是由于这个目的而出发的。

据印度总督莱定格在二月九日上院开会时的声明：英国政府为完全印度洋的保卫，决计建议印度海军使有相当的战斗能力。其编制方法，即将旧有战斗部队 Rayal Indian Marine 作为战斗部队，改称为印度海军。各舰船都须悬挂英国国旗，平时任务，为养成战时要员，戒备印度洋、波斯湾及印度政府所管辖的港湾海岸，尚有印度洋的测量，及印度政府的运输事务，也都归其执掌。其舰队计有斯鲁泼（Sloop）四只、巡行舰二只、脱罗尔（Troll）四只、测量船二只、母舰一只，其人员即以现有人员充任，但将来印度人也得擢任将校。又据半官的说明，则谓这个计划，决不能说是新的，盖如澳洲南非等自

---

　　〔2〕英日两国为联合对付俄国在远东的扩张而结成的同盟，双方共三次签订同盟条约。华盛顿会议期间，在美国压力下，英日同盟于 1921 年 12 月 13 日宣告终止，为四国条约所代替。

治领本各有舰队以防备各自的沿海，而与英国海军联络。印度海军创设，也不外这个意思罢了。这话自然有些掩饰，严格地说起来，实因英国海军经过精密的调查以后，知道印度与英本国的联络若一旦断绝，遇着第一等海军国袭击的时候，印度必致陷于绝地，所以不能不创设海军以资防御。但就印度而言，创设海军一事，倒也是重要之举。因为有了海军方可以获得英国自治领的完全资格啊。至于英国舆论对于此举，赞成的固然很多，反对论却也不少。今举一例以示一斑。

极端保守党的机关报 *Morning Post* 说"这是最愚笨的计划。印度人是决不能使用英国海军以当海上防御之任的。印度人不是所谓海军国民，现在竟提出这样的海军政策，真是笨而又笨，其结果，枉费金钱而已。印度总督，欲抚慰印度人而无法，英国政治家不能在印度设置良善有力的政府，这是这次印度海军设置案决定的原因了"。

印度海军的设置案有如上述，放下不提，现在再来说一说新加坡筑港问题的现状。新加坡筑港问题，在英国国会中经过许多波折，才告决定。其后英国政府积极的图谋进行，最近又得澳洲政府的援助，遂急于开始工作。不过这种工作，向来多用中国的工人，但是我国五卅案以来，粤港及南洋华工，均不愿为英人劳动，对于英帝国主义政府筑港，尤所反对。一致拒绝工作。英国无奈，只得另雇印度人及土人，但因为成绩极劣，非常感受不便呢。

不但如此，自从工党首领麦唐纳视察印度锡兰岛归国以后发表了一种意见，又使英政府受到许多的非难。麦唐纳以为"主张筑港者，仅知建设军港，可以防御危险，但不知新加坡筑港，足以挑拨国际的反感。此等人只知盲目的实行大海军计划而不顾念英国的对外关系将受何种影响，世界将起何种反动，我实不知他们何所居心了"。

此外英国政府，除预定在新加坡建筑二所船坞，足以同时容纳战舰二只者外，又主张新造"弩"级舰用的三个浮坞，此事却受很多的非难。一般意见以为"据华盛顿条约，至一九三六年，英国的战舰只有十五只，日本只有九只，新加坡建造三个'弩'级舰的浮坞，究有什么用处呢"？传闻英国政府因为舆论的反对，已有改变计划的意思了。

在英国近来也颇有一派人反对海军力的维持，以为保护战时的通商贸易，用军舰还不如用飞机来得便利，而且经济。但是最近杰鲁大将，却斥这一派人的见解为荒谬。他说："飞机行动的范围，自有限制。当其在大洋中活动之时，尤非航空母舰不可。至于飞艇攻敌，其力甚弱，所以今后仍有保持有力军舰的必要。"他又以为目下的急务，在于确立海军政策，使英本国及属领间可以联络一贯。在战时，全英国的海军，可以成为一体，而属于海军部的最高指挥之下。他提议将来英国海军的战时编制法，分为下列四者：

（一）能击破敌国海军的主力舰队；

（二）担任补助事务的补助舰队；

（三）保护英国海上联络之安全的必要部队；

（四）地方防备所必要的补助部队。

杰鲁所主张的海军政策，主要之点即在于各自治领组织各自的海军，而由英国管理。他以为与其各属领每年对于英国预算，为财政上的援助，还不如自己组织海军，更为有效。印度海军的创设，也可说是由于这个政策出发的。

最后请把英国海军军费的分配方法，约略说说。英国海军费的总额，约定为六千九百万镑，其中英本国及爱尔兰自由邦，每人每年约须负担二十三先令左右。各自治领则各自维持其海军，每人约负担十七先令。分配如下：

英本国及爱尔兰自由国	五四,五〇〇,〇〇〇镑
澳洲	四,八〇〇,〇〇〇镑
新西兰	八五〇,〇〇〇镑
加拿大	七,二〇〇,〇〇〇镑
南非	八五〇,〇〇〇镑
印度	八五〇,〇〇〇镑
合计	六九,〇五〇,〇〇〇镑

照这样的分配，英本国纳税人的担负，实比从前减轻不少，但却仍能维持适当的海军力，这就是新海军政策的优点了。

日内瓦会议的经过及列强海军竞争的将来[1] 时昭瀛

海军与战争的胜负有很密切的关系——这种基本原则有史以来就如此，到十九世纪末叶才有人道破。(注一)罗马和加色基的对垒，英吉利和西班牙的抗衡，英德的竞争，以至最近英美的仇视都以此原则为基础。同时，各强国又感觉维持海军之不易。主力舰每艘建筑费七千万元（我国国币），海军经常费年需六万五千万元——这种负担有时会使选民不高兴，政府会因之下野。所以列强的当局不时要假惺惺的提倡缩减海军。六月二十日到八月四日在日内瓦又有过这样一次海军缩减会议。

一、海缩会议的背景

柯列芝召集这种会议的动机，传说不一，或谓此举全由于国内政治的要求；或谓美国想利用未来的日内瓦裁军会议。这些推测，到底只是枝叶问题，根本原由还是历史的和经济的。

请先看看海军竞争史。由中世纪到一五八八年，海上霸王有三国。最早是葡萄牙，其次是西班牙，再次是荷兰。一直到一六六七年，这三国的帆樯布满全球。占领殖民地，肃清海盗，垄断远东及地中海贸易无非是三国的航船。在一五八八年英吉利战胜西班牙，西班牙海军全数覆没，一六六七年荷兰屈服于英国海军势力之下，世界局势因之大变。自此以后，一直到今日执海上威权的是英吉利。英帝国从此开拓殖民地，发展印度贸易，借武力的帮助，开辟我国的通商口岸。到

---

[1] 此文发表于《东方杂志》1927年第24卷第18号。

十九世纪中叶，英帝国竟敢公开宣言"英国国旗，无时不飘扬于光天化日之下"！

一八五六年又为海军竞争史划一新纪元。一八五六年以前，军舰都以木制，质既不坚，量复狭小。一八五六年白西默发明炼钢新法，不但一般工艺发生大变动，海军设备方面也起了大革命。此后军舰皆以钢板制造，不但可御炮击，船身的长度和阔度，亦因之增加。同时用蒸汽机鼓动，速率猛加。炮身用钢制的结果，射击力亦较前为大。

由一八五六到一九〇四年与英国抗衡的是法俄两国。法国因在非洲与英国争殖民地，处处利害冲突。在北非埃及和通尼斯之间，两国时有龃龉。法国究竟海力薄弱，终归失败。在南非大陆上也因为势力不及英国，竟未占得地盘。俄国因与英国争黑海区域势力，也大兴海军。波罗的海是两国竞争的焦点。近东方面英国所以能占优势，也全靠它的海军。

一八九八至一九〇〇两年间，德国内部已经巩固，帝国主义一切政策亦已成熟，国会遂通过两个海军整顿案。威廉第二在国会屡次演说均谓世界领袖与海上领袖是一件事情，有其一必有其二。他提出许多新口号，最著名的有"德国的未来全在海上！""龙王的玉玺必须由我司掌！"等。一八九七年他任命梯尔皮兹将军为海军大臣。两人都是野心勃勃想占领全球的，所以有一九〇〇年空前的海军提案。此案中有几句重要的话：

> 德国海军必须有伟大力量，能与最强国决战。交锋时要一战把敌人大败，从此使最强海军国永无恢复的可能！

十年前德国已经买得波罗的海口的黑利果兰岛。此岛本属英国，在一八九〇年德国用南非一部和它交换。当时英国外相沙尔士堡以为占了德国便宜，以为英国"以一纽扣易得全套衣裳"，自诩外交手段高妙。哪知德国取得此岛后，建筑炮台，开浚港湾，更加以基尔运河的交通，遂成为北海及波罗的海的无上要塞，至此英国才知道上了当。

从此德国赶紧加造战舰，不十年已成世界第二海权国，与英国相差无几。英国一向保持所谓的"二权政策"——它的海军力量，总要与任何两国海军力量相等。德国海军一跃而为第二强国，它自然异常惊讶，处处戒备，设法恢复它的"二权政策"。

一九〇六年，英国的机会到了。这年英人改良军舰，发明无畏舰，船身加长，排水量增至一万五千余吨。这样一来，德国海军反转落后。但是不到两年，德国无畏舰也下水，船身更长，炮口直径更大，英人于是更加恐怖。这时候英国每年海军预算已经涨到我国国币三万二千二百万元，若不设法节俭，财政势必破产，英人不得已乃向德人提出"海军休息期间"。一九一二到一九一三年间，信使往返不绝于途。末了，德国依旧不能容纳英国条件，交涉遂告中断。自此两国竞争愈加剧烈，每年必有最大新舰数艘下水。

这里只能提到最热闹的演角，英德两国。欧洲其他诸国及美国日本当然也不肯坐视不顾。意法美日诸国也是天天赶造军舰，不过竞争不如英德猛烈而已。意大利从一九〇〇年起，侵略主义不仅限于亚得利亚海，并想在近东得一栖身地。它处处准备作战，至一九一二年才与土耳其公开冲突。美国垂涎西班牙在加利滨海[1]及菲律宾的势力，也是摩拳擦掌地想取而代之。一八九八年的西美战役又不能不说是早在美国计划之中。至于法国，则由远东的安南，经过印度，到南北非洲都有它的殖民地。法国即不另有所图，只想保持国有地盘，已大非易事，所以它也不甘落人后。

欧洲大战以后最大变动有二：（甲）德国被巴黎和约强迫解除武装，陆军只剩十万人，海军可以说完全消灭。所以今日的海军竞争，德国已无参加的资格。（乙）日美海权勃兴。日本因地处远东，美国因加入战团较晚，都未受着欧战的直接影响。不惟如此，它们更进一步，乘欧洲各国战事正酣时，大增武备。战后海军力量英美几乎相等，日本次之，再次为法意两国。

说明海缩会议历史的背景后，请进而叙述它经济的背景。柯列芝总统之觉书中云："美国政府对于以维持世界和平为目的之一切政策，早已确定为根本方针，竭力维持。本政府及所领人民深信军备竞争是酿成国际猜疑与不睦的材料，最易诱发战争。明白这种事实，我们极想免除战争的危机。因此有海缩会议的提议。"诚然，美国人民确是想避免战祸。但是理由何在？他们真为着"人类的和平"吗？真正理由，不能不求之近代经济组织法里。

---

〔1〕即加勒比海。

在帝国侵略主义猖獗的今日，列强间的战争，可以概括地归于两种事实：（甲）争原料；（乙）抢市场。当世界土地尚没有被列强独占净尽的时代，原料和市场的争夺，大的都施之于未开化或半开化的区域。因此，强国之间战争的危险比较的少；虽然在征服殖民地时，因利害冲突仍不免趋于战争，但通常总可以妥协，和平了事。帝国主义诸国岂肯为无谓的牺牲，以致两败俱伤？因此，它在可以挽救时就协定势力范围，以免除战机。十九世纪末年列强在我国演的那一出趣剧，就是这种妥协政策的表现。

到今日，未开辟的土地已被帝国主义列强侵略尽了。到此时，倘若仍有扩张领土的野心，它们必须从别的强国手里再去掠夺。同时帝国主义若不向国外获得新市场及原料，决不能继续它前此的繁荣。因此，凡有大块殖民地的国家，都要保持现有状态，以便垄断殖民地的发展权；不许外人投资，以便本国的企业家可以获得巨大的利益。各殖民地中尚大有开发的余地。领土广大的国家为抵制领土狭小的强国来夺取领土起见，仍旧不能放弃保持领土的军备。它们的用意在利用其庞大的海陆军威吓他国，阻止他国的进取。因为它消极的不愿再有所图，积极的可以限制他国的竞争，所以它们主张限制军备，甚至于裁减军备。所谓限制是限制他国的军舰，它自己的早已超过限制了；所谓裁减是裁减早已废弃的旧器械。看着主力舰没有大用了，就有一九二一年的华府会议；看到航空术猛进，补助舰的用途也逐渐减少了，就有柯列芝的海缩会议。

英美本是讴歌战争，赞美侵略的典型，现在忽一变而为反对战争者，诅咒侵略者，决不是偶然的。推英美之意，这样不但可以维持它们经济的优势，并可进而为对外的经济侵略。

二、海军缩减运动

有这两种背景，才产生海军减缩运动。海缩运动发源于一九○七年英国向德国的提议。在第二次海牙和会[1]议席上，英代表向德代表提出停止海军竞争

---

[1] 1907年6月15日，在美国总统西奥多·罗斯福的提议下，参加第一次海牙和平会议的美、英、俄、法、日、中等与会国和中、南美洲国家共四十四国，在海牙召开了第二次和平会议，审定了1899年的三项公约，通过了新的十项公约，并筹划第三次和平会议，后因第一次世界大战爆发而未实现。

的意见。这次海牙会议是俄皇召集的，任务在讨论和平解决国际纠纷方法。德国代表拒绝讨论海军案件，此议遂寝。[注二]

由第二次海牙和会到一九一八年各国都准备作战，增舰不暇，更谈不到缩减。巴黎和会讨论国际联盟规约第八条时，美国提出海军缩减问题，英法意日四国反对，又无结果。现行第八条条文只有空空洞洞的几句话，毫无具体办法。[注三]

一九二一年华盛顿裁军会议本拟讨论一切军备，法国拒绝讨论裁减陆军，所以只议及海军。当时巡洋舰、补助舰不在议事日程内，也是因为法国反对。结果，对于主要舰定五、五、三的比例，英美二国平等；日本可保存英美主要舰总吨数五分之三，其他主要舰均依约折毁；法国可以保持固有吨数，与英美成一·七五的比例，不得增加；意大利可增至与法国同样量数。有了这种种限制，自然聊胜于无，但各国从一九二二年起又竞造补助舰，所以根本限制海军竞争的目标仍未达到。[注四]但是就主力舰一端而论，各国财政上已经受了不少好处。据海军专家的推测，限制主力舰五年来，英国政府省去我国国币三万万元；美国省去二十余万万元；日本省去十万万元。虽说这些款项之一大部分已经建筑了补助舰，然而较之双矢齐发的成绩究竟好多了。[注五]

一九二四年国际联盟召集海军会议，本拟裁减补助舰。法意两国依然反对，美国又仅有非正式的观察员，无法决议，所以结果还是失败。

再次就是柯列芝海缩会议。

三、会前的纠葛

这次海缩会议由美国总统柯列芝召集，在日内瓦集会。二月十日他通牒英日法意四国，请他们参加第二次海军缩减会议，订立关于补助舰限制的协定。本来美国想在华盛顿举行此会，以完成第一次海缩会议全功。但究竟欧洲对于美国战后闭关自守的外交政策深表不满，不愿到美国与会。又因本年三月国际联盟裁军预备会议已在日内瓦开会，各种文件都在那里，各国代表复常驻该地，有所咨询，也很便当，因此改到日内瓦开会。

英日两国当即覆文，答应参加。意法两国延迟了许久，终于拒绝美国的邀请。意法不肯加入这次会议有很大的理由。在国际联盟裁军预备会议中，法意提案与英国建议就有不可调和的分别。英国是岛国，殖民地散布全球，皆以英伦为中枢。它的生活，全靠航路保持，它的威力倘若没有海上自由就要扫尽。英国因此主张废除最能为患的巡洋舰及潜水艇。就不能废除，至少巡洋舰要限制到三千吨或五千吨。它主张先将一国海军分类，逐类规定艘数，不得超过此额；每艘再规定吨数。约定后各国政府不得更改任何类别的艘数或任何军舰的吨数。此议若行，英国主力舰量与美国相等，补助舰力较法意两国总力为大。它若和美国不决裂，到了战时，法意便没有威胁英国商轮的可能。法意地处大陆，海军的需要本不及英美。一九二二年华府条约[1]只许它们有一·七五的主力舰，实在没有委屈它们。法意想扩充主力舰，财政既感支绌，法律亦复不许。因此欲维持它们的海上威权非注重补助舰不可。所以它们的提议与英国的根本上不同。法国主张（一）限制补助舰总吨数及各类总吨数。在某类中应有几艘，各政府有自由决定之权；（二）各政府若于一年前通知相关各国，即有在补助舰总吨数范围内将甲类吨数移与乙类之自由权。意大利主张与英国提议距离愈远。它主张各政府依各国利害，于总吨数范围内得自由转移，不须类别的限制，惟各政府的建筑计划，应于六月前通知相关各国。法意两国的提议若通过，英美的计划便全归泡影。但英美日三国利害相同，都怕法意的补助舰，必定联合反对它两国的主张。法意鉴于一九二一年华盛顿会议的失败，今年三月的裁军预备会议复徒费唇舌，它们预料此次必蹈覆辙，所以就率性拒绝加入会议。因此这次海缩会议参与者只有三国——英美日。

四、海缩会议的争端

经过这许多会前的交涉，海缩会议于六月二十日在日内瓦国际联盟理事会议厅才举行开幕礼。在二十日下午三点钟三国代表到齐入席。会场议席排成马蹄形，美国代表团因为是召集国的代表居中，英国代表团坐在右侧，日本代表团坐左侧。美代表团主席代表是现任瑞士公使基布孙（Hugh Gibson），以海军上将琼士（Hilary Jones）及次级海军官佐八人助之。英国代表团主席代表是海军总长布理基曼（Bridgeman, First Lord of the Admiralty）以塞色勋爵（Lord

---

[1] 即华盛顿会议所签订的条约。

Robert Cecil），海军上将费尔得（Admiral Sir Frederick Field）及各自主殖民地代表助之。各自主殖民地代表中最引人注意的是指挥吉特兰战事（Battle of Jutland一九一六年五月三十一日）的吉里可将军（Admiral Jellicoe）。日本代表团主席代表是前关东总督斋藤海军上将（Admiral Saito），助之者有现任驻法大使石井（Viscount Kikujiro Ishii），海军上将小林（Admiral Kobayashi）及海军顾问二十人。法意两国虽不肯正式出席，但也派了非正式的观察员，坐在英国代表团的后面。代表法国的是克罗色勋爵（Count Clauzel），勒兹舰长（Captain de Leuze）及本古先生（Paul Boncour）。意大利代表是路斯波里舰长（Captain Ruspoli）。这些代表团的成分有一点很足令人注意：每代表团里，外交人员只有一个，其余都是海军人员。这一点对于海缩会议的成败很有关系的。

当日三国提出正式议案。首先提出的是美国案文。美国议案分四大项，分列如下：

（一）华府条约之原则及比率应推行于补助舰。

（二）本会议若能缔约，其限制补助舰之年限，延期及修正各款，应与华府条约之规定同时有效。若遇非缔约国大增海军时，本约应有相当修正之规定。

（三）限制补助舰应分四类：巡洋舰、驱逐舰及潜水艇三项应受限制；其他战斗力有限之海军用舰可不限制。分类法如下：

（甲）海面战斗舰三千吨以上，一万吨以下者为巡洋舰。

（乙）海面战斗舰六百吨以上，三千吨以下，速率在十七海里以外者为驱逐舰。

（丙）海底战斗舰皆称潜水艇。

（丁）战斗力有限之船只，其性质由各国专门技师协定之。

（四）各种补助舰最高吨额，表列如下：

巡洋舰	
美国	二五○，○○○至三○○，○○○吨
英国	二五○，○○○至三○○，○○○吨
日本	一五○，○○○至一八○，○○○吨

驱逐舰	
美国	二〇〇,〇〇〇至二五〇,〇〇〇吨
英国	二〇〇,〇〇〇至二五〇,〇〇〇吨
日本	一二〇,〇〇〇至一五〇,〇〇〇吨
潜水艇	
美国	六〇,〇〇〇至九〇,〇〇〇吨
英国	六〇,〇〇〇至九〇,〇〇〇吨
日本	三六,〇〇〇至五四,〇〇〇吨

其次是英国的议案。主要条款如下：

（一）华府会议规定主力舰生命止于一九三一年应由二十年延长至二十六年，各缔约国同时放弃该约规定之改建权利。现行主力舰最高排水量三五,〇〇〇吨减至三〇,〇〇〇吨。现行主力舰炮口最大直径一六英寸减至一三.五英寸。

（二）飞行机母舰原定排水量二七,〇〇〇吨减至二五,〇〇〇吨。炮口直径由八英寸减至六英寸。

（三）巡洋舰在一〇,〇〇〇吨以上者维持五、五、三比率。小号巡洋舰排水（量）不得过七,五〇〇吨，炮口直径不得过六英寸。大号巡洋舰生命限为二十四年。

（四）驱逐舰旗舰排水量不得过一,七五〇吨，常舰不得过一,四〇〇吨；炮口直径限为五英寸；生命限为二十年。

（五）潜水艇最好完全废除，但英政府承认他政府缺乏大战斗舰时，潜艇亦有其相当价值。其他战舰限制已有协定后，英政府以为大号潜艇排水量应限于一,六〇〇吨，小号潜艇应限于六〇〇吨；一切炮口直径不得过五英寸。最好潜艇数目亦能加以限制。

最后是日本的议案，主要条款如下：

（一）今后缔约国不得为增加海力而建筑或购买新战舰。

（二）海面及海底补助舰之分配应以各国现有海力为根据。

（三）今后建筑新舰限于改建原有海力范围。

（四）船身狭小，战斗力有限之军舰不加限制。[注六]

三代表团议案提出后，第一次全体大会立即散会。后此讨论方法分为三种：（甲）全体大会遇有正式议案时召集之；（乙）专门委员会讨论有关技术之各种问题。专门委员会有三，巡洋舰、驱逐舰及潜水艇各一；（丙）领袖代表非正式会，交换各代表团意见。此种最为紧要，一切政策问题皆由此种会议解决之。

由六月二十日到七月十六日，三种会议都开过，三国的态度很明显。意见一致的有下列二点：

（一）船身狭小，战斗力有限之军舰，可以不加限制。美日两国议案里，都已经特别声明；英国议案里虽没有明文，但口头也发表过这种意见。属于这一类的有浅水炮舰、飞机母舰及水雷舰等。

（二）此会若能产生条约，该约必须附带保留案声明遇有非缔约国大增海力时，任何缔约国得提出修正案。在这一点，三国的意见也是一致的。

意见分歧的有左列五点：

（一）海军缩减的标准——英国在开会第一日的宣言中已经说明英国缩减海军的标准。英国提出一个原则，说各国的海力要按各国需要以定之，不能空空洞洞的提出比率。布理基曼的演说里有这样一段：

> 若各国公开的说明该国海防的需要及理由，本会成功的希望就可提高。英帝国的地位受下列特殊情形之辖制：
>
> （甲）母国系一岛屿，原料、食品及生命全靠海面自由。这点是英国独有的情形，使英国讨论缩减海军时较他国尤难。
>
> （乙）商业航线之长度。
>
> （丙）帝国各部海岸线及交通事业之保护。

英国提出这种特殊情形，当然要求特殊待遇。这点与美国的意见直接冲突。

美国在初开幕时已经明提出补助舰亦须与英国平等。七月中旬柯列芝在华盛顿又有宣言谓"美国不愿，亦不能承认与英国有差别之比率"。美国并已决定遇必要时，须通牒相关各国，复述华府会议各国代表之论调。一九二一年十一月十五日第二次全体大会中美国提出一切军舰比率时，英国代表巴尔佛（Lord Balfour）说：

我们可以承认各国指定的比率；我们认为限制总额很合理；我们想各国都应当承认这些；我们深信各国会承认这些的。

接着日本代表加藤上将（Admiral Baron Kato）也声明日本很欢迎这种建议的原则。（注七）美国政府以为在六年前各国代表既已明白承认英美海力完全平等，现在当然不能改变方针。海力完全平等已经是美国法律的权利，无从推翻的。美国目下一时或不行使这种法权，但是这种法权，决不因一时不用即颓废。

补助舰缩减的标准英美意见即直接冲突，所以讨论到细目时也不能妥协。

（二）主力舰问题——英国代表的议案已经提出办法三项：（甲）主力舰生命由二十年增至二十六年；（乙）最高排水量由三五，〇〇〇吨减至三〇，〇〇〇吨；（丙）炮口最大直径由一六英寸减至一三.五英寸。英国提议缩减主力舰，理由有三：（甲）主力舰力量不但可以左右敌军主力舰之力量，并涉及一切补助舰。巡洋舰及驱逐舰之大小完全视主力舰为标准。不务本，只以缩减补助舰等枝节问题为中心是白费功夫。英国提出主力舰问题是根本解决海军竞争问题的办法。（乙）华府会议结果各政府军费省去一大宗，英国每年省去我国国币三万万元；美国倍之；日本每年可省十万万元。（注八）照英国议案甲项做去，一九三一至一九四一年英美应建之主力舰十五艘减为九艘，每艘建筑费以七千万元计，则十年中可省四万二千万元。由财政方面讲，英国议案应邀美国的赞同。（丙）法律上，主力舰亦可由此次会议讨论。柯列芝总统的开会词里谓"本会任务在演绎华府会议的原则，要求海军戒备的缩减"。就这一句话解释起来，主力舰不但没有除外，并且"演绎华府会议的原则"，当然可以讨论。日本政府深然其说，但美国代表拒绝讨论。基布孙一再宣言，谓主力舰问题已由华府会议解决，到一九三一年才应讨论。无论如何，军费增加，到一九三一年才成问题，现在亦可暂置不论。因为这种坚强的拒绝，到八月四日谈判决裂时，这问题还在暂置不论之列。

（三）驱逐舰问题——英美原案中，分别就很大。英国主张驱逐舰旗舰限为一，七五〇吨，常舰限为一，四〇〇吨。美国主张驱逐舰可以大至三，〇〇〇吨。英国议案提到驱逐舰的寿命问题，主张定为二十年，美国没有提到此层。

专门委员会中对于排水量限度亦未能意见一致，此项也是悬案。

（四）潜水艇问题——关系此题英国议案分三项：（甲）大号潜艇排水量限为一，六〇〇吨；（乙）小号潜艇限为六〇〇吨；（丙）一切炮口直径不得过五英寸。所谓大号小号者按其用途分别之。大号为航驶洋面用；小号为保护海岸用。这种议案，美国日本都反对。在专门委员会中日美退让到一，九〇〇吨，但英国仍认为不满意。所以潜艇问题也没有圆满解决。

（五）巡洋舰问题——这是海缩会议的中心。别种补助舰谈判无效，还不要紧，巡洋舰若不能有相当的限制，海缩会议恐怕要完全失败。英国最初的提议有三要点：（甲）巡洋舰分为二类，大号不得过一〇，六〇〇吨，小号不得过七，五〇〇吨；（乙）大号巡洋舰三国维持五、五、三比率；（丙）小号巡洋舰炮口直径不得过六英寸。美国最初议案规定英美二国巡洋舰总吨数最多不得过三〇〇，〇〇〇吨。经过专门委员会讨论后才知道英国关于小号巡洋舰，反对限制总吨数。到七月中旬，英国才提出以六〇〇，〇〇〇吨为英美巡洋舰总额，较美国议案所开加一倍。英国提出此数之理由完全根据于它缩减海军的标准。英国的原则是按各国的需要去定它的海力。英国为保护商业航线起见，需巡洋舰七十艘。它现在的计旧式四十八艘，一万吨者十四艘（十一已成，余在建筑中），一万四千吨之最大巡洋舰已在计划中的九艘，共七十一艘。若放弃计划中之九艘，共六十二艘。英国主张废除大号巡洋舰，今后一切巡洋舰皆不得过七，五〇〇吨。若全队皆为七，五〇〇吨，则总吨为五二五，〇〇〇吨，加以已有之十四艘大巡洋舰超出七，五〇〇之总数，得五六〇，〇〇〇吨。因为这种特殊的需要，英国才提出六〇〇，〇〇〇的总额来。较此再少，英帝国就不安全。英国不反对英美平等，不过怕事实上美国办不到。美国现有巡洋舰号称三十艘，实在可用的只十五艘。新添五十五艘，每艘建筑费以二百万元计，总共也需我国国币一，一〇〇，〇〇〇，〇〇〇元。何况军舰不是修好就不费钱了的，以后的问题更大。

美国极端反对英国主张的两点：（甲）以六〇〇，〇〇〇为总吨额；（乙）以七，五〇〇吨为巡洋舰最高排水量。美国主张以三〇〇，〇〇〇吨为总额，并以一〇，〇〇〇吨为最高排水量。它的理由有五：（甲）照英国主张不但不能缩减海军，反要大加而特加，美国现有一一二，〇〇〇吨，照此原则须赶造四八八，〇〇〇吨始能与英国平等，名为缩减海军会议，实则猛增，性类滑稽，决不可为。（乙）美国殖民地不如英国多，海军根据地支配不均，所以不赞成限制排水量为七，五〇〇；大号巡洋舰巡驶范围较广，不必时时装载燃料，最合美国的需要。（丙）即使美国愿意放弃与英国平等的权利，至少它的实力要与日本相等；日本现有二一八，〇〇〇吨；即使要与日本平等，也要大兴土木，违反召集此会的本意。（丁）英国有大商船四十艘，一遇战事，加以六英寸炮数尊，其作用与中巡洋舰等。这四十艘商船如Mauretanis、Majestic、Aquitania、Berengaria、Olympic等速率亦近三十海里，综计吨数在八〇〇，〇〇〇以上，俨然又是一个巡洋舰队。（戊）英国现在已有一〇，〇〇〇吨以上之巡洋舰十四艘，美国巡洋舰皆属七，五〇〇吨，故此时决不能赞成英国此议。

英美这样对峙着总有一星期，无法解决。接着英内阁电召英代表回国磋商；驻美大使复与美外长直接交涉，究竟相差太远，无调和的可能。到七月二十七日，英代表团回日内瓦，大家以为一定有新办法，或者英国可以让步。但是新计划和美国主张相差仍远。到八月一日，还毫无头绪。到此时各代表团都晓得普遍的补助舰缩减是决不可能的，日本代表团于是提出最后的调和办法。日本主张三国订一"海军休息"条约，条文包括两个重要条件：（甲）自大号巡洋舰英美各有十二艘，日本有八艘时，至一九三一年定为"海军休息期间"；（乙）小号巡洋舰、驱逐舰及潜水艇各国皆可自由增加。这样一个提议有点捣乱的意味，当然不能得英美的同意。大号巡洋舰英国已有十四艘，美国一只也没有；英国不愿撤废；美国很怕添筑，当然反对。小号巡洋舰不加限制，美国决不能认可；炮口直径不加限制，英国也不能同意。这种调和办法于是完全失败。

到八月四日开全体大会，三代表团首席代表各有一篇宣言，朗诵完毕，海缩会议遂闭幕，前后开会四十六日。闭会时美国首席代表说：

> ……在世界和平的时代，英国以为海军必须扩大——这种结论我们不能了解。英国要求增加巡洋舰，我们也表示过可以同意。若再退让，我们就要完全放弃我们的权利。我们从来没有否认英国的需要是多数的军舰，但美国没有海军根据地，注意点必须在质的方面扩充巡航范围。……

英国首席代表宣言曰：

> ……美国的驱逐舰和潜水艇均较英国为强，但我们并没有提出抗议。英国议案对于各国财政利益很大。美国坚持小号巡洋舰须架八英寸口径大炮，实令英国不解。……此次会议虽无具体结果，本代表深望此会并未产生国际的恶感。……

日本首席代表最后演说，谓：

> ……日本虽已明白附议英国的议案，英美两国间仍有许多不可解决的冲突。日本屡次提出调解方式，不幸均被拒绝。本代席不认此会为失败，因缩减海军运动，必定继续进行。……

五、海缩运动的将来

这次会议究竟有什么价值？真如斋藤上将的说法，不是失败吗？一般开明的舆论，都不敢这样自欺欺人。最能代表这种批评的是《曼却斯特导报》的社论。这篇社论说：

> ……海军军备决不因此会议而缩减，或许因之而增加。至于说精神上的利益，不但没有，恐怕因此英美间的感情更加恶劣。没有利益的意义不一定是保守固有地位；也许是向后走一步。与其有这样一个失败，毋宁不开这种会议。……^(注九)

细审各国的海军政策，这种议论实在中肯。美国海军政策，最大的两个目的是（甲）保护巴拿马运河；（乙）保护太平洋的属地。据海军专家的推测，保护巴拿马问题比较简单。遇有战事，英国攻巴拿马须以吉梅加（Jamaica）为根据地。吉梅加离英国四千海里，离美国不过四百海里。美国很容易截断英国的交通，以致吉梅加失守。保护菲律宾群岛的问题却不如是简单。美国船到菲律宾要二十日；日本船到菲律宾不过两日。目下美国可用的巡洋舰只有十五艘，比日本还要少一半，它正想赶紧添筑，岂有缩减？

英国"属地遍五洲，食品要由外处输入，英国全靠着贸易为生，海岸线曲长"（注十），地位比美国更不同。每天在海面航驶，三千吨以上的商船英国有一，四〇〇艘，另有一，四〇〇艘同样吨数的船在世界各港里起货或装货。每星期由外面输入英国的食品计六，〇〇〇，〇〇〇吨；原料计二〇，〇〇〇，〇〇〇吨。英国现在注意的在巡洋舰、潜艇及飞机，所以主力舰它可以放弃的。美国只要保护菲律宾已经那样不断的建筑，英国更不能缩减了。

日本的志气只在保持它亚洲大王的地位。它目下的海军比美国已经强得多，潜水艇一项它有六十八艘，比任何国都要多。所以别国肯终止扩大，它也不反对。无论如何，它比美国总要强些。这次它的提议空空洞洞，可左可右；开会时总替英美作调人，也正为此。

照现在法国的海军计划作去，到一九三二年，法国将有巡洋舰十二艘，驱逐舰八十艘，潜水艇七十艘。然而在此次会议和法国舆论对于会务的批评里都可以看出法国的野心。它以为这个计划还不够用，拟再加扩大。

就这种情势看去，我的结论与莫震旦先生的一样："以后的裁军会议……恐亦无圆满的结果罢。"（注十一）

（注一）Captain A. T. Mahan.

（注二）J. B. Scott The Hague Peace Conferences A. P. Higgins The Hauge Peace Conferences.

（注三）吴品今著《国际联盟及其趋势》（上）一八五页。周鲠生著《万国联盟》一八六至一九〇页。

（注四）散见 Conference de la Limitation des Armements,1922.

（注五）Hector C. Bywater Navies and Nations（1927）Chap I.

（注六）全会经过散见 The Times（Weekly Edition London）Manchester Guardian Foreign Affairs（London）, New York Times, Echo de Paris, Japan Times, Peking Leader, North China Daily News and People's Tribune（Hankow）for July and August.

（注七）Conference de la Limitation des Armements, P. 101.

（注八）根据Hector C.Bywater的估计。

（注九）The Manchester Guardian Weekly, August 12,1927, P.102.

（注十）《裁军会议与英美日三国之政策》,《东方杂志》，二十四卷，十三号，二五至二八页。

（注十一）同上，二十八页。

九月三十日上海

英法海军协定与世界和平[1]　　马哲民

一

在理论和事实上，我们知道平和与帝国主义，是不两立的，帝国主义一日存在，平和便一日不能实现。因为帝国主义，是含包着无限矛盾冲突，彼此对立竞争独占，并且这种矛盾、冲突、对立、竞争、独占等等，以帝国主义濒于崩溃的命运，而益趋于深刻化。所以战神只有追随帝国主义的左右，一天一天的紧张工作。无论欧战后帝国主义如何标榜着绅士爱和平的态度，如何鼓吹裁减军备，如何订立"公断条约"，与"保安条约"种种，可是它们秘密结合同盟，扩充军备，仿佛如同意大利前任首相尼蒂所说："欧战今有战争的危险？就客观言之，战争的危险，既多且巨，为从来所未有，且过于大战以前的一九一三年，在日内瓦之一切好话，皆绝不能改变此事实……"我相信这话很对，我们试把这个爱好和平的中产阶级的代表——尼蒂的话，来印证到最近事实，更只有十二分的首肯。

在今年——一九二八年的开头，不是和平的空气，继续着去年——一九二七年，或前年——一九二六年，甚至于一九二五年或一九二四年……一样，非常的浓厚吗？一月间的"全美大会"，虽然美国军舰，在蹂躏着尼加拉瓜，可是不以战争为政治的工具的议案，是通过了。二月间的"国际联盟裁军筹备会"，虽然耻笑苏俄主张全废军备是不合时宜，可是也经过英法等国，对于裁军问题，像煞有介事的讨论。三月美法不以战争为国家政策工具的"公断条约"，又复酝

酿，至五月而正式成立，六月间美和德间，更成立了同性质的"公断条约"。八月间更扩充这个美法"公断条约"的精神，由法国白里安提议，召集许多大国和小国，在巴黎开了一个"非战公约会议"。这个非战公约的运动，虽经过美法政府不少的往来辩驳，但是在巴黎八月廿七日所签订的条文（三条）（即开洛公约 La Pacle Kelleogg），似乎还断金截铁的主张非战，且各大国的大人物，都热烈参加，并规定还要征求苏俄等别国的参加。

数月间的非战公约运动，一般人都在想，这恐怕是世界和平许久不能实现的一个转机？或者竟是开世界和平的新纪元？该会主席白里安的开会词，更是说："世界各大国，以全世界之道德的威权为后盾，无保留地排斥一切战争，此实为历史上破天荒之举。依本约之规定，一切战争，无条件地均在否认之列，此实为加于战争的一种致命打击。从今以后，战争将不复为法律所许可矣。"不错，白里安的话，比他们的国际法上所载，认战争为正义的条文，要动人听闻得多。然而谁知道他一方面在主持非战会议，一方面又在背地里伸一只手和因病而未列席该会议的张伯伦，订立了一种什么"英法海军协定"呢！该协定的消息，既经泄露以后，无论如何，在当时总是和非战公约的这一件事，有冲突的。尤其是刚刚要拉拢法国到手，以图抵制英国的美利坚，更是平空霹雷。所以最热烈主张非战公约的开洛，不到伦敦便转纽约，表示他对于英国外交政策诡谲的怨恨。

虽然，美国开洛是反对英法不诚意于世界和平吗？不是的，因为他的贵国——美利坚，便根本上也不曾真正讲什么世界和平。那末，他是怨恨的什么？就是美国正在极力拉拢法国，以抵御英国，而英法又行携手也。本来一年来美国对法政策的友善，可谓尽了相当的能事，例如三年前美国因法国未还战债，禁止法在美发行实业债券，到今年三月间取消了，并在公布中，不曾提及借款问题，后又订立了"公断条约"。当然这些事实，无非美对法友善政策的具体表现。但是美国为什么要友善法国？自然含有对英政策的作用。我们要知道这个问题的奥妙，只有把美英的关系，先说明一下。

战后的美国，比战前德国，更要予大英帝国以不利。美国现在的经济实力，已做了支配世界的中心，是谁都知道的。无论现金的存留，财政的充裕，贸易的繁荣，产业组织之进步，生产技术之优良，国际汇兑的安定，都远过于英国。美国的野心和欲望，事实上已不仅止于支配美洲，而是要随其经济要求，支配全世界。国际联盟到今年上年，还要讨论门罗主义的范围，真是有些令人失笑。因为美国门罗主义，现在已是要应用到全世界了。波索米达尼亚煤油之争，是美国大财阀鲁克费拉（Rockefeller）参加欧洲问题的表示了。主张中国门户开放，可见美国并不曾不注意远东，杜威斯案成立，更是莫尔干（Morgan）把德国—中欧，支配在他自己财政支配之下。此外如坎拿大，已经是美国比英国的势力大得多；非洲的埃及，美更献过殷勤（如直接照会请埃及加入非战公约）；夏威夷的武装，雅浦岛的争执。总之，从美国脱退巴黎和会，经过华盛顿会议，到最近非战公约之成立等等，无非美国独往独来在树立世界政策，开拓美帝国主义无穷的利益，与无疆的领土。

但是美国要达到它世界政策的目的，便首先要打破世界现在的势力范围，因为美国还是后进，在它出世之处，除了美洲若干地方以外，所有半殖民地或殖民地，均被先进国的英法德——甚至意日等瓜分殆尽了。美国要由大西洋到非洲欧洲，或由太平洋到亚洲远东近东或澳洲，不但在汪洋大海中，找不到几个可以中途休息的小岛，即使到了目的地，也是各有主人正在关闭着大门。所以美国为它满足独占垄断的欲望，对于先它独占垄断的其他国家，当然不得不反对！因此，美国现在所持的政策，就是"海上权的自由"，与"门户开放"，这便可做它开辟利源的有效工具。

二

然而站在与美国绝对相反地位，便是英帝国。英帝国是帝国主义的开山老祖，是统治势力普遍世界的大王国。它的领土，向以"日不没落"自傲。虽然战后它受了不少损失，半殖民地和殖民地，如坎加拿、南非联邦、埃及、印度，以至中国等，都在要纷纷背叛它。不过它为要维持它旧日的尊严，和近年来工商业的厄运，与夫帝国的前途，却实只有紧抱荷包的保守着既得权利。它虽然在战后的几年，因财政上的关系，接近莫尔干而接近美国，做了美国不少的傀儡，在欧洲演过不少把戏；它虽然是和美国同文同种，可是它终竟知道大英帝国地位，是与美国帝国主义的发展，绝不相容。如若美国世界政策进步，它便不是崩溃，至少是要一天一天的动摇。因为美国所主张的海上权自由，和门户开放，处处触犯英国的既得权利，况事实上加拿大的倾向美国，和北非之反叛自己，都是美国在作怪。美国战舰的增加，已经凌驾了自己而上，如果自己不下决心，便只有"倒绷孩儿"，做美国的小弟弟了。

在战前世界政策——即帝国主义的政策——的实行者，自然要数英国了。英国不但是在五大洲中，各占据了不少土地，且由大不列颠到世界各地，所经过的海湾、军港、海屿等，凡与世界交通有关系的重要地带，无不变做它支配下的军事形胜。比如要由地中海出苏伊士河，到印度，出印度洋，或由波斯湾，到波斯、阿富汗，及近东，它便有直布罗陀、穆尔太、沙不洛司、阿楷巴、埃及、亚丁、阿蔓等，俱统治在自己手中，可以自由往来。又如要绕南非洲沿好望角，出大西洋，到南北美洲，它便有亚森森岛、森赫勒拿岛、开普墩、南非联邦、以至美洲——中美的百里斯、巴巴突岛、英领圭亚乘等，行动无不如意。即就远东说，在中国有香港、九龙、威海卫等军事根据地，在南洋有新加坡；更就大西洋和太平洋及印度洋，甚至北海方面，英属的岛屿，差不多星罗棋布。英国势力的分布在世界恰如同网罗一样，笼罩一切。那时与英国不能相容的——即与英帝国这个世界既得权利有冲突的——即是由大陆政策进而扩充为世界政策的德意志帝国。英国为维持其世界政策的霸权，把德帝国打倒了，在战后便平空添上了一个美国。

老实说英帝国并不见得一定成心要和美国作对，不过英帝国要维持这个海上霸权，便不能不认美国做唯一的对头。因为海上霸权，是与世界政策相联贯的，海上霸权如果消灭，便不啻等于世界政策失败。所以"不列颠统治海洋"（Britannica rules the waves），已成英国人不是自夸而是自白的供状。英国人知道，不能统治海洋——即独占海权——英国的繁荣——经济的或政治的，都要一天一天的消失而莫可挽回，英帝国主义的命运，只有崩溃，北明翰的铁工业，和曼彻司特的织维工业，非开始停止工作不可。而一般的劳动贵族，像过去劳动党所领导的工人，恐怕只有走布尔什维克一条路吧！因为英帝国的命运，和世界政策是不能分开，而世界政策的中心，便是世界权利的侵略和独占。同时英帝国的肚子，便是侵略和独占世界权利养肥了的。假使它的世界政策不能维持，那末，它自己的世界经济脉络，便像血液一样，马上停滞，而政治生命，亦只有随之断绝了。

因此美国和英国的地位，便根本不同：英国恰像一个因劫掠而久已发富的大财主，当此年岁饿荒，盗贼如毛的时代只在极力坚守财产，以图乐享尊荣；而美国恰像新下江湖的强贼，非掠其所有不可。所以它们地位不同，对外政策亦不一样。英国是以"海上霸权"和"既得权利确保"为唯一目的，而美国便是以"海洋自由"和"门户开放"为主要任务。但是英国的"海上霸权"和"既得权利"，固是侵略独占的结果，美国的"海洋自由"和"门户开放"，便一点也不含有侵略独占的意义吗？决不。美国现在的"海洋自由"和"门户开放"，恰是将来的"海上霸权"和"既得权利"。所以"海洋自由"和"门户开放"，不过是"海上霸权"和"既得权利"的手段，而"海上霸权"和"既得权利"，乃是"海洋自由"和"门户开放"的真正目的。有人尝是这样想：美国向是抱门罗主义的，到现在还不曾松过口——尤其是美国共和党鼓吹得起劲——可是对世界上又讲什么"海洋自由"和"门户开放"，这不啻是说"你的我有分，我的你不管"一样的矛盾吗？我以为这只有以事实来裁判这个问题。

英美的冲突，在各方面都在暴露着——如欧洲问题、北美问题、非洲问题、澳洲问题、中美问题、中国问题等。而最明显的莫如海军问题的争执。本来海军问题的里面，便是政治问题做背景，尤其是在帝国主义时代，各个列强的海军比率和扩充等问题，并不在乎什么比较国际体面，又不在乎故意装出大国的威风。藉如帝国主义者一般所谓"为维本国生存的必要"等等，都是值得考虑。因为它们根本的目的，在于它自己为维持或扩充其特殊的利益。很明白的，帝国主义为征服和统治世界，便不得不藉重于海军。它们虽在相信统治世界，是它们的神圣使命，仿佛真正为上帝所赋予，可是它们又相信神圣使命，和上帝赋予，是比不上军舰枪炮的力量的更伟大。那就是说，统治世界的权力，仅仅靠神圣使命，和上帝赋予是有些不够的。所以英美的海军问题争执，就是世界政策问题的争执在那里作怪。

三

关于英美海军问题的争执，在华盛顿会议时，已经开始了。不，在一九一六年美商船受英海军捕获事件发生，便恼了那个和平主义的威尔逊，即要求下院给他以特权而扩充海军，在三年内建造头等战舰十艘，战斗巡洋舰六艘，及其他小舰若干艘。后因大战关系，稍归停顿。但到战后，重提旧案，如同海军部的计划，要创建美国海军势力，等于世界任何海军力最强的国家，如果依计划完成，到一九二四年，美国海军，就比英强大些。这个事实，对于素号海军王国的英吉利，其惊讶比当日听到威廉第二所说"德意志的将来，在于海上"还要大些。一九二〇年，日本外确定了八八制，以一九二八年完成，一九二一年英亦着手建造主力舰，一九二二年的华盛顿会议，英美日法意等国，原是各以本国特殊利益为前提，有许多争议，结果是把许斯的议案通过了。这个议案的大概，即是所谓"五三"的海军比率，内容是英五，美五，日三，法意各一·六七[1]。自然在当时美国可算满意了，因为一方面压抑了英国，做它同等比率的海军国，一方面又压抑了日本，使海军比率，还在自己之下。

然而不幸这个会议的协约，对于美国有一个美中不足的，就是只限制了主力舰，而对于补助舰如巡洋舰、驱逐舰及潜水艇等，并未成立限制的协定。所以英国尚须补造三万五千吨战舰一只，以补足平等。日本和法国更大造其补足（助）舰，到一九二七年初，英国有十七只大巡洋舰，都是华盛顿会议以后造的，日本四只（或云十四只），法国三只或四只，意大利亦造两只。美国看到这个形势，有点不对，于是又由柯立芝总统召集了一个日尔瓦的海军会议。他的动机，自然要限制这个补助舰扩充的竞争。在他的请柬中，曾说："华盛顿会议条约，一般原则的贡献，有适当的基础，并且美国政府，有意接收五、五、三约的比例，适用到补助舰的各阶级上去。"英国虽接收了这个召请，但是有一保留条件，即限制程度，要顾虑到英国属地是分散的特殊情形。日本对此召请亦接受，而法意则断然拒绝，只派旁听者出席。这个各国不同态度的理由，我们后面还要说明的。

日尔瓦的海军会议，实际只有三个会议——即是英美日，结果还是以意见的不同而破裂了。破裂的焦点，就是限制巡洋舰的总吨数问题。英国主张吨数可以限制，只是舰数是要顾及保护英帝国的需要上，不能限制，并且声

---

[1]应为"一·七五"。

明需要吨数三十八万七千，巡洋舰数七十，以为英国的航政，既要由大不列颠经过地中海到远东，又要绕好望角到北美和澳洲，没有这个数目是不够的。然而这在美国是觉得很不利的，英国既有大批的小规模的巡洋舰，利用其在海上既得的优势——因为英国在全世界均有海军根据地——可以随时向各方面移动，以抵制美国。所以美国的主张，是需要添造较大吨数和较大炮口（万吨及八吋口径的炮）的军舰二十五只，方能与英国平等。这个主张出现以后，又骇倒了英国。在它觉得这简直不是与英国争平衡，而是要握世界海军的牛耳。英国认定美国要限制海军总吨数与英国平等，无论如何，是不应该的。这是因为英国有巡行红海、波斯湾、非洲沿岸、印度洋、中国、澳洲和新锡兰等事实的需要，而美国绝对没有。况且美国将该吨数完全用以添造一万吨和八吋口径炮的巡洋舰，无异于是要随时用以封锁英国交通，以致其死命。因为根据以往高劳拿尔[1]和法克兰岛[2]两次海战的经验，只有八吋口径的炮舰，可以任意击沉军舰，而六吋口径的炮舰，以炮力稍逊的原故，决无还击的能力。所以英国便很老实的主张不能在海军总吨数的原则上一律平等，更不能在此总吨数内可以自由添造。自然美国对于这个主张，以为不但是英国仍要居海军最强的地位，以图握着海上霸权，并且是设法阻止美国海军的发展。所以结果两不相让的破裂了。

说起来这个问题是很简单的，英国是主张巡洋舰的级数的平等，而美国是主张总吨数的平等，为什么它俩要看做那样重大呢？自然英国以为如果仅以总吨数平等，一方面是没有顾及英国的特殊需要，一方面美国可多添造较大的巡洋舰，制服英国，使美国将于名义平等之下，得到战斗上的实际优越。同时美国以为假定不限制总吨数，而限制同级数，不能比英建造更大的巡洋舰，则因英国已有世界海军根据地之故，亦将于平等名义之下，而英于美领海以外，得着常胜的地位。因此我们归结起来，英和美海军问题的争执，即是海上霸权的

---

〔1〕即科鲁内尔角海战。第一次世界大战期间，1914 年 11 月 1 日，英国巡洋舰分舰队四艘战舰和德国海军巡洋舰分舰队五艘战舰，在智利海岸附近的科鲁内尔角海域展开激战，德国分舰队因在战舰质量上占优势，而且人员受过较好训练，赢得胜利，英国两艘巡洋舰被击沉。

〔2〕即福克兰群岛海战。第一次世界大战期间，1914 年 12 月 8 日，德国海军在南美沿海的巡洋舰分舰队五艘战舰，在福克兰群岛（马尔维纳斯群岛）附近遭到英国海军巡洋舰分舰队七艘战舰的追击，双方展开激战。德国分舰队有四艘战舰被击沉。

冲突，而问题的中心，则为英要紧守着它世界政策的胜利，而美则争夺世界政策未来的胜利。

在这个海军问题当中，日本对于级数的限制，是与英国主张相同的，这不但因为日本要拉拢英国做帮手，来抵御美国，同时以日本的地位，目前只注视在远东和南洋，而它自己已有特殊的优势，只要小规模的巡洋舰，便够支配，而抵制美国的侵略。因为美国远涉重洋，来到远东，没有较大的巡洋舰，是没有用的。所以它在日尔瓦海军会议[1]，便极力维持英国的提案。法国向是主张限制总吨数，不限制舰数的，因为它是一个财政比较困难，在地中海和非洲及巴尔干问题的正多的时候，决不主张放弃补助舰的建造，只有在一个与英美日比较平等的总吨数，便可以尽量扩充它的小巡舰和潜艇。意大利需要补助舰——尤其是潜水艇，与法国同样，对于大规模军舰的扩充，原不在乎，因为它现在还没有这个需要。可是对于陆军和航空的限制，倒很注意。这自然是因为法国的陆军和空军，都驾意大利而上，所以它就奇怪英美日等国不讨论陆军和空军的限制，天天使它对法感觉不安。

四

三国海军会议破裂了，英国的海军政策，固未成功，美国的计划，却亦失败。而且最伤心的是日本完全站在英国的那边。本来英日的接近，不因华盛顿会议而完全断绝，美国自己未尝不知道。但是美国总想藉种种特殊方法，来隔绝英日的接近，实在是最大企图之一。现在因海军问题，和英国明争暗斗，把日本更逼到英国的那边，是最不合算的。因为这样一来，美国除了放乘（弃）它自己的海军政策，便只有与英国开战。并且如果开战，以现时美国外交的孤立，亦是很危险的。所以美国只有去另外找一帮手，同时这个帮手，在那时确实只有法国了。因为法国与美国地位虽不相同，一个注重大陆政策，一个注重世界政策。不过不满意英国的一点，法国却是与美国同情了。法国以战后的发达，使它的野心，弥漫了欧洲。金属工业的发展，和大陆政策的进步，一日千里。自己的陆军和空军，不消说比英强得多，中欧和近东的权利，是在在与英

---

〔1〕即日内瓦海军会议。

国相竞争。小协约国几成了法国的附属品，有几个国简直连训练武装也要请法国去指挥。在巴黎会议，法国和英国已经不是唱的和合调子，洛迦诺会议[1]，法国更不满意英国。法国人明知道张伯伦迹近偏袒德国，和提携意大利，是含有对法作用，令它不能不将其所有的炮口，向着大不列颠。然而英帝国毕竟不是弱者，眼看着法国在欧洲横冲直闯，而不设法抵制，那末，对德大战，简直要说是它发疯了。自然英国只有在远东拉住日本，在欧洲拉住意大利，并不算奇怪。这样逼着法国如同失恋的女子，也只好去找另一个情人。于是美国和法国，便隔海相望的，眉飞目语的，暗通情愫。

美法公断条约的成立，美国很高兴地得到诱奸的胜利。到德美和意美公断条约成立，更使它受了多角恋的奇妙美感，满以为趁此可以在多方面向望美国所主持的非战空气之下，来控制英国。谁知道英国的张伯伦，比较开洛还漂亮得多。等到开洛刚和白里安在礼拜堂结婚的时候，却发现了这个不忠实于恋爱的法国女子白里安，已经和他的仇人——张伯伦，濮上桑间，有了些暧昧行为了。并且他们——英法——恋爱的结晶品——英法海军协定——已经在暗地中临盆了。英法海军协定，在非战公约会议时，即泄露了。固然英法当局，绝对秘密，而与有关系的各国——如美意德俄，都在用尽方法来推测——美国的新闻记者贺兰，甚至用非法手段来刺探这个大秘密以偿美国人对此问题痛切热烈的愿望。一切的国家如美意德俄等，对于英法海军协定，都没有好评，差不多舆论上不是讥讽，便是诅骂。美国报纸，对于英法协定，抨击最力，均直以该项协定为对美挑战，使非战公约，无形消灭。意大利报云，吾人决不信所谓和平之长期保持，英法协定，乃世界和平，已告终之钟声。该协定之意义，极为重要，美大陆与欧大陆之一大混战，必将现于吾人目前。平和搅乱之责，果谁属乎？英国之海上权，为英国生存发展上之要具，美国势力，近日遂侵及其独占权，英国之不能坐以待毙，可以断言。要之，第二次世界大战火焰，即自此英法协定导发之。德国中央报云，英法协定，既与一九二二年华盛顿海军协定违反，亦与非战公约之精神背驰，英国外相，纵拟参加非战公约签字（结果仍

---

[1] 1925年10月16日，英、法、德、意、比、捷、波等七国代表在瑞士洛迦诺召开的会议，会上签订了《洛迦诺保证条约》，也称《洛迦诺条约》。

未参加），此不过形式上的虚伪政策，而实际上英法两国，已完全脱离非战公约……苏俄党报云，此次英帝国主义及美国之冲突，已充分证实帝国主义内容危机之增长。英美冲突之根本原因，不外乎海上霸权的竞争。此种冲突，至帝国主义崩坏之日，乃可除去，决不能用妥协劝解等手段云。只有日本，一再表示持观望态度，实际的说，已多多予以同情的默认。

该协定对国际形势，既予以重大影响，然其内容如何？殊值注意。在最近的十月二十二日，英法政府，以各国政府之逼迫，在伦敦和巴黎宣布，盖非条文，而为往来之公文，关于英法协定者有三：一是六月二十八日英国的牒文，大意如下：

> 声明英国准备接受裁军筹备会法代表之非正式建议，仅限制装置六吋口径以上大炮之军舰，（依照此议，凡大战舰、飞机运送舰、万吨以上巡舰及潜艇，皆须受限制）只须法政府准此建议，正式提交裁军筹备会，苟能如是，则英政府对于法国所抱已受训练的陆军后备兵，不应列入陆地军备限制中之意见，可撤销其反对。

二是七月二十日法外部覆牒，大意如下：

> 关于万吨巡舰一层，请英国赞成限定各国最高吨数，由各国担任在合同有效期内，不得建造超过其需要所决定之某吨数。上述办法，亦适用于潜艇。潜艇分六百吨以上及六百吨以下两种，仅六百吨以上受限制。法外长白里安在此牒中表示意见，谓美日意三国可望赞同，但若不然，则英法仍须合作，以期以他种方法，战胜困难云。

三是七月二十八日英国最后一牒，大意如下：

> "谓潜艇分攻守两种，此中区别，如何方为正确，英国殊有疑念。但为融合起见，英国接受法国提议。"此牒详载英法所协定之限制程度。

以上是根据路透社十月二十二日伦敦电所传出之文字，其原文如何，以及英法海军协定之秘密，是否即尽于此，则尚无法证实也。

五

我们看过上述英法政府关于海协的文件，可得出几个重要的概念：第一是英国首先对法声明准备接受裁军筹备会法代表非正式的建议，仅限制装置六吋口径以上大炮之军舰，只须法准将此项建议，正式提交裁军筹备会，则英即不反对法所抱已受训练之陆军后备军，加以限制。这即是表示英向法妥协的个具体证据，因为它仅要法国不坚持固有的限制总吨数主义，而主张限制六吋口径炮以上的军舰，便撤回它所主张限制已受训练的陆军后备军，这分明是提出了两方面的交换条件——即是法对英海军的让步，和英对法陆军的让退。在过去英对法的陆军扩充，是很忌视的，这回公然取消反对限制已受训练的陆军后备军的主张，自然是对法的陆军扩充，表示允许。同时又以要求法承认不注重限制海军总吨数，而放弃存心与英竞争海军，并且赞成英所素持的六吋口径炮舰的主张，作它承认法国陆军政策的条件。这可以说英对法首先表示打破以往两国对裁军问题的成见，而尽了拉拢的能事。

第二法国的覆牒，关于万吨巡舰，请英赞成限定各国最高吨数，由各国担任在合同有效期内，不得建造超过需要所决定之某吨数，且适用于潜艇。潜艇分六百吨以上及六百吨以下二种，仅六百吨上者受限制。在这个法国覆牒里，虽要英赞成限定各国万吨以上的最高吨数，但并未提出总吨数的限制，这分明已多少抛弃其往日对海军问题的主张。且又声明只限制六百吨以上之潜艇，这一方面固不放弃其素所主张充实小规模潜艇，一方面却对于英国所主张限制潜艇主义，已经让步。并且白里安在此牒中表示意见，谓美日意三国可望赞同。但若不然，则英法仍须合作，以期以他种方法，战胜困难云云。试问这个协定，美意（日本暂可不管）果能赞同吗？白里安故作痴呆吗？其意无非在于美意不赞同，英法仍须合作，以期以他种方法战胜困难耳。所谓"他种方法"者何？只有白里安与张伯伦自知之矣。

第三在英国最后的覆牒中，谓潜艇分攻守两种，此种区别，如何方为正确，英国殊有疑念。但为融合起见，英国接收（受）法国提议。这个覆牒，虽对于法国的潜艇主张，尚不一致，可是英国却表示接收（受）。这个不啻表示英国为诚意与法合作，而接收（受）了法国的意见。于是所谓"互让"的"协调"，粗告成立。关于这个协定的经过和真相，是否即尽于此？我们不敢断言。可是就苏俄 Krasneya Zveda 报九月廿五日所发表英法海军协定的内容，共七款，其大致于左：

"第一款，系海军协定，内含在太平洋上之海军合作，地中海方面，英法分划势力范围，双方互认英在直布罗陀海峡，及法在汤吉耳之特别利益，及在国际联盟保护之下，设置一中立地带等。第二款，系关于缔结国之航空队在非欧洲国之合作，倘任何一缔约国对俄作战，别一国须协助之。又关于地中海之航空合作，有特别规定，如对一公敌作战，两缔约国，应分负其使役，皆预为规定，至此公敌或为国际联盟所欲惩罚之国，或为苏俄。第三款，规定在东方各国内，一切军事训练事务之合作。第四款，规定在东方各国（连苏俄在内）之情报事务之合作。此项合作条件，与一九一三年英法所订两国陆军随员联合工作，及两国陆海军情报机关合作以对付德国之特约相类。第五款，关于曾受训练之后备军，规定关于此等后备队，不再展扩军备之限制。第七款，规定英法对于巴尔干及毗连苏俄之诸国，须取一致政策。"[1]又苏俄政府机关 Izvestia 谓法国所谓"有权威方面"对于 Krasnaya Zveda 所揭载英法海协内容之否认，仅否认其量（条款），而不否认其质，由此可信除此七款之外，更有其他条件云云。

又英国《每日邮报》亦载称，英法海协之内容，英国允许不限制小型潜艇，法国则允不进行对英国海岸之沿海屿一带，建筑航空根据地之计划。又允倘德国于攻击法国或比利时之先攻击英国，英国得使用接近德境之法国航空根据地。此外有四款如下：（一）法国抛弃其与俄国财政的经济的联络之政策；（二）英国赞助法国致成塞尔亚及保加利亚亲善之政策；（三）英国对于维尔纳地带之争，与法国、波兰取一致态度，抛弃其以前对立陶宛之同情态度；（四）莱茵撤兵问题，英国一任法国决定之。

而美国报纸，亦作下述之论断云云："……就英法协定之要点而论，将

---

〔1〕原文缺"第六款"。

六百吨以下之潜艇，置诸限制范围之外，而向来英国热心提倡潜艇之限制，此次忽加更改，容认法国之主张。同时法国抛弃其所固执之让步态度，明明表示双方切实接近之趋势。又法国向来主张陆海空三军之不可分论，近就海军一方面，与英缔结协定，由此观之，除海军外，关于陆空两军，两国间已成立谅解，亦不难推定……"

由此可见，英法政府，最近公布海协之内容，与各国报纸的记载，大有分别。我们不能断定各国所发表的，尽属揣测，亦不敢断定英法所公布的，完全失实。我们只有一方面看今后事实的证明，一方面就英法公布的，加以讨论。

六

无论如何，英法协定的意义，是含有英对法陆军政策的让步，与法对英海军政策的让步，是毫无疑义的。而英法即根据这种"互让"的精神，以相结合，自不是意外的事。自然英法这种互让的动机，决不是"为人"，而是"为我"。同时各以"为我"的立场，来互相"共卫"。因为英国现时的政策，是以世界政策为中心的大海军主义，而法国现时的政策，是以大陆政策为中心的大陆军——空军在内——主义。英国的大海军主义，即是利用其在世界上既得优势，充实小规模的巡舰的力量，而对于一万吨以上的巡舰和八吋口径的炮，是反对的——因为它根本不适用。而法国的大陆军主义，只要不限制它已受训练的陆军后备军，便可如意的以陆军称雄欧洲大陆。至于潜艇，只要六百吨以下者，不加限制，便可自由航行于地中海，而制服意大利，和抵御其他大海军国。同时英国大海军主义的敌人，自然只有美国，法国大陆军主义的敌人，最要者算是意大利，所以法国赞成了英国对于一万吨以上巡舰的限制。结果，必是实际上反对了美国主张充实一万吨以上和八吋口径炮位。换一方面说，英国赞成了法国对于已受训练的陆军后备军不加限制，便不啻实际上压抑了意大利。因此这种"互让"，除了对于它们的敌人外，是它们自己极端有利的。

对于英法的这种以"互让"而达到"协调"的办法，是美所极不赞同的。美国知道英帝国的传统外交政策，系联合世界第二强国，以抵抗第一强国。于法国，于西班牙，于俄，于德，都得到了效果。至于今日所谓第一强国，自然只有区区——美国。然则所谓英法的"互让""协调"的假想敌，"舍我其谁"！

况该协定所加限制者，厥为万吨或万吨以下装有六吋以上至八吋口径炮位的巡舰，及六百吨以上之潜艇，真如美国九月二十八日致英外部牒文所说，"直欲对于特合于美国需要之种类，加以限制耳"。若我们为美国设身置地的想，这不是把它以往对于海军政策所抱的大望，和世界政策的野心，完全消灭吗？

至于意大利，以前是曾受过英国提携的，一切意法的纠纷，意以得到英国提携的原故，占了许多便宜。现在英国转去亲近法国了，自然对于和法国积不相能的意大利，决不能维持两好。况且英国分明赞成了法国的陆军政策，无异乎使法国对于中欧和巴尔干以至地中海方面的进行，与以有力奥援，使意大利的一场野望，完全落空。这种切肤之痛，自然非同小可。

德国在战后简直成了法国的孝子顺孙，法国对于压迫德国的手段，决不存一毫姑息。只幸而有一英国，以不满意于法国的大陆政策的原故，向德国丢了许多眼风。国际联盟也被英国拉到里面，尝尝"忠义堂"的交椅的滋味，这是被征服的德国所梦想不到的。德国的出路，似乎只有联俄才走得通。但是为了它的恩人——英国不欢喜俄国的原故，只得放弃了。在洛迦诺会议的时候，德国是很听英国的话的。德国满望着和英国的交情，可以地久天长，至少是在对法仇恨未报以前，不要反目。可是因为这个协定，把德国的梦——至少是国民党左派和社会民主党——执政党的梦，惊醒了。英国对法国陆军政策的让退，使法国有日加充实的陆军，自然使德所丧失的权利，没有翻身之日。德意志帝国再建的希望，是如逝水一般的消失。中欧问题，只有听之于法国铁蹄的摆布，莱茵河的撤兵，英会同法取一致的态度。一切一切德所希望从英法冲突所得的好处，不但均没有了，并且因英法"协调"的原故，形势将益严重。德国已是弱者，实在经不起这一下，无怪乎它所热忱倾向的非战公约，转眼便如同德国国民党报纸所评的"半小时的废战"，这是如何的悲愤和哀怨呵！

与美意德对英法海协苦乐不同的，只有日本。观日本九月七日复八月二日英国关于英法协定之牒文，曾谓："日本对于协定之原则，有诚挚之同意。惟限制万吨巡舰及大潜艇的条款，尚宜重加考虑。日本以为此种军舰，不能别定能令各国满意之限度。"日本为什么能够对英法海协，表真挚之同情？是因为日本和英国有共同的利害。英国世界政策的敌人是美国，日本东亚门罗政策的敌人，亦是美国。英法协定，既直接利于英，亦自间接利于日，并且就海军问题，日本和英国的主张，亦多有共同之点。而压迫美国海军之发展，正日本所寤寐蕲求者也。所以日本对英法海协之出现，非常值得欢喜，不啻把它自一九二二年华盛顿会议以来，所有英美协调的恐吓，完全消灭，而重新得到一个反美的英国做奥援，从此日本的外交形势，得到一个新出路了。

此外的苏俄，对于这个问题的注意，亦不亚于任何国。本来苏俄对于帝国主义的观察，早知道战争是不可免的，并且只有帝国主义的战争，才促进帝国主义崩溃得更快。所以苏俄对于这个导引向帝国主义第二次大战的英法协定，正好唱唱高调，并不真个算做奇怪。只有在这个帝国主义战争的发现，如何才能使苏俄得到更多的利益，实在还值得考虑。以苏俄的观点，英帝国主义是一个最大的目标，而且过去帝国主义的反俄计划，都是英国作领袖。英国自命是苏俄的敌人，在英国外交上，时常不忌讳的表示反对俄国。此次英法海协，一般人表面上看来似与苏俄无关，实际说来，决不如此。因为在英美意德接近的时候，自然站在与英相反或与美意德相反的国家，如日本、法国和苏俄的外交，自然有较多接近的机会，反是，则苏俄必与美、意、德取联络了。在最近以前，日本和法国，不是同苏俄关系，渐渐密切么？可是因英法海协的影响，却使法国积极进行罗马尼亚及波兰、南斯拉夫等小协约国的军事同盟，使乌克兰脱离苏俄，而保障波兰之强大，以压抑苏俄与德国，并使两国间，树一屏藩。同时久未与苏俄发生正式交涉的美国，反表示要承认苏俄了。所以这个协定，对于苏俄，无论好坏，而引起其外交政策的变化，乃是必然的。

七

英法海军协定关系，既如此重大，今后形势，将起何种变化，殊为一般人所注意。然而以吾人之推断，只益促进国际帝国主义的冲突耳。在非战公约才告完毕，英国内务大臣希克斯，在亨特司顿演说，而公开谓"国人未可对于开洛公约[1]，希望过奢"——九月八日路透社伦敦电。可见英国对于非战问题，并不信任。英国所刻刻不忘的，只是得到它保存海军的优越，以维持世

---

〔1〕即《白里安—凯洛格公约》，由美国国务卿凯洛格和法国总理白里安于1928年共同促成的十五国在巴黎签订的《非战公约》。

界政策的胜利。法国得到海军协定以后，非常高兴，因为它的大陆政策，已得到英国的同情。所以它对于陆军和空军的扩充，和中欧及巴尔干政策，均在积极进行。据最近的报载，法已将航空军独立起来。陆军航空军，在三年内将由一百三十六中队，增作二百〇八中队；海军航空军，在十年内，将由十八中队，增作三十八中队，至战时尚均可加至三倍以上的力量，可以算作航空军的霸王。同时法国军费的扩充，亦是很积极的，总理普恩贲所发表的明年度财政预算内容，军事费即占四十万万法郎，海军航空队之新设，亦占一万万一千九百万法郎。余于东部战线各要塞之修理，潜水舰建造计划之完成，巡洋舰之改造，沿海炮台及重油贮藏之新设等等，均在计划之中。我们知道法国的陆军，本来就著名，但是法国仍是嫌不足。最近法国当局，已将陆军编成法及国家动员法公布，并且在上院通过了新征兵令。此次改订军制，为一八七三年普法战争后所未有，在营制已缩短为一年，以图急速训练大批战士。又以在营年限过短，不能训练精兵，而在平时，多多注意军事训练，奖励体育，在学校尤注意爱国精神的灌输。

不但如此，法国对中欧及巴尔干政策，也急进了。法国大陆政策的要素，在中欧是维持波兰和捷克斯拉夫以压迫德奥及苏俄，在巴尔干是维持南斯拉夫和罗马尼亚，以抵抗意大利。在战后小协约国的结合，原是法国在暗中主持。法国对小协约国，曾供给投赀和军事训练，结成一种对法亲密的关系。现在南斯拉夫的巴尔干大联邦运动，极力进行。罗马尼亚和波兰，已结军事同盟，并且由法国出面要南斯拉夫和捷克斯拉夫加入。这一方面是法国要指挥这些小协约国，积极发展，如同战前德国对奥政策一样，作成一个巴尔干的盟主，排挤意大利的势力。一方面又以这个小协约国的军事同盟，来压迫苏俄，如占领乌克兰，使之独立，和制服德国。

以法国扩充军事计划和对中欧及巴尔干政策之实行，我们可以知道英法协约，决不是如英法当局在本月二十日所公布的那样简单。有些地方，是和苏俄 Krasnaya Zveda 在九月念五日所发表的符合，而于法国嗾使小协约国设法使乌克兰独立的一点，法国已大变了以前的对苏俄态度。另据最近立陶宛和波兰的维尔纳之争，英国不再袒护立陶宛，又可证明英国《每日邮报》所载，不是无据。因此我们可以断定，英法海协，实含有重大秘密性，影响世界政局前途之巨，将非吾人所能推测。

美国现在的态度，似乎也很明白，知道要达到它世界政策的目的，只有扩充军备的一条路。所以在美国所主持的非战运动，尚未停止的时候，总统柯立芝即声明"美国海陆军的力量，不因非战公约而缩减"——据八月十日路透社苏譬亚电。美国海军总长韦尔白，对于美国的海军政策，是很尽职的。他在去年已提过了十年内造船七十一只的巨大计划，可是为上院所反对，未能实行。最近又将旧事重提，柯立芝即是一个热烈赞助者，极力想在美国未批准非战公约以前，通过国会，以免又遭摆置。据九月念五日路透社华顺（盛）顿电，白宫已发出颇有锋芒之宣言，请英法注意于美国此后海军程序，谓柯立芝总统断定下届国会，定可通过准造巡舰十五艘，及飞机运送船一艘之海军案云云。这种宣言，是不啻向英法挑战的。美国陆军总长台维司氏于本月十日，在美国塔克塞司州之圣妥东尼镇美国勋兵团大会中演说，公然表示美国虽发起非战公约，而并不将懈弛其国防。可见在英法海协成立以后，美国扩充军备的空气，又紧张起来了。同时又在外交上，图接近一个久不见面的苏俄，于最近开洛所发表将承认苏使的消息，亦属显而易见的。

意大利怎么样？最近宣布过国家动员法案，不论意国之老幼男女，皆须参加有形和无形的战斗工作。棒喝党[1]的战争，益加进步的，使其党权，超过一切权力之上。对于美国，已表明"意国对美国的震动，俱有同感。两国之政治和海军的地位，有共同之点，而利益上亦有一致之处。故两国在日内瓦及其他处于保障两国利益及国际和平时，有取一致的必要……"（意大利报Ziorngldltalia九月念七日总主笔甘大氏Uizinzia Zayda论文中语）这种表示，在意大利亲英的时代，是不会发现的。对于巴尔干和近东，意大利更不曾放松过。意大利的野心，主要是非洲北岸和踞着地中海的巴尔干及近东。而法国同意大利冲突的，亦就是这些地方的权利。现在巴尔干与夫近东的形势，仿佛以前德俄对立一样，换上了一个法意的对立。意大利知道法国之维持小协约国和膨胀南斯拉夫，造成巴尔干联邦，是与意大利巴尔干政策不利，所以意大利和南斯拉夫的感情，从来没有好过。意大利对巴尔干是取的包围政策。近

---

〔1〕即"法西斯党"。

来联络希腊（已于今年九月念三日在罗马签订两国友好条约），支配阿耳巴尼亚（一九二六年及一九二七年两次支罗拿条约，已把阿耳巴尼亚，隶属在意国支配之下），煽动匈牙利（使其提出要求修改屈郎和约收回对于南斯拉夫的失地），分裂保加利亚（声明麦里德尼亚事件表同情，且援助马其顿在保的革命军），一方面又拉拢土耳其（今年五月曾和土订中立和解及仲裁条约，近有意土将签订友谊条约的消息），牢笼阿美尼亚（去年意与阿美尼亚，已订立通商条约，其内容闻有：A.意国承认阿美尼亚之独立；B.意对阿应予以军备上及经济上之援助；C.阿美尼亚各重要机关，应置意籍顾问；D.意国在阿美尼亚领地内，有通商企业等特权；E.两国对此约均守秘密）。再证以今年四月间墨索里尼及匈牙利总理伯特宁，希腊外交总长美克拉哥·夫罗斯，及土耳其外长维斯底伯四人，在意国米兰曾开一度秘密会议，而缔结四国之攻守同盟的事实。则意大利对南斯拉夫及捷克斯拉夫的□国政策，殆几成功，自然予法国巴尔干政策——甚至英法在近东的利益，以重大打击。经过这次英法协定以后，意大利对于这个关系于再建罗马帝国的宏图，自然只有促进而没有退让的。

在战后德国本无武装可言，常备军只有十万，海军和航空，简直没有什么设备，而且莱茵河驻军，至今尚未撤退。所以它这个战后余生，绝不可同英美法日意等国相提并论。然而德国的大资产阶级对于产业恢复的运动，颇著成绩，现在在欧洲的经济地位，亦不可忽视。于争委任统治之收回，已露出了它的大帝国的野望，仍未全忘。而它的军事的准备，却当在暗中进行。我们从法国报纸中，常看到这种消息。固然法国恨德最深，不无神经过敏的揣测，和故甚其辞的宣传。但是绝对无根之谈，不会言之一而再再而三的。况据本月十二日路透社柏林电，谓稳健社会党议员昆斯特勒，在《伏威赏报》发表一机密函件，该函系德陆军总司令细克特将军在一九二四年八月，致甄克斯教授者，劝其实行与苏俄所立为俄德陆军建造飞机之约，并含有德俄天空密盟之意。昆斯特勒称，苏俄飞行军主任曾来柏林，与德国谈判良久，至一九二三年始议定由甄克斯在莫斯科附近工厂，每年为德军造飞机二百四十架，为俄国造六十架，德政府每年给以津贴数千镑云云。由这一段消息，不但证明德国未忘武备，且证明与苏俄关系，达到如何的程度。以德国现在的出路，自然有两方面的主张，一是投入西方，受英法的指挥，以图渐渐提高它的地位；一是联络东方，与俄结合，以抵制英法。在战后直至未加入国际联盟以前，倾向西方或倾向东方？它的政策尚未决定。而以法国不断压迫的原故，暗中倾向东方，色彩甚为浓厚。及加入国际联盟，态度较为改变。可是经过一再失望的教训，除了德国中间派的政党（如社会民主党和国民党左派），仍是在希望国际联盟外，极右派（由国民党右派至保皇党）和极左派（共产党），都是倾向苏俄的联合。在今年五月之间，《巴黎晨报》曾揭载苏文氏Jules Saucwein柏林的通信，内述德国右派政党，倾向苏俄的事实甚多。例如驻俄的德国大使朗实公爵（Brockodorff Rantzau），朗为一倾向苏俄者，他在《十年苏俄建设之猛进》一书中，曾题序云："余甚重视苏维埃政府，对于其域内之发展，具有维续不断的努力。予甚信俄国经济的光明之将来，此实为置身新俄社会中亲历其境，引苏俄为知友之观察而得之结论。"又国民党右派有一宣传品，题名"星期政治"，中有社论一段谓："无论奥赛埠（Auai Orsay法议会地址）或道宁路（Dawningst德议会地址）之意思如何，德之对外政策，决不能坐视与将来之俄国脱离关系。"此外尚有一论文，署名尼基（Niekisdh）者，语曰："布尔什维克，乃自由意志运用之民族精神，全世界历史的矜式也。"又有名《抵抗杂志》（Widerstand）者，激进国民党之喉舌，在其五月出版之第五期第一页，即有一触目之标语曰："放松西方，转向东方去……指苏俄。"如此之类，述不胜述。但这不奇怪，以恢复国权自任的德国右派政党，对于联英倾法，与夫结合苏俄，熟为有利？自然是很明白的。在英法海协以后，德国倾向国际联盟，和热望非战公约，已打破无余，此后对于苏俄的倾向，吾人可逆料矣。

日本的态度，现尚在沉闷期中，对苏俄以往的亲善政策，或因英法海协，而有所变化亦未可知。至苏俄则完全看帝国主义的冲突，必然地站在反英的一方面去，这也是可以想见的。

八

国际的形势，以大战而起了变化，而其根本原因，是促进帝国主义崩溃的命运，更加急速。因为大战本以各个帝国主义独占市场的冲突所得的结果，而大战的破坏，使经济失其均衡。如德国及中欧匈奥及巴尔干各小国的破产，与夫苏俄的革命，已经使世界资本主义霉烂了一大部分。同时英国的经济没落，和美日法国势的进展，成了相反的比例。这种经济的变化，使战前的政治势力的分配，尤其市场的分配，已不适应。并且因为战时及战后产业尖锐化的结果（如美德托拉司和加特尔的发达），使市场独占的欲望，更加提高。所以竞争独占市场的把戏，在战后更加激越。而战争的危险，更加浓厚。在战后一直到最近以前，和平的空气，未尝不继续不断的鼓吹，可是每一和平空气紧张的时代，不是经过了热烈的军备竞争以后，即是成了竞争军备的先声。例如在三国海军会议以前，有日法英的竞争补助舰的扩充，和普通的空军的发达。到三国海军会议，军备的竞争，更热烈了。试看今年上春的事实，便可明了。在今年五六月间，又有非战公约的酝酿，似乎和平空气，更扩充了。然而又有英法海军协定的这一套把戏。各国经过这个刺激以后，自然更只有去扩充它们的军备了。所以战后的和平空气，是与战争事实相表里的，每一个和平空气的里面，便含有战争危险在作怪。

英法海军协定发现以后，从国际形势上看，是有了变更，而就其本质上说，却是把第二次世界大战的体系，分划得更加明了：一是站在英法日的那一边，一是站在美意德的那一边，俨如战前同盟国和协约国对立的形势一样，而且更加扩大了。这种战争体系的划分，当然不是含有什么感情的意味，是英国对法国、日本好些，而对美国、意大利和德国坏些；或美国对意大利和德国——甚至苏俄好些，而对英国、法国、日本坏些。而是各个在个别的利害中，有共同的利害以相结合的。例如英美的冲突，是维持世界既得优势，与进取世界权利的冲突。而法与意大利的冲突，是中欧及地中海和巴尔干利益的冲突。日本和美国的冲突，是太平洋和远东利益的冲突，法和德的冲突，乃是中欧利益的冲突。而在这些冲突之中，英为对美，法为对意德，日为对美，以及美为对英，意为对法，德为对法等，各个有结合的必要，乃形成了各个共同利害，乃形成了各个共同的阵线。然而这个各个共同体阵线之中，又未尝没有个别利害的冲突，如英法冲突，以及日英冲突，或意德冲突等等。我们不能担保它们永不变更这个战争体系的形势（如同意大利原为同盟国后加入协约国一样）。不过现在的形势，它们确有这样划分的客观要求。

自然这个国际帝国主义竞争冲突的主角，是以英和美的世界政策为中心，所以在这个世界第二次大战，必定是以英美做主角。许久以前，一般人以为英美的冲突，或可避免，因为在战后，英美曾实行过不少的亲善政策。但是我们要知道，英和美的资本主义的发展，逼迫着它们，只有得世界政策的胜利，才能维持以至发展。如英国的世界政策，不能维持，则英国在世界的经济地位，只有崩坏。所有现方开始衰败的英国产业，只有益趋于穷境，而其政治地位，亦绝不能保持矣。又如美国的世界政策，不能胜利，则美国过剩的资本，将益膨胀而无法排泄，其全资本主义的组织，和经济的繁荣，将变为不断的恐慌。此外日本的东亚政策，与法国大陆政策，亦是一样。因此我们知道，在帝国主义时代，经济上的矛盾，以引起政治上的冲突，乃是必然的，而非偶然的。我们决不能拿战争这个事实，当作几个穷兵黩武的大野心家的欲望——巴尔干和近东各小国的行动，亦只有适用这个原则去观察。

现在的国际形势，依然恢复欧战的前夜的那几年，什么军事同盟、军事密约、同盟国、协约国、友谊条约、公断条约……而是实在的，各个国家去找各个国家的帮手。各个口里都在讲和平，实在是各个国家都在积极扩充武装。火药库实在到处埋得有，到了时候，自然会爆发起来。我相信在帝国主义时代，根本不会和平。若要有和平的实现，除非帝国主义消灭。英法海协，使战争更逼近了些，同时帝国主义的冲突，表现得更明了了。"山雨欲来风满楼"，希望我们不要放过这个对于我们的暗示！

列强之海军战争形势[1]　胡　维

一、导言

第一次的世界大战，已经过去十年了，在几千万人的头颅和几多亿万的财产所换到战后的平和。世人还没有领略到平和滋味的现在，第二次的大战又迫在眉睫了，或更可说已是箭在弦上。关于第二次世界大战的必然的到临，并且还在最近的将来爆发，这个问题，本篇不能讨论。要之，只要我们看看大战后列强间军备竞争的趋势，谁也不会否认罢。

本篇所讨论的，是现在列强间的海上冲突与第二次大战时海上的战略。关于海上的冲突，在下文中可以看出，但是第二次大战时海上的战略这一问题，在下文的说明前，认为有总括解说的必要。

将来战争的海上战略，就是实行海上封锁，这是由第一次大战的经验所肯定的。海上封锁，在历史上，当拿破仑实行大陆封锁的时候，英国所取的对抗手段，即一八〇七年所发布的"劝告命令"，禁止与法兰西及其同盟国的所有商口的交通，这便是历史上有名的海上封锁。因为海上封锁，能够切断敌国与其殖民地及世界市场的交通，可以使敌国的经济崩溃，使敌国国民怠战，可以迫他不得不屈伏。以现在各国均靠海上的交通来维持国家的生存，这关系上，所以海上封锁，是将来国际间战争惟一的战略，因此几千年来的大陆战争的运命，便也不得不走到断送的途上。

我们试一检阅上次大战间，德国由联合国的海上封锁所受经济上的困难及

---

〔1〕此文发表于《军事杂志》1929年第14期。

军队与国民所受给养的损害，更可以了解海上封锁的重要性。现将德国的输入表列于次：

	一九一二——一九一三	一九一七（单位十法吨）
油种	一，五七一，九二五	一四，七八五
糠	一，七四四，九二七	一〇，一七四
油粕	五三二，九二七	一，九七九
酿造谷物及麦芽生产物	二〇二，二〇二	八，九一六

由这点简单的事实推想，便可知道德奥同盟之所以不得不失败，更可以想到以殖民地及世界市场与世界交通航路支配的地位为国家之死活问题的列强，在将来的世界战争中，对于海上封锁政策的重视。

所以我们要观察第二次的大战，不得不明了目前国际间的重大问题的海军问题以及这问题的种种冲突。现在将英美间、美日间、英法间、法意间的海上冲突，简单叙述于后。

并且我们还可以断定地说，列强间在任何时，永久不能免除可引起战争的敌对关系。列强的经济政策、贸易政策的利害关系，随时都可发生战争，它们本身，也都预料到战争的不可避免。海军问题，便成了它们准备战争的焦点。在粉饰平和的今日，此海军问题，已经是决定的支配彼等的全面政策。尤其在喧腾几年来的军备缩小问题，更加表明在将来战争中的战略及战术的一定方向。质直说，这等问题，实以封锁为将来大战海军战略的根本。

二、英美战争

第一次世界大战的结果，确立了英国在欧洲的霸权，德意志当然已经是丧失了争夺欧洲霸权的能力。就是最初即占国际联盟优越地位的法兰西，假国际联盟之助，与英对争此霸权，亦已归于失败。此中情景，自小协约（波兰、捷克、罗马尼亚等之法兰西为中心的结合）的崩坏，以及欧洲多数小国排除法国的势力等事观之，甚为明显。虽然，第一次大战的结果，巩固了英国在欧洲的霸权，可是同时能够动摇大不列颠世界霸权的强敌，也逢运而生了，这就是北美合众国。谈起英美间的问题，我们便好像感觉到英美战争的急迫了，实际英美间的战争，亦并非迫于目前，而且在最近的将来，或尚不致引起，有时英美间或更可呈现点友谊的关系。自然在英美这种时期所谓友谊，不过是英国表示屈伏美国之前，而甘心放弃独占的全世界海上的支配权而已。但是不论英美它们自身想怎样避免将来的争斗，这是事实上万不许可的。即是英美的战争，是不能避免的。

战前美国，系以农产物输出为主，但到战后，它的企业，已经是膨胀成为发达健全的工业输出国。因此为着要征取世界的市场，便不得不到处侵蚀英国的从来势力范围。关于这一点，要有多少的说明，才可以讲到英美的海上冲突去。事实上美国的发展是具有非常的趋势。在一九二六年，它已支配占世界石灰全消费之百分（之）四三.五、铣铁百分之六〇.二、弹性树胶百分之七〇.九、石油百分之七一.九、钢铁百分之五九.〇八，汽车占世界现有数量百分之八二.七，并且在今后六十年间，欧洲应归还美国的债额达二二〇亿美金。

美国的资本输出，在一九二三年为四亿九千五百万美金，至一九二七年已增加至十六亿美金。美国的工业，在世界一切的场所，均已追踪英国。美国数十年来或数百年来占有特殊地位的亚细亚及亚非利加，均受美国的侵蚀。最显著的，例如在非洲黑人的共和国里比利亚获得广大的弹性橡皮的培植地，因此遂破坏了英国的世界橡皮独占，并且美国对于英国的领土，系有计划的强殖自己的势力，其第一步即向英属的加拿大侵入。英国对于加拿大的投资，自一九一五年——一九二三年间，仅自十八亿六千万美金，增至十八亿九千万。反之，美国对于加拿大的投资，于同一时期间，自四亿二千万美金，增至二十四亿二千五百万，现在已占全加拿大外国投资百分之七十。在澳洲及纽西兰，美国势力的增长，亦达到急速的高度。爱尔兰及美洲，因传统的友谊关系，美国势力的增进，更不待言。因为美国与英国领土之间，如此的接近，对于英国的全外交政策上，给以一个决定的影响。例如假若英国重新缔结对付美国的英日同盟，必定会使加拿大、澳洲、纽西兰等脱离英帝国的关系。

因为上面所述的种种事实上的不可避免的冲突，在英美自身也各自认识到这个冲突是迟早不能避免的，所以各自都极力地为广大的准备。一九一四年美国的海军，尚不过英国海军的百分之四一，在一九二六年已增加到等于英国海军的百分之九二。从此即可明白此种准备，是以何样的速度进行的。一九二六年提出国际联盟的材料，当时两国势力的相对关系如次：[1]

		战斗舰	巡洋舰、驱逐舰及水雷艇	潜水艇	全战舰排水量
英	数	二三	四六、一九三	五六	
	排水量（吨）	六三四，〇〇〇	二三一，三〇〇——二八二，〇〇〇	五七，二〇〇〇	一，三四二，一〇〇
美	数	一八	三〇，二九五	三一	
	排水量（吨）	五二五，八五〇	二四五，一三〇——三四〇，八八〇	八四，八二三	一，二七五，三八三

　　自大体观之，美国于一九二六年已追及英国的海军势力，其组织与英国亦全同，现今仅于速度尚有差异。英国因为殖民地及领土的广阔，为顾虑远距离地点计，于速度非常重视，故英国海军速度，一般的较之美国海军为高。此自其大巡洋舰数量之多观之，即可了然。华盛顿会议之比例分配，英国接受与美国海军同等比率的原则，但不久因考虑上述英国之特种利害关系，即再为关于巡洋舰须得超过之约定（因为英人于大战中贸易上所受潜水艇的危害，尚不能忘怀也），军舰中之最大型，具三万吨至四万吨之排水量者，仅限于战斗舰。同等势力之原则，已自此推行，但是决非为平和目的与军缩目的，是完全因为有他种的理由存在。这是因为巴拿马运河，为美国国防的枢轴，有巴拿马运河，则美国无须在太平洋与大西洋各设特种舰队。假使没有此运河，则美国海军自太平洋至大西洋，必须回航南美；有巴拿马运河，则自华盛顿至旧金山，可短缩八千基罗米达。但此运河的幅员，是受限制，所处地势，欲扩宽幅员，是不可能。若在现在战斗舰以上的大舰，即不能通过。设使军备竞争继续延长，则战斗舰型必更加大。所以美国于限制战斗舰的体积，感受极大的利益，并且美国为保住巴拿马运河的战略上之价值，乃立于海军缩少运动的先头（自然，同时美国还含有以爱好海上平和为根据，而企图获得世界政策指导权之目的）。在日本及意大利，因以上的理由，也就赞成此提案。

---

　　[1]根据所列数据制表。

各强国外观上，有些虽然部分的放弃其新战舰之制造，然自仅破坏已陈旧无用之战斗舰一点观之，即足证明此协定，全非真意缩小战备与战斗舰之军备减缩，且同时战斗舰以外的军舰，即开始猛烈的竞争。立于海军缩少之最先头的美国，用华盛顿协定之自由解释，发表所谓"补助舰"（巡洋舰、水雷舰、潜水舰）的建造计划，若此计划实现，则不待数年，美国海军必立于天下莫强焉的地位。现在建造中之军舰及旧军舰（改造防备）的防备，愈益增大。及对水雷舰等设置诸防御设备等，在海军军备竞争方面，均有很大的作用。在这一点，财政丰富之美利坚已具有压倒英国之势。在英美战争之际，美国在其地理的经济的以及战略的地位观之，最初即占优势，略事说明，即可了解。

英吉利是"世界的帝国"，其生存上与海上的支配权、殖民地及其他市场之结合，有直接关系。每周内英国有六百万吨食粮与二千万吨原料之输入，因此每日须有三千吨或此以上排水量之商船千四百出动，又须有同数之船，在世界各处装货卸货。因此，苟二三周间输入停止，则英国将成如何的状态，是不难想象。事实上，苟能完全断止英国的海上交通，即足迫其降伏。但是美国则拥有全亚美利加大陆之支配权，所有战时的需要品与粮食，仅此即足供给，无待他求。

英之殖民地及领土，散布世界各处，为防御此等地方，则英之海军，不能不有某种程度之分散。海军的分散，即不得不取防御的态势。英国之敌，苟能使英国殖民地及领土陷于相当长期间的孤立，即早已获得胜利。美国之殖民地，数量既不及英国，并且亦不分散，故美国海军，较之英国海军能够集中。更有一重要点，即使美国陷孤立于其殖民地及世界市场之外，甚或其殖民地被敌人占领（与美国远隔之菲律宾，有此顾虑），美国亦决不受决定的打击。即使丧失其殖民地与世界市场，彼仍可继续战争。事实上，美国之地位，较之英国，已占特殊之优势。如：

（一）海军集中。

（二）与英战争时，有先发制人之利。

（三）能冒危险行决战的海战，又应于目的，亦可避免海战。

自然，英国只要从自己的立场看来，真正的海上决战，于自己有利时，亦可取□然挑拨的态度，并且还敢努力于应战。然而英国因其一般的状况，只有被他国强烈的挑拨海上的决战时，迫不得已，然后应战。例如前次世界大战时，运用封锁政策，而受封锁压迫之德意志，为突开活路起见，便挑拨英国，想一决海上胜负，英国乃不得不行朱特兰（Gutland）的海战[1]。不过在英国，它虽不行海战，亦得确保其海上贸易，自始即无不能不于某种情形之下非应战不可之事实。此点自英国观之，实属战略上之一大利益。

在第二次世界大战中，海上能行真面目的决战与否，这是一疑问。因为陆军虽在英勇果断牺牲之下尚易补充，而在军舰，则不可能。舰队不仅其代价过巨，其建设上需要的时间亦过长。在某种情况之下，或尚不能补充，所以列强均尽力量地避免海上的决战。

然而若不经海上的决战，则英美战争的胜负决定，实无从期待，因为纵令占领敌人的土地，并不能认为即可决定胜败。英美间之距离及其殖民地间之距离，均相隔悬远，故占领敌人的领土，殆无问题。此种占领与合并（横于美国之前的西印度诸岛，美国是可以占领）之牺牲，与由此种占领对于决定胜败的意义相比较时，殆属不成问题。

值得英国攻击，且在其攻击成功时，英国方面，即可有利的早日决定战争的运命之唯一攻击目标，只有巴拿马运河，不过美国的海军，也预料及此。数年前，美海军队于巴拿马湾的演习，已证明此攻击为可能。不过事实上，亦证明此危险程度，亦极为微小，因为西印度诸岛与美国的距离为八五〇浬，与英国的距离达四千浬，因此以牙买加为中据之英海军，攻击此有最进步防御设备之巴拿马运河时，美国海军已可先此占领西印度诸岛。

将来英美间争夺世界霸权的战争，自各方面考察时，全属一封锁战争，即长时期妨害敌国与其殖民地及世界市场之结合，同时确保自己结合，而引起的海上小战斗。大战后，世界经济及帝国主义侵掠（略）的重点，已指向亚细亚，尤其是中国。列强为要保持其世界支配权，必于获得太平洋的支配权后，始能发挥作用。因此妨害中国的统一，确保中国海上及太平洋上自己的统制权。此为现时一般的战斗目标。

---

[1] 即遮特兰海战，今称日德兰海战，是英德两国海军于1916年5月31日在北海遮特兰海域发生的海战，也是第一次世界大战期间最大规模的一次海战。此战双方损失以英方为重，但并未改变英国海军控制北海的局面。

在中国海上，因其地理关系，具有支配地位的强国是日本。然而日本以其被制限的经济手段，决非世界霸权的第一候补者。世界霸权的问题，已成为英美互斗的症结。日本只不过在此二大强国间，或明或暗，与何方为同盟者而已。以前英日间的公开同盟，最初固可说是对抗当时俄罗斯帝国主义的侵略，实际亦即为对抗日本传统之敌的美利坚。日英同盟，虽已解除，实际全未变更。对于美国之英日共同利害，依然存在。假使自美若起战争时，英国绝对不能守中立。盖太平洋之支配权问题，即世界霸权之根本问题，美果战胜日本，即可获得太平洋之支配权，此英国之所万不能旁观者。关于此点，想任何人均不致怀疑。

由此观之，英国军事根据点新加坡军港的大规模建设，在获得太平洋的支配权上，实具有巨大的意义。关于新加坡的问题，我想专作一篇来讨论，因为新加坡的问题，是与我国有切肤的关系。要之事实上新加坡一方予日本一大威胁（距台湾一六〇〇浬），他方对更近的菲律宾，亦予以同程度的威胁。盖经彼处出入的船，今后遂受其制限。英国现正建造中的巡洋舰，都是适合于新加坡而设计，今后新加坡，遂使英国能在极东，经常的保持着有力海军（从来在东洋无适合于驻战斗舰的根据地，所以不能保持有力的海军）。英国对新加坡之大规模的设备，就是表现对美国之世界霸权争夺战的准备。

三、日美战争

上篇业已述及日本在世界支配战之英美二主要强国间，占有特种地位，日美在太平洋上之对立——太平洋的意义，前已述过——历史极久且甚尖锐，因此，战争胜败的决定，异常困难。故至今战争的勃发，尚受此点限制。一九二一年美国欲于关岛（日本南方、菲律宾东方）建造一巨大要港，同时于菲律宾建造一具有船坞之造兵厂，想从此对于日本有输送舰队的据点。然此计划的实行，为恐日本即宣布开战所束缚，遂大部分置未即行。（关岛与菲律宾距日本一五〇〇浬）

日本在与美国战争之际，在下面所述的情况上，系占战略上极有利的地位，即是日本的主要战争目标。一方为确保岛国的防卫及与亚细亚大陆的结合（第一为与朝鲜及满洲的结合），他方则为破坏美国与中国的结合。因其与自己的根据地离隔不远，故此二目标，均有达成的可能。日本之战略的地位，因系群岛结成之国，与朝鲜及满洲都只隔断一狭小海峡（日本若施设水雷连锁，则美国海军即不能接近中国海与日本海）。再者，日本亦无防御远方殖民地及根据地之必要，其海上战斗力，可保持最大限度的集中。

美国想在经过太平洋八千浬的海程与日本作战的时候，则在太平洋中必须有一强有力的根据地，是属绝对必要，但是美国尚无此根据地。在华盛顿会议，日本的态度，就在极力使美国放弃此根据地之建设。日本代表加藤男爵，最初即宣言，只要美国放弃关岛及马尼拉的建设计划，则日本可同意于任何造舰的制限。因此美国终于放弃其近于日本之根据地的建设，仅仅确保夏威夷诸岛（距美国五千基罗米达，距日本在此距离以上）的自由行动，日本也同样放弃两三个战略根据地（如台湾、太平洋诸岛）以外之防备。不过日本此等根据地，因原来直接属于岛国，已有坚固的防备。更要者，美国的极重要殖民地菲律宾，与美国非常远隔，可是日本则一跃可到。美国的强力舰队尚未到着菲岛以前，日本已可先行占领，并合此二点考察时，可以相像到美国对于日本是处在如何不利的地位。曾有一个英国的海军军官，对于此问题，有如次的一段言论：

> 美国对于日本战争之际，美国舰队未渡过太平洋而获得适当根据地时，美国舰队司令官，必将陷于最困难的情态之下，彼定无强制决胜的手段，纵令他能将政府当局对于海军的相应行为之要求正当化，指挥充分强固的舰队，然而先发制人之机，已操之敌手。即使出以任何积极的行动，彼亦有百分之九十九归于失败。若与这种情形比较时，则在一八〇六年特雷福尔加海战[1]之前，维纳卢卜的立场，尚较为容易。设使予为美国海军将校，则予虽为遂行职务上的义务指挥海军与日本作战，但是要说自最初即勿陷于失败之运命，而行何等主动的活动，以完成此巨大责任，亦属事实上之不可能。

---

〔1〕即特拉法尔加角海战。

不仅战略上的情形是如此，两国海军的状态及构成，亦使美国海军之任务，感觉非常困难。根据一九二六年的统计，两国的海军力如次：[1]

		战斗舰	巡洋舰	水雷及驱逐舰	潜水艇	全战舰排水量
美	数	一八	三〇	二九五	一二一	
	排水量（吨）	五二五，八五〇	三四五，一三〇	三四〇，八八〇	八四，八二三	一，二七五，三八三
日	数	一〇	三三	一一一	六九	
	排水量（吨）	三一〇，五四〇	二〇五，六三九	一〇〇，八四九	五八，四八五	七四五，四四二

自然，美国海军的本身，较之日本海军非常强大，而且重炮的全数，也有日本的二倍。然而日本的海军，是具有极度的集中性，并且还保持着世界速力最大的巡洋舰。不仅已完成的巡洋舰及潜水艇，现在建造中的，也都适合于远距离的航海。因此日本海军，可以适于自远处接近活动于太平洋上之美海军，并且能收趋避自如纵控随意之效。加以在防御上，保有密接关联之根据地，因此欲击败之，殆不可能。何况日本海军，也具有攻击的性质。

美国海军，若真肉迫[2]日本时，则不得不将上述的困难，置之不顾，进出中国海上，试行破坏日本与亚细亚大陆的结合，盖除全灭日本海军外，此为与日本以致命伤之唯一方法，纵令日本海军尚能动员，尚能战斗，然而日本是非不断的受朝鲜石灰的供给不可，尤其是日本的石油贮藏（即使日本能保持与库页岛的联络，不受扰乱），即平时亦不充分，因为日本是绝对靠输入而生存的国。试就一九二七年日本的输入数字观之，即可明了。其输入要目及其对于消费的百分数如下：

小麦	55%
豆	50%
砂糖	95%

---

〔1〕根据所列数据制表。

〔2〕原文如此。

（续表）

发熟油	75%
木棉、羊毛、镍	100%
铅	95%
锡	80%
钢铁	55%
铣铁	45%
化学制品	75%
机械	55%

由切断日本之此等输入关系，亦只有由此等输入关系之切断，美国始能降伏日本。日美战争，将有如何破坏及多大的牺牲，由上述诸困难点观之，自可预想。

四、英法战争

孤立的英法战争，是不会有的，且较之孤立的日美战争，更乏可能性。然而英法战争，于未来世界战争的范围内，必不可避免。英法之对立，本质为欧洲霸权之获得的争斗，此霸权之获得的关键，即为大西洋和包围欧洲大陆的地中海。与英国争地中海支配权之强国，只有法兰西。欧洲霸权获得之竞争，除一时失败的德意志外，自世界战争以来，英法之对立，益形严重。在国际联盟席上，为获得欧洲霸权之两国，政治家中间的舌斗，当然不过是经济的政治的军事的权力争斗所反映，外交的润色而已。

英国是绝对的依赖世界各部分之生活资料及原料无何等妨害之输入而生存，为英国至其在亚洲及北非殖民地的最短航路之地中海，实属确保此种输入所不可缺者。只有占有地中海最重要部分的法国，能依狭窄的亚尔雪黎水道，可以隔断英国地中海的交通，容易阻止英国的输入。同时支配有北非领土的法国，亦不能不确保与北非的联络。所以英法二强贸易政策利害冲突的大部分，不能不说是集中于地中海。

因此，在此种情况之下，两国为支配地中海，各努力于获得帮助自己的同盟者，由此种努力所收到的效果，便有由法国所卵翼含有滨临地中海的南斯拉夫之小协约。然而南斯拉夫因亚得利亚海为意大利闭锁之故，殆无价值可言。再另一方面，对于此种目的之努力所收的效果，即英意之提携与英希之提携。希拉海军参谋本部，殆全为英国将校所占，此即明示英希提携程度为若何。总而言之，英法互相间已公然的准备海上的战斗。

上次世界战争以前，英国海军的根本战略，乃以海军主力置于北海，但是英海军部的宣言（一九二三—二四年），以"顺应一般战略的情势"，努力强大地中海舰队。今日英海军的主力，遂已置于地中海，其最重要之根据地，为三大陆交叉点之马尔他岛。从该岛至英国有二千哩海程，至新加坡有六千哩。在新加坡未完成以前，马尔他岛为至东洋道上唯一要港，且最大军舰亦能进入。又为确保大西洋向地中海进入起见，英国正在努力交还取得非洲北岸梭打及其背面土地拉尔他尔，梭打在直布罗陀之对面，向汤吉尔直接突击，英国由此交还。现在虽不过仅能支配地中海之入口，然若将摩洛哥西北角汤吉尔前端西岸，亦划入防备区域，则在法国袭击时，可行有利的防御。

世界战争以来，——华盛顿军缩会议以来，法国海军之更加强大，此乃明显之事实。一九二六年，法国海军概数如次：[1]

	战斗舰	巡洋舰	水雷艇及驱逐舰	潜水艇	总排水量
数	一〇	一四	六〇	四二	
排水量（吨）	二一二，七七〇	一四二，六三四	四五，二〇二	二八，九一七	四八三，一一七

尚有多数的军舰及近代的潜水艇，正在继续建造中，并且法国海军构成上的设计，系以英国为作战目标。在运河，在地中海，在非洲海岸线等地的法国海军根据地，最近均非常强固。现在法国的海军，较之一九一四年，确具有更大的战斗力。

英法冲突之不可避免，及对此冲突应该实行准备的方策，此种的呼声，是不绝于耳。当华盛顿会议，法国反对潜水艇之任何制限时，贝尔福（当时列席

---

〔1〕根据所列数据制表。

华会之英外长）即公然宣言，法国之此种态度，全系直接对付英国。在法国的海军将领中，有反英的传统存在，他们的军舰，可以说无时不是以英国为目的。一九二一年，法议会财政委员会的报告者开尔额克氏曾云：

法国若保有二五〇至三〇〇之潜水艇时，则可毫无疑惑的应付将来。

法国为什么需要这许多潜水艇呢？这是不难想象的问题。

五、法意战争

法意间之矛盾——一部分是关系于小亚细亚及非洲之对立的利害关系——地中海即其冲突点，确保地中海西部法国之交通，此为法国生死存亡的问题。意大利于地中海之东部，亦具有同样境遇，两国贸易的大部分，均在地中海中。三面受地中海围绕之意大利，地中海的海面，对于意大利恰好形成一严密的封锁。再者，意大利对于铁、石、炭、木材、磷酸盐等，特别贫弱。在欧洲除英国外，殆无像意大利这样专恃贸易而生存之国家。再有一重要点，意法各在北非保有殖民地，此等殖民地与本国之联络，虽付任何代价，亦不能不保持。但是能确保此交通之唯一保证，只有准备战争与战争本身。所以两国都无时不尽万一的准备。意大利之海军，已显示急起直追法国之趋势。一九二三年，意大利最重要的军舰如次：[1]

	战斗舰	巡洋舰	驱逐舰及水雷艇	潜水艇	总排水量
数	五	一三	一二一	四一	
排水量（吨）	二〇,一七〇	七四,七九〇	七四,二八九	一六,六六八	三〇七,三一五

据贝乌特的调查，至一九三一年，两国海军的数字如次：

驱逐舰	法	八三	意	七一
潜水艇	法	七〇—九〇	意	六〇

---

〔1〕根据所列数据制表。

意大利一方以非常速度膨大其海军，同时用建设适当之同盟政策及根据地，以准备与法国战争。英意同盟，原已具长久历史，一八八七年，两国即曾为对抗法国而结同盟，自此后同盟每更改一次，即更强固一次。我们只须看年前墨索里尼与张伯伦之会见，即足证明。此外亚尔巴尼亚、希腊、西班牙等国，或出于自动，或逼不得已，均各与意大利结有同盟。最近意大利又在萨丁、西西利、亚尔巴尼亚建设多数之新根据地。

意法战争之际，法国考虑其对于英国之关系，不得不留相当部分之海军于大西洋。然而意大利，则可全部集中于地中海，故意大利在最初即占非常有利的地位。再意大利海军与法国海军具有同样敏速性，且意大利之东海岸，无收容大战斗舰之军港。因此意大利最初不得不注主力于轻快海军之建造。如上所述，地中海仅适于海上之小战，但两国于陆上，系属接境，即在陆上，亦得决定胜败。不过实际此胜败之决定，必由于海上之封锁战争，战争之际，意大利必努力隔断法国与北非殖民地之联络。法国亦必努力封锁意大利之输入，此可断言者。

六、结论

以上的叙述，当然是极简单，不过就此，也可明白列强海上战争之形势。我们可以断定说，列强间的相互冲突，是不可避免的，一旦爆发之际，决不是一二国间的战争，必重演像第一次大战同样的世界战争。直至最近，所有国际间的消息，无一项可以和缓上述的冲突，而宁是逐日加强此冲突的程度。在此将来世界霸权争夺战主要舞台的太平洋中的我国与日本，将来会处在一种何样的态势，这在有切肤关系的我国，是不可不稍事预想的。太平洋战争中的主角，当然是英美日三国，设使一旦战争之际，我国竟会处于何样的境地呢？这问题，我们只要看看日本的海军政策，是不难想象得到。

日本生存上的重要问题——同时也就是资源上的最重要的问题——缺乏铁矿、石灰、米、豆等，这是很明显的事实。一旦日本若与任何一国——最有可能性的当然是美国——而引起战争的时候，唯一的先决条件，便是确保与中国、满洲、朝鲜的交通，使中国海上、日本海上的交通线安全。此等航路，是日本的动脉，设使若被遮断杜绝，自亚洲大陆之食料及原料品之输入，则日本国民除饿死以外，必别无他法。所以日本海军的主要任务，就是无论在何时机，须得确保与亚洲大陆的海舰交通线。

在太平洋发生战争的时候，日本海军——不仅海军，是要倾全国的力量，会要尽何样的手段，达成它的任务？他方面日本的敌人，又会尽何样的手段，破坏日本此政策？我国在这种情态之下，会陷于何等的境地？这是很容易相像得到的。

英美海军竞争之始末[1]　寿羲民

　　二十世纪之战场在于海，凡一国之胜败存亡，莫不视其海军之强弱为准。故今日之世界，实列强海军竞争最激烈之时期也。战后英美海军竞争之烈，甚于战前之英德。今年英国工党执政，其新政策拟对美切实调解，世人公信英美海军关系，或将有新发展。本篇对于英美海军竞争之经过，略述大纲，俾供读者参考焉。

　　英国自一五八八年战败西班牙"无敌舰队"[2]以来，向执海上霸权。以今日英国殖民地之广大，海外商业之发达，国内食物之需要，若非有如此强盛海军，自不足以维持其地位。但自二十世纪初年以来，德国勃兴，事事猛进，颇有动摇英国海上霸权之势。遂致酿成欧洲大战。战后德国势力虽已扑灭，不料美国势力又勃兴于大西洋之对岸。且较之昔日之德国，尤为强盛。于是向之英德争衡，一变而为英美竞争。美国自宣布门罗主义以来，对于海外发展，向多忽略。至此感于海外商业，受英国之压迫，深觉有急起直追之必要。遂不得不变更其保守政策。一九一六年美国国会通过议案，建造超等战舰十艘、巡洋舰六艘、小舰多只。同时美海军部宣布其海军政策为"建造与世界最强大海军相等之海军"焉。

---

　　〔1〕此文发表于《中外评论》1929年第29期。

　　〔2〕16世纪中叶起，西班牙与英国因海上贸易发生冲突，西班牙国王腓力二世组成庞大舰队，号称"无敌舰队"，于1588年5月从里斯本出发远征英国，结果遭到惨败，舰队几乎覆没。从此西班牙的海上霸主地位被英国所取代。

华盛顿会议中之海军限制

英美建造巨舰之争，至华盛顿会议时，暂告中止。一九二一年冬，美国发起召集华盛顿会议。其出席讨论缩减海军军备之主要国家，为英美日法意五国。经屡次会议后，此五国于一九二二年二月六日，订立一种"限制海军军备公约"。此约于一九二三年八月廿一日，经各该政府批准实行。其中规定自一九二三至一九三一间，各国战斗舰能力之分配如次：

国别	主力舰只数	主力舰总吨数
英国	二十	五五八九五〇
美国	十八	五二五八五〇
日本	十	三〇一三二〇
法国	十	二二一一七〇
意大利	十	一八二八〇〇

当时议定英国战斗舰吨数及数目多于美国之原因，系以英国战舰多已年龄较长，而美国则建造较晚也。美舰十八艘中，七只落成于一九一八及一九二三之间。而英舰则均成于一九一八以前。又美舰共有炮一九二门，而英舰则共仅一三八门也。

此外各国已成未成战舰之应加毁灭者，计七十只，约占百分之四十之谱。

又航空母舰之吨数，亦规定为英美各一三五〇〇〇吨，日本八一〇〇〇吨，法意六〇〇〇〇吨。

华会公约之弱点

顾大会中对于主力舰及航空母舰，虽加以限制，而对于速度较高行动轻捷之补助舰，如巡洋舰、驱逐舰、潜水艇等，反未规定。此是最为华会缺点。对于美国尤为不利。故在大会中美国曾提议限制补助舰之总吨数。拟为英美各四十五万吨，日本二十七万吨，其潜艇吨数则定为英美九万吨，日本五万四千吨，然为法英反对而罢。

一九二一年十二月二十八日许士代表美国宣称"限制补助舰之总吨数一事，虽不可能，但各巡洋舰之单独吨数，须有规定"。遂即提议巡洋舰每只以一万吨为限，炮口以八寸（吋）为限。彼时各国现存巡舰之中，尚无如此大舰，故此案遂即通过。但其结果不但不能限制军备，反促成各国竞造万吨巨舰。当非许士始料所及也。英海军学家Bywater有曰：

> 倘使彼时无此种规定，则今日各国所造巡舰，大多数当在七千五百吨以下也。

至一九二四年，英日法等国，遂纷纷建造万吨八寸（吋）炮径之巡舰，美国国会亦于同年四月十五日，通过建造此种巡舰八只之议案。其中二只，于一九二六年开工。余六只则于翌年日内瓦会议后始开工也。

国际联盟之裁军预备会

此时各国虽竞事扩充军备，但同时仍希望国际联盟发起一种裁减海陆军备之运动。一九二五年九月，联盟理事会设立"裁军会议预备委员会"，其中有美国参加（美国本未加入联盟）。自一九二六年五月至次年四月，该会共开会三次。其议坛之间，分为两大派别。一派以英美为领袖，主张限制海军军备一事，可以单独进行，不必与限制陆军军备相联。而关于海军之限制，尤须将军舰各种等级，如战斗舰、巡洋舰、驱逐舰、潜水艇等，分别加以限制。规定其只数及吨数。第二派则倡自法国，意大利等和之。其主张以为限制海军，必须与限制陆军空军，联合进行。而对于限制海军之办法，必须以全体军舰总数吨数为标准，俾各国对于各级军舰之数量及分配，有自由伸缩之余地。盖各国海军以技术财政环境之种种不同，因而各级战舰之发展亦异。有长于甲而短于乙者，有盈于此而绌于彼者。若一一使之限定数目与吨数，岂非造成"刻版式"之海军，有何实用可言。当时法国虽竭力主张此说，然英国则谓船只之吨数及只数，终须加以限度。美国亦附和其言。美代表吉卜生在第三次预备会议中发言：

> 如仅以总吨数为准而不加以分配，则最后结果，必仍酿成造舰竞争。此举殊不足以减少国际之猜忌及疑虑。

一九二一年四月十一日，法代表提出折中办法。其法将总吨数分为主力舰、航空母舰、补助舰（万吨以下者）及潜水艇四种，各加限制。但任何一国政府认为安全上必要时，得酌量将甲种之吨数移往乙种。惟至少须于开工建造一年以前，据情报告联盟理事长，方为有效。此案日后在非正式讨论时，有人提议将此种"移补"方法，加以百分率之限制，颇有通过之望。但其后卒以英美二国不能通过，此次会议遂无结果而散。

一九二七年日内瓦裁军会议

一九二七年二月，美国总统顾理治氏，为完成华盛顿会议之未竟任务，及实现巡洋舰及补助舰之限制起见，发起召集英日法意美五国开海军会议。其中法意二国，因上次预备会中意见未能融合之故，未曾参加。是年六月，三国代表在日内瓦开会。各国代表团中人选，大半皆系海军重要官吏，文官仅少数而已。夫以海军领袖讨论海军问题，其主观必甚深固，各代表势必争谋自己利益。该会日后之毫无结果，盖已可预知也。彼时美国大使道斯氏，颇主张以文官解决海军问题，其言曰：

> 海军官将以职业及境遇之关系，其唯一志愿，乃在胜利二字。故其天性中必常以力争海军优胜地位为志愿，决不肯使海军平等。盖彼等深觉非有优胜之海军，不足以得胜利。若仅有平等海军，其胜利即甚难期也。

日内瓦会议于八月四日破裂。其所议主要事件，如巡洋舰之只数及吨数问题，仍无结果。在专家会议中，虽曾议及驱逐舰及潜水艇之替换年龄问题，稍有成绩。然因大会中对于巡舰问题未能解决，故亦未提出大会。

三国之提案

大会中各国代表均有提案，兹分别简述如下：

美国代表提出关于各国巡洋舰之吨数，拟为英美自二十五万吨至三十万吨，日本自十五万至十八万吨。在此种限度以内，各国得依照其军事上之需要，自当建造各式战舰，并不限定只数。舰内武器之装置，除受华会公约之限制外，不受他种限制。

英国代表反对美国单独用总吨数为标准之主张。彼等坚持不但巡舰之总吨数应有限制，即单独巡舰之体量及设备，亦应以一万吨及八寸（吋）径炮为极限，此外各他级军舰之体量亦应有限度。八寸（吋）炮径之万吨巡舰，各国亦应有一定数目。其余可造六寸（吋）径炮之六千吨巡舰以补充之。其理由则以英国领土广大，若舰数太少，恐不敷用。现既有总吨数之限制，则只得多造次级巡洋舰以扩充其数目也。英国并谓英国至少须有八寸（吋）径炮舰十五只，六寸（吋）径炮舰五十五只，共七十只，方足敷用也。

日本代表主张总吨数愈少愈妙。并谓如日本之巡舰及驱逐舰总吨数能在三一五〇〇〇吨以上，则日本拟不添造八寸（吋）炮径之巡舰。

美国代表对于英国之答辩，略谓英国现有高速度商船八八八〇〇〇吨。此等船只，在战时可立时装置六寸（吋）大炮以充巡舰之用。而美国情形则不同。故美国不能赞同八寸（吋）炮径须专装于大舰之主张。又因英国在全球海军港站甚多，随处可以接济军用品，美国则甚少。故次级巡舰之对于美国乃属无用之物。美国至少须有万吨巡舰二十五只，方足敷用也。

当时三国意见，分歧殊甚。欲其圆满解决，诚属难能之事。故其后虽屡经提出折中办法，终未成功。最后一次，美国于七月五日，修改其主张。大旨将巡洋舰吨数由三十万吨加至四十万吨。但坚持此中必须有万吨舰二十五只。其余次级巡舰上之炮位，美国决不拟装置八寸（吋）口径以下之炮。

日内瓦会议失败以后，英美各国知缩减军备前途之无望，遂竞事扩充海军。向之缩减运动，至是变为造舰竞争。美国海军本不如英国，但财力则过之。故于一九二七年十二月，美国下议院海军委员会提出议案，建造大巡洋舰二十五只，航空母舰五只，大驱逐舰九只，潜水艇三十二只，约须金洋七万二千余万元。事为国内各地所反对，众院不得不缩小其计划，改为先造大巡洋舰十五只，航空母舰一只，约须金洋二万七千四百万元。此案已于今年（一九二九）二月，经上院批准，并议决于一九三一年七月以前，全体陆续开工。

英国之海军计划

英国在日内瓦会议以前，早有扩充军备之计划。因华会时并未限制巡舰

之故，英国于一九二三年，曾有"十年内造巡舰五十二艘"之计划，并拟先造
万吨舰八只，但其后工党执政，改为先造五艘。至翌年保守党重行登台，即于
一九二五年七月二十七日，发表在次五年之内，开工建造八寸（吋）炮径巡舰
十六只，共须金五千八百万镑。工党对此大为反对，但在会议中终未能得胜云。

迨日内瓦会议以后，英国政府决定将前项五年造舰计划中之船只，减少三
只。又今年所造之舰三只。其中有二只现已改装六寸（吋）径炮矣。

英法海军协定

英国经预备会议及日内瓦会议多次失败以后，知与美国主张歧异过甚，不
易融和。为便于对美竞争起见，深感有联合法国之必要。遂与法国单独进行。
一九二八年三月，张伯伦与白里安曾在日内瓦商议海军问题，渐有进步。至七
月二十八日，两国政府最后同意对于四种军舰，各加限制。其中除主力舰及航
空母舰，已载华会公约外，此外巡洋舰之炮口在六寸（吋）以上者及潜艇之逾
六百吨者，均有限度。其余较小之艇舰，两方可以随意添造。

法国既已同意以后二种舰艇之分类限制，即不啻表示放弃其预备议中总吨
数及"移补方法"之主张。又此次既已单独议定海军问题，即已不复主张与缩
减陆空军备同时进行矣。故此次协定，实减去预备会中二种争点。然考其实
际，则法国让步之原因，当非偶然。盖英国之立国根据为海军，法国之需要为
陆军。今法既对英之海军表示让步，则英亦可对法之陆军问题，表示不反对。
如此则两国之协议，仍系一种利害的交换，初非真诚的协妥也。

初，英法协定系以秘密手段进行。其后事泄之时，美国未明真相，全国大
哗。国际间亦轰动一时。其实该约宣布之后，吾人可知其并无特别秘密性质。
不过因系英法两国片面之协定，对美不能有利，非美国所能承认耳。此种片面
的协定对于普遍的裁军运动之前途，不免多添一重障碍也。

至于美国反对此协定之理由，大致可见于九月二十八日致英外部通牒中。
其中略谓"此种提议显系专门限制特合美国需要之舰类。结果将使有巨额商
船之国家，在战时大增其攻击力。因此等船上，平时亦可作装置大炮之准备
也。"（见前）最后美国径直表示不能承认此种协议。此牒送出后，英法海协大
受打击，颇有不能成功之势。据Lord Cushendun一九二八年十一月七日在英上

院报告，此项协定，已归停顿云。

英美海军实力之比较

美国海军之实力，目下虽略逊于英，然数年后两国造舰计划完成之后，英美海军实力，当粗能相等。兹略说明如次：

据最近统计，英国巡舰之总数，合已成现造及拟造三者而言，共六十四只，约四十万七千五百吨。此中大半为五千三百吨以下三千七百吨以上之小舰。将来大舰计划完工之后，英国当有八寸（吋）炮巨舰十八只，惟同时将有一部分船只因年老废弃。自一九三五至一九四〇年间，此类废弃船只，共三十只。英政府现虽定每年造舰三只，以资补替，但届至一九四〇年之时，英国巡舰之实数当为五十只也。

美国方面，俟今春国会敕建之万吨巡舰十五艘造成之后，将有八寸（吋）炮舰二十三艘，七千五百吨舰十只，共三十万五千吨。此外小舰二十二只皆年老不适用，故美国巡舰能力，与英国相差甚远。然美国驱逐舰及潜水艇吨数，则在英国之上。且美之驱逐舰均系欧战期内所造，较之英国诸舰，殊为新式，战斗力亦强。若以此点移补巡舰之不足，正甚适当也。

美国现有驱逐舰二百六十二艘，计三一二四七九吨，英国仅一八四艘，计二二八三七〇吨。潜艇数目，美为一一四，英仅七十四耳。

以上数量，均系照一九四〇年之情形而言。如在期前英国不增加其造舰计划，美国亦不将其缩小，则彼时两国军舰之总吨数，大略可相等。盖美国巡舰虽较英少十万吨，然八寸（吋）炮大舰究多五只，亦未始非优胜之处，且美国驱逐舰较英多八四一〇吨，潜艇多一三七〇二吨，合计多九七八一一吨，适足以补其巡舰之短也。

总之，今日英美海军，相差无几，此时实无竞争之必要。诚能双方开诚布公，略示让步，不难成立协妥。惟三十年来，英国为维持海上霸权起见，不惜用种种策略，打倒强敌。故海军平等之原则，非英国所愿容纳。此为英美竞争之起因。今欲消弭英美竞争，自非先求英国让步不可。今幸英国工党执政，对于裁军运动之前途，似有促进之决心，对美尤有联络之意。则世界和平前途，其有望乎。

英美海军问题[1] 傅坚白

（一）本问题之重要：A.关系世界和平；B.影响东亚均势。（二）英国之海军政策及美国战后军备之扩充。（三）太平洋会议之结果及其所未解决之问题。（四）一九二七年三国海军会议失败之原因及对于英美海军政策之影响。（五）英美海军谈判重开之动因：A.财政的；B.经济的；C.军事的；D.法律的。（六）英美海军谈判之经过及伦敦海军会议之召集。（七）法日意等国对于海军问题所持之态度。（八）会议中难题之预测。

自英政府于本年十月七日发出请帖，定于明年一月下旬在伦敦召集海军会议后，海军问题又为世人所注目。由吾人观之，本问题之所以重要有二原因：（一）海军裁减问题能否解决对于未来世界和平至有关系；（二）英美在太平洋上之角逐如不停止，则英日同盟时时有恢复之可能，其结果将使日本在远东益肆行无忌，而陷我国于困难的地位。

英美人士素言英美战争为不可能。此系自欺欺人之谈。以吾人观之，此后在海上堪与英国一战者惟有美国。意大利之海军力远逊于英国，而以在近东一带与法国角逐之故，方欲引英人以自重，其不敢与英国挑衅自不待言。法国方致全力于对德问题，冀能永久保持其在欧陆之优势，其军事计划系以德意俄三国为目标，而在海上则处于防御的地位，故与英人在海上之势力不甚冲突。俄国大唱世界革命，而实则外强中干。德国之海军更减至不足数之地位。故在目前，其能在海上与英人争衡者惟有美国。美国不惟财力雄厚，且在地理上

---

〔1〕此文发表于《东方杂志》1929年第26卷第23号。

处于安全的地位。英国殖民地四播，遇有战事发生不能以其全力与美国相周旋，而美国则因系大陆国家，可集中其主力舰队以与英人相角逐。故自欧战以还，美国实为英国在海上惟一之劲敌。英海军参谋部之作战计划亦即以美国为主要对象。此种军事的猜忌不幸又为经济的竞争所促进。致令英美关系益见紧张。自欧战以还，美国由债务国一跃而为债权国。协约国所欠美国之战债，本利合计不下二二,〇〇〇,〇〇〇,〇〇〇元美金，世界所有现金之半数集中美国，而纽约遂大有代伦敦而为世界金融中心之势。美国与欧洲之商业关系日见发达，而北美及中美更早为美国之经济势力范围。在远东美国之经济势力亦日见增进，而在南美之商业投资关系更大有与英人争衡之势。故自经济方面言之，战后英美之关系极与战前英德之关系相同。英德经济之竞争，其结果促成一九一四年之大战。然则英美经济之竞争其结果亦不免危险。英美对峙之局在欧战终了时已甚显然。太平洋会议后稍见改善，惟未能将困难问题根本解决。自一九二七年英美日三国海军会议失败后，英美关系复行紧张，彼时英保守党之外交政策在联络法日以敌抗美国。此项政策之具体表现为一九二八年英法海军协定之缔结，而其在美国之反响则为海军建造案之通过。此后英美海军入于公然竞争之域，其影响所及，致使裁兵前途毫无希望，世界和平根本动摇。近幸以国际关系之转换，国内政党之更替，英美海军谈判重行开始，并拟邀请其他海军国共谋海军问题之根本解决，此实为海军问题之一转机，世界和平之一佳兆，其此后之发展如何，凡关心国际政局者均不可不注意也。

吾国年来以进行国民革命之故，国人对于列强之相互关系少加注意。有时甚至以列强对华不能一致之故，而吾人所持之政策反得部分成功。实则国际情事有未可一概而论者，而犹以英美关系为然。英美之对峙，不惟危及国际和平，且在远东将使我国处于困难地位，以美日对华利益之不同，限制移民问题之纠纷，美日二国之亲交颇不易维持，美国海军之扩充在在引起日人之疑惧，而使之采取相当的对付方策。故英美海军竞争如日甚一日，则英人在远东势将联络日本以敌抗美国，而日人为自卫计亦只好联英以自重。军事同盟自须附以政治经济的条款，如此则受其影响者厥为我国。吾人试回想战前英日同盟对于我国之影响，则此后英美日三国关系之转变，其对于我国革命前途影响之巨自不难推知。吾人之利益在促进英美亲交，维持远东和平，俾吾乘此时机以徐图我国内部之统一发展。在我国内部未曾发展以前，不希望国际间对远东有合纵连横之局发现。此种愿望能否达到，即视明年海军会议之结果以为断。故此后列国海军谈判之进行至堪注意。兹为明了本问题之原委起见，特将英美海军政策，海军问题已往之历史，此次英美海军谈判重开之动因及其经过，并法日意等国对于海军问题所持之态度，略述如后。

三百年来，英国素以海王自命。其传统政策在维持均势。所谓维持均势有二意义。在欧陆方面英国之策略在阻止任何国家得占优势，而在海上，则常与弱小海军国缔结同盟，以敌制与英国在海上争衡之国家。其所取之目标虽时有变迁，（西班牙、荷兰、法国、德意志曾相继为英海军部之攻击对象）顾其政策则前后一致。在二十世纪初年，其对于英国最为危险者为法俄军事同盟，故英人为应付此危险起见，特结英日同盟以防制之。及德国海军日盛，海上形势转换，英国为应付环境起见，遂不得不与法国妥协，其结果为一九○四年英法协商之缔结，更继以一九○七年之英俄协商。此后欧陆上成三国同盟与三国协商对峙之局。英法协商及英俄协商均附以军事秘密谈话，其目的在协调三国海军以制止德人在海上之发现。此种策略之成功在一九一四年完全表现。德国在北海之主力舰队，因受英人之封锁几完全不能活动。其结果遂令德国海军一蹶不振。

德国海军既败，英人似可高枕无忧，永保其海王之地位矣。惟于此时在海上又有一新势力发生，此即为美国海军之扩充。因此英美海军问题遂为世人所注意。

美为大陆国家，对于海军军备不甚注意。一八九八年美西战争后，美国海军经费始稍见增加。惟于此时美人方注全力于陆上发展，故直至一九一四年大战开始后，美国舆论始渐注意海上问题。此种转换之原因亦甚易明了。在战前美国之出口贸易多赖外国商船运输。战争开始后，英国商船均拨归军用，而中立国之商船亦高抬运费不易赁用。此时美国之出口货物约占国内产额十分之一。因无船运出，出口贸易遂形瓦解。斯后力加整理，并自行购买船舶，出口贸易始稍见恢复。惟于此时战事进行已久，美国海上商业动受交战国之搜检阻挠。各交战国均力诱中立国与自国通商，而百方阻止其与敌人贸易。搜检捕获成为常事，交涉抗议置若罔闻。在此种情势之下，美国遂觉有扩充自国海军，以保护自国商业之必要，而一九一六年之海军建造案遂应运而生。此建造案之通过，其主要目的并非对德，因在一九一七年对德宣战后，海军建造工事反行停止。此后美国即以全力建造商船，其主要军舰与英舰队在北海连合，但并未实际作战，其小军舰则从事于安放水雷及捕获潜艇等事。此为英美海军在海上合作之时期。

欧战告终，英美海军合作立即破坏。此后英国海军部对于美国商船之建造，海军之扩充，即不复欢迎，反之而大有要求其停止之势。故当英美政治家在巴黎和会高唱维持世界和平之日，英美海军专家已为海军问题击案相争。此时美国因经济势力扩大，野心暴发，又以受英人之激动，遂将一九一六年海军计划重行恢复。美海军部力主将船数增加，并于一九二〇年九月所发表之报告中主张美国海军须与世界任何国所有最强大之海军相等。此种计划，一经实现，则英人在海上之霸权即归乌有。依当时美人之预计，就主力舰而论，至一九二四年美国之主力舰队即可与英国之所有者相等，或且过之。故在此种情势之下，英美已入于公然竞争之域。幸以英美国内舆论之督促，远东形势之转换，太平洋会议得以召集，而海军问题亦得部分解决。

太平洋会议之成功，（一）由于日本势力在远东之膨胀，其结果使英美不得不相互妥协；（二）由于英国战后财力之不充；（三）由于数项政治问题之解决，如在远东采取门户开放机会均等之原则，及取消英日同盟代以四国协约等等。太平洋会议之结果为美国军事外交之一大胜利。主力舰比例之决定，使美国一跃而为一等海军国，在海上与英国平分霸权。惟在会议中，关于各国所有巡洋舰、飞机载舰、驱逐舰及潜行舰之吨数比例并未决定。近以海军战术之变更，主力舰渐失其威力，而战斗巡洋舰、驱逐舰及潜水艇之工用反日见重要。在太平洋会议后英国即开始增加其巡洋舰之数目，而法政府亦力谋其潜行艇舰队之扩充。海军竞争重行开始。为避免海军竞争起见，始有一九二七年三国海军会议之召集。不幸会议毫无结果，反使英美关系益见紧张。

三国海军会议之失败有数原因：（一）美政府所持海陆军备各自独立须分别限制之主张，不能为法国所赞同；（二）会内所议事项限于裁减海军之专门技术问题，而将带有政治性之保安问题除外，更自始即令法意二国无参加会议之可能；（三）法意既不参加会议，而英代表之意见复为各国海军专家所左右，于是会议进行遂大感困难。此辈专家自幼所受之训练即以如何胜敌为务，欲其在会议中开诚磋商，互相妥协，势有未能。果也，英代表按等限制之主张不为美代表所容纳，而美代表所提限制总吨位之主张亦不为英代表所赞成。在太平洋会议时，适当各国战后疲敝之际，故美国之主张可以贯彻。盖因海军制限之反面为军备竞争，以彼时之情势而论，其能占最后之胜利者厥为美国。故意法英日四国均不惜委曲求全，冀能于过渡期间图谋其国力之恢复。此种情势至一九二七年已形转变。此时拥有最多数之巡洋舰者为英国，故不肯轻易容纳美国之主张。而美国以财力雄厚，亦不肯对英让步。海军问题至此遂成僵局。英保守党政府在会议失败后之政策，在联络法日以敌抗美国。而美国国内之大海军派（Big navy group）则主张添造巡洋战舰以事抵制。英国联法政策之具体表现为一九二八年八月英法海军协定之缔结，而其在美国之反响则为新海军建造案之通过。依英法海军协定，法国对于英国，关于海军军备，按等限制之主张不再反对，而英国关于陆军限制问题，亦承认将后备兵除外。换言之，即英国承认法国在陆上之优势，以冀法国能拥护英人在海上之霸权。此种原则上之谅解，是否附有其他秘密军事协定，吾人无从得知。惟于三国海军会议失败一年后，有此重要军事谅解发生，其能引起美国之疑忌自无问题。美国外交总长开洛是时为签订非战公约适在巴黎。英首相鲍尔温特曾函邀其于归途过英一行，竟拒而不来。惟于同时至爱尔兰自由国拜访其总统。此种行动在外交界实属罕见，彼时英美关系如何就此事件已可推知。

英国保守党之海军政策并不为国内舆论所赞成。英工党向主裁减军备，而自由党对于保守党之海军政策亦力肆攻击。凡此均与美国舆论以好感，而稍减英美二国间之猜疑空气。美总统荷佛（Hoover）于本年三月间当选，对外以和平为职志，而英工党领袖麦唐纳于本年英国会改选时，亦即以维持英美亲交，裁减海军军备为重要政纲之一。有此新因素，故当英工党执政后，英美关系复见接近，海军谈判重行开始。

英美海军谈判重开，其动因亦有可得而言者。美国在太平洋会议中，关于主力舰既得与英国列于平等地位，则关于其他军舰其希望与英平等自意中事。惟如将现有海军建造计划完全见诸实施，则所费颇巨。依美国现任外交总长之计算，新式主力舰之建造费每只须美金三五，〇〇〇，〇〇〇至四〇，〇〇〇，〇〇〇元。如将美国现有计划实施，则须费一，一七〇，八〇〇，〇〇〇元美金。美国之军事预算历年增加无已。据美总统荷佛所举之数目，至一九三三年，则每年军费与现行预算相较，将增多二五〇，〇〇〇，〇〇〇至三〇〇，〇〇〇，〇〇〇元。一九三三年之军费总支出将为八〇三，〇〇〇，〇〇〇元，与战前历年军费之平均数相较，约增多五三〇，〇〇〇，〇〇〇元美金。以上所举数目为正式军费，军士年金尚不在此数以内，只此项恤金之总额已达八二〇，〇〇〇，〇〇〇元。似此巨大军费，虽以美人之富庶，亦不免觉其负担之重，故美总统急欲与各国政府成立协定，停止军备竞争以减轻自国人民之负担。

美国军费虽巨，其国民负担之重尚不及英人。据英报Observer之计算，英国军费支出，平均每分钟约二百镑，足敷普通工人终年之用。故如仅就纳税者之负担而言，则英人希望裁减军费之切殊不减美人。且英国如与美国实行军备竞争，则英人实无胜利之望。不惟英美所处地理形势不同，工商关系互异，即仅就财力而论，美国亦处于优胜者之地位。据意大利专家之计算，美国在一九二五年之国富约为三八〇，〇〇〇，〇〇〇，〇〇〇元美金，其是年之总进款为七〇〇，〇〇〇，〇〇〇，〇〇〇元。而英国在同年之国富不过一一七，八〇〇，〇〇〇，〇〇〇元美金，其是年之进款为一九〇，〇〇〇，〇〇〇，〇〇〇元，仅占美国收入总数四分之一而强。更就纽约信托公司一九二五年七月所发表之指数，按全人口平均计算，美国每人年有进款六〇六.二六元，纳税六九.七六元，英国每人年有进款三七四.七四元，纳税八六.九四元。美人纳税额在国民总收入中所占之比例为百分之一一.五，而英人纳税与收入之比则为百分之二三.二。据此而言，英人之负担，以视美人，实有较重之感，如实行军备竞争则英人之胜利殊难预期。

年来美国工商业发达，在欧洲投资甚多（据美国商部之计算，在欧洲所放长期贷款，在一九二七年终，共达三，一七一，〇〇〇，〇〇〇元至三，六七一，〇〇〇，〇〇〇元。向欧洲各国政府所借战债其本金共为一一，五二二，三五四，〇〇〇元）。而在亚洲之贸易关系亦日见进步，南北美更早为美国之经济势力范围。故目前美国之真正利益在促进和平，以便发展国际贸易，从事国外投资。关于海军主力舰美国既已与英国处于同等地位，则关于其他军舰如亦能与英人同等，则美国亦即可满足。且如就地理形势而论，美国各种舰队之战斗力如均能与英人所有者相等，即可为已占胜利，而较前亦已大有进步。故就目前形势而论，英国如不与美国竞争者，则美国实无积极扩充海军之必要。同时英国因战后工商凋敝，出口贸易衰退，失业人数增多（英国战后失业人数迄未减至百万以下，每年救贫所费达五千万镑之巨），故亦极欲促进国际和平，恢复国外市场，以便解决国内失业问题。

凡此财政经济的原因均足以促进英美之接近。只须国际形势转换，国内政党更替，则英美即有重开海军谈判之可能。

更就军事方面言之，百年来列国海军之发展，其最后结果在海上势力之划分。在拿破仑战争后，英国不第为当时最强之海军国，且合其他国家所有之海军力亦不足以敌之。此项优势至十九世纪中叶已觉不易维持，而英海军部遂不得不以三国标准自足。及至二十世纪初年复降至两国标准，而惟赖英外交当局之纵横手腕，以防止在海上有二国以上合以抗英之事发生。两国标准虽能维持一时，惟所费甚巨。最后遂不得不缔结英日同盟及英法海军谈话，以资补救，冀能因此集中其主力舰队于北海，以防止德国海军之进攻。此为战前之形势。战后英法海军合作不复继续，英日同盟亦行解除，英海军遂陷于孤立之域。又以战术变更之影响，主力舰渐失其效力，英人在海上之势力遂远不如前。适在此时，美国以战争之结果，一跃而为重要海军国之一，大有向英问鼎之势，而最后在太平洋会议中遂不得不承认英美海军之同等地位。故自百年以来，英海军逐渐失势。此种海上关系之演化，英人无力制止，只得随机应变，以维持其现有之地位。在太平洋会议中，关于主力舰既已允与美平等，则关于其他副舰英美亦须平等之原则亦不得不承受。此又英美海军谈判重开之一原因也。

英美海军问题之不易解决，亦半由于国际法中海洋自由问题解释之无定。关于战时中立国商业在海上所有之权利义务，英美解释各自不同。此问题如就其历史上之演化叙述，则颇为复杂。但如就事实上讨论，则不外交战国与中立国利害之冲突。中立国利在通商，故主张除战时违禁品外，有与双方交战国贸易之自由。交战国之利益在截断敌人之海外供给，故主张在海上对于中立国商品有搜检捕获之权利。关于战时违禁品之种类，国际法中虽已有规定，惟以科学之进步，战略之变更，其每类中所应包含之商品甚难确定。而各交战国更各就自国之利害所在，将违禁品之范围任意扩充。其结果致所有重要商品，几无不在战时违禁品之内。关于此点在欧战期间，交战国与中立国冲突最甚。美国一九一六年之海军建造案亦强半为保护自国商业而始通过，前文已道及。一九二八年之海军建造案亦俱有此种目的。虽以国际联盟之组设，国际战争之机会稍行减少，惟以联盟规约中之罅漏，各国仍有交战之可能。且各盟员如为制裁违反联盟规约之国家，依盟约之规定，而采取共同军事行动，则其活动之范围将益加广阔。美既非国际联盟之一员，遇有此种情事发生，自不肯轻易放弃其中立国通商之自由。故遇此种境地，英国如实地履行联盟规约，则其海军在海上时时有与美国海军冲突之可能。换言之，即海洋自由问题如不解决，则英美海军竞争即不易停止。吾人试一阅百年来之海战法史，海洋自由问题实为英美意见冲突之焦点。英人之法理主张常为其海军战略上之便利所左右，而美人之主张则在拥护中立国通商之自由。幸在英国内商务航业利益亦颇有势力。在拿破仑战争后英国得享长期中立，以发展海外商业为职志，其商人在海上之利益渐为政府当局所注意，故在十九世纪后半期，英美之意见稍行接近。惟英海军当局仍持已往之主张，而毫不让步，一九一四年欧战发生后英美冲突更甚。此种形势直至去岁非战公约签字前尚未变更，因国际战争尚未正式废止之故。非战公约之签字适当英法海军协定揭露之后，以英美交恶之故，一时颇减少非战公约之效力。惟该公约之签订实在国际关系上辟一新纪元。今列国无不认战争为罪恶，则已往国际法上所谓交战国之权利自须重加修正。虽非战公约之缔结，与各国对国际联盟所负之义务并不冲突，联盟规约中公战私战之区分依然存在，惟以签订非战公约之故，几无一国能破坏联盟而不同时危及公约。国际联盟对破坏盟约之国家可与以经济的压迫或武力的制裁，而签订非战公约之国家，对于武力侵略者，至少在道德上有排斥之义务，而对于国际联盟所采取之制裁行为，即不宜再行妨碍。换言之，即非战公约之签订，将美国之中立地位取消，而使之与国际联盟同负维持世界和平之责。此种道德上之义务，法理上之变更，对于各国将来之实际政策，虽未必有何重大影响，但至少与各国和平运动者以精神上的援助而增加其气势，同时将侵略主义者之口实取消，而使之失其根据。换言之，即非战公约之签订为心理上裁兵之初步，故其对于英美海军谈判之影响至为重大。

维持英美亲交，裁减海军军备，为英工党重要政纲之一。本年六月工党组阁后，立即向美提议。正式谈判即于美国新任驻英使道威斯将军到任后（六月十五日）开始。谈判进行极为顺利。于本年七月二日之国会开会词中，英王关于海军问题已有下列之声述："关于裁减海军军备问题，已与美国大使开始谈判。吾甚希望能与我各自治殖民地政府、印度政府及其他友邦政府共同合作，以期裁减世界军备之举早日实现。"至七月二十四日，英首相麦唐纳复在国会中宣称：英政府对于非战公约极为重视，其海军政策即以此为根据。为欲促进英美海军谈判之成功起见，英政府现已决定将现在建造中之二巡洋舰之工事即行停止，取消二潜艇及一潜艇贮舰之合同，缓进其他建造工事，并将一九三〇年海军计划之决定暂行延缓。英政府承认英美海军同等之原则，惟须附以伸缩办法，以便适应二国在平时不同之须要。于决定此种须要时，不宜令专门技术问题阻碍最后的协定。彼拟于国会休假期中，努力进行此事，并拟为此事赴美一行云云。此项宣言传至美国后，适当美总统宴会加入非战公约各国代表终了之际。美总统读毕所得报告甚为欣慰。即于同日午后召见国务卿斯汀生，并立即发表下列陈述："……英首相将其所根据之原则声述至为明了。吾人亦欲本同一精神以进行交涉。麦唐纳先生为表示英政府之好意及其积极愿望起见，将英国本年海军建造工事之一部暂行停止。吾人对于海军问题亦欲表示同一好意。在本年海军建造计划中，吾人有三巡洋舰已令政府海军造船厂从事建造。详细设计正在预备中，以常情计之，其龙骨至本年秋季即可安设。若就现在英美两国所有之海军力而言，英国巡洋舰之战斗力实远胜美国，故即令吾人将此三舰完成，亦不至因此影响英美海军力最后之平等。但吾人为避免误会起见，在未有机会从详考虑此三舰之建造对于最后海军平等之影响以前，暂不安设此三舰之龙骨，虽吾人裁减军费之愿望能否达到，多赖此后之建造工事，如一九二八年海军法中之所定。"

吾人不惮费词将英美当局之谈话择要译述，其意在示英美关系之转换。英保守党之联法政策不惟未增强英国在海上之地位，且使美国海军益见扩充。而英工党之妥协政策不惟于英国威信无损，反使美国自动的停止巡洋舰之建造工事。外交手腕巧拙不同，其所得效果亦因之而异。自前项谈话发表后英美海军谈判进行益利。至本年九月初旬，关于下列数点，双方意见业归一致：

（一）将来所结海军协定须与非战公约确切相连，避免海上竞争，代以海上合作。

（二）海军平等之原则对于各级船只一律适用。

（三）裁减现有海军军备，而不仅以限制海军为足。

（四）谋海军军备之逐年消减，以不替换旧舰之方式求其实现。

（五）延长战舰之年龄。

（六）限制各国所有潜艇及驱逐舰之总吨位。

（七）所定战斗力标准之适用以巡洋舰为限。

（八）为海上警备使用之小巡洋舰须另为一类，不计在海军力以内，至少于计算其战斗力时，亦不能与大巡洋舰适用同一标准。

此外尚有三点未能解决，其内容如何因当局严守秘密，未易测知。英首相即于九月中旬宣布将于九月二十八日赴美，与美总统直接磋商一切未决问题。英美海军谈判至此已告一段落。其在英首相动身以前所得之结果约如下述：

英美政府之目的，始终在求得英美海军力之平等，同时且欲将海军军备实地裁减。为达此目的，在谈判开始时，曾将二国所有之各式军舰均加以考虑。关于战舰在一九二二年太平洋会议时已有规定，此次可无须议及。关于驱逐舰之分配须视潜水艇吨位之增减以为转移。因此问题与法意二国极有关系，故英美不便预先决定。关于潜水艇英美均希望其能完全废除，故对此问题意见更觉相同。其在谈判进行中最感困难者厥为巡洋舰问题。一九二七年三国海军会议之失败，其原因亦即在此。此次谈判之结果，英美关于巡洋舰吨位之争点，最后缩小至二四，〇〇〇至三〇，〇〇〇吨。在英政府之意，以为欲应付将来一切须要，须有巡洋舰五十只。在此总数中，须有十五只巡洋舰，各约一〇，〇〇〇吨，载炮口径八英寸，其总吨位为一四六，八〇〇吨。此外之三十五只，每只各约六，〇〇〇吨，载炮口径六英寸，总吨位一九二，二〇〇吨。美政府则提议须有载八英寸炮之万吨巡洋舰二十一只，载六英寸炮之七千吨巡洋舰十只（Omaha级），载六英寸炮之新巡洋舰五只（每只七千吨）。兹为明了双方之地位起见，特表列之如下：

美国	英国
21八时炮巡洋舰	15八时炮巡洋舰
10Omaha级巡洋舰	35六时炮巡洋舰
5六时炮巡洋舰	
总舰数36	总舰数50
总吨数315,000	总吨数339,000

依上表英美之所争仅系巡洋舰之数目问题。其所欲解决者为：美国所要求之二十一只万吨巡洋舰是否须减少三只，而代以四只载六英寸炮之小巡洋舰，抑或美国仍保有其二十一只之数目，惟将其中三只之载炮口径由八英寸而减至六英寸。此项问题在英首相赴美以前，已否解决，吾人无从得知。麦唐纳即于九月二十八日渡美，十月五日行抵美京，与美总统会见。会见结果有共同宣言发表。（英首相麦唐纳与美总统荷佛会见情形以及共同发表之宣言之内容详见本志二十六卷二十二号美国通讯《英首相麦唐纳来美之经过》一文，兹不赘述。）

英相与美总统之共同宣言系于十月九日发表。至召集海军会议之请帖则于十月七日即已发出，系由英外部送交法美日意四国驻英大使。请帖内容系于事前经英美政府商定。请帖内首言关于裁减海军问题，英美政府之意见已无甚出入。下列数点已经双方在原则上暂时商定：（一）现行谈判系以非战公约为出发点。（二）双方同意关于各级军舰适用"平等"（Parity）之原则，即以一九三六年十二月三十一日，为达到是项目的之日。英政府已为此商得其各殖民地政府之同意，并以为平等原则之适用，在英国方面，须就英帝国所有海军通盘筹算。（三）战舰问题在谈话中已曾提及，双方均以为如能得各签约国之同意，最好能将一九二二年华盛顿太平洋会议条约中所定关于战舰之替换计划重加考虑，以期能削减该条约中所定之替换建造（replacement construction）。（四）双方政府均希望能将潜行艇完全取消，但以为欲解决此问题须商得其他海军国之同意。

为讨论华盛顿太平洋会议条约中所未规定之问题，英政府拟于一九三○年一月下旬在伦敦召集海军会议，并在会议中重行审议该条约第二十一条第二节内所含之问题。在未开会议以前之期中，英政（府）仍欲与其他各国政府继续交换意见，解明各种疑点，并拟在相当期间，将英国在会议中所拟讨论之各问题提交各国政府。亦望各国政府能将其所欲讨论之问题通知英政府。英政府虽拟召集海军会议但并无另设新机关以解决海军问题之意，而实欲能在会议中成立一协定，冀能因此促进国际联盟裁兵委员会之工作，同时促世界裁兵会议之早日实现。

以上为请帖之内容。法美日意四国对于召集海军会议之举均复牒表示赞同。惟并未各将对于海军问题之具体主张在覆牒内提示，吾人此时亦只能就各国已往所持之海军政策，藉以推测各国政府将来在会议中所持之态度。

（一）法国 法国舆论对于召集海军会议之举并不十分欢迎，而尤惧会议结果将置法意两国海军于同等地位。自法人之眼光观之，海陆军备不能分立。法国现行国防计划即系就海陆空三军通盘筹算。如将现制变更，则法人宁将军备扩充，而不能再事裁减。法国现行海军计划系于一九二〇年决定。彼时之意即以为海陆军备互相倚辅，不能分别讨论。法国对于裁减海军之最大让步至多即以限定总吨位为止。法国所有船只须足应付法国国防之须要，而此须要惟法国自身可以决定。以上所述为法国海军计划所根据之原则，至今犹未变更。法国现行海防计划在谋大西洋与地中海间交通之联络，其因此所起之战略问题，除防御法国海岸外，且包含维持 Marseilles 与 Algiers 并 Brest 与 Dakar 间之海上交通。法国因人口减少，在战时须赖北非洲殖民地所练土军之辅助，故对于地中海上之交通极为注意。在法人之意，以为如将法意两国海军战斗力置于同等地位，则法国即不能同时充分维持大西洋与地中海上之交通，因遇有战事发生时，意大利可集中其舰队于地中海，而法国因地理的关系则不能采此方策也。

由上所述吾人可推知将来在会议中，法国对于法意海军平等之原则恐不能轻易承认，而对于取消潜艇之议更不能赞成。法前海军总长，现任众议院海军预算审查员 Dumesnil 君，关于潜艇问题曾有下列之陈述："无论在何时，亦无论依何条件，吾人亦不能同意于潜艇之废除，或失去吾人依国防须要，建造潜艇之自由。吾人所有之潜艇并非为侵略之用，而实欲用以防护自国之海岸及海外领属。更有进着，海军中潜艇之使用，实为阻止最强海军国在海上威迫其他国家之惟一有效的武器。"依次理论，吾人可推知法国所有之潜艇不惟用以自卫，且将用以对英，以维持地中海上之均势。有此原因，而潜艇问题之解决遂益感困难。依法报Gournal Debats之所论，法国参加海军会议之先决条件，有下述二种：（一）保留海军中潜艇之使用；（二）承认法国海外领属之重要，与法国以自定所须轻式巡洋舰数目之自由。

（二）意大利　　意大利对于英美海军谈判自始即不免怀疑。意首相慕沙里尼[1]，前论及人口问题时，曾言意大利必须向外发展，否则即将崩裂。近在法西斯党革命纪念日演说，又谓各方奢谈和平，殊为无味。凡此均为意人对裁兵问题不甚欢迎之明证。意大利之海军政策在力谋与法国平等。关于主力舰法意平等之原则，在太平洋会议时业已决定，现意大利复欲将此原则推行于轻式巡洋舰与潜水艇，故在此方面法意之利害并不一致，将来在会议中争执必多。惟法意均惧英美两国对于裁军问题预有谅解，而强法意两国承认英美所擅定之比率。因是法意二国在将来海军会议中抑或有互相提携之可能。本年十月十七日意大利驻法代办公使曾特访法外长，提议先行磋商特别关系法意两国之海军问题，已得法政府之赞同。是项谈判现实进行如何吾人莫由得知，其是否即为法意合作之先声更无从推断。惟关于取消潜艇之议，意大利亦极不赞成，故若仅就此点而论，法意所处之地位实属相同也。

（三）日本　　日本海军之发达可共分为四时期。第一期自十九世纪中叶起约二十年之间可名为创设时期。此后之二十年，日本海军以对话为目的，故可名为中日争衡时期。当一八九四年中日战争发生时，中国有军舰二十二只，日本有军舰二十只，而中国却为日本所败。第三时期自一八九五年起至一九〇四年止，可名为日俄竞争时期。在此期内日本之海军政策即以能在俄国波罗的海舰队行抵远东以前，将俄国亚洲舰队完全击毁为目标。此项目的在一九〇四年日俄战争开始后完全达到。是为日人势力侵入满洲之始。第四期自日俄战争终了起直至现在，大体上言之，可名为对美时期。日俄战争后，日本海军扩充极速。至一九一五年日本已有战舰十六只、战斗巡洋舰八只、巡洋舰二十二只、驱逐舰六十一只、潜水艇十三只。及一九一六年美国海军建造案通过后，日本亦即于一九一七年将海军扩充，拟添造战舰八只，战斗巡洋舰四只，继扩充为战舰八只，战斗巡洋舰六只。及一九二〇年美国恢复一九一六年海军计划后，

---

〔1〕即墨索里尼。

日本复将其建造计划扩充为战舰八只，战斗巡洋舰八只。是即所谓八八计划，其新战舰之数目系与美国所有者相等。美国之建造计划系定于三年内完成，而日本之设计则期以六载。因美洲移民问题及对华事件，美日冲突日多，故二国间之海军竞争亦日甚。华盛顿会议之结果，将两国以前所有海军计划同时取消，而将其关系大加改善。主力舰之限制，太平洋上海军根据地之停修，使两国之互相侵略变为不可能，猜忌因是解除，和平亦得以维持。

由上所述可知日本之海军政策常在防止任何国家集中其强大之海军于远东以危及日人之安全。华盛顿会议之结果，英美日主力舰之比例虽定为五、五、三，但以地理上的便利，日本海军在远东海上仍占优势。惟此后如将是项比例推行于巡洋舰，则日人在远东之优势即不免削弱。依日本海军当局之意见，载八英寸炮之万吨巡洋舰为最有效力之进攻武器。此后为维持日本与亚洲大陆之交通，保障其自国之安全起见，美日战斗巡洋舰之比例至少须为十与七之比，过此日人即不能让步。关于延长战舰年龄之提议，日人并不反对，其意在能因此减省建造费用，以稍纾日本财力。关于潜水艇，日人不惟不主张取消，且要求其所有之吨位须与英美相等，并主张各国所保有之总吨位即各以七万吨为限。

总观法意日三国之态度可知关于裁减海军有三难题：（一）巡洋舰比例之决定问题；（二）法意海军力平等问题；（三）潜水艇废除问题。将来会议能否成功，即须视此三问题能否解决以为定。

十八年，十一月，十六日，脱稿于伦敦

伦敦海军会议述评^[1] 傅坚白

开会前之磋商及各政府具体主张之披露

A.会议范围之决定

B.日政府具体主张之披露

C.法意海军平等问题之预商及意政府对潜艇问题态度之变更

D.法政府态度之披露及英法在会议前之磋商

E.美政府当局在会议前之表示

F.总结

　　去岁十一月十六日，吾人曾为《英美海军问题》一文，（原文见《东方杂志》第二十六卷第二十三期）其意在就海军问题以往之历史，说明此次海军会议之政治经济的背景，藉以推测各关系国政府在会议中所持之态度。彼时因远在海军会议集会以前，故关于事实的叙述即以英政府发出召集会议之请笺为止。又以在彼时法日意各国政府对于海军问题之具体主张并未在覆牒内提示，故吾人亦仅能就各国以往所持之海军政策及其国内之舆论，以预测其在会议中所持之态度。此种预测以吾人现时所有之文件证之，幸未错误。兹为完成已往之叙述起见，特将在开会以前两月中海军问题之经过分述如后：

---

〔1〕此文发表于《东方杂志》1930年第27卷第5号。

A. 会议范围之决定

在英政府所发出之会议请笺中，曾提议在正式集会前，各关系国政府仍当继续交换意见，以便利将来会议之进行。是项协议即自英首相自美归来后开始。法、日、意各国政府遂将其具体主张披露。惟于叙述是项具体主张以前，关于会议之范围尚有须说明者。麦唐纳自美归来后，曾于去岁十一月五日，在英国会中宣称彼赴美之重要结果之一，即为美总统与彼同意，开诚与英政府磋商关于交战国权利及海军要塞诸问题。论者多谓此系将来在会议中将讨论海洋自由问题之暗示。但于同月九日之伦敦市长宴会中，英首相复宣称海洋自由问题将不在会议中提出。于十二月三日，英首相在国会中答复关于海军会议议题之质问，更谓将来海军会议之唯一议题即为如何可使五国政府，基于相互承认之军力，同意于海军军备之裁减限制。自此项宣言发表后，海军会议之范围遂行确定。吾人犹忆去岁美总统在停战纪念日演说时[注一]，曾提议载事物之船只此后在战时宜与医舰享受同等之待遇。但美总统在当时并未主持海军会议中须讨论是项问题，故其所提议，仅从国际法学之观点上立论，而对于海军会议之议程并无若何关系。反之一般舆论对于美总统演说词之其他部分却非常注意。关于裁减海军问题，美总统特在是日宣称："美国人民于国防所必须之范围以外，不欲多有一炮一舰。彼等极欲海军军备与其他国家为比例的裁减。是在其他国家自定其裁减之程度，美国对于军备之裁减不惧其过低。"是为美国对海军问题所持之原则，此原则至今日固犹未变更也。

B. 日政府具体主张之披露

在去岁十一月所发表之论文中，吾人已曾述及日政府之态度。其具体主张直至去岁十一月十六日始正式提出。在送达美国外交部之牒文中[注二]，日政府曾提议关于载八英寸炮之万吨巡洋舰，将来英、美、日三国之比例宜定为十：十：七，因此为日本国防之最低需要。嗣日本海军会议代表赴欧，取道美国，复与美外部从长协议英日海军问题。据十二月十九日，美日所发表之共同启示[注三]，在谈话进行中，两国所有之军事目的已互相谅解，各代表均将其自国所处之地位开诚宣布，惟并未谈及数字问题，因此为海军会议之范围，故须留待会议中共同解决。同日日代表团首领若槻^[1]（Wakatsuki）对美报宣言，谓日本赞成在一九三六年以前停造战舰之主张。或问美日所有万吨巡洋舰如适用十与七之比，则澳大利亚恐不免发生疑惧。日代表答称，如观查日本全体舰队之组织，可知日本无侵略之野心，故澳大利亚无须疑惧云云。日代表即于十二月二十七日抵英，复声明斯旨。依前所述，吾人可知美日在会议前之磋商并无重要结果。关于日政府之具体主张，吾人现有日政府颁给日代表之训令。兹特简述其内容如后^{（注四）}：

关于载八英寸炮之万吨巡洋舰，日本所有之数目，与英美相较，宜定为百分之七十。

保持日本现有潜艇之吨位，反对取消潜艇。

关于轻巡洋舰及驱逐舰之比例亦须定为百分之七十，但关于万吨巡洋舰之主张如能贯彻，潜艇吨位平等之原则如能建树，则日代表即有权承认关于轻式巡洋舰及驱逐舰之较低的比例。

日代表须相机提议将英美之海军标准降低，以期裁减军备之举得以实现。

主力舰每只之最高吨位须减至二五，〇〇〇吨，载炮口径须减至十四寸。飞机载舰之最高吨位须减至一五，〇〇〇或二〇，〇〇〇吨。并关于各级战舰主张适用下列之年龄的限制：主力舰二十五年，巡洋舰二十年，驱逐舰十六年，潜艇十三年。

以上为日政府所发训令之内容。吾人如以之与日本已往所持之海军政策相较^{（注五）}，其理由亦甚易明了。降低英美海军标准，减少主力舰之最高吨位并延长其年龄均所以节省海军建造费，藉稍纾日本国民之负担。至关于巡洋舰比例之要求，则为对美关系所决定。日本之大陆政策，因受美国之牵制，每不得如愿以偿。故日人之海军政策亦即以对美为目标。其因此所取之策略则在维持日本海军在远东海面上之优势。盖能如此则一旦有事东亚大陆即不惧美国之干涉。美国海军远隔重洋而来，因离其根据地过远，将非日海军之敌，如是则日本在远东即可横行无忌。夫日人大陆政策之能否成功固视吾国人之抗御能力如何以为断，但在目今日人之所顾忌则在美而不在我。故此次伦敦

---

〔1〕若槻礼次郎，前日本首相。

会议中美日海军比例之决定，对于我国之安危亦甚有关系，凡我国人不可不注意也。

C.法意海军平等问题之预商及意政府对潜艇问题态度之变更

海军问题之所以不易解决，一般的言之，可谓由于英美在海上之竞争。其在太平洋上之困难则由于美日之相忌，而在地中海上之症结则为法意之对峙。以麦唐纳赴美之结果，英美问题可谓大体解决。[注六] 如前节所述，美日海军比例尚在磋议中，将来或亦不无妥协之希望。故现时会议前途之最大困难厥为法意海军平等问题。法意在地中海上之角逐固不自今日始。吾人犹忆在战前因摩洛哥问题[1]曾使意大利愤而加入三国同盟。嗣以法意二国关于Tripoli之谅解，复使意大利渐就三国协商之范围。即意大利之加入欧战亦系与协约国预有谅解，惟战后之报酬未能如其所期，是为法意相忌远因之一。自法西斯党在意大利执政以还，主张对外发展，法意在地中海上角逐日甚。因在北非洲法国殖民地内意大利移民甚多。据一九二一年之调查，在突尼斯（Tunisia）、阿尔吉里亚（Algeria）及摩洛哥（Morocco）之法国领属中共有意大利移民一二五，九〇一人，但在意大利北非洲殖民地莱比亚（Libya）内之意大利人则仅为二七，四九五人。[注七]意大利因人口膨胀，在国内无力济养，大有将法国北非洲殖民地取而代之意。又在近东一带法意亦处于相竞之地位。意大利之工商业以近东为其自然之尾闾[注八]，而法国之大陆政策亦以在巴尔干半岛上发展政治经济势力为其重要关键之一。法国在近东一带似无与意大利直接冲突之可能。惟南斯拉夫（Yugoslavia）则与意大利处于相仇之地位。意大利之政治经济的势力已深入亚尔巴尼亚（Albania），南斯拉夫为自卫计，势不得不采取相当之对付方案。南斯拉夫为法国在巴尔干半岛上重要与国之一，其外交多赖法国之援助，故一旦如与意大利冲突，则法国势难坐视。换言之，即法意二国因近东问题时时有冲突之可能。若然，则其在军事方面互相猜忌亦势所难免。法意海军平等之议远倡在一九二二年太平洋会议时，惟彼时所承认者只以主力舰为限。近意政府复

---

〔1〕也称"摩洛哥危机"，是20世纪初期法国和德国为争夺摩洛哥而引起的两次战争危机。

欲将此原则推行于其他战舰。其与法政府之交涉，自接受参加海军会议之请笺后即已开始。其所持之理由系根据海上食物运输及意大利所有商业舰队之重要。据意大利报Popolo D'Italia之所述^{（注九）}，意大利海军之活动范围并不以地中海为限，因意大利所需之食物并非完全来自地中海。如谷物远来自北美，石油则来自波斯湾及大西洋右岸。故即令意海军能在地中海上占优势，则意国人民恐亦不免因地中海外之封锁，而有食物缺乏之虞。又谓如有战事发生，法国在地中海上之军事运输固多赖其海军之保护，但意大利如动员后，亦须赖海上交通之维持，始能将其散在巴西、阿根廷及北美洲之移民运回祖国。即以商业舰队而论，意大利现共有三，二〇〇，〇〇〇吨，几与法国所有者相等，在战时亦多赖海军之保护。故法意海军平等问题之提出，并非仅由于欲保持意大利之尊严（Prestige），而实以本问题关系意大利之生命及其独立，故无论如何亦不能让步云云。是等理由是否充实，吾人无须深究，惟以其代表意人之心理，与海军问题之解决至有关系，故特为叙述，以供国人之参考。同时法人反对法意海军平等之理由亦颇明显。法海军以地理关系须同时防御三方海岸，如承认与意海军适用数理平等之原理（Arithmetical Parity），则法国在地中海上，以军力分散之故，即将处于劣弱的地位。^{（注一〇）}又法国殖民地四散，亦多赖海军之保护。法国兵役制现已减为一年，在法人之意，以为如无殖民地军队之协助，则法国本国内之军力，遇有战事发生，实不足防护东方国境。法国之常备兵在平时有三分之一驻非洲，故海上运输之保护，在法人视之，并非纯为黑色军队之输送，而亦实为欲将其屯驻殖民地之军队运回本国。有此种种顾虑，故法政府对于法意海军平等之议，自始即不赞成。法国始终主张各国宜各按其国防之需要，决定自国之海军力。盖其意以为就意大利现有之海军力及其财政状况而论，彼实无力将其海军扩充至与法国同等之地位，但如此时承认法意海军平等之原则，则日后意政府即将有所藉口。现法国海军之总吨位共为五一三，四一〇吨，而意大利之所有者则仅为二七四，〇七四吨，约占法国之半数而强。^{（注一一）}法国有主力舰及铁甲巡洋舰九只，意大利则仅有四只。法国有飞机载舰一只，而意大利则付缺如。法有八只巡洋舰其载炮口径约在八英寸以上，而意大利所有之数则为七只。故法国如承认法意海军力平等之原则，则须将自国海军毁去半数，其因此所受之损失颇属非细，否则即须坐视意大利扩充海军。此种情势绝为法人所不甘忍受。在去岁十二月初旬，法政府曾间接表示法意海军平等之原则在地中海上可以适用，惟此外法国须有余力以防护其西北海岸及海外领属。此种主张自难得意政府之赞同。对法政府所提缔结地中海保障公约之议，意政府覆牒表示可以磋商，惟同时重申其与法国军力平等之要求，并表明意政府现亦赞同废除潜艇之议，因此法意二国之主张相去益远。本年一月三日法政府将其关于法意海军平等问题之最后意见通知意国驻法大使。此通知书之内容向未发表，惟据一月九日自罗马所得之消息，知法政府已拒绝意政府之提议，而仍主张各国宜按其自国之绝对需要，以决定其军力标准。据法人之计算，法国之海军需要约三倍于意大利。其详情见下表。^{（注一二）}此表为法国海军部所制，系以意大利之需要为单位，复根据领土广狭，海岸线及海路之长短，以决定英、法、美、日、意五国之防御系数（Co-efficients of Defenee）。

国别	面积	海岸线长度	交通之长度
英	一五.八	九.五	一一.二
美	四	四.六	三.二
日	〇.三	三	一
意	一	一	一
法	四.七	二.三	六.八

若就国外贸易及海上运输而论则得下表：

国别	对外贸易	海上贸易
英	一〇.六	一七.八
美	五.八	七.六
日	一.三	二.三
意	一	一
法	二.七	三.六

若将所有因素一并计算在内，则各国海军需要之比例约如下示：

英	一〇
美	四.二
日	三
意	一.六
法	一

据上表而论，可见法国之海军需要大于日本，约及美国，远逊于英而三倍于意。表内数目纯系根据地理及商业的关系而求得，并未将政治因素计算在内，但据此已可见军力平等之原则，在法国方面，甚难承受。

如前节所述，意政府对于废除潜艇问题，态度业已变更。此其原因亦有可得而言者。据伦敦《泰晤士报》去岁十一月八日罗马通信之所述，意政府对于潜艇问题态度之变更，盖由于对法关系。意报 *Mattino*，关于潜艇问题，曾著有论评。该报近为意政府重要机关之一，故其意见颇足示意政府之倾向。该报记者于略述欧战时使用潜艇之历史后，即进而论潜艇废除后法意二国所处之地位。彼以为法国如与英美任何一国宣战，则无论有无潜艇，法国亦将被封锁。但潜艇如不废除，则法国尚可希望采取报复手段。法国如与意大利宣战，自不畏惧意大利所有之少数潜艇，而法国则可利用其在地中海之潜艇，将意大利严密封锁，故潜艇之使用对于法国甚为有利。至意大利所处之地位则与法国不同。依该记者之意，意大利如与英国交战则定被封锁。意大利虽可利用其所有潜艇在地中海上稍施报复，但英国仍可利用其他较远之海程，以与其领属交通。至意大利如与法国交战，则意大利亦将被封锁，但以地理的关系，却无由对法采取报复手段。但潜艇如不存在，则意国所有之海军如能利用得当，尚可使法国之封锁感受危险，其结果，意国自海外输入食品原料之机会及其所有敌抗能力亦即将因之而增加云。

如上所述意政府之赞成废除潜艇，其动机由于对法。但此外仍有一原因是即为南斯拉夫与意大利在亚得里亚海（Adriatic Sea）上之关系。[注一三]在前文吾人已曾提及南斯拉夫为法之与国，而与意大利处于相仇之地位。南斯拉夫因财力绵薄无力建造主力舰，故极力扩充潜艇以为防护自国海岸之用。意大利与南斯拉夫相隔一衣带水，将来如有法意战事发生，南斯拉夫自将袒法攻意，而其在亚得里亚海上之潜艇实为意大利肘腋之患。意政府顾虑及此，故现已赞成潜艇之废除。此其对潜艇问题转变态度之又一原因也。

D.法政府态度之披露及英法在会议前之磋商

法政府关于海军问题之具体主张，在去岁十月十六日答覆英政府请笺之牒文中并未提示。该覆牒表示赞成召集海军会议后，只言法国关于海军问题之主张，已在以往历次国际会议中提明，此时毋庸赘述云云。[注一四]至十一月二十一日，法参议院海军委员会讨论法政府之伦敦会议时所应持之政策，始特将其意见在会议录上注明，以为法国数年前所定之海军计划，在今日实不敷防御法国海岸及海外领属之用，在该委员会之意，以为法国为自卫计，不宜放弃其建造之自由[注一五]一九三〇年之海军预算报告书即于七日以后发表。该报告书内声明法国海军之最低吨位即以一九二八年建造计划书中所定者为限；法国赞成在伦敦召集海军会议之举，但以为各种军备互相倚辅，法国为自卫计，不能赞同潜艇之废除，列国在会议中须承认法国因防护自国海岸及殖民地所负之义务。数日以后，法海军部复将其所拟五国海防需要之表格呈交法参议院海军委员会。此表之内容已见前文，兹不复赘。至十二月十八日，法国务总理泰狄欧（Tardieu）在法国众议院外交海军委员会中陈述意见，复特称法国在伦敦会议中将主张裁减军备问题不能单独解决，关于海军问题所有之决议，须作为将来国际联盟裁并委员会之讨论基础。此后三日中法众议院即从事讨论海军预算。其正式"辩论"（Debate）系于十二月十九日开始。于翌日法政府即将其关于海军问题之意见以"觉书"（Memorandum）通告英政府。[注一六]同时法海军总长即在法众议院中宣布法政府之海军政策，以为伦敦会议仅系预备性质，其目的在促进国际联盟裁兵大会之召集；法国在会议中不能承认关于比较海军力之任何武断的标准，各国均有以充足兵力保障其自国安全之权利；法国为防护其海外领属，在会议中将根据政治的因素以宣布其需要，而不必承认与任何国军力为数理上的平等云。

前述法政府关于海军问题之觉书，系于十二月二十日送达英政府后，同时将其内容通知美、日、意各国政府。其所有主张与法当局之口头表示无甚出入，惟下列数点有特别申述之价值：

英美政府在已往数月内之磋商，系以一九二八年在巴黎签订之非战公约（ *The Pact of the Renunciation of War* ）为出发点。在法政府之意，以为该公约之效力系基于世界舆论，其对于各签约国之拘束力虽亦甚大，但关于和平解决争议之手续，及制止"侵略者"（Aggressor）之办法，该约中均无规定，故就其现状而论，则不能谓其足以保障列国之安全。法政府以为此后关于裁减军备之讨论，宜以国际联盟规约（ *The Covenant of the League of Nanons* ）为出发点。该规约因定有和平解决争议之手续及援助被侵略者之办法，实为此后国际安全之基础。欲谋一般的裁兵问题之解决，必须先之以政治的谅解，而欲解决海军问题，尤须对于海洋自由问题先行同意，确定交战国及中立国之权利，并须预定关于制止侵略之互助办法。

关于限制海军问题，向有按等限制及只限总吨位之二种相反的主张。法代表为调和二者之冲突起见，特于一九二七年提出"变通办法"（Un System Transactionnel）。此"变通办法"于限定总吨位外，同时发表各级船只在总吨位中之分配，并关于各级间之转换定有办法。现法政府虽仍赞成只限总吨位之提议，但利用前述变通办法，如能求得海军问题之解决，则法政府亦即赞成其采用。

海陆空三种军备互相倚辅，法国之海防需要实与其陆军及空军有密切之关系。关于后二者之计算标准，裁兵预备委员会已有所决定。此种成议如重付讨论，则将来关于裁减海军之各种决议即当失其效力。

地中海上之交通对于英法同盟关系重要，若然，则地中海沿岸之海军国是否宜依华盛顿会议中所结四国条约之前例，共结一条约，以保障彼此不相侵犯，并使其他未参加伦敦会议之国家，如西班牙等，亦一同加入。法政府于提出此问题之时，同时表示其赞成缔结事项公约之意，因法政府实衷心希望裁兵问题之解决。

以上所述为法国觉书中重要之点。其持论之动机俟后节再行申述。至英政府对于海军会议之态度，在去岁十月七日所发出之会议请笺，及于同月九日与美总统共同发表之宣言中已详细声明。（注一七）关于会议之范围，英首相于去岁十二月三日在国会中曾有所陈述（注一八），并于本年一月八日向报界宣称，将来会议中将自"无畏舰"（Dreadnought）起至潜水艇止，对于各级船只统行讨论，英政府现与海军部（Admiralty）同意，拟将海军大加裁减，惟以不危及帝国之安全为度云云。吾人犹忆在一九二七年日内瓦海军会议时，英国关于巡洋舰所要求之最低数目为七十只。近据英海军部之计算，谓有五十只即足敷海防之用。本年一月十日英海军大臣（The First Lord of the Admiralty）关于此点曾有所陈述。彼谓现时英国之海军计划系基于一国标准（One Power Standard），关于主力舰即以与最强海军国所有之数目相等为度，惟关于巡洋舰数目之决定问题则不如是简单。近以列国签订非战公约之故，在相当期间内，武力冲突庶可免除，故英海军部现拟将所须巡洋舰之最低数目由七十只减至五十只，但此自以在将来会议中其他国家亦能将其建造计划充分裁减为条件。英海军大臣复谓英政府欲将主力舰之体积（Size）及其费用减少，并谓英美海军平等之原则虽经承认，但关于各种附舰欲求其实现，实属非常困难云。

英政府之态度即在答覆法政府十二月二十日觉书之牒文中详细说明。该覆牒系于一月十日送达法政府，即于同月十二日将其内容公布。^(注一九)该覆牒将法政府所提示之意见逐加考虑，认为与英政府所抱之目的并无不能相容之处。英政府以为欲促会议之成功，各政府不宜预存成见，至关于国防问题及各国基于联盟规约所负之义务，自然无论任何裁兵会议亦须顾及，故英政府在请笺中并未将其特别申述。关于国际联盟规约及非战公约之区别，英政府以为此二条约亦可视为互相补充，非战公约之所定，正以补国际联盟规约中之罅漏，故承认规约上之义务并不能认为系裁兵前途之一障碍。关于限制海军之方法问题，英政府仍主按等限制，但表示对于法国在一九二七年四月所提出之"变通办法"亦欲加以详审考虑。军备相倚之论（The Interdependence of Arments）英政府亦加承认，但以为于未讨论各种军备以前无妨先行讨论裁减海军问题。至关于缔结地中海保障公约之议，英政府以为法政府之提议远逾太平洋四国条约之范围，因该条约只规定召集会议以解决争议，并遇有侵略行为发生时，各缔约国须共同磋议（Joint Consultation）。若就现在地中海沿岸国家而论，因均系国际联盟之盟员，是遇必要时，此种磋商之便利业已存在，故无须另结条约云。

以上为英覆牒之内容，其主要论据在促成会议之召集。至按等限制海军之主张，系因英国之海防需要与其他国家不同，故欲将列国海军按等限制，冀能因此保持英国在海上之优势。关于缔结地中海保障公约之议，其态度之冷淡亦甚易明了。地中海久在英国掌握之中，自苏彝士运河起至直布罗陀海峡止，凡重要海军根据地无一非英国所有，故英国在地中海上之势力甚有优越。若为避免法意在地中海上之冲突，而使英国负保障之责，在英人视之，未免系徒尽义务，故非其所欲。但在法国方面，则是项保障公约之缔结实甚为有利。法国在战后所持之政策在保持其因凡尔赛和约所得之利益。法国在欧陆上现已占得优势，故其外交政策即以保持现状（To Maintain the Status Quo）为首要目的。与小协约国之提携，罗加拿保障条约之签订，法波军事同盟之缔结，非战公约之促成均为此政策之一贯的表现。现法国在东欧方面有波澜、捷克斯拉夫、罗马尼亚、南斯拉夫等国之协助，在莱茵国境有罗加拿条约之保障，均可高枕无忧，惟在地中海方面尚不无顾虑，故欲结一保障公约，以制止意大利在此方面势力之膨胀。此实为其年来所持政策之当然的结果。实则维持地中海上之和平，对于英国亦非无利益，故缔结地中海保障公约之议在会议中实有郑重考虑之价值。

英政府去岁十月所发出之会议请笺曾声明英美协议系以非战公约为出发点。而法政府之覆牒则主张将来会议中之磋议宜以国际联盟规约第八条之裁兵条款为根据。国联规约与非战公约之目的并无冲突之处，而英法政府之取舍则各自不同，此何以故？盖海军会议请笺之内容系先商得美政府之同意。美国并非国际联盟之一员，且亦无加入联盟之意，故不欲以国联规约为出发点。而法政府之所以主持以盟约为根据者则别有深心。依盟约第八条第一款之规定，为维持和平计，各盟员须将其国军大加裁减，其所余者即以能防御国家之安全及共同履行国际义务为限。同条第二款规定国际联盟理事会，于拟定裁兵计划时，须顾及各国之地理关系及其他特殊情形。吾人在前数节内已述明法国关于裁兵问题之态度，其所持原则与盟约第八条之规定无甚出入。故会议中之讨论，如以该条为出发点，则法国之主张即觉振振有词。反之如以非战公约为根据，则法国扩充军备之议即不易自完其说。更有进者，盟约中之裁兵计划系就海陆空军备全般着想。法国的主军备相倚之论，其意盖欲以关于海军之让步，贯彻其关于陆军之主张。吾人犹忆一九二八年英法海军协定之重要内容即为法国承认英国按等限制海军之原则，而英国则承认于计算陆军力时须将后备兵

（Trained Reaerves）除外。^{（注二○）}换言之，法国承认英国在海上之优势，以换得英国承认法国在陆上之霸权。此种谅解自英工党握政后固无形消灭，但法国之目的及其策略则未尝变更。海军会议如以国联规约为出发点，则其所有决议，如法海军总长之所述，不过系预备性质，故将来于开裁兵大会时，法国之主张尚有相机伸缩之余地。此为法国主张以国联规约为裁兵根据之又一原因。

E. 美政府当局在会议前之表示

美政府关于海军问题之态度，在美总统与英首相共同发表之宣言中^{（注二一）}已曾述明。至去岁十二月三日美总统于其送达国会之通启（Message to the Congress）中复表示希望伦敦海军会议成功之意。其重要理由之一，即为因此可节省美国海军建造费。盖将来伦敦会议如无结果，则美国此后六年中之海军建造费将达一，二○○，○○○，○○○元美金，而已有舰队之维持费尚不在此数之内。美国海军部之常年报告系于去岁十二月中旬发表，声明在伦敦会议毕会以前美国将不开始其所拟造三只万吨巡洋舰之工事。于该报告发表后，美外交总长斯汀孙（Stimson）关于海军问题复续有所陈述。如于同月二十一日彼曾言战舰至今仍为海军之主要单位，但彼希望能将所有主力舰之排水量（Displacment）减少，并将其年龄延长。彼复谓在美政府之意，将来伦敦会议中之各项决议宜俱有单独之效力，宜视为海军问题之完全解决，而不宜将其拘束力附以其他条件云。

F. 总结

以上所述为各国在会议前之磋商及其具体主张之披露。此文与前作《英美海军问题》一文系成一系统，与前作比较参观，当可明了海军会议开会前之形势。至开会后所讨论之问题，因较为复杂，且又为篇幅所限，须另待专篇叙述。

（注一）美总统演说词原文见 The Times, Nov. 12. 1929.

（注二）参看 The Times, Nov. 18. 1929.

（注三）参看 Bulletin of International News, No. 14. Jan. 16. 1930.

（注四）参看 The Times, Nov. 22. 1929.

（注五）参阅仆前作《英美海军问题》(载在本志二十六卷二十三号)。

（注六）参阅仆前作《英美海军问题》。

（注七）参阅 A. J. Toynbee, Survey of International Affairs, 1927. p. 122.

（注八）参看 Mcguire, Italy's International Economic Position.

（注九）译文见 The Times, Nov. 22. 1929.

（注一〇）参看法报 Le Temps 之社论。该报关于海军问题几日有所论，大足代表法政府之态度，为研究海军问题者所不可不读。

（注一一）参看 The Times, Dec. 6. 1929.

（注一二）原表见 The Times, Dec. 6. 1929.

（注一三）参看 H. W. Harris, Naval Disarmament London, 1930.

（注一四）覆牒原文见 L'Europe Nonvelle, No. 624. 25. Janvier, 1930.

（注一五）参看 The Times, Nov. 22. 1929.

（注一六）觉书原文见法报 Le Temps，英译文见 Times, Dec. 27. 1929.

（注一七）参看仆前作《英美海军问题》。

（注一八）参阅本篇前文。

（注一九）原文见 The Times, Jan. 19. 1930.

（注二〇）参看仆前作《英美海军问题》。

（注二一）宣言内容见仆前作《英美海军问题》。

十九年三月八日脱稿于伦敦

伦敦海军会议之经过及新海军条约对于各方之影响[1] 傅坚白

A.会议之召集及各国代表团之特色

B.会议开幕之情形及各国首席代表之辞令

C.第二次全会与各国海防需要

D.议事手续之决定及会议日程之磋商

E.第三次全会与英法意各国提案

F.英法提案之比较及其他重要问题之提出

G.英美巡洋舰问题之协议及二国代表之陈述

H.第四次全会与潜艇问题

I.法日代表之说帖

J.会议之停顿及意代表说帖之公布

K.法意海军问题解决之困难及美日副舰比例之决定

L.会议之结束及新缔海军条约之内容

M.会议结果对于各方之影响

仆前在《东方杂志》第二十六卷二十三号上发表《英美海军问题》一文，将十年来海军问题之经过略为叙述。继更作《伦敦海军会议述评》一文描述会议开幕前之情形。（在本志第二十七卷第五号发表）兹以伦敦海军会议已有结果，故更进而论述会议开幕后之形势及新海军条约对于各方之影响。

---

[1] 此文发表于《东方杂志》1930年第27卷第12号。

召集海军会议之请笺系于去岁十月七日由英政府发出。其内容系于事前商得美政府之同意。以各国在开会前协商之结果，正式会议即定于本年一月二十一日在伦敦举行。各国重要代表在本年一月中已先后派定。其名单如下：

英国

The Right hon. Ramsay MacDonald, Prime Minister.

The Right Hon. Athur Henderson, Foreign Secretary.

The Right Hon. A. V. Alexander, First Lord of the Admiralty.

The Right Hon. Wedgwood Benn, Secretary of State for India.

Technical Advisers: Adrniral of the Fleet Sir Charles Madden Vice-Admiral Sir William W. Fishe, and Vise-Admiral Roger R. C. Backhouse.

澳洲

Hon. J. E. Fenton, Minister of Customs.

加拿大

Hon. Colonel J. L. Ralston, Minister of National Defence.

Technical Advisers: Commodore Hose and Major Vanier.

印度

Sir Atul Chatterjee, High Cornmissioner in London.

爱尔兰自由邦

Mr. P. McGilligan, Minister for External Affairs.

Mr. Desmond Fitzgerald, Minister for Defence.

Prof. T. A. Smiddy, High Commissioner in London.

新西兰

Mr. T. M. Wilford, High Commissioner in London.

南非

Mr. C. T. Water, High Commissioner in London.

美国

Hon. Henry L. Stimson, Secretart of State.

Senator Recd, of Pennsylvania.

Aenator Robinson, of Arkansas.

General Charles G. Dawes, Ambassador to Great Britain.

Hon. Charles F. Adams, Secretary of the Navy.

Hon. Hugh Gibson, Ambassador to Belgium.

Hon. Dwight Morrow, Ambassador to Mexico.

Technical Advisers: Admiral William Pratt and Admiral Hilary Jones.

日本

Mr. Reijiro Wakatsuki.

Admiral Takarabe, Minister of Marine.

Mr. Matsudaira, Ambassador to Great Britain.

Mr. Matsuzo Nagai, Ambassador to Belgium.

法国

M. Andre Tardieu, Prime Minister.

M. Aristide Briand, Foreign Minister.

M. G. Leygues, Minister of Marine.

M. Pietri, Minister for Colonies.

M. de Fleuriau, Ambassador to Great Britain.

Associate Delegates: Mm. Massigli and Moysset.

意国

Signor Bordonaro, Ambassdor in London.

Admiral Sirianni, Minister of Marine.

Technical Advisers: Admiral Buzagali.

在上列代表名单中，除英自治殖民地之代表不计外，有三国务总理，二殖民部长，七驻外大使，六海军高等将官，三参议院议员。此外尚有其他专门技术人才才在上列名单中未及备录。故即仅就代表人选而论，此次海军会议之重要已可想见。吾人试更分析各代表团之组成分子，则可见有三种特色：（一）各代表团之首领均系文职；（二）外交军事当局同时出席；（三）政府党与反对党各有代表。此三种特色均关重要。因代表团之首领均系文职，会议之推行不致为偏狭的技术专家所操纵，故会议中之各问题即较易解决。外交军事当局同时出席，可收政策协调之效，故对于会议之前途亦甚有利益。至所谓政府党与反对党同有代表者，原只以美国代表团为限。惟此点亦不可忽视。美国政府对外所缔结之条约最后均须经美国参议院批准始能发生效力。参议院中各党派对于某问题之主张如不一致，则美当局之政策即不易贯彻，故美国民主党领袖参加会议之举，在会议进行期中虽似无关重要，但在会议闭幕后，其便利批准条约之效实不可忽视也。

各国代表于本年一月中旬前后抵伦敦，会议开幕典礼即于一月二十一日在英上议院中举行，由英王亲致开会词（注一），以示隆重。是日继英王演说者为英首相麦唐纳（MacDonald）。渠即于是日被选为会议主席。渠谓会议之目的在谋得军力平衡之谅解，以停止军备竞争节省海军军费，并拟将各国现有海军大加裁减，冀能因此成立一协定，移交日内瓦裁兵预备委员会，以促进将来裁兵大会之召集。彼复谓欲促进会议之成功，于将来讨论各项问题时，第一须顾及各国之不同的需要，第二须将各种军备分别讨论，惟宜同时顾及其与他种军备所有之关系。此次缔结之海军协约将来宜如何修正，即视在新约施行期间其他各国关于陆军及空军之处置以为断。而在他方面，列国对于各种军备之兴趣原自不同，英国之国防及食物运输多赖海上交通之维持，故英国之海军甚关重要。欲英国对于世界和平有所贡献，亦以在海军方面为最有效力云。此种原则上之陈述，实笼罩英国对于海军问题之具体主张，且为英国在会议中之提案留有根据，故吾人特述之，以见其所持策略之一斑。

在会议开幕前，英美当局关于两国间之海军问题已预有谅解，故是日美首席代表斯汀生（Stimson）之演说亦与英首相无甚出入。渠谓裁减军备之举，宜次第进行，目今所要求者宜以国际保安情形所能允许者为限，而即以好意及实际方法求其实现。海陆空三种军备互有关系，限制任何一种，均足以促进其他军备之限制。美国已将其自国及其他国家间所有之特别问题及一切困难加以考虑。美国之出席会议，实欲谋得关于海军问题各方均能承受之解决把法，藉以促进世界之安定与和平云。此项陈述颇觉圆滑。吾人如以之与一九二一年华盛顿会议开幕时美国务卿许氏（Hughes）之演说词相较，则立见其所处地位之不同。彼时适当各国战后疲敝之际，美国实处于最强的地位，故可将其主张直陈无隐。今则时移势异，关于海军问题英美虽已有谅解，但如以此强加之于法意等国，则其难得其承认。故美代表在会议中自始即采取缓和态度，冀博得其他国家之好感。

因英美预有谅解，故法国之地位在会议中颇感困难。其主要目的在打消法意海军平等之议，而其根据则在两国海防需要之不同。适英首相演说词中述及此点，故法国务总理泰狄欧（Tardieu）亦即引用其说，以笼罩其自己之主张。彼在会议开幕日之演说甚为有力，而其妙处尤在能于赞扬英首相之词中，为其自己将来之主张留有根据，此实为外交辞令之极品。彼谓复杂的海军问题不能依单一的数理公式以谋解决，故彼对于英首相先行确定各国需要之主张极为赞同满意。是等海军国之需要不难以数字表出，以资比较。各方如均能以互相谅解的精神解释此需要，则不难成立一协定，而即由本届会议决定其施行期间。各国之需要，一如英首相之所述，系为其地理形势、历史环境，以及其他政治、经济、殖民、航务、国防等情形所决定，为一国生活之表现，故欲谋裁减军备之实施，必须以此等需要为出发点云云。吾人犹忆在去岁十二月中，法海军部曾依领土广狭，海岸线及海路之长短，将英美法日意五国之海防需要列有表格。[注二]依此表之所示，法国之海防需要大于日本，约及美国，远逊于英国，而三倍于意大利。吾人现如将此海防比例与法总理之演说词比较参观，则不难见其用意之所在。彼在此次海军会议中实为最杰出之份子，故其言词及策略均有特行描述之价值。

法总理演说后，意日两国首席代表复相继陈述意见，然无非颂祷和平及希望会议成功之意。此外英自治殖民地之各首席代表亦相继致词，因为篇幅所限不能一一备述。统观会议开幕之情形，会议成功之希望极为浓厚，各代表之感情亦极融洽。然在此表面的现象之后，实伏有最困难之问题。因各国海防需要不同，故其主张甚难一致。又以在法意等国间之政治问题尚未解决，故在军事方面更难谅解。会议之召集虽远在数月以前，但会议日程在开会前尚未决定。试举其大者言之，如限制海军之方法问题，主力舰之替换问题，各国巡洋舰比例之决定问题，潜艇废除问题，以及各国海军总吨位之决定问题。凡此数者，其讨论之次序果宜孰先孰后，各国之意见颇不一致。[注三]日本欲先讨论主力舰问题，而美国则主张先解决巡洋舰问题。意大利欲先讨论法意海军平等问题，而英法则又主张先解决限制海军之方法问题。各方意见分歧，故在会议开幕后第一星期中，其所讨论者仅系会议日程之次序问题。最后始决定先将较易解决之问题加以讨论，俟得有相当结果后，再将其他困难问题次第提出。所有问题均先由各代表间进行磋商，俟各方意见渐归一致后，始交付全会（Plenary Meeting）讨论。

第二次全会（继开幕会议而言）系于一月二十三日在英皇宫 St. James's Palace 中举行，其主要目的在与各国代表以陈述其自国需要之机会。是日会议仍系由英首相主席，并经由意代表葛兰地（Grandi）之动议及日代表若槻（Wakatsuki）之赞同，即由全会选举英代表杭凯爵士（Sir. Maurice Hankey）为会议秘书长。嗣各代表复相继发表意见。（注四）首由美代表斯汀生发言。彼谓美国之海军需要为众所习知，此时毋庸赘述。至英美海军平等之原则更早经英政府欣然承认，作为此次会议之讨论基础。各国之国防需要原系互有关系，故此次海军会议如能定有一般的裁兵计划，则美国亦不难将其海军加以裁减云云。吾人在前文已曾言美代表在会议中之态度颇为和缓，今观其在第二次全会中所发表之言论而益信。盖美国之主要目的在力谋与英国军力平等。此原则既经英国承认，并其实施办法已大体拟定（注五），故美国之主要目的可谓业已达到。此后英国在会议中所争得之利益将无非美国之利益。英国之海防需要尚大于美国，而美国之地理形势则更较英国为安全，故不难以英国所争得之结果自足。此时美国如在会议中力行拥护其主张，则不免有与英国共同压迫其他国家之嫌。反之而采取缓和态度，则遇英国与其他与会国间发生困难时，美国尚可出任调停，因以间接拥护其自国在海上之利益。此其策略颇为巧妙。吾人从旁观察，更不禁羡慕美代表在会议中所处之优越地位也。

在第二次全会中，其继美首席代表陈述意见者为法国务总理泰狄欧。彼之演说极为有力，且证以统计，故较其他代表之演说为切实。彼于重引法政府已往关于海防之论据后，（见去岁十二月二十日法政府送达各国政府之觉书中）即进而以关于下列五项之统计材料证实法国之需要：

（一）母国　法国之海岸及海港分布于三海之中，海军力因是分散。遇有战事发生，非经数日后不能集中，且当须经过为他国所操纵之危险的海程。

（二）海外领属　法国领属四布。其面积共为一二，〇〇〇，〇〇〇方粁，人口六千万。除英国外，其领属之广无及法国者。若与荷兰（Holland）相比，则法国海外领属之面积约六倍于荷兰所有者。若就人口而论，则较荷兰超出一千一百万。又以所有领属分散各洲，故法国所负之责任益见重要。此项领属共分七部，详见下表：

	面积（方粁）	人口
北非洲领属	三，七七〇，〇〇〇	一三，〇〇〇，〇〇〇
东方领属	二〇〇，〇〇〇	二，一〇〇，〇〇〇
西非洲领属	七，六四〇，〇〇〇	一九，五六〇，〇〇〇
美洲领属	一〇〇，〇〇〇	五〇〇，〇〇〇
印度洋领属	六四〇，〇〇〇	五，九〇〇，〇〇〇
安南领属	七四〇，〇〇〇	二一，〇〇〇，〇〇〇
太平洋领属	二〇，〇〇〇	一〇〇，〇〇〇

（三）海岸线长度　母国之海岸线共长二，四三〇海里。其他领属之海岸线共长一五，六七九海里，合为一八，一〇九海里，除英美日三国外，其海岸线之长无逾法国者。

（四）海上交通　由母国至海外各属间之海程共长三三，八五〇海里。其详见下表：

由母国至	
北非洲领属	五〇〇海里
东方领属	一，二五〇海里
西非洲领属	四，二〇〇海里
美洲领属	四，四〇〇海里
印度洋领属	四，五〇〇海里
安南领属	七，〇〇〇海里
太平洋领属	一二，〇〇〇海里
共长	三三，八五〇海里

如将上表与其他海军国之海程相比，则其长度之超过法国者惟有英帝国而已。

（五）经济因素　法本国及其海外领属间之商业关系至为重要，故法国之海军力须能时时保护此次贸易之安全。就海外领属与法本国间之贸易而论，其总值已达一五,〇〇〇,〇〇〇,〇〇〇法郎。与他国之贸易额亦达一五,五〇〇,〇〇〇,〇〇〇法郎。共为三〇,五〇〇,〇〇〇,〇〇〇法郎。是为一九二七年之统计。一九二九年之贸易额尚当较此数为巨。在已往二十年中，法国之殖民地贸易增加四倍。其在各领属间之分配见下表：

北非领属	一三,五〇〇,〇〇〇,〇〇〇法郎
东方领属	一,八六〇,〇〇〇,〇〇〇法郎
西非领属	三,四七二,〇〇〇,〇〇〇法郎
美洲领属	一,一七〇,〇〇〇,〇〇〇法郎
印度洋领属	二,三三四,〇〇〇,〇〇〇法郎
安南领属	七,六六一,〇〇〇,〇〇〇法郎
太平洋领属	三四二,〇〇〇,〇〇〇法郎

如将法本国及其领属在海上所有之贸易合计之，其总值共达八三,二〇〇,〇〇〇,〇〇〇法郎，约占其所有贸易总额百分之六十六。除英美日三国外，其他国家海上贸易比例之高无及法国者。

（六）军事需要　因法国军队之一部须驻居海外，故从军事方面言，法国负有两种责任：（1）须能保障其本国与领属间往返输送军队之自由；（2）须能利用其全军，以防护母国。故从军事方面着想，海上交通之保护实为法"帝国"（Empire）安全之条件云。

以上六点为决定法国海军需要之永久因素。依法总理之意，是等绝对的需要，依国际协议之结果，亦未始不可变为相对的需要。其在海军吨位方面之数字的表现，即统视特殊的政治情势（Particular Political Situation），及由此情势所生之外界的安全程度以为定，而尤赖能确知遇有冲突发生时，法国是否须全赖自力，抑或能得有国际的协助，以制止侵略者。以上为法总理在第二次全会中演说词之内容。吾人以其所举数字甚关重要，且系出自法国官书，由法总理亲自发表，故特为译述以资比较。统观其所持论据，与法政府前布觉书内容无甚出入。彼处处以防护海上交通，保障领属安全为词，使英人无从反口否认，而又能实之以数字，遂使意大利对法军力平等之要求失其根据。彼深知意大利之海外领属不及法国之重要，故先将自国之需要以数字表出。意大利如亦为同样之表示，则不难打消法意海军平等之议。反之意大利如不根据实际需要而惟力主与法国平等，则法国更不难将阻挠会议进行之责加诸对方，以压迫其承认法国之要求。此种策略殊为巧妙。至所谓海军吨位之决定须视特殊的国际情势以为定，更须赖有国际协助者，此仍系重申法政府觉书中缔结地中海保障公约之主张。盖法国战后之外交政策在保持现状，以维持其因凡尔赛和约所得之利益。^{（注六）}地中海保障公约如能结成，则法国在此方面即可安枕。反之英美等国如不赞同斯举，则法国扩充海军之议即觉有根据，至少在会议中拥护其现行建造计划时亦即觉振振有词。法国是否有裁减海军之诚意，吾人无从得知。其所持论据是否完全合理，吾人此时更无须深究。吾人惟觉其所持策略实属进退有据，故特表而出之，以供研究外交术者之参考。

泰狄欧演说后，即由英首相起而陈述英国之意见。彼谓各国之需要海陆军并非以其有某种经济需要，或若干海岸线，而实则须视此等需要及海岸线有无被他国侵凌之危险。换言之，即所须军力之多寡，须视国防上安全之程度以为定。英国之海防需要，其数字早经发表，此时毋庸赘陈。惟下列三点有特别申述之必要：（一）英国系岛国，非与世界其他各部自由交通，即无由维持其自国人民之生活。故英国海军之根本问题，即在如何满足其自国人民之生存的欲望。若就英帝国之特别情形而论，则英国海军更为拥护母国与其自治领属间相互关系之重要工具。（二）为海上警备及维持和平计，英国海军至少须分作三部。彼以须同时警备太平洋及大西洋上之交通，故不能将其军力集中。（三）英人之心理视海防为最关重要。英本国面积甚狭，又无铁路交通可自他方输入食物，故英国如在海上被封锁，是即完全被封锁。故英人在海上须能防护其所有弱点，并制止一切侵略，始足以维持其自国之安全。英首相复谓彼甚欲此种情势之变更，故甚望其他各国，依国际协议，能与英国以信力（Confidence），使英国自信在海上将永无被封锁之虞。如此则英人之心理庶可变更，而英政府之海军政策亦即不难因之而转换云云。

以上为英首相在第二次全会中演说之内容。其所谓所须军力之多寡须视国防上安全之程度以为定者，系对法总理在是日之陈述而发。盖彼莫由否认泰狄欧所举之数字，故不得不另采其他论据以谋对付。以目今情形而论，法国之国防实较已往为安全，故英首相亦特及此点冀能降低法国关于海军吨位之要求。

至其所特述之三点亦系实情。其第三点盖系对美而发，因美国实为目今英国在海上之惟一劲敌。关于英美海军问题，双方幸已谅解^{（注七）}，故关于此点尚无特别困难。英首相为工党之领袖，仍俱有理想主义者之色彩，故其外交手腕亦与旧式外交家不同。惟以英现政府在国会中之地位甚感困难，故英首相之主张亦不能不受英国传统政策之影响。使英工党在国会中如能占有绝对多数者，则海军问题或尚当较易解决也。

是日继英首相发言者为意大利首席代表葛兰地。渠谓一国之军备系与其他国家之军备有关。意大利甚欲将其军备裁减至最低度，而即视其他欧陆国家的军备情形以决定其自国之军备需要。意为地中海上之岛国，其生活必需品之四分之三，系由海上运输而来，而与世界其他部分亦复有密切关系，故意大利以为其自国之海军军备须与其他任何欧陆国家之海军力相等。意代表希望，关于海军军备，能将"一国标准"（One Power Standard），在意大利与其他欧陆国家间，适用至最低程度。只须其他欧陆国家之海军力不超过意大利之所有者，则虽将列国海军裁减至任何低度，意大利亦所赞成云。

意大利代表演说后，日本全权代表若槻复起而发言。彼首先表示会议结果能将各国海军加以裁减，以减轻各国人民之负担。欲达此目的须顾及各国之特别需要及列国军备之相关的性质，务须使任何国家均无侵略其他国家之可能，且亦无被侵略之危险。如能本此原则，在友好同情之空气中，以讨论海军问题，则不难得一公平满意之结果云云。

以上所述为第二次全会之情形。吾人不惮烦琐，将各代表之言论撮要叙述，其意在欲因此窥得各国之态度及其在会议中所取之策略。吾人如以各代表所发之言论与吾人前所述海军问题之政治经济的背景^{（注八）}比较参观，则不难见其命意之所在。统观其所发言论，美代表之持论甚为缓和，英代表则较为质直，法代表极为能干，意代表颇见狡狯，而日代表则极为圆滑。意大利对法平等之要求，衡以两国之海防需要及其现有舰队之实力，其理由原不甚充实。惟以其力主将各国海军大加裁减，亦遂似有片面理由。又以其所持态度系纯以对法为目标，此更足以免除英美之猜忌，预留日后在海上与英美合作之地步。实则以目今国际情形而论，列国海军无大加裁减之可能，故意大利与欧陆国家同时裁军之主张不过为一种外交辞令，但却能因此博得世界和平运动者之同情，以稍掩意大利之强硬态度，此其所以为狡猾也。日人之主要目的在维持其在远东海洋上之优势。盖能如此，则一旦有事东亚大陆即不惧美国之干涉。美海军远隔重洋而来，以离其根据地过远将非日军之敌。其所谓务须使任何国家均无侵略其他国家之可能而亦无被侵略之危险者，总虽圆浑，而实则暗射美日关系而言。此后美日冲突之原因，据吾人观查，惟在远东问题。而日人之积极政策亦侧重在远东方面发展。故其海军如能在远东海洋上维持优势，是即为日人政策之部分的成功，其对于我国之关系至关重大，凡我国人均不可不注意也。

各国代表即于第二次全会中议决设立一委员会，名曰第一委员会（The First Committe），包含所有出席会议之人员。此外复决议遇有必要时再由全会指定分委员会，以考虑其他专门问题。实则所谓全会者（Plenary Meeting），不过将在各代表间所已讨论并各方意见渐归一致之各问题，公开陈述，而一切重要问题仍先由各代表间私行接洽，内容甚为秘密，故外间不易知晓。在第二次全会后，各方所讨论者仍为会议日程之决定问题。英法均主张先解决限制海军之方法问题，而意代表则主张先决定各国之海军比例。而关于限制海军之方法问题，英法意见复不一致。^{（注九）}英国自始即主张将列国海军按等制限，各级战舰不得转换。而法国则主张宜只限制总吨位，在此总吨位中各国有自由分配其所需各级船只之自由。此外复有人提议赞成按等限制之办法，惟须将巡洋舰分为轻重两类。战舰及重式巡洋舰每级之总吨位一经确定即不得转换，其他各级船只如轻式巡洋舰、驱逐舰及潜水艇等级之总吨位，亦须限定，惟基于事先通知，得将各级吨位略事转移。法国最初虽主张只限总吨位，但继则欲各国采用其在一九二七年所提之折中办法（Transactional Proposal）。日本在原则上赞成按等限制之议。惟其所最注重者为重式巡洋舰，故主张关于此级美日之比例宜为十与七。其他轻式巡洋舰亦即以上述对美比例自足。惟关于此级，英国现有之数目较多于美国，故英日关于轻式巡洋舰之比例仅为十与五。按前述美日比例，美国所有重式巡洋舰之数目如定为十八只，则日人之所有者即宜定为十二只或十三只。日人关于潜艇之总吨位更要求八〇，〇〇〇吨为最低限度。此为在第二次全会后之情形。

第三次全会系于一月三十日举行。其会议日程如下：^{（注十）}

（A）法国提案　（一）限制总吨位问题及法代表之折中办法；

　　　　　　　（二）船只分等问题；

　　　　　　　（三）吨位转换问题并其数量及条件。

（B）英国提案　按等限制海军问题。

（C）意国提案　（一）各国海军比例之决定问题；

　　　　　　　（二）各国海军总吨位之决定问题。

　　是日会议即仍由英首相主席。彼首述在已往数日中各代表间交换意见之成功。并谓是日会议之目的即在指定一委员会，以考虑各国所提出之问题。嗣即由意代表葛兰地首先发言。彼谓上列英美二国之提案仅系关于限制海军之方法问题，惟意大利所提之两点则系原则之决定。限制海军本系政治问题，故无论何项讨论亦须顾及下述两点：（一）基于何等相互的军力比例各国拟将其所有军备加以限制；（二）各国是否有裁军之诚意。于讨论其他各问题前，上述两点似宜先行解决。惟以其他国家之代表拟将意代表所提两点暂缓讨论，意代表对此提议亦可赞同，惟须将意代表所提两点仍在日程上保留，并于决定各国军力比例及限定各国海军总吨位以前，其关于限制海军之方法及其他各问题之讨论，意代表虽亦参加，惟并不认为有拘束其本身之效力云。

　　意代表发言后，即由英首相正式声明将意代表所提两点在议程上保留。嗣即由美代表斯汀生动议将英法二国关于限制海军方法之提案交由转任委员会审查报告。继更由美代表吉卜生（Gibson）起而陈述限制海军方法问题已往之经过。[注十一]美代表于其演说中虽亦表示赞同英国按等限制之主张，惟以为其他较小之海军国有趋重建造特种船只之势，故彼亦赞同将法国所提之折中办法作为将来讨论之基础。

　　美代表演说后，法总理亦起而发表意见，所言者无非拥护法代表所提议之折中办法，并将美代表吉卜生赞同法国折中办法作为讨论基础之语重加申述，以增强其自身之主张。此实为彼所惯用之策略。

　　英国关于本问题之意见，系由其海军大臣（First Lord of the Admiralty）亚立山大（Alexander）起而陈述。彼谓在不损害信力（Confidence）及原定比例之范围内，彼亦不反对将各级船只之吨位稍行转换。惟是等转换须限于战斗力较小之船只，而在各级中，其每只之最高吨位尤须严格限定。关于巡洋舰之分类，英国之主张拟将其分为二类。载炮口径在六英寸以上者为一类，其载炮口径为六英寸或六英寸以下者须更为一类云。

英代表演说后，即由全会将美代表之动议通过，并由主席声明会外谈话仍当继续，遇有必要时，再行召集全会云云。是为第三次全会之情形。

在第三次全会后，法国所提之折中办法即被采用为委员会中讨论之基础。此实为法代表之一胜利。其提议之原文即于会议之翌日发表。^(注十二)按此文件，所有海军船只共分六等：（一）排水量（Displacement）逾万吨以上，或载炮口径在八英寸以上者；（二）轻式海面船只其载炮口径逾六英寸以上者；（三）轻式海面船只其载炮口径在六英寸以下者；（四）潜水艇；（五）飞机载舰；（六）特种船只如安放水雷之船只及训练舰等。在上列各级间其吨位之转换并不限于战斗力较小之船只，惟关于转换之吨数则定有限制，且于欲行使此项权利时，须于一年以前通知其他缔约国。吾人试以法国之提议与英国之对案相较，则立见其不同之点。按英国于二月初所发表之对案^(注十三)，系将军用船只分为五等：（一）主力舰；（二）飞机载舰；（三）巡洋舰：A.载炮八英寸或逾八英寸以上者；B.载炮六英寸或在六英寸以下者；（四）驱逐舰；（五）潜水艇。关于（一）（二）两级不得为吨位之转换。重式巡洋舰亦只能与下级船只为限制的转换。其他小巡洋舰与驱逐舰间之上下转换则并无限制。潜艇吨位与他级船只之转换在英所提之对案中并未述及，盖其意在完全废除潜艇也。

英国之主要目的在防止其他国家增造主力舰飞机载舰及重式巡洋舰，故主张关于前二者不得为吨位之转换，而关于重式巡洋舰亦只得向下转而不能为上移。至法国之海防利益则殊与英国不同，故自会议开幕后，英法关于限制海军之方法问题，意见相去颇远。经第三次正式会议后始稍行接近，而其他重要问题亦得次第提出。此后在各代表间所讨论者为主力舰年龄之延长问题，及潜艇废除问题。惟其结果如何，外间莫由详知。英美巡洋舰比例问题亦曾提出讨论。依美代表斯汀生二月六日所发表之宣言^(注十四)，美国所有万吨巡洋舰之数目宜定为十八只，英国所有者即定为十五只，同时英国所有载六英寸炮小巡洋舰之总吨位，得较美国超出四二，〇〇〇吨。但为确保机会均等起见，两国均有使其巡洋舰总吨位完全与他国相同之自由。英代表对此提议在会议中有何表示，吾人在当时莫由得知。据二月七日英政府所发表之说帖^(注十五)，英帝国之海军政策在确保海上交通贸易之安全。并谓欲免除海军竞争之危险，各国须依国际协议，维持彼此间军力之平衡。其为此目的而缔结之海军条约即以施行至一九三六年为限。在一九三五年各关系国即须另行集会，以谋解决海军问题。按等限制海军之议，在该说帖中亦行道及。其具体主张系将所有船只分为五等，而关于各级则为下述之提议：

（一）主力舰　在批准新海军条约十八个月以内，即须将所有主力舰裁减至华盛顿条约中所定之数目。在一九三五年以前必得为主力舰之替换。主力舰每只之最高吨位定为二五,〇〇〇吨，载炮口径定为十二英寸，而其年龄则增至二十六岁，并望能于相当期间谋主力舰之完全废除。

（二）飞机载舰　限制飞机载舰之吨位及载炮口径。其每只之最高吨位即定为二五,〇〇〇吨。飞机载舰之年龄须由二十岁增至二十六岁。而英美所有飞机载舰之总吨位则须由一三五,〇〇〇吨减至一〇〇,〇〇〇吨左右。

（三）巡洋舰　巡洋舰共为一级，但须依载炮口径更分为二类。英国所有巡洋舰之总吨位即定为三三九,〇〇〇吨（共十五只）。小巡洋舰每只之最高吨位即定为六千吨或七千吨。而巡洋舰之年龄则定为二十岁。

（四）驱逐舰　驱逐舰每只之最高吨位须定为一,八五〇吨或一,五〇〇吨。其较高者系以领导舰为限，而其载炮口径则均不得过五英寸。英国关于驱逐舰之施行计划原为二〇〇,〇〇〇吨。惟其他海军国如能将潜艇吨位降低，则英国亦即不难将其驱逐舰之总吨位为相当之裁减。

（五）潜水艇　英政府之意在能废除潜艇。否则亦务须将其每只之最高吨位及各国所有之数目减至最低限度。

以上为英政府说帖之内容，吾人如以之与美代表斯汀生在二月六日所发表之陈述相较[注十六]，则见两国之主张已无甚出入。美代表主张以一九三一年为实现英美主力舰平等之期。英政府为避免裁减海军之行政的困难起见，故主张将此期间展为十八个月。美代表之陈述虽未涉及主力舰吨位及其载炮口径之限制问题，但关于此二点亦并无反对之表示。关于巡洋舰数目之分配两国之意见亦不甚相远，而关于潜行艇之废除问题，则二国之主张更为一致。故自英美代表之具体主张相继发表后，法国舆论界多认为系英美共同压迫法国之表示。实则英美海军问题，在去岁英首相赴美后，已大体解决。然则其在此次会议中之互相提携亦无足深怪。吾人以其所有陈述代表英美政府之具体主张，故特为撮要叙述，以见会议进行之阶段。

各国对于潜艇问题之态度在会议开幕前已表示明白。（注十七）开会后复继续磋议，而各代表即于开第四次全会时（二月十一日）将其关于本问题之意见正式陈述。（注十八）英海军大臣亚立山大主张将潜艇废除其所持理由有五：（一）废除潜艇为全人类之利；（二）潜艇为进攻之武器；（三）废除潜艇可促裁减军备之实现；（四）废除潜艇可减轻财政负担；（五）潜艇中海员之生活甚不舒畅且极为危险。此种论据为美代表斯汀生所赞同。渠提议指定一委员会以考虑下列问题：（一）潜艇废除问题；（二）潜艇使用之限制问题及潜艇单位之规定问题。

意大利代表对于废除潜艇之议为有条件的赞同。惟法日代表则反对潜艇之取消。法代表所根据之理由有三：（一）潜艇之使用与其他战舰无何区别；（二）潜艇为防御的武器，为各海军国必须；（三）潜艇之使用亦可如其他战舰依国际法之所定而加以限制。法代表并谓如必欲废除潜艇则须先解决下列三种问题：（一）所有战斗武器之合法的程度；（二）次等海军国，依其主权之表现及国防之需要，所宜有之海军力；（三）海洋自由问题。此三问题均为会议日程中所无，故法代表特揭出之，以难其他各代表。日代表反对废除潜艇之理由，系根据日本之地理的形势。彼以为其本国岛屿四布，故有赖潜艇之保护。更有进者，日代表并不承认潜艇为海战中惟一的惨酷武器，因其他武器亦可为同一的惨酷使用，如飞机是。日代表虽不赞成废除潜艇，但主张将其使用加以法律的限制。因法意等国代表亦曾为同一的表示，故及由全会决定设立一专家委员会，以审议报告限制潜艇之办法，而潜艇问题至此遂亦告一段落。是为第四次全会之情形。

自会议开幕后，日代表迄未将其主张对外间正式披露。直至二月十三日始有一说帖发表。依此说帖，日本所有之海军须足保障其在远东海洋上（Far Eastern Waters）之安全。对英法所提限制海军吨位之相反的主张，日本拟采取折中办法，并拟容许各级间吨位之转换。

在一九三六年以前日本拟不建造主力舰，并拟将主力舰每只之最高吨位由三五，〇〇〇吨减至二五，〇〇〇吨，其载炮口径减至十四英寸。并拟将其年龄之限制由二十岁展至二十六岁。

华盛顿条约中限制飞机载舰之各项规定须推用于万吨以下之船只。排水量万吨之飞机载舰,其年龄的限制须由二十岁增至二十六岁,而其较小之船只则定为二十岁。

关于各种副舰,日本须与其他国家维持相当之比例。其他国家如肯将副舰裁减,则日本亦即可将其所有副舰为比例的裁减。

日本对载八英寸炮之巡洋舰最为重视。在此级中,其所有者,与他国相比,须足敷其国防之用。载六英寸炮之巡洋舰,其每只之最高吨位须定为七千吨或七千五百吨,而对于驱逐舰及该级中领导舰之最高吨位及其数目亦须加以限制。巡洋舰年龄之限制即定为二十岁,而驱逐舰则定为十六岁。

潜艇为防御的武器,故日代表拟将其保留。同时并拟与其他代表协议限制潜水艇之办法,并拟将其年龄限制定为十二岁。

统观日代表之说帖,并未道及美日重式巡洋舰之确定比例。而此问题实则为此后美日间交涉之中心。日代表处处以国防为词。实则日本海军如能操纵远东海洋,是即为日本海军之胜利,盖美日地理形势不同也。

自日代表说帖发表后,英美日三国之意见已渐行接近。是即为后来缔结三国海军条约之张本。自二月中旬以后,会议中所最感困难者厥为法意海军平等问题。法代表之说帖系与日代表之说帖同日发表。^(注十九)依此说帖之所示,法国现有之海军力共为六八一,八〇八吨,并拟于一九三六年将此数扩充至七二四,四七九吨。在一九三六年以前之建造计划共为二四〇,〇〇〇吨。在此总数中有一九六,八〇〇吨为替换建造。法国所要求重式巡洋舰之总吨位共为一二四,八五〇吨。此总数系由万吨巡洋舰十只及其他载炮口径在六英寸以上之旧巡洋舰相合而成。关于小巡洋舰之数目,说帖中并未道及。惟一九三六年之总吨位中(七二四,四七九吨)附有轻式船只一项,计共为二五八,五九七吨,系由小巡洋舰、驱逐舰、鱼雷艇等各级船只相合而成。说帖之其他各节,述及停造主力舰及其最高吨位之限制问题,并复申军备相倚之论。并谓法代表仍欲与其他代表磋议缔结保障公约问题,冀因此能将各国绝对的国防需要变为相对的需要云云。

吾人观于法代表说帖之内容,见与其在会内之主张甚为一致。自此项说帖发表后,法国泰狄欧内阁即于二月十七日因国会投不信任票而辞职。法代表先后返巴黎，会议因以停顿。直至三月五日，第二次泰狄欧内阁成立后，法代表始重行归来。在会议停顿期中其他各代表间所讨论者，仅系限制使用潜艇之法律问题及免限船只（Exempted Ships）之定义的商榷。后一问题至二月二十五日各方意见业归一致，并有正式公告发表，谓各代表间之私人谈话（Private Conversation）仍当继续，在法代表未返伦敦以前，其利益即由法国驻英大使暂代云云。

如前文所述，英法美日各国代表的均先将其在会议中之主张公布。而意代表亦即于二月十九日发表一说帖，宣布意大利之海军政策。[注二十]此说帖仍始终主张法意海军平等之论。并将在华盛顿条约中所未限制之各级船只，就英法意所有者加以比较，以示法意之海军力相去并不甚远。但意大利之计算系仅基于现役船只，而将已设计建造之船只，及年龄逾二十岁以上之巡洋舰，十六岁以上之驱逐舰，及十二岁以上之潜水艇等统行除外。其结果与法代表在二月十三日所发表之数目相去颇远。法代表之计算系将现役船只及现在建造中并及已决定建造（Authorized to Build）之船只一并包括在内。故其所得总数较意代表之计算超出一五〇,六六三吨。其详情见下表：

类别	意国的吨数	法国的吨数
已造及建造中的万吨的或装八英寸炮的巡洋舰	六〇,〇〇〇	七〇,〇〇〇*
其他较旧的装有六吋口径以上的巡洋舰	一三,八三〇	六六,九六三**
有六吋及六吋口径以下的巡洋舰	四一,八七〇	二二八,八九七***
已建造的及在建造中的Leaders与毁灭舰	一一五,六〇五	
已造的及建造中的潜行艇	八一,七六七	九七,八七五****

附注：*包括已设计的一只万吨巡洋舰。
　　**似乎包括五只二十年及二十年以上年龄的旧舰。
　　***包括许多特别的舰艇，一艘二十七年的旧巡洋舰，七艘十七年及十七年以上年龄的旧的毁灭舰，以及七艘二十二年及二十二年以上年龄的旧的鱼雷艇。
　　****包括十一艘十四年及十四年以上年龄的旧的潜行艇。

自意代表之说帖发表后，各政府对海军问题之态度已完全明了。此后各代表间之磋议即趋重于法意海军平等问题及美日巡洋舰比例问题之解决。自泰狄欧法新内阁成立后，法外长白里安即于三月六日返英。英美代表均要求其能将法国现行建造计划加以裁减，而法外长则以能缔结地中海保障公约为先决条件。此时英美舆论均不赞成此项公约之缔结，故本问题一时甚难解决。惟以法国现定海防标准过高，遂使英国对欧陆所持之两国标准（Two Power Standard）亦不得不提高，大有牵动英美成议之势。法新任海军总长杜美尼（Dumesnil）抵伦敦后，虽将法国所要求之总吨位稍加削减，惟仍不能满英美代表之意。而意代表更坚持对法平等之主张，故法意问题亦无出路。缔结地中海保障公约之议既为英美舆论所反对，于是英首相不得不另筹其他方式，以冀能满足法国之保安的要求，而将其海军总吨位加以裁减。在本年三月终，英首相曾邀请意代表葛兰地与英法代表共同讨论国际联盟规约第十六条之解释问题。其意在能确定该条中所规定国际武力制裁之性质。惟不幸为意代表所谢绝，而英法之解释，对海军问题亦无何影响。故在本年四月初旬，法国仍坚持其所发表之海军计划，而法意海军平等问题亦毫无解决之望。

美日巡洋舰比例问题亦为会议中难题之一，而其关系之重要亦不减法意海军平等问题。美日在会议之前交涉，业见本文上篇，兹不复赘。至本年三月中旬美代表雷德（Reed）曾向日代表若槻提议将美日所有各级副舰之吨位规定如下：

载炮口径八英寸之重式巡洋舰，美一八〇，〇〇〇吨；日一〇八，四〇〇吨。

其他小巡洋舰，美一四三，五〇〇吨；日一〇一，四五〇吨。

驱逐舰，美一五〇，〇〇〇吨；日一〇五，五〇〇吨。

潜行艇则美日各为五二，七〇〇吨。

其各级副舰之总吨位，计美为五二六，二〇〇吨；而日则为三六七，〇五〇吨，仍与美日主力舰之比例相去不远。

前项提议即由日代表转达东京政府核夺。直至四月一日，始有正式答覆前来。依此覆牒日政（府）虽承认美代表之提议，惟附有下列四条件：（一）在一九三五年后，日本有建造重式巡洋舰之自由；（二）潜艇舰队之早日替换；（三）新海军协定之有效期间以一九三六年年终为限；（四）限制主力舰须顾及其与各级副舰之关系。此四条件并未根本变更美代表之提议，故美日海军比例问题至此可谓已告解决。日当局即于四月二日正式陈述日政府之态度。谓美代表之提议可作为将来海军条约之基础，惟该条约须以施行至一九三六年年终为限。条约期满后，各关系国即均有依国防需要以建造海军之自由。为维持日本造船厂之建造能力起见，日政府拟于一九三六年以前建造有限数之潜艇。至关于各级副舰比例之承认，则须以各关系国能停造主力舰为条件云。

关于上述各点，如何始能满足日政府之要求，半系专门技术问题，故即决定由会议中交付专家会议审查报告。而美日海军比例问题，至此亦告一结束。

英美海军问题在去岁九月间早已大体解决，而美日海军比例在本年四月初旬亦行商定。此后会议中之惟一难题即在法意海军平等问题。意代表坚持对法平等之主张。而法代表则以缔结政治公约（Political Pact）为削减法国海军计划之先决条件。在四月初旬，英法当局犹冀能商得美政府之同意，共缔一咨询公约（Consultative Pact），以便在地中海方面遇有战事危险发生时，各国能共同协议维持和平之办法。适此时美国举行补缺选举，马克寇尼夫人（Mrs. Mac-Cornick）以"不与闻欧洲事"之政纲在Illinois州当选。美国舆论之趋势至此益见明了，故缔结政治公约之议终不得美当局之赞同。而在他方，法第二次泰狄欧内阁组成后，多赖右方党派之援助，故益难对意让步。法意问题至此竟成僵局。计自海军会议开幕至四月初旬已历时两月有余。法意问题一时既无出路，而法国亦不肯将其现行海军计划加以削减，则势难令其他国家代表久羁伦敦，徒耗时日。故各代表团首领即于四月十日决定先就各方案已同意之各点草一条约，由各关系国分别签署。其未解决之法意海军平等问题及法国海军计划之削减问题，即由英法意三国外交代表继续磋议。并决定于四月十四日举行一全会，以结束会议中之一切事项。各代表即于四月十四日之全会中采取各专家委员会之报告，并指定起草委员会，草拟正式条约。

该条约[注二十一]系于四月二十二日由各国代表在最后全会中正式签字。计全约二十六条，共分五章。其第三章（由第十四条至第二十一条）构成英美日三国海军协定，为此次会议之重要结果。此章系仅对英美日三国有拘束力，除将三国应有巡洋舰、驱逐舰及潜行艇之总吨位加以规定外，并首将各级船只之定义加以说明。所谓巡洋舰系指除主力舰及飞机载舰外之其他海上战斗船只，其标准排水量逾一，八五〇吨，而其载炮口径逾五.一英寸以上者。巡洋舰复分二类：（a）载炮口径在六.一英寸以上者；（b）载炮口径在六.一英寸以下者。

驱逐舰之定义为海上战斗船只，其标准排水量不逾一，八五〇吨，而其载炮口径不逾五.一英寸者。

依前述定义，英美日三国，在一九三六年十二月三十一日以前，所有各级船只之总吨位即以下表所列数目为限：

类别	美	英（英帝国）	日
巡洋舰 （甲）装口径六.一英寸以上的炮者 （即口径一五五糎以上的炮者）	一八〇,〇〇〇吨 （即一八二,八八〇米突吨）	一四六,八〇〇吨 （即一四九,一四九米突吨）	一〇八,四〇〇吨 （即一一〇,一三四米突吨）
（乙）装口径六.一英寸或以下的炮者	一四三,五〇〇吨 （即一四五,七九六米突吨）	一九二,二〇〇吨 （即一九五,二七五米突吨）	一〇〇,四五〇吨 （即一〇二,〇五七米突吨）
毁灭舰	一五〇,〇〇〇吨 （即一五二,四〇〇米突吨）	一五〇,〇〇〇吨 （即一五二,四〇〇米突吨）	一〇五,五〇〇吨 （即一〇七,一八八米突吨）
潜行艇	五二,七〇〇吨（即五三,五四三米突吨）	五二,七〇〇吨（即五三,五四三米突吨）	五二,七〇〇吨（即五三,五四三米突吨）

英美日三国所应有重式巡洋舰（Heavy Cruisers）之数目约内定为英国十五只，美国十八只，日本十二只。依上表，英国所有各级船只之总吨位虽较美国为高，惟其重式巡洋舰之数目则较美国为少。美国依约拟在一九三五年以前完成十五只排水量万吨之重式巡洋舰。其余三只在一九三三、一九三四及一九三五年中亦可陆续建造，惟亦可为每只重式巡洋舰特造一五,一六六吨轻式巡洋舰以代之。故美国此后如实行采用此种办法，则其所有各级副舰之吨位即将完全与英国相等。英国依约在一九三六年十二月三十一日以前，关于巡洋舰之替换建造，其数目不得逾九一,〇〇〇吨。惟现在建造中之船只则不计此数以内。本章内其他各条复对驱逐舰之建造及其与轻式巡洋舰之转换（以百分之十为最大限度）加以规定。章尾更附以保障条款（原约第二十一条），依此条款，受本章拘束之任何一国，如以为其国防之安全为其他不受本章拘束国之新建造计划所影响时，得于通知其他二国后，扩充其所有之舰队，而其他二国之舰队亦得为比例之增加。此条原为英国之主张。盖目今英国在欧洲所持之海军政策仍为二国标准。故于法意海军问题未解决以前，不能不为其自国军备留有伸缩之余地。实则本条之加入使三国海军协定失其确切的拘束效力，此不能不认为本章中之一弱点也。

约内一、二、四、五各章系对于英法美日意五国有共同拘束力。其第一章规定主力舰及飞机载舰问题。各缔约国约定于一九三一至一九三六年之期中不造主力舰。此项主力舰之建造原为一九二二年华盛顿条约所容许。依新约之限制其应停造之主力舰，计为英国十只，美国十只，法意各三只，日本六只。其在此期内因故丧失或毁灭之主力舰，得依华盛顿条约之规定，随时补造，惟以不超过各国所应有之总吨位为限。依约法意二国复得各造主力舰七万吨。盖是等主力舰之替换建造在一九二七及一九二九年中即应开始，故其此后之补造并不受新约之限制。各国复约定，在新约施行期间，任何缔约国亦不得为其自国取得或建造载炮口径在六.一英寸以上，排水量在万吨或万吨以下之飞机载舰，并亦不得在其领域以内为第三国建造前项船只。

依新约第二章之规定，此后各国所保有之潜艇，其每只之最高吨位即以二，〇〇〇吨为限，其载炮口径不得超过五.一英寸。惟于此限制外，各缔约国复得各造潜艇三只。其最大排水量为二，八〇〇吨，而其载炮口径则不得超过六.一英寸。此项例外之提出，原为对法国之让步。法国现有载八英寸炮之潜艇一只，其排水量为二，八八〇吨。因法国不欲毁弃此潜艇，故其他国家遂不得不为建造同样潜艇之要求，此本章中例外之所由来也。

新约第四章规定使用潜艇之限制。谓潜艇之使用须与水面船只同受国际公法之拘束。

其第五章规定新约之批准手续，并特定其有效期间即以自新发生效力之日起至一九三六年十二月三十一日为限。

以上所述为伦敦海军条约之内容。兹更进而论其对于各方之影响。

英美日三国海军协定之缔结，使三国海军由互相竞争而变为谅解，此为世界裁兵前途之一好现象。虽以法意海军问题未能解决之故，使英美对峙之局益见显著，惟目今国际关系之重心在英美而不在法意。英美失和则全世界均受其影响，而法意角逐不过限于地中海一隅。且如得有英美之斡旋，则法意二国间之猜忌或亦不难逐渐化除，而使之互相谅解。更就远东方面之国际关系言之，英美在太平洋上之角逐如不停止，则英日同盟时时有恢复之可能，此于我国最为不利。今三国既已同意于海军之限制，则至少在新约施行期间，远东方面当不致有合纵连横之局发生。凡此均为伦敦海军会议对于国际关系上之好影响也。

若更就裁减海军之实际结果言之，其未能完全如各方之所期自无待言。惟如以之与一九二七年日内瓦海军会议时各国所要求之吨位相较，则此次会议亦非无成绩可言。关于巡洋舰、驱逐舰、潜水艇等各级副舰，在一九二七年，英美所要求之数目约各为五九〇，〇〇〇吨。与其他已逾年龄限制之船只相加，计各得七三七，五〇〇吨。此数目在彼时如已经各方同意者，则须适用至一九三六年。今依新约，英国在一九三六年所有前述各级船只之总吨位即以五四一，七〇〇吨为限。与在一九二七年所要求之数目相较，约减少一九五，八〇〇吨。而美国在同年所有之各级副舰亦不得超过五二六，二〇〇吨，较一九二七年所要求之数目减少二一一，〇〇〇吨有奇。日本在一九二七年所要求各级副舰之总吨位为四八一，二五〇吨。今依新约日本所得之总数为三六七，〇五〇吨，较前数减少一一四，二〇〇吨。更有进者，列国除同意限制副舰外，复相约在一九三一至一九三六年之期中停造主力舰。此更不仅以英美日三国为限，即法意二国亦同受其拘束，其因此所省之海军建造费亦属非细。在去岁英美海军谈判未开以前，美国拟建造载八英寸炮之万吨巡洋舰二十三只。英国关于此级战舰，其已完成并尚在建造中者已有十七只，此外尚拟添造三只以足成二十只之数。今依新约，英美日所有重式巡洋舰之数目计为美国十八只，英国十五只，日本十二只，英美日三国驱逐舰之裁减共为二〇五，〇〇〇吨，潜水艇之裁减共为六八，〇〇〇吨，后者与各国依新约所保留之潜艇吨位相较，约超出一六，〇〇〇吨。现以距会议闭幕期过近，各国因裁减海军所得节省之经费尚无详细统计，惟据英海军大臣亚立山大（Alexander）于四月二日在色非尔（Sheffield）地方之演说[注二十二]，英国在此后六年中所节省之海军建造费及维持费约在六〇，〇〇〇，〇〇〇镑及七〇，〇〇〇，〇〇〇镑之间。而美国在同期内所节省之海军费用，据美国务卿斯汀生之计算[注二十三]，亦不下三〇〇，〇〇〇，〇〇〇元美金，约折英币六〇，〇〇〇，〇〇〇镑。此犹仅就英美二国而言，至法意日等国因停造主力舰及其他副舰所节省之费用想亦不在少数。故即仅就减轻财政负担而言，此次海军会议之结果已有可观矣。

若更就其对于各国内政之影响论之，则其关系尤见重要。英工党自组阁后因在国会中无绝对多数，故其地位甚感困难。其所取之对内策略，在以超出党派关系之各重要问题之解决博得国内舆论之好感，以增强其在国会中之地位。

去岁海牙赔款会议之结果已为英工党对外政策之成功。自麦唐纳于去岁十月赴美后，英美海军问题得以解决，尤显出工党外交之特色。此次会议之结果，虽未能如一般人之所期，而其为英工党之一胜利则毫无异议。

美共和党素有势力。此次会议之结果，使美国一跃而为一等海军国，在海上与英人平分霸权，其对内足增高共和党之地位及其首领之荣誉，更无待言。

日本民政党内阁在此次会议中，关于美日巡洋舰问题，争得较优之比例，使日海军在远东海面上仍占优势，此实为日海军政策之一胜利。其足增长其对内之地位亦甚为自然。

至法意二国之代表在会议中虽乏妥协之精神，惟却能因此博得其国内舆论之好感。意大利国内之政党关系与他国不同，兹姑不论。惟法国泰狄欧内阁，自第二次组成后，多赖右方党派之拥护。其此次在会议中所持之态度大足博得右派人之赞颂。法前总理朴荫凯贡（Poincare）曾于泰狄欧第二次组阁时谓彼为法共和国最宝贵的储才之一。其推崇之意已可想见。法外长白里安（Briand）自伦敦毕会归来后，法国各派报纸更一致颂扬其政策。故若仅就对内关系而言，则法意二国代表此番在伦敦会议中实未尝失败也。

统观海军会议之结果，使英美日三国之关系大见改善，而列国之军费负担亦得以稍减，此均足令人满意者。惟以法意海军平等问题未能解决之故，遂使英日美三国海军协定不得不附以保障条款，因而失其确实拘束之效力，此实为会议中之一大缺憾。此后法意关系如何，对于限制海军问题大有牵一发而动全身之势。盖此次海军会议，在法理上虽系延会，其未解决之问题即仍当由英法意三国外交代表继续磋商。惟就目前实际状况而论，则法意海军平等问题一时恐难解决，而法国规定海军计划亦无削减之望。据报载意大利内阁即于四月三十日决定于来年建造万吨巡洋舰一只，五千一百吨之领导舰两只，一千二百四十吨之驱逐舰四只，潜水艇二十二只，共计为四万二千九百吨。此项数目正与法国是年之建造计划相等。当此法意海军平等问题尚未解决之际，此项新计划之决定似不无对法挑战之意，其足引起双方之误会自不待言。此后法意关系如何转变即统视法意当局之政治眼光及外交手腕以为定。总之此后实为欧洲国际关系转变之时期，其对于各方之影响至为重大，凡研究外交及留心国际情形者均不可不加以注意也。

（注一）英王开会词及各代表演说词全文见Times, Jan.22, 1930; Le Temps, Jan.22, 1930; L'Europe Nouvelle, No.624. Jan.1930.

（注二）参观《伦敦海军会议述评》，见《东方杂志》第二十七卷第五号。

（注三）参看 The Times, Jan.25,1930.

（注四）各代表演说词全文见Times, Jan.24,1930; Le Temps, Jan.24,1930.

（注五）参看仆前作《英美海军问题》，见《东方杂志》第二十六卷第二十三号。

（注六）参看《伦敦海军会议述评》。

（注七）参看仆前作《英美海军问题》。

（注八）参看仆前作《英美海军问题》及《伦敦海军会议述评》。

（注九）参看Times, Jan.30,1930.

（注十）会议录见Times, Jan.30,1930; Le Temps, Jan.31,1930.

（注十一）参看会议录中Gibson之演说。

（注十二）原文见Le Temps, Feb.2,1930.

（注十三）原文见Times, Feb.4,1930.

（注十四）原文见Times, Feb.7, 1930; Le Temps, Feb.8,1930.

（注十五）原文见Times, Feb.8,1930; Le Temps, Fev.9,1930.

（注十六）原文见Times, Feb.7,1930.

（注十七）参看仆前作《英美海军问题》及《伦敦海军会议述评》。

（注十八）会议录见Times, Feb.12,1930; Le Temps, 12, Fev.1930.

（注十九）法日代表说帖原文见Times, Feb.14,1930; Le Temps, 15, Fev.1930.

（注二十）原文见Times, Feb.20,1930; Le Temps, 21, Fev.1930.

（注二十一）会议录及条约全文见Times, April.29,1930; Le Temps, 23, Avril.1930.

（注二十二）英海军大臣演说词见Times, April.12,1930.

（注二十三）所引数目系根据美国务卿所广播之演说词，见Times, April.14,1930.

十九年五月十二日夜脱稿于巴黎

日本新海军补充计划的内幕[1]　刘达人

一、日本海约案批准的前后

经过上议院（枢府）三个月审查的伦敦海军条约案，终于十月二日批准。这件事不仅在日本政治上发生新的影响，而且在世界政治上也有新的关系。譬如因伦敦条约，在日本所发生的统帅权问题，枢密院的改革问题，以及军阀、封建势力和新兴政治势力的冲突，军国主义的主战论者和商卖主义的非战论者相对的斗争，所给我们政治上的教训，很有注意的必要。不过因为范围和篇幅上的限制，不能论及。我在此所说的，便是最近日本所树立那惊人的补充计划，加以检讨。

一九三〇年的伦敦海军条约，它的效果究竟到了某个程度？各国签约后，为什么还要有补充计划？日本的惊人的海军补充案的内容如何？它的历史如何？各国的比较如何？拟案后所引起的论调如何？我们希望能有一个极简单的叙述。

二、财部安保两海相交替的插话

在入正题之先，不妨将最近新旧两海相的交替，当作一个插话来说。

在日本枢府批准条约的次日，财部彪海相便提出辞表，同时保安保大海继任。于是滨口首相马上就参内，于是批准，亲任式。以财部提出的"老朽不堪再用"的理由，比之宇桓陆相抱病年余，数辞而不准的情形，一定使人惊异。

其中政治的隐情是不消说的了。但是，就之一种计划式的政治手段，本可

---

[1] 此文发表于《国闻周报》1930年第7卷第43期。

以老早的预想得到的事情。滨口首相欲保存其政治生命，则非使伦敦条约批准不可；要想批准则又非卖国民之信义，以买好军部来树立海军补充案不可；在财部海相方面则以为批准条约便是政治上的成功，若再以补充案而招人民之嘲骂，以及政治上的纷纠实非上策。于是海相的交替，当相必然了。

这里所含的中心问题，便是批准后的海军补充计划案。海相交替，不过是政治上的花把戏罢了！

三、海军补充案的历史

建造费比之维持费大，而成为海军费之最大项。日本的苦处便在资力之穷弱，较之英美，怎能比得上。不过随着竞争建造的狂浪，日本也不得不忍苦前进。其切逼于缩小的要求当然可知。

不过，这是资力问题，并不是战斗的野心。日本的八四舰队、八六舰队、八八舰队的计划，就可以充分地表现出来。华盛顿条约仅限于主力舰的确定，于是大起补助舰的竞争。特别在日内瓦军缩会议失败以后越发的膨胀起来，其经费的增加，直是飞的一般。

其补充的计划的历史如何？

在一九二四年（大正十三年）的三派内阁之下，经滨口（财政大臣）、财部（海相）所作的补助舰补充计划，虽然照日内瓦会议以前的计划已经减少许多，而其数目，仍然巨大可惊。除以前之计划外，从大正三年至昭和三年（四个年度）止，只是继续费便在三亿四千万元以上了。

其后昭和二年度，更追加了二亿六千余万元，以延长至昭和六年。总计，第一次的补助舰的补充计划，从大正十三年至昭和六年度止，总额便突破了六亿七千六百万元。一九二九年五月海军军令又有第二次的补充计划。总额为十亿元，其内容为：

一、主力舰代换建造；二、补助舰的代换建造；三、飞行十三队增设。

军令部与海军部协议的结果，从十亿元减至八亿七千万元，交与财政部。

今年伦敦海缩条约成功以后，便除了限制主力舰，又及于其他一切舰类的建造。于是民众在希望以五亿二千万元的以减轻课税负担的剩余的用途，便成了补充计划的中心问题了。

四、新海军补充计划

在此次以海军补充案为补充国防之缺欠为要挟，以制滨口，于是便有一个可惊的发展。

原则是什么？

一、潜水艇的限制，（由八万吨减至五万吨）而代以海上飞行机。

二、补助舰的代换建造，改装及修理增设。

三、要塞巩固及建设的制造飞行场。

四、演习研究及维持费的充实。

新案的内容是什么？（以一九三六年止）

一、主力舰、补助舰的改装费及各舰种的改装改良费合计约一亿元。

二、横须贺设一新式之航空机之设计的制作。实验、研究费约五百五十万元及航空关系之定员的增加费四百万元。

三、研究费、军需费、演习费之增加一千万元。

四、舰艇建造费及航空队之增设约五亿元。

以上共计则突破六亿元之巨额，其新内容诚可惊人矣。其中十六航空队之维持费约七千万元以及舰上机二百架的维持费五千万元，尚在此新补充计划以外，否则将达七亿四千万元矣。

五、新航空扩张案的计划

航空队的扩张，具有重大的意义，而惹起世界各国的惊疑。不过，不止是日本在扩大，各国也都有同一趋势。试将一九三○年世界各国的空军拟增队数之调查数列左：（略）

按此表，多处不甚精确，固不能为可靠之标准，但亦可表示各国对于空军扩充之热狂也。

日本此次的空扩计划抱有目标，作战计划的设定，普遍于一般日本社会空气中，便以"美国的空力之三分之一为目标"。现将其新内容及作战计划加以说明。

计划中航空机的扩展计划内容：

一、现有的陆上航空队十七队（一队八机）再新加十五队，共三十二队，计二百五十六机。

二、舰上飞行机扩张至三百架。

很明显的，这次便增加了二百至三百架以上的军用飞机了。这样的计划日本自己已经公开地说出，这是补潜水艇之不足以对付美国的。现在将确切的各国所有的机数列出：

国别	英国		法国		意国		俄国		美国		日本	
机别	陆	海	陆	海	陆	海	陆	海	陆	海	陆	海
第一线	900	200	1,500	200	1,100	900	150	1,350	850		256	300
第二线	400		2,500	300	700				150	150—200		
总计	1,500		4,500		1,800		1,150		2,500		600	

以上（扩张计划）日本预想美国在一九三六年伦敦条约期满时的航空力如下："美国的五年计划是一千机之外，还有八时炮径的大巡舰十五只，新航空母舰五只，其中暂假设有三只于时完成，依伦敦条约以百分之二十五的巡洋舰作航空巡洋舰，则全部将有一千六百机以上。其中在西部太平洋渡洋作战使用者推定约有一千二百机的兵力。若再以目下所传的第二扩张计划所增加之一千机算入，则有太平洋的实际兵力便有一千四百机了。"

那末，直到一九三六年满期发生战争时，美国彼时将有一千二百机的实力来对付日本，那末，日本据依地理上必然的优势，也必须（除练习机）有四百机才能足以攻防自如。其对美比例则为三分之一。这种即是从作战计划上而定的扩张计划。

这个军缩的意义，便从此显露出来。换言之，不造军舰，而代以飞机。

六、补充计划的观察

在政治的观点上，这次补充计划，是有战斗意义的，在代表日本民众的社会势力，对此大加攻击。按之事实：此次军缩的剩余金，既不能用以救济日本的失业问题和建设事业，或作保留财源以减轻人民之负担。自此新补充计划拟定后，将使日本人民的负担有加无已。民众所期望的五亿二千万元救济，已早如幻梦。

在战争的观点上，日本在远东的地位，至一九三六年为止，可如铜墙铁壁一般的稳固。日本远巩固不足，近守则充裕自如。除了东太平洋防御美国的侵略而外，它的余力尚可以保护了台湾及琉球群岛，在战争的必要上，也可以不多费的占领香港，制止欧洲势力的东侵，将中国完全在它的势力之下。

其外，我想，这不仅对美国加以重大的威胁，也很能促进欧美各国，在地理上，民族上形成一个独自的战斗团结。不消说，譬如帝国主义争斗殖民地，在第三期，也只好厉行产业合理化，减低生产费以相互竞争一样；它们已经从地理形势上的作战桎塞以后，转到兵器训练上，计设上的战斗。我们大家或许做梦平安，一般帝国主义的政治家、军事家没有一天不在努力于战争呢！兔死狐悲，此次或许促欧美洲势力，有互相团结的一个刺激。

一九三一年又将在国际的指导下开一般的军缩会议。本月（十月）二十七日，将举行伦敦条约存置的祝贺典礼，歌功颂德。我们都在听着呢！

一九三〇，十，十五日

美国海军扩张案之由来
及其影响^[1] 识 微

　　美国参院，于本年二月五日，以大多数通过三年间，一万吨巡舰十五艘、飞机母舰一艘。建造案移回众院，众院表示承认。大总统遂于十四日提出一千二百三十七万建舰费于议会。此其经过之概略也。

　　前年夏，日内瓦开三国海军会议，英美因巡舰问题，双方争执，遂致决裂。一般之推测，以为美国必发生大海军扩张之计划。果也美海部于前年十二月十四日，向众院提出大扩张案。计巡舰二十五艘、飞机母舰五艘、向导驱逐舰九艘、潜艇三十二艘，合计七十一艘。建造费七亿二千五百万美金。耸动世界之耳目焉。

　　众院海军委员会，自去年一月中旬至二月下旬，招集海长参谋部长、海军重要人员、民间造船业者、扩张反对运动团体代表等，开调查会，慎重审议。二月二十八日，遂将原案加以修正。计建造费二亿七千四百万美金。巡舰十五艘、飞机母舰一艘。三月三日，乃据以提出于大会。众院自三月十三日审议该案，十七日以多数通过。但附带条件，巡舰内八艘，必由海军工厂建造。遂以通过案移送参院。

　　当扩张案提出众院之时，舆论赞否参半。经数度审议，而反对之空气愈昂。今将反对之原因，分述如下：

　　一、一般舆论，以世界大势无甚变化，徒增纳税者之负担，违反世界之和平，殊属失计。

――――――――
〔1〕此文发表于《海事》1930年第3卷第1期。

二、英政府一九二七年十一月既定计划中之巡舰二艘，宣告中止，美无增舰之必要。

三、潜艇S四号沉没，贻反对者以攻击之资料。

四、海军扩张，与不战公约，为互相矛盾之二个提案，益促舆论之反对。

众院通过之扩张案，所谓它林久修正案是也。五月三日，通过于参院海军委员会，报告于大会。参院以讨论减税案、洪水救济案等重大问题，无暇及此。各报纸对参院，颇持攻击之态度。五月二十六日，参院海军委员会长波拉氏提议本案，以四四票对二二票否决。而此震动世界之大建舰案，一般人士，俱以为永沉海底，不复能见诸事实矣。七月秒，英法妥协案成立，其内容概为日内瓦会议英国之所主张，两国以此妥协案通牒，求美之赞成。一时朝野愤慨，扩张案因之有转机。大总统暨各当局，复极力指导舆论。十一月十一日休战纪念日，大总统演说，盛唱国防必要，以促国民之自觉。其翌日公布改定海军政策。冀以转移舆论，为十二月初旬第二次议会之准备云。

但扩张案进行，仍不能一气呵成。则以大总统十二月三日致议会教书中，有除去建筑期限条项之劝告。海军扩张派因之受一挫折。夫大总统何为有此举耶。其一，以本案建造，若至完全时，与英比较，英有八吋炮新舰二十艘，而美二十三艘。又英兵力散布，美则为集团配备，事实上有凌驾英国之势。其二，本案建造期间，留活动之余地，以徐待裁军会议之机会，经费可期节省。且藉以缓和反对运动之争论。斯为大总统操纵舆论之一端。

本年一月二十四日，波拉氏提议下期裁军会议时，以海上自由提出国际会议。招集之权限，赋予大总统。于扩张案中，加以修正案。其后经无数之周折，一月二十九日议决，请定预算，即时着手建造。二月四日对于大总统期限削除案，五四票对二八票否决。五日，遂将原案可决。移回于众院。

以如斯难产之扩张案，而竟告成立。美之汲汲于国防问题，果何为乎。今略陈如下。

一、美共和党执掌政权，已垂八载。其采用实施的之经济政策，早告成功。产业界之繁荣，达于极点。日盘旋于政治家之脑筋者，则应如何保持此繁荣，及国民生活标准之向上问题而已。

二、美物产丰富，有世界第二之称。除樟脑、锡等，需仰海外之供给外，余皆取诸宫中而有之。生产品之过剩，不能不力图输出，以为代偿。

三、依以上之理由，美朝野一致，以发达国外赀源，及市场获得，为唯一之政策。

四、从来世界处于英国势力支配之下。今美之大产业国出现，宜要求均衡之地位。此实美之对英思想，日往来于胸中者也。然美欲向世界发展，则与英随时冲突，此又势所必至也。其在东洋，与日本立于竞争的地位，更勿论已。故以英为第一目标，日本为第二目标，时喧传于美人之口。此美海军扩张论，甚嚣尘上，所由来也。

美国海军扩展之由来，既如上述。夫军备制限制舰计划。美欲督促国际的协定之成立，必具备不劣于各国之海军力。故增舰实行，乃裁军协定之一种方法云云。惟吾人就现在英美之巡舰比较，美诚较逊于英。若至一九三三年新制，乃欧战后，国际间最大之悬案。欲维持永久和平，裁军为唯一之捷径。美国以努力和平自命者也，曩者华盛顿会议，为主力舰之制限协定，缓和战后之制舰竞争。其贡献于世界和平之功，实不可没。前岁日内瓦辅助舰制限会议，又美实倡之。至去年八月二十七日，巴黎签订凯洛格不战条约，废弃一切战争，为国际纷争之和平处理。虽有不彻底之讥，而赞成者达五十余国。本年一月，美参院加以批准。美之努力于和平，可谓至矣。乃参院同时通过海军扩张案，狐埋狐揭，前后矛盾，美国民其何以自解乎。

美前总统顾理治，于去岁十一月休战纪念日演说，盛唱国防充实之必要，并说明美国关于裁军之态度，及不战条约之理想。盖以军备、裁军、不战三者，为国际政治之信条，相需以保世界之和平，并无何等之矛盾。闻其原稿，曾持示新总统胡佛氏，得其赞成。胡氏接受大总统指名演说中，亦谓美国希望各国军备负担之减轻。而保国家之安全，尽卫护商船之责任，又不可不充实国防。盖独立国家，整军经武。预防外国之侵略，藉免战争之诱发，此为当然之举。而国防限度奚若，宜由各国自由决定，又无他国容喙之余地。然国防军备，若超越限度之外，则足妨害他国之安全，一变而为侵略的。大战前之欧洲，其明证也。美国十五艘之建造计划案，果基于国防绝对之必要乎。此固世人不能首肯也。

建舰案赞成派史宛孙，称美海军力与英国均衡，可以阻止制舰竞争，实为裁军实现之捷径。纽约瓦尔德杂志，亦力陈建舰目的，非威胁英国之说。谓将来裁军会议时，列国必各持其舰计划完成时，美有八吋炮巡舰三十二艘，英仅二十二艘。则与英均势之说，亦可谓戾于事实矣。夫一国海军力，徒以他国制舰计划为目标。彼增一艘，我亦加一艘。水涨船高。其结果必共投入竞争之漩涡。乃称为裁军之捷径，宁非滑稽之论。稍有常识，当知其不然矣。美自日内瓦会议决裂以来，专以与英国海军均势为务。夫所谓均势云者，若仅属同数军舰之旨趣，亦何其不思之甚也。扩张案赞成派李德称现代战争，不仅勇气之战争，而为武器之战争。若无完成武器，勇气终不能制胜。以此说为海军扩张之根据。实则同数舰队，战斗之优劣，除武器外，尚有士气训练等为其要因。两军相当，不能谓为战斗力之同等也。英国数百年来，以一舰敌法二舰自矜。多次战争，可以证明。又假如依美海军扩张派之所期，与英保其均衡。而世变靡常，万一英与法或日本缔结攻守同盟，而均势之局忽破。美欲保持均势，不得不增舰以应之。则竭全国之力，从事于军备而不足。其结果濒于破产，尚何国防之足云乎。

如上所述，美制舰案之动机，在以庞大之军力，威胁英国。英将持如何之态度，其影响于世界者奚若。此极堪注意之事也。英果能如首相鲍尔温之声明，任美国之所为，回避一切制舰竞争乎。最近消息，英海部将一九二四年议会通过数舰计划一万吨巡舰二艘，建造延期说，加以否认。本年三月中起工，急图其完成。日本冈田海相二月十四日对于贵族院一议员之谈话，称海军省当努力于军备缩减。惟今日尚未达提议之机会。越十六日，冈田招政党税整委会，说明日本制舰状况，与各国海军势力之比较。并谓美海军案若完全，日本亦应为适当之增舰。由此以观，美之增舰案，适煽英日之制舰热，其影响于世界和平者，非浅鲜也。

当增舰案传播之时，英驻美大使荷瓦德，在华盛顿声称，英国将提倡裁军会议，颇引起世界之注意。英外部否认此说，谓系荷氏个人之意见。盖英政府对于海军制限问题，将出于慎重考虑。对美交涉，遇有机会，何尝不愿为双方之协定。而在美国，增舰案亦附以规定。称将来军备制限，成立国际协定时，大总统得以权宜，停止巡舰全部或一部之建造，是为一种缓和政策。从实际观察，裁军会议，两国当局者未尝无其意。然皆默而弗宣。两国人士，颇有提议英美互让，施行裁军协定者，并希望速开第二华府会议。非正式的送达英首相，暨美众院海军委员长佛里典。最近英劳动党首领马古德那达氏，图调和英美之恶感。主张英美政府，各推重要人员五六人，交换意见。此英美双方和平运动政策分歧之点，试之事实也。至英美两国海军分举如下。

一、关于巡舰者。英分为一万吨八吋炮，及七千五百吨六吋炮两种。前者加以制限，后者无制限。美主张制限一定合计之吨数。

二、关于潜艇者。英主张大型潜艇加以制限，六百吨以下无限制。美主张在一定合计之吨数内，大小两种，均加以制限。

上述两点，为英美从来根本不同之主张。假令会议再开，妥协亦正不易。加之去年八月英法成立海军协定，法抛弃总吨数制限主义，承认种别主义。制限一万吨八吋炮之巡舰。六吋炮巡舰，及六百吨以下之潜艇，不在制限之列。依此协定意义，承认英法舰种之自由建造，阻止美国之建舰计划，美之所深恶痛绝也。英以此协定为基础，主张开海军制限会议。通牒美日意三国，征求同意。美严词拒绝。去年九月二十八日国务卿凯洛格对于英法通牒，声称美欲尽全力，完成辅助舰之制限协定。当裁军会议时，如法意及其他海军国有特殊事情之要求，不辞加以考虑。此可谓美国唯一之让步。夫以美新海军政策，依此次制舰案而愈明了。英法态度，又如协定所表示。则集数国军事当局以外之人物，开诚以图裁军之政治的解决，其果有相当之可能性乎。况近有一妨害英美融合之大难关，横亘于前途，则海洋自由问题是也。

海洋自由主义，自十八世纪美国倡导以来，已成为传统政策。即主张中立国之通商，战时与平时无异。与英国严格封锁法，正复相反。一八二三年美大总统孟禄声明此主义以来，一八五六年巴黎会议、一九○七年第二海牙会议、一九○九年伦敦会议，美国非常为海洋自由而奋斗乎，而卒不能成何等之协定。一八一二年之英美战争，因中立国侵害问题而启。其后英美间因此问题，引起一再之冲突。迨欧战爆发，一九一五至一九一六年，因侵害中立权利，英美几相见以干戈。即美国参战之动机，亦因德国有以潜艇击沉中立国之暴举，为唯一之起因。故参加战争，乃求海洋自由主义之贯彻。睹威尔逊提议十四条内，声明海洋之自由，可以知矣。

海洋自由主义之美国，一方面又欲操握制海权，不恤主张之矛盾。美人德子克尔，尝称国民与个人同。当幼稚时代，即可卜其将来之运命。美国民富于商业之热心于天才。他日成功，如往昔罗马之征服世界，为世界之海王，至可确信云云。是美国希图将来握海上之霸权，其信念已深印于国民之脑中。其在英国，亦有制海即所以制世界之信条。以本国粮食不能不仰给于外国。海外属领交通，有维持之必要。世界第一海军国之地位，抵死不肯让人。所谓血比水浓，不过英美两大国民之表面亲善。而海上霸权之争，日趋于深刻化。波拉氏对于制舰案，附带提案之说明。谓英对于提议，将表示同意乎。抑与美实行海军竞争乎。若择其后者，则美之实力，必能征服英国无疑。其言如此，可谓尽情披露矣。

欲缓和英美紧张之关系，英宜抛弃二百年来之制海权。确定中立国之权利，制定海上法规。最近伦敦他姆士关于海上法改订之论文，谓英国现在尚不能赞成。盖中立权侵害问题，国际联盟规约第十六条，有对于侵略国断交之规定，英当依联盟之协同动作。特联盟外之美国，有重视此问题之可能性耳。盖凯洛格不战条约实现，战争法规，自然消灭。反之不战条件，不能依赖，则两雄不并立，最后之胜利，英耶，美耶。近者英总选举之结果，劳动党执政，英之海国主义，似有所变更。美新大总统胡佛氏，果持何策以应之，吾人姑徐以观其后可也。

石油与海军[1]　石　斧

　　西谚有之，支配石油者，支配世界。何以言之，藉加素林以制空，无则不能制空。藉加素林灯油及机械油以制陆，无则不能制陆。藉重油以制海，无则不能制海故也。此数者，皆由石油蒸馏而制成者也。

　　在昔燃料，概为植物。当此之时，燃料除用于炊爨及取暖之外，于人生并无重要影响。自十八世纪蒸汽机发明以来，于是机械力遂代人力而应用于凡百事业。人类之生活状态，亦缘以革新而向上。当此之时，燃料于人生，始有特殊之意义。以军事言之，战争之范围，自平面扩张于立体。战略上日日受其影响，战术上刻刻穷其变化。是皆由于蒸汽机关之发明，亦即有俟于燃料而始告厥成功者也。换言之，煤铁相须，功用乃见。何谓煤铁相须，以煤制钢铁，以钢铁制机械，以机械生动力，而动力之生，更有须于煤。由此以观煤与钢铁与机械之三者，有不可离之关系。

　　是以国际关系，亦以煤铁为中心而旋回。彼帝国主义与资本主义，酿成战争纷争及同盟排外等伙多之事象，亦由于此。迨至挽近，液体燃料之石油，代煤而兴。于是国际关系，更以石油为中心而旋回。盖石油以其丰富之热量与其流动性之特性，用之于机械装置，则能增进其能率。而载运之便，贮藏容积之较小，尤有足多者。例如热量，石油较煤之所发生者，约为一倍有六。至于动力发生上之能率，则为二倍至三倍。夫石油既有若斯之优越性，故列国先由海军用为舰艇燃料。其所用者，即重油也。用之之后，遂令推进机关，

────────────

〔1〕此文发表于《海事》1930年第3卷第2期。

能有高速力之发生。继则商船机关，亦复采用重油。不但此也。随内燃机关之发达，此种燃料，益见发挥其效力。以致于能率上经济上，逐渐凌煤而上之以侵占其领域。降至今日，空中之航空机，陆上之自动车，海上之大小舰艇，凡海陆空之原动力，石油皆为不可缺之物矣。此不能支配石油者即不能制空制陆制海之所以也。谓予不信，可取法国首相屈烈曼崧致美国大总统威尔逊氏之电报而一读之。

今也届一九一八年之新春，战之胜败，行将判决。在此紧要时机，吾法国陆军输送用自动车战车及机关等所需之加素林，断不能容其一刻缺乏。苟其缺乏以至于供给不能，则吾陆军必将立陷于麻痹状态。其影响之所及，将至有导联合国于屈辱的平和之途之不得已。方今法军月费加素林三万五千吨，故其最小限度之贮藏额，必须四万四千吨。然此必须之贮藏额，今仅余二万八千吨矣。似此危急之秋，美国苟不以非常手段济法国之急，则涓滴皆无之状态，不过转瞬间耳。是以此非常手段之济急，为联合国之共通安全起见，虽一日不容犹预者也。其主要条件，在于阁下自美国石油公司之中，征发有十万吨供给力之油槽船，而急派之于法国。此为余所热望，抑亦为法军及法国国民所眼望欲穿者也。夫联合国之安危，一系于加素林供给之如何以为断。联合国苟不欲于德军总攻击之秋，有败战之忧。则当使法军勿于明日之战争，而缺乏与血同贵之加素林。

列国海军中，其最先以重油代煤而用之者，厥为英国海军。费霞元帅，曾力言重油之效力。谓以重油代煤，可增加舰船之战斗力至少五成。一八九七年，从事研究，进行实验。自费霞元帅任海军参谋部部长之后，更屡屡调查。于是确立用重油为军舰燃料之方针，同时并研究重油供给之手段。于是英国海军之石油政策，遂见树立，即采用贮藏主义是也。嗣后列国竞行建造以重油为燃料之军舰。其间潜水艇之推进机关，亦采用之。而狄瑟儿之石油机关，又长足进步。致令石油之用益宏。迨至欧洲大战，各交战国之海军，因此种舰船之活动，更显然见重油发挥其效力。但不可不知者，迄于欧战前为止，重油唯与煤混合而燃烧，所谓以炭油混烧为主是也。至于专烧重油之舰，则自英国海军于欧战中所造之"馘爱利渣摆斯"级之战舰开其端。降至今日，列国海军炭油混烧之舰船，遂随年月以俱殁。唯以专烧重油为常。否则建造以重油为主燃料以煤为补助燃料之舰船。加之华盛顿条约之结果，在有限制之吨数与备炮之情形之下，而欲求其优秀，自不得不极力减轻机关之重量，以令兵装得以格外有力。然而速力又须大。期二者之兼全，益见有专烧重油舰船之必要矣。试举重油之优点如下。

一、能应高速力之要求。在近代海战，舰船速力之迟速，为胜败分歧之一要素。日俄战争及欧战中所起之诸海战，皆足以证明之。是以舰船兵装，既日见进步，而速力亦日见优速。譬如日俄战争时代，主力舰之速力仅十八节内外，驱逐舰之速力仅二十九节左右。迨至近年，战舰为二十三节，巡洋战舰为二十八节，轻巡洋舰为三十三节，驱逐舰为三十四节以上矣。为发生如斯高速力起见，推进机关之发生力量，亦大为增加。战舰与巡洋战舰则须发生五万至十数万马力，驱逐舰则须四万马力以上。似此发生如许大马力之机关之原动力，若仍用石炭以求之，则机关上燃料上将益见容积之大重量之重，必致碍及兵装而不能优越。由此言之，苟欲求兵装之优越而又兼求速力之优越，则非用重油不为功。在一定排水量之下，以最小容积与最小重量之机关，而求其发生所须之大马力。居今之日，舍重油以外，别无较优之燃料。方今具有攻防力之舰船，易得而发挥高速力者，虽谓其全出于重油之赐，亦不为过。

二、可令舰船之航续距离增大。舰船航续距离之大小，显然支配舰船之机能。尤以于大洋作战在战略战术上，成为最重大之要素。即就保护贸易以论，航续距离愈小，行动半径愈见短缩，致酿成伙多不利之时者不少。夫军舰燃料库所占之容积本大，而重油之发热量为煤之一倍为六。今假定一千吨之煤舱，改装重油，则能容一千二百吨。用煤之时，以每点钟十节之速力航行，则一昼夜需煤百吨，而其最大之航续距离，仅二千四百浬。若改用重油，则其航续距离，可得四千八百浬，约为前者之二倍。夫航续距离，无论何种舰艇，皆切望其愈大愈善。尤以巡洋舰须侧重于此点。观于欧战中德之巡洋舰"爱姆登"逞威于太平洋之际，其任务中之最感困难者，厥为补给燃料问题，可以知之。

三、发烟之稀薄。洋上为敌最先发现者，厥为煤烟。重油之发烟，不如煤浓，几不能以肉眼见之，故无因发烟为敌发现之虞。又鲜因发烟致碍自己战斗动作之忧。夫发烟稀薄，其事似小，然在战术上实一重要之特质。至于烟幕，重油亦易构成。盖重油亦能使之发生浓烟而作烟幕故也。烟幕者，藉己舰之发烟，以回避敌之攻击之战法也。

四、补给便利。燃料补给作业之迅速，为绝对必须之条件。而装煤则不如装油之迅速。盖装煤有须于多数人力及机械力。譬如装千吨之煤，须以数百兵员费时约十点钟。至于装载重油，仅藉唧筒之力，移运于舰内即可。人不过数名，时不过数点钟。且也当作战于大洋之秋，重油补给之易，又远非煤之所能及，其影响于作战之处极巨。此外补给上种种之点，其便利终非煤所可同日而语。

五、能使舰船之动作敏活。舰船之动作敏活与否，影响于战略及战术者颇大。而重油则能应此敏活之要求。譬如当舰船急须出动之际，若燃煤，至少须费二点钟，始能酿成蒸汽。至于燃烧重油，仅费时一点钟以内，即可酿成之，而令机关在出动状态。且也当在航行中之时，调节速力，重油不但迅速，而且容易。

六、焚烧作业之容易。燃烧石炭，须费大劳力，无俟烦言。至于燃烧重油，仅以唧筒藉喷燃器之作用，即可发生燃烧。此不但大省人力，且可减免兵员之疲劳。虽在有须维持长时间之高速力之际，亦得从容为之。是以甚适于维持长时间之高速力。

七、可用作潜水舰燃料。在昔潜水艇产生之初期，其推进机关，则装备以加素林为燃料之内燃机关。然加素林之引火点低，舰内贮藏，多有不便。且有在运转中发生恶气体之缺点。而加素林机关之性质，又不适于发生大马力。职是之故，此种潜水艇，在欧战前，业已绝迹，而以狄瑟儿机关代之矣。迄际随此种机关之发达，昔之发生数百马力者，今则发生数千马力矣。而舰之速力，亦由七八节达至二十节内外。目下所造之大型潜水舰，具有一万浬以上之航续力且能出高速力者，皆出于重油之赐也。

由此观之，除陆军空军及民间事业所须之石油外，海军之须石油，既如是之多而如是之切。是以欲立海军者，当并谋石油之充足。充足之方法有二，购储一也，开掘二也。购储者，购之于外国，运之于洋上，而储之于国内者也。一至战时，储额届将罄之秋，若外国不卖，即使卖矣，而海道断绝，究不能济缺乏之急。是以购储者，乃不得已之穷策，而终非长久之道也。开掘者，踏查石油矿而开掘之者也。不问石油矿之为国有抑为外国所有，皆设法以开掘之者也。是能自给自足，不受外胁。此为吾国海陆空军所当急求，尤以海军在今日之状况应先努力者也。

墨西哥及中南美之伙多石油矿，为美所有矣。米薮包大米及波斯之石油矿，几全归于英之掌握矣。库页岛（一名萨哈连岛又名桦太岛）之石油矿，日本紾俄之臂而占有开办矣。而英美法之资本团，更思染指于俄国里海等处之石油田。居今之日，世界各国，除法意外，彼英美日之三国，关于石油，皆能自给自足矣。换言之，彼等之陆军海军空军及凡百事业，皆能高枕无忧，促其战斗力之发达矣。是则吾人能一日安耶。

吾中国地大物博，宝藏众多。既如之石油矿，已有三四，而未发现者又不知凡几。所期朝野同心，军民协力。先之以踏查，继之以开掘，而终之以制炼。凡百事业，悉利赖之，而军事尤利赖之。军事之中，海军尤利赖之。

解决海军问题之新方案[1] 王文谦

（实行海洋自由　自一九二九年十二月份之纽约史料）

麦克唐纳及（胡）福总统之会见及谈话，与希望海军缩减之世人以极大之信心。

一九二二年之军备条约，在某种意义内，世界领袖国家间，已有海军平等之趋势。此种原则虽然未载在条约，然已为世界各国之政治家及公法学家所承认。彼等深信此种原则，可适用于一般之海军设备也。

此种原则，呈现迅速进展现象。各国之宣传家，研究本国海军之弱点及强点，加以十分注意。皆知本国所居之地位，皆欲建筑新式军舰。英美二国之军舰已远超世界各国之军舰。然犹加建军舰，彼此竞争。吾人深悉不论英国之海军，抑美国之海军，其势力远超欧洲各国海军之总和，亦且超过世界各国海军之总和（除过欧洲）。然犹加建军舰，竞争不已。日、法、意等国受此刺激与威吓，亦于武人指挥之下，大加扩充海军。

虽然，世界各国之人民及政府，震惊此庞大之海军设备费，皆渴望解脱此巨大之负担。因此之故，麦克唐纳及胡福总统之谈话，与夫英政府得美政府之协助，而发出邀请一九二二年签字军备条约之列强，重新开海军会议之请柬。大得世人之欢迎与渴望。

一九二九年十月九日，麦克唐纳及胡福二氏在华盛顿发出之共同宣言，大得英美二国之政治家之称扬。吾人总括其称扬之意见如下。美意；公平；以新

---

〔1〕此文发表于《海事》1930年第3卷第8期。

方案解决旧问题；消灭战争；军舰平等；军费减少；海军缩小；扫除竞争；世界和平。

去年英国海军之支出为二万七千四百万元，美国海军之支出且超过三万七千四百万元。若海军列强得一合于理性之协定，则用此巨大款项，为人生必需之设备，其收效之大，自可想而知也。

一九二二年之华盛顿会议，规定海军缩减及保证和平等项。然仅限于一部分之限制（如吨数、舰数及炮之口径大小等），而根本之缩减，尚未涉及。因此之故，于条约限制之范围以外，列强依然扩张海军，是诚一憾事也。

（一）根本困难之点

横于英美海军间之根本困难点，无他，曰传统的海洋自由问题是也。伦敦会议之请柬内，未曾叙及该会议上讨论此重大问题。仅麦克唐纳及胡福二氏之共同宣言中，声明该会议上除讨论军舰比例而外，亦及其他问题而已。该二文献皆以巴黎和平条约为根基，吾人亦可以过去之经验而推知之。伦敦会议上对于海洋自由问题，必无若何之重要规定。必如一九二二年之华盛顿会议所规定者相同，是则吾人敢言者。若谓有进展之条例规定，可以缩减海军，是则刻下非吾人之所能逆料也。

英国历来之政策，即坚决反对海洋自由主义。英人必昭告于世曰，维护海洋独占主义，即为维护英帝国之存在。英国之领土，广布于世界。非维护海洋独占主义，不足以盅联络之机能。若对英国实行海道封锁，则不出七周，英国人民必立饥亡矣。世界其他各国之领土，大都集中，可以获得供给战争之需要之原料。即本国缺乏是等原料，此区区者，亦可以秘密方法，从他国中获得。英国则不然。不仅战争所必需之原料，须取给于外国，即日常之必需品，如食物等，亦须取给于外国，而且须大量取给于外国。执此之故，英国反对海洋自由主义，固有其不得已之苦衷也。

世界各国，如其已独占海洋，则自然反对海洋自由主义。如其不懊任何国之威吓，则自然赞成海洋自由主义。此固极易了解者也。然吾人试问，处于现今情况之下，一国而欲独占海洋，事实上可能乎？近代原动力之发展，一切武器之改良，飞机及潜水艇之应用，在在皆足以制一国独占海洋之死命。

或以为毒瓦斯、潜水艇及飞机之应用，固可以制一国独占海洋之死命。然除在一定范围之内，可适用国际法以限制之。吾人因承认此种法律，亦已载在条件。然仅此亦不足以解决问题。国家当危急之秋，不惜用尽一切方法以对待敌人，彼又何能顾及国际法也。国家采用非常手段，批评者或引用让彼第一次掷石，因彼为无罪者之古语以宽恕之。则所谓以国际法限制毒瓦斯、潜水艇及飞机之应用，又安能发生效力。是以公海之道，弗能属于任何一国。若上述之原素合于真理，将来有实行海洋自由之一日乎。

（二）秘密预备战争

吾人可以协议方法，规定战舰之数目，战舰之吨数，舰炮之口径大小。国家亦可服从此种协定，依此协定建筑战舰。国家服从此种协定，则其建筑军舰自弗能超过协定之规定。是以巡洋舰、航空母舰、驱逐舰及潜水艇皆可限制。然飞机则未能限制。毒瓦斯亦未能限制。盖毒瓦斯可以供给妇人装饰之用之名义，在工厂中制造，储藏于工厂。汽油可以工业之名义制造。药品可以供给医院之用之名义而制造。此等商业上之物品，一旦开战，即可作为战争品之用，又谁能禁之限之哉。

或以为军备之设置，可以计算，可以限制，若一国悍然不顾公理，扩张海军，必为世界所共弃。因此之故，实行海洋自由，似对于世界各国皆属有利而无害。犹如实行限制军舰之数目、吨数，及炮之口径所发生之效果相同。至海军之活动，吾人亦可以惯例限制之。

少数英人亦有实行海洋自由之思想。高外斯为国会议员兼海军批评家。彼于伦敦出版之《评论之评论》发表一文，曾谓世界上实行海洋封锁而能成功者，独一英国。虽然，吾人亦有赖于足以毁灭吾人之军舰之武器。

然此种思想，并非新创。当欧战时，高利曾充外交官，彼即有此见解。浩思先生引用高利氏之语曰，英国承认潜水艇已变更海战之状态矣。他日英国采用是等政策（即当战争时，一切国家皆有自由航海之权利），必较历来所主张之海洋独占为较善。浩斯又谓彼于欧战时曾与高利氏谈话，高利氏相信英国必深欲当战争时，不论商船之属于中立国，抑属于交战国，皆应有绝对航海自由之权，任何国家不得封锁。

英首相麦克唐纳氏当一九二九年复选之前数日，曾著一文，谓吾人雅不欲以美国为理想之敌人。吾人极欲直率的与美国讨论海洋自由问题。盖海洋自由为吾英美两国之友谊之基础也。

虽然，纵有上述之趋势，吾人谓一般英人皆有海洋自由之思想，未免过于乐观，不切事实。大多数英人对于此问题，依然抱极大之怀疑态度。彼等心目中，以为立足于经济政治观点上，依然以保持传统之海洋独占主义为有利，彼等不欲轻于放弃主张。

全世界之国家，皆渴望海洋自由之实现。而提议者则以英日为最宜。二国比较，则又以英国为最宜。盖日本接近亚洲大陆，彼处有天然之富源，可供日本之采用。且其国家现亦无强有力之组织，不足以监督政府。

（三）自足之国家

吾人一论实行海洋自由主义，各国之利害如何？德俄美皆有天然富源之领土。其领土内之出产，足供其人民之应用，非若英日之仰给于外国者可比。职此之故，封锁海洋道路，对于英日之打击为大，而对于德俄美之打击为小也。

若在英国所坚持之旧海洋独占主义之下，则当战争时，有最大利益之国家，厥为美国。美国之领土既集中，又富天产。彼有不可计算之天然富源，彼有维持人民食物之农产及供给战争品之原料。极而言之，彼于某种原料感觉缺乏时，亦可以秘密方法从他处运回。盖区区者至易为也。非若笨重之物，如铜铁食物等，从远道运输，不易为也。海洋封锁后，美国人民固可自持生活，而以美国现有之海军论之，则足以制世界任何一国之死命而有余。彼以小小之损失，即可陷别国于死境。

若采用海洋自由主义，则他日之局势，与过去三百年来之局势，弗至有何区别。要其利依然属于独占海洋之国家。然维持海洋之武器，则今昔截然弗同。昔日维持海洋独占之武器，不外军舰。而潜水艇及飞机所尽之机能，则极细微。他日欲维持海洋独占之国家，则必要讲求应付次等国家之潜水艇及飞机之武器。诚然，次等国家可以运用潜水艇及飞机等武器，以袭海军列强。而建筑是等武器之耗费，则较建筑大巡洋舰之耗费，极为微小。故属最利于次等国家者也。

新兴之武器，虽未减低海陆军之价值，然已变更旧式海军武器之效力。公海之商业航路，若以新式武器封锁之，则绰绰有余。

若英国欲保其传统之海洋独占主义，则必要讲求应付是等新式武器之武器。否则，其主义弗可维持矣。若如此，则其意义不仅为英国扩张军舰，而且为扩张潜水艇及飞机，以防御对于商船之海底及空中之袭击也。

海洋自由主义一日不克定为国际法，列强一日必竞为海洋领袖，必竭力使本国立于极有利地位。当战争时，可以制敌人之死命，可以操海洋之主权势所必至，理有固然者也。

英国恐不欲放弃其传统之海洋独占主义，盖彼有所畏惧也。若彼具有匹敌世界与彼竞争之任何国家之能力，若彼深悉各国减低海军预算，则彼似乎可放弃其传统之海洋独占主义矣。然犹未也。使无新条约之规定，足以保证其帝国之安全，彼亦弗轻于放弃其主义也。

打开此难点之建议，现已不下数种。或提议英美二国共同控制海洋，以达海洋自由之目的。吾人若加研究，即可知此等提议，弗克见诸事实。盖其他国家必难赞助英美独享特权，而牺牲自国之权利，当毅然出而反对之，此其一。美国人民自昔即视英国为惟一之敌人，势难合作，此其二。

或提议英美二国之海军，采绝对平等主义。若英国和其他国家开战时，则固可禁止美国与该国通商。惟英国必与美国以相当之金钱，作为损失之赔偿。如是，则不啻实现海洋自由之主义矣。

此等提议大背美国主张海洋自由之宗旨。盖美国之宗旨，实欲开放海洋，使世界各国皆克获得利益。固不仅仅为本国谋利益也。是以此等提议，不惟为各国所反对，亦为美国所弗欲也。

自世界大战争而后，国际间产生新兴政策，即所谓谋世界和平之机关是也。因此之故，有人主张适用国际联盟之盟约，或开洛克非战公约，以实现海洋自由主义。若此，则海洋自由可以实现，亦不为好战国之利益，诚为至善之策也。

吾人首先研究国际联盟之观点。依国际联盟之规定，两国发生冲突时，首先由联盟理事会调停，若理事会认为弗克调停时，则该两国之战争，即属合法之战争。若两国拒绝理事会之判断，而迳开战争，则该两国之战争，即为非法之战争。因此之故，彼等提议非法战争之国家，不得享有海洋自由之权利。并提议美国亦应接受此种原则。吾人此处有一最大困难，即美国非国际联盟之会员是也。而提议者欲美国亦接受此种原则，使非国际联盟会员之美国，受国际联盟之约束，恐美国未必承认也。美国若弗承认，则此提议即无意义矣。故此提议，恐难发生效力。

（四）开洛克非战公约之效力

开洛克非战公约，为惟一之解决海洋自由问题之锁钥。该条约之惟一目的，即在反对战争。一九二九年一月十五日，美国上议院已批准该约。截至今日，世界各国皆已批准该约矣。该约规定，若一国悍然破坏条约，则即为世界之罪人，应受世界之惩罚。

该约有两款如下。

1.条约国以其尊重之人民之名义宣言，以战争解决国际间之纠纷，为一种罪恶。并否认战争为国家政策之工具。

2.条约国承认解决一切纠纷，不论其性质为何，起因为何，除用和平方法，不采取其他方法。

美国上议院外交委员会解释该文如下。

简言之，条约保证国家不以战争为解决一切纠纷之方法。除用和平方法解决一切纠纷外，不用其他任何方法。

吾人研究条约及解释，可知凡战争皆在反对之例。而以战争解决纠纷，即为挑衅之行为。

世界签字开洛克非战公约之国家，基于海洋自由之原则下，重新制定新法，以保障世界和平。吾人以为此新法则，不外如下之三端。

1.世界各国之商船，皆得享有海洋自由之权利，国际法中必须承认并规定。惟供给交战国战品需要之商船，则在例外。

2.签字开洛克非战公约之国家，若发生战争，则于其未生战争之前，研究何国破坏和平之精神，何国为破坏条约之罪魁。

3.对于破坏条约之国家，则不得令其享有海洋自由之权利。签字开洛克非战公约之国家，得协议在一定之海内，实行封锁政策，以对待世界之罪魁。

在国际法之规定下，世界各国弗得隐藏其行为。因而摆脱其破坏和平之责任。

若如此，则世界各国，无需检讨其所处地位。由彼此之互相猜忌，以进入于融和之境界。而且彼此发生互信。海军之设备，由为战争的，而转为维持秩序的。则世界列强之海军，皆缩减至海上警察之限度矣。

五国海军会议与东方弱小民族[1]　　逸

从前美国总统卢斯福建议开辟巴拿马运河的时候，曾说过这样的话："自从美洲发见以后，地中海时代即随之而成过去，大西洋时代，现在已达到了它发展的最高点，不久即得衰落下来。太平洋时代，现在刚刚开始，而且这个时代，必为三个时代中最伟大的一个。"美国曾有一个国务卿名叫西华德（Seward）的，又说："太平洋，它的岛屿，以及它广大的地域，此后一定要成为人类世界主要的舞台。"果然，自从欧洲大战以后，这些话都不幸而言中的逐渐实现了。这并不是卢斯福，西华德等辈是神仙般的预言家，以至于后来的事情，果不出他们所料，实在是因为西方各帝国主义者要经营并开拓东方的殖民地，就不得不在咽喉要道的太平洋上，竞争其地域之占领，和势力之扩张。这种情形，自欧战以后，可以说是揆诸事实而尽然的了。

各帝国主义者既然互相角逐于广大无垠之洋面上，所以同时不得不互相竞争于海上军备之扩充，这是极显而易见的事实。但是军备愈扩充，杀机愈成熟，一触即发，在在堪虞。各帝国主义者看见欧战以来，各殖民地觉悟的程度，一天一天的增高，诚恐自身一旦发生破裂，反为被压迫者所乘，所以他们中间狡黠份子，感觉了这种危险，求得到一种本身的协调，为竞争扩充军备而协调的方法，自然是扩充的反面缩减军备了。

此种军缩呼出自帝国主义者本身之口，自欧战以来，美总统威尔逊曾在巴黎和会中第一次提及之，当时听了"海军缩减"这个名词最不高兴的，是素称

---

〔1〕此文发表于《新东方》1930年第1卷第3期。

海上霸王的英国。至于见诸实行的，第一次为一九二一——二二年美总统哈定所召集的华盛顿会议（该会的正式名称为军备缩减会议，又因军备缩减问题，大部分为一太平洋上的问题，所以又称太平洋会议），第二次为一九二七年美总统顾理治所召集的日内瓦三国海军会议，第三次就是现正在伦敦举行的五国海军会议。

现在世界的一等海军国，为英、美、日三国，二等海军国，为法、意二国，此外各国，几乎没有海军可言，所以谈到海军问题，就完全是英、美、日、法、意五国的问题。华盛顿会议的结果，成立一个五国海军条约，其中规定五国主力舰吨数的比例，为五（英）五（美）三（日）一.七（法）一.七（意）。不过这种规定，仅限于主力舰，至于辅助舰，则因法国的反对，没有规定。因为对于辅助舰没有规定限制，所以华盛顿会议闭会以后，各国又竞争于辅助舰的建造，这样一来，该会议的效力，几等于零。所以到一九二七年，顾理治又召集各国在日内瓦会议，企图对于辅助舰的限制，有所规定。因为辅助舰为小海军国的利器，所以法、意反对限制，拒绝加入会议，日内瓦海军会议参加国遂仅有三，即英、美、日三国，而因英、美间因巡洋舰问题不能妥协，终至一无结果而散。直到去年，美总统顾理治任满，胡佛继任；英保守党内阁坍倒，工党上台；两国更换了政治领袖，于是又旧事重提，英首相麦唐讷游美，与美成立默契，然后在英、美协调基础之上，由英国召集五国海军会议，从本年一月二十一日起在伦敦开会，至于今日，为时将及一月，大会形势，不仅毫不可乐观，而且内部的纠纷，亦方兴未艾，我们更拭目以观其前途罢。

我们对于这种帝国主义本身的军缩会议，应该有一个基本认识，就是这种会议的动机，完全是各帝国主义者企图避免自身的冲突，而免予被压迫民族以反抗之隙。不过它们的动机虽然契合，因为各自的利害关系，冲突之点，大而且多，谁也不愿对于自己的利益，有所牺牲，这样的彼此不能开诚相见，所以虽然聚会一堂，也不过是同床异梦，断得不着良好的结果。最近德国报纸评论五国海军会议，谓为"一出大骗局"，真可以说是一语道破。

大西洋上的土地既已被帝国主义者瓜分完了，这种命运又轮到东方的太平洋上。它们打着世界永久和平的旗帜来开军缩会议，如果开成了，就是它们的本身得到了协调，我们东方弱小民族的死期就迫在眉睫。所以这种所谓世界永久和平，不过是它们自身间暂时的和平，到了分赃的时候，和平就变成争斗。正是中国成语所说的"同有畏心，其势必合；同有利心，其势必争"。如果这种会议开不成，它们自身终于破裂，则大战之场，必定在它们共同所争之地——东方之太平洋区域，则我们东方弱小民族，也只有一条死路。所以现在伦敦开会的五国海军会议，无论它开得成，开不成，都是东方弱小民族灭亡的先兆。现在我们东方弱小民族之中，还有人对于这次五国海军会议抱着热烈的希望的，甚至于还有人对它歌颂的，这不是丧心病狂，便是受了麻醉。我们应该大声疾呼唤醒他们这种迷梦，得五国海军会议的真实意义，切实□明，更进一步应该将东方弱小民族，切实团结起来，结成联合战线，这才是东方弱小民族的唯一生路！

新加坡建筑军港问题[1]　　怅　然

一

英国帝国主义的侵略非洲，始自十九世纪的初叶。一八〇六年，位居非洲南端的好望角，已被英国强迫的占去，其后维也纳会议，便即正式承认英国对于该地的宗主权。英国既在非洲取得发展势力的根据地，数十年间，遂使印度洋内，到处都能沾着大英帝国积极侵略的恩惠和光荣。在此积极侵略之下，波斯及阿富汗诸国，深深受着一种不能抬头的压制，至于印度，则竟完全变为大英帝国之在东亚的属土。

自从印度洋变为英国之一内海以后，英国即以印度洋为中心，而大肆其对于东亚各国——当然是专指东亚的一般萎靡不振的国家而言——的政治侵略和经济侵略。英国在地中海及红海，则有苏伊士运河和亚丁为其两重重要的门户；其在印度洋，则有比较苏伊士运河及亚丁更为重要的新加坡。新加坡的地位，实系从印度洋至太平洋的门户，而为欧亚交通惟一的要道，尤其是英国对于太平洋作战的海军根据地，藉以保护印度、澳洲、新西兰各处殖民地，以及一般小岛之能得到极端严密的联络。

二

因为英国系以印度为其侵略东亚的重要根据地，故为使其侵略永远继续起见，对于印度国防，任在何时不肯予以丝毫轻视或疏忽。印度远离英国，倘使

---

〔1〕此文发表于《新东方》1930年第1卷第10期。

一旦遭逢敌国海军的袭击，必致陷于一种不可挽救的危境，而使英国之在东亚各国已经取得的势力，很迅速的臻于完全崩溃和瓦解。英国政府有见于此，乃以全力从事印度防预的工作，年来积极建筑的新加坡军港，即其此项工作之令人骇异的努力和表现。同时伴着新加坡军港而进行的，则有印度海军的组织。印度海军的编制方法，系以印度旧有之战舰部队为战斗主力，迨至各舰养成充分战斗能力时候，即以戒备印度洋、波斯湾及印度政府所辖沿海之各港湾。换言之，即以保护印度四境的安全，藉使英国帝国主义之在东亚各国的侵略，不致陷于一种不能继续或者完全消灭的状态。

　　新加坡的军港位置，不在新加坡本岛，而在新加坡岛与马来半岛分峡的旧峡通道的东面；是峡两岸平坦的地方，现正积极建设海军煤栈、油库、军械库和极其坚固的炮台。油库储油足供舰队半年之用，港内则有足以同时容纳战舰二只的大船坞二所，和适合新造最大战舰之用的三个浮船坞，距离军港三英里与萨巴凡河（Salawang）之间的平地，辟有规模宏大的军用飞机场，此场占有六百英亩的面积，内设停船棚两处，足容四架水面大飞机。英国对于新加坡的军事设施，实在一九二三年以后。一九二三年以前，此港并无可以冠以军字之任何物件，一九二三年以后之八年间，英国在此港内及其附近地方，乃有干坞、浮坞、码头、军用铁路与道路、筑堤、工场、仓库、弹药库、陆上防御设施、飞机场、无线电台、和民房兵垒等等重要军事上的设施。上述工程，正在朝夕不懈的进行，其总理费与已支出的事业，大约有如次表之所述：（单位千元）

事业项目	着手年度	总理费	已支出数
重油槽及附属物	一九二一年	一〇，一六二	九，三五五
根据地设备	一九二三年	七七，五〇〇	六，九三〇
浮坞	一九二六年	九，七〇九	九，六一〇
航空根据地设备	一九二六年	五，七六〇	二，〇六二
陆上防备工程	一九二七年	一一，五〇〇	一，四二五
无线电管理设施	一九二七年	一六〇	四七
	一一五，二八六	二九，四二四	

（注一）根据地设备费为六千九百万元，其附属机械费另加。

（注二）根据地设备费已支出者尚少，但已签订四千万元之工程契约，自本度着手进行。

（注三）在总理费一亿一千五百万元中，至去年止已支出之金额约三千万元，已成立契约之金额为四千万元。

三

"新加坡在世界上，为英国重要之区，既为英属最富饶最发达之地，又为印度的门户，英国四分之三的领土，均绕于是洋，如英属印度东非洲等。英国四分之三的属民亦环聚于此。然英国在此大地并无一港足以造舰修舰。英国与英属的商业，每年经过此洋的，辄值十亿镑，商船与货物的总价值，浮渡此洋的，每分钟值一万六千万镑。新加坡位置适中，足以防护全区，有显著的成效，设不幸而为敌人所有，则无他处足以当这重大的责任。英舰队之能驰援澳洲、新西兰，藉新加坡为其惟一必经的兵站。英国不能自巴拿马运河或好望角，派舰过洋以至澳洲新西兰，其惟一路线，只有经过新加坡。舰队一日在新加坡，则一日可遍布各属，护卫属土，其所处的地位，实最优美。"（用郭寿生译语）此乃一九二四年三月十八日，英国海军总长阿米立氏在其国会陈述新加坡军港重要的理由。吾人于此，可以了解该岛对于英国属土的重要，同时，并足明白英国当局对于该岛特别注意的一般。英国在新港完成以后，实足大增其在太平洋上和印度洋上舰队活动的能力，而使在其舰队活动能力所能达到之范围以内的属地，均能得到不致遭人袭击的保障。自新加坡至各要港之航程，至长不过二千四百一十五海里，此种天然具备的条件，更足显出新港本身拥有令人望而生畏的权威。兹试述其至各重要港之航程如下：

长崎	二,四一五浬
香港	一,四五四浬
马尼拉	一,三七〇浬
达尔文港（在澳洲之西北）	一,九六七浬
加尔各答	一,六四六浬
玛德拉斯	一,五九一浬
可伦坡—锡兰	一,五八五浬

英国所以积极从事新港的设施，惟一目的，是在确立远东海军根据地，使其本国能与属地得到呼应极灵的联络，在此联络告成以后，太平洋上如有某种问题发生，则英国海军不难连成一体，归于海军最高指挥之下，而实行其鲁杰大将在规划远东海军所建设的急应编制：

（1）击破敌国的主力舰队。

（2）担任补助事务的补助舰队。

（3）保护英国海上的联络之安全的必要部队。

（4）地方防备所必要的补助舰队。

新港建筑，非仅属于国防外交的政策，且为大英帝国之内政问题。英人深信澳洲新西兰安全，惟有赖于新港之筑成，故此军港之本身，含有固结大英帝国的效力，而于一亿一千万元之总理费中，各自治领情愿担负三千二百五十万元的责任——至今已献之金额，共为二千二百八十八万元。

四

新港规模为东亚第一，且为世界有数之海军根据地。其水面——即所谓新加坡海峡之海面长四十海里，幅一海里，深十一寻，既无潮流，又无狂风巨浪的搅扰，加之，水峡两端狭隘，易于实行闭锁的防御，诚属英国舰队之不可多得的乐土。一九二三年以前之状态，或更正确言之，一九二九年以前之状态，新加坡不过仅为一个和平的商港；时至今日，形势大变，英国在此港内已有军港的建设，使其成为舰队作战的根据，并使英国海军，时时含有袭击日本东京湾的可能。在此袭击可能之下，日本深深感受英国海军的威胁，使其不能高枕无忧，片刻停止其积极作战的准备。英日间之可能的交战半径，在新港筑成以后，实际上将缩短六千海里，换言之，英国主力舰队之合理的作战圈，将因新港筑成，移至六千海里以外之东亚，其对日本之威胁，较之香港，何止十倍。

现时成为伦敦会议中心问题之大型巡洋舰，其续航能力，较昔更大，就中如英国之"肯脱"级大巡洋舰，竟有单独航行一四,〇〇〇海里的特殊能力，其能往复新港东京之间，易如反掌——因为新港距离东京，仅有二,七〇〇海里——加之，今日之潜水艇自新港出发，单身潜航以扼对岛之海峡，亦非若何困难的任务。更就其为空中袭击之根据地而论，新港给予日本之威胁，尤其显出一种不堪言状的强烈，因为英国航空母舰皆有三，五〇〇海里以上之续航力，对于日本均能尽其猛烈袭击的能事。

复次，新港距东京湾，比较美国真珠湾军港之距东京湾，约近七百海里，由此可知英国军港之对日本的威胁率，与美国军港之对日本的威胁率比较，约大百分之二十。更就各港与前线根据地之距离而论，美为三千三百海里，而英则不过一千五百海里；至论军港与其本国的联络，则英国新加坡军港之在东亚作战的能力，尤非美国真珠湾军港之所能企及，因为新加坡与英本国之间，有哥伦坡、亚丁、苏伊士、马尔他，和直布罗陀等补给地点，而南洋与美本国之间，则极容易遭受海上敌人的袭击。

对于新加坡军港的建筑，日本虽然自始即已致其愤惧交加的注意，但在英人方面，除了麦克唐纳以外，类皆坚决表示其无威胁日本的理由。一九二五年六月，鲍发亚谓："……试想新加坡至日本之距离，与日本至澳洲之距离相等，何以先知新加坡威胁日本，而不以为日本威胁澳洲？既知自日本攻击澳洲为不可能，何又以自新加坡攻击日本为可能；……"此外，一九二五年三月十九日，海相亚米尼亦有如下所述之辩论："新加坡之不威胁日本，犹如朴次茅军港之不威胁美国。设新加坡军港在数十年前即已存在，如朴次茅军港，则威胁问题，自不能引起。"此种出自英国当局的论调，固足表示英国积极建筑新港的决心，而在另一方面，更足揭示任何种情况之下，英国决不放弃其在远东已经掠得的势力。

麦克唐纳之反对建筑新港，凡有三次：一在一九二四年十二月，一在一九二五年一月，一在一九二五年三月。"新加坡军港威胁日本，故为不当。"此为一九二五年一月麦克唐纳反对之议论。"此军港计划，乃对日本之威胁，此讯传出，则太平洋海军力之分布，必不免起一大变化。"此为一九三五年三月麦克唐纳反对之议论。一九二五年五月十二日，麦克唐纳复于《时事新报》，正式发表其反对建筑新港的意见："……此计划使对手国感觉采取匹敌防御行为之必要。作此计划者，忘却尚有有权考虑此事之国民之存在，不可不谓为国际的愚策。……"

"甘沃方司令在下院质问新加坡军港、战舰、船坞，及修船厂工作，是否在进行中。海长亚历山大答称：一九二八年九月主要合同所规定工作，现正在进行中；但一切额外工作，则暂时停止。现时如有所干涉或变更，将不经济。此项全盘问题，将与各自由领立时进行磋商云。"（本年四月三十日伦敦路透电）根据上述，亚历山大的答复新加坡军港之势在必成，初不容有丝毫怀疑的余地，因为额外工作虽暂时停止，而主要工作如主力舰干坞、温坞，及墙筑工程等，仍属续继不断地进行，则在主要工作完毕以后，整个军港当然不难睹其完整无缺的成立。换言之，英国建筑新港的计划，迄今并未表示丝毫诚意的变更，所谓额外工作的暂时停止，不过用此掩耳盗铃的手段，藉以和缓日本朝野人士之猛烈反对的空气。

五

太平洋上，久为日美两国互相角逐的舞台。日本向来抱着积极侵略的决心，英国亦复深深怀着向外发展的志愿。充满忌妒心理的日本，对于美国之在太平洋上的积极发展，固然不能表示坐视不理的态度；同时，"当仁不让"的美国，对于日本之在太平洋上的种种意图称霸的设施，亦殊不能任其一一实行而不顾。十数年来，日美两国之在太平洋上的冲突，及其行将发生猛烈战争的空气，几乎无日无时不在震动吾人的耳鼓。此种钩心斗角的现象，自从英国实施新港计划以后，更其较前积极恶化了起来，英国建筑新港，不仅使着日本感受非常重大的威胁，即素以太平洋上之霸者自命的美国，亦复同一感受相当重大的恐惧。美国侵略远东，系以菲律宾群岛为根据，而此群岛之距离新加坡军港，不过一千三百七十浬。英美两国之在远东的侵略根据地，彼此之间既无特别辽远的距离，则一旦有事，英国海军不难于最短期间，使用主力舰队袭击菲律宾群岛。固然战事爆发以后，美国主力舰队，亦以同一理由，不难于最短期间，前往袭击英国之新加坡军港，但就战争期间之军实补充而论，拥有新加坡军港的英国，实较拥有菲律宾群岛的美国，占有极其显著的优势：因为新加坡与英本国之间，有哥伦坡、亚丁、苏伊士、马尔他，和直布罗陀等补给地点，而菲律宾与美本国之间，则无此等补给地点之存在。

如上所述，英美日三国之互相对敌，与夫彼此国交之日趋恶化，乃属一种不可掩饰的事实。时至今日，太平洋上既已成为三国竞争的舞台，则将来三国战争之爆发，当然各以其在太平洋内的军港为根据，而战争最后胜败之属于何国，又当视各该国家之海军力的强弱而决定。兹试列述英美日三国之在太平洋的海军势力如下，藉以窥知其在太平洋内猛烈竞争的一般：

国别	舰队	舰名	舰种	排水量（吨）	速力	主炮	附注
英国	驻华舰队	Hankins	轻巡洋舰	九，七五〇	三〇浬	十九生的炮七门	此外尚有小舰五只，潜水艇十一只，潜水母舰三只，特务舰一只，内海炮舰十五只。
		Windictive	同前	九，七五〇	三〇	十九生的炮六门	
		Carlisle	同前	四，一九〇	二九	十五生的炮五门	
		Depatch	同前	四，七六五	二九	十五生的炮六门	
		Dance	同前	四，六五〇	二九	十五生的炮六门	
	东印度舰队	Effingham	轻巡洋舰	九，七五〇	三〇.五	十五生的炮七门	此外尚有小舰三只，特务舰一只。
		Emlrald	同前	七，一〇〇	三三	十五生的炮七门	
		Cairo	同前	四，一九〇	二九	十五生的炮五门	
英国	澳洲舰队	Brisbane	轻巡洋舰	五，四〇〇	二五.五	十五生的炮八门	此外尚有驱逐舰二只，飞机母潜一只，小舰二只。
		Sydney	同前	五，四〇〇	二五.五	十五生的炮八门	
		Melbourne	同前	五，四〇〇	二五.五	十五生的炮八门	
		Adelaide	同前	五，五五〇	二五.三	十五生的炮九门	
	新西兰舰队	Dunedin	轻巡洋舰	四，六五〇	二九	十五生的炮六门	此外尚有小舰二只。
		Diomede	同前	四，七六五	一六.五	十五生的炮六九门	
		Philomel	飞机母舰兼练习舰	二，五七五	一六.五	十二生的炮八门	
美国	亚洲舰队及配置太平洋方面之舰队	Huron	巡洋舰	一三，六八〇	二二.二	二十生的炮四门	此外尚有炮舰六只，水上炮舰三只，驱逐舰二只，特务舰七只，潜水艇十二只，飞机母舰扫海舰四只。

（续表）

国别	舰队	舰名	舰种	排水量（吨）	速力	主炮	附注
美国	配置太平洋方面及夏威夷以东舰队	Nevuka	战舰	二五，七〇〇	二〇.五	三十六生的炮六门	此外尚有驱逐舰四十一只，潜水艇三十六只，轻巡洋舰一只，特务舰三十一只，航空母舰三只，Fagle艇三只。
		Oklahoma	同前	二五，七〇〇	二〇.五	同前	
		Arizona	同前	三一，四〇〇	二一.五	同前	
		Pennsylvania	同前	三一，四〇〇	二一.五	同前	
		Newmexico	同前	三二，〇〇〇	二一.〇	同前	
		Ldaho	同前	三二，〇〇〇	二一.〇	同前	
		Mississippi	同前	三二，〇〇〇	二一.〇	同前	
		Tennessee	同前	三二，三〇〇	二一.〇	同前	
		California	同前	三二，三〇〇	二一.〇	同前	
		Maryland	同前	三二，六〇〇	二一.〇	四十一生的炮八门	
		Colorado	同前	三二，六〇〇	二一.〇	同前	
		WestVirginia	同前	三二，六〇〇	二一.〇	同前	
		Seattle	巡洋舰	一四，五〇〇	二二.三	十五生的炮四门	
		Omaha	转巡洋舰	七，五〇〇	三三.七	十五生的炮十二门	
		Breaffalo	假巡洋舰	一一，四五〇	一一.五	八生的炮四门	
日本	太平洋舰队全部	扶桑	战斗舰	三〇，六〇〇	二二.五	三十六生的炮十二门，八生的高射炮四门	此外尚有驱逐舰甚多不及备述。
		山城	同前	三〇，六〇〇	二二.五	同前	
		伊势	同前	三一，二六〇	二三.〇	同前	
		向日	同前	三一，二六〇	二三.〇	同前	
		长门	同前	三三，八〇〇	二三.〇	四十生的炮八门，高射炮四门	

国别	舰队	舰名	舰种	排水量（吨）	速力	主炮	附注
日本	太平洋舰队全部	陆奥	同前	三三,八〇〇	二三.〇	同前	此外尚有驱逐舰甚多不及备述。
		金刚	巡洋舰	二七,五〇〇	二七.五	三十六生的炮八门	
		比睿	同前	二七,五〇〇	二七.五	同前	
		榛名	同前	二七,五〇〇	二七.五	同前	
		雾岛	同前	二七,五〇〇	二七.五	同前	
		加古	一等巡洋舰	七,一〇〇	三〇.〇	二十生的炮八门	
		古鹰	同前	七,一〇〇			
		青叶	同前	七,一〇〇			
		衣笠	同前	七,一〇〇			
		妙高	同前	一〇,〇〇〇	三三.〇	十二生的炮十门	
		那智	一等巡洋舰	一〇,〇〇〇	三三.〇	同前	
		足柄（建造中）	同前	一〇,〇〇〇	三三.〇	同前	
		羽黑（建造中）	同前	一〇,〇〇〇	三三.〇	同前	
		爱宕（建造中）	同前	一〇,〇〇〇	三三.〇	同前	
		高雄（建造中）	同前	一〇,〇〇〇	三三.〇	同前	
		利根	二等巡洋舰	四,一〇〇	二三.〇	十五生的炮二门	
		筑摩	同前	四,九五〇	二六.〇	十五生的炮八门	
		平户	同前	四,九五〇	二六.〇	同前	
		矢矧	同前	四,九五〇	二六.〇	同前	
		天龙	同前	三,五〇〇	三一.〇	十四生的炮四门	
		龙田	同前	三,五〇〇	三一.〇	同前	

（续表）

国别	舰队	舰名	舰种	排水量（吨）	速力	主炮	附注
日本	太平洋舰队全部	球磨	同前	五,五〇〇	三三.〇	十四生的炮七门	此外尚有驱逐舰甚多不及备述。
		多磨	同前	五,五〇〇	三三.〇	同前	
		北上	同前	五,五〇〇	三三.〇	同前	
		大井	同前	五,五〇〇	三三.〇	同前	
		木曾	同前	五,五〇〇	三三.〇	同前	
		长良	同前	五,五七〇	三三.〇	同前	
		五十铃	同前	五,五七〇	三三.〇	同前	
		名取	同前	五,五七〇	三三.〇	同前	
		由良	同前	五,五七〇	三三.〇	同前	
		鬼怒	同前	五,五七〇	三三.〇	同前	
		那武畏	同前	五,五七〇	三三.〇	同前	
		那珂	同前	五,五九五	三三.〇	同前	
		川内	同前	五,五九五	三三.〇	同前	
		神通	同前	五,五九五	三三.〇	同前	
		夕张	同前	三,一〇〇	三三.〇	十四生的炮六门	
		若宫	飞机母舰	五,八七五	一一.〇	八生的炮二门	
		凤翔	同前	九,五〇〇	二五.〇	十四生的炮四门	
		加贺（建造中）	同前				
		赤城（建造中）	同前	二六,九〇〇	二八.五	二十生的炮十门	
		韩崎	水雷母舰	一〇,五〇〇		八生的炮一门	
		驹桥	同前	一,二三〇	一三.九	八生的炮三门	
		迅鲸	同前	八,五〇〇	一六.〇	十四生的炮四门	

（续表）

国别	舰队	舰名	舰种	排水量（吨）	速力	主炮	附注
日本	太平洋舰队全部	长鲸	同前	八，五〇〇	一六.〇	同前	此外尚有驱逐舰甚多不及备述。
		常盘	敷设舰	九，八八五	二一.二五	二十生的炮四门	
		阿苏	同前	七，八〇〇	二二.〇	十五生的炮八门	
		胜力	同前	二，〇〇〇	一三.〇	十二生的炮三门	
		浅间	一等海防舰	九，八八五	二一.二五	二十生的炮四门	
		八云	同前	九，七三五	二〇.〇	同前	
		吾妻	同前	九，四二六	二〇.〇	同前	
		出云	同前	九，八二六	二〇.七五	同前	
		磐手	同前	九，八二六	二〇.七五	同前	
		春日	同前	七，七〇〇	二〇.〇	二十五生的炮一门	
		日进	同前	七，七〇〇	二〇.四	二十生的炮四门	
		满洲	二等海防舰	三，九一六		八生的炮二门	
		明石	同前	二，八〇〇	一九.五	十二生的炮二门	
		对马	同前	三，四二〇	二〇.〇	十五生的炮六门	
		千岁	同前	四，九九二	二二.五	二十生的炮二门	
		淀	一等炮舰	一，二五一	二二.二	十二生的炮一门	
		千早	同前	一，二六三	二一.〇	同前	
		安宅	同前	八二〇	一六.〇	同前	
		最上	同前	一，三五〇	二三.〇	十二生的炮二门	
		宇治	二等炮舰	六二〇	一三.〇	八生的炮四门	

（续表）

国别	舰队	舰名	舰种	排水量（吨）	速力	主炮	附注
日本	太平洋舰队全部	隅田	同前	一二六	一三.〇	六生的炮二门	此外尚有驱逐舰甚多不及备述。
		伏见	同前	一八〇	一四.〇	同前	
		鸟羽	同前	二五〇	一五.〇	八生的炮二门	
		嵯峨	同前	七八〇	一五.〇	十二生的炮一门	
		势力	同前	三三八	一六.〇	八生的炮二门	
		坚田	同前	三三八	一六.〇	同前	
		比良	同前	三三八	一六.〇	八生的炮二门	
		保津	同前	三三八	一六.〇	同前	
		海风	一等驱逐舰	一，一五〇	三三.〇	十二生的炮二门	
		山风	同前	一，一五〇	三三.〇	同前	
		浦风	同前	九〇七	二八.〇	十二生的炮一门	
		矶风	同前	一，二二七	三四.〇	十二生的炮四门	
		江风	同前	一，三〇〇	三四.〇	十二生的炮二门	
		谷风	同前	一，三〇〇	三四.〇	十二生的炮四门	
		峰风	同前	一，三四五	三四.〇	同前	

六

东亚首被英国帝国主义并吞的国家，厥为文明各国之一的印度。自从印度沦为英国的属地以后，英国之在东亚各国的侵略——当然，日本不在它的侵略之列——乃遂日复一日地加紧了起来。欧战以后，印度国民，因不堪受英国帝国主义的压迫，相率从事印度独立的运动。此种运动，愈演愈烈，迄于今日，业已达于一种不可遏止的趋势。本年一月二十六日，印度国民党总部发表下列的檄文："今日独立，为印度国民会议于一月二日大会所议决，曾通告各地革命同志，均于是日举行盛大纪念，唤起同胞，共同奋斗。当大会通过独立日后，英政府曾下令禁阻，曾增兵武装防御，但我辈革命同志负此大令使命，仍以最强毅之决心，督率全党同志，领导全国国民，在此根本觉悟下牺牲奋斗，完成今日之爆烂独立纪念日。"在此反英怒潮汹涌之下，英国政府不但没有表示让步，而且公然在印度议会宣言，警告印人勿希图以非法手段达到目的，并谓印度政府，无论在任何情形之下，必须贯彻维持法纪和保卫治安的责任。根据英国此种极端强暴的宣言，足证英国绝无允许印度独立的可能，同时，并足证其绝无放弃东亚侵略的打算——任何帝国主义，在其势力完全崩溃瓦解以前，决不在其属地放弃积极侵略和压制——

今后印度独立之能否成功，固然须视印度民众之努力奋斗如何以为断，但在另一方面，新加坡军港之完成，亦殊对于印度独立发生极其密切的关系。印度本为英国侵略东亚的根据地，而新加坡军港，则为英国监视印度独立的要害。印度独立，虽则不能谓在新港完成以前，便无完全达到目的之可能，然在新港完成以后，确实更要增加许多不易打倒的困难；因为即在今日，英国已有充分力量压制印度独立的运动，则在新港完成以后，当然更有力量阻止印度独立运动的发展。吾人于此，深望印度民众，努力去和英国帝国主义相搏战，使其东亚势力，未至新港完成，便已完全崩溃和瓦解。

复次，英国帝国主义，固为印度民族直接的敌人，但亦何尝不是东方全部被压迫民族解放运动的障害。吾人对于英国帝国主义，若不根本打倒，则东方全部被压迫民族的解放运动，均恐不容得到如愿以偿的成功。现在印度独立运动的高潮，业已引起世界各国一般人士的同情和注意——当然，依仗英国帝国主义而生存的资本统治阶级，和从属于其阶级的份子，不在其列——在此解放运动的紧急情形之下，深望印度民众，速与东方全部被压迫民族采取连合的战线，同时，东方全部被压迫民族，更须从速联合起来，而予印度民众以物质上和精神上的援助。

伦敦海军军缩会议的重要问题[1]　　栖　梧

一、召集伦敦会议的经过

前年秋天，耸动全世界视听的英法海军协定，因美国之大声一喝，遂烟消云散了。自是以来，帝国主义列强间，关于和缓海军竞争的企图，就一部分来说也好，就全体来说也好，一时都呈潜踪息影的形态。美国自不战条约缔结以来，更加提高了它对于国际政治指导的地位，又利用其金钱的势力，所以其操纵列强，真是极其巧妙机敏之至。建造巡洋舰十五只庞大的计划，对于英国，固不待说，就是对于全世界的海军国，亦与以打击。自这一击之后，依去年四月廿二日季蒲生在第六回国际联盟军缩准备会议的声明，金元帝国主义在海军"军缩"问题，遂造成对于自国海军有利的立场。胡佛新大统领的海军政策第一步，就这样很华美的出现于世界的舞台。

扮演对手的名角，是英国首相麦克唐纳。——英国资产阶级，对于劳动党第二次组阁，实有必要，其理由之一，就是在前保守党内阁时代，在海军争霸战的意义上，与美国的对立，过于露骨，对于打起巡洋舰十五只新造案的金元帝国主义海军的进攻，总要演一出"平和主义的"戏来和缓以下，才能过去，这正是麦克唐纳及其与党唯一重要的任务。因此，六月八日，新劳动党内阁成立未久，首相麦氏即有访问美国的决定。六月十六日，与驻英美国大使杜资氏的会见，十八日杜氏在克林姆俱乐部的演说，即报告英美间关于海军军缩，已达到某种意见的一致。自是以后，英美海军交涉，亘三月之久，把世界的视

---

〔1〕此文发表于《新生命》1930年第3卷第2号。

线，都集中到这问题了。

不战条约成立宣布式，七月二十四日，在华盛顿举行了，同时英美两政府关于巡洋舰二、三只建造延期的声明；八月二十日，英国首相唐氏关于英美间的协定，已成立的条项二十条，未成立的仅三项的非公式声明；九月三日，英国首相唐氏在国际联盟总会对于"军缩"赞成的大雄辩；十月四日，美国自建国以来，英国首相最初莅止的唐氏，受了热烈无比的欢迎；在哇齐尼亚州布耳里齐山中的大统领别庄，胡佛与唐氏两巨头的"恳谈"，英美海军交涉。经过这样多的经纬，结果，才决定一九三〇年一月二十一日在伦敦召集英美日法意五国会议。十月七日，外交部长汉达逊发出的招待状，其要旨如次：

一、以不战条约的精神为基础，实行军备缩小；

二、英美均势的原则，于一九三六年实现，彼此意见一致；

三、依华盛顿会议，主力舰的代舰，起工延期，对于舰型缩小等，应加以考虑；

四、对于完全废除潜水舰，两国的意见，虽已一致，但其废除，不可不得到列国的承认。

日法意三国，于十月十六日，与以参加承诺的回答，遂决定开摧伦敦海军会议，这会议是从华盛顿会议以来最大的，而且在新的世界的危机之前夜，呈现更加尖锐化的各种对立的会议。

二、所谓英美海军的均势

英美海军的均势，是美国自华盛顿会议以来所揭的标语。美国要使自己商船，在别的国家交战中，确保其航海通商，不被侵害，如世界大战当时一样，换句话说，美国要确保"海洋的"，所以其海军不能不与从来握着世界海上绝对的霸权之英国，保持同等的海军力，这是大体的论据。

在一九二一年的华盛顿会议，只关于主力舰，是依着美国的主张（英美均势），成立所谓"十、十、六"的比率，关于补助舰（特别是巡洋舰）的制限，因英国坚决的反对，"英美的均势"遂没有实现。这种问题，在一九二七年英美日的日内瓦会议，又提出来了，但因英国绝对不承认英美补助舰的均等，主张自国海军保有七十万吨的庞大数量，遂成为英美关于海军正面的冲突。

英国何以一方面承认主力舰的均势，他方面绝对反对补助舰的平等呢？其理由，据英国政治家说，是在于"因为英国的生活必需品，仰给于海外，如果丧失了战时制海权，英国的国民，在六周间内，必致于饿死，所以不能不保持世界第一的海军力。"换句话说，因为要使在全世界的英国殖民地，维持资源缺乏的英本国。英国海军，对于主力舰，虽可以与美国均势，对于巡洋舰，则不可不保持世界最大的势力。

因此，现在的英美交涉与将来的伦敦会议，补助舰的问题，当然成为最重要的中心问题。在上述的招待状，英美的协定，关于补助舰，适用英美均势的原则，内容如次：

一、八时炮一万吨级巡洋舰——英国十五只，十四万六千吨，美国二十一只，二十一万吨。

二、六时炮小型巡洋舰——英国三十五只，十九万二千吨，美国十五只，十万五千五百吨。

三、驱逐舰，两国大概都是十五万吨。

四、潜水舰，两国间在成立尽可能废除的谅解。

（但关于八时炮巡洋舰，两国间的意见，听说还没有完全一致，美国主张其配当为二十一只，英国对于这个配当，主张提高到十八只，没有□到成□，俟五国会议来解决。）

这种势力的均等，要到一九三六年，才得完成，所以"英美的均势"，现在还没有实现。就如上所述，协定的内容，也很明显的，没有如文字一样的均势。英国因为"通商保护"特殊的要求，小型巡洋舰，约二倍于美国。关于大型巡洋舰，美国的海军，连现在建造中的，一起算来，还只有十只，共计十万吨。但可以重新建造十一只共计十一万吨（或八只八万吨）呵！（仅仅从这一件事看来，帝国主义的"军缩"与所谓"世界平和""国民负担的减轻"，很明显的，没有什么关系。）但是美国保有这样优势的大型巡洋舰，纵令英国承认而让步，然而在太平洋的这面，为假想敌国而对立的日本，不能不很厉害的刺戟神经了。

三、八时炮大型巡洋舰与其比率问题

如上所述，在华盛顿会议，关于各国三万吨、三万五千吨的大主力舰、大

航空母舰，虽决定制限，但关于补助舰的建造，以后没有加以何等的限制。因此，列国的海军竞争，必然的集中于补助舰的制造，特别是对于备炮八时的一万吨级巡洋舰。各国都有新的发明，能够建造优秀的新舰型。

八时炮巡洋舰，第一就是其建造费，比较大型战斗舰少；第二就是有优秀的速力与攻势力，并且加以最新的研究，航续力、防备力等，有非常的进步，因为这些理由，当进出于大洋之际，很可以代替从来大战舰的作用。现在各国都倾全力来建造这种新锐舰，特别是日本与德意志的八时炮巡洋舰，称为世界无比的精锐。（日本既成舰八只，在建造中的还有四只）英国从以前的劳动党内阁时候起，即倾全力来建造这种巡洋舰，又建造有七时半炮的所谓霍金斯的中型巡洋舰。（既成舰十一只，建造中四只）美国对于这种舰的建造，虽最迟着手（既成舰一只，建造中九只），但前年末，在议会通过的大型巡洋舰十五只建造案，在各国建造同型巡洋舰的竞争中，要算是登峰造极了。

从上述的形势看来，八时炮巡洋舰的制限，换句话说，列国配当比率的确定，当然不能不成为"海军军缩"的中心点。前年英法协定，区别大型巡洋舰与小型巡洋舰，后者无制限，只对于前者加以制限之案，在英法间成立了。此次，英美协定，美国对于英国十五只，获得二十一只或十八只，这是美国对于八时炮巡洋舰确保世界第一的优位之意思。

美国海军的大型巡洋舰，占着显著的优势，直接对于日本，自然与以重大的影响。在华盛顿会议当时，最初，日本要求对美七成，毕竟承认主力舰六成。但交换条件，是决定英美在太平洋的海军根据地（克阿姆岛、菲利宾、香港）维持现状。哈哇（美）与新加坡（英）是在这种制限的范围外，因为哈哇离东京约三千四百海里，新加坡离东京约三千海里。事实上，近日本的东洋海上，除日本的主力舰以外，没有一只浮在海洋上面的。因为克阿姆、菲利宾等处，没有主力舰根据地的设备，从结果看来，比较通过主力舰七成的要求，在日本更为有利。

但是讲到一万吨级巡洋舰，上述根据地的制限，就没有什么效用了。因此，如果美国有二十一只大巡洋舰，直接足以威吓日本的海军，日本在对抗上，无论怎样，不能不要求对美七成的通过。

四、日本要求七成的意义

将来在伦敦会议上，关于大型巡洋舰的比率，由上述的情形看来，日美间对立的尖锐化，是很容易可以预料到的。然则日本何以要求对美七成的海军力呢？

不待说，这是作战上的周到的计划，由从来许多海军演习的实际经验得来的比率，关于详细的论据，没有公表过，但如世所传，大概有以下的说明："美国来进攻东洋的场合，假令美国留在本国的海军力为一成，东洋远征兵力的减耗力为二成，七成对七成，可以为互解的战争（即防御战）。"（《外交时报》去年十一月十五日号九三页）换句话说，在东洋——日本近海及中国沿海——日美战争的场合，（这种战争的目的物，是什么，是很明白的）日本因为要得到胜利，无论怎样，不能不确保对美七成的比率。

因此，所谓七成或六成的问题里面，遂藏着日美两帝国主义现实的利害问题。一九二四年，美国海军发表的海军政策的主要目标，公然揭出第一是在于门罗主义的确保；第二是在于保证中国门户的开放。所谓门罗主义的确保，是确保美国的海军，在南中美沿岸，有绝对的支配力的意思；所谓"门户开放主义"，是确保美国的海军，在殖民地中国的掠夺，能够与列强竞争而操必胜的海军力的意思。在后者的场合，与美国正面冲突的海军国，事实上，除日本以外无他。换句话说，"在美国方面，如果预想与日本在东洋交战，对于日本海军，不能不保持六成以上的优势。若许容日本六成以上的海军力，那末，中国就唯日本之命是听了"。（《外交时报》去年十一月十五日号九一页）

日本每有机会，即主张各国保有"难攻易守"的海军力，是最合理的。这种"合理的"主张，虽不如美国的门户开放主义那样的露骨——幸而没有那样露骨之必要——但是在这种"合理的"主张里面，与美国一样，乃藏着帝国主义的要求。因为在"难攻易守"的概念中，日本海军的优越权，当然包合"中国唯命是听"的概念。

要之，日美间七成或六成的问题，较在华盛顿会议，更加激烈化，以对于中国的优越为中心，要展开日美海军的"非战争的战争"。今回的伦敦会议，因这个问题而发生决裂的可能性，是很浓厚的。

五、潜水舰的废弃与主力舰的问题

潜水舰的全废，是英美，特别是英国所热望的。不待说，这种主张，还是以人道主义的好听的话，来做根据。但是在这种场合，人道主义的假面具里面，仍然藏着最现实的实质的利害。

潜水舰虽不适于远征，但有一种特性，在近海防御自国的海岸，或破坏敌国的通商路，是可以发挥绝对的威力。特别自隔着海峡，与英国对立的法兰西，如果有很多潜水舰，英国所有的多数巡洋舰，那就完全不能动弹了。英国因为要脱掉这种威胁，所以一面许可法国在欧罗巴大陆，为陆军的第一主义，并想缔结英法协定。（因为要对于他方之敌即美国，必要除去这方可怕的敌人之威胁）今回，大约当与美国一致，主张潜水舰的全废，或尽可能的缩小，这无非要抵制法兰西的潜水舰政策耳。

合众国与日本在太平洋之间，亦成立同样的关系。只要日本有优势的潜水舰队，美国虽有优势的海军，亦不能近中国沿海。

从上述的关系看来，如果日本、意大利、法兰西三国，与英美一样，有世界第一的水上舰队，那末，潜水舰或者不必要。但在劣势的海军国看来，潜水舰是国防上绝对必要的武器，这三国对于潜水舰的全废，一定会反对最强硬的。在英美对日意法三国间的这种对立，在伦敦会议上，一定会惹起激烈的争论，或与会议以决裂的动机，这是现在可以预料到的。

其次是关于主力舰的问题。在华盛顿会议，决定主力舰建造休止期间为十年，到一九三一年十一月十二日满期，在今回会议，有延长这种休止期间的提议。大战斗舰及大航空母舰的建造，须有巨大的用费，现在争相从事于新型巡洋舰建造的列强，特别是财政很不充裕的日本，都是很赞成的。所以关于这个问题，没有多大的意见之相违，这也是可以相像到的。

六、伦敦会议的各种对立

在华盛顿会议时，为美国专门委员之一员，演了重要任务的上校马克米南，曾公言曰："华盛顿会议，是非战争的战争，美国在这战争，击沉了日英意法四国多数的主力舰，确保海上的优越。"在今回的伦敦会议，美国的政治与军事的主要目的，也是一样。一方面，确定巡洋舰及其他，使他国的海军，手足不能动弹；他方面，使自国庞大的巡洋舰建造计划，依国际的协定，成为权利化。

英国对于美国的要求，名义上虽承认"英美的均势"，实质上，还是无论怎样，要努力维持从来的制海权。但是英国这种努力大约是与日本或法意提携，以抵制美国。或者日意法三国的要求，在英美共同攻势之下，要受显著的压迫。

法意两国，在地中海，虽相互为假想敌国而对立，但对于英美的共同攻势，是一致抵挡的，特别是期待日本加入这种共同战线。关于潜水舰全废问题，据一般的预料，日本是要首先起来反对的。法意两国，对于日本的七成要求，将与以援助，这是最近外国电报所报道的。

关于巡洋舰比率问题，关于潜水舰全废问题，日本是站在与美国发生正面冲突的立场。但是在一方面，如果比率问题终于不能成立协定，想大大的与美国为制舰的竞争，又为日本的财政状态所不许可。因此，日本想贯彻七成的要求，是立在非常困难的地位。日本与法意两国，建立共同战线，以与英美对抗，使会议终于决裂，这固属非常容易。但在会议决裂后，日本所处的地位，比较法意两国，更加困难，这也是可以相像到的。特别是日本因七成要求与潜水舰的问题，直接引起会议决裂的责任，是一种道德上败北的意思。

因此，日本只是利用英美间的对立，例如提出"海洋自由"的问题，纵令使会议归于决裂，尽可能的，使自己的地位，为有利的展开。在这意义上，最近日本在伦敦，经过松平驻英公使，与英国政府，开始进行预备交涉，其成功与否，足以决定日本在伦敦会议上的成败，颇为一般世人所注目。

今将列国舰艇势力比较如次（一九三〇年的状况）：

		日本		美国		英国		法国		意大利	
		只数	吨数	只数	吨数	只数	吨数	只数	吨数	只数	吨数
主力舰		一〇	二九二，四〇〇	一八	五二五，八五〇	二〇	五五六，三五〇	九	一九四，五四一	四	八八，九七〇
航空母舰		二	五三，八〇〇	四（内一只计划中）	八二，五〇〇	六	一一五，三五〇	一	二一，六五二	—	五，三一五
补助舰航空母舰	既成	一	七，四七〇	〇	〇	二	一一，九〇〇	〇	〇	〇	〇

（续表）

		日本		美国		英国		法国		意大利	
		只数	吨数	只数	吨数	只数	吨数	只数	吨数	只数	吨数
补助舰航空母舰	建造中	○	○	○	○	○	○	一	一〇,〇〇〇	○	○
	计划	一	七,六〇〇	○	○	○	○	○	○	○	○
	计	二	一五,〇七〇	○	○	二	一一,九〇〇		一〇,〇〇〇	○	○
八吋炮巡洋舰（但含英霍金斯级）	舰龄二〇年以内	八	六八,四〇〇	一	一〇,〇〇〇	一五	一四九,四〇〇	四	三九,八〇〇	二	二〇,〇〇〇
	建造中	四	四〇,〇〇〇	七	七〇,〇〇〇	四	三六,八〇〇		一〇,〇〇〇		二〇,〇〇〇
	计划	○	○	一五	一五〇,〇〇〇	三	三〇,〇〇〇		一〇,〇〇〇		二〇,〇〇〇
	计	一二	一〇八,四〇〇	二二	二三〇,〇〇〇	二二	二六,二〇〇	六	五九,八〇〇	六	二〇,〇〇〇
其他巡洋舰（含二〇年以上的海防舰）		一一	八二,四六〇	二二	一六四,一〇〇	○	○	四	四一,五一二	二	一七,六六六
驱逐舰	舰龄一六年以内	一〇三	一〇八,九七五	二六〇	二六七,一一四	一五三	一五九,二五五	七一	九一,五〇九	六六	六四,三二七
	建造中	六	一〇,二〇〇	○	○	一八	二三,八四〇	六	一四,七六〇	一七	三〇,七七八
	计划	六	一〇,二〇〇	○	○	九	一一,九二〇	○	○	四	五,七〇八
	舰龄一六年以上	四	三,一二〇	二	一,六一六	三	一,六九五	五	二,四九六	八	四,四八六
	计	一一九	一三二,四九五	二六二	二六八,七三〇	一八三	一九六,七一〇	八二	一〇八,七六五	九五	一〇五,二九九
潜水舰	舰龄一三年以内	六四	六六,六二七	一〇九	八二,〇六七	五八	四九,八七二	四六	四一,一九七	四二	二三,六五三
	建造中	七	一一,八七〇	○	○	一二	一八,八四〇	三一	三五,七二九	一三	一一,四六八
	计划	○	○	○	○	六	一〇,六五〇	○	○	五	四,三〇五
	舰龄一三年以上	○	○	一四	五,二四九	○	○	一二	七,五二七	二	七一〇
	计	七一	七八,四九七	一二三	八七,三一三	七六	七九,三六二	八九	八四,四五三	六二	四〇,一三六

中华民国十九年一月九日

伦敦海军会议中之法国
（巴黎通讯）[1]　雷崧生

一、法国与其他列强海军之比较

　　缩减军备会议，为国际间数见之事。大抵成功者极少，而失败者居多。然此次伦敦海军会议，实为英帝国工党执政后之新猷。盖自麦克唐纳继保守党组阁，内政方面，实与鲍尔特温时代无大异殊，不足副一般人之期望。顾外交政策，乃大异趣旨。疏法亲德，与俄示好。赴美晤荷佛，华盛顿之谈判内容，外间虽秘莫闻知，然盎格罗撒克逊民族大结合，一时喧腾各国。麦氏归国后，即从事于伦敦会议之召集。说者谓麦氏以在内政方面，既无惊人之建树。乃欲于外交方面，建立奇功，以一耸动国人之视听也。

　　英美既已成立海军协定，其他列强之态度，滋可注意。而尤以法国为最。上年英法协定之呼声，喧传中外。美国闻之，极为激昂。今英竟舍法而就美，法焉有不悻悻然者？唯法国自华盛顿会议以来，海军即屈居于英美日诸强之下，嗣后努力多在空军方面。而对于海军，比较不十分积极。查一九一四年，法政府预算海军费为三，二〇五，〇〇〇法郎，占全预算百分之三十二。本年预算海军费为二，六一八，〇〇〇法郎，仅占全预算百分之五．三。试观同时美日海军预算，皆有极大之增加。英意以换置旧舰之故，预算上亦不无小有增加之处，独法国有显著之低减。其扩充海军计划，期于一九四三年完成。当于后文详述之。

　　法国在大战前之海军预算，多于本年海军预算，已如前述。至大战前军舰吨数，亦多于本年在海面之军舰吨数。兹将其与其他列强军舰吨数比较表列后：

---

〔1〕此文发表于《中外评论》1930年第28期。

年别＼国别	法	英	美	日	意	西班牙
一九一四年	755,148	2,438,869	891,133	549,840	423,801	70,455
一九二九年	708,366	1,889,768	1,858,911	755,148	497,729	141,269
比较	−46,782	−549,101	＋965,778	＋205,308	＋73,928	＋70,814

上列数字，包括三种战舰。第一种为已加限制者，即所谓主力舰是，一九二二年华盛顿会议，业已加以限制。第二种为将受限制者，如所谓辅助舰是，列强正拟设法限制。第三种为未加限制者，此种军舰，例皆吨数甚多，且有其特殊任务。限制一节，列强尚未议及。兹依军舰类别示列强吨数比较表如下：

舰别＼国别		法	英	美	日	意	西班牙
主力舰（战斗舰）	个数	9	20	18	10	4	2
	吨数	197,670	556,350	525,850	292,400	89,506	30,904
航空母舰	个数	1	6	3	3	0	0
	吨数	22,500	115,350	76,268	61,270	0	0
巡洋舰	个数	17	54	14	37	13	6
	吨数	158,059	327,411	96,001	230,415	86,075	40,640
鱼雷舰及驱逐鱼雷舰	个数	68	150	284	106	72	10
	吨数	75,690	157,585	290,304	111,585	71,973	10,472
潜水艇	个数	52	53	122	61	37	14
	吨数	37,456	45,534	82,308	61,357	21,120	8,276
特种舰	个数	34	10	38	14	1	0
	吨数	22,035	40,597	92,081	71,065	5,400	0
未加限制之军舰	个数	264	266	326	43	256	72
	吨数	182,756	783,026	653,830	259,463	230,180	51,892

以上两表，略示法国在诸强中地位之一斑。一九二四年及一九二五年，法国国会，曾提出两种法律，目的在扩充法国海军，维持法国之安全，及本部与海外殖民地之交通，并达到华盛顿会议所允许之吨数。该两法律案，始终未经

171

国会投票通过。但政府与国会间，久已有一种默契，许政府执行该案，期于一九四三年完成。如该案完全实现，法国军舰吨数，将如下表：

主力舰	一七七,八〇〇
航空母舰	六〇,九六〇
轻巡洋舰	三九〇,〇〇〇
特种舰	五一,七七四
公海潜水艇	九六,〇〇〇
沿海潜水艇	二八,八〇〇
共计	八〇五,三三四

欲实现此种计划，每年须造舰四四,〇〇〇吨。截至一九二九年年底止，计划中及制造中之军舰吨数，略表如下：

造舰程度 舰别	制造中		计划中	
	个数	吨数	个数	吨数
巡洋舰	3	30,480	0	0
驱逐鱼雷舰	21	45,565	6	15,660
潜水艇	47	50,580	11	11,405
特种舰	5	27,310	2	8,310

二、法国对于裁减海军之态度

伦敦海军会议之请帖，于上年十月七日由英帝国外交部以照会方式发出，分致法美日意诸政府。大意谓近三月来，英帝国政与美联邦政府，关于限制海军问题，非正式商议之结果，共同决定原则如下：

（一）因一九二八年巴黎公约之订立，致各国对于保安问题，或因弃废战争为国家政治之工具，而相应发生之问题，须有相当之适应或解决。故本照会邀请参加之会议，即以该公约为公共出发点。

（二）英美间军舰，均采用平均主义（Prin Cipo de Parite）期于一九三六年年底完成。

（三）一九二二年华盛顿条约，许以新主力舰替换旧主力舰。兹拟关于此点，重加讨论，并减少此种替换建造之重要。

（四）英美间同意，绝对禁止潜艇。

照会末述及会议地点及日期，并谓未来会议之结果，可以减少国际联盟会裁军预备委员会及国际裁军大会之困难云。请帖发出后，各强国先后照覆接受英帝国外交部召集伦敦海军会议之提议。法政府除于同年十月十六日照覆接受外，并于同年十二月二十六日致一长备忘录于英外交部，同时抄送美日意诸政府。其要点有四：

（1）依国际联盟会约章第八条，各国军备，均应减少至以能维持其国之安全及满足国际义务为限。似此各国海军之多少，初不必有一数字上之公式。即国际联盟会裁军预备委员会，亦曾以此条作基础，而进行裁军工作。但欲实现第八条之规定，有两种方法。一为总吨数限制主义，一为每级吨数限制主义。在日内瓦会议时，强大海军国，胥主张第二主义。其他各海军国，则主张第一主义。当时法国代表，提出过渡办法。所谓过渡办法者，即决定各国各级军舰吨数之分配，与移转方法，以期达到最后总吨数限制之目的也。此过渡办法，当时颇得各国之赞同。即美国亦曾表示，愿作为讨论之根据。兹于伦敦海军会议中，法国将重申此义。

（2）海陆空军，关系綦切。法国以地理关系，此点尤为重要。伦敦海军会议，虽不讨论陆军空军之限制，然一九二七年国际联盟会预备委员会所计算之陆军空军与海军吨数，有直接关系，不可忽视。

（3）法国占地六百万平方基罗米突，人口六千万，三面临海。故法国海军实负有国防上极重大之责任。法国决不违背国际联盟会约章第八条，依国防决定各国军备之主张。然近来海军预算，已较一九一三年为低。是法国但愿巩固国防，别无其他野心，已昭然若揭。

（4）法国鉴于华盛顿会议所订立之太平洋条约，收效甚宏，因此欲于本届会议，提议地中海各国缔结保安及不侵犯条约。

本年一月十日，英帝国政府照覆法国，对于上举四点均有答覆。关于第一点，英帝国政府，谓限制海军，不仅在吨数之多少，而在吨数之如何分配或使用。关于第二、三两点，均表示接受。至第四点，则谓地中海各国，均为国际联盟会会员国。故似无需另行缔结保安及不侵犯条约。然英帝国政府，亦愿与各关系各国，商洽一切云。

以上所述，略见法国态度之一斑。伦敦会议于本年一月二十一日开幕，法总代表塔铁耳（Andre Tardieg）演说，大意略云：

本会目的，在限制与缩减海上军备。然欲达此目的，不能仅从算学定式中求之。英首相适谓第一要义，在决定各国需要。国际联盟会约章，及巴黎公约，已将绝对之需要，变为相对之需要。吾人若有互信之心，本会定能获最圆满之结果云。

三、会议时之法国

伦敦会议以本年一月二十一日开幕，由英王致开幕词，并以无线电传播各处，颇极一时之盛。二十二日停会一日，俾各国代表有交换意见机会。惟各国代表之意见，固不待交换，识者早知其相距甚远。关于海军限制方法问题，英美主张依舰级限制。而法国主张以总吨数限制为原则。此总吨数须依日内瓦裁军预备委员会所决议者为标准。至此总吨数如何分配于各级军舰，一听各国之自由。意大利则主张先规定各国应有之吨数，再讨论限制方法。至潜艇问题，英美主张废去而日法则否。意大利态度暧昧。盖意大利始终欲与法维持海军均势，颇拟以此为与法作交换条件耳。

正式开会之始，英人韩基爵士当选为会议秘书长。以各国代表及专家组成第一委员会。实则所谓第一委员会，不亚于变相之不公开全体会议。最初法国即提出以总吨数限制主义，为讨论根据。此点英美当然不能接受。会议因之进行极缓。麦克唐纳以英国系主持斯会者，如斯会不成，颇使英国丧失体面。于是连日向法国代表疏通。迟至一月将终之际，始有临时协定之草拟。法国决意放弃总吨数限制主义之主张，而以驱逐舰巡洋舰一并提议为条件。同意于英国所希望之分别舰级，进行讨论。自是英美间之协定，一变而为五国临时协定。至详细办法，则交第一委员会拟议，再交大会通过。

第一委员会会议结果，决定原则如下：

各国之总吨数，照另表之军舰级类，各从其本国所承认者而协之。

此原则貌似调和总吨数限制主义，及各级吨数限制主义，实质上则全系后者占优胜。盖法国胁于英美，终不能不让步也。

关于舰之类分问题，主力舰、航空母舰、一万吨巡洋舰、潜水艇四种无问题，惟关于轻巡洋舰及驱逐舰，英主区别，法日主张合并，意大利则付保留。此条本为法国让步之条件，意大利则故示暧昧，欲收渔人之利。

伦敦会议，至是已开会两星期，然除作原则上之规定外，尚未讨论及实质问题。舆论大为不满。各代表咸认为不可再坐失良机，决定于二月初旬，积极进行讨论。

二月七日，英帝国政府关于军舰各级吨数转移问题，发出备忘录，略谓此次会议，不独应缩减现在之舰队，与造舰程序，且应终止海上军备之竞争。并谓英帝国政府之政策，在保持海上之开放，使贸易自由，交通无阻。如欲政军设备，不致扰乱和平，则各国必须以一种国际协定，维持彼此间之均势。而此均势，非可徒以军舰吨数之平等致之，而必须考虑根据地之分布情形。然此事之决定，有待于会议与协定。故英帝国政府提议，此次会议，应实施至一九三六年。而在一九三五年再召集一次会议。英帝国政府并向大会提议下述办法：协定不仅在总吨位上须著重各级军舰之大小，或各国各级军舰之吨数，至军舰之类分，应为主力舰、航空母舰、巡洋舰、驱逐舰与潜水舰数种，每类应分得之吨数，未尝不可让出几成，移入另一种类。但英政府不赞成普遍转移，故对于主力舰、航空母舰及潜水艇三种，反对吨数转移。至于巡洋舰，英政府可许依照将来议定之百分数，将八吋炮巡洋舰吨数移入六吋炮巡洋舰，以示方略为通融云。

英备忘录发表后，世人且日为之一新。其后美国亦有重要宣言发表。

至潜水艇废止问题，英海军大臣于二月十一日全体会议中，曾谓根据过去之经验，潜水艇于国防上毫无价值，其为用多在取攻势或袭击商船时，盖完全为一种侵略之工具。英政府甚望各海军国，同意废止。美国代表相继发言，无非赞成英海军大臣提议之意。当时日本与法国，反对甚为激烈，以为潜水艇之为用，或攻或守，胥视使用之者之意向如何而定，吾人固仍可从此点限制之。至意大利之态度，则主附下列条件废止之：

（一）须各国一律废去。（二）同时废去主力舰。意大利此种主张，自亦不能为列强所接受。最后法国主张，指定一委员会，编制一种协定，限制潜水艇之用途。换言之，使潜水舰亦遵守水面军舰对于商船加以攻击时所适用之法则。结果，各海军国同意交第一委员会拟议。

二月十二日，英法两国代表在英下院晤见塔铁耳。法国代表要求其海军吨数，须为七九九，〇〇〇吨。主力舰一七〇（千吨为单位），航空母舰六十，巡洋舰一二〇，轻巡洋舰二七，潜水艇一二四，特种船五五。翌日法国复发出备忘录，声言各国海军，真正减缩，较少于大战前者，只有法国。即主力舰一项，已减少五五一，〇〇〇吨。又自一九一四年起，至一九二〇年止，未添造新舰者，亦为法国。故法国不得已，仍将超过舰龄限度之主力舰及巡洋舰之若干吨数，留供应用。法国现提议在一九三六年底，法国应有海军七二四，四七九吨。其中百分之八十二为补换吨数。仅所余百分之十八为新吨数云云。

法国数字发表后，意大利甚为惊骇。以意大利如欲与法平等，须倍增其现存之吨数。十九日，意大利亦发出备忘录，声明愿接受军备之最低限度，惟欧陆任何国家，不得超过意大利之所有。对于法国要求之吨数表示遗憾，希望法国减少此项吨数，俾他国与之均衡较易云。

如果各方坚持不下，致开会一月，竟毫无具体结果。前之满怀希望者，至是亦出形消极。会场形势显系法日与英美对立。法国舆论谓英美挟盎格罗撒克森民族大联合之力，强迫法国抛弃其国防上之安全，而并不酬以地中海或大西洋上安全之保障。美国舆论则谓法之提出大量吨数要求，及日本之提出辅助舰对英美七成比率，显系有意破坏会议。意大利之地位较有余裕。然其与法争均势一点，亦达白热程度，一时空气极为恶劣，有休会至一九三五年之说。

正在混乱局面之下，法内阁风潮忽起，塔铁耳去职。其他各强代表相率返国，会议因而暂停。进法内阁再组成，夏丹（Chante mps）宣言仍继续塔铁耳政策。各国代表重集伦敦。然会议神精已不如前此之良好矣。于是改变会议方式，分为两部，一为欧罗巴部，英法意大利等国属之；一为海国部，英美日等国属之。由各关系国直接磋商，务必获到相当结果。旗鼓未整之际，而夏丹内阁，又以不得会议信仰倒溃矣。

以上为法国在伦敦会议中截至二月底之情形，本文即终止于此。进后塔铁耳卷土重来，仍任内阁总理，英美日意四国单独会议之说打消。法国仍饰伦敦会议中重要之一角。凡此种种，当俟伦敦会议得有相当结果后，当续加叙述也。

（附注）法备忘录称主力舰减少五五一，〇〇〇吨，然同时他种舰之吨数，略有增加。

论英法意海军协定^{〔1〕}　　晨　园

一、欧罗巴之危机

欧罗巴今日所遭遇之危机，似尤在一九一四年以上。苏俄联邦所定经济五年计划之进展，与其赤色陆军之强化，实于波兰、罗马尼亚、捷克斯拉夫等东欧反俄小国群之上，投以无气味之暗影，而奚得利（Hitlerites）^{〔2〕}以法西斯蒂为前卫，煽动全德国人之反凡尔赛条约热，法兰西遂不无由北方受威胁之感。

斯塔林之苏俄联邦，莫索里尼之意大利，加以奚得利活跃之德意志，以经济的结合，对于英法暗中作成一种军事的同盟之形势焉。

福兰克·西门子有言曰："欧罗巴现在战争进行之途上，彼等虽未曾持武器格斗，然亦不过未诉之于炮火已耳。"此并非神经过敏之谈，第二之危机，确已急袭欧洲，如三月十一日伦敦、巴黎、罗马所发表之法意海军协定觉书，实为暴风雨逼近之警报，作为英法对于第二次战争之准备或防止行动观可也。

二、英法连锁之结成

此次三国海军协定，由政治的见地观之，对俄确立共同战线。因有此协定，英法连锁之威力，为之增大。不仅足以牵制苏俄联邦及德国之挑战，并可以威胁彼等焉。

英国外相韩德森三月四日在下议院之言曰："新海军协定之最大特征，为

---

〔1〕此文发表于《海事》1931年第4卷第11期。

〔2〕希特勒主义者。

政治的效果。"其所谓政治的效果者,与其谓为防止法意之建舰竞争,无宁谓为藉此条约之力,牵制意大利与其背景之俄德连锁,其意味似较深长。

然则俄德两国,因英法之握手,其恐怖果至如何程度乎。自海军协定觉书发表后十日,德国议会对英法两国之憎恶,为之加剧,以绝对的多数通过第二袖珍战舰之建造费。同时该国政府并与墺大利之间,结成经济协定。而在苏俄联邦,其全联邦苏维埃大会之空气,对于协定之军事的效果,毫不见有恐怖之意。

由是言之,新海军协定,由军事的,虽十分得以威压俄德,而于心理的,决无阻止俄德反英法之倾向,且挑发彼等之反感,以为危机之预兆已至。然则韩德森所谓政治的效果者,不至以"逆效果"而终,亦云幸矣。

三、新主力舰之战略的价值

更由纯粹军事的立场而检讨其新协定,当知法国自十九世纪末期而进于有实力大海军国之地位,即大英海军在欧洲海面,其战斗价值,必愈行低下。

以下并由技术的以论其条约之内容。

一九三六年之下次海军会议,多数专门家之相像所谓主力舰全废者,因有法意海军新主力舰之建造,殆根本为之推翻。

即法国废弃旧式之一万八千六百吨战舰一艘,意国亦废弃一万七千吨之舰一艘,均更行建造二万七千吨之新主力舰二艘。无论一九三六年之下次海军会议,其状况如何,而欲彼等将其竣工直后战斗价值百%之新舰,因一纸条约,即行毁弃,势必有所不能。然则于近世纪,主力舰仍不让海上王之座位,从可知矣。

法国海军长官狄们已发表第一舰之建造计划,其预想新舰之要目如下。

排水量	二万三千三百吨
炮备	一一.九吋炮一二尊(八尊)
速力	二六浬(三三浬)

主炮若十二尊则为战舰,八尊则巡洋战舰,法国所造之新舰,果何属乎,虽不得知。而据该国近来之建舰方针观之,当必为高速力巡洋战舰之设计。

盖其设计若为二十六浬之战舰，对于备炮十五吋、速力超过三十浬之英巡洋战舰"敷德""历拉文""烈巴斯"，苟其炮程不能极度延长，则无决定的胜率。万一为"敷德"级所追击，以速力较低，炮力又劣之舰，避战不可，应战不能，势必至进退维谷。法国如果建造如斯之舰，徒暴露法国海军当局之低能之于世界而已。

反之若建造高速力之巡洋战舰，英国海军决不能将其击破。此等新舰，如入无人之野，在海洋上扫荡英国之轻巡洋舰，破坏其贸易，对于"敷德"及"历拉文"级常保持二三浬之优速，而对于"伦敦"级以下之八吋炮巡洋舰，则炮力保持绝对的优势，英国当为之无所措手也。

夫以炮力较弱之新巡洋战舰，固无攻击英国主力舰之力，惟法国海军之对英作战，固以主力舰在绝对的劣势为前提而计划之者。以一.六七对五之法国主力舰队，无论在如何良好条件之下，绝对不能容许与英国之主力舰队交战。

于是法国海军完全抛掷以主力舰为中心之作战，而以全力研究用空军与潜水舰及快速舰队之奇袭战、贸易破坏战。

在海军之兵术定理，劣势军之必败，固有数学的算定之N二乘法。假使该法则果为铁则不易者，劣势海军，决无胜率之可言。

然则劣势海军果必败乎，法国海军于其热心研究奇袭战、贸易破坏战之结果，对于前项命题，发现次之新定则。

"虽劣势海军，苟于机械的有特色之海军利用地理的条件，能十分抗拒大海军。"

新主力舰固不能击破英国之战舰巡洋战舰，然犹能十分避去英国主力舰队之追击，屠宰敌之轻巡洋舰，破坏其商船队而去。

要之新舰若作为巡洋战舰而设计建造，较适合于法国海军之作战要求，且于其舰队呈一伟大之特色。

四、法意之巡洋舰

其次于一九三六年之末，法意均得有完成航空母舰三万四千吨之权利。惟法国于陆上备具大空军，且其想定敌为邻接之国，则所需要者，实为第二义第三义的舰种。航空母舰，大海军国于广大之作战区域时，固为绝对必要之武器，以近海作战为主眼之国家，其存在之意义甚少。

此次新协定，关于八吋炮巡洋舰，法意均维持现状，至六吋炮巡洋舰，则以代换建造之条件，维持现状。其结果法之八吋炮巡洋舰，不过左之七艘而已。

Algere	一〇,〇〇〇吨	八吋炮八	四吋高角炮八	二三浬	建造中
Suffren	九,九三八吨	同	三吋半高角炮八	二三浬	一九二七年
Colbert	同	同	同	同	一九二八年
Foch	同	同	同	同	一九二九年
Dupleix	同	同	同	同	一九三〇年
Duquesne	一〇,〇〇〇吨	同	三吋高角炮八	三四.五浬	一九二五年
Jourville	同	同	同	同	一九二六年

以上各艘，对于英国之"洛福克"以下一万吨巡洋舰十一艘（除去澳洲舰队用之二艘），"约克"以下八千四百吨巡洋舰二艘，共计十三艘，当五成五分强。

意大利则保有Trento、Trieste、Zara、Fiume、Pola、Gorizia、Bolzano之一万吨级七艘，与法国平分地中海海权焉。

法国之八吋炮巡洋舰，甘居于英国之六成以下，一见似为非常让步者然。然苟忆及华府会议强制法国予以三成五分比率之事，则此次协定，反映法国海军之跃进。而由战术的观之，新巡战舰之出现，又可以补八吋炮巡洋舰之不足。

更有一事不容轻易看过者，即法意海军之轻巡洋舰，于近顷及将来，保有非常之优势。法国之Duguay-Trouin级七千二百吨巡洋舰及意大利之五千吨新快速舰Alberto di Grussano级等，实为英国在大战中所造四千吨级及三千吨级轻巡洋舰之大敌。

法国更有建造七千五百吨级巡洋舰之计划，Pluton及其他之敷设巡洋舰（五千吨）一艘，并练习巡洋舰Jeanne D.Arc（六千六百吨）正在建造进行中。由是即就巡洋舰言之，英国已渐次失其优势，英国之所以有Leader级轻巡洋舰四艘之新建造计划者，要亦对于法意造舰挑衅之一种防御战而已。

五、灿烂光辉之法国潜水舰队

至关于潜水舰之协定，法国之胜利，更为昭然。意大利等于英美日，保有五万二千七百吨，独法国则有八万一千九百九十九吨之庞大水中舰队，一见似嫌其过大。然以今日法国潜水舰之实势力，即主张保有十万吨，亦未为过。盖海军协定，当以现有势力（在造船台上之炮包含在内）为基准而决定之。吾人于批难法国之先，尤不可不顾及其已经建造或在建造中大潜水舰之列队焉。

第一为世界最大之潜水巡洋舰Surcouf（水上二千八百八十吨水中四千三百吨），其次为潜水战队中心势力之Redoubtable级（水上千三百八十四吨水中二千八十吨）。既成及未成合计二十五艘。

此外自一九一八年以后竣工在有效舰龄内者，计有左之六十艘。

Requin级	九四七吨（水上）	九只（一九二四—二六年）
Saphir 级	六六九吨（水上）	六只（一九二八— 年）
Pierre Chailley	七九八吨（水上）	一只（一九二二年）
Manrice Callot	八四二吨（水上）	一只（一九二一年）
P.Marrast级	七四四吨（水上）	二只（一九一八年）
Halbronn	一,八四一吨（水上）	一只（一九一九年）
Rene Audry	一,〇四一吨（水上）	一只（一九一八年）
Regnault级	八六三吨（水上）	二只（一九一九—三一年）
Fulton	九一五吨（水上）	一只（一九一九年）
Diane级	五七一吨（水上）	十二只（一九二九—三一年）
Q.174级	五七一吨（水上）	八只（未成）
Sirene级	五五二吨（水上）	四只（一九二五—二六年）
Ariane级	五七六吨（水上）	三只（一九二五—二七年）
Circe级	五五二吨（水上）	四只（一九二五—二七年）
O' Byrne级	三一〇吨（水上）	二只（一九二〇年）
Jean Corre级	四六四吨（水上）	三只（一九一八年）

上列各舰，其中二十四艘各有五.五吋炮五尊，他之六艘则五.一吋炮五尊，完全备具轻巡洋舰之性能。英国驱逐舰遇此劲敌，其苦战情形，可以相

像得之也。

然则此次海军新协定，由政治的言之，固为英法连锁之结成，而由军事的言之，则法国海军对英之战斗价值，为之增大。

六、新协定与日本之态度

日本潜水舰之现有势力，计七万余吨，驾英美而上之，足与法国抗衡。自伦敦海军条约缔结后，日本潜水舰减至与英美均等，各五万余吨，而法国此次独得保有八万余吨。由数量上言之，日本不无嫉视之心。惟关于海军问题，法国于有意无意之间，常与日本立于共同战线上，而为日本之代办者。例如华府会议时，苟非法国之强硬外交，为之旁敲侧击，日本海军完全被抑制于英美之六成以下，亦未可知。即当此次伦敦会议时，日本于补助舰，约得总括的七成，而潜水舰则与英美保持均势，较之华府会议，稍立于优越之地位者，固以八时炮巡洋舰及潜水舰之现有势力为背景。而其最大原因，未始非法国全权之奋斗，日本因而获其利益焉。由历史上情谊上之关系言之，日本虽存嫉视之心，而未便独持异议者也。

更由军事的见地言之，法国非日本之相像敌国，其海军虽如何强大，决于日本无害。且不仅无害已耳，或且收间接之利益焉。伦敦海军会议后，英国海军元帅比得氏在上议院之言曰："苟法国海军强大英国于极东不能遣派大舰队。"元帅一语破的。法国苟与日本有相当之友谊，存于其间，而又有强大海军，虎踞欧洲海面，英国自不能举其远征军，扫穴东渡，日本于是在西太平洋方面，犹足以称霸一隅。盖日本所惧者，非法国之潜水舰，而为英美战舰与大巡洋舰之战列。

美国海军之现势^[1]　齐　之

一、以世界为一喜一忧之美国海军

列强海军之中，而具有以世界为一喜一忧之魔力及其情势者，岂非美国之大美利加主义之海军乎。然此为世界大战以来之自然的现象。即在今日，亦无甚重大之变化，其最盛之伦敦会议，乃限于英美日三国，片面能制限一切之海军力，藉以临时解决，而定其三国之保有量，仅美海军，使其他国民，忽呈可喜可惊之现象。

原来美国海军，对于巡洋舰之势力，甚为低下。从伦敦海军条约，而能使行其全权利，每成为一大疑问。又其此制限外之扩张空军，同时亦成为其他之疑问。英日两国，则受当然之影响，殆无对抗之可能，法意两国，殆亦不当缄默。故其结局，又不得不讲求对抗的策略，是则为美国海军之重大性也。

美国一方面大海军论者，嚣嚣然若鼓吹海军之大扩张，同时他方面，舆论对抗，而抑止之。在日本军部，与政府若能妥协，则其陆海空军之军费，势必通过议会，美国军部，则与议会宣战，又与总统宣战，皆为必然之例。而其结果，往往军事费大为消减，故就国势上而观察之，若视为大海军论之主张，故能惊动世界。又因在议会遭舆论之反对，若渐渐大为削少，世界又觉可使其破颜一笑。

故对于美国之论说，应就质上、量上、舆论上之三点而观察之，斯可矣。

---

〔1〕此文发表于《军事杂志》1931年第35期。

二、美国军史之最崇拜者

美国海军原来有一段勇敢之历史，同时其他国民夸为先例上之光辉者，而今日美国海军军人所崇拜者，则为桑波尔桑士——马汉——鲁士伯多三大总统是也。

桑波尔桑士，当日称之为海军之父，而其勇敢及果断，又成为今日之海军军人之龟鉴。彼之遗塚，又移葬于亚拿波利斯之海军士官学校附近，而供青年将校之景仰。彼当独立战争之际，其旗舰竟由英军击沉之，英舰方面，示以汝速降伏之信号。彼之响号则云，战由今日始，此则彼之勇敢独断处也。

此等勇敢之血，迨后传统的流传于美国海军军人之血管中，若凡战争，必能现于外部，而成为美海军历史之美谈。例如南北战争之际，小潜水艇"达比士多"，美西战争之"美利马克"，均其例也。"达比士多"乃长五十呎之小潜水艇，此等潜水艇，在当日幼稚，而在今日相当之距离，向敌舰而发射鱼雷，亦不足以示进步。自舰及敌舰共同沉溺，盖当一八六四年南北战争之时耳，此种之战例，编成八个人之决死队，而航至斜尔士登港，潜航水中，威迫北军军舰之"西斯亚托尼克"，向该舰冲突，首尾陈之，而为海中之藻屑，此则为今日潜水舰之基础也。

次则为"美利马克"，彼盖为一运送船，美西战争之际，西班牙舰队进出于基幼巴之山的亚哥港[1]，又由此处进出，而攻击美国，极为神速。此等之舰队，原来不出于山的亚哥港，而由海陆军两方面之协同作战，竟歼灭之，阿觉孙上尉，则将此小运送船，夜中沉于港口，乃致闭塞该港，此为闭塞战之滥觞，而日军在旅顺港之闭锁事业，又世界大战中之蒲修港之闭塞，皆其实例。

三、马班[2]与鲁斯伯托

美国之海军方面，有重大之历史，同时他方面，又有有名之海军战略家，而成为指导世界海军之最荣誉之历史也。吾人读马班少将之海上权力史论，而乃明了海上权（Sea Powel），以其一国之盛衰兴亡，有重大之关系，而说明历

---

〔1〕即圣地亚哥港。
〔2〕即美国海军战略家艾尔弗雷德·塞耶·马汉。

史上之实例。且发表从来历史家所未尝有之卓见，而致享受名望，故其海军之战略，至此一变，海军方面，对于有海之国，或海外有殖民地之国，如何有重大之意义，可以知矣。世界之大势，盖已变为海军之崇拜主义，然首先接收马班之计划及其卓见者，则为有名之鲁斯伯鲁托大统领也。当鲁氏以前之美国海军，殆不足言，较诸日本之海军，亦居于下等之地位。然而主张海上权力，与国家之盛衰，有密切关系之马班氏，今则无一刻犹预之时间者，亦可知之矣。彼盖自为指导者，而成为海军扩张之急先锋，拟以美国为世界第二位之海军国为目标，而又非常努力，其目标如下：

一、大海军之美国，不可不放弃其门罗主义。

二、次于世界第一位之海军国，将海军之建设要求于议会，盖大为统领自己之重大的责任。

故氏在每年议会，发表屈伏海军扩张反对论者之意志，其态度如何，不啻锋剑之猛烈，读之令人惊叹不置焉。

美国海军，盖因鲁氏之力，始能见重于世界，故美国以鲁氏诞生之十月二十七日，为海军纪念日（Navy day），以行热烈之宣传。又合世界之史家或政治家而为一人之马班也，及既发扬美国之威权，则见重于世界之鲁斯伯鲁托，诚为美国海军崇拜之目的物焉。

四、美海军之缺点

美国海军之缺点，则在人员之缺乏，及军纪之废弛，故有美海军，有军舰而无人之批评，此非误解上之观察者乎。现在多数之驱逐舰，因人员之不足，均系于军港之要港，几次军缩会议之结果，此种之缺点，渐次减少。所以比较战时之场合，故美海军之势力，实归诸重大之班治基亚蒲。美国海军往往感觉人员之欠缺，故其重大之理由，则因惯于自由生活之美人，不能受严格军队之穷困的生活，故海军当局，则利用所有之机会，以其海军生活上之最有兴趣者，及其重要事项，努力使国民彻底了解之。

美国海军之第二缺点，乃为军纪之废弛。例如海军每年有逃亡士兵。然美国军舰，若寄泊于外国之港湾时尤多。一九二三年度之逃亡兵，大约为三千五百名，此为最惊奇之数字。多数兵逃亡之理由，仍厌弃穷苦之军事生活。海军当局，对于此点非常注意，基于造就良好之士兵，先造良好之将校之主义，而改善将校之教育法，锐意努力。其结果，对于上述之逃亡士兵，渐次减少，一九二五年大约为一千名，今日更觉减少，可无待言。

然因此种缺点，若以美海军而强行判断，则不可不谓之无变化，此可参照过去之战例而知之矣。美国人原为勇敢有为之国民，一至战争，未有不能随机应变者也。

五、英美日海军力之比较

吾人试检察美国之海军力表，则知由伦敦海军条约规定，日英美三国于一九三六年之末，而当保有如下之海军力：

舰种	日	美	英
主力舰	九只 二六四,〇〇〇吨	一五只 四三五,〇九八吨	一五只 四二二,八五〇吨
航空母舰	八一,〇〇〇	一三五,〇〇〇	一三五,〇〇〇
八吋炮巡洋舰	一二只 一〇八,五〇〇吨	一八只 一八〇,〇〇〇吨 （一五〇,〇〇〇）	一五只 一四六,八〇〇吨
八吋口外之轻巡洋舰	一〇〇,四五〇	一四三,五〇〇 （一八九,〇〇〇）	一九一,二〇〇
驱逐舰	一〇五,五〇〇	一五〇,〇〇〇	一五〇,〇〇〇
潜水舰	五二,七〇〇	五二,七〇〇	五二,七〇〇

（备考）美国代以建造八吋巡洋舰三万吨，有得建造轻巡洋舰四五,〇〇〇吨之选择权，括弧内即表示其场合之数字。

六、反对论者及赞成论者之论点

美国海军将官团中之多数者，皆发表反对此种条约之意见，而为其代表者，即海军少将蒲利斯多之论证是也。该少将乃美国海军参谋会议（General Board）之议长，此种参谋会议，乃就美国海军之海事政策，及其造舰计划，而决定其意见之惟一目的，且有协议，而决议上述之问题，同一任务，蒲利斯多少将先于前述之参谋会议，策定一九二二年海军政策，此谓之亚美利加海军之海事政策。海事政策之内容，甚为宽泛，最重要者如下：

一、由美国华府会议之决定，对于一切之舰种，不可不造成舰数，至于五、三之比率。

二、美国因不可不以大洋作战为目的，必须有八时炮一万吨巡舰尤为要紧，小型巡洋舰，殆不必要。此种参谋会议，七年以上，始终一贯，而后实行其计划焉。

日内瓦三国军备会议，美国之全权，则从其意旨，而有应交涉之训令。昨年九月间，英国首相麦唐纳氏，亲往美国，胡佛大总统，在伦敦会议之下，当交涉之际，因英国与巴利治质问巡洋舰如何方好，经参谋会议种种研究之结果，八时一万吨巡洋舰，须有二十一只为必要，除现有之"阿马巴"级七千吨巡洋舰十只之外，又将七千五百吨之六时炮巡洋舰，更造五只。故美国若为三十一万五千吨，英国为三十三万九千吨，则实际上乃平等。此谓之美国国防最小之限度。今次伦敦条约，将八时巡洋舰，估计十八只，然在条约之有效期间，此种十八只，不能建造。不仅如此，对于日本，由华府条约，不可不成为五、三之比率。今则与以七倍，国防之安全，不能期望。此盖蒲利斯多少将反对之意见也。

反之，条约赞成论者之代表的意见，又如何乎？此盖军令部长蒲拉多上将之意见也。上将曾称之为美海军之智囊，华盛顿会议及伦敦会议，均为专门委员，而常出席，尤其是华府会议之际，比幼斯委亦有建议，彼则一一反驳上述之反对论。试述之于左：

主力舰之只数，英日美各减少一五、五、九只，吨数略为相当。故其战斗力，增加各舰之备炮等，倘若施以所谓之新式化，则大概等于上述之数字。

巡洋舰方面，参谋会议则注重八时大巡洋舰，轻视六时小巡洋舰，此则宁不龃龉乎。故当就此二者等分之为善，宜各有十八只之规定为有利。八时炮及六时炮，射程大约有一万码之差。战斗不必为远距离，八时炮舰在远距离，而炮力似当强大，一万六千码以下；六时炮舰，宁较优势，况六时炮舰较诸八时炮舰防御力为强，故飞行机又有余位积。

驱逐舰减少，得以确保平和，不至降至安全限度。此种比率，对于日本约七倍之谱。故此种舰，得以短时日内而建造，斯亦不足惊异焉。

就潜水舰论之，英美日三国均觉平等。原来美国无潜水艇，然他国倘若反对潜水舰之全度，美国亦当与之相等，固为必要。此则务宜限制之，而减少各国之保有量为得计。盖潜水艇之向敌，其主要者，为主力舰。美国舰队之所以行动者，由于敌潜水舰少之故也。

不宁惟是，若如今日空军之发达，则在沿岸防御，非使用潜水艇更不可。美洲大陆之两海岸，巴拿马运河之沿岸防御，无使用潜水舰之必要。由是美国多数之潜水舰，则不必要，五万余吨，则过多焉。

此外又有海军之见地。伦敦条约，在美国则为有利。故由此种之条约，始能作此袖珍舰队。

以上乃蒲拉多上将之意见也，故仍称之为美海军之智囊，而更觉进步。换言之，彼鉴于伦敦会议，而行军舰及战术之革新，此非世界海军之指导者乎。

是即所谓国防缺陷之说。而若比较旧时代之军舰及其思想，又何如耶。吾人顾虑今日之事情，可不愧叹之乎！

七、美国之造舰计划及其舆论

以上所述者，论战之后，海军军令部重开数次之会议，确定其造舰计划之具体案。而十月二十三日，又由海军亚他母士氏提出之。此案属于伦敦条约许可之范围内，而殆将施行最大限度而建舰。详言之，则建造大巡舰五只，约五万吨，轻巡洋舰约七万三千吨（有自由决定数，如大巡洋舰五只，为五万吨，轻巡洋舰则为十一万八千吨），驱逐舰十五万吨，潜水舰为四万四千吨，航空母舰四只，航空艇一只。此种建筑费，约十一亿万，故含有建造中大巡洋舰十只之费用时，其总额约为十三四亿元。一九四五年之十五年内，殆必完全成功。

因美国伦敦条约，得以行使之权利，固不能有违反之者。故美国仍成为不健全之舰队，较诸日英两国所造军舰之数尚可。但仅因美国若备具新锐舰之多数量，则当然反引起英日两国之痛感，而使该两国芒刺不安。不但如此，美国又能照右案而对于条约上，得以行使其全权利。若着手最大限度之造舰，英日两国，不可不造相等之军舰，国民之负担量，愈见增加。由是而观，则该国之海军及其舆论之关系，至为重要，又可知之矣。

美为舆论之国，若了解其舆论，则海军扩张，原在伦敦条约应得造舰之权利，当其实行时，而否决其大部分。然如舆论之趋势，则为平和主义，军备非扩张主义，而因他国若不挑战，则不厌为大规模之军备扩张。故一九一九年之海军大扩张，则适值世界大战之直后，而由战争痛感军备上必要之结果，则或比较上，容易得以实现。然当开华府会议，一方面军缩之空气紧张，同时他方面，保持多数军舰之美国，必有一番重大之牺牲。故近时以来，海军当局对于国民，而互于一切之舰种，殆为五、五、三之比较率，告以募费，而速造不足之军舰。但舆论上，则反拒止之。日内瓦三国军缩会议，业已决裂，英美之关系非常紧张，大海军论者，不可失此好机，而提出庞大之海军扩张案于会议，殊足惊动世界。并且会议减少三分之一，殆与此同一正调。同时国务大臣格罗古氏，向世界耸动不战条约之缔结，而促进他日军舰，以为其基础。右手持剑，左手持平和之旗，此则为其矛盾耳。不战条约及美国之舆论，若由海军方面之扩张案，减至三分之一而观，则其舆论必受攻击，大略能以推测出之。吾人以美国舆论之趋势，因为平和主义，军备非扩张主义，而基于同样之理由。

若由此种倾向而判断，右列之军令部案，而其实现，其中甚难。或且对于限度，不可消灭。又右之军令部案，似有一种注意之点，故美国若照伦敦条约，将军令部案之全部，迟至一九三八年完成，殆至差误，延长七年，大约一九四五年而完成之。如此延长计划之完成年度，有时亦可放弃其计划之一部。何则，盖一九三五年，殆开下次之军缩会议，而更施行海军之缩减。由此而论，美国军令部，真有趣的，行使其伦敦条约之全权利，而殆能完成右之计划，故吾人亦不能判断焉。

八、伦敦会议后日本之补充计划

此则为日本之补充计划问题，抑或吾人军令部所立定之最初补充计划，其经费总额，约近于十亿。故美国假定为得以行使伦敦会议条约之权利，吾人对于此事，除限制所谓国防之缺陷之外，而于补充条款之下，而又宜立案焉。此时政府对于国民公约减税上之目的，殆将达焉。所以安新海军总长之下，对于军令部之间，已有谅解。财政部方面之支出，大约为五亿八百万元。故其航空队之舰及飞行机，同时增设维持费，约为三亿四千六百万元。将此种之解决，移于财海两部长之政治交涉，故最后提出妥协案，乃为三亿七千四百万元。缩军方面，其不可紧急欠缺者，即为第一期所残额之二亿元之经费，即第二期是也。第二期者，乃为后年度，无论如何，又不可不实现之焉。

然则第一期者，内容如下：

一、舰船建造计划

（一）制限内舰艇：（巡洋舰）六吋炮、八千五百吨级四只，（驱逐舰）一千四百吨级十二只，（潜水舰）一千九百七十吨级一只，一千三百吨级六只，九百吨级二只。

（二）制限外舰艇：（敷设舰）五千吨级一只，（敷设舰）三只，（水雷）四只，（扫海艇）五只。

二、航空兵力扩充计划

（一）航空队十四队；（二）舰上机八机。

三、内容充实计划

（一）主力舰新式化；（二）现存舰船能力增进；（三）航空实验研究所新设。

现在日美海军力，主力舰之航空母舰，则为华府条约所已决定之问题，其他之补助舰，则日本为对美七乃至三倍之比率。由是伦敦会议酿成之平和，及助长海军之空气，因减轻国民之负担，诚无过其右者。然则美国果否能实行上述之军令部案，又成一大疑问。吾人于是宜讲求对付之方法，极信为其最贤明之策略焉。日本国国防，决不陷于危殆，尤其是一九三六年为舰龄满期，建造其代舰者，不得已至于将适度之潜水艇之建造及航空队，或舰上飞行机，增至于某种之程度。此何故也？盖现在势力，即不得已，为对美七倍之保持量，然而由上述第一期之补充计划而观之，航空队之十四队，不免过大。况海军当局，大声主张国防缺陷之说，第二期计划，又宣传之，不可不速实现。此等之措置，若无何种之影响，则度于太平洋之彼岸，恐不能满意。故刺戟美国，而不造军舰，岂可得乎！惟所苦者，国民而已。然而政府方面，更不可不为国民方面而深思远虑之也。

法意海军势力之对抗观[1]   赵松涛

一、法意为想定之假敌国

伦敦海军会议之成果，法意两国，几等于零。两国之互怀鬼胎，猜疑无常。世界上富于神经性之战局的观察者，谓欧洲第二次世界大战争，将以法意为导火线。英处其中，恐其影响殖民地之侵掠计划，乃竭力干旋，宣传法意两国有妥协之可能。但此种问题，为欧洲永远平和之问题，含有重要之性质。吾人就两国的国际的地位而观察之，彼两国之所争者，盖为国际上国家之领袖欲而已。换而言之，两国之国际上之连锁的关系，互成为想定的敌国之关系者。两国均以进展巴尔干政策为标准则一也。

意大利又以亚多利亚应在领水权之统治下为理想，故凡事时与犹哥斯拉夫相冲突。然犹哥斯拉夫属于法国之势力的范围，此为法意争闹不休之起因。又于亚非利加，两国亦有直接冲突之点，即意国欲将利俾亚南部国境，扩大至斜多湖，势必使法领亚非利加，绝对受重大之牺牲。又亚比西尼亚王国之出口，法领之徐蒲的港，意国又欲据为己有。此又其国际冲突之第二原因。又法领之徐幼尼士，意国之侨住于其处者，人亦不少。意国又欲其向法政府要求与以特殊之权利，而法国政府尚犹豫不决。侨徐之意人宣言，拟请愿意政府，以最后之武力，为要挟之工具，此又为其国际冲突之第三原因。况乎德近联奥国，恃意国为介绍者，故德为法嫉，意则为法国之眼中钉。法之仇意，情理之常。因此法意国际的海军势力均衡问题不能解决，则两国为心战上之严重的敌人焉。

---

[1] 此文发表于《军事杂志》1931年第42期。

二、美相之调停及意相之和平论调

法意之政略的及战略的冲突，已成为新国际之焦点。美国国务卿史汀生，特于七月八日与意外相格兰第作第一次晤谈。九日防谒首相慕索里尼[1]，但据报纸传说，大约系讨论世界军备竞争，实为造成世界经济恐慌之一大原因。又据他方面之推测，谓史氏行将以大部分心力谋来年军缩大会之成功，但目下军缩成功之障碍，有如下列各问题：

1.为德奥税约问题。此举表面上，虽为以友谊之基础，利货物之贸迁，但在德国视之，认为德奥合并之渐，既骇且惧。现凡欲冀军缩之成功者，皆属此意。国际法庭，俟诸军缩大会召集之后，再行裁判此案。

2.为法意海军之争执。意欲两国之均等，法则务求保持优势，此实军缩成功之最大障碍。现列强均希图两国能于明年二月以前，商得完全妥协。法国方可打消其欲谋展缓军缩大会之意。

慕索里尼及与史汀生晤见后，曾语新闻记者云："他国所有军备，如不多于意，则意可接受任何可能之最低军额。虽意国全境限定一万枝来复枪，亦无不可。"意相近又发表演说词，大旨云："意大利对于海陆双方军备之缩减，极抱决心，并谓和平政策，即意大利全国民所抱持之政策，亦即泛系政府泛系党及意王所共倾向之愿望。"又云："吾人愿与各国共存于和平之中，远邦固期以睦谊相亲，即近邻之国，亦须以邦交为重。"盖慕氏之言，即指法国及南斯拉夫而言也。又云："吾人期望和平之初，初非对于战争之凶险有所畏惧，实因吾人目前自己国内之窘困，有亟行自救之必要。故亦不愿他人之横加干预其事。"

三、法意目的在海军均等

法意基于国际上海军均等之目的，则军备之竞争，属于自然之趋势。故伦敦会议一方面，原欲制止其纷争，法则要求对于在超过意国海军之势力，意国无论如何，主张不能不与法国有同等之海军。此为不能妥协之所由来。

法在过去之历史上，常夸称英国以上之海军力。华府会议，则竟落日本之后，而与意国相等，此为法人最不满意之事。故法国次于英国，为世界第二之

---

[1] 即墨索里尼。

殖民国，且其舰队，又与意国不同。然不独地中海方面，又当配备于大西洋北海诸方面。况与意国同等之海军力，则其结果，地中海方面，较诸意国，反变成为劣势。海军之又一理由，对于要求在意国以上之海军力，一步不使其退让。

又一方面，意国倘若在华府会议承认与法国均势之海军力，则今日似不成问题。然执机会主义而谈，又不得不屈服在法国以下之海军的势力。诚如所云，则法国在地中海以外，又不得不充分配置强有力之军舰，若非战时，决定在地中海，或集中其全力。如是，则结果法国之主张，岂非最始以维持在意国以上之海军力，而成为狡猾之策略耶。

如是，则伦敦会议，无异于盲目之举动，而为国际所不齿。若放置之，势必酝酿全世界第二次之欧洲大战争。英国具有此种明达的眼光，力谋战祸之永久的消灭，自己处于调停之地位，努力使两国之妥协。本年（一九三一年）三月间，始成立法意协定之条件：

1.法意两国，除遵行一九三〇—三一年之造舰计划以外，当于一九三六年末，维持其现状。

2.主力舰、航空母舰、八吋（炮）巡洋舰，两国宜均等。

3.其他之补助舰，对于法国承认其有十四万吨之优势，但此种优势，其主要者，则以老龄舰为是。

此为意国让步对于均等之要求。而一九三六年末之短期间，承认法国之优越，但此等指定，属于老龄舰，意国则舍末务本，得以从容建造其海上国防。然在法国方面，老龄舰之代舰建造，尚在情理之常，虽今日之优越，为十四万吨，然则不过五万吨而已。

四、对德警备中之法国的态度

本论前节所述之法意海军协定，就其国际上环境所表现的重要之事项而推测之，其款目如下：

1.法意两国，应新造二万三千吨之主力舰约二艘。

2.决定潜水舰之保有量，而以主张速造二万三千吨之主力舰者为法国，意国亦不过适逢其会，因为法国方面，谋欲对抗德国之"波革顿"战舰"埃萨士蒲罗森"号。盖即德国依据凡尔赛平和条约，不得造一万吨以下之战舰，而此即建造"波革顿"战舰之三艘也。一艘正在建造中，不日即可完成。第一艘已经过国会之同意，正在着手筹备。此种"波革顿"战舰，排水量为一万吨，速力二六节，主炮则有二八生的炮六门，其威力足以匹敌英国之十二吋炮。法国每艘计载重量为二万三千三百吨，其主炮计有一三吋四巨炮四门，速力每小时二十八节。

但法国若完成此种二艘之时，可以废弃旧式战舰约二艘，法之主力舰保有量，殆为十八万一千吨，较诸华府条约所规定之十七万五千吨者，多过六千吨。又因抵触其华府条约，故日美两国均反对之。

五、法意两国舰力之统计

法意两国之海军舰力，各报均有记载，或因片面的观察，多属不详不尽。兹据美国海军研究社《前进月刊》本年三月号所记载，似觉可靠。试摘译述之于后：

A. 法国方面

去年法国海军增舰多艘，其最著者，即为一万吨巡洋舰 Colbert 与 Fooh 两号，以及大型领队驱逐舰数艘。法国自一九二二年至今，所有之舰型舰数，列之于左：

八吋炮一万吨之巡洋舰七艘；六吋炮八千吨之巡洋舰三艘；六千六百吨之练习巡洋舰一艘；四千八百五十吨之布雷巡洋舰一艘；领队驱逐舰三十艘；驱逐舰二十六艘；巡洋潜水艇一艘；舰队潜水艇四十艘；布雷潜水艇六艘；海防潜水艇二十七艘；水上布雷舰一艘；飞机母舰一艘；水上飞机给养船一艘；潜艇母舰一艘；油槽船五艘；殖民地炮舰六艘；浅水炮舰一艘；布网舰一艘；潜艇猎一艘。

是故法国在九年之期间内，已备有新舰一百六十艘，其中有潜水艇七十四艘。

B. 意国方面

意国海军之继续发展，速而有序。现有一万吨巡洋舰四艘，Zara 与 Flume 两号，皆于去年十月二十七日下水，实质上与一九二八年完工之 Trento 与 Trieste 两号不同，速率已自三十五浬减至三十二浬，而护甲实则增加。Gorizia

与Pola两号，亦为类似之舰，近已着手建造。惟尚有一艘Bolzano号，亦在建造之中，其速率又提高至三十五浬半。可见意国现有已成或建造中之一万吨巡洋舰七艘，足与法国相等也。

当Condottieri级轻巡洋舰之第一艘完成时，人人注意，因其设计似专供地中海作战之需，且以应付法国大型领队驱逐舰也。Giovanni Delle Bande Nere号与其姊妹舰七艘，实为非常之舰。首批三艘，系在安萨多船厂建造，需时两年有奇。其细目如下：

全长五百五十四呎，宽五十一呎，吃水量十四呎，标准排水量四千八百九十六吨（末批四艘为五千零九吨），轮机则有齿轮特宾机两副，燃油锅炉六座，轴马力九万六千匹，速率三十七浬，在二十浬速率时，可以航行二千五百海里，炮备则有六吋炮八尊，装于双联炮塔中，并有小炮六尊，鱼雷发射管四门及Navigatori级大型驱逐舰十二艘；现已完成排水量为一千六百五十四吨，速率为三十八浬，装备四吋七之炮六尊，与鱼雷发射管六门，中有数舰，备有水雷；近正建造一千二百四十吨左右之驱逐舰十二艘，速率为三十八浬。

意国海军最新式之巡洋舰与驱逐舰，设计非常高速率，是不可不注意也。大型潜水艇在去年下水者，不过数艘，现拟早日着手建造之新艇，不下二十二艘。

六、法国海军之潜水艇

法国原来为崇尚奇袭主义之战略的国家，盖不必以大舰与敌人之大舰，布皇皇之旗，堂堂之鼓以作战，而以最小之轻战斗舰及潜水艇或驱逐舰而作战，此为今日法国海军最摩登之一大原因。法国与意国之协定，已基于要求须潜水艇八万二千吨为理由之主张，当为意国所惊异。意国之欲保有五万二千五百吨之数字，亦属应有之心理。况此种数字，在伦敦会议时，日英美之潜水艇之保有量，所谓三国均势之数理，亦复相等。法国乃标准其为八万二千吨，即有二万九千吨之过剩额。

当时日本潜水舰之现有势力，已要求为七万八千五百吨，英美亦热烈反对之，乃以之减少至五万二千七百吨，故三国均等。但现在英国对法国，亦许其为八万二千吨。美法之默契，已无疑义。

七、英法意海军协定之一瞥

一九三一年三月十一日，英国外务部公布法意初步协定之原文，中有左列简略之规定：

1.在一九三六年十二月三十一日以前，法意两国各得完成二三,三三三吨，备炮口径不超过十二时之主力舰两艘，并且每艘完工时，法国应废Diderot式之舰一艘，意国应废超过舰龄之一等巡洋舰一六,八二〇吨。每国主力舰之总吨数，得自一七五,〇〇〇吨，增至一八一,〇〇〇吨。

2.每国均得完成飞机母舰三四,〇〇〇吨。

3.一九三〇年程序完成后，两国均不得建造超过六时一之炮之巡洋舰。至于小型巡洋舰，仅得补换废去之舰。

4.潜水艇除补换与完成一九三〇年程序外，不得再造。法国得留其一八,九八九吨之现有潜水艇势力。

依此协定，两国造舰约相等。惟与以前拟造之四万吨相较，每年约减少一万八千吨。法国之总吨数，得占优势，惟在一九三六年以前，多半将为旧舰也。

法国代表，因补换旧式战斗舰之条件，意见相左，于三月二十五日返国请训，交涉自此停顿。（见美国海军研究社《前进月刊》本年五月号）

经此协定，则法意两国，自一九三一年至一九三六年止，其海军力之比较，示表如下：

国别 舰别	法	意
主力舰	四六,六六六吨	四六,六六六吨
航空母舰	三四,〇〇〇	三四,〇〇〇
大型巡洋舰	〇	〇
水上轻战舰	五一,三三一	四六,一五八
潜水艇	四,四四一	二,七九一
合计	一三六,四三八	一二九,六一五
说明：一、以上为英法意三国海军协定至一九三六年之实现势力。 　　　　二、详数在本文附录内。		

八、国联斥法国为世界军缩之梗

国联会议方面，对于详细研究，并分析法国最近致国联之觉书后，表示其意见，谓苟法国对军缩仍坚持其最近致国联觉书之态度，则将使明年之军缩会议，仅作稳定现有军备之工作而已。法国所提出之根本问题，即法方以为军缩会议中应采取之各点，国联方面视为影响及军缩之全部问题。法国所提各点如下：

1.法国之军备，业已缩减至最低可能之程度，于现在政治形势下，仅足以担保其国家之安全。

2.如法国之国家，有长距离之边境，易受侵略，故必须有充足之陆军军力，藉资调遣，以保护其国家，亦如大海军国，有调遣迅速之海军力者。

3.在各项条约及和约之下，知单独国家之军缩，须有条件，大半须成立共同或集合行动之方法，方不致使某一国家，仅赖其本国军力，以图自卫。

在以上三种之歧点中，国联方面，对于第一点宣称，必使明年之军缩会，不能有何项进展，仅能稳定现在分配之军备。尤其是关于陆军方面，法国确将极力援助其欧洲之军事同盟。同盟中，有比利时、捷克斯拉夫、波兰、罗马尼亚及犹哥斯拉夫等国。除意俄两国外，以上各国之陆军同盟，将成为欧洲中之陆军军备最大者。关于意国方面之地位，彼曾屡次声明，彼之军备，将减至最低程度，此项程度，亦为各国应当承认。换而言之，苟法国拒绝缩减陆军军备，则意国亦将拒绝。苏俄方面，虽宣言彼愿于军缩会议前，极力完全取消军备，言虽若是，而彼仍警告谓一般之军缩，在现时不能实现，亦无愿其实现者。有因法国宣言，彼之军备，已缩至于最低之程度，故于现在政治形势下，仅足以作自卫之结果，表示欧洲军备之任何缩减，已绝对无望。但欧洲军备，随时均为世界之重心，对于欧洲军备之衡量，或将使世界及其他各部建造军备。

法国第二点之意见，为某陆军国有长距离之边境，易受侵略者，应有充足之陆军力，以资应付。其调动，应如大海军国调动舰队之迅速无讹。事实上，此点可视为与大海军国之交换点，此为英美两国所特别注意。英美两国，力图缩减法国陆军之中枢，法国之坚持其陆军力，因英美两国，亦坚持其海军力，且法国亦不拒绝互相缩减。

法国第三点，为欲任何国家之军备，缩减至其自卫需要以下，此必须有条件，即各国此种之防卫，应由一国际军力为担保，大约由国联会主持，此为国联中从来未遇之难题。国联方面对于此事之努力，均告失败，此不因其他各国不欲以其陆海空军军力，为他人作防卫，且欲实现此种国际军力，亦有其他非常困难之阻碍。缘各国之宪法不同，有时某国调动其国军之权，在于总统或一国之元首，有时操诸国会，因此之故，当迅速调动国际军力，为受恐吓之国家作防卫时，必与世界各国重要之宪法相冲突。现在《罗加诺公约》[1]中，仅有此种具文之协定而已，在将来之军缩会议中，不论美国是否加入国联，而美国必能接受"集合防卫协定"，但因法方所提之第一点，使军缩问题全部受其影响。

国联会议方面，在过去数年中，均承认在第一次军缩会中，为稳定各国现有军备，此固可以阻止军备制造之竞争，至于猛烈之缩减，只得期诸下次会议。此项会议，可以每五年或十年，当全世界对安全信任及国际合作之一般觉悟有发展时，而召集之。

九、结论

统观上述各节，法意海军争持之理由，在事实上，不能谓无根据，然而终不能彻底解决者，非法意当局不知战争为世界人类之公敌，盖两大敌国同处于龙王虎霸之舞台上，谁亦不甘牺牲其战争之主角也。

---

〔1〕也称《洛迦诺条约》，1925年10月16日由英、法、德、意、比、捷、波等七国代表在瑞士洛迦诺签订。

附　录

英法意三国海陆军协约全文

基本的协定

甲、华盛顿条约所法定之舰位

一、战斗舰

（A）在一千九百三十六年十二月三十一号以前，法兰西及意大利两国，只许有战斗舰二艘，其排水量不能超过二三,三三三吨，重炮不能超过二三基罗米达（十二普斯）之口径。

（B）自上项战斗舰实行后，法国方面应停止应用第达罗鲁（Diderot）式战舰一艘，意大利于同一情形之下，应停止运用一六八二○一号"过期"巡洋舰（总吨数为三三,六四○）。

（C）由华盛顿会议与此会议之结果，无偏见之修订，法意之约定总额数为一七五,○○○至一,八一三,○○○。

二、航空母舰

一九三六年十二月三十一号前，法兰西及意大利两国，只许有航空母舰共为三四,○○○吨。

声明一　法兰西与意大利两政府，彼此同时声明，在以上各舰制造之先，均应预先通知对方。

声明二　关于以上所决定者，法意两海军部长，应根据第一项C条，成立一种议案或一种宣言。

乙、伦敦条约所法定之舰位

法意两国于十二月三十号前法定之建筑数量大纲：

（Ａ）重炮不能超过一五五基罗米达（六一普斯）之巡洋舰，此项新建筑之吨位，以代替旧吨位，不能超过一九三六年十二月三十一号以前之旧有吨位。自新建筑成立时，旧舰当立即拆装，惟旧舰用以补充一五五基罗米达口径以上重炮巡洋舰者，不在此内。

英法意三国彼此声明，旧舰需十六年之久，方许拆装，补造新舰。

（Ｂ）重炮超过一五五基罗米达口径以上之巡洋舰，于一九三〇年大纲成立之后，任何不准建筑之。

（Ｃ）潜水艇自一九三〇年至一九三六年十二月三十一号，除替代旧舰外，一律禁止制造。一切旧舰，除补足伦敦条约第十六条所载之总吨数外，皆应改装。

此后一九三二年裁军会议时，关于潜艇方面，法国当声明保持八一，九八九吨，直至一九三六年十二月三十一号，不予修改。

丙、法意对外共同之声明

（Ａ）完全接受伦敦会议第三条。

（Ｂ）完全接受其他与该约不相冲突之条约。

在此约签字以后，英法意及与约之美日五国，当签订一种共同之宣言如下：

"各国认为此项英法意之协定所妥协之比较，并非造成永久固定之性质，不过彼此认为在一九三六年十二月三十日以后，再为补造更替之新舰。"

与上面约文同时发表之协定表，载于《太晤士报》。兹译录如下：

一九三一年已有之战舰及新造之战舰

战斗舰：华会所批准者，法国为一三三，一三四吨，意国为八六，五二七吨。

旧战舰：华会未批定者，为五二，七九一吨。

航空母舰：法国为二二，四四六吨。

法国：

巡洋舰	一二四，四二四吨[注一]
轻战舰	一九八，二三三吨[注二]
潜水艇	九七，八七五吨[注三]

意国：

巡洋舰	一〇三，六四〇吨^{（注四）}
轻战舰	一五一，三六三吨^{（注五）}
潜水艇	五三，四七二吨^{（注六）}

（注一）其中包括 Geanne Dare Ⅱ, Condi, Miclette 计二五，五七三吨。

（注二）其中包括过期舰五二，一三三吨。

（注三）其中包括过期潜艇三三，六四〇吨。

（注四）包括三三，六四〇吨过期舰。

（注五）包括四五，三五五吨过期舰。

（注六）其中包括六，〇八二吨过期舰。

一九三六年已有之战争舰

华盛顿会议所规定之战斗舰补足吨数，法国为一七九，八〇〇吨^{（注七）}，意国为一三三，一九二吨^{（注七）}。

非华会所规定之旧有战舰吨数，为一七，五九七吨。

航空母舰	法五六，一四六吨	意三四，〇〇〇吨
一号巡洋舰	九四，八五一吨^{（注八）}	七〇，〇〇〇吨
轻战舰	二四〇，三四〇吨^{（注九）}	一五三，三六三吨^{（注十）}
潜水艇	八一，九八九吨^{（注十一）}	五，二二七，〇〇〇吨^{（注十二）}

（注七）包括两只新舰，计四六，六六六吨。

（注八）九只巡洋舰，其中二艘系旧制者，计二四，八五一吨。

（注九）包括四二，九〇九旧舰而言。

（注十）其中包括二艘新舰，计四六，六六六吨。

（注十一）包括九〇三之旧舰。

（注十二）包括五，三一〇之旧舰。

在一九三六年十二月三十一号所能完成之新舰

	法国计有	意国计有
新战舰根据华会议案者	四六,六六六吨	四六,六六六吨
航空母舰	三四,〇〇〇吨	三四,〇〇〇吨
一等巡洋舰	〇	〇
轻巡洋舰	三一,三三一吨	四六,一五八吨
潜水艇	四,四四一吨	二,七九一吨

共计法国所有者，一三六,四三八吨；意国所有者，一二九,六一五吨。

美国的海军势力[1] 张露薇

差不多有人类一日，世界上便有人类的斗争，现在的斗争的集团是国与国，在不久的将来，也许会变更了方式。然而，仍旧是残酷的斗争呵！

陆战进到海战，这是文明人战争最初的进展，研究起海军在各帝国主义国家怎样的发展，怎样的均衡，也是饶有趣味的一椿事。在一九一三年，据统计，各国的海军建造费是：

美国	$134,092,416.93
英国	$224,443,296
德意志帝国	$112,000,000
法兰西	$81,692,832
日本	$46,510,216
意大利	$41,893,420
总计	$640,632,180.93

这个数目虽然已经不小，然而，当时世界的经济情况还非常的好，各国尚未担负着重大的债务，而论其支出之数目，已觉得非常的大了。

世界上的情况是朝云暮霭一样的变化，武力设备之增加随着科学之进步年年猛进，而况经过一次最残酷的一次大战，世界的形势是一天比一天可怕，今日恐慌，明日恐慌，把政客的两条腿溜得一塌糊涂，也挽不回这末日的恶运来。

---

〔1〕此文发表于《清华周刊》1931年第36卷第518号。

帝国主义者独占资本主义虽然有人在喊着已到了第三期，然而终为世界疾病的症结；二次的大战时时地预备着爆发，所以各列强的准备是一日比一日的紧急。在海军方面，据一九二○年的统计，各国的用费是：

美国	$375,291,828
英国	$271,867,022
德国	$47,700,000
法国	$101,258,766
日本	$131,000,000
意大利	$62,785,079
共计	$989,902,695

由于这两个表看起来，除德国因大战的原因照以前减少六千四百三十万金元而外，其余皆有增加，而尤以美、日两国增加的为甚。在总数上，增加了约百分之五十的样子，亦很可惊人了。

但是，我们尤该晓得，这是正在闹着不景气的年头儿，世界经济恐慌万分，人人叹着Crisis的来临，自然影响于海上势力的发展。而且，公债的负担，也是各国的愁人愁事，亦为不景气之来由。在一九一三年，譬如，美国的国家公债是1,193,047,745金元，而在去年（一九三○）六月卅日止，国家的欠债已是16,329,337,508.39金元了。在一九一三年，美国政府之消耗为987,913,340金元，在一九三○年已为4,152,254,518.84金元，内中包含着国家欠债的利息。在一九一三年，国民对于政府，卅县的负担为2,919,000,000金元，而在一九三○，已为13,000,000,000金元了。由此可以看出世界经济如何的凋敝，各列强间亦正逃不出同样的命运呢。

自一九一四至一九一八，这是轰轰烈烈的战斗时期，战争停息后，得胜的强国，割地分赃，势力骤然膨胀遂变成现在海陆军最强硬的各国。当时亦感到海军陆军，数目过大，因了经济的问题，亦不由得喊出几句缩减军备的口号来。凡尔塞约初制成时，美国与德奥单独协定条约之结果，以及国际联盟设立案之被各国接受，都好像是要把各国从过量军备之痛苦中解救出来。

在进一步的是巴黎和平条约（Paris Peace Pact）之协定，各列强好像在原则上同意，以后各国际间之纠纷不须用战争为唯一之方法，各签约国，亦不得随便参与任何之战争。但是条约究竟是条约，何曾有一国实行过？各国的军备都偷偷在增加，虽然，已成了公开的秘密了。

较为实在一点的，倒还是华盛顿海军限制会议，此会开于一九二一至一九二二年，美、英、日、法、意五国皆已承认各约，缩减与限制的方法，则以各列强之能以作为军事用之船舰，加以吨数之规定，不得过此规定之限制。

但是，限制虽然限制，而范围太小，各国秘密的增加亦无由制止，各帝国主义者因恐海上的势力不能均衡，伦敦的海军会议遂于去年一月应运而产生了。在胡佛与麦克唐纳领导之下，会议之结果虽未完满，然对于各列强海上势力，亦有相等的限制。这种限制，即是重定条约，将各国军用之船只之吨数，加以适当之限制。接受此条约者有美、日、英三国，法意两国因吨数太少，拟请增加以与彼三雄抗衡，然不得结果，故未能签字。

此条约之限制，凡军用范围之各种船只皆算在内，如战舰、潜艇、航空器、驱逐舰、巡洋舰等等。

其限制如下表：

美国	1,123,700 吨
英国	1,151,450 吨
日本	717,170 吨

各种军舰等，所有此三协定国，皆在增加或改换，目下都已拟达到限定的数目。其限制达到之数目如下表所示：

美国	451,750 吨
英国	375,626 吨
日本	185,584 吨

美国现在所倡言者，即是所谓"条约海军"（treaty navy）者，其意即是按照条约规定之吨数，以增加新的海上各种战斗的器具。至一九三六年十二月卅一日始可完成，需费竟逾十万万金元云。

虽然伦敦海军会议条约已在一九三〇年四月二十二日由会议国签字，但至本年一月一日始得公布于世。各国虽有自行其是者，然规条之成立以为人所公认，惟实行与否，则是最大的问题了。这一方面，我们可以考查一下子美国的各种海上战器是如何，我们当可有深刻的明了。

战斗舰——按伦敦条约之规定，美国之大船，可有四十六万二千五百吨，有九千吨之改造者在内。最主要的三只战斗舰之改造，已需三千万元之多，其余修理等等费用，自然亦是很多的了。

航空机——条约规定，美国之水上航空传云机为十三万五千吨，而美国只有三只，总计共七万六千二百八十六吨。其中之一的朗雷（Langley）号，尚须重新改造，故按约仍须造六万九千吨之多，才合规定。现在正在建造中之"蓝格号"（Renger），计一万三千八百吨，需费一千九百万元。其余尚有五万五千二百吨，按每吨一千五百元计算，则尚需八千二百八十万元。——总计共需洋一万万零一百八十万元。

巡洋舰——条约上规定之巡洋舰，式样有两种，第一种即是巡洋舰所携带之炮的口径6.1吋以上者，据规定为一万吨，炮口八吋者为适当。第二种为巡洋舰所携带之炮口6.1吋之下或整为6.1吋者。

按约规定，前一种美国可以造十八万吨。在一九三〇年四月二十二日时，计有大巡洋舰，合两万吨，建造中之巡洋舰十一只，合十一万吨。尚有五万吨，是允许建造的。炮径6.1吋之巡洋舰规定美国可造十四万三千五百吨，在一九三〇年四月二十二日，彼已有七万零五百吨了。

故按海军会议之协定，美国将要增加大巡洋舰五万吨，小巡洋舰七万三千吨，共计有十二万三千吨之多。而其中三只较大的巡洋舰，在一九三六、一九三七、一九三八（年）还不能分期完成呢。

按照条约之允许，美国如赶制巡洋舰，使之吨数相合，尚须299,072,500金元始得完成，费用之浩大，亦很可惊人了。

驱逐舰——按约，美国可有十五万吨，如按二千八百元一吨计算则需洋共计四万万二千万元。

潜水艇——按照条约之规定，美国之潜水艇可有五万二千七百吨，其中可以改造及建造者，计二万九千七百五十吨。自一九三〇年四月二十二日前计已开工建造之V-5，V-6，V-7三号，共有七千零十吨，合洋6,540,800元。尚须再建造者为两万二千七百四十吨，如按四千元一顿计，共需90,960,000元。故总建造新潜水艇之费为97,500,800元。

以上所云，皆照伦敦海军会议之规定计算，美国为预备横霸海洋之国家，自然也须有比约定之数还要增加的地方。按约所定，其所需之款可如下表：

战舰（改造）	$30,000,000
航空机	$101,800,000
巡洋舰	$296,072,500
驱逐舰	$420,000,000
潜水艇	$97,500,800
总计	$948,373,300

在以上之建造费之外，尚需很多其他的费用。为简明起见，列表如下：

装备费	$5,877,000（约）
海岸建筑费	$30,000,000（至少）
改造保存费	$12,421,000（至少）
油与工作费	$5,000,000（约）
工资	$47,280,940（约）
总计约	$100,578,940

如此重大之费用，已成为国家之重要之问题，如按照条约规定之吨数建造，虽美国为金元之国，恐怕也是有点难为，在一九三六十二月卅一日能否完全完成所谓"条约海军"，则是个很大的问题了。

在历史上说，美国系大陆国，本来并不注意海军的军备，自一八九八年后，美国海军之经费始稍见增加。大战开始后，美国所赖之各国船只以运出货物者，皆用为军舰，虽有高价军费亦不易赁得，时出口额仅占出产额之十分之一，所以极感货物堆积与无国外贸易之痛苦，乃自备船只，向外运输，商况渐渐恢复。

不过，在战争期，美国之运货因受战斗国之阻挠，贸易之船只时见损失，故知有增海上军备之必要。一九一六之海军建造案乃应运而产生。以后又迭次声明，美国之海军势力须与世界最强者相等，这显然是要逞霸一时，以与号称海上霸王的英国相抗衡了。

美国所有的海军军备，虽然在一九三六十二月卅一日始得按约完成，然而彼之努力，彼之用心，已早与其他之两列强，英与日相嫉恨，相斗争了。美国之所以扩张海军，也就是要对付英国的，因为除了英国，没有能与它在海上争霸的资格。

伦敦会议时美国成功的时候，争得了与英国相等吨位的地位，而日本的势力亦不可侮，将来在太平洋上，战争的风云尤为易起的事。

自华盛顿会议美国得胜后，即赶紧加造各种军舰等等，对于主力舰尤为注意，因了经济上较为充裕的关系，美国之成功，尚是较为容易的事。不过，近来的世界经济的恐慌是不是能影响到美国的海军军备，则又是另一个问题了。

美国所以预算出这么多的经费去扩张海军军备，其意不过是要维持其海外贸易额之增加，同时，防备日本之势力，英国之存亡的命运，恐怕也要握在它的手里呢。

德国海军末期之真相[1] 子 威

从事于世界大战之德国海军，实出于窦毕兹上将一人之聪明毅力，经其一手创造，而德皇之所视为宠子者也。窦氏以十七年之精力，所经营之大海舰队，卒误于德皇政策乖谬，枉为牺牲。盖以未及成年之舰队，被命初征，兼以德皇之溺爱，情深舐犊，遂使缔造艰难之海军，弗克发挥其武力，中途自刎。此固勿待余言，而为人之所深知者矣。

德国大海舰队，确由窦氏战略战术上之信念，自始至终，身任其建造组织，以成以就，彼固以为时机果到，则德皇必将立予起用，行见由军部之文几，一跃而至旗舰（大胖立Fridrich Grosse）之舰桥，统辖全军，号令士卒，此窦氏之夙愿，征诸该氏之遗著（回忆录），可以立证者也。

窦氏对于用兵途径，胸有成竹，故于舰队之编制、行动，每以此为枢纽，有条不紊，期于有事之日，万无一失。至若致舰队于浅湍，或水雷原之后方，又或藉德意志湾要塞，以为掩护，俾舰队安居于堡垒之下，保其无恙，留以为讲和之日，隐成一无形势力，此诚窦氏之所弗及知。窦氏之意，盖将于有事之秋，举其全部舰队，扼制英国海上权之咽喉（即妨害德国大欲之最大障碍）。而由此以成一加害于彼之一种雄厚势力，斯则窦氏之素志耳。

若如上述，则据窦氏企图，在开战当初，首应搜索英国舰队，以强其一战，是也。窦氏在数次之大演习中，以重复之实验，深信其武器，大有可为，彼虽于鱼雷之价值，估值过昂，而于潜水舰，则又失于小视，然而此等偏见，

固无论何国，凡身为高级海军长官者，其观察莫不同出一辙，匪独窦氏已也。至关乎主力舰之构造，与其兵备，则窦氏之独能察隐烛微，吾于遮特兰一役，盖益信之，且其于巡洋舰为尤然也。若夫小巡洋舰，武装之不能齐备，则以其他理由，责不在彼，一如回忆录中之所自述矣。

惟自宣战以还，举凡窦氏之所自信者，概不能见之于实施。然则氏之失望，讵有过于是者乎。

窦氏陈情于德皇之前者，屡矣。彼自愿出任舰队司令长官，并乞关于作战行动，许以处置之自由，而德皇竟不之顾，仍以殷格诺上将（殷氏，一凡夫耳。仅恃德皇之特别宠爱，久在皇帝游船中服务，因得擢任此种显职）任舰队司令长官。

德皇之于舰队司令长官一职，不加任于窦毕兹上将者，以有他故在耳。

英皇爱德华七世，曾讥刺德国海军，目之为"威廉之玩具"，致媾怨于甥氏，此尽人而知者。英皇之讥评，谑则谑矣，然而惟妙惟肖，语中肯綮。盖德皇之视舰队也，实无异于本身之私产，夙夜竞竞，一惟稍有损伤是惧，纵令夜战场中，有一军团之殄灭，事犹可忍，而独于与霍亨索伦皇室荣誉攸关之无畏级舰，苟有一艘，濒于危殆，则深惜焉。是故以此假手于窦氏，任其暴露于弹雨之中，则虽冒万难，亦宁与以否决者也。

德皇之爱惜舰队，既已若是，故当宣战始期，曾亲以御笔，策划海军作战方针，此正德国舰队以机敏的作战，且以决死的攻势，确能赢得好果之千载一时，而竟被德皇之当头一棒，以抑制之矣。

倘在开战初期，德国无论战局之广隘，果能于海上，博得一次之胜利，则英外征军之渡海，自将因此而形成无期之延期，其影响于协商国者，至大且巨，殆为必然之事实。盖苟无英国外征军之参加，则德军之因新锐致大受挫折之玛因一役，将恐无由发生，纵或不然，其结果亦当必大异。倘德国又或以潜水舰之大群，令聚于北海南部，亦足以使英国军事的配备，大受踌躇，而深致苦痛，其理至明。而德国竟未思虑及此，宁非天意乎。而况海军果取大胆的攻势，势必大受国内之欢迎，尤以在建设未久，炮火之经验未富之军队，更应藉此以提其声价，坚其信心，庶几乎士气鼓舞，日日以杀敌致果为念，又何能发生一九一八年十一月之惨剧乎。

惜乎德皇徒以保全舰队为专务，所谓"朕之所部诸舰，决不能令其暴露于危险之地"，斯即该作战命令中之骨骼，岂不惜哉。

于是德国优秀海军，一意以"鼠战策"为正鹄，重要舰船，悉伏于根据地内，一艘亦不容其远离，仅令潜水舰一队，机雷舰一艘，向泰晤士河口出动而已。

窦毕兹引为深忧，力主决战，屡以此意，强净力谏。然而德皇依然充耳不闻，假使此种献策，果被采行，则英国国防上，必不免大起变化，尔后之形势，当亦随同变迁，此固意中之事，惜乎全部舰队，屹立不动，是自贻伊戚也。

德皇之退缩畏葸方针，乃其相国者，意见正复相同，经其怂恿，其势益固。此外海军将官中，因窦氏素日专横，深致不悦，而因以嫉视之者，所在皆有，而窦氏为贯彻己见，致不得不与内外应战。且因掌管海军人事之某局长，亦与窦氏不相融洽。该局长关于人事方面，罔不遏抑窦氏，氏之推荐人物，与军令当局，又不十分圆满，是以窦氏在人事与战略两方面，俱无力可恃耳。

上之所列举者，一言以蔽之曰，德国海军，不成统一之局，以致弗能通力合作，是为最大之因素。

回顾当日，世界大战中，英德两国海军，罔不各由一好战英雄，耗其心血，为之缔造，而且两杰俱莫不以一能亲征为荣，及至临机，则指挥头衔，悉皆被人攫之以去，而置两雄于旁观之位置，事之相侔，可称奇遇。然而英国海军怪杰，斐雪元帅，犹能推荐夙经哺育之谢利苟将军以自代，重任之付托得人，尚可聊以自慰。独如窦氏者，二十年间之苦辛，一旦付诸流水，不幸孰甚耶。

自古以"鼠战策"为策略，而其舰队，克能善始善终者，从未之见也。如德国之大海舰队，如俄国之旅顺口舰队，如中国之北洋舰队，历历可睹。而德国大海舰队，竟因皇帝之失策，致造成历史上亘古未有之奇祸，坐视大好舰队，供无谓之牺牲，然则鼠战策之为祸，不亦烈乎。

德国舰队，有如鼠然，窥伺敌方之隙，时由其巢穴以出，虽亦偶现其丰采，然而卒以外交上之失策，不惮引世界为敌，以寡当众，遂使国势日蹙，延至一九一八年五月，渐成手足俱被桎梏之形势，于是不得不举以布告于全国士庶矣。

无限制潜水舰战略，自一九一七年二月开始行动以来，英国以及协商国，俱莫不坚信此种战策，果能支持半年，则彼等祖国国民，全将陷于饥馑之苦厄，以为毫为疑义，孰知该战策延至一年有余，然而海上交通，姑无论月月有数十万吨之损失，犹未见其能遮断航路，依然维持如故。而战争亦复继续如故。加以因潜水舰战之兴奋作用，美国于焉以参战，且其参加也，不惜以无限之人力与物力，负担于涡旋之中。至是，德国大本营中，虽素以乐天主义自命者，亦不得不变更其素昔之顽强口调，而觉悟徒恃潜水舰战，万无战胜之望矣。

同时在陆战方面，并不能一慰其失望之心绪。本年三月，断然执行之大攻势移转，亦不能按照鲁登道夫将军之预约，博取胜利。协商国战线，虽因德军之奋战，致生出极大凸凹之溃形，然而敌固死守其阵地，含辛茹苦，以待夫援军之至。果也美军远涉重洋，而敌之战线上，因此劳益雄厚，反之以觇德军，则日见其兵力唯有消失荡尽，相形见绌，曷啻天渊。鲁将军固曾有举其灰烬，以冲破敌军之计划，卒因日暮途穷，始知决无机会之可乘。盖至此，德军所处地位，已渐露必死之朕兆。斯时据德国军略家之观察，唯有恃其大海舰队，期以孤注之一掷，以挽回其颓势而已。

大海舰队之作战，虽屡经雪尔提督极力主张，但以格于皇帝之护惜，弗克见诸实施。同时并因政客之由政治的观察，主张在和平会议以前，应保全舰队，且当重视之，是又雪氏主张之一无形阻力也。嗣以四周形势，益见窘迫，万不容再事姑息之时，毕竟德皇始下最后决心，允许海军准备大攻势之作战，惜不惟时机已晚，而且海军当局，并未将海军实情，奏明德皇，仅一味实行其愚弄之手腕，遂致有愿莫偿，可痛也哉。

据英国谍报所传，斯时德国大海舰队，军纪废弛，士不应命，骚动迭起，莫之能御。一九一七年夏间，基尔及威尔黑尔姆之抗令的暴动，即其实证。不过两次均以高压手段，始幸未酿大祸。然而余殃尚存，终难稳静。至若德国大本营与舆论中之所深信，赞为志气奋励，元气横溢，之战斗机关，恐已早经丧失其精神，唯见其皮相徒存耳。

德国海军军士以下，其战意何以若是之沮丧，其原因固出于种种事端之结合，不过兹暂摘举其中之一二言之。其第一原因，大本营已明白规避，不令大海舰队，再与雄大舰队作正正堂堂之决战，已为人所共睹。此等举动，当然易使军士以下，觉悟该管当局，毫无战胜之自信力。政府公报，一时以宣传为目的，盛称战胜之遮特兰海战，究其实，亦不过彼此不分胜负之程度，而况德国舰队，正处于危机一发之际，仅侥幸苟免于难而已。政府虽力图一时之敷衍，然在事后，不久已为舰队士兵之所周知。此因当日德国舰队，与英国雄大舰队交战甫及数分钟，而其所受打击，早出于意料之外，遂致真相毕露，莫由掩盖士兵之耳目。

"恐二次未必再赴北方之海"（大本营中，则饰言倘果遇有良机，而且在潜水舰航空船俱能合作之时，仍当不辞一战云）之一语，诚为一般的最后评决，亦即海军上校裴尔修氏之快语也。

在此大空、海上、水中三方面勠力之作战，当于遮特兰之紧后，即一九一六年八月间，虽曾有二次之尝试，但雪尔长官，因当时由一齐伯林（至事后，始判明系出于误会）所发之情报，谓英国主力舰业已接近，遂仓皇窜入根据地内，此不啻对于士兵，播一不信任长官之种子矣。

第二原因，则为德意志湾附近，英国机雷布设之大活动，是也。英国机雷，初虽不甚满足，但在宣战后二年，大加改良，促其完成，而且因必要材料，有源源之接济，故在生产上，其量益增，后几以不可限量之威势，举凡大海舰队，及其补助舰船之游弋水道，概藉此以实行其闭塞。而从事于该方面者，战舰以下，无虑数十百只，其沉置机雷，究有几万，虽无由知其确数，然据格德士卿所赞为"英国海军选拔队"中之一，即单由第二十驱逐队所沉置者，已达二万二千具以上云。

英国机雷，自一九一七年，已渐显奇效，但尤为显著者，则在一九一八年春季以后。至此，德国已备尝其艰辛。德国之损害，亦因是而日增月累，扫海队遂亦弗克完其任务。其护卫向导出入潜水舰之各种警戒舰艇，亦每随其被护舰，同罹于炸沉之一途。就事实言之，只在一九一八年之前半期，德国舰船之因机雷而被难者，每星期平均约有四只，而其位置，全不出德意志湾之内外近海。德国舰艇队，苟一离停泊地，自始即当觉悟此行不虚，其中定有若干只之丧失，殆已如操左券者矣。

由雪尔提督日记中，试阅左记之一段，应能推知当日德国海军之穷状。

"一九一七——八年之中，北海海面所沉置之英国机雷，其数有增无已，我方扫海艇，因此致被破坏者，殆无虚日，而任潜水舰护卫之各种舰船，亦不断在水雷原中遭难。一九一七年三月间，可充此项任务之舰船，仅不过余有四只。本月二十九日，港外监视舰毕视马克号，因机雷之故，沉埋海底，此次生还者，仅三人。

五月十一日——扫海队按照预定服务，发现新被沉置之机雷。而第五水雷艇分队之向导舰，触雷后，就地沉没，艇长及军士以下，三名殉于难。

五月十四日——第三扫海队中之一舰奥赖庸号，据报在其护卫下之潜水舰U五九号，及扫海艇弗尔达号，已因触雷而沉。

五月十五日——补助扫海队，探至昨日U五九号被难位置，由轻便信号，正拟向该沉没舰通信，其中第十四号艇，陡然触雷，而第七八号水雷艇，因援救该艇，预备接近之时，恰又触雷，两只均不获救而沉。致欲与U五九号通信之企图，不得已因此亦即断念矣。

同夜厄姆斯外港，监视队之第二七号水雷艇，正为U八六号潜水舰向导之中，触雷以沉。其他关于此种损害，迄无宁日。"

若是，因英国机雷，不断陆续受祸。其足为德军精神已大受打击之唯一证据。即对于机雷扫海队（德国水兵，戏称之为升天队）之志愿投效者，突然绝迹，以后则全赖强制手段，以令充队员，是也。战后，某军官吐其真情，如次：

封锁以后，其致我方海上武力崩解之一重大原因，即漫无止境之英国机雷之沉置，开战后两年以内，吾人曾屡遇英国机雷，但多不爆发，纵使偶有爆发之事，亦并不足畏，吾人尝引此以讥刺英国，及至以后，欲笑不能矣。此因机雷累千累万，随处皆有，且其爆发程度，必使被害者破碎无余之故。因此在一九一七年以后，对于德意志湾扫海队，予以绰号，"自杀俱乐部"。

吾人每日必有一舰或二三舰之丧失，有时在曾得确报，称"已于前一日黄昏时节，举行清扫"，并经指为绝对安全之水道中，但一至望朝黎明之顷，武运不恶之驱逐舰，或扫海艇中之一只以至二只三只，同时被踬，势将被掀至天空以去，至此始知已又用多数机雷，再次封塞。如此者，已不知有若干次云。

　　第三原因，且可确认为德国海军瓦解，并其最大之原因，即军官辈待遇士兵以下不加区别，是也。停战以后，其剧烈之宣传战，类由出身旧国家之海军军官，遍全国以行之矣。此项运动，在相当程度以内，因有国防部海军署之公然支助，始克实现。其目的所在，一为举国一致渴望强大之舰队，一为恢复海军军官团之地位，二者而已。由此种团体之开导，今日德国民众始信一九一八年海军中大规模之抗令骚动，不起于因敌之压迫，而产生于政治运动家方面之反祖国的阴谋，已将成为共同认识之一点。换言之，祖国溃裂之祸，其原因在于萧墙之内之一说，将见以历史的事实，而被承认矣。

　　然而据英国海军谍报部在一九一七年以后所搜集各项情报综合观之，则于一九一八年抗令骚动事件，谓在爆发以前，大海舰队中，关于此项运动，久已有酝酿蔓延之踪迹。此虽为一有首有尾之记载，但现以尚有不便公布之理由，姑置不论。至于德国人关于此事之观察，则据曾在德国海军中服务二十余年，卒进至军士长阶级之阿尔波尔德氏所著《旧德国海军之悲剧》(*The Tragedy of old German Navy*)，其中所发表者，至为详尽。但此种暴露的记事，当亦为世界一般人士，初入耳之事件，应无疑义矣。

　　阿尔波尔德军士长，因深知大战前与大战全期，所有德国海军之实状，故在一九二五年，因调查海军瓦解原因，曾于议会中组成调查委员会时，特命阿氏出席，而阿氏则彼时之一主要证人也。彼于纵不属于反国家的人物，但仅以久于军务，出于一片丹诚，致令祖国海军陷于屈辱，而卒成一无谓之牺牲，认为应负责之一切人士，曾加以严峻之论裁。

　　据其所述——全部引证确实者——德国海军军人，对于英国海军之稳健，固足以使其刮目相看，然要皆举自信之精神以临战。不过大海舰队，深居于防御森严之军港以内，屹然不动，遂使惰眠之恶习，日积月累，而战意雄心，卒因以底于消沉之死态矣。德国巡洋舰舰队，因不能得战舰舰队之后援，致惨遭败北之多革海滨，及黑里果兰湾之两战[1]，遂使军士以下，于其最高指挥官之能力，满存猜疑之念，而为后日失败之张本。

---

　　[1]多革海滨之战，今称多格尔沙洲海战，是英德海军于1915年1月24日在北海多格尔沙洲附近展开的海战，海战结果英军获胜；黑里果兰湾海战，今称赫尔果兰湾海战，是英德海军于1914年8月28日在北海赫尔果兰湾展开的海战，海战结果英军获胜。

遮特兰海战中，对于英国巡洋舰所收获之部分的成功，则以因雄大舰队之炮火，致战舰受有重大之损害，得失相抵，故其部分成功，犹未能恢复军士以下精神上之信仰。阿尔波尔德军士长，赤裸裸的告于大众之前曰，当日之遮特兰海面，倘无雾瘴之弥漫，则英国舰队，恃其优秀之速力，与其优秀之射程，行见其舰艇相继，以屠戮我全军舰队，决不至再有任何之阻力。彼且断言德舰速力与炮装之劣恶，罪在旧海军中之高级军官，因其在职务上，无知无能之结果所致云。

然在阿氏所露布之一切大胆的告白之中，最能耸动人心者，关于战争中，德国海军军官辈之举动，是也。——此点与英国情报一致——军士长以此为诱起最后大悲剧之最大原因，彼于军士以下之备尝辛苦，且受万般虐待之状况，描写尽致。彼谓军士以下之粮食给予，其分量已被降至最低之限度，且其所配给之粮食，论其品质，决非人类口腹之所能堪。当此困苦万状之际，彼身为军官者，依然享受国内最上等之滋味。又如在病院治疗中之因伤或病之兵士，照章应有葡萄酒之支给者，亦被撤销。然而军官之流，则每日之饮酒会，依然张谦如故云。

有时上级长官，或因贪口福，以致酩酊大醉，放荡恣肆，漫无戒心。半在饥饿中之水兵，睹此情况，其愤懑不平，自不能免。此屡次不祥事件之所由起也。试举一例，一九一七年七月某日，战舰"渣林梗"（Zähringen）之军官，恰在午餐中，兴会正浓之际，乃由一上甲板之海水蛇管，满输一条瀑布，突由饭厅天窗，向室内灌溉，其势宛若消防队之救火者。彼时正在饕餮中之军官，忽遭此恶作剧，周身淋漓。此次犯人，卒未发现，而事以寝。舰队中军官，曾以自卫理由，请准上宪，领有手枪，而适于同月之中，竟有泯不畏死之徒，出此恶戏，此等事实，早被英国情报部所侦悉矣。

军士以下舰员之不平，则以偶因小过，常受严厉之科责，由此种苛刻军纪，有以酿成之者。有时复因流于野蛮的高压横用，而且出于完全专制，如禁止上陆之类，益使其恶化矣。遮特兰之自许大胜利以后，恰及一载，即一九一七年夏间，重大抗令骚动之祸，由旗舰大脾立发难，而各舰附和之。又如该旗舰，正当应升军舰旗之际，竟不升旗，而于竿头，代以洗涤甲板之刷帚。舰桅维持索，及舢板系索，均被切断。又抗令者之中，竟敢拆卸舰炮瞄准器，举之以弃诸海中矣。

此外关于军官所有一切骄横，及任性动作，列举至无数之多，但其中大部，类皆就于事实而为之证明者也。军士长对上述状况，认为不逮英国之海军甚远。彼深赞英国海军，谓自战事开始，英国海军军官，其自制心，莫不有深切之发挥，而由是遂博得部下一般之爱戴。

半在饥饿中之德国水兵，上陆外出，永无希望。处于苛酷规律之下，深锁于舰内，或屯营之中，而且决不与以运动休养之任何机会。反之英国水兵，则有十足之粮食，其质与量，毫无异于军官之给养，各种运动，自始至终，奖励援助。其尤不可及者，则一般上官，待遇士兵，俨同视为负最高名誉之战友，决无以其位在下级，而有轻视之之心，以故英国海军兵员，其士气与操守，卒能与战事相终始，而维持至一最高之标准。

和平条约行将签字之日，大海舰队，有拟冲出港口，一决其雌雄之举。阿氏关于此举之批评，更有特别之意趣。据彼之观察，则谓虽有多数军官，大言不惭，以为举全部舰队以降英国，毋宁自行炸沉，或又以为在至少限度，亦当一睹最后之决战，然后与舰队同归于尽，较为快意云云。然在军士以下，固丝毫未抱进入屠场之决心，以代彼等所轻视之军官，全其体面。而且军士以下，私相集议，讨论本国舰队倘与雄大舰队决战，结果果将若何，其结论，则满场一致，以为溃灭的大败，必难幸免。

阿军士长对于此种缺乏自信力，曾列举数十理由。其认为招致此弊之原因，其中之一条，则曰"英国自一九一八年以来，采用能率极高之穿甲弹，此种炮弹，纵使德国最强舰当之，恐仅以一发之命中，即难免不成废物，加以英舰之射程，优过我方，故德舰欲求不被破坏，已属绝望。至本军之新设而且极秘之机雷原，德国舰队，依此以为两翼之保障者，早被英人发觉矣"——此正系事实。英国人一因其哨戒舰艇，尤在善用潜水舰，对于敌之机雷沉置舰，取有严密之监视。一则由敌之军港中间谍之报告，凡敌之新设水雷原，无一次不在其沉置之紧后，随即悉数侦知矣。

更就旧国家海军军官所流布之内发的阴谋说言之，阿氏以为此种刺客的打击，如果实行，则必系由海军部内而起，氏已公然指摘之矣。阿氏关于此事，曾引用基尔市重要人物，巴克教授著书之一部曰：

"余值此祖国浮沉，将予最后判决之重大危机之际，突然对陆军与以不意之激刺，由是彼等必对于酿成吾人永处于呻吟中，苛虐无论之平和条约之厉堦，即我国海军之行状，自应愤怒填庸，不知自已也。一九一八年十一月，由德国海军所发生之大叛逆行为，其劣迹，实为亘古所未有，世界所仅见。此等重大罪状，及其由此所致之恶果，致使海军从来对于国家之贡献，德国民众，不惜对其功绩，一笔勾销"云。

兹应加以声明者，阿尔波尔德军士长，此次胜任证明书，殆即受之于萧金格教授，萧任国会中特设海军调查委员长，且曾于阿氏之著作，供给其序文者也。

"德国海军指挥部，不知有何等重大计划，正在秘密协议之中"云云之第一次授意，由谍报机关以外之消极的方面，传至英国。英国人在一九一八年春季以后，关于多维哨戒区域，及海峡中敌方之机雷沉置作业，渐知其范围缩小。最后知除在多维哨戒区域以外，则已全部中止。夫此项作业，原系以布鲁塞尔为根据地之小型UC潜水机雷舰，奔走此役，最后从事者，有带毒小艇七十九只。而据谍报所传，在一九一八年年初，尚有四十只内外之存在，然姑无论尚有若是之数目，不料以随时序之变迁，此等带毒舰之所在，不易被人发现，其已由布鲁塞尔向外出动，固已知之，其外则一无消息可得矣。

惟此种不可思议之事，旋经谍报部，探称此等UC舰全部，已被调回至威尔黑尔姆军港，与喀克斯哈芬两地，以后即以此为根据地，每尽量搭载机雷，向北海而为定期的出动云。果然，则彼等所负之使命何如，殆不外在柏尔外礁之东方约四十五浬，台河口之海面，构成一机雷原而已。UC舰每有一只出动，必暗在预定位置，投下杀人的包裹，逐次对扩大的弧线，填满空隙之后，立时为重装新包裹起见，必于两地中之一港，择一归宿，如是习以为常。彼等在一九一八年夏季之中，似遵照一种正确定期表，反复出入。而其机雷布设原，着着加长，同时并加增其宽度。在德国海军司令部中，固深信此全部作业，已属秘密完成者矣。

然而前述之信念，实为德国最大之误算。一九一八年六月间，英国人早于此种计划，备悉无遗。此在二次既由谍报部探明UC舰之所在以后，对于每一舰之动静，加以严重之监视，自属易事。而其在一定区域之中，构成一大机雷堰，就事实上观之，则其所抱目的，毫无可疑之余地，盖其所期者，确在候英国舰队由根据地向外出动时，诱之以入此陷阱耳。然则据德国人预测，以为英国战舰舰队，必举其全力，以向南方突进者，殆无疑义。而于促成此种动作，应不外令大海舰队，为大批之突出，此无待烦言而解者也。于是英国人，在确切情况判断之下，自能觉悟德国人，必将以海军作大攻势之计划。德人隐谋，既已被其窥破，则以最严密之警戒手段。以破敌之毒计，自可为欲为矣。

英国人决无若何之劳苦，已于德人之所认为极秘，即前述机雷原之位置，瞭若观火，故对其大部，虽由扫索以去其害，然而尚有若干小地带——自然在秘密海图上，有细心之记载——故使存留，以备敌来接近根据地时，反用以毁敌，藉以坚其防御。并可由此对于敌之袭击，或对其潜水舰，予以至大之威胁也。可堪发噱者，德人直至战事将告终结，对于自方之秘密，早已被人发觉之事，始终不悟，故其心目中，仍以为由UC舰所构成之秘密机雷原，敌方决不至有任何之介意，抑何愚也。

炎夏就衰，德国舰队逸出之时机愈迫。其事已由谍者之通报，益证其确切矣。盖如战舰、巡洋舰及附属于大海舰队之轻巡洋舰，均已逐次入坞，以准备战斗之故，大加修理。且于各舰舰底，均已磨净。又如舰炮鱼雷之发射训练，多在不易受英国潜水舰妨害之波罗的海面，轮流励行，迄无宁日。基尔及威廉军港中工厂，因须增加职员，造船造机之职工，前被陆军征调者，亦已陆续召还，用以促进舰队之临战准备。且于诸舰之修理程度，必使其能在北海经一大决战之后，尚有投扫母港之能力，而此项修理，为求速成之故，其修理程序，业有井井之规划矣。此外又有一种景物凄然，而且足成为决定的证据者，即各主要根据地之病院中，关于收容病人设备，确已大加扩充，是也。

语近荒诞，几于不堪置信者，则前述冲出计划，德国海军，反不若英国海军之知之较详也。缘该项计划，自始至终，即设有极秘之暗幕。德国海军司令部，对于凡能使全部计划稍露裂痕者，虽片言只语，亦坚不许向外漏泄，故耳。当时在任之舰队参谋长杜乐达提督，对于不能漏泄机密之缘由，至事后，曾有相当之说明矣。杜氏曾出席于德国国会，在一九二五一六年所开之德国海军瓦解调查委员会，据其所述之证言，则以荷兰国境之比较的接近，而且由威廉军港之四周，每日出入于此地者，实繁有徒，于是舰队所有非常举动，势必在数小时之内，有尽量向国外泄露之虞，此诚时时刻刻，威胁德国当局者云。（大约该提督，深信上项新闻，几于时常通过荷兰国境，当其计划尚在半途，未见竟功之时，则已传至英京，故认为有特地追加之必要欤。）

以故在此种时机，德国海军军令部，对于与闻此种秘密消息者，因务使其限于极小之范围，煞费苦心矣。当时军令部内，职司参谋者，二十有五人，其中参与秘计者，不过仅占三分之一而已。关于该计划之所有卷宗，虽于司伯之大本营，亦一概不予提出。又如舰队，倘不在实际开始运动之后，决心不发送片纸之报告。据杜乐达提督之所述，"加之彼等在发无线电报时，因英国无线方向探知局之手腕，非常灵敏，得由德国无线电报局所发之密码电报，推知一切，倘有一舰到达于威廉军港港外，则立被察知，故于使用无线，必须谨慎"，遂致报告阙如耳。

杜提督对于"何以大海舰队之兵士，关于此种计划，并未得有何等之警告"之质问，虽依例仍以"此属秘密"之一言，以隐其情，但其他各证人，则以为"当时士兵等因得知此中消息，关其结果如何，已存有莫大之疑惧，换言之，军士以下之统制与战意，此时已陷于不能谓为无可非难之点之境地矣"。

事变后七年所开之国会之调查委员会中，所搜集证言，试一为精细检讨之时，苟无案卷可以十分证明，则疑信参半，自为势所不免，约而言之，完全置德皇及其内阁于不顾，而欲将祖国前途，因欲委诸自甘暴弃之一博，已在进行中之拟藉以破坏停战谈判之一大阴谋，已发生于海军司令部内矣。倘此种预定之海军攻势作战，胜利果能属于德国，假令其战果，无论有若何赫赫之光耀，然其总结果，决不能使战况一变，予德国以大好之转机，固甚明也。盖英之雄大舰队，纵亡其半，然与各协商国海军之联合实力，比之旧德之所有者，犹为十分强大，故再次封锁之励行，仅不过一时间问题。又如美国陆军之渡海，亦决不受甚大之妨害，故也。是以德国于一九一八年十月之一海战中，纵使侥幸获胜，然其结果，仍不过自延其苦痛而已。

况在实际上，此种胜利，到底非德国所能期望者乎。然则大海舰队，倘竟一朝惨败，则德国所处地位，较之从前，将见其更趋于恶化。德国对于协商国，为背约失信之国家，假借停战谈判，以隐饰其阴谋，其所负责任，果一被诘责，则其所应受之惩罚，当更见严酷。由是言之，德国以维尔塞条约[1]之苛酷，每值其呼吁苦楚之时，试一思及此种阴狠毒辣之海军密谋，倘不能乘机抑制，则其结果，又将如何？此在德国方面，所宜自反省者也。古语云，祸福无门，惟人自召，岂虚语哉！

然则德国能由大难中自拯自救者，无他，海军阴谋。恰在适当时机，自行溃灭，是己。历来德国海军中，"讨灭英国海军'端在此日'（der tag）"之一语，德国海军军官在十余年以来，几已成为口头禅，一口同音，其胸中怀抱，已无形流露于辞句之间矣。彼等已如前节所述，因德皇失计，致令其口头禅，逸失实现机会，懊恼无已时，卒至甘心卖国，亦所弗惜，必私相窃议，以期达成其希望，结局谋固未遂，然其中亦多有足予人以同情者，余于所谓"端在此日"之德国海军作战计划，及其失败之经纬，固欲从详讨论，惟当讨论兹事之先，尚有不能已于言者，即关于此项各种证言，其由德国方面所发表者，居然与英国谍报部之情报，完全一致，是也。此间关于德国舰队，在降伏以前，所起之各种情况，实行彻底调查之时，对于许多已被引用之秘密，并种种激烈的暴露口述，仅就德国国会调查委员会中所述者，应已能有十分之参证。此类事情，普通一般人士，或者闻所未闻。然而在英国海军之中，早于一九一八年，熟知靡遗。至关于一九一八年十月之攻势计划，出席立证者之中，如海军中将杜乐达爵士（前舰队参谋长）、海军少将海英聿希（曾任水雷部队总指挥官）、海军少将雷威特祖爵士、顾鲁内尔及戈尔两将军、汉士·德尔布留克教授，及幽梗·费雪尔博士、谢伊德曼先生、鄂讬先生、威尔斯社会党之领袖等，其著名焉者也。

大海舰队之攻势作战，其预定出攻日期，为一九一八年十月二十八日，即鲁登道夫将军为救济陆军之彻底的溃灭，所认定之唯一手段，要求立时停战之后，约经一月之时期也。盖政府已容纳将军之请求，与美国威尔逊总统开始谈判时，正积极进行。而行将擢升军令部长，预备交卸大海舰队司令长官职务之雪尔提督，在坡次但谒见德皇之际，关于请示舰队之进退，因德皇未置可否，

---

[1] 即《凡尔赛和约》。1919年6月28日，英、法、美、日、意等战胜国与战败国德国在巴黎西南凡尔赛宫签订和约，结束了第一次世界大战。和约反对苏俄，宰割战败国，牺牲弱小民族的利益，遂埋下了第二次世界大战的祸根。

复以舰队在当时已无掩护潜水舰之必要，遂力陈应使大海舰队，对于敌方舰队决一胜负，用以回复其固有之任务。

德皇在主义上，采纳其意见，固已显无疑义，但同时以该提督并未奏陈何等具体计划，故于确定之作战计划方案，当时并无若何之裁决。就雪尔提督言之，则因洞悉德皇内情，盖深知其对于主力舰队，爱惜不违，倘明言将令其暴露于危险之地，则必招德皇之忌讳，以为不若将本人腹案，即最后的计划，暂不声张之较为得计也。殆如该提督在事后之所自白者，彼因恐德皇不予裁可，故亦不愿请求批准，而暗将胸中秘谋，竭力以使其进行。

然而雪尔氏之秘策，不独为德皇所不知，而当时德相柏登公马克思氏，亦因其致力于停战谈判，且并同意于潜水舰战之废止，故雪尔提督，并不曾与马氏，有若何之商议。观公之日记中所载者曰"余初次得知海军之作战消息者，为十一月二日"云云。然其决战时期，系决定在十月二十八日，及至是月月尾，因抗命暴动，始行取消者也。德相对于本人一概不知，而海军在暗中进行之某种事件，其最初察觉，在由雪尔提督向彼要求，为维持军规，保证绝无令舰队出发就道于"必死的巡航"之企图，而对舰队全体员兵，所发表之声明书中，请其署名之时，始觉有某事之进行耳。

德相被其欺蒙所署名之绝无"必死的巡航"计划云云之公廷的否认，殆由于当时之海军司令部，以为定可获一大胜战，执迷不悟，而于后来之或遭惨败，则全未计及之故。此种评断，可谓窥得其真相者也。内幕若此，倘若曲解上项举动，以为其意不在与英国舰队求战，仅不过为练习起见，而为寻常之训练航海，又或因人之如此曲解，而谅恕之，则大误矣。以故吾人于德国海军各提督之决意，知系仍按预定计划，意在决战，万一不幸惨遭失败，则于预定之会合，透为偶然与英国舰队相遇，用以欺骗内阁及舰队乘员，此宁非显而易见之事乎。

德国海军提督等，对其身任最高司令长官之德皇，不受其许可，而于内阁之存在，亦复完全藐视，置诸弗顾，而且深知德国名誉，专视在进行中之和平谈判进展何如，以为转移者，乃竟置之于度外。况又对于部下员兵，明知果一漏泄此种巡航之真相，则彼辈决难服从，然犹肯以冒险的自弃政策，准备出征，此在世界历史上，无论求之于何篇何页之中，类此五六提督之企图，蹂躏国家一切权力，且并对于祖国前途，快于一掷，堪与此种狂妄，而又极不谨慎之计划，所可等视者，虽费尽心力，亦不过徒劳而已。

此等冒险行为，其等于神经错乱，殆己无可讳言，惟自熟悉彼此情状，确能测知其计划之成否者观之，则其成败之算，几为一与百之比，斯固可以确切断言者矣。此种见地，后果显露于调查委员会中，而为多数德国专门家（纵非大多数）之所同意者也。

提督诸公之心算，惜在计划此等暴举之时，柱置其基础于误认前提之上，盖据彼等之自由，则以守绝对秘密，为成功上最要之前提，然而此项秘密，早已侵入英人之耳膜中矣。

雪尔提督以下，其多数同僚，以为彼等秘密划策中之各种精巧准备（包含亘及数月，而且在公海中占一极大区域之机雷敷设之一种大准备），必可避免敌方之知觉，永能安全保守秘密，是岂智力健全之足云者乎。

英国海军情报部，曾以极度之精确，描写此间之计划，据其所描写者，则大海舰队中所有舰艇，以及其他之潜水舰、航空船等，应将悉数参加。其大海舰队之出港，期以十月二十八日。由巡洋舰及驱逐舰所成之两个支队，当分向弗兰达海岸，与泰晤士河口，同时进击，以炮击陆上各种目标，且途中于所遇一切舰船，概与击沉。至其主力舰队，则以多数驱逐舰充任掩壁，以防英国潜水舰之奇袭，而追随于前两支队之后，是其全部之计划也。

英国海军对此所树预定，即雄大舰队，倘一接敌方舰队冲出消息，立时举其全力，由苏格兰各港出动，希冀遮断敌阵，全速南下，是也。然而不可不知者，英国舰队之航路，必以雪花乱舞之姿势，左旋右折，务使敌方，莫由辨视。盖将以数行之潜水舰，预示舰队路线，埋伏待机。此因所通航路，必不能不经过昔由 UC 潜水舰，在台河口撒布机雷之一带广原，且更于该地之南方，当更在敌军冲出之期前，由德国快速巡洋舰五艘，力事敷设，则机雷总数，应不下一千五百具，预料此种大障碍堰，为势所必由之路，故耳。

其次敌方之潜水舰，以曩曾驱谢利苟将军，陷于厄境，致谢氏因有"余已陷于潜水舰之地狱矣"之报告，故彼等将仍依最善之经验，妥与配置，当无疑义。（谢氏愤语，系在一九一六年八月十六日，德国大海舰队，以慑以塞之冲出之日，所吐之慨语。当日雄大舰队，目击敌方有潜水舰极多，因此致有轻巡斐玛斯与诺丁嘎姆两艘之丧失）更于此外，因防意外之事变，须有一追加的保证，则将以十二只航空船，解除游弋北海禁令，为自方舰队，而从事于侦察之任务。

至于德国水雷部队，当驱其全势力，预定于夜间航行中之雄大舰队，加以袭击。并训令各指挥官，应鉴于时机之必要，宁愿牺牲该舰，且无论其受伤程度若何，概置弗顾，始终当与敌军肉薄（搏）云云。料雄大舰队因受上述数次之攻击，致其大部分势力，因以丧失，正当士气颓靡之际，则举保有全势力之德国大海舰队之主力舰，决于帖耳舍林之外湾，再对英国舰队，予以痛击。

一般计划之中，最值特书之重要事件，即以巡洋舰、驱逐舰急袭当斯锚地，及泰晤士河口所停泊之商船，是也。德人深信英人对于巴燕（Bayern）王储路不贲脱（Rupprecht）所统之一军，将由后方出以攻击，藉此以断其归路之故，必以一军之兵力，令在荷兰上陆。此种策略，料正在准备之中，遂决计对于因输送该出征军所集泊之运送船，拟由袭击方法，一律轰沉，故始有上述之计划者也。

由军令部所颁之极秘训令，对于德国各舰指挥官，已与以深甚之印象，因觉最顽强且最无慈悲观念之一切行动，为绝对必要之条件。以前左右作战全部之"安全第一"主义，从此已抱定完全抛弃之决心矣。对于各舰各员，希望其于所遇有利情况之下，可以不假思索，应立作断然之处置。而在舰队冲出之际，苟于洋面上，见有邂逅之舰船，已承训示不外敌舰，故于遭过舰船，不论何时何地，皆可无须以信号讯问，立时炮击，已成为上下一体之定见矣。万一冒失误击中立国舰船，或竟属于本军中者，亦只可认为不得已之举动而已。

此种计划，已略如前述，在纸面之上，虽极似周密，无可非议，然而究之于实际，则其立案，多出自于误会假设。其第一之失计，以为在台河口之大机雷原，必能伤害英国多数最良战舰，且或竟炸沉之者，讵英国早已派令扫海队，阴与扫除净尽。第二失计，则于雄大舰队航路之中，令由潜水舰埋伏之举，亦早被英国料定必有此种动作，故于回避方略早已虑及。第三失计，则因增构机雷栅，拟在大冲出之先，先派高速巡洋舰五艘，潜出北海之企图，又被英国早已探知，于是英国在该五舰投卸毒物之规定地点，乘其尚未到达以前，已决用压倒的兵力，由远处邀击，歼灭该五舰之一切部署，早经就绪，而势成以逸待劳者矣。第四失计，因哈威池部队，与多维哨戒部队，均已预先得有警报，故纵令有敌舰突然出现，英军亦决非毫无准备者。第五失计，关于当斯锚地中商船之保护，则已有特别之方法。又于船舶之海峡横断，已预定在得知敌舰有开始行动之先兆时，即同时撤消。故德国所张之网，不独处处有裂痕可乘，且复有许多之误算在也。

雄大舰队，对于德国之所谓"端在此日"者，事事皆有绵密之准备。自遮特兰海战以后，英国固有舰队势力中，无论何种军舰，皆莫不有新舰之加势。此外尚有美国战舰六艘，由罗德曼将军统率，来欧助战矣。英国主力舰中，均有一种特殊装置，使弹药库之爆发灾厄，可减至最低之限度。又于水线甲带，改用厚甲者，实居多数。炮术，则有长足之进步。且其新式穿甲榴弹，倘一命中，则无不奏效。而其各舰，因均装有雷镰（Paravane），故于通过机雷原时，不但可望不至触雷，并因有装镰之一种特别高速驱逐舰，布在舰队前方，无论在机雷如何稠密之海上，亦必能为舰队辟一安全之进路。

雄大舰队，备有多数之战斗机，与雷击机以下之飞机。前者，足以牵制航空侦察，殆已毫无疑义。至于后者，则倘于敌军战舰舰队，露现姿容之时，立时得以逞其雷击者也。

杜乐达提督，向国会调查委员会出席辩护之时，其于说明该计划价值，谓"利在德国，所以然者，因英国雄大舰队，由斯卡拍弗洛出征，不能不驰走四百余海里者，大海舰队，仅进出五十海里而已，又任海峡攻击之巡洋舰，亦不过驶出同等之距离，故也"。此在德国舰队之脱出，完全出于英国意料之外之时，诚然如此，岂知英人早已预先得有警告，故雄大舰队，在德人预想之时机以先，早已离开原驻之根据地。而德国舰队，不至在军令部所算定之地域，与之相遇，必在由英国舰队司令长官自由选定之地点与时刻，被敌迫其一战者矣。杜乐达提督，仍认定斯卡拍弗洛为英舰队之根据地者，足以证明杜氏并不知英国之主要根据地，在一九一八年四月以后，已迁至罗习斯港矣。

向海峡方向急袭，所特派之轻巡舰队，亦当终被遮断，或遭歼灭，其无可争议之余地，试一思及响应此等舰船之羞着如何，当可释然。德国航空船，必能在适宜时机，将英国舰队来航之警报，送致于德国舰队司令长官之一种相像，试就英国因防备敌军航空船之监视与攻击，携有多数飞机之点观之，自亦大有疑义。更以英国人早已觉悟，料定必有潜水舰之埋伏，与其雷镰能率之优秀，当能证明潜水舰，不能利用鱼雷机雷，使雄大舰队受深甚之损害也。英国人纵知德国将于夜间，以驱逐舰之集团，企图强袭，但此种举动，复因英国在遮特兰海战以后，对于夜间炮战部署，曾已大加改革，故亦不致有十分之恐惧。况德国人误察英舰队所据位置，相差远在二百浬以北，已由杜氏之言，可以证实。然则驱逐舰万无发见敌舰之机会，可断言己。

双方之对势如此，故预察结局，雄大舰队必能在敌人所预想之时机以先，早已到达，而以二对一之优势，与大海舰队以交战也，必矣。若是，则被人乘其不备者，不在于英，而在于德，然则其计划，宁非终等于画饼也欤。由士气言之，英军方面，并不见有若何之颓废，舰队各员，固莫不擦拳磨掌，切愿与德一决雌雄。德军则否，多年困居于海港之中，士气早已丧尽，不平之气，溢于眉宇，尤以军士以下，与官长意见，完全不同，且因时受官长虚言之欺侮，彼等已觉悟将被官长诳至死地之举，即在目前。在此等时机，哗变之事，固不敢必然如德国人之所臆测，其在临战，当不能再如遮特兰战役之勇敢，非过言也。总之在此种状况之下，其血战结局，无稍疑义，大海舰队之残骸，倘能踉跄以窜入本国根据之地，固极大幸。然而自英美提督方面观之，姑无论各种准备程度如何，但就关于德国秘密计划，早已详察无遗之一事言之，则彼辈胸中之所确信者，唯有德国兵力之全部的溃灭而已，提供敌军之秘密者，情报部之功也。

然而所谓此次之大冲出者，卒至未获实现，于以中止。此因对于此种秘谋，虽已费尽心力，不许漏泄，然犹终被漏泄，故耳。据闻士兵疑念之所由起也，殆由于青年军官，每于就食之际，以"此日之来到"为题（der Tag），公然举杯称庆，于是由侍役之口，辗转传递消息，然后士兵全体，始得以与闻个中之事矣。海军长官，因鉴于人心之不安，遂将舰队出港日期，展至十月三十日，及至二十九日之夕刻，各船果俱受命升火，据其所布告者，仅谓舰队出巡湾口，为短期巡航，而于与敌舰当有会遇之事，固不曾有一言及之者。

惟事到临头，士兵已憬然觉悟，不能以各自之生命，徒供官长之沽誉，为之牺牲，顷刻之间，此类印刷传单，已阴布于全舰队之中，据军士以下所执之理由，则曰："吾不甘效屠场之羊。"

柏登公马克思氏，曩在其回忆录中，所述者曰，"海军领袖果欲忠于其职，必出于决定的一战之时，当先就部下之物质上势力，以及士气若何，均应有十分之考察。然而彼辈，则于国家危急之日，即停战谈判，方在进行之中，国民心理，惴惴不安，谣诼繁兴，误会百起之时，而乃计划若是之企图。倘执彼等之计划，质之于人民，则莫不以为方在期待和平之时，竟欲自投于死地，此等悖谬行为，当然不理人口，然则其计划之失败，早成为必然之事"云。

升火待机之命令，全体中虽有多数舰艇，遵命办理，然一至傍晚，战舰"渣林梗"及"马克格拉夫"中军士以下之大部，不愿就列夜间警戒部署，自由跳入钓床，截至翌朝，仍多贪眠不起。类此抗命行动，他舰亦相率效尤，于是形势逐见扩大，而舰队司令长官余伯提督，遂独以卓绝之明见，撤销出港之命令。

十月三十日，一日之中，恶劣氛气，包笼舰队，人心之若醉若狂，殆一如受电者然，直至晚间，始渐有暴风之袭至。左述记事，系由某军官，为叙述战舰"渣林梗"中之光景而作者，其内容如次。"军士以下（炮手、轮机兵以及其他兵士）一若早有预约者，由舰内各部，全向前部炮台集合，在该处准备作婴城之抵抗。起锚索链，均被切断，起锚已属绝望。并将电灯线路割开，全舰乌黑，秩序已陷于不可恢复之状态。相貌狰狞，形同妖孽之一团士兵，自由簇集于舰之前部，决与别部，断绝关系。舰内军官，全副武装，又因阻止暴徒之攻击，对舰中要部，及重要机具，均置以卫兵，令其严守。"

对于"渣林梗"舰上之抗命的暴动，曾派出驱逐舰与潜水舰各一艘，横依舰侧，并划出一定时刻，限令暴徒悔过，且谓倘果逾限犹不知悛改，不肯复职之时，则立时放出鱼雷，以击沉之云云。幸经此种威吓手段，风波暂告平息，军士以下，一律降伏。其中主谋者，当被逮捕，押解陆地。不过甫抵陆岸，其押解兵士拒绝前进，翻与犯人握手，故犯人得以解除桎梏，长扬而去。嗣渐手挥红旗，高唱革命之歌，基尔市街遂见此辈横行，杳无忌惮。抗命举动，复于此时蔓延于其他各舰，须臾之间，全部舰队已成为谋反叛逆之公然的根据。独可怪者，舰上官长，并不见有若何之抵抗，大多数袖手旁观，任由部下士兵，撤卸军舰旗，而代之以红旗矣。仅战舰"克尼希"，见有一部军官，曾以武力弹压而已，该舰舰长韦尼格尔上校，因守护军舰旗致受重伤，其身旁尚有部下之军官二人，饮弹而亡。

抗命暴动，独先起自于大舰者，此殆久居港内，士气腐化之一明证。至于常在海上出动之驱逐舰，其所受传染极迟，而在潜水舰方面，则自始至终，矢忠矢诚，决未与若辈同流合污者也。然一至十一月三日，向在世界驰名之德国大海舰队，其战斗团体之资格，由是瓦解，统驭毫不生效，各舰均生活于苏维埃主义之下。军官多向陆上逃散，其未能逃走者，则被锢禁于舰上。军规统制，一旦分崩离析之后，则其士气，可谓万劫不复，征之于停战条约公布之时，其提出条件，如协商国要求交出全部舰队之类，虽明知其为人所不能忍受，但卒不能警醒士兵，恢复士气，故除俯首就系以外，别无良策。斯时虽有一极小部分，主张抵抗，然而全部士兵，对于事将临头之屈辱，殆如秦人之视越人者。

若是相持至后半月，德国主力舰舰队，由英国雄大舰队监护之下，驶向裴司福耳司进港，嗣又令其向斯卡拍弗洛北上，听候协商诸国之处置，而拘禁于该处矣。德国人一口同音之"端在此日"，其终局竟如此受辱。不亦大可悲乎。至关于在斯卡拍弗洛之自殉，凉已为世间之所熟知，兹不再述，良以当时之德国海军，其痛受世界舆论之攻击者，固自有各方理由之存在，然在事隔十余年之今日，对于无战不勇之海军之失坠，吾不忍再有何等之评论，故耳。遮特兰，科罗涅尔、福克兰各次海战，奋力死斗之德国海军将卒，应永世享受自英国以降世界各国海军之尊敬与推戴者也。

日本海军实力的概略^[1]　李青崖

日本之初创海军，距今不过六十余年光景，但经营之者能实事求是，能应时势之要求，所以未及三十年，一举于甲午中日之战，破我北洋舰队，再举于甲辰日俄之战，破俄人之波罗的海及东方舰队。奇功叠奏，威力渐张。嗣后复经二十余年之扩充，至近日已驾法意两国海军的实力之上，后乎英美而为世界第三海军国，俨然称太平洋东岸的主人翁。兹将其海军实力分类列为详表，并附以说明，有心国防者，或者可以多一种参考的资料。

第一表　　　　　　　　　　　　　　　　**战斗舰**

舰名	排水量	速率	主炮径及数	辅炮径及数	高射炮径及数	雷管	舰龄
长门	三三〇〇	二三	四〇八	一四二〇	八三	八	一一
陆奥	三三八〇〇	二三	四〇八	一四二〇	八三	八	一〇
伊势	三一二六〇	二三	三六一二	一五二〇	八三	六	一三
日向	三一二六〇	二三	三六一二	一五二〇	八三	六	一二
扶桑	三〇六〇〇	二三	三六一一	一五一六	八三	六	一三
山城	三〇六〇〇	二三	三六一一	一五一六	八三	六	一三

（注）凡言排水量，以吨为单位；速率，以每小时一海里为单位；炮径即炮的口径，以分为单位；炮数以尊为单位；雷管即放射鱼雷之管，以支为单位；舰龄以岁为单位。下各表均仿此。

---

〔1〕此文发表于《人文》1932年第3卷第4期。

右共六艘，四五年前尚有营造垂成之"土佐"及"加贺"二艘，以遵守华盛顿军备会议遂拆卸改为特种军舰。据彼中专门家说，"此两舰的某某部分，都已分别保存，一旦有事，仅须费九个月的功夫，即可以改做最大的战舰，其实力尚在长门及陆奥两舰之上。"因其排水量各为三万九千吨，速率三十三海里，主炮口径四十公分者十尊，其余如辅炮、雷管及高射炮种种亦均无逊色。

按战斗舰为海军的主要实力。海军实力，由于攻击力、防御力及运动力三者合组而成。言攻击则在炮口之大，言防御则在甲板之厚，言运动则在速率之巨及贮煤之多。战斗舰于此三种力量，对外应与目标中的敌国战斗舰相等，对内应高于本国各种军舰，才能与主要实力名实相符，去指挥他种军舰和敌国打仗。但有时因增加攻击力及防御力之故，致装载过重，速率反小于巡洋战舰。然而这是各国海军相同的美中不足，所以并无大害。

第二表 **巡洋战舰**

舰名	排水量	速率	主炮径及数	辅炮径及数	高射炮径及数	雷管	舰龄
金刚	二七五〇〇	二八	三八八	八一六	八四	八	一八
比睿	二七五〇〇	二八	三八八	八一六	八四	八	一八
榛名	二七五〇〇	二八	三八八	八一六	八四	八	一九
雾岛	二七五〇〇	二八	三八八	八一六	八四	八	一九

右共四艘。按巡洋战舰的攻击防御二力，不妨低于战斗舰，而运动力则宜较战斗舰为高，速率至少应有二十五海里。所以专家视巡洋战舰为一种较轻较快的战斗舰。此种军舰的功用，在乎邀击或压迫同等或低级的敌舰，使之不妨害本国的战斗舰队，有时或任富有威力之侦察，有时或辅助战斗舰打仗。

第三表 **巡洋舰**

舰名	排水量	速率	主炮径及数	高射炮径及数	雷管	飞机	舰龄
妙高	一〇〇〇〇	三三	二〇一〇	一二六	一二	无	四
那智	一〇〇〇〇	三三	二〇一〇	一二六	一二	无	四
足柄	一〇〇〇〇	三三	二〇一〇	一二六	一二	无	四

（续表）

舰名	排水量	速率	主炮径及数	高射炮径及数	雷管	飞机	舰龄
羽黑	一〇〇〇〇	三三	二〇一〇	一二六	一二	无	四
爱宕	一〇〇〇〇	三三	二〇一〇	一二六	一四	无	一
高雄	一〇〇〇〇	三三	二〇一〇	一二六	一四	无	一
鸟海	一〇〇〇〇	三三	二〇一〇	一二六	一四	无	一
磨耶	一〇〇〇〇	三三	二〇一〇	一二六	一四	无	未竣
加古	七五〇〇	三三	二〇六	八四	一二	二	六
青鹰	七五〇〇	三三	二〇六	八四	一二	二	六
衣笠	七五〇〇	三三	二〇六	一二四	一二	二	五
青叶	七五〇〇	三三	二〇六	一二四	一二	二	五

右共十二艘。按巡洋舰从防御力的方面，本有装甲的与不装甲的名称，如英国海军则从排水吨数的多寡，别为一二三等。不过此种名称，现在却都不用，仅分为两种：凡在六千吨以上者称巡洋舰，在六千吨以下者称轻巡洋舰。至装甲巡洋舰的营造，各国均已停止，而以全力营造快率较高的巡洋舰为要图。盖因此种军舰的功用，在乎自成一队，屏障主力舰，以防敌人驱逐舰的侵袭，所以减小防御力以增速率。

第四表　　　　　　　　　　　**轻巡洋舰**

舰级名	每艘排水量	速率	主炮径及数	高射炮径及数	雷管	舰龄
利根级	四一〇〇	二三	一五二	八二	三	二六
矢矧级	四九五〇	二六	一六二	八二	三	一五
龙田级	三五〇九	二六	一四四	八一	六	一三
球磨级	五五〇〇	三三	一四七	八二	八	一一至九
鬼怒级	五五七〇	三三	一四七	八二	八	九至七
那珂级	五五九五	三三	一四七	八二	八	八至六
夕张级	三一〇〇	三三	一四六	未详	四	一二

231

右共七级："利根"及"夕张"各为一级，"矢矧"及其同等之"筑摩"及"平户"共三艘为一级，"龙田"及其同等之"天龙"共二艘为一级，"球磨"与其同等之"多摩""北上""木曾"与"大井"共五艘为一级，"鬼怒"及其同等之"长良""名取""由良""五十铃"与"阿武隈"共六艘为一级，"那珂"及其同等之"川内"与"神通"共三艘为一级，总计七级，共二十一艘。按轻巡洋舰的功用与巡洋舰相同，但实力较为低弱。

第五表　　　　　　　　　　飞机母舰

舰名	排水量	速率	主炮径及数	舰身长	飞机	高射炮径及数	舰龄
若空	五八七五	一一	八二	一一一	一〇	未详	二〇
凤翔	九五〇〇	二五	一四四	一五六	二六	未详	九
加贺	二八一〇〇	二四	二〇一	二七八	六〇	一二一二	三
赤城	二八一〇〇	二九	二〇一	二三三	六〇	一二一二	二

（注）凡舰身之长或宽，均以英尺为单位；飞机以架为单位。

右共四艘，尚有一艘在营造之中，其原定计划本为五艘。"若空"为旧式的，甲板上不能置飞机，须以起重机卸之于水面，才能起飞。"加贺"与"赤城"均为最新式的，烟囱为象鼻管形，所以煤烟不影响于飞机的升降。此外另有名"能登吕"者，类似飞机母舰，或称之飞机运送舰，其排水量为一五四〇吨，暂附记于此。按飞机母舰本为二十年来的产物，空军辅助海舰打仗，是全靠母舰为根据的，换句话说，就是水面的飞机场，所以地位很重要。

第六表　　　　　　　　　　潜艇母舰

舰名	排水量	速率	主炮径及数	舰龄
韩崎	一〇五〇〇	一三	八一	三七
驹桥	一二三〇	一四	八二	一八
迅鲸	八五〇〇	一四	一四四	一〇
长鲸	八五〇〇	一四	一四四	一〇

右共四艘，闻现尚在扩张之中。按潜艇母舰的功用，在供给潜艇队的军火食料燃料及艇员住宿，并修理潜艇的急性损伤，集中其海面停泊，所以地位很重要。

第七表   **敷设舰**

舰名	排水量	速率	主炮径及数	舰龄
常磐	九八八五	二二	二〇二	三五
胜力	二〇〇〇	一三	八三	一六
严岛	八五〇〇	一四	一四四	一〇
长鲸	二〇二〇	一七	一四三	四
八重山	二〇二〇	一七	一四三	一
白鹰	一四五〇	未详	一二三	三

右共五艘，其中"常磐"系以旧舰改造，原有实力与下表的"浅间"相同。"白鹰"为金属网敷设舰，另有吨数较小之"鸥燕"二艘，亦为金属网敷设舰，不日可以落成。

按敷设舰本分两种：一为水雷敷设舰，功用在敷设水雷以防敌活动；二为金属敷设舰，功用在敷设金属网，以捕敌人潜艇。

第八表   **海防舰**

舰名	排水量	速率	主炮径及数	辅炮径及数	雷管	舰龄
浅间	九八八五	二二	二〇四	一五一二	四	三五
吾妻	九六四五	二〇	二〇四	一五一二	四	三五
八云	九二七七	二二	二〇四	一五一二	四	三五
出云	九八二六	二一	二〇四	一五一四	四	三三
磐手	九八二六	二一	二〇四	一五一四	四	三三
春日	七七〇〇	未详	二五三	一五一四	四	二八
日进	七七〇〇	未详	二〇四	一五一四	四	二八
满洲	三九一六	未详	未详	八二	？	？
对马	三四二〇	二〇	一五六	八八	？	？

右共九艘，其前七艘均系日俄之战中的战舰或巡洋舰改造，以吨数较大，均列第一等；后二艘列第二等，惟舰龄较轻。

按海防舰之功用，不仅在乎保护本国的海岸及军港，且在战时亦任战斗的任务，故攻击力及防御力二者须兼备，但运动力不妨稍弱，故每用舰龄较大的战斗舰或巡洋舰改造。

第九表 一等驱逐舰

舰名	艘数	每艘吨数	速率	主炮径及数	雷管	舰龄
浦风级	一	一一四四	二八	一二二	四	一五
矶风级	四	一二二七	三四	一二四	六	一五
江风级	二	一三〇〇	三四	一二三	六	一四至一三
峰风级	一五	一三四五	三四	一二四	六	一二至一〇
神风级	九	一四〇〇	三四	一二四	六	一〇至六
睦月级	一二	一四四五	三四	一二四	六	七至五
吹雪级	一六	一八五〇	三四	一二六	九	四至未竣
胧级	八	一七〇〇	三四	一二六	六	三至未竣

右八级共六十七艘，其末二组有十一艘尚在营造之中。兹将各级的舰名分别如下：

"浦风"级："浦风"。

"矶风"级："矶风""滨风""天津风""时津风"。

"江风"级："江风""谷风"。

"峰风"级："峰风""泽风""冲风""岛风""滩风""矢风""羽风""汐风""秋风""夕风""帆风""野风""波风""治风""大刀风"。

"神风"级："神风""朝风""春风""松风""旗风""追风""疾风""夕风""朝山风"。

"睦月"级："睦月""如月""弥月""卯月""皋月""文月""长月""菊月""望月""夕月""水无月""三日月"。

"吹雪"级："吹雪""白雪""初雪""深雪""丛云""东云""薄云""白云""矶波""浦波""凌波""敷波""朝雾""夕雾""天雾""狭雾"。

"胧"级："胧""曙""涟""潮""晓""响""雷""电"。

其所以称一等驱逐舰者，则因其每艘排水量均在一千吨以上。

右五级共四十八艘，兹将各级舰名分列如下：

第十表 二等驱逐舰

舰名	艘数	每艘吨数	速率	主炮径及数	雷管	舰龄
樱级	二	六〇〇	三一	一二一	四	二〇至一七
桦级	一〇	六六五	三一	一二一	四	一六至一五
桃级	四	八三五	三二	一二三	六	一六至一四
桑级	二四	八五〇	三二	一二三	六	一六至一二
若竹级	八	九〇〇	三三	一二三	六	一一至一〇

"樱"级："樱""橘"。

"桦"级："桦""榊""枫""桂""梅""楠""松""柏""杉""桐"。

"桃"级："桃""柳""樫""桧"。

"桑"级："桑""椿""榉""槙""枞""桤""榆""栗""梨""竹""柿""梅"
"菊""葵""荻""薄""藤""茑""苇""菱""莲""堇""蓬""蓼"。

其所以称二等驱逐舰者，因其每艘排水量约在一千吨以下。

四十年前，各国海军仅致力于鱼雷艇，颇具功效，其后英国乃创驱逐舰以制之，故本名灭鱼雷舰，其速率大，吃水浅，雷管多。凡鱼雷艇的优点无不具备，而其能备口径较大的炮，却不是鱼雷艇做得到的。所以堪称制服鱼雷艇之利器，顾其功用乃不止此，所以日人易其名为驱逐舰。驱逐舰可以编成战队，昼间随主力舰队以为屏蔽，于轻巡洋舰队不在时，可以独任邀击敌人的驱逐舰队的侵袭，夜间竟能攻击或搜索敌人的舰队。所以在夜间它的功用大些。又如监视敌港之被封锁者及保护敷设舰或潜艇，亦甚有效。此次攻击吴淞口炮台的敌舰，悉为驱逐舰——"睦"月级及"若竹"级。虽然是利用其吃水之浅，可以在黄浦江内回旋，至主要原因，却在我们的"福建总会"式的海军，绝不负爱国之责，否则敌人至少也要把他们现在派到长江一带的"出云""常磐"或"矢矧"等舰多开几艘来，才能横冲直撞。

第十一表　　　　　　　　　　　炮舰

舰名	排水量	速率	主炮径及数
淀	一四五〇	二二	一二二
安宅	八二〇	二〇	一二二
嵯峨	七八〇	未详	一二二
宇治	六二〇	一三	八四
保津	三三八	一六	八二
势多	三三八	一六	八二
坚田	三三八	一六	八二
比良	三三八	一六	八二
鸟羽	二五〇	?	八二
热田	二九〇	?	八一
二见	一九〇	?	八一
伏见	一八〇	?	六二
隅田	一二〇	?	六二

右共十三艘，首二号为第一级，末十一艘为第二级。第一级及"嵯峨"各舰，除主炮外，尚有八公分辅炮三四尊，八公分高射炮二尊或雷管二门不等。各舰舰龄不一，有老至二十九岁者如"宇治"，有新仅三岁者如"二见"及"热田"。惟以炮舰的功用而论，舰龄的多少，是件无关重要的事情，因为炮舰的实力，在现代海军之中，不过像是海上的武装警察，本来没有什么重要的实力可言。然而其所以尚未为人所抛弃者，全在乎能够驶入殖民地之河流施行畏吓政策。譬如日本这十三只炮舰，还不是全在我国的河流里吗？

第十二表　　　　　　　　　　　潜艇

号别	艘数	水面速率	每艘水面排水量	雷管	舰龄
伊字第一号至第五号	五	?	一九七〇	六	九至五
伊字二一号至二四号	四	?	一一五〇	四	七至六
伊字五一号至五二号	二	?	一四〇〇	八	一二至一一

（续表）

号别	艘数	水面速率	每艘水面排水量	雷管	舰龄
伊字五三号至六〇号	八	?	一六五〇	八	八至五
伊字六一号至六九号	九	?	一六五〇	八	六至一
吕字第一号至第五号	五	一三至一八	六八〇	五	一四至一二
吕字一一号至一二号	二	一八	七二〇	六	一七至一六
吕字一三号至二五号	一二	一七	七四〇	六	一四至一二
吕字二六号至二八号	三	一六	六六五	四	一二至一一
吕字二九号至三二号	四	一三	九〇〇	四	一一至七
吕字五一号至六〇号	一〇	一七	九〇〇	六	一三至一一
吕字六一号至六八号	八	一六	九九八	六	一〇至七
波字第一号至第十号	一〇	一二至一七	四五〇	六	二六至一五

右"伊"字二十八艘，均列一等，"吕"字四十四艘，"波"字十一艘，均列二等，总共八十二艘。

潜艇之见采用于海军，至一千九百年始渐发达，法美采用于先，英德俄意继之，日本至日俄之战时始行营造。然世界以之实行攻击则自欧战始。当日德国潜艇潜伏海面之下，得避免协约国海军的视线而潜发鱼雷，一时视为可怖的舰种。不过潜艇在水内行动，其最大速率不过十二海里，以之追击高速率之水面敌舰终莫能及。德国潜艇能奏奇功者，全在伏于窄狭的海面横断航线而已，否则言攻实非理想上的利器。盖其在水面的速度，至大亦难望二十五海里，非若驱逐舰之能追随主力舰得享屏蔽之惠。然以之防护海岸与封锁海港，则敌舰殊不敢近。所以就现在的潜艇而言，它们的防御力比较攻击力，却是大得多。

"波"字各艇，均系欧战前的结构，巴黎和会签字后，日本分得德国潜艇，于是据为模范，悉心仿造。"伊"字各艇均与当日德国N字一二五号相似，成绩若何，则内容秘密，殊难探索，上表所列，仅其外表而已。兹将德艇实力最强者的内容，分录于下：

舰身深	一六
马力	六〇〇〇
前炮一尊	一二
后高射炮一尊	八
二一管雷	八
继续航行力	一万六千里
水面吨数	一六五九
水内吨数	二二〇〇
水面速率	一一
水内速率	一〇
舰身长	三二〇
舰身宽	二五

总而言之，军舰上的设备，秘密之点很多，譬如确实的继续航行力，除了当局的人以外，素来没有谁能够明白的。而潜艇则几乎全部设备，无一不秘密。

第十三表   **探海艇**

号别	排水量	速率	炮口径及数	舰龄
第一号至第六号	七〇〇	二〇	一二二	一〇至八
第七号至第八号	一一五〇	未详	八五	二四
第九号至第十号	八五〇	未详	一二二	一五

右共十艘。其功用为扫除水雷等危险物，使本国舰队利于进行。

第十四表   **特务舰**

舰种别	舰名	排水量
练习舰	朝日	一二一四一
练习舰	敷岛	一一九八六
练习舰	富士	九八九〇
测量舰	摄津	一七二三〇

舰种别	舰名	排水量
标的舰	大和	一四七六
标的舰	松江	二五五〇
又	胶州	二二七〇
运送舰	知床	一五四〇〇
运送舰	襟裳	一五四〇〇
运送舰	左多	一五四〇〇
运送舰	鹤见	一五四〇〇
运送舰	尻矢	一五四〇〇
运送舰	石廊	一五四〇〇
运送舰	神威	一九五〇〇
运送舰	稳户	一五四〇〇
运送舰	早鞆	一五四〇〇
运送舰	鸣户	一五四〇〇
运送舰	间宫	一七五〇〇
运送舰	高崎	五九八七
运送舰	青岛	八三〇〇
运送舰	剑崎	七九七〇
运送舰	洲崎	九八〇〇
运送舰	宝户	八七五一
运送舰	野岛	八七五一
破冰船	大泊	九八三〇

　　左五种，共二十五艘。所谓特务者，即指直接作战以外的功用而言，至于功用之别，读者顾名思义当然可以明白的。

第十五表

舰种别	艘数	排水量
战斗舰	六	一九一三二〇
巡洋战舰	四	一一〇〇〇〇
巡洋舰	一二	一一〇〇〇〇
轻巡洋舰	二一	一〇六七七三
飞机母舰	五	八六九七五
潜水母舰	四	二八七三〇
敷设舰	五	一七三五〇
海防舰	九	七一一九五
一等驱逐舰	六七	一〇一九六七
二等驱逐舰	四八	三八七九〇
炮舰	一三	五九五二
潜艇	八二	八六〇九九
扫海艇	一〇	八二〇〇
特务舰	二五	二九二五一五

　　从上列各表看来，可以知道日本海军的舰种有十四，大小艘数是三百一十，排水总量达五十二万三千五百二十三吨之巨。并且不仅在物质方面，远过我们的海军百倍，就是精神方面，譬如专门的研究不息，将帅的忠勇知耻，我们又何尝能够望见他们的项背？我在造完了这一十五张概略表之余，真感到一些不寒而栗的恐惧！

太平洋中美日海军的实力[1]　蕴　章

美国在海军设备上，自施行积极政策以来，已竟同久负海上霸权的英国并驾齐驱。而同时日本也不甘居于人后，所以美日海军在太平洋中实力的比较，是很有研究价值的。本篇根据海军事专家德古懿的考察，作一种统计式的报告。

美国海军的进展可以分作三个时期：第一个时期是同英国战争的时代。三十年前美国宣告独立的时候，其十三省并无一处有海军的设备。第二时期为自一八六二至一八六五南北战争的期代。第三时期则为近代时期。可由海军学校（Naval War College）成立的时代为起点，海军学校是由美前总统罗斯福（Roosevelt）组织的，在那时华府的政客全不甚注意海军的改善，所以这海军学校的学生，大半为内战时海军内的长官，而抱着整顿美国海军志愿的。在内战的时期，所用的战舰，大多数只可作离岸不远的行动，所以不久全渐渐地被淘汰。在历史上有名的，如：Monitor, Merrimac, Onondaga, Rochambeau, Katahdin 等，全是属于这一类战舰的。

美国西班牙战事后六年的工夫，美国已具有战舰十九只。在一八九七年时，尚不足十艘之数。一九一四年欧洲大战时，美国很骄傲而稍带对英国示威般的驶出三十一艘战舰、十五艘巡洋舰、十艘轻巡洋舰、六十八艘驱逐舰、二十一艘鱼雷艇，同五十四艘潜水舰。所有这些舰队，全是具有最新的设备，而战斗力很强的。

不久英美两国因海军的问题争论了许多时，英国预计建造一队辅助舰，约

---

〔1〕此文发表于《北辰杂志》1933 年第 5 卷第 7 号。

在六千吨左右。虽为商船性质,不过全安设一五二糎(六英寸)径的钢炮,它们的用途,是为保护战时输送货物食品的船只。

对于英国的这种计划,美国是绝对不同意的,美国以为这些辅助舰,虽然是为保护本国商船的,不过也同时可以用它们攻击敌国的商船。因之美国也声明要建造六千至七千吨的巡洋舰,安设较六英寸钢炮大的武器。至于以前条约所限定的二十一艘一万吨巡洋舰仍不在内。

到后来英美慢慢把条约规定,美国于是起始制造七千吨的巡洋舰。然而在英国,我们可以找出不下一百艘邮船,全在一万二千吨和五万五千吨左右,速度全不下十五海里(每海里为一八五二公尺),有几艘的速度可到二十五海里,并且全可以容收一五二糎径的钢炮。

美国的潜水舰队分主力队及第一级同第二级三种。第一级的潜艇有十二艘,沉下时排水量为一千四百吨至二千四百吨,水面速度二十二海里,沉下时为十海里;水雷弹十颗,放射器六;艇前设十二.七生的炮,艇后为一七.六生的高射炮。

第二级潜艇而不下百余艘,排水量为六百吨至一千一百吨,武器之设施,则普通为四具放射水雷器,及十.二生的炮一尊。

第三级潜艇则较前二种为旧,约尚有三十余艘,排水量不过四百至四百五十吨,四架放射器,径口为四十五生的,较普通小八.三生的。

日本方面对于驱逐舰或水雷舰或潜艇的设备上,虽比不上美国,不过也足敷用的。

日本第一级的驱逐舰约有五十余艘,平均在一千吨及一千四百吨上下。全是最新式的出品,速度为三十五海里,具十二生的炮五尊,及放射器六,耐久可持至四千海里。第二级驱逐舰,则纯为旧式,吨数由六百至一千,亦约有五十余艘。安设十二生的径钢炮一尊或三尊,高射机关枪、放射器二至六,速度三十三海里,耐久三千海里,余则尚有旧式钢舰及水雷舰等,除数艘尚可用外,余则渐被淘汰。

关于潜艇方面,日本约有百余艘,式样各不同,故设置亦因之而异。普通的武装设备计有:放射器六至八架,十二生的炮一尊,四生的七或七生的六径的高射炮一尊,海面速度为二十二或二十海里,海下速度为十或十三海里,吨数一千五至二千，耐久七千至一万一千海里。

关于辅助舰队，则日本方面远逊于美国，不过对于如何增加海军基本队实力的设备，却是同美国一样的不遗余力的。

关于内河运用的小炮舰，小巡游舰等，我们暂不去考察。除此外则辅助舰队包括以下各舰：敷设水雷舰及起重舰（公约二十余艘）、煤船及火油船（共二十余艘）、运输船七八艘（前德国所有而在青岛被日本获取者中二艘一为六千吨；一为八千五百吨）及工务船一艘，吨数一万一千，速度十一海里。

美海军内的辅助舰则较丰富。种类及数目如下：工务舰四艘；辅助舰十二艘（同时可作运输及工务船用）；飞艇及气球母舰三艘；军队运送舰五艘；医药救护舰四艘；军火运输船二艘（十六海里速度排水量一万吨）；军粮运输船六艘（八千至一万七千吨）；余则有三十余艘火油、煤料等舰；领导舰四十余艘，惟稍异于普通引港船。

现在我们对于两国海军的量数考察完后必须研究它们的根据地。

美国海军根据地与日本不同的地点，就是美国海军太平洋内的根据地，直到西岸，如菲律宾、沙摩亚岛（Samoa）及关岛（Guam）等处，太平洋中部夏威夷岛尚除外。

日海军根据地则表面只限于太平洋西岸，至于日本墨西哥海军密约说，则实际上尚不得证明。

至于在日本群岛上的根据地，则有许多处，并且全有极新式的设备。为在战时如有须修理的战舰，可于最短时间内整理完毕，伦敦海约所定至一九三六年之日方十二艘巡洋舰，最后二艘（一万吨及七千五百吨）已于年前下水。

其余根据地则内为千岛群岛、小笠原及琉球，外为委任统治南洋诸岛及台湾等，至于美国太平洋内海军的根据地，虽不下于日本，不过距离较远。因之有辅助舰的设备，根据地则有旧金山、山得角、真球湾、大可马、撒白德及最重要之巴尔白亚（Balboa）位于巴拿马运河之塞，制两大洋交通之死命，都都依拉（Tutuila）供给煤料的关岛，及俄龙加伯（Olongapo）。这些根据地都是地势优良设备周全的要塞，可以制日本与东州沿岸死命的。

至于美国海军的兵士数目预定约为八万五千人，内六万五千为战舰及飞机人员。不过实际上只有百分之八十七为有作战充分训练者。

不过美国海军的经年费却是很多，一九三一、三二年的经费为三万万八千二百万美金。

最近一九三二、三三年的预算，海军经费为七,九〇〇,〇〇〇,〇〇〇美金，空军经费为二,七五〇,〇〇〇,〇〇〇美金，两共为一〇,六五〇,〇〇〇,〇〇〇美金，这是多么使人惊奇的数目！

至于日本的海军经费则较逊，本年预算海军经费为三,四〇〇,〇〇〇,〇〇〇，空军经费则弱于一,〇〇〇,〇〇〇,〇〇〇。

海军人员则为八万九千，较强于美国。

按着现下的情形总论起来，如果美日太平洋的宣战在最近一二年内，则因着美国的渡海阵形故，补助舰尚不敷用。而日本补助舰则第一期已成功，反之宣战期如在伦敦海约满期后一九三六年时，则以美国富力之强大，远非日本所能与之竞争，竞造战舰之结果将使日本不得不瞠乎其后，是美日将来太平洋大战胜利终归美国，毫无疑义也。

法国海军政策与英国海权之关系[1] 张泽善

意大利海军政策，全限于地中海方面，仅注视战略上防御问题。此问题之产生，乃因担保意国海岸线，以及与北非海岸交通之安全而起。故意大利海军政策，与英国只有间接之关系，此为英国所深识。且英意两国，从未相见干戈于海上，其所以若是者，并无可以研究之理由也。但就其他方面法国海军程序而言，则以"法国绝对需要"为根据。此项需要，系概括地中海之霸权，俾得将阿尔及利亚军队，运至法国或将法国军队运至阿尔及利亚，并顾及北海之防御，大西洋海岸之保护，殖民地陆军之安全，以及散布全世界殖民地之联络交通，实则法国海军之责任。与英相似，特范围较小耳，其主要区别，即以英乃岛国，而法则否也。

法国海军政策，在过去十年间，已照"法国绝对需要"而定，并经委诸外交政策。但此海军政策，实质上已受环境支配。盖法国对于大型主力舰之价值，在一九二二年，或即已有疑惑。依照华府条约之规定，法国得自由建造主力舰七万吨，俾可达到该约所定之全部实力。但法国直至今日，始用该约准许定额之三分之一强，着手建造战斗巡洋舰一艘，并公然直认采取此项步骤之唯一目的，乃以应付德国新式袖珍战斗舰。考法国战斗舰队为Courbet级五艘组成，而此等舰皆为世界大战以前设计，且在开战之先建筑，其排水量在二万三千一百吨与二万三千一百五十吨之间，装备十二时炮十二尊，速率二十浬，其计划自与当时德国最新式之无畏舰有关。法国海军之意见，以为舰型无

---

〔1〕此文发表于《海军杂志》1933年第5卷第8期。

须太大，以供其更大需要。但认德国为其可能敌人，情形殊显而易见也。

但自华府条约限定主力舰之排水量三万五千吨，炮径十六时后，法人认为一旦事变发生，各签约国之造舰，自必达此限度。故造舰远落人后，将无大用。因此法国计划一种海军防御政策，以应付大型战斗巡洋舰，而己则不建造是舰，其所得结果，使今日法国潜水舰之势力，冠于世界。而其空军势力，亦首屈一指。现且有造成并尚在建造中之超等驱逐舰多艘，此等军舰，实际上为小型轻巡洋舰，其炮力、速率皆能使在战时对于商船，加以非常之危害。英人对于此举，大为忧虑。

一旦英法在海上交哄，先就法国与英国有关系之战略上形势而言，其军港位于英法海峡与西方海岸，以供作战，殊可惊人。昔日德国实行潜艇作战，几令英国与之言和。当时德国潜艇，必须冲过多维水雷闸，及在多维之巡航艇，否则须向北路航行一千七百哩，方能达到通商大道。且德国只用潜艇而已，至于水面军舰，不能在多维海峡有效使用。又无飞机以供海军之需，至海战使用航空之举，亦未十分发达。倘英人回忆当日德国处于战略上不利形势之实际所为，则易知在地理上形势占于优越之法国所能行者何似。率直言之，英国今日所处之地位，较之昔日，危险万分。英国经济命脉，在历史上，易为法国海权所危害者，未有如今日之甚也。在拿破仑时代，英国能严密封锁法国主要军港，将私掠船群集海峡，但自有潜艇以来，形势一变，当其与商船不断接战时，吾人能预先确定其结局如何，但私掠船与一武装商船互相攻击，私掠船未必败北。故今日严密锁港，实不能行。因无论如何，不能阻止潜艇之往来也。

现今法国已将具体提案交予军缩会议，要求担保安全。但英人视此"安全"一名词在英国国防字典中，为一含糊不安之定义。盖世人多注意德国新舰Deutschland级，用为侵掠商船之可能性，而对于法国Vauban式，可作同一用途之能力从未有人议及。假定当法国飞机报告有一护送舰发现于海上时，等二千五百吨四十浬之舰一队或半队，冲出布勒斯特或占堡，则是队司令，自必认为护卫之军舰一见其舰队时，即将开始与其对敌，斯时若只用超等驱逐舰两艘，即能发见护送舰，而令散开舰队之余舰，引起护卫军舰之注意，当能加以重大之损害。因其具有非常易动性，远胜于护卫之巡洋舰，而其优越之战斗力，与较大之速率，可使护卫之驱逐舰不足与敌。今欲解决此问题，惟有设备大规模之护卫队，然现今英国海军，处此枯竭状态，将从何处而得是队乎？苟用较大护送舰，则其所遭潜舰与飞机之危险，亦较大也。

夫全部国防计划，应在完全可能之范围内企图之。在英法海峡，与接近大洋处保护商船，其一部分责任自由飞机负之。但第一须先对付敌方飞机，而法国飞机之数，远过于英。英国若在战略上使用大舰之优势，或将迫以其他方法，使用潜舰、超等驱逐舰与水上飞机，不仅在海峡运用已也。英国鉴于欧战时德国U级潜艇之可畏，至今犹有余惊焉。

当法国高唱"安全"论调时，英人常视为对德而发，惟法国所需之潜舰，必较英国约多百分之三十，方能对付毫无潜舰之国家。而确保本国安全，英人对之惴惴不安，固势所必然也。

第二次世界海战景况之推测[1]　　唐宝镐

　　将来若不幸而发生第二次世界大战，如在海洋上战争，其将以从前之方式而应付乎？抑将以科学之方式而应付乎？是不可不从各国国际之推移，与科学今后进步之程度，合而研究之，以判断其演出如何局势也。

　　兹先就国际关系方面推究之，将来国际联盟，关于军缩活动，无论成功至如何程度，设有海战发生，且不仅发生海战，或发生陆上战时，其间变化之情况，当然有多大之关系存在。

　　五十年以前，海上战争所用之战舰，虽已由帆蓬进而为轮机，然速力十五浬，排水量三千吨之战舰，已认为最大矣。备有中口径炮数门，又认为无上之攻击力矣。其后经过四十年之岁月，关于海上战争诸要素，又逐渐进步发展。迄今约二十年前，即至日俄战争时代，遂有搭载口径十二吋炮，一万五千吨之战舰，及二十浬高速度之一万吨巡洋舰，与快速三十浬及以鱼形水雷为主要武装之驱逐舰等，活跃于海上矣，是当时海战之形式，已起非常变化。经日俄战争各海战所得之经验后，关系海战军备，日进月展，几有一泻千里之概。所有十四吋炮十五吋炮之战舰，以及鱼雷机爆雷等等，均于此时出现。又如潜艇及飞机，亦于此时粗具规模，其间更因无线电之发展，关于通信力方面，亦日形灵便。由是而从来在大洋中之局部平面海战，已形成为立体海战矣。欧洲大战时之海战，实可谓空前未有之海战，参战各国，无不苦心惨淡，费尽其所有之智能与经费，希望其战斗力之增进。因之各种军备之威力，益形增大。新兵

---

〔1〕此文发表于《海军杂志》1933年第5卷第9期。

器、新战术层出不穷。由是所有增大舰型之各种舰船，皆为荟集近代科学智识之结晶品。在舰型方面，对于质地上之性能，不仅有伟大之进步，而一方又因紧急需用，迅速建造之结果。在数量上，亦起有异常之膨胀，因之战后仍复竞进不已，各国遂觉军费之负担过于太重，以致酿成国际间实行相对上军备限制之气运。所以一九二一年有华盛顿会议，一九三〇年有伦敦会议。因两会议订结之条约，遂规定各种舰艇质量上之限制，与保有兵力量数之缩小也。假使此等军缩协定不实现，则今日世界中，持有十八吋巨炮五万吨之战舰，势将层出不穷。各种激烈之毒瓦斯及恶毒之微菌，益将任意使用。种种之新战斗法，亦将尽量计划，而穷极变化矣。是此后不演海战则已，若演海战之际，仍恐演出极尽复杂，残毒无比之战祸。因之一般非战斗员之人士，势将无不普及，其祸害之剧烈，实难推测也。又使军缩会议，即告成功，依条约之力量，军费或可几分节减，战争或可几分缩小。但条约上关系协定之内容，尚有几多未适合之要素存在，将来果能满足世界和平上保证之使命，而作为增进人类幸福第一步之手段乎，不无疑义也。要之今后军缩条约之作用，无论进行至如何程度，全在各国能否各自依据正义观念，各自透彻觉悟，推诚相与，而以之为断耳。若不以诚实之真意，作为根本条件，徒以国际上之立场，凡有利于各自本国者，或对于本国不利之军备，而主张废弃不废弃，缩减不缩减，则无论订有如何军缩协定，亦将立即破裂。何则，军缩协定者，以各国能否保证生存为第一之依据。若如今日之情形，协定军缩条件，实不足保证一国之安全，徒各为本国利益立场而利用之耳。

且今日之军缩会议，无论协定至如何缩小，如何裁减，或竟至废弃，假使国际间一国不顾公理，惹起无谓之纷争，竟藉武力压制，大动干戈之际，对于国际协定，发生有何效力，不无疑问。以此观之，要使军缩进展，在今日之时代，诚属难能之事。此后或即以今日之军缩协定为基础，使国际联盟对于世界上之军缩协定，大告成功，各种舰艇之保有量，宣告缩小，或在质地之性能方面，加以限制。然而战争仍可随时发生，是则热心海军者，关于此后海上战争之形式，讵可不先事研究之乎！

科学益见进展，战斗力益见增加，影响于海战上之形式，亦当然增大。原来依科学之进展，而战斗力之所以向上者，全依人间智能活动所生出之结果。

凡人既有头脑，而要限制头脑之不活动，实为不可能之事。此后新兵器、新战术，自当继续层出不穷。尤其一方因军缩上之限制，而凡关于量数上，感有不足之处，用种种方法以补充之，是为当然之趋势。因之各国海军，无不极尽心力，计划唯我独尊绝大无比之战斗力，以为海军之要素。考诸过去之事实，既已如斯，即在将来之演进，所有舰艇以及兵器，随科学工业而趋诸极尖端之际，亦莫不如斯。从而关于发生海战上之形式，又将惹起重大之变化，毫无疑义。然则此后海战变化之如何形式，要先逆料其变化至如何程度。虽属难能，而于今日海战上所要求科学方面，战斗力之要素观测之下，亦可略测其变化之梗概也。兹述之如下：

从海战变化之推测，第一当考虑者，即关于现今飞机之发展，及于海战上影响之如何。今日之飞机，已成为海军战斗力之主要部分。假使舰队中不备有充分之航空兵力，则在舰队之战斗力方面，可谓已有失其价值之趋势。此即所谓海中第一步之战争，即以空中战争为先声。空中能获有胜利，即为海战终局已获有第一步胜利之关键。因之现今各国海军，除飞机母舰搭载飞机外，凡战舰及巡洋舰，与其他舰船，莫不尽力以搭载飞机为能事。甚而至于潜舰中，亦无不搭载之矣。是飞机在今日之海战中，其为如何重要可知。飞机之外，即对于飞船之如何利用，各国现亦无日不在尽力研究中。要知在二十九年前，由英国赖德氏造成十六马力之飞机，于五十九秒间，飞行二百六十米突后，至今日为止，其威力已不止增加十倍之大。设使再经十年或数十年之后，其进步至如何程度，实难逆料。故飞机在今日，对于横渡太平洋，虽尚成为未大解决之问题，然终有解决之一日。即对于世界无论何处，亦终有任意横行飞走之一日。如此任意横行飞走之际，其速力与攻击力，增加至如何之大，又将来可限量矣。由是将如斯之飞机飞船，载在飞机母舰中，或其他军舰中，对于用途上，又将大起变化。因之关于军舰之构造，及武装与防御方法，暨战术等等，亦将惹起非常之变化矣。

又因飞机之中，一种名旋翼机（Autagiro）者，逐渐已变成实用之结果，因之在军舰之甲板上，殆能作立体形式，任意飞降，故从而即可利用甲板上之余地，多数搭载，而任意活用之矣。虽然今日对于飞机，固可断定发展至无穷期，然军缩会议中，不尝讨论限制飞机利用之问题乎。要之限制飞机，在理论上实为一极困难之问题也。其理由有四：

一、军用机与民用机虽有区别，然以民用机而移作军用机，实极便利，限制其不移作战争之用，殊属不易解决之问题。

二、假使限制民间飞机，则又存为实际上之问题，更属不易解决。

三、在平时，即使限制于一定时间内，不准多为制造，然在战时，添造若干，均属极易之事。

四、以此之故，即使有真正合理上限制协定成立，假使对于官立民立飞机制造工场之生产力，未能彻底限制，则无论如何协定，而对于强大之各国，无法考察其确实遵守与否也。

由是限制飞机一层，可谓无法协定。将来即有协定成立，亦不过就其使用法，而加以多少之协定已耳。

将来海战时，除以飞机为先锋，所有舰船之构造及武装等，均有相当进展变化外，又以无线电信日益进展之结果。所有舰船飞机，竟可不用人力操纵，而以电气驾驶飞行。今某某海军国试验之下，已有相当成绩。是则逐渐变成实用，又可操券而待。假使如此之法告成，则所有舰船飞机，均可不用兵士，以及假使操纵之人，凡遇海战之际，只须装载无数之爆药，即可令之横冲直撞，任何物遇之，其有不立见粉碎者乎。此则非过为惊人之言，而在今日科学早明之世界中，既有是言，即有实行之一日也。

今日科学进展之途程中，已由蒸汽时代，变成电气时代，电气发达之极点，又将变成光学时代。及光学时代之到来，其在海战中，有如何密接之关系乎？凡战争中，第一，以侦悉敌人动静，敌人虚实为胜负之关键。在海中空中战争，亦莫不如斯。及至光学时代，所有各种光学兵器进展之结果，由是高倍率之望远镜，高速度之摄影机，以及无线电视，赤外光线摄影，无不一一进展。因之与短波、超短波、无线电信、电话相为表里，到处在海中侦察敌人动静。敌人虚实，历历如在目前。由是凡关于敌人速力，无论如何大之舰船，集合离散之行动，皆可迅速侦悉。所有今日认为最新战术战略，又将成为腐旧无用之物矣。

噫，世界风云，变化莫测。欧洲大战时之大海战，其将演之于太平洋乎。海军实负国防第一线之重任。此时不急起直追，尚待何时乎！

罗斯福与美国海军政策[1]　　王仁棠

　　罗斯福总统，非海军人员也。而在美国非海军人员中，彼系最熟悉美国及各国海军情形之一人。当三十余岁时，即由威尔逊总统任为海军次长，是时彼方执行律帅职务于纽约法院，而忽奉召至华盛顿充任斯职，足证今日总统之才能，昔已为当局准确判断力所认识。其于军舰海军历史及战术，原只一知半解，得选为海次者，纯以个人信誉耳。故在任职期中，对于海军事体之因果，无不悉心研讨。自其入部及在部所得经验，始于海军情况，稍识端倪。此后逐渐增进，所以对其海军，比胡佛、柯立芝、哈定三前辈，将发生较深兴趣者，实因其了解海上生活，一如海军军官也。

　　因此自一九三三年三月至一九三七年三月，美国将有一畅晓海军问题之总统焉。夫世界各国无重视海军舰队如英国者，然而美国向非陆军国家，如战前之德意志，或今日之法兰西，彼之海岸线，深绕两大洋，广袤无比，随时均有被舰队袭击之虞，势亦须保持一富有力量之舰艇与人员之海军，以防不测。

　　然则新总统之海军政策，将采取何种方针乎？吾人固极愿一闻。按美国宪法，元首无创造法律之权，罗斯福总统，如欲废除潜艇，减少吨数，取消大型战斗舰，缩小舰型或数量，或扩充海军之力量，使美国成为世界无敌之海军国，则凡兹种种，彼均无权过问也。是故新任总统如有意见，仅能贡献国会，或运用其个人势力于国会中耳（此种方法颇著效果）。惟是供给总统以政治上援助之国会，有时亦可反对其计划，如胡佛者，即其例也。然罗斯福总统之情

---

　　〔1〕此文发表于《海军杂志》1933年第5卷第12期。

形则不同，彼将深得国会之同情，而其权威且将因其在立法团体中所得之声誉而增进。况民主党中，不少内阁阶级之出色人才，其能获一干练之行政部，亦易事耳。

罗斯福总统之拟访候伦敦，对于欧美海军财政及经济之合作，将有较大之进展。彼必将与英国海军部及政府领袖会商无疑。两国向无如此次树立合作基础之机会，彼邦人士固极望罗斯福总统之访候，勿以故中阻，而且愈速愈佳。

截至今日，美国政府虽曾公布提倡军缩，实际上尚未有何举动。有人献议，英国海部与罗斯福间，须议定一强有力之反潜艇政策。两国如能戮力合作，则其他各国亦将闻风响应。自潜艇"鲁西登尼亚"（Lusitania）号破沉以来，全美人民并不需用水底船只，国会对此问题，将取何态度，非俟其开幕时，固不得而知。但罗斯福之反对潜艇，与彼之自由党前辈及政治导师威尔逊总统相同，此则为世人所深悉者也。彼深信美国之将无需潜艇，一如昔日英人观察，亦认潜艇并非必要，不特永无增扬其国海军威名之利益，且反为正当商航之威胁，和平时期之死阱，不可与人类可敬之战争同日而语。夫以罗斯福之高尚思想，余信其必不赞成也。

但罗斯福总统，有一观念，余甚不以为然者，乃彼甚不信任海军司令及陆军将领参加关于军缩之讨论，彼仅托赖政治家及非专门家而已。夫天下之大谬，无过于以政治家为世界上最聪慧之人物者。试一翻历史，知因政治家卤莽举动而铸成大错之事，几连篇累牍。彼等之不可恃，于此可见。余作此言，非谓各国政府要人中绝无练达之辈，而鉴往追来，甚望知所警惕也。

余谓唯有海军司令及陆军将领，始能制定实际上可能之军缩方案，缘彼等乃此中斲轮老手，断非以感情及党派作用之政治家可望其项背也。

未来之世界大战，已成为不可避免之事实，而能制止破坏世界和平者，英美而已。盖两者均系海军国，一有事故，立可使全体海军出动，强制执行。余敢断言罗斯福总统，极望成其一种英美合作之方式，此方式最后之解释，即为海军合作。美国海军政策，即在此矣。余信罗斯福总统任职期中，定可获得良好之结果也。

海战中之封锁[1]　　筠　生

　　夙享盛名之海军军事学专家马亨氏[2]云："封锁舰队，不必显示其踪影，
驻泊所在，亦勿须使陆上知之。"夫封锁之术，迨乎世界大战之日，已成具体
之变化，可谓卅海军历史之新纪元。其封锁之目的、性质与效果，无一而不与
昔异。因之海军战争，亦无复可以泥于陈法，而操纵舰队之旧有观念，亦不复
有保存之余地。且今之所谓封锁主义者，更加改革，将来之海军战略，如何演
进，尤非吾人所可预测也。

　　近世封锁术之纯然变化者，其根本上，厥由于各民族之工业繁兴故也。在
一八六一年之南北美战争，尚可采用一时权宜之策而应付之，至一九一四年之
欧战，则一般情形，错综复杂，非徒用弥缝之术而可以藏事矣。夫以徒步竞走
者，若损失一履，其成败尚未可尽知，惟竞赛之具，若属于电机式之自动车
等，则其机械苟一部分伤残，即全盘失败。

　　新式之封锁，重在对于工业产量，加以压迫，而束缚其机动能力，此可以
使陆军之在前线者，断其军械军火之供给；此可以使一般之实业摧残，且循此
途径，足使一国之财政破产。而对于封锁舰队，与被封锁舰队两者之间，因一
方日益处于优势之范围，其情况遂更趋严重。

　　惟是此种效力之发展，统言之，皆未脱乎政治上之性质者也。封锁之事
迹，与其成绩，载于古典中者多矣，其与近世封锁所造之状况，殆有绝不相同

　　〔1〕此文发表于《海军杂志》1933年第6卷第1期。
　　〔2〕即马汉。

者。一七五六年至一七六三年，欧洲列强之七十年战争，及拿破仑之战役，法国受束缚于封锁之下者，可谓不为不久。但平均计之，则一般人民，并未尝有痛苦之观念。普通食品，或有一时之恐慌，但有要紧需求，仍可源源济用，而无虞断绝。

封锁之名词，用于实际上，在二十年以前，乃确认为一种拘制敌人，不使其兵力可以发挥之方法，且为扰乱敌人商运之一种副产物，由是敌之商业企图，根本上为之挫折。其政府之财源，相率枯竭，不复可以继续作战。此类状况，自伊利沙伯时代启始重视海上权力以来，固已表现。盖凡强大民族之组织，必须建设于农商两业之基础上也。

惟利用封锁者，虽其最后成功，饶有把握，然不能求急切之效。盖任何政府，可由通货膨胀与贷借，而维持财政于一时也。

封锁之于军事上，直接价值，自当另为别论。马亨氏之名言，对于奈尔孙帆舰战队之高掌远蹠，虽多评述，但未尝详论其封锁法军所致之效力。英国之封锁，使拿破仑不能染指于英格兰，使鄂煦（Hoche）之军队，不得不舍爱尔兰而远走，且隔绝法军一部于埃及，而使英军得以登陆于西班牙及下游各地。其由破坏法国之商业，与伤毁法国之信用而得之逐步成绩，则以其效缓而侪于无足轻重。盖当时封锁之主旨所在，则为充实联军之攻击力，而予以自由选择时机与地域之利益也。

南北美之战，北部联邦亦尝以封锁政策，为其军事进行之助。虽其事属内战，用此种政策以利于攻击作战者，当视为一种特殊情形，然固行之而奏相当之效。南部之各海港要区，以此而一一陷落。此等海港区域，为人民商务工业所集中，故其损失奇重，是更可以证明所获之效果，非只取简单方式之封锁而已也。其进一步之策略，为由封锁而再运用其兵力耳。

欧战发动以后，协约国所用封锁之手段，殆亦以同样之精神赴之，以便利军事活动为原则，其唯一目的，为使德军不能横越北海而洗马于英国城郊，且予英军及其属地军队以种种方便，而达法境。其后因残酷事实之压迫，乃更逐渐以封锁为一种经济政略之抵制矣。

欧战中，协约国封锁政策之变换，当自德国西艇肆虐，法国食物恐慌，而数百万战士将成饿莩之日始。协约国之此项动作，固不无报复之意存焉。当时德国之海军当局，不欲以其舰队出而决战，已足证明，协约海军所布置之庞大兵力，未免有得不偿失之感。是故当时之军事会议中第一项之严密命令，为须增加代价是也。

此际之第二步骤，协约国认为有效之封锁，须对于与德接近者，亦加以同样之待遇。苟泥于陈旧观念以解释国际公法者，则宇宙间固无权可禁止中欧诸国，自荷兰、丹麦、瑞典等国，输入需要之品物。犹之南北美战争中，无术可以禁止南部联邦之供给品，悉由墨西哥输入也。

德国酉艇最为猖獗之时，即为协约国施其最后步骤之日，是为封锁手段之趋于极端者。欧战之结果，论者或归功于封锁之力。然而封锁在政治上效用之伟大，固出乎双方意料之外也。兹虽事过境迁，而封锁之于政治上之作用，当犹为一般人士所记识。惩前毖后，或对于将来而知所警惕乎。

晚近之世，所谓军事上之封锁者，亦已完全更易其性质，在昔英法之战，"接近"封锁（"Close" blockade）之法，厉行弗替。法国人民之滨海而居者，莫不于天气晴朗中，楼樯在望。至少有英国巡洋舰一艘，遥踞海上以作威胁。然而法国之旗徽，并不因是而于重洋中绝其踪迹，快速而备有武装之贸易船舶，往来如故，大队舰船，亦未尝失其远航之自由。

洎乎近世封锁之利用水雷与潜艇，名之曰"远程"封锁（"Distant" blockade），然究其实际，则较之昔日尤为密接。在欧战期间，仅有一艘之德国商船与潜艇，获达远航之目的，而德国舰队，任于何时出动，莫不于离港二十四小时以内，遭受狙击。

海战中用包围势以封锁一国，已成为一种不变之现象。近世之封锁舰队，居于海上之耐久性，固远不若奈尔孙时代之三层甲板战舰。盖该种战船，常能居于海上之驻扎所，逾两年之久而无碍也。惟是晚近运输便利，供备周密，益以军舰之速率锐增，朝发夕至，故海上之能长久停留与否，不足以箝制之耳。

一国之处于横受封锁之情形中者，非不可根据反攻之原则，利用飞机或潜艇，以作抵制之行为，所谓反封锁是也。此种方法，在欧战中，德人实已尽量用之。

要之将来海战时，一国之受封锁者，若不能以武力打破之，则其命运不难决定。是时封锁者之粮食资源，止取给于战时禁止品中，使中立国断绝其接济。由是而被封锁之国，内部之饥荒，与政治之颠覆，皆不免相继而发现。

封锁之一般情况，兹可综结列述之如下：

世界大战中，认封锁为急切要图，其成绩已足表示其为一种政治上与经济上之优越利器。

瞻顾将来，在战争期间，苟不至穷于应付之策者，将无一国家，可以听任敌方之封锁，而束手待毙。

近世之避免封锁法，事实上证明其鲜效之一如往昔，故欲以破坏贸易战，作外攻内效之企图者，仍属终归泡影。

受封锁威胁之国家，欲防患于未然，其唯一方法，要在以武力制止之。若封锁已成事实时，则惟有以武力攻破之而已。

抵制封锁之运动，有所谓保持"有效舰队"（fleet in being）之主义者，可认为一种主要之方法。德舰队在欧战期中，迄未抛弃此种策略，藉以遥作鹰瞵虎视之姿态，苟当日德舰队愤然出而决战，且归于消灭者，则情异势殊。协约海军，或可掩护军队登陆于德国海岸，可随时由比国口岸，而达其运送军队之目的，可进而攻克黑耳郭兰，更可向东而进展。然而德国始终保持其可珍视之"有效舰队"，宁牺牲其破除封锁之希望而不惜也。

俄日之战，俄国以是而牺牲其两大舰队，不过俄舰队之失败，并非由于物质之不良，第未能善用之而已。

据识者之论断，德国之于欧战，实未尝完全识认封锁所具之权力。在来日之战争中，可执是以为前车之鉴。封锁为一种饶有威权之武器，已无疑义，任何国家之在将来，绝不能驯然以忍受此类之束缚，可预测焉。

吾人于此，当引起战略与战术上联系之问题，即应用何种特殊方法，而可以扫除封锁，或于事先制止之是也。兹就将来之战争而推测之，苟一旦战争爆发者，两强舰队于剑拔弩张之下，必对于预期之封锁舰队中，特别注意其快速之舰，而尤注意其飞机母舰，并须以不断之努力，用小型舰艇，使封锁舰队之锐气，为之疲敝。

晚近飞机战队之活跃，尤予封锁舰队以重大打击。纵令封锁舰队驻泊于相当之距离，而不能禁止以海岸为根据地之飞机队，随时进袭。

其进一步应付封锁之术，为利用多艘之飞机母舰，辅以战斗巡洋等舰，以破毁之，似属尤为有效之方法。惟飞机母舰之建造需时，若取一种临时之变通办法，则以商船改造之，固亦未尝不可也。

要之术略之如何运用，胜算之如何操握，非泛然之研论可以决定之。

美总统罗斯福之和平政策 与海军建设[1] 凤 章

美国大总统罗斯福氏，就任之始，其对海军将采取如何之政策乎？讨论此项问题之前，须先就美大总统在宪法上，究赋予如何之权力。盖美国宪法，固有特殊之点也。

美国制定宪法之初，本参酌革命战争中当时华盛顿之意见，及同人中展开之事情，作为基础，草创订立，迄今已百有五十年。其间绝对自由之手腕，无不一一发挥殆尽。然美国宪法，既在传统上，并未加以如何反省，即对外国之有何影响，亦未加以考虑。夫欧亚两洲各国，其国家组织之始，莫不经过几多复杂情事，而美国人民，则丝毫不存于心中也。

美国宪法在组织之大纲上，既不可不认其含有新机轴之意义，又不可不认其含有巧妙之奥旨。但其细项节目，从被支配阶级立场而言，设使果能一一得到预想之期望，从而确乎不拔之信念，因之缺乏，亦未可知。至其目的所在，无非欲思脱离英国政治组织之观念。在宪法中，最足惹人注目者，第一，内阁对议会，全然不负责任，唯对大总统本身负责任。第二，即大总统及国务员之权限。盖美国大总统及国务员，均无立法权力。又大总统选出后，不经过四个月后，不得对于任何问题有发言权。但对通过两院如何之议案，则须盖印于上，而交还之于议会之中。如经两院三分之二以上议员之承认后，是项议案，立即成为法律。

若新大总统罗斯福氏，欲使世界海军所有之潜舰，缩小至四十万吨，大舰

---

〔1〕此文发表于《海军杂志》1933年第6卷第1期。

全行废弃，及一切军舰形式与数量，一一加以缩小；或欲使成为世界上第一之海军国；或欲作一类似此等之大事业，则此时大总统在立法上之权力，且不如副总统。何则？副总统为上院议长，在议院表决权上，固得有投最后一票之权利也。

美国大总统罗斯福曾任海军次长，对于海军方面，自当更饶兴趣。然以权限上之关系，其将以下列之二方法，而运用其手腕软。

一、即对议会运用通过教令；二、即从议会重要人员中，介绍总统个人之势力。但依此二方法而所获之结果，恐与事实上往往相反。何则？为一国之大总统者，往往对其所持之政策，常为议会反对者，居其多数。殷鉴不远，前任大总统胡佛氏之各种计划，未尝不尽善尽美，而竟不能一一实行者，此则因支配立法机关之各人，即议会中之重要人物，与其意见不同之故也。

新任大总统罗斯福氏，既非与一般人之为大总统者可比，对于上述二方法，自可运用其手腕，一一大发挥其效力。此则以现今之议会对新任罗斯福氏，实抱有特殊好感所致，否则议会中若反对大总统之意见者居多数，则大总统非仅不能实行其何等之抱负，且对其组织之内阁，亦时常陷于不稳之情势。今则不仅丝毫无此种情势，而新大总统之待人接物，不问议会内外，均获有非常声誉。且议会将有赋与一种特殊权力之趋势。同时又得有从来绝无之多数立法人员，拥护于大总统之四周。申言之，氏之民主党之现任议员中，固备有许多大臣职司之人才在内也。

照现在情势，无论罗斯福氏如何热心，欲建设一永久和平之事业，计划海陆军备，极端缩小至自卫为止。然各国之中，苟有侵略野心者，极力鼓吹破坏，则将来世界战争，能否不因此辈野心国家而成导火线，实难逆料。万一战争勃发蔓延至如何程度为止，此时亦难逆料。善哉，巴德温氏，尚在下议院大声疾呼曰：世人不欲再见欧洲大战时之战争，其不可得乎。此种言语，实惊破现倡导和平主义者所执和平之迷梦。且现今一般野心者之军人，其脑筋之中，所有战争之血，常川流不息，循环不已，如欲停止战争，非至万物溃败消灭之时为止，不可得而期也。是则现今倡导和平者，提议废止军备至如何程度，可使世界永久不起战争者，实不啻痴人说梦。罗斯福氏为精明强干出类拔萃之人才，讵有不见及者乎。

要知战争凶器也。欧洲大战后,各国经济状况,常处于水深火热之中,必先自拔而后乃能救人。今次召集之经济会议,先谋安定各国财政,步武一致,以冀挽回世界战争于万一,实为握要也。世界苟无战争则已,万一惹起战争,空军仍为海陆军之辅助品,而陆军又须在邻近接境之处,方能发挥其威力。若美国者,位于地球二大洋间,有长大之海岸线,非如法国采取陆军主义之国家可比,当以维持相当海军军备为重。但一面维持本国海军军备,一面又须严防扰乱和平者之侵入,其先将与英国提携乎。苟与英国提携,则两国海军,可互相维持世界中之和平,而执海上之牛耳。野心侵略者,虽恃勇称强,不可睥睨一世,仍将为欧洲大战时德国之续耳。夫固尽人而知之也。

日本海军之新改革[1]　凤　章

一、官制上之改革

日本海军，自去岁在上海发生事变[2]以来，深觉只知世间普通海军之军事，不能满足人意，且于所负责任，亦不能彻底，乃先改革从来之海军军事普及委员会，名为海军军事普及部，恰与日本陆军部设立之调查会相当。分其任务为二：一即依照从来普及委员会，以普及世间一般之军事为旨趣；一即从事军事宣传为依归。其最要之意旨，在就时局问题，国外之论调如何，国内之解说如何，对之应反驳者，则尽力反驳之；应指导者，则尽力指导之。一面又使与外交部之情报部，陆军部之调查会，互相保持密接之关系，是为改革主要之所在也。自改革后，乃以日比野少将为普及部长。而一方对于军事普及之计划及施行方法，另以武富上校主之；一方对于新设宣传情报之计划及施行方法，则以关根上校主之。又嘱托在野海军军人，从事努力海军之普及，凡与海军有关系者，无不设法尽力联络密接之。

二、旅顺要港部之复活

旅顺要港司令部，于一九二一年十一月九日，已经命令废止，今次东三省事件[3]发生以来，乃于本年四月二十日，藉警戒沿岸为名，重新恢复设立。其经常费，亦已列入本年度之预算内。临时费亦已筹拨。至其规模，则与马公岛

---

〔1〕此文发表于《海军杂志》1933 年第 6 卷第 2 期。
〔2〕指日本发动的"一二八"事变。
〔3〕指日本发动的"九一八"事变。

要港司令部相同。

从前旅顺要港司令部中之工作部，于停办时早已出租于大连邮船公司，现今租借期限，尚有一年，故此工作部未恢复之前，防备队亦毋庸设置，唯先预备设立电报局及病院二者而已。至其中人员，预定一百九十人，虽似比较他处人员略多，但其中人员，大都以防备队为标准，而作为警戒用者。

旅顺要港司令部，其最重要之任务，即为警戒关东州沿岸海面，及东三省暨扬子江以北沿岸一带之警备。司令官于必要时，又得率领麾下舰船，出动于警备区域内。因之原来第二驻外舰队附属之舰船，现已决定于旅顺要港司令部开办时，即将归其率领。至原来附属旅顺港口之舰船，今日只有"平户"驱逐队一队，"常磐"驱逐队一队。其水上机母舰"神威"号，则为临时派往之舰队。又有"多摩"一队，已至瓜代时期，现派遣"舞鹤"驱逐队一队往代。要之是等部队，皆为本年春间派往者，今则实行划归旅顺要港司令部统辖之矣。

按照今日情形，司令部之司令官，得随时乘舰出动于警备区域内。日本认旅顺要港司令部之司令官，与马公岛要港司令部之司令官，同一重要。但马公岛之司令官，未出动中国福建及广东之前，须得海军大臣许可，而后乃能出动。万一认为若待命令允许出动，已不能完了警备之任务时，则不待命令允许，亦可公然揭扬将旗，巡航于警备区域内。

三、东三省增设海军部

日本在东三省增设之海军部，为日皇之直辖机关，在去年曾经先设有海军特务机关，以小林省三郎充首席将校，现以规模狭小，乃改设为海军部，直隶于日皇统率之下，除担任东三省沿河川防御之外，凡在东三省之海军施设港务、运输通信，及调查海军资源等等，皆由该部处理。其中职员，规定中少将一人，上校参谋长一人，副官四人。又另附设军政部上校顾问一人，现以伊藤整一充任。此外尚有监督通信事业及谍报与调查国防资源等等校官三人，特务士官二人，下士官二十一人。至关于东三省之海军建设指导，即由伊藤上校担任。

是项海军部司令官之下，设有临时防备队，即以从前称为松花江舰队改充。东三省原有中国江防舰队五艘，但去年十月间，曾有"利济"一艘，拟脱逃归来，后卒以孤立无援，不果。此事发生后，日本对是项中国江防舰队，戒备益严，今次设立之临时海军防备队，即驻在哈尔滨，名为担任松花江之防备，实即监督是项江防舰队。日本海军防备队中，设有上中校司令官一人，士官七人，特务士官五人，下士官三十一人，兵卒八十六人，合计一百三十人。至其所用之舰船，即以三百吨之商船二艘，改装十五生的迫击炮及机关枪，悬挂军舰旗，而作为防备队之用。

旅顺要港司令部，除担任租借地沿岸之警备外，同时亦负担东三省沿岸之警备，故东三省之海军部，只有武装商船二艘，中国江防舰队五艘，并无实在海军兵力。

四、舰队编制之变更

日本从来颁布之舰队令，得以二个舰队以上之舰队，编成联合舰队，因之于一年度之某期间，或全期间，往往以第一第二舰队，改编为联合舰队，并以第一舰队司令官，兼任联合舰队司令官。今则改此项联合舰队，作为平时常设之舰队，并另编成第三舰队，作为平时设立之舰队。以此之故，所有战队，亦有变更。例如从来之第三战队，今改为第七战队；从来之第五战队，今已改为第六战队；后来第一驻外舰队，今已改为第十一战队；新设之第三舰队司令官直率部队，则改为第十战队；并将从来之第二驻外舰队废除之。此为日本变更舰队编制之情况也。

要之日本海军，自去年上海事件发生以来，所有舰队行动，早已惹人注意。今又改革编制，积极准备，究系为何，吾人不可不深思而熟虑之也。

日本之海军[1]　何希琨

（一）日本海军之沿革

（1）明治初年之日本海军

明治维新[2]草创时代之日本海军，所有舰船，概由德川幕府[3]及诸藩献纳，为数有限。其后逐渐扩张，经中日及日俄两战役，呈猛烈进步。时至今日，已与英美并驾齐驱，而超乎法意之上。若论日本国力强盛，完全与海军势力成正比例。回顾吾国，何独不然。日本数十年来，朝野上下，对于海军，均有绝大认识，故虽区区三岛，而卒能于短期内建设庞大之海军。其款出于勉筹，亦极明显。吾国则完全相反。以上所述，无论何人，均不能否认其事实。兹将日本海军建设经过情形述下。

明治元年正月，设置海陆军务课，管理海陆军事宜。翌年，改名国防事务官。不久，又改称军务官。当时所属舰船如下：

"和泉""河内""武藏""摄津""东""朝阳""翔鹤""富士山""观光""阳春""千代田形"。以上军舰是一艘。"咸临""长鲸""凤凰""立象""闰运""飞隼""飞龙""快风"。以上运送船八艘。此外尚有各藩所属三十五艘。

明治五年，废藩置县，政府集权，将军务官改设海军省陆军省，分管海陆军事宜。当时海军省所属舰船如下：

---

〔1〕此文发表于《海军杂志》1933年第6卷第4期。

〔2〕明治维新是19世纪后半期日本从封建社会进入资本主义社会的一场资产阶级改革运动，因当时明治（睦仁）天皇在位，故名。

〔3〕德川幕府，又称江户幕府，是日本德川家康在江户（今东京）建立的封建政权机构，始于1603年，止于1867年，历时265年。

"东""龙酿""筑波""富士山""春日""云扬""日进""第一丁卯""第二丁卯""凤翔""孟春""乾行""千代田形""摄津"。以上军舰十四艘。"大坂""春风""快风"。以上运送船三艘。合计十七艘，总吨数一万三千八百三十二吨。

明治八年，日本海军大臣川村纯义向政府建议，在英国定造军舰三艘，即蒙许可，取名"扶桑""金刚""比睿"，非现在之"扶桑""金刚""比睿"。此乃日本海军建设之嚆矢。

明治十五年，日本政府决议自十六年起，每年以三百万元作海军建设费，并于八年内，建设大舰五艘，中舰五艘，小舰七艘，鱼雷艇、炮舰十二艘，合计三十二艘。

明治十八年，日本政府以十五年所决议造舰程序，尚嫌不足应付潮流，决发行海军建设公债千七百万。当时海军省计划建造海防舰六艘，铁甲舰二艘，巡洋舰四艘，侦察舰六艘，炮舰八艘，鱼雷艇二十八艘，计五十四艘，所谓第一期扩张军备。以上计划之外，并以特别费建造二等海防舰三艘，取名"严岛""松岛""桥立"，及侦察舰二艘，炮舰一艘，鱼雷艇十六艘。

明治二十一年，日本海军大臣西乡从道提倡第二期扩张军备，政府以财力不及，仅允建造海防舰二艘，鱼雷艇三艘。当时总吨数已达五万吨。

明治二十三年，日本议会第一次集会，海军大臣西乡从道重申旧案，议决建造巡洋舰三艘，取名"吉野""须磨""龙田"，鱼雷艇二艘。

（2）中日及日俄两战役前后之日本海军

明治二十六年，日本海军大臣仁礼景范鉴于世界趋势，有最少限度须十二万吨之海军力，方足应付时艰之提议，当时议会以经费支绌而否决。明治天皇以仁礼大臣所陈确系实情，而议会否决，亦属近理，所以自动将宫内经费节省，于六年内，每年以三十万元补助海军建设为提倡，较诸前清以海军建设费移筑颐和园，其思想奚止霄壤。诏谕颁布，同时文武官吏，无不感泣，亦自动于六年内将俸给十分之一献纳，补足造舰费用。因此仁礼提案，得议会取决通过。

同年，中日在黄海交战，当时日本海军之势力如下：

（军舰）"扶桑""松岛""桥立""严岛""吉野""浪速""高千穗""秋

津洲""千代田""高雄""筑紫""金刚""比睿""筑波""天龙""大
和""葛城""海门""天城""八重山""磐城""大岛""爱宕""摩耶""赤
城""鸟海""凤翔""满珠""馆山""须磨"，计三十一艘[1]，总吨数
五万九千八百九十八吨。

此外武装商船三艘，总吨数九千七百九十九吨。

鱼雷艇二十四艘，总吨数一千四百七十五吨。

临时由智利国购军舰一艘，取名"和泉"，吨数二千九百七十六吨。

明治二十八年，议会议决，建造：

铁甲战舰	一五，一四〇吨	一艘
一等巡洋舰	七，三〇〇吨	二艘
二等巡洋舰	四，八五〇吨	三艘
鱼雷炮舰	一，二〇〇吨	一艘
驱逐舰	二五四吨	八艘
鱼雷艇		三十九艘

明治二十九年，日本海军大臣西乡从道向议会提案，增建一等巡洋舰二
艘，亦经追认。

明治三十六年，日本海军大臣山本权兵卫向议会提案，第三期扩张军备，
当时议决建造：

一等战舰	一，五〇〇〇吨	三艘
一等巡洋舰	一，〇〇〇〇吨	三艘

当时列国海军势力，如下表所列：

英国	六十五万九千八百吨
法国	二十九万九千吨
俄国	二十三万四千六百二十吨

---

[1] 所列三十艘。

（续表）

德国	十五万千二十九吨
日本	十四万五千七十七吨
美国	十二万九千七百四十四吨
意国	十二万六千六百四十一吨

是年，日俄战云弥漫，日本复向意国购进阿根廷定造之一等巡洋舰二艘，取名"春日""日进"。

（3）日俄战后之日本海军

日俄战后，日本海军之进展，大有一日千里之势。其中以大正九年，海军大臣加藤友三郎之八八舰队计划，得议会通过，惊动全球。所谓八八舰队计划，乃八年间建设：

战舰	四艘	巡洋战舰	四艘
巡洋舰	十二艘	驱逐舰	三十二艘

其他潜水艇及特务舰等若干。尔后因华府议案关系，原定计划稍有变迁，旋复议决于大正十二年起至十六年止，于五年间增费三万万六千八百余万元，建设：

巡洋舰　八艘（"古鹰""衣笠""加古""青叶""那智""妙高""足柄""羽黑"）

驱逐舰　十四艘

潜水艇、特务舰等若干。后因关东大地震关系，延期一年。所谓时至今日，已与英美并驾齐驱，而超乎法意之上。可参照《日本海军实力》（详后篇）。

（二）日本海军之组织

（1）海军区与军港要港

（a）海军区

日本之海岸及海面，分三个海军区：

第一海军区：青森县、岩手县、宫城县、福岛县、茨城县、千叶县、东京府、神奈川县、静冈县、爱知县、三重县、北海道及桦太（即库页）海岸海面。第二海军区：和歌山县、大阪府、兵库县、冈山县、广岛县、山口县、岛根县、鸟取县、京都府、福井县、石川县、富山县、新潟县、山形县、秋田县、德岛县、高和县、爱媛县、香川县、大公县以及宫崎县之海岸海面。并福冈县远贺宗像郡界以东之海岸海面。

第三海军区：佐贺县、长崎县、熊本县、鹿儿岛县、冲绳县、台湾以及朝鲜之海岸海面。此外国联委托日本统治之南洋群岛，称为南洋海军区。

（b）军港要港

各海军区设军港，海军区之防御及警备，由军港镇守府掌理。军港之外，又设若干要港，用以补助海军区之防御及警备。其组织如下：

第一海军区：军港：神奈川县三浦郡横须贺

第二海军区：军港：麻岛县安艺郡吴

第三海军区：军港：长崎县东彼杵郡佐世保

要港：青森县下北郡大凑

要港：京都府加佐郡舞鹤

要港：朝鲜庆尚南道昌原郡镇海

要港：澎湖岛马公

南洋海军区之防御及警备，由横须贺镇守府掌理。

（2）舰船之配属

舰船竣工后，先归镇守府司令长官管辖，所管辖镇守府，为该舰船之本籍。舰船编入舰队时，改由舰队司令长官管辖，但其本籍，仍属于原辖之镇守府。舰船编入舰队，谓之在役舰船，由舰队司令长官管辖；非在役之舰船，谓之预备舰船，由镇守府司令长官管辖。

（3）海军兵力之编制

日本海军部队之编制如下：

（一）战斗单位　军舰取单舰制，驱逐舰、潜水艇、扫海艇取编队制。如驱逐队、潜水队、扫海队等。每队由三艘乃至四艘编成。

（二）战队　由战舰、巡洋战舰、巡洋舰等编成，全队由旗舰指挥。

（三）水雷战队　由军舰一艘，驱逐队四队编成，以军舰作旗舰。

（四）潜水战队　由军舰或潜水母舰一艘，潜水队二队以上编成，以军舰或潜水母舰作旗舰。

（五）航空战队　由航空母舰组成。

（六）舰队　由战队、水雷战队、潜水战队及航空战队并其他特务舰等组成。

（七）联合舰队　由二个舰队以上组成。

（注）前述之指挥官名称如下：

军舰——舰长；驱逐队、潜水队——司令；战队、水雷战队、潜水战队、航空战队——司令官；舰队——司令长官；练习舰队、第一遣外舰队、第二遣外舰队——司令官；联合舰队——司令长官。

联合舰队——司令长官：第一舰队——司令长官；第二舰队——司令长官。

以上称为常备舰队，其联合舰队司令长官，概由第一舰队司令长官兼。

第三舰队——司令长官：第一遣外舰队——司令官；第二遣外舰队——司令官。

以上称为特务舰队，其第一遣外舰队常驻我国长江一带；第二遣外舰队常驻我国沿海一带。一二八役，复置第三舰队，由司令长官统之。

练习舰队——司令官——亦称为特务舰队，每年以二艘编成，供各生徒练习远洋航海。

队名			舰（队）
联合舰队	第一舰队	第一战队 第三战队 第一水雷战队 第一潜水战队	由战舰组成 由巡洋舰组成 由驱逐舰组成 由潜水队组成
	第二舰队	第四战队 第五战队 第二水雷战队 第二潜水战队	由巡洋战舰组成 由巡洋舰组成 由驱逐舰组成 由潜水队组成
航空战队			由航空母舰组成
第三舰队		第一遣外舰队 第二遣外舰队	由巡洋舰、炮舰、驱逐舰等组成
练习舰队			由出云、八云、浅间、磐手每年以二艘组成
注		战队名称无第二战队	

（4）海军最高机关

（海军大臣）

海军大臣直隶天皇，管理海军行政，为海军省主脑人物。海军省内，设军务、人事（即军衡）、教育、军需、医务、经理、建筑、法务诸局，分别负责掌理关于海军行政事宜。

（舰队司令长官、独立舰队司令官、镇守府司令长官、要港部司令官）

舰队司令长官、独立舰队司令官、镇守府司令长官、要港部司令官直隶天皇统率，并指挥所属。但关于海军行政事务，须秉承海军大臣办理。

（海军军令部部长）

海军军令部部长，有如陆军之参谋总长，辅弼天皇，而行使统帅大权。关于军备计划、作战计划，以及防备计划，均由海军军令部掌理。军令部部长乃大本营海军幕僚长，计划海军作战。所有计划，经天皇裁可之后，军令部部长负传达责任。

（5）其他诸机关

（中央机关）

海军大臣隶下之中央机关，乃舰政本部、航空本部、水路部、海军技术研究所、海军高等军法会议等。

航政本部，掌理舰船兵器轮机等制造修理及审查。

航空本部，掌理海军航空一般事务。

水路部，掌理海洋调查海图印发等。

海军技术研究所，掌理关于海军一般技术之研究。

海军高等军法会议，乃海军最高司法机关。

（镇守府要港部管辖之机关）

镇守府管辖下列之机关：

人事部、港务部、工厂、病院、建筑部、刑务部、经理部、军需部、舰船部。

要港部管辖下列之机关：

军需部（除舞鹤外其他要港均无军需部）、港务部、工作部、病院。

（教育机关）

海军教育机关，有大学校、兵学校、机关学校、军医学校、经理学校、炮术学校、水雷学校、工机学校、潜水学校之设。其中大学校、兵学校、机关学校、军医学校、经理学校直隶于海军大臣，其他学校由所在地之镇守府司令长官管辖。

太平洋海战中之海军根据地 [1]　　子　威

　　美日两国海军之现势，久已为世人之所夙知，原无更述之必要，兹仅就数字，概括列表如次。

舰种别	美国		日本	
	只数	吨数	只数	吨数
主力舰	18	423,400	10	292,400
航空母舰	4	90,089	4	68,870
巡洋舰	37	326,001	42	272,905
驱逐舰	213	217,503	113	127,835
潜水舰	81	65,900	71	78,339

　　惟言及海军势力，不能徒由舰艇数量，为之计算，军舰虽多，倘无适当之海军根据地，决不易为有效之军事行动。世界大战之际，在与德国海军根据地Heligoland岛，相距四七五浬之Orkney群岛中之一湾Scapa Flow以及Moray河口之一小港Cromarty，选为英国海军之作战根据地矣。然则在美日开战之时，美国海军，究以何地为其根据地乎？如欲对于此种兴味浓厚问题，加以判断，自不能不关于现在太平洋上之美国海军根据地，一详察之。

　　与日本最近之美国领土，自为菲律宾群岛，已无疑义。该处在马尼剌湾内，有由西班牙时代所遗之Cavite军港，此即一八九八年四月三十日，由美

国杜威提督（Admiral Deway）所率之亚细亚舰队，击破孟脱爵提督（Admiral Montojo）所率西班牙舰队之处，今犹与马尼剌相对，成为菲律宾中之重要军港，现时美国亚细亚舰队即以此为根据地焉。马尼剌湾西北相距不远之处，有 Sbig Bay，其湾内有一Olongapo要港，由侧面以拥护马尼剌湾。自一九〇五年以后，美国对前述二港，投有将近三千万美金之巨费，作种种之施设，但以华盛顿会议之结果，成为防备限制区域，在最近似已无若大之施设矣。

除菲律宾以外，与日本最近之美国领土，厥为面积二二八平方哩之关姆（Guam）小岛，该岛有一Apra军港，港中有简易要塞，与大无线电台，及贮炭所之设备，此Hector Bywater氏，所谓太平洋上之Heligoland或Malta者，战略上之一重要地点也。然亦以华盛顿会议之结果，与菲律宾同成为防备限制区域。距关姆岛东北约一二〇〇海里，有一蕞尔小岛，名曰Wake岛，再距此岛东北约一二〇〇海里，有Midway岛，两岛皆美国领土。前者以供给炭油，为一绝好地区，而后者目下系一海底电线之中继地点，倘在一旦有事之秋，虽于军事上有具相当价值之说，但在目前状况，则尚无何等之设施。

其次与日本相近者，有阿拉斯加（Alaska）之阿留地安（Aleutian）群岛，近其西端者，有Kiska，近其东端者，有Unalashka（Deutsch Harbour）两处要港，各皆为美国补助舰队之根据地。惟据专门家之所测，美国海军如在攻击日本东北海岸之时，必将择为策源地也。其位在阿拉斯加南端之Sitka亦其要港之一，虽成为补助舰队之根据地，然以其与日本相距甚远，前两港固已被规定为防备限制区域，独Sitka一港，并无何等之限制。关于此点，南太平洋上美国唯一领土Samoa岛之Tutuila军港，亦复相同。该军港中，有无线电台、贮炭所、军需品仓库等等设备，倘在美日间开战之时，定可成为妨害日本对澳洲贸易之策源地也。

在以上所列举者之中，尚无一堪称为美国海军中之大根据地者。其大根据地，与日本最接近着，为夏威夷之Pearl Harbour此港在Oahu岛之南岸，据Honolulu市约十二哩，而为水上面积十方哩，水深六十呎之一大军港也。该军港，自一九一九年八月以后，有足容大舰巨舶之大船坞。由港之东端Diamond角，绕湾一周，成为一大要塞带，其炮装为十二吋、十四吋、十六吋。各种口径之巨炮，且有能藏六七十万吨重油燃料之大贮油池，称为太平洋中美国海军之一等前进根据地，诚无愧色，一切设备，靡不齐全。尤以在一九二二年以后，因采用罗德曼委员会之建议，美国对夏威夷群岛，约以四千三百万美金，俾能收容美国主力舰队全部，建筑完全无缺之一切设备，现时之珍珠港，纵称之为美国人所乐道之太平洋上Gibralta，亦决无若何之遗憾，而成为一金城汤池矣。据马鸿氏[1]之言曰"夏威夷之获得，与其视为渡越太平洋向西方进行之中栈，宁以为备外敌进攻之第一线防垒"云。然而在现时状况，美国之用意，则完全与氏之所鼓吹者相反。夏威夷之法定常备军数目，虽为十一万八千人，然而现在实驻兵数，要为一万二三千人而已。一九二五年，当美国海军大演习告终之际，陆海联合审判委员会，于珍珠港疏浚及扩张Wilar field飞行场之既定计划，与夫Oahu要塞大扩张之建议中，含有夏威夷之法定常备军数，应改定为十五万人之一节，据彼等之想定，假设敌国之在夏威夷上陆，军队仅不过四万之数，然则究以何故，有拥十五万大军之必要乎？可知在美国胸中，必认定结局在西太平洋有作战必要之时，有使用此等军队之必要，有以然也。

其次关于美国西部海岸之海军根据地言之，最北者，则在Puget Sound湾，内有Bremerton军港，其中有大要塞三处，大船坞二处，与补助舰造船厂及其他军港中应有之一切设备，而为美国海军中有数之根据地。其附近Port Angeles之中，有潜水舰、驱逐舰与航空队根据地。Sandpoint之中，有航空队根据地。Bremerton之南，距约七十海里地点，有以风景美见知于世之Columbia河，其海口有一小港，名曰Astoria，港中筑有坚牢要塞，设潜水舰根据地于此。自一九〇五年以来，美国海军对此两地，约费四千四百万美金，以谋各种设备之完成。

太平洋岸中，美国海军之最大根据地，则为旧金山湾San Francisco之北方副湾San Pablo湾内之Mare Island军港，位于同名之小岛，与旧金山相距甚近，虽尚不及二十海里，然以水浅之故，遽以视为一等军港，则不免尚有难色。因之美国海军遂择定旧金山港之对岸Alameda半岛地区，新筑成一海军根据地，此处设备，则于大舰队之修理、补给，足有十二分之余裕，于是以海岸线全长三百哩，水面广袤千六百平方哩，见称之旧金山湾内，有海军根据地两所

---

〔1〕即马汉。

并存。其与外洋相通，长三哩半之金门海峡（Golden Gate），可称为无双之天险。其两岸崖壁，则由难攻不落之炮垒，以固其守焉。Los Angeles市之一部，San Pedro要港之中，筑有要塞，设潜水舰与航空队之根据地于此。再距Los Angeles市百二十六哩，California州最南之一港，大名鼎鼎之San Diego市中，则有与完全军港相近之设备，此处拥有天然之地形，适于风波之躲避，湾长十三哩，阔半哩以至二哩，水面广袤，约二十四平方哩，水深凡三十六呎，故较之Mare Island水深仅二十二呎者，关于收容近代之大舰队，则已优于其上，绰有余裕矣。据美国军事专门家之所见，则以该军港在对巴拿马运河作战上，为一重要根据地。及至近年，愈一意努力于施设之完备，如燃料贮藏所、军需品仓库、无线电台、航空队根据地之类，应有尽有。除要塞兵以外，驻有海军陆战队一旅，不过就目前状况，仍仅为各种补助舰艇之根据地而已。

以上所列举者，已对于美国西海岸之海军根据地，大体加以说明矣。今有不能不特置一言者，巴拿马运河之防备问题，是也。所谓巴拿马运河者，殆为贯通美国东西两海岸之唯一孔道，故美国军事当局，关于巴拿马之防备，其神经过敏，殊堪发噱。关于大西洋方面，姑置不论，兹仅就在太平洋方面者言之，运河之入口，有夥多小岛，散在其间。其中在Flamenco、Perico、Naos各岛，筑有强力要塞。由Balboa至Naos岛间之三哩堤防上，设有海岸要塞，装置十六吋炮、十四吋炮、六吋线膛炮、十二吋臼炮。其于陆上，则有野战永久筑城。步骑炮队，约有数团，常川驻防于此。且在Balboa港，对于大舰队之施设，有船坞、燃料贮藏所、军需品仓库、舰艇修理工厂，其在前进根据地资格上，已决无若何之缺陷。然而美国人，犹以为未安，更于巴拿马湾口之Perlas、Tabognila、Taboga各岛，严加武装，令潜水舰常川驻守，并设航空队之根据地。故以言今日之巴拿马，则已俨若铁壁，无懈可击矣。

试一披览太平洋地图，将散在各地之美国海军根据地，一一点注之，则联络Manila、Guam、Tutuila、Pearl Harbour、San Diego、Alameda、Bremerton、Sitka、Unalashka、Kiska参差错综之一线，描成延长约一万五千海里之不等边多角形，对于偏在太平洋西北隅之日本列岛，有远由东南北三方包围之势。况太平洋西方入口之新加坡，既已握在英人之手，而东方入口之巴拿马，又复在美国掌握之中，然则日本，殆已如入瓮之鳖矣。由是观之，日本因此所余之唯一道路，仅有经由日本海、中国东海，向通亚洲大陆之西方一路而已。惟纵就此路言，在以前状况，仍曾被海参崴、旅顺、威海卫、青岛所联成之一线所遮断，嗣由日俄日德两战役，始达沟通之目的。

对于以上情形，日本之防备若何？则在与菲律宾最近之处，即高雄州屏东街（台湾之西南端），驻有航空队八联队，此在作战上，含有何种意义？姑留以为读者诸君之判断，可耳。台湾方面，除上述者以外，尚有基隆要塞，其先本为中国所建筑者，嗣在中日战役中，被日本海军所占据。台湾海峡之中，有马公要港，为澎湖岛要塞司令部之所在地，扼断中国东海之南方入口，不容敌人内进一步。划分中国东海界之一联群岛中，有奄美大岛（琉球群岛）要塞。由马公、基隆、大岛三处要塞，已成为将中国东海完全封锁之形势，此就地图略一寓目，未有不能理解者也。

驶入濑户内海西方入口，有佐贺关之丰豫要塞，与在东方入口纪淡海峡之由良要塞相对，对濑户内海之太平洋敌袭，有周密之防卫。在此防卫周密之隐蔽处，有吴军港，似已不必赘述。与吴相并立，面在太平洋之军港，曰横须贺，此处为东京湾要塞司令部之所在地，担任日本首都之保护者也。距东京湾五百三十海里之处，有小笠原群岛，对于由南方直冲东京湾之敌，恰成一东京湾之外堡，而其主岛父岛之二见港中，有父岛要塞，白华德氏所著之相像战中，谓美国海军意在占领此岛，而大遭失败矣。由太平洋之战策言之，小笠原群岛之极属重要地点，固已为专门家之一致公认者。更北进，则有分隔本岛与北海道之津轻海峡，该地有大凑要港，与津轻要塞同为日本北门之锁钥也。

在前述之马公、基隆与奄美大岛要塞之间，有佐世保军港。佐世保要塞与长崎要塞，同为保护西九州之安全者也。下关要塞，为濑户内海防卫之另一关口，则已为显然之事实。日本海南方入口，有对马要塞、壹岐要塞及镇海湾要塞，因拥有该三处要塞，故日本海已成为日本之安全池沼矣。日本海之中，有舞鹤要塞，为舞鹤要塞司令部之所在地。北朝鲜之元山津方面，有永兴湾要塞。不过以上所述者，与太平洋作战上，无若大之价值耳。

就以上情形，概括观之，马公、基隆、奄美大岛、佐贺关、由良、东京湾、小笠原、大凑所联成之一线，为日本对于外壁以保守其领土，且遮断外敌，不许进入中国东海，正日本之所视为国防最终线也。线中，有日本海军大根据地三，即佐世保、吴与横须贺，是也。惟前二港，则皆处于坚固外壁之内侧，而占有安全位置，独横须贺，则成向外洋曝露之形势。试由此种见地言之，则形成东京湾外堡之小笠原群岛之存在，在军事上，不可不谓为有极重大之价值也。

华盛顿及日内瓦两军缩会议中，早已成为争执之焦点，即当考虑估量一国海军战斗力之时，必须就该海军国所有海军根据地之数目，亦当一并列入估计之中，方为公允。地中海沿岸诸国，其所受威胁，与其谓因英国海军，拥有多数巨舰，毋宁以其在地中海各岛筑有强大海军根据地，致反觉有更大之压迫。新加坡筑成问题，是否英国威胁日本，固曾议论纷纷，莫衷一是。然而海军根据地之如何被人重视，已不难洞悉其底蕴。就日本环境言之，自不能认为一轻微问题，倘英国海军一旦摹仿昔日之波罗的舰队，悬军万里，以进攻日本之近海，则尤收容大舰队之安全港湾，或不能供给其燃料、弹药、修理舰艇，以及缺乏供应一切急需设备之根据地者，决难出于轻举妄动。香港固亦具有军港性质，然以衡之新加坡，其种种设备，远非所及。故观测海军兵力，必须于舰艇之外，更须于海军根据地，同时重视，可耳。

拿破仑之海军战策[1] 归　与

　　拿氏以盖代之雄，当意大利远征之后，遐迩慑服，威望尤著。比称帝，而英难之，于是力事经营，一志图英，侵之之怀，殆寤寐念念，莫之或谖。虽厥后特拉法加一战，功败垂成，因素复然，议者非之。然成败初不足以论英雄，而英雄尤得由成败而益彰。观夫拿氏侵英之海军战策，优劣得失，垂训后世，盖可知拿氏之为拿氏也矣。一七九七年十一月五日，拿氏自米那诺致其总裁政府函曰："侵英企图，须准备下列各项，方有成功之望：1.优越之海军将校；2.得以威吓数处并具有补给上陆部队技能之士兵；3.勇敢奋战之提督，余意以多留格（Truguet）最为适任。"又一七九八年二月二十三日，复于巴里致其政府书曰："吾人无论如何努力，苟非数年之后，决不能获得优势海军。是无制海权而欲侵略英国，殊为至难之事。倘欲达其目的，势非奇袭其舰队，或以小艇乘夜阴航行七八时，自肯特（Kient）及萨赛克斯（Susse）潜行上陆，出其不意以侵之，无他途也。第此须长夜，冬令方相宜，一逾四月，已无能为矣。且四月以后，天候不良者多，利于防而不利于攻，以我海军现况之无整备察之，断难运用灵敏，行动无阻。则吾人此际，惟有放弃远征英国之意志，仅虚饰其外观，而实行攻取哈诺瓦，及汉堡等处，以倾注其全力于莱茵河畔。抑进而阻挠印度贸易，威加东方，亦可偿吾人之愿。苟斯三者而不获遂行其一，则不若与英国释怨媾和，以待缓图之为愈也。"由是观之，则拿氏之于侵英计划，始而效法汉尼巴，袭敌致命部。继则甘违军事原则，意图避战者。足征其深虑海上

―――――――――

〔1〕此文发表于《海事月刊》1933年第7卷第2期。

实力不充，制海权不在握中，势不得不出此下策也。泊乎一八〇五年九月，拿氏曾追维特拉法加之败北，致书于海军部内称："当时关于轻舰队之创设，余意在联合土伦加其斯（Cadiz）菲洛尔（Ferrol）及布列斯特（Bresst）四舰队，集中数十只战舰于马其尼克（Matnique）港，即指博洛耐（Boulogne）直航，则需时仅两星期，斯可掌握制海权，而令驻屯沿岸之步兵十五万，骑兵一万，及轻快小舰艇三千乃至四千，组成快速部队，与我大舰队到达之余，同时竝进，直捣伦敦及特里尼特（Trinite）而占领之。讵料该项计划，未克实现，良用慨然。借令威尔纽（Villneuve）提督，不入菲洛尔，而与西班牙舰队合之，回航于布列斯特，会同刚替木（Ganteame）提督，通力合作者，我军之得侵入英陆也必矣。且彼其时也，博洛耐既有大军十五万，小舟四万，及其他一切物资至夥，当大舰队未到之前，余意须示英人以相反之行动，勿令敌军知我计划。非为防，乃为攻耳。其方法实施，宜在博洛耐，只准备运送船遍底船及装炮艀舟等，俾敌军信我单以轻舰队强行通航，而疑惧我大舰队之别有行动，以震撼其议会，以扰乱其国民，则吾人之怀抱，必已如愿以偿矣。"

似此计划，自表面观之，颇觉平淡无称，苟一究厥精义，则拿氏之意向，殊为渊博。盖为获得制海权之主要目的计，有时须保持其优势，暂令舰队勿事轻率战斗，以便俟至行动决定之直前，始以迅雷不及掩耳之势，集中全力以赴之。匪惟致敌不知所攻，不知所守。抑使敌舰队备多力寡，分裂其势，利莫大焉。溯之厥时，以纳尔逊之明，犹张皇于搜索威尔纽舰队，既疑其在非洲沿海，复疑其在西印度方面，频施觅索，举无所获。比威尔纽舰队出驶之后，纳尔逊始寄其军令部书曰："该舰队已失战斗能力。或经归港欤；或东向而至埃及欤，二者必居其一。"旋英舰"橹克流"（Le Curieux）号偶于海上遭遇之，始略悉威尔纽舰队之踪迹。而英军令部得此意外情报，即大事变更兵力之配备，其著征也。夫拿氏之计划，既符战略理想，复合战略原则，胜算之操，自在意中。然而事实之表现，成果相反者何耶，是盖有此外之因素存焉。最初拿氏之倚畀，赖以担负该项主要任务者，乃为喇秀特力威优（Lalouche-Triville）司令长官，该长官曾自土伦率战舰十艘，与泊在加其斯之战舰"列格尔"（Laigle）号相合，旋至洛休浮（Rochefort）解除战舰五艘之封锁，乘刚替木于布列斯特牵制肯倭利士队之机，将率前述战舰共十六艘，进而侵入英国海峡。当此之际，英国舰队正于特克赛尔（Texel）从事封锁荷兰舰队，其于海峡方面，能抗法队者，仅七八舰而已，英势分，而法势合，正法军战胜攻克时也。乃喇长官忽焉赍志以殁，功阻垂成，良机不再，此其一。自是厥后，拿氏固曾于实行上略为变计，欲将舰队集中于西印度方面。而威尔纽于一月十八日初度出动，即遭风涛之厄，战舰多被损坏，比及修缮告竣，已旷时至两月之久，故威尔纽队到达西印度时，业在米西曳洗队奉命发航欧洲之后。而刚替木队，方为肯倭利士队严重封锁之下，未得逸出，末由与之会合，此其二。法舰队当时虽未克完全集中，而威尔纽自西印度引还至菲洛尔，合之该处战舰，已有三十五艘之多，较之肯倭利士队，徒有战舰十八艘，其势不为不优矣，倘此时以之与刚替木队共同动作，破坏封锁，进而求战，肤功克奏，一可期也。而英队厥时，从不知该项战策目的之安在，正在疑虑之间，西法联合舰队果乘之出击，肤功克奏，再可期也。即值菲尼斯特尔（Finisterre）角战斗后，或游哥（Uigo）及柯洛那（Corogno）假泊后，拿氏战策之价值，依然存在。拿氏此际，曾致书威尔纽内称："望速出航，果君仅为一次之通过，吾人即得领有英土。"然威尔纽畏葸不前，庸懦无能，有悖拿皇之旨，有失进战之机，竟退却于加其斯，而招致厥后之覆败，此其三。拿氏原非海军专才，其计划固极伟大正确，而于实施上，未曾虑厥阻碍，以为临机应变之补救，是拿氏平昔不克精通海上事故之过也。虽然，据拿皇致骆利十敦（Lauriston）书，及圣海伦笔记内称："我海军最大缺点，乃为司令长官之不善于下令，余虽渴求有为之海军将校至殷。但终无所获，遂至偾事。海军初为特殊的专门的，因之余之希图考案，多为所抑制，余每出一新策，咨之刚替木及海军部，而彼等辄复以陛下乎，是不可能也。……风涛所不许。……潮流所不能。……天候尚未静稳云云。致余策未得一现。果有与余同见其人，援助余策，实行余意者，吾侪能无成功也耶。"则彼时法海军提督，以及将校辈，举无一能了解拿皇战策，遵循拿皇意志。要皆为碌碌无状，懦懦苟安之徒之所误。行之不达，挫败随焉，此其四。就西法联合舰队内容而论，其乘员之不足，经费之空虚，补充之缺乏，舰体之不坚，武装之不完，尤为彰明较著致败之由。征之威尔纽于一八〇五年一月十八日出航之后，迄于海战结束时诸函札，已足知其梗概，该札有云："我舰队，不惟准备不实，乘员不足，即舰内帆装，亦破旧不堪，而陆军之兵马武器，满载各舰，虽遭遇轻微风浪，犹樯折帆裂，修补不暇。水兵复弱不胜风，毫无经验，西班牙舰船，更为窳劣。旷古以来，未曾见闻有此等船舶浮于海上者，以如是之舰队，当若彼之劲敌，矜怜孰甚。"故纳尔逊当以勇敢无敌之态，命所部舰长，各以一舰击法一舰，而其自身，独以一人当西班牙全队也，此其五。由是衡之，其致败之因，决非拿氏计划之不良，信奉行者其人其质有以贻误之也。虽然，以拿氏之雄才，力征经营，不数年间，由偏裨而统帅，而总裁而皇帝，竟不自察其海军内容劣弱，而令实施若是计划，此拿氏之过失，他人不能分之。且拿氏常恃强烈命令之威，咄嗟之间，征集员兵，充实陆军，军力为之一整，其于海军也，亦信复可如是，循行无易，见解错误，莫此为甚。一七九八年五月九日，拿氏曾命驻土伦之陆军炮兵第六旅一部，临时乘之舰队，以补水兵之不足。又同年六月十六日，尝命土耳其奴隶五百人，于马尔他登舰，使服役舰务。其不解海军编成之特殊，准备之需时，教育训练之难速成，境遇惯习之难耐服，凡夫海上诸务，俱不似陆军之简而易就也明甚。而拿氏辄依舰数的比较，以期其战策之实现。海上武力之争，其岂单纯若是夫。纵令西法联合舰队，得如拿氏之意，而能集中五十艘，或五十五艘，较之英国海峡之英舰十八艘，或二十艘，已多多矣。然一究厥内容实际，试问谁得保证西法舰队必胜，而英舰队必败耶。纳尔逊有舰十艘，斯可对威尔纽战舰十八艘，进而求战，且穷追之。则西法舰队，既无实质，复无精神，兵力均衡之势已破，拿氏不之知，犹于圣海伦诩之曰："人或谓余之侵英，为无谋之胁迫，是不知余之理解，及方法也，余尝对之深思熟虑，划策至秘，我舰队之行动，在使英舰队为之搜索，而驰驱于世界各处，以便我舰队乘其不意，集中沿海。果我七八十艘之西法舰队，到达英国海峡，则无逾两月，制海权必为我有，况我备有三四千小艇，一令之下，十万精兵，即可出征乎。"拿氏徒以舰数权衡兵力，从不顾及实质精神，虽其志雄策伟，又奚益。不宁惟是，拿破仑自一八〇五年六月以后常曰："余为英国设想，彼既无陆军，复无要塞，倘我武勇精锐，十万之师，北渡而上陆者，诚不审彼英人何以自处，殊堪悯笑。此吾轻快舰队之伟功也。事虽需费，要为断绝英国生命计，只须获得海权六小时足矣。"由是而知拿氏胸际念兹在兹者，则在暂时取得制海权，渡海上陆，以袭其刁顽不化之仇敌。愤极难抑，情急可想。卒之判断错误，不察海战之根本准备，即短时之制海权，亦不可获，宜乎拿氏未克达其侵英目的也。若拿破仑对于海军真能理解，实质与精神并重，舰队之优劣，自可期而待之。则拿之于英，船不必近其海，兵不必登其陆，恐英亦可屈服退让，而听命乎拿氏矣。乃拿氏见不及此，特拉法加海战一蹶，影响于滑铁卢陆战，功溃身放，惜哉。第拿破仑晚年，于圣海伦矶畔，追维平生，静溯经历，对于海上势力之优越，海战关系之重要，犹能澈悟之，而确认之，甚悔前此矜嘲英人之非，此拿破仑之所以雄雄赫赫也。

德国海军之复兴运动^[1]　　企　之

一、凡尔赛条约中关于德国海军之规定

德国海军在凡尔赛条约中，就大体规定言之，其关于军舰者，得保留装甲舰Panzerschiffe六艘，巡洋舰六艘，驱逐舰十二艘，并鱼雷艇十二艘。继一九二〇年三月，所谓大使会议die Botschafterkonferenz，决定许德国于上述所保留军舰以外，得再保有装甲舰二艘，巡洋舰二艘，并驱逐舰四艘，鱼雷艇四艘，以为后备之用。于是据此，德国在上次世界大战后之所有海军，其关于军舰，共可有装甲舰八艘，巡洋舰八艘，又驱逐舰、鱼雷艇各十六艘。再此外，德国尚可有相当数之补助艇舰，如测量舰、扫海艇、渔业保护舰、炮火练习艇，以及警备船、供给船等。然此等艇舰，几无武装之可言。故在作战上，亦几无其价值。以此，此等艇舰，亦不足厕吾人讨论之列。而若所谓潜水舰，在德国为禁有。又有所谓军用飞机者，在德国亦属列入不得保有之例。故德国之海军，无有其飞机，亦无有其飞艇，因亦无所谓航空母舰、航空供给舰，以及航空巡洋舰焉。

德国关于军舰，其云新造或新置，限于现有舰已超过一定年龄或有失没时，是即所谓军舰将减少，或已有减少时，得以为之。盖德国军舰，规定装甲舰与巡洋舰自进水之日起算，以至舰龄达二十岁时，得建造代舰。又规定驱逐舰与鱼雷艇，以自进水之日起算，以至舰龄达十五岁时，得建造代舰。又规定凡德国建造代舰，其所有排水量，装甲舰每艘不得过一〇〇〇〇吨，巡洋舰

---

〔1〕此文发表于《四海半月刊》1933年第4卷第2、3、6期。

每艘不得过六〇〇〇吨，以及驱逐舰每艘不得过八〇〇吨，鱼雷艇每艘不得过二〇〇吨。又德国关于海军所有在舰上以及供补充用之兵器、子弹并战斗材料等，其可有之数量，皆由协商国严为之规定。

以云德国之海军人员，凡在舰上服务者，并陆上服务者，一气包括官员兵士在内，全体计算，其总数不得超过一五〇〇〇人。又规定凡德国海军人员，其补充限以应募志愿人员充之。其服务年间，军官限为二十五年，下级军官与士兵，其服务年间，限为二十年。

又规定凡德国境土，其在北纬五五.二七度以至五四度，东经九度以至十六度之间者，皆不得筑垒建炮，以为其保护海岸之用。又德国所有海珥果兰（Helgoland）之炮台，规定必须撤去之。又德国于凡尔赛和平条约规定以外，其关于代舰炮装，时受到对方之干涉。德人每愤其非法。至现今由德国所有战舰之炮，最大之口径为二八生丁。巡洋舰舰炮最大之口径为十五生丁。鱼雷艇舰炮最大之口径为一〇.五生丁云。

二、德国海军之现状

德国海军关于凡尔赛条约以及一九二〇年三月大使会议决议案之施行，共关于装甲舰并装甲舰之后备舰，保留有旧战舰八艘，其型为"伯洛恩斯凡希"级（die Deutschlandklasse）。关于巡洋舰，保留有旧时海军小型巡洋舰八艘。又关于鱼雷艇，德国由旧时海军保留有鱼雷艇三二艘，其中八艘系后备舰。而进考所谓德得行保留，以充其所谓装甲舰者，其进水年间，率在一九〇二以至一九〇六各年间，其排水量，率为一三二〇〇吨；巡洋舰率进水于一八九九年，以至一九〇三年各年间，其排水量，率自二七〇〇吨起，以至三二五〇吨为止不等。又若鱼雷艇，其排水量率自六〇〇吨起，以至八〇〇吨为止不等。其所有进水年间，其中系大部分进水于一九〇六年以至一九〇八各年间。其余小部分，则系进水于一九一〇年，以至一九一三年各年间。并若此之鱼雷艇，德国按照上述大使会议决议，其进水年间较近者，即折为凡尔赛条约中之所谓驱逐舰。至若其进水年间较远者，则视为条约中之所谓鱼雷艇。

盖德国在上次世界大战后，其军舰之由战前海军传袭而来者，一因其舰龄之老，二因其在上次大战时之经激烈应用，以逮至一九一九年为止，各舰已经非具有完全价值，甚者乃至其中有一部分，已不再堪使用。所以德国于一九二一年三月，颁布国防条例，规定重新建设陆海防国防时，业已有数艘之巡洋舰与鱼雷艇，须建造其代舰。

因查德国在大战后旧巡洋舰代舰之建造，系以巡洋舰"A"号为始。此舰属于一九二五年进水，命名为"爱姆顿"（Emden）号，即于次年就役。德国继此以后，一直以至今为止，其新巡洋舰之经造成者，是曰"王城"（Königsberg）号、"喀尔斯乌黑"（Karlsruhe）号、"柯伦"（Köln）号，以及"来比齐喜"（Leifzig）号。统以上所述各新巡洋舰，其排水量均适用条约量之最高限度，而为六〇〇〇吨。又德国除上述之各新巡舰外，其在一九一九年所保留有之旧巡洋舰，本尚有三舰，亦已早可以起造代舰。但德国于今决计，暂行停造此三艘旧巡之代舰，其故则以德国欲于已经造就之新巡舰中，得有其经验，再行进而续造新舰。于此外复有其原因，德国戒之以行暂停其续造新巡者，则为所以免此日同造新巡，而他日亦有同时老朽之弊。而吾人于此有不可不注意者，是为德国旧时巡舰非因其有新者之告成，而为有五艘之除籍，实系其除籍者，已有七艘。于以总计之，现时德国在役之巡洋舰，是为新者五艘，而旧者一艘。

以云德国在大战后，其之建造驱逐舰之代舰，亦已急起进行，是为于一九二六年，德国有其新驱逐舰六艘之进水，其排水量皆为六〇〇吨。又于一九二七年，以至其翌年，续有其新驱逐舰六艘之进水，排水量同上。因此德国在今日，其关于驱逐舰代舰之可造者，尚余有后备驱逐舰六艘，又此外旧鱼雷艇十六艘，其排水量为二〇〇吨者，亦尚待建造代舰。盖按之凡尔赛条约之所规定，其所遗留有之全体旧鱼雷艇三十二艘，自多年以来，即已可悉数建造代舰。但德国除业经造成之十艘新驱逐舰外，其关于所余之旧鱼雷艇，尚可建造代舰二十艘。而顾此者有待建造代舰之旧鱼雷艇二十艘中，有其六艘，因其难维现状，业已除籍。是故德国现时关于鱼雷艇一项，其新者有十二艘（即系充新驱逐舰者），而旧者有其十四艘。原定旧鱼雷艇总数为三十二艘，而近仅代之以二十六艘焉。

再云德国关于旧战舰代舰之建造，其开始实于一九二八年。因考德国关于旧战舰代舰之建造，一时曾成为难解决之问题。盖德国欲于一〇〇〇〇吨限度之内，建造一军舰，而使其有现代战舰之价值，此几无可能之希望。然此问题，终亦解决。是惟德之装甲舰"普鲁斯号代舰（Ersatz Preussen）"实于一九二八年始工，可称为装甲舰代舰之第一号。此代舰于一九三一年春间进水，命名为"德意志"（Deutschland）号，殆可于一九三三年就役。（按报载此舰近已就役）旋继之于一九三一年，德之所谓装甲舰"B"号，或称之曰"罗德林"号代舰（Ersatz Lothringen），安放龙骨。[按B号代舰，近已进水，命名曰"雪尔"（Scheer）号]再继之于一九三二年秋季，德国所谓装甲舰"C"号，或称之曰"伯洛恩斯凡希"号代舰（Ersatz Braunschweig），接踵安放龙骨。但截至现时为止，德国实仅有一艘已竣工新装甲舰之可言。而稽之德国原保有旧战舰八艘之已经除籍者，已有四艘。是则德国之所谓装甲舰，其现有者，仅为五艘，其中四艘均系几无价值，而其舰龄已分别属达舰龄二十六岁以至二十九岁之列。抑又按实际言之，德国现有海军，其有战舰五艘，巡洋舰六艘，并鱼雷艇二十六艘，其在一九三二年，实仅有战舰三艘，巡洋舰五艘，并鱼雷艇二十艘之供役，持此与条约所许可德舰供役之数相较，盖尚少其战舰三艘，巡洋舰一艘，以及鱼雷艇四艘。

吾人在德国，于报纸上时常发现一种议论，以为德国海军人员之数目既限为一五〇〇〇人，若欲以此全行分配之于条约上所许可之舰上，其额当有不敷之感。因此德国凡非热心国防者，每反对夫全数代舰之建造。实则德国现时所保有之海军人员，已足以敷装甲舰六艘，巡洋舰六艘，并鱼雷艇二十四艘同时之分配。而今之德之不全数运用其条约上所许可之舰数者，特以在大战前所造之旧舰，如欲全数维持之，其所费为不资，故以暂辍于一时耳。

三、德国之造舰计划

德国自一九三一年春季以降，即有造舰计划之成立。此计划盖拟于一九三一年以至一九三六年之各年间，继续建造其所有应造之代舰。盖按此建造计划之所定，如上文已述，于一九三一年开始建造其第二艘装甲舰之代舰，于是于一九三二年八月，继之以第三艘装甲舰代舰之始工，再继之爱拟于一九三四年，有其第四艘装甲舰代舰之始工。至以云告就之期，则属第二艘装甲舰之代舰（即"雪尔"号），当可于一九三四年竣工。又第三艘装甲舰代舰之竣工，当在一九三六年。又第四艘装甲舰代舰之竣工，当在一九三八年。又按德国造舰计划之所规定，其所有四艘之后备驱逐舰之代舰，当在一九三四年以至一九三六年各年间开工建造。又小鱼雷艇五艘，按照造舰计划规定，拟于一九三六年以至一九三七年两年间，建造代舰。惟是关于巡洋舰代舰之建造，其在一九三一年以至一九三六年各年间之造舰计划期间内，德国仍无所规定。抑又有如上述之所谓德国造舰计划，是为其第一期造舰计划。此外尚有其所谓第二期造舰计划，则拟于一九三六年以后，继续建造其所有旧舰之代舰。

德国按照其造舰计划之所规定，其在自一九三一年以至一九三六年之六年内，每年支出其建造经费五〇〇〇〇〇〇〇马克。而凡支出经费百分之八十，系为工人工资。有如建造一艘之装甲舰代舰，其建造费每为七五〇〇〇〇〇马克。其中系有六〇〇〇〇〇〇马克属为工人工资之费。故凡建造一艘装甲舰代舰，辄可用工人六千人，自建造开工日为始，以至竣工之日为止，为期可四年，年可得工资二五〇〇马克，以赡其家属。而在此六千人中，大约其九〇〇人为船厂工人，此外五〇〇〇人，则为其他工业工人。而凡一军舰之建造，计凡德国各处工厂之行参加者，可有一〇〇家。又凡一装甲舰之建造，其期每为四年。然以德国之工技言之，其建造期，亦可由四年，缩短为三年。夫使其果如是，则所需造舰工人之数，其按年自须增加。

吾人今论，设使德国第二期造舰计划，其进行如仍不能较第一期造舰计划之进行为速，则窃计其由战前承袭而来之其余所有旧舰，其代舰之建造当待至一九四五年之际，方能竣工就役。吾人并须注意，如至彼时，则在一九二六年以至一九二九年四年间所造之驱逐舰，已须再造代舰。而又现今所谓新巡舰"爱姆登"号，至一九四五年，亦须兴造代舰焉。

再有言者，夫按和会之议定言之，则德之对于在一九一九年以至一九二〇年两年间所由传袭而来之八艘战舰，八艘巡洋舰，以及三十六艘鱼雷艇，得全数造其代舰，在德人颇视以为此属当然之事，无可置疑之余地。顾法国对于此则亦有致其疑义者，则有如法国海军大臣特蒙（Dumont）氏，昔者尝谓德国之行其建造代舰，为超过其和会所定之数之百分之二十五。而以此声言于法国之下议院与上议院，而德人辩之，则曰凡所谓后备舰者，其要在乎能为现役舰之补充。其故良由于现役舰与后备舰之间，时有其交换服务之可能。而凡在于现役舰每有其休养修缮之必要，又或因现役舰之改造，每有其长期不能服役之情形，则因移调其人员，而以后备舰代替其役务，此系当然之事。盖倘不若是，使凡所有后备舰，其价值不与现役舰之所具者相等，则和会之所许予于德之后备舰，将毫无意义。如是云云，其理颇允。故法旋亦于其自国造舰案中，明显表示其承认德国之有其后备舰建造权。是为法国于一九二二年，在下院中提出造舰案之建议书，其中建议建造巡洋舰并驱逐舰之排水量，总数为三九〇〇〇〇吨。其建议理由，述及德国所可造之战舰代舰，系为八〇〇〇〇吨。（以八乘一〇〇〇〇吨之得数）所又造之巡洋舰，并驱逐舰代舰，吨数系为六四〇〇〇吨。（以六乘六〇〇〇吨，并一六乘八〇〇吨，加一六乘二〇〇吨之总数）一九二五年六月十八日，法国议员下院海军委员会长罢泰格利亚（Rotaglia）氏，当其既深研法国海军问题以后，在其建议书中，亦谓德国按照凡尔赛条约第一八一、第一九〇两条之规定，以及按照其后之补充规定，实得享有建造装甲舰、巡洋舰代舰各八艘之权。又得关于驱逐舰与鱼雷艇各造其代舰十六艘。夫如此之法国之所谓德国造舰权，在德人视之，则属为一种义务。夫所谓德国之造舰义务者维何。曰，德人之意若谓，其国之海军人员，万不可以之纳之于"浮樣（die Schwimmendea Särge）"之中。良以沮丧海军人员之战斗精神，为未有过于其觉其自身之立于一无战斗力之舰上者。益之以德国之海军，固属负有其重大任务，而为不可不有价值完全之军舰，以图以副之乎。夫如是云云，又以征德人之注意于其海军力，弥殷且切也。

四、德国海军之任务

尝谓德国海军之任务，其重要者，是在于其国境东部，有被侵袭之危险，或在东海Die Ostsee方面，有其第三国作战时，亟亟保其通东普鲁士之海上通道，以此为其首务。盖自近年以来，波兰之耽耽于德之东普鲁士省，其征象日益显明。再者，使丹济希自由城（Die Freic Stadt Danzig），而如果被掠夺，则亦非德国之所能坐视。良以德国在东海方面，无论何项海战，乃至与德国无有直接关系之海战，皆能使其通东普鲁士之国脉攸关之海上联络，为之扰乱，故非有以备之不可。此外，若德国之须防御其北海东海海岸。关于陆军，须防御其由海上方面之被攻击。又德若当第三者在东海或北海方面，其有利用德国领海或海岸，以行战斗，而因之破坏中立者，其时则应保护期领海。凡此亦皆为德国之海军重要任务。

夫惟德国在东海方面，其所负海防任务，既有如上述之重，则其谋有以胜之，自以具有其处之海上巩固地位而后可。盖德者，必须有其海军力，其强为能于任何情形之下，在东海方面，握有其制海权而始济。换言之，曰德国之海军力，除以之担任在上文所述之其他任务，并以之担任在下文所述之其他任务外，仍须绝对的在东海方面，优过其他国海军力而始可。夫当今之日，德国在东海方面，其之可悬拟为对手之国，是曰俄国、瑞典、波兰、芬兰、丹麦，以及爱沙尼亚与立陶宛之数邦。然究之，德国与瑞典间，以及德国与芬兰间，其之发生战争成分，究为极少。独是德国与俄国，以及德国与波兰，则其互相冲突，实为事之可能。且当夫既有此项冲突之际，若丹麦，若爱沙尼亚，以及若立陶宛，每易被第三者强迫，以使之加入反德方面。抑按之现势，若使波兰海军之造舰计划，而果施行告竣，德波之间，爆发海战，极为事之所许。并或德波战事之既爆发时，则法国之强有力海军，以助波兰之故，遂行出现于东海方面，更为势所必然。否则，或英法两国海军合力以对俄，而因以用武于东海方面，则其时无疑的德国海军，将被迫不得不出于保护其国中立之举。良以德国所有在东海方面之各港，最适于陆军上陆，以及为陆上行军之用，英法之或袭而据之，又为势所易至。而德于是固惟有相当之海军力，为有以阻之于预。则试征之上次世界大战，以德有其战舰队，乃能使英之强有力之海军，以暨其他与英国合力之海军，终于不能直迫德国海岸，且亦不能达其与俄国合军之目的，则亦可征海军力之优于自卫力为何如。而要之德国海港之或被欧西诸邦利用，以为对俄作战之凭藉，则已能界德国经济上以极大之影响。

抑谓德之欲于战时，在东海方面，以其海军力维持其制海权，其事亦良非易。诚以东海所处，其形势乃不啻一内湖，最易为外界所隔绝。故或使当战时，而有自空中以空军力控制贯通北海与东海之运河道者，则德国在北海方面之所有部分海军，势须与在东海方面之大部分海军，为其遥应之势者，完全被截。是则以戒此之故，设使德国而值战时，一方既须有海军力以为保护海岸之用，此外复须有相当之海军力，以防通东海通道之被阻。所惜德国在北海方面，于今已摧其所谓海军根据地之海珥果兰（Holgoland）。以征德国在德意志湾之军事地理，其形势已多形不利。总之，无论如何，德国在北海方面，其形势之非利，吾人如衡量其海军力，万不可不连带，于此加之注意焉。

再者，德国之所谓海军任务，其条项固非第如上文之所述而止。盖德于所谓和平时，有其海外商务之须保护焉；有其侨外德人之须荫庇焉；有在和平破坏时海外输入之须保全焉；有其在同时敌国商务之须加以破坏焉；有其缀敌国战斗力于不利之地位，而使之不得活动之必要焉。夫凡若此之海军任务种种，在今日之德国，固已非能完全胜之而愉快，而为仅能于相当之限度内，竭力以赴之。盖德之在今日，其所谓以海军力量争得海上自由之时代已过去。惟所云经由斯堪提那维亚半岛以入东海之商务，倘德之海军能在东海方面保有其制海权，则对此固尚能护之。特是经由海外以入德意志湾之通路，其之接近欧洲海岸时，德对此欲保护之，其事较难。且欲保护之，其时之先决条件，是为德非系与英国交战而后可。抑谓在将来之战争，凡所谓通商保护，与所谓通商破坏，将多在大西洋上行之。而德之海军于此，固亦敢决其未遑多让。盖证之一九一四年以至一九一八年海战事实之所诏告，以知海军虽其力量较弱，倘使其竭力周旋，则亦能扰害大海军国之制海权，并其商务。举其实例，则如英国海军军官琼伊尔芬（John Irving）氏，在其《苛尔讷尔与法克兰德（Coronel and Falkland）》一书中之所叙述，凡在一九一四年以至一九一五年之顷，德国所有之少数巡洋舰，以及其补助巡洋舰，的确在大洋上，经严重的予英帝国以大打击。而由其手中，在短期间内，夺取其制海权。乃至英国之重要军舰，即所谓其国之本部战舰队，为须抽调以往抗在南美之司贝伯爵 Grsaf Spee 舰队，大被牵制，则其事为弥足征焉。

五、列国之现有海军势力

A. 各大海军国现有海军势力

国别	舰种及艘数	吨数
英国	装甲舰（战舰）十五艘	四七四七五〇吨
	飞机母舰六艘	一一五三五〇吨
	巡洋舰五十五艘	三六五〇五九吨

（续表）

国别	舰种及艘数	吨数
英国	驱逐舰一七四艘	一九五〇五九吨
	潜水艇六六艘	六二七六四吨
	总计	一二一三〇二四吨
美国	装甲舰（战舰）十五艘	四五三五〇〇吨
	飞机母舰四艘	九〇〇八〇吨
	巡洋舰二七艘	二四三〇八吨
	驱逐舰二五六艘	二三三七九三吨
	潜水艇一一〇艘	八〇三七〇吨
	总计	一一二〇八二二吨
日本	装甲舰（战舰）九艘	三六九〇七〇吨
	飞机母舰四艘	六八八七〇吨
	巡洋舰三七艘	二三四一五五吨
	驱逐舰一一六艘	一三〇二七三吨
	潜水舰七二艘	七九二九四吨
	总计	七八一六六二吨
法国	装甲舰（战舰）九艘	一八五九二五吨
	飞机母舰一艘	二二一四六吨
	巡洋舰二五艘	二〇三九七一吨
	驱逐舰九二艘	一三三九七吨
	潜水艇一一〇艘	九七〇四七吨
	总计	六四二七三二吨
意大利	装甲舰（战舰）四艘	八六五三三吨
	飞机母舰一艘	五四〇〇吨
	巡洋舰二十五艘	一六〇五八八吨
	驱逐舰八六艘	八〇六九〇吨
	潜水艇七四艘	五二〇七八吨
	总计	三八五二八九吨

B. 欧洲次要海军国现有海军势力

国别	舰种及艘数	吨数
俄国	装甲舰（战舰）四艘	一〇四〇〇〇吨
	飞机供给舰一艘	三〇〇〇吨
	巡洋舰七艘	四七六〇〇吨
	驱逐舰三六艘	三九五九〇吨
	潜水艇一八艘	一一七三五吨
	总计	二〇五九二五吨
西班牙	装甲舰（战舰）三艘	四一五〇〇吨
	飞机母舰一艘	一二四〇〇吨
	巡洋舰九艘	六一二二〇吨
	驱逐舰一五艘	一九八六七吨
	潜水艇二八艘	二一一七七吨
	总计	一五六一六四吨
瑞典	小型装甲舰一〇艘	五〇〇〇〇吨
	飞机母舰一艘	四七五〇吨
	巡洋舰二艘	六八〇〇吨
	驱逐舰一三艘	八二三六吨
	潜水艇一八艘	八四六〇吨
	总计	七八二四六吨
荷兰	小型装甲舰三艘	六六三〇吨
	巡洋舰三艘	一九三五〇吨
	驱逐舰八艘	一三一六〇吨
	潜水艇三二艘	一六五五五吨
	总计	六五六九五吨

C. 欧洲东海方面其他各国现有海军势力[1]

国别	舰种及艘数	吨数
丹麦	小型装甲舰四艘	一五〇五〇吨
	潜水艇一三艘	二九三二吨
	总计	一七九八六吨[1]
芬兰	小型装甲舰二艘	八〇〇〇吨
	潜水艇四艘	一五九九吨
	总计	九五九九吨
	又计划中小型装甲舰一艘	四〇〇〇吨
	计划中潜水艇四艘	一五〇〇吨
	预计一九二八年可有吨数	一五〇〇〇吨
波兰	驱逐舰二艘	三〇八〇吨
	潜水舰三艘	二九四〇吨
	总计	六〇二〇吨
	又按波兰造舰计划以截至一九四〇年为止当可造成以下各舰	
	装甲舰二艘	四〇〇〇〇吨
	巡洋舰三艘	三〇〇〇吨
	驱逐舰一八艘	二八〇〇〇吨
	潜水艇一八艘	一八〇〇〇吨
	总计	一一六〇〇〇吨
爱沙尼亚	驱逐舰二艘	二九一〇吨
立陶宛	潜水艇二艘	七八四吨
	又立陶宛现正计划续造潜水艇	

---

〔1〕应为"一七九八二"吨。

D. 德国按照凡尔赛规定预计在一九四○年所可有之海军势力

舰种及艘数	吨数
装甲舰八艘	八○○○○吨
飞机母舰	无
巡洋舰八艘	四八○○○吨
驱逐舰一六艘	一二八○○吨
潜水艇	无
总计	一四○八○○吨
又鱼雷艇一六艘	三二○○吨

六、各大海军国磋商海军力量协调之经过

尝考世界各大海军国，其在上次世界大战之后，即着手磋商其海军力量彼此相衡之比例，以求剂其平。此其原因，其最重要者，自然根自经济方面，而其见之事实者，是为有自一九二一年起，以至一九三一年为止之历次之海军军缩会议，并历次之海军协商。夫按其名义言之，所有历次之海军军缩会议，似其旨在求各大海军国在海上军备之缩减，其意弥切。但实则非是。盖各大海军国之本旨，仅在求其彼此间所有强大之海军力，在量上互相求其适应，以是为止。而或有以为信行军缩者，此乃大误。

则初，美国于一九二一年，柬邀英、法、意、日四国，在华盛顿开海军军缩会会议。四国应之，越年而海缩条约成立，是所谓华盛顿海缩条约。其概要规定，大战舰之保留数量，英与美国各为五二五○○○吨，日本为三二五○○○吨。又法国与意大利各为一七五○○○吨。而所论关于轻快战斗力之限制，则未经成立。

继一九二四年，诸大海军国，于罗马从事谈判，拟并邀其他海军国加入华盛顿条约，事终无结果而散。

再继一九二七年，美国再发起邀请英法意日四大海军国于日内瓦，开海军军缩会议。此次法意两国，以种种原因，预先拒绝与会。而英日之应邀，卒亦无所成而告罢。而此次会议之目的，是在求海军之限制，并推展之，以及于轻快战斗力以上。

终乃一九三〇年，以有伦敦海缩条约之成立。此次之开会，系由英国所发起。其结果是曰各与会国战斗舰之保有吨数，是根据华盛顿条约，再稍有缩减。而关于轻快战斗力，仅英、美、日三国间，有其协调成立。规定英之巡洋舰保有量为三三九〇〇〇吨，其所有驱逐舰保有量，为一五〇〇〇〇吨，又其所有潜水艇保有量，为五二七〇〇吨。关于美其所有巡洋舰保有量为三二三〇〇〇吨，又其所有驱逐舰保有量，为一五〇〇〇〇吨，潜水艇保有量，为五二七〇〇吨。终关于日本，其所谓巡洋舰保有量，为二〇八八五〇吨。又其所有驱逐舰保有量，为一〇五五〇〇吨。潜水艇保有量，亦为五二七〇〇吨。是为三国签约部分。其他法国之要求颇奢，并拒绝与意大利同等，致关于轻快战斗力之限制，未能成立五强共同签字之条约。伦敦海缩会议其实际之有可注意者，是为英国于伦敦开会之初，其之要求巡洋舰保留之艘数，属为七〇艘。而其终也，乃因美国之不允，致减为五十艘。是英之在海上，其关于交通保险，在战略上已大减其实力。而又英以法国海上势力之增加，其受胁亦日增甚。最后英于一九三一年，曾为其自身利益起见，谋于法意两国间，成其海军妥洽案。然亦仅草立一草案而止，未能达其协调目的。

七、裁军条约草案与一九三二年日内瓦军缩会议各国之海缩意见

盖观之上文之所述，以知列强间之关于海缩之进行情形为如何。计其时，是曰自一九二一年起，以至一九三一年为止，前后都为十年。而稽其从事海缩之原因，要不过曰谋人民负担之减轻。并其事第在大海军各国间进行，而所谓小海军国者，则固未参与其间。穷其结果所致，是惟为各小海军国，其从事拓充其海军或缩减其海军，在事实上亦一以大海军国之关于海军力之行动，为其标准。辗转影响，以彼及此，诚征军缩之有贵于普及也。

顷者军缩会议，正在日内瓦开会中。其所负有谋世界和平之责任甚大，故人望之者亦綦切。顾其成绩，则未之见，令人失望。虽然，日内瓦军缩会议之或将无所成，岂于今日而始可占知之哉。盖于事先，即已为有然矣。则窃以为世界各大海军国，原本即未有意将海军所有保有量，续行缩减，乃或减至如凡尔赛条约所允许于德国者之相当军缩限制量。世人而有不信余言者乎。请试征之普及裁军条约之草案，而当有以知余言之不谬也。

盖尝考普及裁军条约草案者，为受国联并美国与苏联之委托而起草，系于一九三〇年提出于日内瓦。在草案之原意，殆曰，是为军缩会议讨论裁军之不可动摇的基本原则，初不可多予变更。顾乃军缩会议开会未久，即于一九三二年二月，而裁军条约之草案之可变更之声明，已公然宣布。

吾人尝稽裁军条约之草案，规定大战舰之排水量，每艘可为三五〇〇〇吨。其重炮之口径，可达四〇.六生丁。又规定飞机母舰每艘，其排水量可至二七〇〇〇吨。而若此，按之凡尔赛条约，使各国之裁军，其限制果与德国相等，则德之不得有军用飞机，他国且安得有所谓飞机母舰者，裁军条约草案，背此原则，竟规定及飞机母舰，且规定及其所可保有之吨数，宜德之有以愤然不平。又裁军条约草案规定，凡潜水艇在水面上航行时之排水量，每艘不得逾二〇〇〇吨。而潜水艇于德为禁有。又裁军条约草案规定，凡巡洋舰每艘其排水量不得逾一〇〇〇〇吨。而炮之口径，则不得逾二〇.三生丁。又规定凡驱逐舰之最大排水量，为一八五〇吨，而其备炮口径，以至一三生丁为度。此外裁军草约规定，凡其余水面军舰，其排水量不逾二〇〇〇吨，且其炮火以及其速率，不逾所定之一定限度以上者，其艘数与战斗力不受限制。又规定凡水面上舟舰，其排水量不逾六〇〇吨以上者，不受任何限制。盖按是而凡所谓小型鱼雷艇，概不受限制，而在德固属此类艇，其艘数亦受限制。

抑查世界各大海军国之对于海军军缩，其在军缩会议开会之后，意见之相左，最激进者则有若一九三二年六月二十二日美总统胡佛之提案，提议装甲舰（战舰）与各国现有之全体吨数，应减少三分之一，飞机母舰、巡洋舰，以及驱逐舰，应照现有吨数，减少四分之一。又潜水舰，亦照现有吨数，减少三分之一。

总之世界各大海军国之对于海缩之有其意见，曰，惟各欲保其自国海上之安全。而关于舰种之或为敌有，有足以为其将来自方之危害者，则每主张全去之，即或不能，则每主张减少其艘数，或主张减小其吨数。以是相辩，而其激烈弥甚。则若意大利，尚主张在相当条约之下，将大战舰，全行减去。乃英、美、法、日四国，环起而反对之。又如英，尝主张将原定之每艘大战舰吨数之为三五〇〇〇者，减少为二五〇〇〇吨。若在相当条件之下，乃至可减为二二〇〇〇吨。又英与美，曾主张将潜水艇，全行除去。则以潜水艇每可由弱国利用之，以伤害强国在海上商务之故。然如法，则对于潜水艇，万不肯放弃。故潜水艇一项，仍主保留。又如日本，尝主张将飞机母舰废弃。良恐其太平洋上之争霸者之美国，将来或能凭藉此种舰，由空中以袭击日本三岛之故。然日本主张之终于不能通过，则系其议之格于各国之不同意之故。又如英之主要愿望，是为将现约之所许可，凡大型巡洋舰，其排水量可为一○○○○吨，其载炮口径，可为二○.三生丁者，举以减为排水量七○○○吨，载炮口径为一五生丁。则以倘能如此，则将来设使海上有战事，英之商船之可改装为补助巡洋舰者，其载炮口径，率为一五生丁，敌当无有大型巡洋舰，可以胜之。诸若此事最为美国所反对。则以美国如在太平洋作战，其所急需，厥惟为航续半径广大之大型巡洋舰故。

统上所述，以知各大海军国，初无意于真正缩减海军，有如吾人上文之所已述。迁而演之，则曰，各大海军国，绝不欲与德同受凡尔赛条约所规定军备平等之限制，而践其诺言，于以德国之关于海军之复兴之要求，乃随之以起焉。

八、德国海军复兴之要求

若曰，"就世界现今所有之海军军备状况观之，设想其将来能多有所变更者，此殆为未可卜之事。如是，而德之为凡尔赛条约所许可之海军军力，实难以胜任其由各方所交加之重大任务，此尤为明显易见。故如今各国，而有拒绝其按照凡尔赛条约所规定，以其海陆军之战斗力量，低减至与德国之薄弱军备力量相等者，德则实有其权，在海上亦行增强其军备力量，以与各国相抗衡。盖由军备平等之立足点出发观之，为德之所可要求者，即曰首可要求增加德国所可有之海军军舰吨数总额。而如德之所缺之舰种，亦首在要求许有之列。再如德之军舰所可有之排水量，以及备炮之口径，均首要求与各国军舰之所有者相等，此诚属当务之急。夫德，非思以其所有海军之力量，侵略世界者也。第处在当今政治紧张情形之达极高度时代，务迅速以求获有其在海上之自卫力，良为必需。盖若此之所谓海，德国不能放任其常处在几乎完全无防御能力之状况中。以德之如今之军力羸弱，徒足以引致侵略之觊觎，而对德之土地并海上利益，加以危害焉已耳。

复次，关于德有其重要之一事，是曰，德能为与他邦同盟。盖德之能否与

他邦同盟，此其影响于将来德国海军政策之如何规定者，关系极大。而抑谓德
国之寻觅其同盟国，自当就其对德感其陆军军备之增强，为于彼有利者而曙
之。如是，则如英与意大利，实首庸其选。则以英固乐于德之能在东海方面，
有以掣俄。至若意大利，设云德而能强，则实为彼对法国分任其抗御力量。设
或德而与意大利同盟者，德固能于战时，利用其东海方面所握有之制海权，由
斯干提那维亚，经由东海、德国，以达栢雷奈尔（Breuner）之路线，以输入于
为生活所必需之原料物品，对意为其大助，而有以敌法。

夫欲兴复德国海军，其所宜提出之要求程度为如何，其事固宜由海军当局
主之。若于此，第试就夫德国海军现状之急有待于改变之各重要之点，而一为
叙之。

则按如凡尔赛条约之所规定，凡德国之海军，其之将来之所能有之军舰
吨数总额，计不得逾一四〇八〇〇吨。（小型鱼雷艇以及小型补助船只之所有
吨数除外，其详见上文）而若现今之所当要求，凡所有德国海军军舰吨数之总
额，其量当以能在东海方面，握有其制海权为准。惟所宜注意者，所云在东海
方面，宜包括俄国与波兰二国之集合而言之。是则德国应有之海军力，须以俄
国之东海舰队，将来波兰之海军，及丹麦、爱沙尼亚并拉脱维亚等邦之所有海
上战斗力为衡。此外德国在北海方面，并为保护通商计，则亦有其担任此项任
务海军力之必要。而今考之俄国之东海舰队，现有其战舰四艘，巡洋舰二艘，
驱逐舰二十艘，潜水艇十三艘。总计之，其军舰吨数，共为一五〇〇〇〇吨。
至若波兰之海军，其军舰之吨数，将来可达一〇〇〇〇〇吨。又若其他三沿岸
小邦之所有海上战斗力，其军舰吨数，共计为二〇〇〇〇吨。再者，波兰与法
国间，无疑的系订有军事同盟条约。并是约订明，设遇有战事时，法国须以其
强有力之装甲舰队，协助波兰。是则依之，德国海军力之在今日，即以云保持
东海地位，亦不敷甚多。设或德国原有之海外殖民地，现尚在他国统治之下
者，而能返还，则德国将来应有之海军力，更应重新量定。

抑谓潜水艇者，德国今无之，此为不可忍耐之事。盖当今之世，即至极小
之海军，以其皆备有潜水艇，故亦能优防其海岸，其防力远比德为优。是则潜
水艇者，实为防海岸之最良之兵器。再者，潜水艇者，终为海军劣势者所凭
藉之以行袭击强势者之海上通商之重要攻具。有如近者，英国海军中校葛雷

（Greagh）氏，在海军大学，辑其讲义，在其内指陈潜水艇将来之主要任务，是曰当战事严重之会，而有以商船组成为数多之保护运输队者，潜水艇实为其保护者。设遇敌方水上船舰，而有来攻者，潜水艇则有以阻止之，或妨扰之。夫若上之所述潜水艇所能任之三项任务，设使战事一朝发生，于德皆为可有。尤以防御海岸，为三项中之最重要之任务。德如谋有以胜任之，万不可不有其敷用之潜水艇。至若潜水艇吨量之大小，则应以他国之在东海所有者，为其测定标准。而考知俄国与波兰，现在所有新潜水艇各艘之吨量，是为一〇〇〇吨。惟波兰近复要求建造量达一二五〇吨之潜水艇。

以云关于一真有完全器备之海军，凡所谓侦察、视察，以及所谓驱逐之各种飞机，皆为不可少之器备。其中最要者，是为远途侦察飞机。惟所谓炸爆飞机，似于海战上，寡有其重要价值。此其故，良由所谓航空兵器，其对于新时代式上之水上军舰，其克著功效，诚不能有如人之誉之者之巨。而考之现时各国之所有新式战舰，等而下之，乃至于炮艇、驱逐舰，以至潜水艇，亦有其搭载飞机者。再者，经上次世界大战之后，是有所谓新型舰之发现。是即所谓飞机母舰，与飞机运载舰（Flugzeugtrager uud Flugzeugmuterschiffe），其所载飞机，多者乃有至九十架者。其中多含有炸爆机与鱼雷飞机等。迤至最近，乃并有飞机巡洋舰（Flugzeugkreuzer）之诞世。其之所长，在能先大舰队本身，以远程前驱。而其有与飞机母舰异者，是为其所载飞机非夥。兹者德人可一听海军当局之善为审择，或要求建造大而迟重之飞机母舰，或反之而要求建造轻型之飞机巡洋舰。乃若现在濒东海各邦中，俄有其老旧之小型飞机运载舰一艘，吨量三〇〇〇吨。又波兰现拟建造飞机运载舰一艘，其吨量约为五五〇〇吨。又瑞典现在建造可称为模范型之飞机巡洋舰一艘，其吨量定为四七五〇吨。高速力，炮装力量比较雄厚。能载飞机八架。至若德国装甲舰，及所有巡洋舰，自宜按照各国海军成例，每艘搭载飞机两架，以至三架。抑复德国之关于各种军舰舰型，其之所有型之大小，固将毫无疑义的，要求与各国之所有者，享有其同等权。惟关于此，是否务求其舰型完全与各国海军现状相同，则其问题，亦诚有待乎德国海军当局之判断。若据现情而言，则谓如德之装甲舰之新舰型，以及若德之巡洋舰之新型，皆对于世界之造舰政策，开始发生其重大影响。最著者，有如各国著名专门家，均主张凡属建造装甲舰，其一艘之吨量，当以一〇〇〇〇吨，以至一五〇〇〇吨为限。至如英之海军大将赫尔培德利希蒙特爵士（Admiral Sir Herbert Richmond），且欲制限军舰之最高排水量，为六五〇〇吨，不得过之。盖据如是观之，自属将来之战斗舰，其舰型将渐行减小，此种推断，当无或讹。则若德之装甲舰德意志号，业经证明，以能竭尽其方法，乃克使吨量不过一〇〇〇〇吨之装甲舰，具有其为前此所不及料到之作战上价值。又于德之所造六〇〇〇吨型之新巡洋舰，亦同呈此现象。若此者，或系使各大海权国之自来专注重于一〇〇〇〇吨巡洋舰者，渐舍而去之，以趋向中型巡洋舰之一原因，夫若兹，在德固将竭尽其力，以使世界造舰进展之趋向，转向一般减少排水量之途径上买进。惟如凡尔赛条约之所许于德国之军舰排水量之高限度，其是否能使德国受耐，其关键有不属之于德者。即如波兰以及彼之同盟国如法国，且建起其排水量有达二〇〇〇〇吨之装甲舰矣。且进之而建造其新巡洋舰，其排水量亦有达一〇〇〇〇吨者矣。又如俄国仍旧保守其大战舰舰型。诚若斯，则德又乌能不急以增加造舰排水量为务，而无暇论其型之或善或否哉。

兹者，德国既已感其有大量要求增加海军吨数总额之必要，而又继之以将来造舰舰型之须加增大，如上文之所述，终乃以知德国各种军舰之所有艘数，有注意之必要。德国嗣后即将即以八艘之装甲舰自满乎，此诚属一疑问。盖嗣后之海战，或将较之自来所为者，异其方式。然如欲在大洋上，保护自国之商务，破坏敌邦之贸易，固亦有待于在自国海岸，有其强有力之战斗舰，为能试图决敌方主要海军力，而以达其目的，使据制海上交通线之策略，较易实行，方为可望。然则今日一般之所望于战斗舰队者，非徒曰贵其速，而要责其航续半径之能大。良以战斗舰队，有须应情形之必要，而远出作战之故。于今兹有可暂为断定者，德国之新舰'德意志'号，以及其所应行继续兴造之姐妹装甲舰'Panzerschiffe'，乃系为战舰'Linienschiffe'，而非徒为装甲巡洋舰'Panzerkreuzer'。夫各国之报纸，固尝有以德国新型舰，举而与各国之所谓一〇〇〇〇吨巡洋舰者相比矣。其意盖在指明德国实正在从事于建造强有力之巡洋舰。而此项巡洋舰之所具之条件，实较之各海权国之相互应允兴造其巡洋舰之所可具条件为优。夫以此种观念，播布于世界，世之受其迷惑（惑）者自多。惟要知德国之所谓装甲舰者，系与各国之战舰相比拟。而各国之所谓战

舰，其巨固为可至三五〇〇〇吨，其所装炮位之口径，其巨且可为四〇.六生丁者也。

乃以云德国之所有巡洋舰，其现数亦云过少。盖巡洋舰以用之于国内舰队之内为最夥，次之，即以巡洋舰为练习舰并试验舰之用。又次之，则以巡洋舰为商船护运队之导舰，并以之为树立海外常川联络之用。盖若德国军舰之至外国海面，其影响之大为何如，可于德国练习巡洋舰之每年为其海外航行之所引起者，明显见之，良以德国军舰之为其本国与国外国人之联络，其之引起世界重视，并有于利德国之经济，无论其在精神上与物质上，其著效皆甚大之故。则有如近者德国商船'巴登'（Baden）号，适当巴西之革命时间，在利阿德奈伊渥（Ricde）港内遭遇炮击。夫如此则亦足征德国在外国利益之有其保护力之必要。盖使德国军舰之旗章，而果能常现于巴西人之目前，以使之多见，有异于近时之情形者，固可卜尔时巴西政府之对于德国'巴登'号，或竟改其所采之态度焉。

再者，以云现时所许可于德国之驱逐舰舰型，以及鱼雷艇艇型，皆殊不能满人意。而又所许可于德国之用鱼雷为其兵器之舰艇之艘数，诚嫌其过少。德国现在之新造驱逐舰其每艘之吨数，盖不过八〇〇吨。而稽之现时各国之所有驱逐舰，其每艘吨数，乃至有达一〇〇〇吨者。若夫所谓向导驱逐舰，则每艘之吨数，往往达二〇〇〇吨。又所许于德国所可建制鱼雷艇之型，在各国海军中，几已皆废弃不用。盖各国关于鱼雷艇，近皆多制小型摩托艇鱼雷艇，惟其速率则甚高。同时兼造大型驱逐舰，务求其数之夥。至各国海军专家，并有谓驱逐舰之舰型，如长此增大不已，恐其巨，且将与巡洋舰相埒者。惟又有对之抱相异之见解者，则又谓驱逐舰之舰型，其吨数仍将四复至五〇〇吨以至六〇〇吨为度。要之德国关于建造驱逐舰与鱼雷艇所采之方针，亦将视各海权国所采之方针而定。而多数专家，主张德当特别要求增加建造驱逐舰之艘数。至关于鱼雷艇问题，则主张要求建造大量小型摩托鱼雷艇，以充防岸与护港之用。

抑又德国之现有各种舰艇，其按照条约，则须以之分为现役与预备队二者。其艘数率各有规定。此则德人诚宜力行要求，以期现役之各种舰艇，其艘数为若干，有自定之权。而又德国之所有各种舰炮口径，须要求凡在国际协定所许可施行之范围以内，亦得自行规定。

最后，则曰德国如果如增多其军舰，则相因而至的，自必须增益其海军人员。而如凡尔赛条约之所许可于德国海军人员之数，必不敷用，则窃闻之关于陆军之为德人建议者，若曰，德国陆军人员须分为长期现役与最短现役之两项人员。其实反之德国之关于海军人员，只须要求采用长期现役之制度。至所谓长期现役，其期间可定为三年以至四期。盖关于德之海军人员问题，而如能施行长期现役制度，则遇有战事时，可得有敷数之人员，以充应补助船舰等之所需要，且或以为服役于海岸防御炮台之用。惟至所谓德国之海岸防御炮台，其如何建筑，则亦须要求如德之所愿为之。"

盖统以上之所陈，皆为德人关于要求复兴海军之理由。

九、结论

尝谓使德国而信行复兴海军，其国家支出，自当加多。而考之德国在一九三〇年，其之支出之海军经费，实为一万万八千八百万马克。又在一九三一年，德国所支出之海军经费，实为一万万八千三百万马克。并降是，预计以至一九三六年为止，德国所须支出之海军经费，其数额亦当如之。其间费之以充造舰之用者，盖每年可达五千万马克。更考各国在一九三〇—三一年之所支出之海军经费，英为十万万五千九百万马克，美为十五万万九千八百万马克，日本为五万万四千四百万马克，法为五万万二千六百万马克。又意为三万万三千二百万马克。乃若德之近者，其所有之海军数极有限，而所支出之海军经费数并不小，其故何哉？良因近者德国海军之所有人员，皆系长期服务，故其费殊巨。自后海军为能改为三年兵役制，其关于人员之所支出之海军经费，将大见减少。而可以所减小之费，改充增舰之用。虽曰两者数或不能相抵，要之所补弥多，夫处当今之世，世之或有欸德人以畏于经费负担过重之故，致不赞成其政府之主张，复兴其海军，当绝无其人。然则德之复兴海军，其终将见之事实哉，吾人可拭目以待之也可矣。

日本朝野对海军军缩会议的态度（东京通讯）[1]　茅　生

海军缩预备会议，又将在伦敦开幕了。他们间根本的矛盾，似乎早已决定了会议的命运。

日本朝野对这问题都在拼命叫着"废弃比率主义"，所以，很容易使我们迷糊，以为日本朝野的步调都很一致。其实，在问题的里面，还藏着各派系根本不同的岐点。记者想在这方面来提供一点资料，也许对这问题的研究上，不是稍无补益的。

冈田内阁与舰队派。冈田内阁的成立，是上层政治圈所决定的产物。因而，冈田首相对军缩问题的态度，完全是以上层方面为依归的。上层方面比较持重，很怕因军缩问题而引起国际地位的危局。当然，冈田自不能例外，敢表示一点稍强硬的意见。所以，在内阁成立之初，即想以小林跻造大将为海军大臣。殊知，这消息为舰队派得知，马上就力劝大角不辞职。当冈田例行公事地恳请大角留任的时候，大角也就推翻了辞意而首肯留任了。

组阁期中，政务官尚未选任终了，海军方面就突然尚陆军、外务两当局提出关于海军缩问题的意见书。这使冈田首相大大的惊骇了，立刻就召集五相会议。于是，海军方面就强迫内阁即时通告废弃华盛顿条约。当时，内阁对这问题的意响还没有决定，所以，也没有作何等明确的表示。因而，海军，尤其是舰队派很强硬的对峙起来了。

政府与海军的对立，政府方面对这个问题的意见，以为："万一要废弃条

---

[1] 此文发表于《北平周报》1934年第90期。

约，现在马上通告，在外交上总是劣策。通告后，要两年条约才失去效力。今年底通告，要两年才失去效力，其间再重行改订。若明年的二月或八月通告，到二年后的二月或八月也就失去其效力了。所以，不一定要今年就通告。并且，法英的对立，英美的对立，这自然而然会使华盛顿条约废弃，我们又何必来负这个通告废弃的责任呢？退出国际联盟以后，我国的国际地位已陷于孤立，现在更不必再为已甚。外交上适当的机会一定是会来的。"

海军方面则以为："在条约废弃后的二年间，日本的舰队是占最劣势，所以这种不利状态，在作战上来说，是一月两月也不能延长的。"绝对地要求在最短期间就通告废弃。而海军的舰队派，更疑惑冈田避免条约废弃的通告，而仅在想圆满解决的意图之下来作种种口实，所以，更强硬地要求即时通告废弃。如果冈田有妥协的意思，而海军方面也是决定要废弃的。后因大角海相的努力，今年底通告废弃的议案，才在阁议上通过了。其间政府与海军方面的对立，更形尖锐了。

政友会与政府的对立。政友会与政府对立，这是在冈田组阁时就形成的。冈田以上层方面的意志为意志力主缓和，政友会立于反冈田的立场，当然要强硬。不过，事实也不是这样的简单。第一，政友会与民政党自政策协定以来的关系，现在还残存着。现在民政党是政府的与党，如果政友会决定与政府绝缘，而出于强烈的反对，则自然是要与民政党断绝关系，这在党内，几乎是全体都不赞成的。第二，党内还有床次系残留的份子，是站在政府的立场，与床次通声气的，如果要出于强硬，党内一定有人反对。不过，这些都没有成为可以决定政友会态度的问题。政友会的主流干部却以为是如果出于强硬态度，则海军问题的强硬派，一定能够得着政治的胜利；因而，政友会在其政治的开展上，也更能得着一层确实的地位，何况这还能与冈田一个打击呢？所以，想在总务会上作成通告"华盛顿条约即时废弃"的议案，虽因种种关系流产了，但，政友会的主流干部对海军缩问题的强硬态度，是始终没有变的。

军人派的另一策动陆军的首脑部对这个问题，是暂时取静观态度的；但是，在另一方面，有人在为着另一目标而策动着，这就是南次郎大将、松井石根大将、小野寺长治郎大将等。松井大将对荒木，林陆相都不与全部的支持，而是以大亚西亚协会为中心，有着另一部分的政治势力。南大将对荒木与林陆相的态度是一政（致）的，完全是在另一立场而活动。斋藤内阁崩溃时，南大将也是次期内阁的候补者。所以他也是政治问题方面的人，很想借此活动，当然会与松井大将合流，一致行动。于是，再加上野心家的小野寺长治郎，结成了以大亚西亚协会为中心，陆军一部将校的政治势力。这个集体响应了舰队派的孤寂，想博得海军方面的好意，而借以推动他们政治的力量。其活动，也曾活跃一时。

上面仅是政府与海军、政党方面及陆军的另一势力的对立。此外，财阀方面也各就其利己范围内在活动，如住友财阀，他就与航空派相联结，想以发展航空来作海军缩问题的后盾。这自然不是真正为了海军问题，而是想发展他个人的资本。

现在各派系的策动，似乎是平静了，平静的原因，是因为广田外相、大角海相及末次联合舰队司令官间，有了相当的谅解。广田很诚恳地向他们解释："如果一定现在即时作废弃通告，则是使欧美'日本外交为军部所左右'的定论更为强固，这是于外交上很不利的。本年末废弃，这是已经决定的事实。在这个时期中，外交上的一切技术问题，希望绝对的信赖。"大角与末次都承认了，所以现在各派系的策动渐归沉寂了。

海军缩问题各派系的策动，完全都是站在自己的立场，想来作有利的策动。现在虽暂告静寂，然而本年末又是一个难关，我们很难断定说可以安然渡过，也许还可以卷起国内的政治问题。所以海军缩问题，自然是他们的对外问题。同时，也不能忽视为他们国内的政治问题。

海军会议及其现势[1]　　庄　朔

——以太平洋问题为中心的

（一）引言

记得本年四月五日哈瓦斯电："据外国发表消息，美国似曾向英国建议，于一九三五年举行海军会议之前，先行交换意见。据英国负责人士宣称，英国并未接到此项建议。盖自一九三三年三月英国发表军缩备忘录之后，伦敦与华盛顿之间，即继续进行谈判，故无所谓提议交换意见，惟双方讨论之内容，为一九三五年以后应行替换之海军吨数问题。关于此点，至今尚未得同意耳。"当时中外各报都以大字登载这项消息，但登了一天以后又归沉寂。眼巴巴望着一九三五年最严重的关键的各国人民心理上，惊心地注意了一次以后，也即因忙于生活的追求难而遗忘了。

然而毕竟是"伦敦与华盛顿之间，即继续进行谈判，故无所谓提议……"英国负责人否定了"提议"以后，告诉了人们以"继续进行"，继续又进行了二个月差不多时间的今日，乃各报上又来了海军军缩预备交涉的消息。这次消息较之前次更具体，当事国政府领袖公开地承认，并且纷纷发表了站在自国立场上的对会议的希望及声明。表面的事实上是海军老国英吉利负了发起的责任。美、日、法、意四国附和，并有德俄亦将加入的消息。不论此消息此后是否会和前次一样的再暂时趋沉寂，一九三五年只有半年之差了，我们提出来检讨，当是必要而欲急知的问题。

---

〔1〕此文发表于《晨光》1934年第3卷第3、4期。

（二）华盛顿会议及日内瓦会议

一九三五年，从历史的观点上看时，在国际上我们可以发现二个足以引起国际纷争的问题。第一是限于局部的欧战遗留下来的德法二国之间的萨尔归还问题。萨尔地方现在是由国际联盟组织一行政委员会统治之，到了一九三五年，规定得由当地人民投票公决属德抑属法。德国希特拉的政权东向波兰让步缔了十年不侵犯条约[1]，东南因奥国问题而在中欧后退。现在正注全力于萨尔收回运动[2]。我们固不能肯定其能否有起兵戈的可能。第二就是第四次海军会议的问题。这次会议的政治经济的对象是太平洋，问题的内容与我国今日的一切有最密切的关系。识者认为今后中国的前途将由此决定之。所以也是我国人民须普及地认识的问题。为使问题能多多明白起见，兹先就海会过去的略况简要地作一叙述：

一九三〇年的伦敦海军会议是一九二一年华盛顿会议的继续，华盛顿会议是由美国总统哈亭氏发起在华盛顿开会，参加者计有美、英、日、法、意、中国、葡萄牙、荷兰、比利时等九国，会议范围以太平洋问题为主体。现在我们常提起的保障中国土地完整的九国公约，也是当时会议中的决定的重要案件。关于海军的有以下两种条约：（一）为海军军备限制条约。这项条约以美国代表休士的原案为基础。即是（甲）完全废止正在着手建造中的及计划中的并且一定陈旧的战舰。（乙）各国海军力采用以军备限制问题为讨论基础。（丙）英、美、日三国主力舰的比率为五、五、三。（丁）禁止在条约范围内的兵舰替换新舰决定停止十年间的造舰竞争。这样，根据条约，英、美两国主力舰的吨数决定为五二五，〇〇〇吨，日本为三一五，〇〇〇吨，法国及意大利为一七五，〇〇〇吨。并且禁止建造排水量超过五万五千吨的主力舰，和装置十六吋口径的炮位。超过二万七千吨排水量的航空母舰的建造并装置八吋以上

---

〔1〕即1934年1月26日德国和波兰在柏林签订的《德国和波兰互不侵犯和谅解宣言》，也称"德波互不侵犯条约"，其内容为缔约双方保证不使用武力而用和平协商的方法解决两国间发生的争端。该条约由德国于1939年4月28日宣布废除。

〔2〕萨尔位于德国西南部，南同法国接壤，是德国重要煤炭基地，长期为德、法争夺的对象。第一次世界大战后，《凡尔赛条约》规定，萨尔由国际联盟委托法国代管15年，萨尔煤矿的所有权和开采权归法国所有。15年后，由萨尔区居民投票决定其归属，或维持原状，或与法国合并，或与德国合并。此时，德国正对萨尔区居民施加压力，以使其在公民投票中选择并入德国。

口径的炮也被禁止。各国航空母舰的保有吨数，英、美各为一三五,〇〇〇吨，日本八一,〇〇〇吨。法意两国为六〇,〇〇〇吨。补助舰的主要炮位应在八时以下，排水量也只准在一万吨以下。最后并决定在一九三六年以前为有效期间，缔约国的一国如要退出时，须在二年前通知。（二）为太平洋海防限制条约。这项条约规定（甲）美国在现领有的岛屿及将来获得的属地岛屿上（但除美国海岸，阿拉斯加及巴拿马运河附近，阿留地安群岛及夏威夷群岛）。（乙）英国在香港，并英领东经百五十度以东的太平洋现有领岛及将来领有岛屿上（除去澳洲及纽芬兰）。（丙）日本在下记的太平洋上岛屿及其领土，即千岛群岛、小笠原群岛、琉球群岛、台湾、澎湖岛，以及将来日本在太平洋上获得之岛屿，凡关于以上（甲）（乙）（丙）三项内规定地域，禁止设立任何要塞及海军根据地，并为维持及修理已存的海军力起见，决不准采取足以增大海军设备的任何处置。缔结以上条约的国家为英、美、日三国。

华盛顿会议的背景，实在是在于各国资本主义发展的不平衡，因此而产生各国势力范围的不均衡。这一种不均衡，在整个历史的进程上观察时，除了战争以外很少有解决的可能。然而在华盛顿会议的当时，适在第一次世界大战之后，历史的动向正表现着暂时间的均衡，仍得有这样的和平建设会议的产生。可是其后列强的势力因时间的进步而发展，各国在主力舰以外，大事扩充其补助舰的建造竞争。至一九二七年，各国建造中乃至计划中的补助舰如下，计英国有巡洋舰、驱逐舰、潜水艇等合计六十五艘；美国有三十九艘；日本有三十九艘。为限制补助舰的竞造起见，美总统发起了第二次的海军会议。最初英、日各国都不赞成会议的召集，继之乃各派代表开会于日内瓦，日美两国各不肯让其比率问题，会议不得不决裂以散。此后各国建造补助舰竞争更猛烈，因鉴于国内财政及民众的不安，于一九二九年十月七日由英国发起召集第三次海军会议于伦敦。

（三）伦敦会议与各国海军现势

伦敦会议是一九三〇年一月二十一日开会。开会之最初几天，形势非常恶劣，日本首先提出对美十、七之比率，法国提出了保障安全的要求，意大利要求对法均等主义。使会议陷在停顿的状态。后来总算把会议分为二部，一部叫做欧洲团体，英法意三国属之；另一部叫做海洋团体，英美日三国属之。海洋团体的三国的协定于四月二日成立，即所谓伦敦海军条约是。条约的内容如下：第一条决定将华盛顿会议决定的海军休战日延长至一九三六年。第二条规定三国应将以下各舰废止之。计英国有五只，美国三只，日本一只（但其中英国一只，美国两只，日本一只得仍保留专供练习之用）。第三条禁止在一九三〇年四月一日现有的主力舰装设飞机架。第四条禁止一万吨以下的航空母舰装六.一吋口径以上的炮。其他如第六条约定三国得除了现有的排水量不超过二千八百吨，大炮口径不超过六.一吋的潜水艇各有三只以外，决定其余潜水艇不得超过排水量二千吨，炮口五.一吋。此外伦敦海会又在第二附属的第十六条上决定三国在一九三六年以前，巡洋舰、驱逐舰及潜水艇等建造吨数不能超过以下的规定：

	美国	英国	日本
巡洋舰甲	一八〇,〇〇〇吨	一四六,八〇〇吨	一八〇,四〇〇吨
巡洋舰乙	一四三,五〇〇	一九二,二〇〇	一〇〇,四五〇
驱逐舰	一五〇,〇〇〇	一五〇,〇〇〇	一〇五,五〇〇
潜水艇	五二,七〇〇	五二,七〇〇	五二,七〇〇

由此可知这次的海军会议，对于补助舰的竞造仍旧没有方法绝灭。这种军事的利害的对立，不消说是政治经济利害对立的结果。一九三〇年是资本主义国家由产业的合理化入经济恐慌的转换期。这一个形势的显恶因日本夺取我东北而更臻逼切。沿太平洋的海上三国势力的对立也愈形严重。从英国言之，太平洋上实在有最大的政治经济的利害关系。英国的贸易除流入远东以外，另一方面是保持着印度以及澳洲南洋各处的领土。因此英国在太平洋上有了二十六处的海军根据地，相连接的海军要港地带计有十七处。此等海军根据地以新加坡为中心。新加坡跨印度洋与太平洋之间，也是世界最重要的航海路线。所以英政府对于该处的海军工程，全部可以在一九三六年以内完成。以新加坡为中心，东与香港南与澳大利及纽约芬兰相联击。在新加坡，现在已建造了可以容世界最大主力舰的港路，有极大地飞机场，沿海岸建筑了新式的炮台。特是能贮藏多量的石油。

英国的舰队依然保证了世界上第一等的地位。战斗力极强，主力大舰约有十五艘，其中"罗达南"和"纳尔逊"二艘系华盛顿会议以后新建者。舰之吨数达三万三千吨。航空母舰计有六艘，八时炮巡洋舰十一艘，六时炮巡洋舰三十五艘，此外有驱逐舰潜水艇等合计一百六十八艘（建造中在内），特务舰一百九十一艘。一旦太平洋有事，英国能保持多少的优势。主力舰也可以迅速派至远东。最近鉴于远东形势的危急，大兴空军（五月二十九日《申报》），"飞机数目要增加到二千零七十二架"。近代战争中飞机的威力是最能及远的。

美国海军根据地在太平洋成一斜线，即是从阿拉斯加的阿留地安群岛起经过夏威夷、关岛直到菲列滨[1]。海岛会议禁止美国在菲岛设根据地，所以夏威夷的地位将是美国海军最重要的中心。这个地理的形势和日本比较起来，是相对地处在不利的地位。然而美国有最大的资力，所以一遇战争，在形势上不久后就变到胜利的可能。菲律宾实在不是一个战略上的根据地，它的作用只有在英美联合或英美战争时才起大作用。不然只有使战线过遥。因此准许菲律宾十二年后独立的议案也通过。不少人认为这就是美国向日本软化的表示，就根本不知道海战的路线。美国舰队的构成如下：战斗主力舰也和英国同样有十五艘。惟战争（斗）舰的基本炮位是十四时，较之英国要小。航空母舰共三艘。舰体甚大（有二艘为三万三千吨），易受敌人攻击，尚有一艘在建筑中，今年即可以完工（计一三,八〇〇吨），八时炮巡洋舰在建造中共有七只。此外有六时炮巡洋舰十艘，驱逐舰二百零七艘，潜水舰八一艘（此外尚有三艘在建造中）。特务舰二百十艘。属于海军的水上飞机，美国较甚何国家多，而且新式（一千架以上）。去年从加利佛尼亚到夏威夷的长途飞行，已可显出其威力。和广田换日美亲交文件同时的，有罗斯福五万万元造舰案的签字。根据三月二十一日路透电："原来方案规定之一千架飞机，政府应仅造四分之一，（其他由私人公司承造——著者）……此案规定分五年造成巡洋舰六艘，潜水艇三十三艘，驱逐舰六十五艘，飞机母舰一艘。"由此可知美国兵舰，正须补充，日美战争迟发之原因，这也是其中之一点。

最后我们来看日本，日本的舰队在战略上最大的任务是通日本海及黄海，

---

[1] 文中将菲律宾翻译成"菲列滨""菲律宾""菲力宾"等不同名称。

维持日本群岛及亚细亚大陆（我国）的水上交通。同时把守日本主要群岛与太平洋上的交通。因此，日本舰队的根据地是本州岛在南端的横须贺，本州西南的吴，本州西北的舞鹤以及九州西北的佐世保。而以横须贺为主要根据地。在太平洋上日本地理的形势是有利的。占领菲力宾是一件很可能的事实。遇到战争时，日本最成问题者为资源的不足（然这在占东北后得相当解决）。日本的舰队的编成如下：主力战舰十艘，巡洋舰三十五艘，在建造中有八艘。航空母舰共四艘，另有一艘在建造中，潜水母舰五艘，其中叫做"大鲸"号者为世界一等之潜水母舰。其他驱逐舰等合计有二百五十五艘。以日本海军力与美国比较之，战舰之吨数及装甲劣于美国，速力则胜于美国。巡洋舰以日本为优，驱逐舰也是日本优（然美国在建造中除外）。潜水舰也日本优，航空母舰日本劣，海军飞机也日本劣。然海上战争的主要的资力，日本就差得多了。

（四）英美日三国对海会的态度

以上是海军会议过去的经过以及太平洋上英美日三国的新形势。现在海军会议已由英国正式发起开预备会议。并且由各国表示赞成。第一我们先要问的是为什么要先期协商的问题。这里很明显的有以下二个条件。第一是太平洋形势的紧张。从政治上看，太平洋是一天天在发疯。自日本的夺取东北起，"一二八"上海之役加重了怒涛，热河之战以后日美显然有一冲即发的可能。这个紧张的形势暂时由美俄复交松懈一下。最近日本的广田外相极力使用其外交手腕，同时向中国作逼切的压逼，日本军阀所要的显然是全中国。上月广田的声明引起了英美各国的反应，虽然由广田在表面上软化，而其行动却毫未改变，这个形势的倾向足以巩固日本在太平洋上久长的地位。再从经济上看，国际的托拉斯投资正在我国遇到最尖锐的冲突，日本不落人后，日华汇业银行也复活了。因中国政治及经济两方面冲突到如此紧逼，以保护政治经济的利器之海军，自然地需要提早来解决比率问题。五月二十九日《申报》社评，认为"所谓海军预备会议之发起，殆无异为日本所授意"，这有相当理由，这次会议虽属英国发起，发起之者实为日美无疑。第二因反俄战线的展开。各国在解决自己的矛盾以前，我们可以看到其多吗用心在反俄，在客观的事实上已由日本及德国为前锋，英国为领袖，美国之将太平洋海军回大西洋盖亦为此。事实告诉我们，如果海军会议能在预备会议中得圆满结果，国际的反俄形势必更趋恶化无疑，可惜此事甚为不可能耳。

因着以上二个大原因，海会提先开预备会议了。这次预备会议中各国的态度是值得研究的。就美国而言，只要将一九三〇年海会所决定的军舰吨数补充好，即可以对日本取优势，所以美国是必然地要维持原有比率的。美海长之叠次声明，已可以概见了。并且须要维持原有每艘兵舰吨数。二三万吨的兵舰是宜于远道进攻的。英国则采取保守态度，这是英帝国近年以来一贯的政策。英国怕日本胜，因足危及印度及南洋，但也怕美国胜，不但远东商务要受影响，加拿大以及南洋皆将受威胁，此个犹豫的政策，此后将在海会中出其保守的故态。

最后我们看日本态度，电通社五月二十七日东京电："日本政府所主张的五大原则如下：一、军备平等原则之确立；二、比率主义之再探讨；三、局部的协定，即适应各国地理的特殊地位；四、攻击的舰船之全废；五、太平洋防备地域之扩大。"可见以上五条，完全包括在日本独霸东亚的原则上。使各国不能来攻，同时要比率平均，可是比率之平等在日本财政上也有问题，乃更进一层要求别国废止"攻击的舰船"。在这个东西门罗原则之上，再拒绝了讨论东亚政治问题。

复次尚有法意及俄德等加入问题，限于篇幅，兹不赘述。总之，这次海军会议将是远东问题的总清算。与其说海会是为和平，不如说战争之前兆。整个问题的根本重心在列强在中国的经济及政治势力的冲突问题。所以我们观察海军会议的前途时，也不妨从（一）经济有调和可能否？如不能调和，在此时此刻之矛盾下，（二）尚有暂时平和的可能否？

做问题中心的中国人，各种对付的方法当然足以开拓或自害未来的前途了。

一九三五年海军军缩会议之
预测与中国^[1]　沈越石

明年海军军缩会议之由来

自从日内瓦军缩会议失败以后，列强于是又转集中干讨论明年的海军军缩会议了。明年的海会，无疑的是基于伦敦条约第二十三条第二项里面这样说："缔约国全部依照一般的海军军缩的限制协定，应该以本条约代替之，而不为别种的约定，且为实现本条约之目的以作新条约，应于一九三五年举行会议。"同时在本条约的前文中，又载有："为防止军备竞争之危险，及减轻负担，并使依照华盛顿海军会议以来而开始了的事业，渐次进展，使军备的一般限制及缩小的渐进，易于实现。"由于上面这段条文观之，则明年的海会，简直可谓为伦敦会议的改订。换言之，亦即在谋求伦敦条约消灭后之善后处置。盖伦敦条约在一九三六年十二月三十一日，便全部丧失其效力。但在伦敦条约改订时期，因有上述的前文规定，故又必以华盛顿会议为基础而开始军缩事业的进展，以及协定在伦敦条约中所规定的关于补助舰兵力的数量。同时又因华盛顿条约中第十四条亦有这样的载明："在本条约有效期间中，无论任何缔约国，依海军力而保卫自国安全的要件，在依四周状况的变化，而认为受有重大的影响的场合时，则缔约国基于该国的要求本条约的规定，以及依据相互的协定，得以修正此项规定为目的而举行会议。"该项载明，换言之，即谓无论华盛顿缔约的哪一国，如要求开会时其他缔约各国必须答应而召开会议。所以明年的海会，不仅是依照伦敦条约的规定，为必开的场合。即依华盛顿条约的规

---

〔1〕此文发表于《东方杂志》1934年第31卷第23号。

定中，亦在必开的场合。

不过在这里因为明年的海会，是要牵连到华盛顿会议，所以我们不可不充分知道当一九二二年在华盛顿签订的列强的海军协约，各国代表是曾费了一番的苦心。海军的军缩问题，实在不过是当时会议的一部分，而不是当时会议的全部。当时各国的代表，固亦尝为了委任统治地而成立了四国协定（The Four Power Treaty），为了中国问题而成立了九国条约（Nine Power Treaty），和着海军协约而同为会议的三大目标。

诚然，我们论断事物，虽然不能过分信任条约的效能，然而事实上既有该条约的存在，则将来恐亦难阻英美两国的援用。因此，明年的海会，决不是仅仅讨论海军军缩技术问题的会议，而是包含有重大的政治作用，尤其是九国公约中的对华问题，这是可以断言的。

海军军缩与英美日三国的态度

由上所述，则明年的海军军缩会议，除开法意的参加该会外，英美日三国当然为该会议中的主角。但法系主"安全保障"最力的国家，盖法在欧战后，海军占于优势地位，不消说彼为防止德国之抬头，竭力主张"安全保障"，即彼对意大利亦都主张应以现有势力为标准，而在意大利方面，则谓补助舰舰种之缩小，亦应以华盛顿条约所规定之均等比率为基准。两国主张，互不相让，将来会议，前途暗礁尚多。不过法意两国的对于海会纠纷，其竞争角逐主要目标，大半为着中欧霸权，而对于远东问题，虽亦不能说是完全无关，然而总可说是微之又微，所以不是本文探讨范围之内。

远东问题，尤其是对于中国问题，关系最为密切者，却为缔结伦敦条约的英美日三国。围绕英美日三国的海军军缩问题则为"比率主义"与"小舰多数主义""总吨数主义"的诸问题。我们只要看一看去年十二月美国史璜生海军长官在他向罗斯福总统提出的一九三三年海军报告书上，有这样的一段话："美国虽然想着建立军缩的模范，然而各国不肯追随，因之美国海军力必然要遇到毁损而不能继续的时期。美国海军力低下的结果，世界的和平未能促进，却使它陷于危殆的状态。得到军备均衡，自然是使外交强化和确保国际的正义与和平的重要的条件。然而只是一国的军备不当的低下，必然诱起侵略的战争以及对于国际条约上各种权利的侵犯，所以我们主张维持日、英、美[1]的五、五、三海军力现行比率。"由于史璜生这一段话中，和最近美国历次的声明，我们可以知道美国是主张比率主义继续有效的国家。美国除了极力维持比率主义之外，更为其所谓"大洋战策上"，对于主力舰亦认为必需具有相当大量。英国对于比率主义，大致上是同情美国，可是彼对于巡洋舰问题，则与美国相反，美国主张"大舰主义"，而英国则主张"小舰主义"。故英曾主张将主力舰之最大吨量，应由四万吨减至二万五千吨，同时并争为小型巡洋舰的领导者。盖英国属地之多，世罕其匹，军港要塞，亦皆适中，无论上煤下水，给粮给油，皆非常便利。如果小型巡洋舰增加，不消说在军费上减轻负担，同时亦无形中增进了海上实力。即使不幸而一旦战争爆发，则由商船改为小型巡洋舰亦不费力。英国的这种主张，确是完全为着自己的实益。

同样的日本因为畏惧各国的空军袭击而有提出航空母舰废弃的表示。日本又复力主保持潜舰是最好的自卫工具，其实日本的这种说法，亦要视其使用潜舰的方法怎样，假使像当年大战中的德国，则潜舰简直变成最好的攻击武器。日本此种建议其意亦无非要在太平洋上大肆活动，以威胁英美海军的进逼。此外日本对于美国的"比率主义"，彼则以"总吨数主义"而为之对抗。换言之，即日本要求与世界上最大的海军国的海军平等，排斥比率主义而确定各国之总吨数。同时日本并且反对讨论远东政治问题。这样一来，日本遂和美国立于敌对地位。据最近报载，日本复令伪国建造海军，惹起美国的表示反对。由是观之，明年海军军缩会议与日本的所取态度，实为一大关键。但以上叙述的，多系从各国对于海军技术问题的争点，其中背境，并非如是简单，要皆有重大的政治作用存在。兹再就英美日三国对于远东历来所持政策，特别是对于中国的这一块肥脔，在三方角逐之下，将如何得到均衡，然后才能够判断明年海会中的英美日三国的归着。

海军军缩问题与中国

日本以区区三岛，而强要与英美海军比率平等，惟厥其故，无非为着实现

---

[1]应为"英、美、日"。

其所谓"亚洲门罗主义"的迷梦，然而彼的高唱"亚洲门罗主义"亦即与美国的主张"门户开放政策"，大相径庭。美国自从欧战以后，眼看见日本的海军势力勃兴，深恐在远东方面，如果采取过分积极的武力侵略政策，势将引起列强间的内部纠纷。故美国自华盛顿海军会议以来，依然放弃远东武力干涉政策，一变而为经济侵略政策。而所谓"门户开放"也者，"机会均等主义"也者，"保全中国的领土完整"也者，其实都不外是为维持美帝国主义的对华经济侵略。那时的日本因事实关系，终还不敢有过分的奢望。故结果由于美国的放弃菲岛防备权（按华盛顿条约中规定美国在菲律宾之防备，不得超过现状）为条件，而成立了九国公约与海军军缩条约中的五、五、三比率。列强间对于远东问题，尚算暂时间得到了一层保障。然而谁都知道，这一层薄薄的纱幕，是蒙不住列强间的狰狞面孔。一直到了"九一八事变"，日本帝国主义首先把着那蒙面的纱幕揭开，一手制造伪国，进而窥伺华北。日本这种举动，他是认为他在远东有独特的权利，所以荒木曾这样的说过："日本在华北的一切行动，是没有罪过的。"日本为贯彻其门罗主义，因亦就不得不充实它的军备。它对于海军军缩，日本坚持平等主义，打破五五三比率，反对讨论政治问题。

可是这里有一问题，即日本的这种强硬态度，究竟是真强硬呢？抑还是有折衷的余地呢？依我人观察，则日本自退出国联后，国际地位陷于孤立，加以国内军费预算之不敷，并且日本如果贯彻其强硬态度下去，则英美在华的经济利益大受压迫，那时英美势将会联合起来，共同制裁日本。就事实言，则日本的在远东横冲直撞，其最怕者亦恐就是英美的联合。然而日本将用何法而避免英美的制裁呢？依我人的预测，则日本临时也许会放弃其反对讨论"远东政治问题"而缩小范围，成为反对讨论"满洲问题"。盖惟有这样，才能得到英美列强的谅解。这样一来，我们的"收复失地"无形中亦就成为历史上的口号了！

假如我们上面的预测，如果是不十分错误的话，则同时我们亦可推定此刻日本的要求海军平等主义，恐怕亦不是真正的"绝对的平等主义"，而是可以"折衷的平等主义"。所谓折衷的平等主义者，则日本临时或许会由平等主义之五五三，而折衷成为五五四或其他之比率数。关于这点我们可从最近日本的贵族院长近卫文磨从美国归来所作的意见书中，亦可见到一些端倪。无疑地近卫已经在他的意见书中，承认日本的要求海军平等主义，是理论上的平等权了。但这虽然可说近卫的话，不足代表日本的外交方针，然而空谷来风，其来有自。

中国将向何处去

未来的一九三五年的海军军备会议，谁亦不敢抱着乐观。上面我们的一些预测，虽然不敢说其必定如此，然而大势所趋，事实上似有可能。兹姑假定其果这样，则那时华盛顿条约与伦敦条约，将同时撤销而成立新协定，不消说中国的满洲问题，亦将成为英美列强的和日本帝国作成新协定的无形代价，即九国条约亦将有重新再订之虞。在日本方面，它是希望在新协定中中国能够得有自主的外交，藉以脱离英美列强的羁绊，而受日人方面的指挥。在英美方面则仍然是务求达到远东的门户开放。可是那时的中国，究竟能否自己发愤挣扎，摆脱列强的羁绊呢？还是依然投到人家的怀里去呢？抑是仍然在均衡的局面下苟延其残喘呢？如果要投进人家的怀里，究竟投向哪一个人家的怀里好呢？这都成为问题。

反过来说，国际间局面，原极错综，瞬息万变，不仅英美日三国的势难妥协，此外还有法意之对立。法意之外还有德俄，亦皆有牵一发足以动全身之概。我们前面的那一些预测，亦许会完全错误，日本始终要求贯彻平等主义，以致明年的海军会议，陷于流产。无疑地那时在华盛顿条约及伦敦条约废止后，远东各国之造舰竞争，行将各穷其极，同时各国在其属领之岛屿亦将实施防备而建立海军根据地。据说美国此刻尚未放弃马尼剌军港，同时亦未撤回驻菲的美国亚洲舰队。按菲岛之完全独立，大约须在十年之后，方能决定。然则在此十年之内，菲岛仍不失为美国的海军根据地。如果一旦战事爆发，美国如果认为菲岛的战略有不利时，尽可将其战线退至夏威夷岛而与关岛、阿流申岛连络。英国亦将战线展至新加坡以东，最近已有英荷的军事密约传出，益可证明。日本亦将在其属领、岛屿、伪国等地，实施军事工作，进而占据华北。战争或将由此爆发，那时我不知老大中国，又将作何表示！

一九三四，十，六，于北平

海军条约对于列强海军力之影响[1]　　张泽善

一九二二年，五大海军国限制海军军备之华府条约成立，列强竞造战斗舰、战斗巡洋舰与飞机母舰之举，因而终止。盖各签约国，对于以上之各种军舰，其最大吨数，曾经限制，其比率为英美日五、五、三，法意约一·七五。英美日三国因此条约之影响，废去战斗舰与战斗巡洋舰多艘，而三国依华府、伦敦两条约所废之吨数，计美国三十三艘，共八二五，二八〇吨；英国三十一艘，共六四四，二五〇吨；日本十五艘，共三〇〇，〇六〇吨。

一九三〇年，伦敦海军条约，仅由英美日三国批准，将主力舰之艘数与总吨数，再加减少，并将巡洋舰、驱逐舰、潜水舰之总吨数，亦予限制。其在技术上之复杂，诚非门外汉所能明晰也。主力舰与飞机母舰之五、五、三比率，虽仍保留，但美国承认英日两国增加巡洋舰之比率。日本并得增加驱逐舰之比率，其潜水舰之吨数，且得完全与英美均等。至于各种军舰舰龄，亦经规定，凡超过限定年龄者，可造新舰补换之。但在一九三六年该约满期以前，不得补换主力舰。

华府、伦敦两约规定之各部分，除飞机母舰，与在华府会议以前未有之八时炮一万吨巡洋舰外，其他各型军舰之吨数，大都视当时现有势力为标准。各国所有之战斗舰、轻巡洋舰、驱逐舰、潜水舰，大抵俱超过准许之限度。故除飞机母舰与八时炮巡洋舰外，其他新造之舰，只以补换超过舰龄者耳。

---

〔1〕此文发表于《海军杂志》1934年第6卷第6期。

第一表　　　　　华府会议时五强已成与建造中之舰数吨数

舰别	美国 舰数	美国 吨数	英国 舰数	英国 吨数	日本 舰数	日本 吨数	法国 舰数	法国 吨数	意国 舰数	意国 吨数
主力舰	四八	一,三四六,四三〇	四四	一,〇五一,五〇〇	二四	五七二,一三〇	一〇	二二一,一七〇	一〇	一八二,八〇〇
飞机母舰	一	一二,七〇〇	七	八八,七二〇	一	五,八七五	一	二二,一四六		
巡洋舰	三三	二五七,六二五	六二	三三八,一七〇	三〇	一七九,一一五	一五	一四〇,三五四	一五	八四,三〇〇
驱逐舰	二九七	三五三,一〇七	二〇六	二五二,三一八	六七	六五,〇三四	四二	三三,九一〇	四三	三三,六九三
潜水舰	一四一	九二,六六六	一〇三	八三,〇九四	四四	三〇,九五七	五三	三一,六六〇	六八	二〇,五六七
共计	五二〇	二,〇六二,五二八	四二二	一,八二二,八〇二	一八八	八五二,一一一	一二一	四四九,二四〇	一三六	三二一,三六〇

第二表　　　　　华府伦敦两条约准许五强之舰数吨数

舰别	美国 舰数	美国 吨数	英国 舰数	英国 吨数	日本 舰数	日本 吨数	法国 吨数	意国 吨数
主力舰	一五	五二五,〇〇〇	一五	五二五,〇〇〇	九	三一五,〇〇〇	一七五,〇〇〇	一七五,〇〇〇
飞机母舰		一三五,〇〇〇		一三五,〇〇〇		八一,〇〇〇	六〇,〇〇〇	六〇,〇〇〇
重巡洋舰	一八	一八〇,〇〇〇	一五	一四六,八〇〇	一二	一〇八,四〇〇		
轻巡洋舰		一四三,〇〇〇		一九二,二〇〇		一〇〇,四五〇		
驱逐舰		一五〇,〇〇〇		一五〇,〇〇〇		一〇五,五〇〇		
潜水舰		五二,七〇〇		五二,七〇〇		五二,七〇〇		
共计		一,一六六,二〇〇		一,二〇一,七〇〇		七六三,〇五〇		

附注：法意两国主力舰与飞机母舰之舰数，并未限制。
　　　法意两国并未批准伦敦条约对于各种军舰之规定。

第三表　　　　　　　（甲）一九三三年末五强超过舰龄之舰数吨数

舰别	美国		英国		日本		法国		意国	
	舰数	吨数	舰数	吨数	舰数	吨数	舰数	吨数	舰数	吨数
主力舰	一	二六，一〇〇			一	二九，三三〇	五	九七，一六九		
飞机母舰	一	一一，五〇〇								
重巡洋舰	一	七，三五〇			二	一五，七二〇	三	三五，九二三	四	三三，六四二
轻巡洋舰			一五	六二，二六五	三	一一，九二〇	四	二一，〇九八	七	二二，三八六
驱逐舰	二四八	二六三，九〇〇	一一六	一二三，四九〇	四二	三九，八二〇	二四	一七，七八八	三三	二五，八八一
潜水舰	三七	二一，二六〇	二五	一三，八九五	八	六，〇六三	二六	一七，八二四	二一	八，一五九
共计	二八八	三三〇，一一〇	一五六	一九九，六五〇	五六	一〇二，八五三	六二	一八九，八〇二	六五	九〇，〇六八

（乙）一九三三年末五强未超过舰龄之舰数吨数

舰别	美国		英国		日本		法国		意国	
	舰数	吨数	舰数	吨数	舰数	吨数	舰数	吨数	舰数	吨数
主力舰	一四	四二九，三〇〇	一五	四七三，六五〇	八	二四二，七四〇	四	八八，七五六	四	八六，五三二
飞机母舰	二	六六，〇〇〇	六	一一五，三五〇	四	六八，三七〇	一	二二，一四六		
重巡洋舰	一〇	九二，六五〇	一九	一八三，六八六	一二	一〇七，八〇〇	六	六〇，〇〇〇	六	六〇，〇〇〇
轻巡洋舰	一〇	七〇，五〇〇	一九	九五，七五〇	一七	八一，四五五	五	三三，〇一六	四	一九，五八四
驱逐舰	三	三，五七〇	四四	五八，三七四	六〇	八一，二四五	四八	八五，二六三	四九	五八，五六六
潜水舰	四五	四六，五三〇	二一	三九，五六九	六三	七一，七七九	六四	五九，五五九	三一	二六，九四九
共计	八四	七〇八，五五〇	一二四	九六六，三七九	一六四	六五三，二八九	一二八	三四八，七四〇	九五	二五一，六三一

（丙）一九三三年末五强已成之全部舰数吨数

舰别	美国		英国		日本		法国		意国	
	舰数	吨数	舰数	吨数	舰数	吨数	舰数	吨数	舰数	吨数
主力舰	一五	四五五,四〇〇	一五	四七三,六五〇	九	二七二,〇七〇	九	一八五,九二五	四	八六,五三二
飞机母舰	三	七七,五〇〇	六	一一五,三五〇	四	六八,三七〇	一	二二,一四六		
重巡洋舰	一一	一〇〇,〇〇〇	一九	一八三,六八六	一四	一二三,五二〇	九	九五,九二三	一〇	九三,六四二
轻巡洋舰	一〇	七〇,五〇〇	三四	一五八,〇一五	二〇	九三,三七五	九	五四,一一四		四一,九七〇
驱逐舰	二五一	二六七,四七〇	一六〇	一八一,八六四	一〇二	一二一,〇六五	七二	一〇三,〇五一	八二	八四,四四七
潜水舰	八二	六七,七九〇	五六	五三,四六四	七一	七七,八四二	九〇	七七,三八三	五三	三五,〇八
共计	三七二	一,〇三八,六六〇	二九〇	一,一六六,〇二九	二二〇	七五六,二四二	一九〇	五三八,五四二	一六〇	三四一,六九九

（丁）五强在建造或计划之舰数吨数

舰别	美国		英国		日本		法国		意国	
	舰数	吨数	舰数	吨数	舰数	吨数	舰数	吨数	舰数	吨数
主力舰							一	二六,五〇〇		
飞机母舰	三	五三,八〇〇			二	二〇,一〇〇				
重巡洋舰	八	八〇,〇〇〇					一	一〇,〇〇〇	一	一〇,〇〇〇
轻巡洋舰	四	四〇,〇〇〇	一三	八一,二〇〇	六	五一,〇〇〇	七	四九,八八六	八	四八,五〇二
驱逐舰	三二	五〇,八〇〇	二七	三七,二〇〇	二六	三五,八二八	一一	二六,七三七	八	七,四八〇
潜水舰	六	七,四六〇	一一	一二,三六〇	一五	二二,五〇〇	二一	二一,八七一	二三	一七,九一六
共计	五三	二三二,〇六〇	五一	一三〇,七六〇	四九	一二九,四二八	四一	一二四,九九四	三九	八三,八九四

附注：美国重巡洋舰，现在建造中者六艘，计划者两艘，其一，不得于一九三四年以前开工，一九三七年以前完工；另一，不得于一九三五年开工，一九三八年完工。

第四表　　　　三强现今已成与计划之舰数吨数在一九三六年尚未超过舰龄者

舰别	美国		英国		日本	
	舰数	吨数	舰数	吨数	舰数	吨数
主力舰	一五	四五五,四〇〇	一五	四七三,六五〇	九	二七二,〇七〇
飞机母舰	五	一一九,八〇〇	六	一一五,三五〇	六	八一,〇〇〇
重巡洋舰	一八	一七二,六五〇	一五	一四四,二六〇	一二	一〇七,八〇〇
轻巡洋舰	一四	一一〇,五〇〇	二一	一二七,一二〇	二〇	一二〇,八九五
驱逐舰	三二	五〇,八〇〇	六五	八九,二六四	八三	一一五,九〇〇
潜水舰	二四	三二,二七〇	三九	四九,七二九	五三	七四,七七二
共计	一〇八	九四一,四二〇	一六一	九九九,三七三	一八三	七七二,四三七

附注：英国主力舰七艘，美国十一艘，日本四艘，皆将超过二十年之舰龄。但非至伦敦条约满期时，不得补换。法意两国，并未批准伦敦条约，故未将其列入本表中。

第五表　　　　三强在一九三六年末以前尚可建造以达到条约势力之舰数吨数

舰别	美国		英国		日本
	舰数	吨数	舰数	吨数	吨数
飞机母舰	一	一五,二六〇	二	三四,一〇〇	
重巡洋舰		七,三五〇		一,五四〇	六〇〇
轻巡洋舰	五	四七,一〇〇	一五	八八,九三〇	
驱逐舰	六五	九九,二〇〇	三九	六三,六九六	
潜水舰	三〇	三五,五三〇	八	九,三六二	
共计	一〇一	二〇四,三八〇	六四	一九七,六二八	六〇〇

附注：法意两国并未批准伦敦条约，故未将其列入本表中。

　　自华府会议至一九三三年三月四日，英美日三国皆已建造条约准许之八吋炮巡洋舰。此外美日两国并各造飞机母舰一艘。惟在此同一期间，美国对于补换超过舰龄之舰，落于英日两国之后。日本建造轻巡洋舰六艘，驱逐舰五十七艘，潜水舰四十艘。补换之舰，共达一百零三艘。现已另行计划三十六艘，使其海军于一九三六年条约满期时，得达到条约准许之全部势力，盖皆为未超过舰龄之舰也。

英国已造轻巡洋舰十三艘，驱逐舰四十五艘，潜水舰三十艘，补换之舰共达八十八艘，现已另行计划二十八艘。惟仍续行其传统政策，每年造舰若干艘。故其海军于一九三六年约可达到条约准许之全部势力。

美国在同一之期间，仅开始建造驱逐舰八艘，潜水舰六艘，以补换超过舰龄者耳。

法意两国，俱非伦敦条约签字国，自华府会议以来，亦已努力实行造舰政策。法国已造一百五十三艘，现并已另行计划四艘。意国已造一百一十六艘，并已另行计划两艘。法意所造之军舰，大半为潜水舰与水面轻装军舰。两国所有此等军舰，现在欧洲洋面处于甚强之地位。

至于大型军舰，如主力舰、飞机母舰、八吋炮巡洋舰等，美国之势力较优，但于轻装军舰，如轻巡洋舰、驱逐舰、潜水舰以及其他不受条约限制之补助舰艇，则落于他强之后矣。

近年来军缩会议，仍在日内瓦开会，苟延残喘。一九三五年，列强将再召集海军会议，制定新约，以代现行条约，并实行该约之目的。但就现今日内瓦之趋势观之，一九三五年大减海军军备之举，未必可以成功也。

各国政府，鉴于军缩之希望甚微，遂竞事扩充实力，以备万一。譬如美政府，近自公共工程费内，拨出二万三千八百万元，为建造新舰之需，匀分三年拨用。并规定建造二万吨飞机母舰两艘，一万吨巡洋舰四艘，一千八百五十吨驱逐舰四艘，一千五百吨驱逐舰十六艘，一千四百吨潜水舰四艘，二千吨炮舰两艘。此外并准许将已在建造或业经国会批准之舰，继续进行。其在建造中者，有飞机母舰一艘，重巡洋舰六艘，一千五百吨驱逐舰八艘，潜水舰两艘。至业经批准者，则有重巡洋舰一艘，一千八百五十吨驱逐舰四艘。

以上五十四艘新舰告成时，美国海军大可增进其地位，且此造舰程序，对于美国工业，尤其对于造船、钢铁、电气诸工业，最有裨益也。

美国现有程序告成，其海军在一九三六年十二月三十一日伦敦条约满期时，仍与条约规定之势力，相差一百零一艘。英国若照现今造舰计划进行，尚差六十四艘。独日本可达到条约准许之最大势力。

英国海军用油政策之危机[1] 张泽善

近来英国鉴于军缩失败，世界风云日急，举国上下，莫不以国家之安全为虑。于是充实国防之呼声，溢于朝野。据伦敦《星期纪事报》政治专家之报告，英内阁已决定扩充海陆空军之计划。海军造舰程序，包括建造无畏舰十二艘，巡洋舰三十艘，驱逐舰及飞机母舰数艘，需费约一万万镑，分五年支用。又据伦敦每日电闻载称，一九三七年，英国将开始建造一种新式军舰，排水量约在二万二千吨至三万五千吨之间，攻防设备，均极坚强，兼用汽机与油机，俾航远力增至一万二千五百哩。可见英人对于所谓保障自身安全之工具，未尝一日或忘也。

夫英岛国也，所产粮食，殊不足以自给。故必仰恃海外之输入。计一年之中，约有三十八星期，系恃海上运输之粮食以为用。故必有充分适当之舰只，以维持海上交通，担保粮食原料在大海之安全。

英人谓其所以依照伦敦海军条约，将保护粮食之适当工具，贸然削减者，盖望可以诱致他国亦作相当之缩减。不幸此种愿望，竟成泡影。故应亟起直追，以作亡羊补牢之计。英人以为使一九三六年，英国海军军缩现状，再无改善之势，不免须仰全世界之鼻息。英国之发言，无论如何高声，因无充分武力为后盾，将终难动听也。

英国如能脱离伦敦条约之桎梏，即可恢复造舰之自由。但英国目下之需要，固为增加巡洋舰之数目，然须能使其粮船与护送舰，在一切环境之下，俱

---

〔1〕此文发表于《海军杂志》1934年第7卷第1期。

可行动，如无燃料可用，则行动不灵。故燃料更形重要。

今日英国军舰，除旧式巡洋炮舰数艘外，任何军舰，如无燃料油，即不能离港。盖英国军舰，自世界大战以后，即陆续以油为燃料。战斗舰每艘可储油三四千吨。飞机母舰每艘可储油二千吨至四千吨。一万吨巡洋舰每艘可储油三千二百吨。小型者，每艘可储油数百吨至千余吨不等。驱逐舰每艘可储油数百吨。潜水舰每艘可储油数十吨至一二百吨不等。此外尚有九百万吨之商船，亦以油为燃料。故油之来源如被断绝，则舰船不能行动，不啻等于无用也。

上次世界大战时，英国舰队以油为燃料者，不过一部分耳。商船以油为燃料者，实际无之。大战将终时，英舰队用油者，占百分之四十八。战时英国输入之燃料油，以供海军之用者，计九百一十万吨。但油之缺乏，已至危机。今则英舰队之燃料，以油为主，则油之重要，必千百倍于当时也。地中海以东之伊拉克（实际包括美索不达米亚之地）产油丰富。上次大战时，英国与印度军队，曾征服其地，以保海军燃料油供给来源之不绝。土耳其代表于洛桑会议[1]时，尝猛烈反对英国管理是区，第英国终不肯放弃。诚以石油为国防之需要，海陆空军咸视为至宝，英国岂甘退让。惟此油固可即从伊拉克输至地中海，第为国际所有，而长一千五百哩之油管，处于种种情形之下，恐唯敌人之命是听，能否安全，殊未可必也。

有谓英国仰恃东方之油，一旦失败时，能转而取给于南北大西洋方面。殊不知英国之政策，实未顾及英美有战争之可能。而来自美洲加勒比海方面之油，无时不在美国舰队控制之中也。

是故英国仰恃国外之油，较之仰恃从自治领土可得而由海上运输之粮食，其在战略上之弱点更大。因英国如能移动其军舰，即足保护其粮食。但今日英国唯一之弱点，与其谓为粮食之不足，不如谓为燃料之不能自给也。故英国增加以油为燃料之舰队，不啻使其势力衰弱，所以英人亦有主张以煤为军舰主要燃料者，不无相当理由也。

有拟积储巨量之油，以备战时之需者；亦有主张以煤炼油，即可避免此项

---

〔1〕1922年11月20日至1923年7月24日，英、法、意、日、希、罗、南等协约国与战败国土耳其在瑞士洛桑举行的会议。会议签订了《协约和参战各国对土耳其和约》《关于海峡制度的公约》《关于英、法、意军队撤出土耳其被占领区的议定书》等十多个文件。

困难者。此实未免不顾其价值，况如此贮藏，易遭轰击乎。

今日各国军舰，所以多趋于用油之势者，以其贮藏便而占地小，速率高而航远力优。且所需人工，反较用煤之舰为少。讵知军舰燃料油，凡能自给者，固以用油为当，否则不若用煤之为愈，因其航行虽缓，耐航性虽小，但煤舱富有燃料，实较快舰而无燃料者为速而耐航也。况当此失业日众之时，用人较多，未始非救济之一道耶。

英国海军新加坡会议之意义[1]　　晨　园

　　自日阀撕破两大和平条约，侵占我东北四省，为欲贯彻其黩武主义，于海军第一次计划完成后，复树立第二次计划，近且公然宣称将废弃华盛顿、伦敦两海军条约，期获得海军军备均等。美国睹此日阀咄咄逼人之势，其自伦敦会议以后，于造舰计划犹为积极进行者，近来一变其态度，有尽条约容许量添造大小军舰一百二艘之计划。当此风云险恶，局势紧张之际，而英国海军又以会议于新加坡闻。据合众社电，该会议在英国东洋舰队旗舰"肯特"号举行。出席者，有东洋舰队司令官德黎雅、东印度舰队司令官拉士密斯、澳洲舰队司令官得海、新西兰舰队司令官华得逊。其会议内容，关防极密，固无容吾人之妄为揣测。惟聚英本国海军首领与各属地海军首领会议于新加坡，则其重视新加坡之新海军根据地，讨论其于太平洋作战果有如何之价值，可悬揣而知。于叙述此问题之先，有检讨英国在新加坡设置海军根据地之动机及其内容之必要。

　　一、新加坡设置海军根据地之动机。华盛顿会议后，英日同盟随之解除，一九二一年秋间所开之英帝国会议，关于国防之议决如下：

　　（a）为使在东洋海上英帝国之贸易安全，确保其必要之行动，于新加坡设置海军根据地极其重要，尤以澳洲、新西兰、印度与此有甚深之关系。

　　（b）经由地中海、红海以至东洋最大航路通过之安全，有绝对维持之必要。

　　（c）扩张各治领之空军。

　　由是在新加坡设置海军根据地，为之确定矣。至一九二四年劳动党初次组

---

〔1〕此文发表于《海事月刊》1934年第7卷第9期。

织内阁，以此举有以日本为想定敌国之嫌，恐于邦交有碍，一时为之中止。终因澳洲新西兰之极力反对，至一九二五年保守党再握政权，遂积极着手该根据地之建设。

然则其设置海军根据地之动机如何，要不外左之各项：

（a）世界大战后，极东尤以中国之市场，为英美日三国最剧烈之竞争场所。

（b）欧战后世界之海上舞台，自北海移之于太平洋方面，而受战争影响较少之美日两国海军，已占世界海军之重要位置。美日两国又因其利害与感情之冲突，各愿维持大海军势力。其次美国之大部分舰队，以有巴拿马运河之开通，自易集中于太平洋，则美日战争当成为应有之问题。其时中立国之英国，为拥护其国利与国权，于太平洋方面有派遣大舰队之必要，且断定其必要之时机，必不在远。

（c）英本国与其各属领之连结，因欧洲大战之经验，有痛感更加强韧且完全之必要。然美日两国各维持其优势海军，则澳洲、新西兰于国防上自感最大之威胁。

（d）华盛顿会议之结束，作为海军根据地之香港，其价值为之大减，而保障英国舰队在太平洋之活动，苟非另设一大海军根据地，即于香港亦不能利用。

以上各项，均为英国在新加坡设置海军大根据（地）之动机。惟设置海军根据地，果以何国为目标，尤为先决问题。征之欧洲大战以前，德国秉承德皇"德国之将来在海"一语，突向海上雄飞，锐意造舰，几欲夺英帝国海上王之座位。英国断知英德将来之战争必不能免，为未雨绸缪之计，特与法国缔结海军协定，将地中海海权暂时让之法国维持，所有舰队全数集中于北海一隅，由是在苏格兰北方向来毫未开拓之斯克巴虑夫，遂成为英国海军之重镇。欧战勃起，即以此为作战根据地，严密封锁德国舰队，使其不能越雷池一步，终以此制德之死命。欧战告终，德国崩溃，榻旁之鼾客虽去，而美日两国，独能得战时之润利，国势蒸蒸日上，其海军势力亦随之孟晋，尤以日本当欧战正酣之时，乘欧洲各国之无暇东顾，向中国提出二十一条，强之承认，其独霸西太平洋之野心，自足以戟刺英国人之神经而大感冲动。况日本为军国主义侵略主义之国，久为欧各国人士所洞悉，是西方德意志虽去，而东方德意志随之以起，以英国在远东利益之大，岂能不先为之备。然则谓新加坡之设置海军根据地，纯以日本为目标，当为世人所公认也。

二、新加坡海军根据地之内容。新加坡位于马来半岛之南端，地不过二一七平方哩之小岛，沿此岛之南部有南北五哩东西三哩之都会，即称为新加坡港。此区区弹丸之地，西控印度，东制荷领东印度、澳洲、新西兰，北则当印度支那、中国之门户，而其外海为印度洋、爪哇海、中国海水道相会之处，凡由苏彝士向东亚或由印度向澳洲之海上交通，无不集汇于此，故久成为国际通商之中心点。

兹试以新加坡为中心，画半径一千五百哩及三千哩之两圆圈，凡荷领东印度、菲律宾、印度支那、暹罗、孟加拉湾，皆在第一圆圈内。而第二圆圈则与日本相接。新加坡距香港一千三百浬，距马尼拉一千三百七十浬，距加尔加达一千六百四十六浬，距哥伦布及新西兰一千五百八十五浬，距达文口一千九百六十七浬，而距日本之最近港长崎，则为二千四百十五浬。

在一世纪以前，英国认定新加坡之地当冲要，由其东印度公司书记Sir Stomjord Rafies之努力，于一八一九年归之英国。一八八二年，英国海军部设置海军小根据（地）于此，有较小之船坞，凡巡洋舰以下，可自由出入修理。至一九二一年，始决定设置大海军根据地。最初之建设经费，定为一千一百万镑，经众议院之裁削，减至九百五十万镑，然其先本拟将所捕之德国浮船坞曳之而来，以资备用，后因此项捕获浮船坞，不能适用，须另行建造，及其他建筑要塞并配置守备军之费用等等，渐次增加至二千七百五十万镑。至工事完成之日，此项经费，当有增无减也。

当英国决定在新加坡设置海军新根据地之初，据世人之所想预，以为不过将原有之格伯尔港，略加扩充，或另行建设浮船坞，使其现代之战舰得以入坞而已。孰知其建设之始，即离开原有之格伯尔港，另择一地点，全然设置新港。现在之新港，临新加坡岛屿Johor半岛间之北部Johor水道，以Safawanes河口为中心约亘及六哩之地域。水道之长二百浬，幅约二十五哩。其水深足以收容大军舰，而于敌之侵袭，得以容易阻止，于地形上诚为理想的也。

距Safawanes河口之东约四哩，有二十五万平方米之水陆两用飞行场，又于Johor水道之东口，筑有以十八吋口径炮为基干之要塞。

港内有干船坞二，浮船坞一，而此浮船坞为五万吨之巨物，建造于英本国，计全长八五五呎，建造费一千二百五十万元，运航费二百万元，由英本国之Tyne航行八千五百浬，以荷兰曳船八艘曳之而行，预先在Port-Said与Jsmeiliah之间，凿掘待避所，终得以无事通苏彝士运河，于一九二八年十月运抵新加坡。此船坞完全为小规模之工厂，凡于舰船修理作业所必要之机械类及舣装品，无不应有尽有，且为技师及职工等设有宿舍。五万吨之军舰，于四小时以内，得以入坞，诚世界最具有大能力之船坞也。又建有重油池四十八座，以送油管导之于根据地及其他所必要之处所。此外并新建得以贮藏三十万吨石炭之燃料库，其计划大抵以供给舰队全体之半年燃料为度。

吾人将上述各项，置之脑里，作为预备知识，则此次会议之内容，其详虽不可得而闻，要亦足以窥其讨论之一斑也，举而出之，不外左列数端。

新加坡根据地，本定自一九二二年起工于十年内完成，后因内阁之更迭，工事遂为之迟缓，完全竣工，大约须在一九三八年以后。值此太平洋风云紧急之秋，其间发生何事，在所难料。尤以日内瓦之一般军缩会议，绝无成功之望，即一九三六年之第二次海军军缩会议，挟有满洲问题，日本南洋委任统治地域于其间，大抵决裂之成分为多。会议决裂，各事造舰竞争，相持不下，结果惟有求之于战争，以资总解决。夫新加坡军港，英国海军当局本作为远东作战基地而设计之者，其工程之伟大，论者谓驾凌其本国军港之朴资茅斯以上。惟工事尚在进行之中，万一于未完竣以前，而有战事发生，以现在之形势，于收容大舰队作为作战基地，是否相宜，否则应如何提前完成工事，此当讨论者一。

如前所述，新加坡之设置海军大根据地，为澳洲、新西兰所热烈主张。以澳洲、新西兰素怀于日阀之侵略，每感不安，有大海军根据地在新加坡，自足以资屏蔽也。惟澳洲海军以西得尼及美尔坡隆为主要根据地，新西兰海军以鄂克兰为主要根据地，一旦战事勃发，新加坡与西得尼、美尔坡隆间及新加坡与鄂克兰间应如何互相维系，俾资掎角，此当讨论者二。

英国既以新加坡为远东作战基地，其前进根据地之为香港，自不待言。新加坡距香港一四三〇浬，以现代舰队之航行时速，计不过三日程耳。在此一四三〇浬之航程间，应如何配置哨戒，维持交通，俾不至为敌之奇袭部队所乘，同时应如何使孤立无援之香港，增加其前进根据（地）之价值，此当讨论者三。

日本视南洋委任统治领域为其海上生命线，违背委任统治条项，公然施行军事设备，久为世界所详知。一忆及欧战时德国轻巡洋舰"爱姆吨"由此地出发，出没于印度洋各处之掠夺行为，至今犹有余悸。万一战事勃起，日本奇袭部队，尤以其精锐无比之航洋潜水舰，利用南洋各岛，潜航于爪哇海面，以事破坏贸易，自为意中之事。应如何联络澳洲、新西兰舰队，严加哨戒，或如何设法夺取其根据地，为正本清源之计，此当讨论者四。

日本现在专以独霸西太平洋为念，故其对外之作战计划——无论对英或美——以紧握西太平洋海权，维持亚洲大陆之交通，用强力攫取中国物资，为持久之计。诚如是也，英国百年来苦心惨淡在中国所得之权益，当被其驱逐净尽，陷于一时之痛苦，固属无可如何。惟日本以攫取中国之物资，为其作战之后盾，战必延至事长。战事延长，即无穷之危险，随之而起。应如何利用新加坡作战基地及香港前进根据地，诱出日本舰队与之决一雌雄，以夺取西太平洋海权。抑或利用奇袭部队破坏其与（亚）洲大陆之交通线，俾战事得以早日结束，此当讨论者五。

要之以现在英日之关系，除将政治问题经济问题置之不论，若专就军事之点观之，则此次新加坡海军会议，其议题当为发展的而非保守的。换言之，纯为讨论在远东之作战计划，而非为保守本岛之安全，可以断言者也。

附言：此文草毕阅日本大阪《朝日新闻》所载一月二十八日伦敦通电，据《星期快报》外交记者是日之报上所发表新加坡海军会议席上所必提案之一重大问题，即英国及法国将在南洋所领各岛让之于美国是也。其记事之内容如下：

目下在东洋舰队旗舰"肯特"号所开之英国极东海军会议，应当提出问题之一，系将南太平洋上英国及法国所领各岛让之于美国是也，其背景在阿美利加合众国以此作为对美债务一部之代价。美国政府将此问题提议于英国及法国之前，有探听他国意见之事实。即美国欲在南太平洋上群岛求一立足场，有提议在新西兰群岛中一连之港湾及飞行场，平时作为商业用，战时则作为空军及海军根据地之使用与以便利之模样云。此说若确，足见各国对于日本之心理。亦征吾所述此次新加坡会议应行讨论之问题，虽不中以不甚远矣。

五大强国海军之检讨^[1]　　若　水

第一，绪言

老子曰："知人者智，自知者明。"孙子曰："知彼知己，百战不殆。"此二千余年前，吾先哲之遗训也。吾人生于二千余年后二十世纪今日之中国，追维昔贤之前言往行，宜有知人之智，自知之明矣，宜能知己知彼，百战不殆矣。顾事实所昭，竟有大谬不然者。

海通以前，无论矣，自鸦片战争后，欧风美雨，滚滚东来，于是此数千年秩序安定，一道同风之古国，举凡思想、礼教、风习，以及文艺、美术……因受外界不断的侵袭，遂发生根本的变化。然一般为民表率之智识阶级，所谓士大夫者流，仍熟视无睹，自居为天朝，鄙人以夷狄，冥然不自觉，佻然不屑知。即号称识时俊杰，亦以欧美诸国之富强，不过精于形而下者之艺，其坚甲利兵，吾果得而有之，立可与之相抗，至形而上之道，则吾国所独有，彼夏虫固不可语冰也。由此种心理，遂演成甲午、庚子两役，事后身经惨酷教训，创巨痛深，尽丧所守，由排外一变为媚外，一若外国无往而非至善，中国无在而不极恶，苟欲国富兵强，起衰救弊，非将欧美之政制、军事整个移植中国不可，内不审己，外不度人，故满清以立宪而亡，民国以共和而乱。洎夫挽近，则又专事皮毛。腾为口说，名高是务，表面装潢，以致失地丧师，国危民辱。一言蔽之，无知人之智，知己之明耳。

第二次世界大战，已由预测变为事实，而吾人托命之远东，又与二次大

---

〔1〕此文发表于《海事月刊》1934年第7卷第10、11期。

战，有不可分离之因果关系，其事之影响于中国者，前已草有《远东危机与中国》一文，略表所见。光阴逝水，又际民国二十三年之新春，瞻念前途，不啻表示吾国已向此未来重大危机与空前浩劫，更进一步。斯时也，若将世界列强之海军，加以检讨，于知彼之义，似非徒劳。至知己云云，则昔人有言："肉食者已虑之矣，藿食者尚何与焉。"

夫一国之军备，为支持或援助其国策之遂行而存在，故国与国间，如国策演至互相冲突时，必有彼此军备随之而对立。可知军备性质，全在对外，而非对内，全在卫国保民，而非祸国殃民，此近代军备之所以可贵，而枪口向内之国家所以无军备也。

现代军备之设置，依于平时国情上之需要，与战时想定敌之形势，分为海陆两军。如其国与陆地关系密切，则置重陆军，所谓陆主海从主义，俄、法等国是也。与海洋关系密切，则置重海军，所谓海主陆从主义，英、美等国是也。惟自十九世纪以来，各资本的帝国主义者，因生产进步，国力膨胀，遂群起而争向海外发展，虽程度各有不同，但莫不与海洋发生密切关系，故无一国而无海军，就中最重要者，则推英、美、法、意、日五大海军国。

海洋原系世界各国所共有，同时又为交通上必需之公路，浮于其上之海军，自然富有普遍性。上述五大海军国之海，在世界上固有其相互的利害关系，然彼此隔一衣带水之国家，其关系尤为密切。例如接壤之德、法两国，陆军充实，固极重要，海军竞争，亦不可免。故五大国之海军，不仅于共有之海洋中，互为雄长，即在地方上，与其他小海军国，亦形成对峙。

挽近因航空发达，致海陆军之分野，突起非常变化，英国外交次长艾顿氏曾谓："空军发达之结果，英国已不能再以岛国自居，故不采孤立政策。"盖纯粹的海洋国如英者，平时只以海军力，期国防安全，今因航空发达，他国飞机势力，可越重洋以达其国土之上，自不能不感到非常威胁，此所以论近代海军，必须连及于空军。本文主旨，首在说明世界五大强国国策与海军之关系，再论其造舰之实况及海军裁军之经过及将来，欲使国人对于列强之国策与军备，得到相当认识，用资研究国际危机之参考。其间多取材于日本海军大佐关根郡平之《太平洋危机》及海军少佐石丸藤太之《日本危机在一九三八年》两文。然该二氏用意，专就日本立论，与本文宗旨根本不同，阅者自能别之。

第二，海军与国策

（一）美国

美国对外政策，素分门罗主义与门户开放政策两种。后者以中国为直接目标，固世所共喻。然前者亦不能谓与此无关。

门罗主义，系一八二三年公表于世，其原因有二，一为阻止一八二〇年之顷，欧洲神圣同盟援助西班牙向南美诸国之独立运动，盛行干涉之举。一为对抗一八二〇年取得亚拉斯加后，继续南下之俄国势力。换言之，门罗主义之宣言，即欲免除东对于欧洲，西对于亚洲，所感受之一切威胁而已。

门户开放政策，系一八九八年战胜西班牙后，本国势力，已渐达于太平洋西部，而开掘巴拿马运河与向远东发展之准备，亦次第完成。同时又值俄国在北美之势力被挫，转向满洲，肆行侵略。而列强在中国权利之取得，势力之扩充，复日益孟晋。在此情势之下，美国欲有事于远东，自不能不首先保全中国。故进而与英国协调，毅然以门户开放政策，通告于世。盖门罗主义，系预防列强侵略南北美洲，而门户开放政策，则为阻止列强分割中国。前者虽属消极的，自卫的，但后者，因其目的在欲培植势力于中国大陆，故为积极的，进取的。总之，美国对外政策，大西洋方面取守势，即在今日，对于欧洲，大体上仍采不干涉主义，只要欧洲列强不过问南北美洲之事，即不致有任何问题发生。反之，对于远东，则坚持门户开放政策，以维持中国领土保全，与列强机会均等，遂与远东代俄而与以侵略中国为国策之日本，形成互不相下之势。

美国海军政策，素以依于遂行远东政策之需要为主眼，其作战计划，亦能采对大西洋取守势，太平洋取攻势之方针。故现任作战部次长道西克少将曾谓："拥护门罗主义，守势海军已足，若支持门户开放政策，则不可不有攻势海军。"当华府会议时，美国特提出对英十与十，对日十与六之比率，不啻已充分表现其所谓攻势海军与守势海军之真实意义。然以领土散于全世界之英国，其兵力决不能集于大西洋方面。是英对美十与十之比，确属非常让步。因之，美国于海军条约缔结后，一面既阻止英、日海军之扩充，一面极力于条约限度内，实行造舰，则于势力均衡上，感受其威胁者，英国固不在日本下也。

最近英国皮地元帅曾明言："英国海军对美国作平等让步，而造舰事业，反落其后，决不能谓为贤明政策。夫美国所需要者，为大型舰，英国则为多数舰，吾人殊不愿英国舰船，较诸世界任何国，而居于劣等地位也。"言外颇示不平不满之意。同时且闻英国对于美国政府建造大型八吋炮巡洋舰，曾提出非正式的抗议，似非无因。

华府会议之直后，美国海军政策，亦即随之重新厘定，并向列强声明"为支持国策，拥护权益，保护通商及领土起见，特编定于大西、太平两洋任何地点皆能作战之海军"之旨。同时将舰队编制根本刷新，废除从来舰种编制，采用任务编制，使战斗舰队常置于太平洋，索敌舰队常置于大西洋，每年春季，则集中训练。再于此种计划下，施行其渐进的造舰方针。此即根据华府会议结果，美国所树立之新海军政策也。故美国政府当局常言："裁军条约之缔结，因列国热心援助，遂使美国不啻获得制定一'舰队法'之同样效果。"信然。

华府会议之有利于美国，观于上述，可见一斑。美国除将舰队编制根本刷新外，更进而利用该约以完成其海军根据地之设施网。一九二三年特设委员会于伦敦，专研究其从来水陆设备问题，卒制就一自一九二五年至一九四四年之二十年计划，年以一亿五千万金元，依于海军政策之需要，作成有系统的海军根据地。此项计划，现正继续进行。

及伦敦会议，美国所预定的英、美提携以对付日本之策略，大体达成，乃进而以舰队配置之重心，完全移置于太平洋。但同时所树立之大规模造舰计划，则因经济恐慌，工人失业之种种关系，未能全部实现。

自满洲事变后，过去两年间，美国因其传统的远东政策，突遭重大打击，对日本态度，亦随之剧变，大体上可分为：

第一期　自满洲事变勃发至上海事变勃发

第二期　自上海事变勃发至日本承认满洲国

第三期　自日本承认满洲国至日本退出国联

第四期　自日本退出国联至现在

之四个时期。第一期只于外交上作强硬的表示，所谓史蒂生之不承认主义是也。第二期以空言无补于事实，乃藉演习为名，将全国海军力，集中于太平洋作示威运动。一时国论嚣然。国务院内且有不惜公然主张与日本宣战者，卒以海军当局，力持审慎之议。外交方面，亦表示稳健态度，致空前危机，得免爆发。但海军充实之说，则大炽于此时矣。至第三期，其内部作何主张，虽非外人所知，然表面颇趋于冷静，惟努力于条约及预算许可范围内，充实其海军。最后第四期时，政权归于民主党，表现于外者，虽无前此之激烈，实际则于确立通货膨胀政策下，毫无顾忌的实行其造舰计划矣。

美国此次扩充海军，与一九一〇年时，关于满洲问题之各种策划，均未奏效后，遂以军备不足论，唤起其国人之造舰热，先后如出一辙。今更进而于外交，则极力拉拢苏俄，充实对日本联合战线。于裁军，则坚持现有比率，预备与日本坛坫周旋。

总之，美国之远东政策，自合并夏威夷及菲律宾、宣布中国领土保全、门户开放、调停第一次日俄战争、召集华府会议，以迄宣言不承认日本非法占领，至最近大规模的充实海军，虽时张时弛，若起若伏，但方针始终一贯，绝未放松。其对象，欧战前多注重俄、德两帝国，今则专集中于日本矣，此日本所以认日、美战争为"宿命战"也。

（二）英国

英国自十五世纪以来，以地理上关系，对于欧洲大陆之纠纷，素立于超然地位，表示漠不关心的态度。惟极力向世界各处，夺取领土、资源、市场，以建设大英帝国繁荣的基础。及十九世纪末叶，因工业国及海运国的德意志，乘时勃兴，在在与英国以莫大的打击，遂使其不能再采"名誉孤立"政策，以从事于独乐主义矣。

迨欧战爆发，英国被大势所迫，不能不改变其对欧洲大陆传统的旁观态度，终于卷入漩涡。不幸大战意外延长，战败者，无论矣，即战胜各国，亦无不筋疲力尽，满目疮痍，英国昔日在世界之繁荣，一转移间，竟完全为美国所夺。战后十余年来，英国对外政策，无非极力周旋于列强之间，弥缝应付，期于彼此相安。盖英国已不堪国际间再发生任何纷扰也。及最近数年，世界恐慌，刻刻恶化，英国首当其冲，其国策益日趋于消极，惟一意巩固其大不列颠帝国之团结，力谋与他国避免事端，以冀维持国际和平，徐图恢复国力。

在昔，英国只要备有优势之海军，即可保国防上之安全，今则如前述艾顿氏之言，因航空发达结果，对于欧洲大陆之空军，不能不感受强大的威胁。本来英帝国之领土遍天下，譬诸自然人，其本国三岛，直如人体中之心脏，一旦有事之际，此心脏的本国，反时时有受欧洲大陆袭击之虞。加以大战后，民族解放之声，甚嚣尘上，反帝革命，两大运动，日趋激烈。印度、爱尔兰、南非洲三大问题，尤使英国政治家罅漏补苴，不遑宁处。有此世界凋敝，内外多事之秋，英国国防之困难，可以想见。

英国之政策，既重在维持其帝国之结合，则世界一旦发生事变，对于北大西洋、地中海、中国海、大洋洲等处，自不能不有必要之准备。故现在海军之配置，均依照此项计划，分别进行。

本年一月二十三日，英国之澳、亚两洲海军司令，齐集于碇泊新加坡港内之"肯脱"军舰，举行远东帝国海军会议，内容虽无由得知，惟据报载会议要目，约有：

1.将新加坡作为远东英国海军之中心地点。

2.加紧建筑新加坡军港。

3.讨论东亚一般情势。

4.舰队编制问题。

等四项，窥其用意，无非鉴于太平洋上风云日急，远东情势，渐趋险恶。故未雨绸缪，以策前述各处，尤其远东及大洋洲等对于战时之安全而已。

（三）法国

法国大战后之国策，一方与波兰、比利时、捷克、巨哥斯拉夫、罗马尼亚等，深相结纳，以备德国之报怨；一方同英、美进行亲交，以阻意大利之复兴。在此情势之下，自无以海军与英国对抗之事，然因备有优秀空军及多号潜水舰之故，遂予英国以无形的威胁。又于地中海海军，极力维持其优势，且赋以确保联络北非洲之任务，尤使意大利不能无戒心。故欧洲三强，始终貌合神离，难期水乳。至法之对德，不特竭力反对德国军备平等之要求，即凡尔赛条约所许可之海军，亦不息其注意。自袖珍战舰"德意志"号出现后，立即建造二万六千五百吨之高速战舰"登格鲁克"号以抵制之，疑忌之心可想。惟法国政策，重心全在欧洲大陆，对于远东之日本，似尚未感到何等之不安与忧虑，且有时互相利用，各遂私图，此观于法国在国联对满洲问题可证也。

（四）意大利

意大利自莫索里尼当政后，充法西斯党人之野心，直欲恢复昔日繁荣，重建罗马帝国，故其政策，不但欲向东方扩充领土，即对于地中海沿岸之法国殖民地，亦时思染指其间。同时以不满意于凡尔赛条约故，一方同情于德，牵制法国之霸权，一方示惠于奥，阻止德国之合并。年来中欧德、法间不断的纠纷，德、奥间不断的纷扰，以及德国国社党人之横行无忌，国联之先后坍台，直接间接均与意大利此项政策不无关系。至其海军，始终以保有与法国均等兵力为标准而迈，空军亦有长足之进步。观于最近巴鲁坡将军所指挥之大飞行艇队，安然成功横渡大西洋之飞行，其优秀几不在法国下。

（五）日本

日本为世界最后兴起之资本的帝国主义者，世界上之殖民地、资源地，与未开市场，已被先进各国分割净尽。在此情势之下，日本为遂行其侵略政策与满足其占有欲望计，惟有走上大陆政策，积极向中国进攻。其序幕之初步，在以亚洲支配者自居，一面创造满蒙帝国，竭力开发经营，以杜苏俄东下之势，一面强化在中国本部地位，驱除英、美固有之势力。然后进而控制东亚全局，以稳固其立于世界与亚洲间工业国及海运国之基础。

日本既以争夺攻取为国策，而于中、俄、英、美又均立于对立地位，则大陆方面，谢于中、俄，不能不有强大陆、空军以为之备。海洋方面，对于英、美，又不能不有优势海、空军以为之防，其穷兵黩武，左右拉弓，本逻辑上自然之结果。故彼邦军阀，尝谓："日本军备，乃海陆一体，国防一元。"其口吻固俨然欧战前之德意志矣。

第三，海军与造舰

（一）美国

美国于欧战中，即一九一六年，曾树立庞大的三年造舰计划，迨大战停止，世界各国身受惨酷教训，惊心动魄之余，一致起而作裁兵运动。盖各国经大破坏之后，百业凋残，经济枯竭，自非彻底裁兵，将无以自救，并非真有维持国际和平之诚意与决心也。美国情形，虽与各国不同，然大势所趋，亦不能甘冒大不韪，从事扩张军备。因之，其原定计划，无术进行。深思熟虑之结果，乃变更策略，率先召集华府会议，议定裁军之具体办法，同时对于海军，特宣布一较从前稍小的大西、太平、南洋均可作战之编制。以示请自隗始。既制他国之机先，而又立于不败之地，洵极外交之能事矣。

华府会议之后，美国正在建造中之各舰，根据华府条约，多遭废弃处分，只完成"哥罗拉多"级主力舰三只，及将"勒克沁东"级巡洋舰二只改为航空母舰。惟多数之驱逐舰与潜水舰，则仍继续制造。

因此，美国政府以旧有计划，既多不适用，乃就条约限度内，另立一根本建设海军与大规模扩张根据地之新海军政策。至一九二四年，因造舰能力已有相当余裕，即着手建造八吋炮巡洋舰八只，并向其国民历举英、日两国建造补助舰之事实，以示其不得不造舰之苦衷。同时复极力运动充实航空兵力，于大总统直辖之下，特设一航空调查会，朝野一致，努力合作，期于五年内，完成陆军一千五百台，海军一千台之常备飞机。此项计划，已于前年六月底告成。至各舰所应搭载之飞机，则于造舰之同时，次第整备完竣，万事均照预定计划，着着向前迈进。其深谋远虑，安不忘危，可法也。

一九二七年，日内瓦裁军会议开会时，关于巡洋舰问题，以英、美主张不同，会议遂归决裂。美国海军当局深受刺戟，乃向议会提出一造舰之大计划，虽未完全通过，但终成立航空母舰一只，八吋炮巡洋舰十五只之《造舰法》。

及伦敦会议，美国曾用种种策略，造成自国有利的地位，就中最可注意者，即基于多年研究之结果，渡洋作战时，若只备有华府条约所许可之航空母舰，颇感不足，于周到用意之下，乃以航空巡洋舰之名目，竟获得建造小型高速航空母舰八万三千吨之权，故伦敦会议，美国可谓依照其预定计划，完全成功。

伦敦会议之直后，美国复树立一以十二亿五千万金元，建造八十五万吨之补助舰，期于与前述之水陆设备计划同至一九四四年完成之新方案，不料一九二九年以来，依时日之经过，不景气程度，刻刻加深，致空费一年有半之光阴，其计划，竟未实现。

一九三一年九月，满洲事变勃发，美国军备扩张论，高唱入云。去春以来，以救济失业为名，曾支出莫大的造舰费。美国朝野每谓："自伦敦会议后，美国并未进行造舰。"事实颇不尽然，于过去三年间，曾改装主力舰四只，建造大型巡洋舰九只，舰队潜水舰三只，现已完成编队。目下尚有航空母舰一只，大型巡洋舰五只，舰队潜水舰二只，正在建造。此外更有主力舰一只，已在改造中。

迨去年六月，更成立一扩充造舰之具体计划，经议会通过，大总统批准，经费总额为二亿三千八百万美金，建造二万吨航空母舰两只，一万吨六时炮巡洋舰四只，一千五百吨驱逐舰二十只，一千四百吨潜水舰四只，二千吨航海炮舰两只，合从前议会通过之一万吨八时炮巡洋舰一只及驱逐舰四只，共计三十七只之多，均预定于一九三六年以前，全部完工。洵可谓大规模的造舰案。但其动机，固全为日本占领满洲所促成，则不可不知也。

（二）英国

英国乃海军先进国，造舰上，设备之周，技术之精，经验之富，均出他国上。故扩张海军，只要经济不发生困难，自较他国为易。其属于华府会议前所计划者，计有航空母舰五只（内二只改装），六时炮巡洋舰八只，敷设舰一只，驱逐舰八只，潜水舰八只，共计三十只，均经次第完成编队。华府会议后所计划者，则有主力舰二只，八时炮巡洋舰十五只，六时炮巡洋舰一只，驱逐舰三十四只，潜水舰二十四只，共计七十六只，亦已先后竣工。此外正在建造中，或预备建造尚未起工者，则有六时炮巡洋舰十三只（内四只未起工），驱逐舰二十七只（内五只未起工），潜水舰九只（内四只未起工），共计四十九只（内十七只未起工）。尚有主力舰十五只，除一只外，已全部改装完竣。最近复为对抗日、美新六时炮巡洋舰起见，于尚未起工之六时炮巡洋舰，特正式公表，决将其舰型，更加强大化矣。

（三）法国

法国如依照华府条约，原可于一九二七—二九—三一等年度中，各建造主力舰一只。但法国海军素持小舰主义，上项权利并未实行，仅于一九三一年度，建造主力舰一只，专尽全力另造轻快舰艇以供国防上之需要。盖其政策则然也。其在华府会议以前所计划之驱逐舰一只，潜水舰四只业已完成，其后计划之航空母舰一只（改装），八时炮巡洋舰六只，六时炮巡洋舰五只，向导驱逐舰二十四只，驱逐舰三十二只，共计六十八只，亦经竣工编队。属于现在建造中者，则有八时炮巡洋舰一只，六时炮巡洋舰七只（内四只未起工），驱

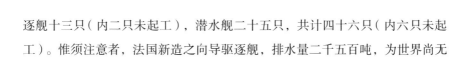

逐舰十三只（内二只未起工），潜水舰二十五只，共计四十六只（内六只未起工）。惟须注意者，法国新造之向导驱逐舰，排水量二千五百吨，为世界尚无比类之有力舰种。

（四）意大利

意大利造舰计划，完全为针对法国而成立，属于华府会议前者，有向导驱逐舰三只，驱逐舰八只，已告完成。其后新计划，则有八吋炮巡洋舰七只，六吋炮巡洋舰八只，向导驱逐舰十二只，驱逐舰二十八只，潜水舰三十二只，共计八十七只，均经竣工编队。目下建造中者，有六吋炮巡洋舰五只（内二只未起工），驱逐舰二只，潜水舰二十二只，共计二十九只。由此观之，其处心积虑，无非对法国极力维持其兵力之均衡。

（五）日本

日本为介于英、美与法、意间之二等海军国，其国策既以中国大陆为进攻目标，海军不过立于支援地位，原无与列强竞争造舰之必要。无如日本之大陆政策，与美国之远东政策，根本不能相容，故日本之海军，不啻为美国而存在，美国遂亦为其惟一的想定敌人。惟日、美海战，自然美攻日守，日本只要保有对美六成以上之兵力，即可应付，此所以华府、伦敦两次会议，甘受五、五、三之比率也。自"九一八事变"后，美国感受重大威胁，不得已，有去夏扩充造舰计划之出现，同时日本立以第二次补充计划抵制之，于是太平洋上之风云，益趋紧迫矣。今其造舰实况，属于华府会议以前者，有六吋炮巡洋舰十只，驱逐舰二十一只，潜水舰二十八只，共计四十九只，均已完成。属于新计划者，有航空母舰三只（内二只改装），八吋炮巡洋舰十二只，驱逐舰四十只，潜水舰三十只，共计八十五只，亦均竣工编队。目下建造中者，除六吋炮巡洋舰四只外，余均划入第二次补充计划中。

日本海军第二次补充计划，业经议会通过，完全成立。其内容系以四亿三千八百万日金，新造八千五百吨轻巡洋舰两只，一万吨航空母舰两只，一千四百吨驱逐舰十四只，一千九百吨潜水舰四只，以及其他各种补助舰艇。同时新编飞机八队。统预定于一九三七年以前全部完成。其结果一九三六年末，美、日两国海军力之比较，略如下表：

舰种	美（吨数）	日本（吨数）	日本对美比率
主力舰	四五五,四〇〇	二七二,〇七〇	六成
航空母舰	一三一,三〇〇	七八,四二〇	六成
甲级巡洋舰	一五二,六五〇	一〇七,八〇〇	七成一
乙级巡洋舰	一一〇,五〇〇	九八,七九五	八成九
驱逐舰	一四九,四〇〇	一〇五,一三一	七成
潜水舰	五一,〇二〇	五一,五五三	相等
补助舰	五九五,八七〇	四四二,六九九	七成四
总计	一,〇五一,二七〇	七一四,七六九	六成八

观于上表，可知至一九三六年末，日本对美国之海军力，虽较现在略为降低，仍保持其有利的地位。况美国之主力舰如"亚肯苏"号之类，在作战计划上，不宜于远攻，只宜于近守乎。故美国对于满洲问题，其远东政策，虽受莫大打击，然终止于外交上之抗议与事实上之不承认，而不敢采断然之处置者，良有以也。

第四，海军与裁军

裁军会议之目的有三，一曰安全保障；二曰节约经费；三曰改善国际关系。然以今日各国历史、国情、政策、利害之悬殊，绝难求得一达成此三项目的之公平方案。诚就第一项安全保障而言，因主观客观见解不同，并无一定标准。例如法国之在欧洲，可谓安全极矣。然以基于历史上对德国之传统的神经过敏性，直非使日尔曼民族全部灭亡，其安全保障无由满足。又如日本之于东亚，只要彼不攻击他国，绝无他国犯彼之事。然以基于侵略政策所赋予之欲望，遂视中国大陆，到处都系其生命线所在，故日本之安全保障，即不啻并吞中国之别名。强者之要求，固无已时，弱者之退让，终有止境。是世界任何国家，均欲实现其安全保障，而又永无得到安全保障之时，若因其自觉不安，进而强使之安，势非扩张军备不可。故裁军之结果，往往变为军备扩张。第一目的既不能达到，第二目的当然无由存在。至改善国际关系，以强权即公理之今日，国际关系之能否改善，全以利害为转移，而利害之发生，又基于军备之强弱，最后归宿，亦惟有扩军。凡此均系裁军会议本身内在矛盾性，亦即其难以成功之根本原因。借令勉强敷衍一时，终必归于决裂，谓予不信，请观英、美、日三国之海军裁军会议。

华府、伦敦两次海军裁军会议，均策动于美国，其用意全在与英国提携以对付日本，结果英国虽有相当让步，但美国非英国惟一敌人，尚不能谓为重大失败。不过英国自己摘下海上王冠，以与美国平分春色而已。惟日本舆论，始终不满，指摘其当局之失策，几于日有所闻，堂堂首相且遭不满者之暗杀，民气紧张可想。至其海军方面所最引为痛心者，尤莫过于伦敦会议时，英、美联合强迫其减削潜水舰保有量一事。

当伦敦会议时，日本方面曾提出：（一）补助舰总吨数，对英、美七成；（二）八吋炮巡洋舰七成；（三）潜水舰保持当时已有之七万八千吨。之三大原则，不料结果，日本最重视之潜水舰保有量七万八千吨，竟于英、美、日均等之名义下，减为五万二千七百吨，即八吋炮巡洋舰，亦由七成减为六成，补助舰总吨数，亦减为六成九分强。

但日本海军方面所反对者，并不在补助舰总吨数之减少，亦不在八吋炮巡洋舰之被削去一成，问题全在潜水舰之七万八千吨，减为五万二千七百吨。盖此项规定，不但限制未有者，不能建造，且经从已有之七万八千吨内，废弃其一部分。况日本素视潜水舰为对美国海军作战上惟一的利器乎。其反对也，固宜。

就日本现在海军而论，若华府、伦敦两条约不加改订，则至一九三六年末，日本对美国比率，当降至十对六.八。至一九三八年，更减至十对六.三。此种趋势，虽数字上略为变动，于日本国防，并无何等影响，但以进攻中国大陆，驱逐远东英、美势力为国策之日本，则决不能忍受。故其政府不顾一切，力排万难，成立第二次补充计划，以针对美国造舰新案。其有意促成远东危机之爆发，固百喙莫辞。然谋国之忠，负责之勇，视徒知以空言敷衍者，似有间矣。

日本所最感不利不满之华府、伦敦两条约，其改订或延长等问题，应于一九三五年在华府开会讨论。日本基于占领满洲后，国际地位之变化与独霸东亚之野心，势必举国一致起而要求废除从前比率，与英、美均等。据最近美国海军总长史望森向罗斯福总统提出之一九三三年海军报告，其中有云："美国始终决心维持英、美、日三国海军力之五、五、三，现行比率。"等语，不啻已明白表示对日本决不让步。英国态度，当然与美国一致。故日本之要求，不易成为事实。或者日本届时变更策略，于军事上不要求实际均等，只须英、美于原则上，客许其有均等权利，另以满洲国之承认，作为交换。但此事较海军上之均等，尤为困难。盖美国若承认满洲国，不仅违反九国协约，直等于将其数十年来传统的远东政策，根本取消。不特此也，自"九一八事变"后，美国前国务卿史蒂生曾屡经向中外宣布美国之不承认主义，国联且因之通过莱顿报告，否认伪组织。美国出尔反尔，以维持海军比率故，进而承认满洲国，则将何以对国联，何以对世界。人非至愚，决不出此。况堂堂一国传统的国策乎。近来国际间颇有种种传说，如谓"日本以参加一九三五年华府会议为条件，要求美国承认满洲国……如国联改变政策，美国将有放弃史蒂生不承认主义之可能"等语，此项谣诼，当然出于片面宣传，别有作用，绝不足信。然却可窥见日本对于一九三五年华府海军会议态度之一斑矣。

在另一方面，一九三五年为日本退出国联已届两年期满，名实上均与国联绝缘之年，美国或为抵制日本之要求计，进而拉拢英国与国联诸会员国，迫日本遵约向国联交还南洋旧德领群岛之委任统治权。然是项岛屿，日本早视为国防上之"南生命线"，无论如何，决不放手。是一九三五年之海军会议，非特海军问题不易解决，即满洲问题，南洋群岛问题等，亦将随之发生莫大纠纷。犹忆第一次华府会议时，日本乘欧战中，列强无东顾之暇，向中国所夺取之种种非法权利，曾遭列强之清算，故未来之第二华府会议，日本若无根本觉悟，适可而止，则难保不因海军问题，激起以英、美为中心之列强大联合，向日本作再度的清算也。

凡国际问题，决非偶然发生，其原因当伏于平淡隐微之中，亘长期而存在，及酝酿成熟，次第发展，惹人注意之后，即不易再使其归于消灭。例如满洲问题，于国联票决时，曾有前年秋十三对一，去春四十二对一之事实，是此问题，已镌入列强之心灵深处，永无消灭之时，终于得到一致通过莱顿报告书，成立不承认满洲国之决议案。其间经过两年之悠久岁月，日本虽知众怒难犯，用种种策略，力谋和缓各国感情，但各国毫不为动，其外交至今仍陷入孤立苦境，并未获得一个与国。日本识若，每谓其对外关系，"波澜重叠，荆棘载途，未来祸机，直同已装好之火药，只待点火"。洵非虚言。故一九三五—三六年前后，日本或竟遭遇一种空前的大试验，要未可知。果尔，则东亚之火药库爆发矣，世界之暴风雨袭来矣。

　　吾人于研究列强海军之余，深感今日固完全一"力"的世界。力有余，则公开侵略，肆意兼并；力不足，则尽量扩充，待时而动。虽所用之手段与方式，各有不同，然不问资本的帝国主义者，抑共产之社会主义者，只知有"力"，而不知有"理"，则固完全一致也。彼外交家所惯用之和平、正义、人道、公理等动听辞令，无非掩饰武力政策之口头禅，即国际间一切和平组织与裁军会议，亦不过点缀门面之装饰品。吾先哲所谓"兼弱攻昧，取乱侮亡"，生物学家所谓"生存竞争，优胜劣败"，殆成为今日国际间不易的铁则。今彼列强，又根据此项铁则，着着准备，剑拔弩张，拟共向东亚舞台，扮演一出人类空前的惨剧矣。然则被派为剧中之主人翁者，究将何以自处乎！

一九三五年海军会议的展望^{〔1〕}　蒋绍炎

（一）

在欧战未发生以前，一八九八年八月，俄皇尼古拉二世曾发起召集军缩会议，就于翌年五月十八日，在海牙举行第一次和平会议。后美总统罗斯福倡议，又于一九〇七年六月，举行第二次和平会议。至于第三次和平会议，原拟在一九一五年举行，因欧战爆发而归停顿。若自第一次和平会议起算，迄今已届三十余载。欧战以后，国际关系虽生变化，而德法英俄对抗的形势，一转为美日英争雄的局面。因此一九二一年七月八日，美国国务卿非正式通牒英法日意四国政府，召集海军会议，以十二月十一日正式在华盛顿开会，迄今也整整十三年了。在这些漫长的岁月中，对于军缩问题非但没有进步，就连从前一点仅有的小成绩，也将被当今的狂风怒涛席卷而去，这真令人有点不寒而栗！

按华盛顿海军协约规定，该约继续至一九三六年十二月三十一日为有效期间，但距此日两年以前，缔约国得作废约的通知，否则继续有效，以至有一国通知废约后经过两年为止。而伦敦海军协定，有效期间至一九三六年底止，并规定于一九三五年召集第二次海军会议，来讨论海军上一切纷争问题。所以本年六月十八日，海军会议预备会谈即在伦敦开始进行。但自"九一八事变"以来，国际间充满备战的形势，而英美日三大海军国更有一种解决不了的矛盾，日本要求海军军备平等，英美方面自也不愿见日本海军无形中占优势，因而独霸远东。这可知名分上虽是单纯的海军问题，而实际上却是一个政治问题——

---

〔1〕此文发表于《建国月刊》1934年第11卷第3期。

特别是远东的政治问题。中国固谈不到所谓海军，而对直接间接有关于本身利害的来年的海军会议，自不能不加以充分的注视。因此默察过去现在的情况，来一窥探未来的形势。

（二）

谈到海军问题的过去情形，自不能不提到下列的四次会议：即一九二一年的华盛顿会议，一九二七年的日内瓦会议，一九三〇年的伦敦会议，一九三二年的世界裁军会议。这四次会议中参加的不仅是英美日三国，而所讨论的议题也不仅是海军问题。不过为着便利起见，在本文中只叙述英美日三国的海军斗争罢了。

在华盛顿会议中，美国代表休士提出一海军限制案，系设定十年海军休息期间，并废弃现在建造中或设计中的主力舰，和已存的老龄舰。而以下列四项为实行原则：（一）在实行的主力舰的建造计划，应完全废弃；（二）依已存老龄舰的废弃，作为进一步的减缩；（三）大体上应依据列国现在海军力，作为限制及裁减军备的出发点；（四）应以主力舰吨数为海军力测定的标准。依上述比例，以分配相当数的辅助舰。遵此原则，美国应废弃已存的或建造中的军舰为三十只，英国应废弃相等船舰二十三只，日本应废弃相当船舰十七只。至关于船舰的代换，休士提议代换最大限度吨数，英美各为五〇〇,〇〇〇吨，日本为三〇〇,〇〇〇吨。当时日本代表即提出异议，他对于代换吨数主张由五、五、三的比率，改为十、十、七的比率。同时对于军舰"陆奥"号的废弃，表示不能同意。结果，前项日本让步，并与英美相约对于三国各自在太平洋上的要塞和海军根据地，一律维持现状。但美领布哇诸岛，英领澳大利亚、纽西兰及日本本国诸岛均除外。后者英美承认了日本的要求，因此三国船舰吨数略有变更，计美国保有十八只主力舰，总吨数为五〇〇,六五〇；英国保有二十二只，总吨数为五八〇,四五〇；日本保有十只，总吨数为三〇一,三二〇。至于最大限度的代换吨数，英美各为五二五,〇〇〇吨，日本则为三一五,〇〇〇吨，仍维持着五、五、三的比率。外此航空母舰方面英美两国的总吨数各不得超过一三五,〇〇〇吨，日本不得超过八一,〇〇〇吨，亦相当于五、五、三的比率。关于辅助舰问题，在休士原案中，本主张和主力舰受同一比例的限制，卒以日法等国坚决反对，归于失败。而潜水艇的讨论，休士原案中只求吨数的限制，惟英国代表则主张完全废止，因提出禁止使用潜水艇的议案，该项提议美国既不能赞同，日本又大加反对，致不能成立任何协定，仅关于潜水艇使用方面，各方同意签订一项限制滥用的条约罢了。

上述会议对于辅助舰方面既不设有任何限制，于是造舰的竞争完全趋向于后者方面，美总统柯立治目睹此情形，深觉对于自国颇有不利，便于一九二七年召集日内瓦会议，因法意两国拒绝参加，改为英美日三国会议。在美国本来的意思，想把五五三的比例适用于巡洋舰和潜水艇方面，但英国着重在保护战时通商关系，对于巡洋舰自始即主张二舰型主义，意分为排水量一万吨、炮位八时巡洋舰和小巡洋舰两种，后者为保护海上交通线所必需，虽多无妨，前者则可就只数加以限制后，再规定总吨数。美代表则反是，主张先规定一总吨数，而舰型可不加限制。在规定吨数内，尽可自由建造。因此英国主有七十只巡洋舰，最少必有八十七万五千吨；而美国则坚决主张至多只能保有三十万吨。双方主张大相径庭，兼以日本野心勃勃，自不甘屈服于五、五、三的比率下，故会议结果，落得个一无成就了。

日内瓦会议既告完全失败，各国海军复行激烈的竞争，特别是英美方面，大有一触即发之势。一九二九年十月英总理麦唐纳只身渡美，与美国总统胡佛面商海军问题，获得两国海军平等的谅解，并决定在伦敦开一海军会议，藉以讨论华盛顿海军协定所未包括的船舰限制问题。一九三〇年一月，果然如议开会，会中除意大利海军要求与法均等，和法国提出地中海安全等难题外，厥为日本欲达到十、十、七的比率的问题。后经麦氏的奔走斡旋，英美日三国始签订了伦敦海军协定。一方面对于巡洋舰、驱逐舰、潜水艇分别设定限制，即在一九三六年以前，凡六时以上炮径的巡洋舰，英国不得超过一四六,〇〇〇吨，美国不得超过一八〇,〇〇〇吨，日本不得超过一〇八,〇〇〇吨；凡六时以下炮径的巡洋舰，英国不得超过一九二,〇〇〇吨，美国不得超过一四三,〇〇〇吨，日本不得超过一〇〇,〇〇〇吨。至于驱逐舰方面，最大限度英美各为一五〇,〇〇〇吨，日本为一〇五,〇〇〇吨；而潜水艇则英美日各为五二,七〇〇吨。一方面延缓主力舰代换建造的期限，即签字国在一九三一年至一九三六年的时期中，不得行使华盛顿条约所载建造补充主力舰的权利，并允许不建造万吨或万吨以下载六吋口径炮位的航空母舰。因此载六吋口径以上炮位的巡洋舰，美国至多得保有十八只，英国十五只，日本十二只。惟在条约的有效期间内，签字国受未签字国建造船舰的影响，得随时增加相当的吨数。是则伦敦协定虽较华盛顿海军协定为进步，也究竟不能认为是对于海军问题的根本解决有所办法了。

自国联理事会设立军缩会议以来，历次筹备，始于一九三二年召集世界军缩会议，其中有一部分涉及海军问题。会中英代表提议：（一）关于海军军实的限制，一部分业于华盛顿和伦敦两条约中规定，惟应将该项条约推广，使其他海军强国一同加入；（二）维持上述二约至一九三五年止，以待在该年召集的海军会议中，重作一满意的调整；（三）削减战斗舰和巡洋舰，并取消潜水舰。美代表提议：（一）延长华盛顿和伦敦两条约的期限；（二）经条约规定的一切主力舰吨数和只数，应减少三分之一；（三）巡洋舰、驱逐舰、航空母舰等减少四分之一，潜水舰减少三分之一，而每国潜水舰总吨数不得超过三万五千吨。日代表提议：（一）主力舰每只最大不得超过二万五千吨，载炮口径最大为十四吋，英美主力舰各为十只，日本为八只；甲级巡洋舰英美各为十二只，日本为十只；乙级巡洋舰和驱逐舰，英美日三国的总吨数，均为十五万吨；而三国潜水舰总吨数，则以七万五千吨为最高限度；（二）航空母舰作为攻击武器，应行裁撤；（三）潜水舰应认为防御武器，惟可同意作相当的裁减。综观三方提议，英美虽同为现行比率维持派，其中又不免有若干差别；至于日本则一心想推翻五、五、三的比率，以求和英美两国臻于平等之域。惟军缩会议一遇于德国的退出，再遇于英法的争执，迄最近已宣告无期延会，其成绩也就可以思过半了。

（三）

上述各次会议，对于海军问题，迄无一个彻底圆满的解决办法。又因"九一八"的事变，激动了太平洋的怒潮，于是英美日都跨入海军竞争的途径上去。在英国方面，其海军活动本以大西洋和地中海为策源地，以印度洋和太平洋为其延长线，期以完全控制上述四地为目标。今年一月间在新加坡曾举行英帝国海军会议，内容虽秘而不宣，而对新加坡筑港，必欲求其速成。更拟在南美东南海岸的福克兰岛上，建一海军根据地，藉以沟通和巩固大西洋和太平洋的联络阵线。关于造舰方面，一九三三年原定程序为乙级巡洋舰四只，领队驱逐舰一只，驱逐舰八只，潜水舰三只，扫海舰三只，警护舰一只等，后因受日美造舰影响，始将原定程序改订为巡洋舰二只，每只排水量为九千吨，装有六吋口径炮十二门，五千二百吨的巡洋舰一只，驱逐舰九只，潜水舰三只。本年度海军预算亦于三月十二日通过于下院，该案包括九千吨级巡洋舰三只，五千吨级巡洋舰一只，飞机母舰一只，驱逐舰八只，领队驱逐舰一只，潜水舰三只，预算经费为五千六百五十五万镑，较之去年已增加二百九十八万镑。至于隶属舰队的航空设备，除供练习用水上飞机和鱼雷轰炸机不计外，本有飞机二十四小队，合计一百四十四架；本年度空军预算，拟增加飞机四队，其中一队即编入于海军舰队。

在美国方面，海军活动首为求大西洋舰队和太平洋舰队的联络，以便在东西两端各保持其优势；次则以檀香山为太平洋上的前进阵线，并谋马尼拉、关岛、珍珠港、荷兰港等的联络。一九三三年美海军扩张案，曾于去年六月十五日发表，预备在三年内建造航空母舰二只，乙级巡洋舰四只，驱逐舰二十只，潜水舰四只，炮舰二只，连同前此通过尚未建造的驱逐舰四只，巡洋舰一只，共计三十七只，经费为二万万三千八百万美元。本年度的新造舰案，经上下两院通过，于三月二十七日罗斯福总统即予以批准，预计在五年内，建造飞机母舰一只，巡洋舰六只，其中包括甲级者一只，乙级者五只，驱逐舰六十五只，潜水舰三十只，经费为七万万五千万美元。其中拨出九千五百万美元，作为建造海军飞机一千一百八十四架之用。此外截至一九三一年年底止，海军航空队已分配有一千架飞机，而现在正在建造中者，共有四百八十六架。

在日本方面，想在东西太平洋占一优越地位，所以一方面谋久占南洋委托治理地，因其可以包围美领关岛，威胁菲列滨、澳洲和印度洋，并切断美舰队横断太平洋的路线；一方面谋确保马公、基隆、奄马群岛、小笠原群岛各要港的联络，藉以封锁中国海，依此项方针，日本在伦敦会议后，即拟一海军补充计划，原定一九三五年开始，现已提前一年施行。预计在三年内，建造航空母舰二只，驱逐舰十四只，乙级巡洋舰二只，潜水舰四只。以上系在条约限制内者。水上机搭载舰一只，给油舰一只，工作舰一只，水雷艇十六只，驱潜舰四只。以上系在条约限制外者，经费为四万万四千九百万元。明年度海军预算，已于八月九日由大角海相裁决，即向大藏省提出预算概算书，其明年度预算，较去年异常增加，要求总额已达六万万九千六百万元之巨。其中新规定要求一项，亦达三万万元左右，此则除船舰建造费外，即为航空队的扩张费，按日本海军航空队，自第一次补充计划以后，已由十七队增至三十一队，而于本年度开始的第二次补充计划中，复增设八队，共计现有三十九队。

（四）

过去各次会议的惨败既如彼，而现在各国海军的竞争又如此，则明年的海军会议又将如何？年来经济萧条，贸易衰落，财政窘迫，似无能力负担偌大的海军扩充费，惟国际市场的争夺，殖民地的分割，日趋尖锐化。又似除武力解决外，则无他道。兹就技术的政治的两方面加以叙述，俾作推测一九三五年海军会议的前途的南针。

（一）就技术方面观察。该项依过去争执情形，可分四点立论：甲、主力舰。日本坚决主张废除五、五、三的比率，进而作平等要求，以便在国防上占绝对优势的地位；或主张减少吨位，使英美受极大影响。而英美以前既限制西太平洋海军根据地的设备，日本无形中在西太平洋占一优越地位，后此自更不能轻易允许日本的平等要求，使自国在远东的一切权益受人宰割。此层美国一般舆论，表现得特别明显。乙、航空母舰。日本岛国易受飞机袭击，故主张完全废除航空母舰，并禁商船装置飞机升降甲板。英美两国当然要加以反对。惟英国可同意缩小吨位及炮径，因本国航业发达，一旦有事，普通商船随时可改作升降飞机之用。丙、巡洋舰。英国因殖民地分布于各洲，富有海军根据地，便于小舰的运用，故主张小舰多数主义，先缩小舰型和炮径并延长舰龄，然后规定各国应有的吨数和只数。美国的情形恰巧和英国相反，并欲在太平洋对抗日本起见，非采取大炮巨舰主义不可，因此双方便无妥协余地。而日本因在伦敦海军协定规定甲级巡洋舰对美为六成强，惟美国在一九三五年前，可完成十五只，日本迄一九三六年止不得添造，结果日美比率仍为六对十，故日本无论如何必欲打破现行比率。丁、潜水舰。在伦敦海军协定中英美日三国各规定为五万二千七百吨，日本当时主张七百吨以下小型潜水舰，应在限制以外。英美方面谓潜水舰乃攻击武器，易妨碍各国通商，势非加以限制不可，同时欲更进一步，完全废除潜水舰。此项主张，英国拥护更力，因除对日外，尚含有制法的意味。

（二）就政治方面观察。英国为保护海外殖民地和本国间海洋交通的自由，历来即信仰能取胜于海上者，亦足取胜于世界，因采取海洋霸权政策。后经华盛顿会议，主力舰允许和美国均等，又经伦敦会议，辅助舰复允许和美国均等。这样，美国的海洋自由政策似有占先趋势。惟英国的基本国策依然未改，观其对欧洲各国，仍不愿抛弃其绝对优势，故海军势力仍等于法意两国的总和。美国的基本国策有二个，一为门罗主义，一为门户开放政策。为拥护前者起见，保有守势的海军即可。惟自华盛顿会议以来，美国确定其在太平洋上的新地位，则欲实行后者及拥护最近的不承认主义，非有攻势的海军不可。日本自侵占东北四省以后，一面准备着对英美海洋联络作战，或竟是大陆和海洋同时作战，所以便提出平等的要求来；一面提出亚细亚门罗主义，以亚洲的主人翁自居，极力欲排斥英美的势力于远东之外。此种情形，自非英美所能忍受须臾。而远东均势打破后所引起的不安状态，首先便反映到海军竞争方面去了。按现今的国际关系，颇和一九二一年相类。那时日本同意退出山东驻军，把德国在山东的权利交还中国，确定门户开放政策，签订九国公约，有了这种种安排，始克成立一宗海军协定。所以日本宣言在来年的海军会议中不涉及政治问题，其实又何曾避免得了。不过当今日本海军平等要求的交换条件，却是要列强承认满洲伪国，或划定太平洋的势力范围，其不能得英美的同意，昭然若揭。

总之，由来已久的技术争执，虽非根本问题，却不见得后此就能轻易解决。至于政治上的纠纷，势成骑虎难下，除非日本肯退出东北，或放弃独霸亚洲的念头以外，亦决无解决希望。这样，一九三五年的海军会议，也许是不克开会，也许是不欢而散，若单纯地去谋海军问题枝枝节节的解决，决无成功可能。所不可知者，那时美英两国将联合以反抗日本乎？抑自相冲突为日本所利用乎？我们一回忆一九一三年，英国海军部部长丘吉尔（Winston Churchill）曾对德国提议海军休息一年，为德国所拒绝，卒致一九一四年发生世界大战。那末，未来的一九三五年果真是前此的一九一三年了吗？

一九三四，八，十五

星加坡海军会议之严重性[1]　　萍　望

在这岁尾年头的一个月前后，南洋报纸所载威风凛凛而雄赳赳之消息，深印我人眼帘，又为举世瞩目者，有如下列数端：

一、十二月上旬，约翰逊氏自英伦到星加坡，着手于海峡殖民地[2]海军义勇队之筹措，说将来如果战事发生，即可恃以保护星加坡之往来商航。

二、英国陆军元帅阿伦比子爵，在急景残年的当儿，东航远驶，道出马来半岛，转赴荷印爪哇，来也匆匆，去也猝猝，预计于一月底重复回英。此来宣称，谓纯系游历性质，"讳莫如深"，适见其"欲盖弥彰"，其为负有军事重要使命，不问可知。

三、星加坡本有空军二联队，一为第三十六队，有鱼雷炸弹机；一为第二〇五队，仅足供海岸侦察巡缉之用，没有掷炸战斗能力，故英国理藩部和航空部迭经磋商之结果，决调第一百联队之掷炸飞机远戍到星，一联队计有正式十二架，此队为英国空军最坚强联队之一，机器马力有六百五十匹，每点钟速率可达二百英里，八分钟许即可升腾至万余英尺之高，官佐人员百余名，业于一月五日到达星加坡了。合计从前数目，重爆击机三十六架，水上飞机二百零五架云。

四、星加坡军港之建筑，全部预算为七百万镑，依现在建筑之速率言，大概至一九三九年，再开销二百七十五万镑后，方可完成（原与约翰哲克逊建筑

---

〔1〕此文发表于《侨务月报》1934年第4期。
〔2〕从18世纪末叶开始，英国先后侵占了南亚槟榔屿、新加坡、马六甲等地。1826年，英国东印度公司将上述三地合并为海峡殖民地，首府设在槟榔屿。

公司订约为一九三五年九月满期），时日稽延，实不足以应付此远东紧急之风云，何况新西兰、澳洲海防实力，又非常薄弱，星加坡军港，为英国在东方各海军根据地之冠，换句话说，将为远东舰队的根据地。英政府盯衡大势，实具有早观厥成的殷望，于是而一月廿三日至二十八日之海军会议，便在狮子岛上——星加坡，密秘进行了。

这次会议出席之代表，除驻华，驻东印度、新西兰，驻澳之海军司令外，又有马来和海峡殖民地各代表砂朥越酋长，议程内容，据电讯揣测，约有四件：

（一）星加坡之军港，使成为新时代化，和强固化之海军根据地。

（二）一九三〇年为英帝国会议所稽延弛缓之工程程序，加速积极进行，早日完成之。

（三）英国远东海军实力之支配。

（四）远东风云紧急，一旦战起，怎样维护英帝国权益。

星加坡包括附近小岛，其面积也不过二百多方英里，但我们不要因为它藐小而小觑了它，它是三S线的枢纽，是英帝国在太平洋上的前哨重镇。一九一四年以前，海上艨艟，儿抚五子之国，目无列国余子。欧战以后，美国暴富，日本崛起，虽有华盛顿举行之海军会议，以英美日为五、五、三比率，稍遏日本的大欲，但野马如的日本，逾衔疾驰，大有"横历天下"之概。内充国力，把努力生产所得倾销海外，出超所得，修文经武，北进豪夺，并我东北，窥吾热察，南进巧取，远交暹罗，厚结荷印。英荷要塞区域的邻近地带，如婆罗洲，如距星加坡不远苏岛海岸之日本村（在石叻班让岛对岸）；又如拊星加坡背之柔佛港口，英卧榻旁，都有日人鼾睡。大亚细亚说，高唱得镇天价响，英美听了怪刺耳。美则在火奴鲁鲁各岛建造坚固的防御工程外，又把珠海港大事扩充，使全美舰队，都可停泊其间。本月廿五日美众议院议员，在海军委员会审查文生氏之海军五年计划，造舰一百〇一艘之提案，与总统之大海军计划，全国经济计划，可说是沆瀣一气。英于不先不后，在星加坡大开其轰动全世的海军会议，彼此心事，如见肺肝。豪强间各自擦掌摩拳，攘臂掀髯以待，行见太平洋上将不太平了！

太平洋而果不太平，一发牵则全身动。卷入漩涡者，不止我国，更不止英美日三邦。不过我们所遭的殃，必十百倍于他人，居留马来亚的一百七十多万华侨，国防金的负担重，战乱时的供应繁，百业敝疲，随时有家破人亡的恐怖，那是不必论了。即以我边陲而言，彼所谓维护其远东权益者，当然不仅伸展海洋势力为已足，大陆政策，自亦含蓄在内。近察新疆的骚扰，再看英殖民地的英文学校中，把我们的康藏区域，已绘成他们的图色了。所以在"甘特"旗舰上所开的海军会议，实有水陆并重的双重意义。其为严重，不寒而栗！国人呀！侨胞呀！世有恃强作乱者，其罪恶固不小，但积弱而不争气者，予人以隙，授人以柄，使侵略者得资为口实，弱者实亦为扰乱和平之引火线，其罪也不可恕的！我们应该各自沉痛自责而发奋为雄起来！

一，廿八日

海军会议与太平洋问题^[1] 陈钟浩

"控制世界者，必先制海。"这是一句经历史证实过的名言。一五八八年的无敌舰队Armada的战败，便是西班牙海权的没落。一八〇五年脱拉法尔伽（Trafalgar）战役^[2]，更是法国海力的销沉。英国经以上两次大战，便代替西法两国，做了海上的盟主。同时在国际舞台上，也占了优越的地位。大战前，德国要竞造海舰，和英国互争雄长，詹姆斯宫（St. James Palace）便牺牲亲密的戚谊，对德取了对敌的地位。战后，德国败绩，退出海军舞台。同时英国又来了两个新兴的海敌：一个是它同种的美国，一个是它同盟的日本。自一九一八年至一九二一年，是日美海舰竞争的段阶，结果一九二二年华盛顿海约，和缓了太平洋情势。一九二三年至一九二九年，便是英美竞争的段阶，结果一九三〇年伦敦条约，又消散了大西洋上的战云。现在英日美三个海军主要国的海力现状，便是受以上两个条约的限制。然而华盛顿和伦敦两海约，至一九三六年底都要期满。华府海约规定如在二年前（即一九三四年年底）缔约国不宣布废约，将继续有效。伦敦条约更规定在一九三五年开海军会议，另订新约，去年十月的伦敦谈判，就是今年海会的预备会议。经月的谈判，毫无结果，日美代表，已饱览英京冬色，大家倦游东返。伦敦谈判，也在雾重天寒中宣告延期了。除非有特别事实发现，否则在最短期间，恐怕不会重召。现在列强海军政策，还是固持着原来的地位，静待正式会议之降临。

---

〔1〕此文发表于《时代公论》1934年第3卷第42期。
〔2〕即特拉法尔加角海战。

一、海军会议中的阵容——列强海军政策

从预备会议中所揭示的歧点，便使人了解正式的阵容，试分述如下：

A.日本——从地理环境说，它是海洋国家，它的领土，从北面的库页岛到南方的加罗林（Caroline）群岛，如长蛇一般，逶迤在西太平洋上。它需要海军，保持领土安全，谁也不能否认。然其活动范围，只限于太平洋西部。既无英国领土遍全球的形势，更无美国横跨两洋的环境。所以不需要大舰巨炮，驰驱于千万浬外，确需要多数小舰，防御袭击。再从远东情势看，自"九一八"以后，日本在东亚大陆，已取得广博的土地，对西邻中国，自认为有优越地位。现段阶的日本国策，第一步是防卫已得的权利。进一层排除列强在远东势力，使西太平洋成为日本的内海。因此日本海军，亦侧重防卫和排除工作。最后从海军战略上观察，日本在附近海内作战，胜利成分较高。假如引申到广博的外海，是很容易失败的。看不久以前，海军演习，战区在南洋诸岛附近的海洋，战略则为防御。根据这个原则，日本对军舰的设备和性质，侧重防御和短期的决斗力（见伊藤正德著《日美海军之对峙》文中载一九三三年《现代杂志》九月号）。伦敦条约中，日本的辅助舰已增至七与十之比。假如建造到条约限度，自可保持远东优势而有余。不过华府海约规定，日本主力舰与英美为三五之比，未免相形见绌，决非傲慢的日人所能忍受。霞关的主持者，便效法德意志，在伦敦谈判中，也叫出"国防权平等"的口号。他希望藉此摆脱华盛顿海约的束缚，其热诚又和德人对凡尔赛条约一样。谈判开始，日本即取攻势，由山本少将提出积极要求。从他的建议，见到日本的希望有四：一、废除现行分级比例制，以打破华盛顿条约三、五及伦敦条约七、十之比例，实现海军军备上的平等。二、采用总吨数制，各国根据环境需求，规定最高吨数。在制定吨数下，得自由建造任何等级之军舰。因此日本可以添设多量"袖珍舰"，来控制大西洋的海面。三、将各类军舰，依其性质，分为侵略及防御两种。关于侵略性的军舰，如主力舰和航空母舰等，应尽量裁减。关于防御性的军舰，如潜水艇及小型辅助舰，应分别保留。表面上好像日本真要消弭海战，其实它的军略，概重防御。反对巨舰大炮，不晋消除他人的武器。四、欲在一九三四年底，与各国共同宣言废止华盛顿条约，以表示反对海军现状的决心。

B.美国——合众国的政策恰和日本针锋相对，它的国境，横跨两洋，据有优越孤立的形势，邻国国力又不能与抗。国境安全，不生问题，原无须盛大的海军，然而大战后，美国经济势力，普及全球。拉丁美洲固早成它经济的采地，太平洋中有它的领土。要保持已得的利益，和谋将来的发展，必须有盛大的海军，方能济事。况且在现情势下，欧洲满布着战云，远东方面，日本势力又极度澎湃，更非大规模的海舰，不易维持金元势力。好在从华盛顿会议到伦敦会议，十年以内，美国海力，与英国已求得平等，现在还未能达到条约上所规定的海舰数量。所以在这次谈判中，无积极的要求，只有消极的抵制。吾们从美代表台维斯（Davis）的谈话中，知道美国的主张，约有二端：一、维持现行比例制，反对采用总吨数制，藉以保持两次条约上已得的优势。当然不赞成贸然废除华盛顿条约。二、以环境需求，它需要巨型海舰，才能突出重洋，远驰外海，取进攻的形势。因此注重久航性和延长性的海舰——战斗舰及航空母舰才能维持它的优势。同时对于破坏主力舰的潜水艇，则主张加以限制或废除。

C.英国——自伦敦条约将海军平等权让给后进的美国，一般保守党人和海军中人，早露不满的态度。最近海军提督脱伯爵士，有动人的演讲。他说："脱拉法尔伽一役（一八〇五年十月二十一日，英国奈尔逊Nelson提督大败法国海军之地），以海上霸权，界予吾人。此后一世纪有余（至欧战时为止），吾人得以安享和平。今日英国海军，视奈尔逊时代，已相形见绌，英人不能高枕无忧矣。"所以一般海军狂的英人，要藉此废除现行海军比例，恢复往昔光荣。这点与日本海军政策是互相策应的。其次英国因为殖民地众多，海军根据地所在皆是本国海舰，在短时间，随地有停泊和添煤的场所。的确，英国海军，有美国活动范围的扩大，同时有日本联络便利的形势。所以它不需要昂贵的巨舰，却要增加多数的小型舰，以便行驶自由随机应付。这点又和日本要求暗相符合。但是英国对于日本平等的要求，和现行条约的遽尔废止，便不赞成。恰又和美国一样。对于潜水艇，赞成限制或废除，也和美政策一致的。因此英国政策徘徊在日美中间，迄今仍守着违依两可的形势。恰如伦敦哈瓦斯电讯中所说："英国目下两种趋势：一则同情于美国，一则同情于日本；一则谋英美的提携，一则谋英日的提携。而英国态度，正依违两种之间。此两种趋势，或均未能获得全胜。"不过伦敦政府恐怕日美抗立，影响到海会的失败，造成海军竞争的局面，促进战争的危机。它极希望未雨绸缪，在不左袒右倾的夹道中，寻出一个折衷办法。果然善应付能妥协的英人，提出他的建议。其中主要原则，约有两种：一、由英美两国共同宣言，承认日本在国防上有平等权利；二、英日美三国个别发表片面宣言，将本国所认为需要的造舰层序，分别规定。在第一项下，英国因袭了列强在军缩会议上对德的故智，承认日本理论上平等，实际还是维持英美海军优势。在第二项下，在"各取所需"的原则下，日本则有较多的潜水艇，美国则有较多的航空母舰，英国则有较多的巡洋舰。因此变相的承认日本总吨数制，却保留着分级制的形态，在英国可算煞费苦心，成立双方牵就的议案。然而日本还是坚决反对美国也未有热烈赞助。无论英国如何巧妙，翻新花样，来挽救预备会议的厄运，恐怕没有旁袒一方的鲜明政策，小会有实际效果的。现在日本已宣告废除华盛顿海约，这或许对于惝恍迷离的英国政策，是一个有力的激刺。

二、海军议的结症——太平洋政治问题

海军会议，原不是单纯的技术问题，它的重心，还是在政治，过去的两次会议，已经证实了。华盛顿条约的成立，因为远东政治时得着暂时的妥协；伦敦会议成功，因为英美有事前的谅解。过去是如此，现在也是一样。下次海军会议，假如不从国际关系上谋改进办法，来辅助海缩的成功，苟只斤斤于技术问题可算是缘木求鱼了。与海军会议关系密切的政治问题，有下列几种，我们现在逐一加以说明。

A.太平洋安全问题——在华盛顿会议后，九国公约、四国公约维持太平洋的均势，华盛顿海约中的维持现状条款，更限制英日美在太平洋的防御。英国除在澳洲附近及东经一百十度以外，其他概不设防。因此视为东方"直布罗陀"的新加坡可以建设海港，不受条约的限制。日本在小笠原群岛、千岛列岛、琉球、台湾、澎湖不设海备，然而本岛不受限制。美国在远东主要根据地的关岛和菲列宾，停止防御工作，牺牲较大。根据上述有联带作用的三约，十余年来的太平洋才能维持小康局面。不幸华盛顿海约，不日将由日本宣告死刑。九国公约和四国公约，同时也发生动摇。太平洋将重陷入混乱的情

态。恐怕列强又要从事增防备战的工作。假如在最近，没有调协的办法，美国将在太平洋上添设海军根据地，在关岛、菲列宾将重整海防，在阿留西安岛（Aleusian）、萨姆亚岛（Samoa）及夏威夷将新增或扩大海军根据地（国民新闻社十月二十五日华盛顿电）。英国在近二年来，对于新加坡海港之建筑，又加紧工作。全部军备，约在一九三八年完全告成。新加坡形势险要，为太平洋、印度洋间的交通孔道。军港告成，可以巩固英帝国基础。澳大利亚、纽西兰对于此种计划，热烈赞助。最近在新加坡帝国海军演习的声中，澳前相休士（Hugbhes）发出耐人寻味的演讲。他说："全世界各国，实以澳洲最易受人攻击，该处去亚洲某国只一箭之遥，故急需准备，因英国已非海上霸王，日本已非吾人盟友。"（国民社十二月二日新加坡电）荷法两国在远东方面，本不足自卫，所以他们很愿将南太平洋中殖民地，托庇英国保护。看最近英荷密约的宣传，法国远东政策，又力和英国调协，便知其中作用了。这些事实，都是针对着日本，东京方面，何尝不知。所以它固然要废止九国公约，然而对于四国公约，并不反对其存在；他固然要废止华盛顿海约，然又何尝不希望海约中第十九条，继续有效呢？因为美国如在关岛及菲列宾没有盛大的防御，日本在西太平洋可以不感觉威迫，虽有少数的日人，以为近代海军技术的发达，美国海舰从夏威夷的珍珠港可以进攻日本，然在现状下，究属不易。日人对于新加坡，也极注意这次海军谈判中，如不是格于英国的反感，日代表已提出限制新加坡军备问题了（国民社十一月八日伦敦电）。这许多因为废约所引起的严重问题，非待海军会议，才有解决的办法。

　　B.菲列宾问题——本年三月二十四日，罗斯福总统批准菲岛独立案，太平洋国际关系上，便发生新原素。菲岛形势，确甚重要，南控东印度群岛，西临安南，东濒日本代管的群岛。它处在日、澳、中国三者的中间，所以它的命运，关系列强在南洋的均势，尤其是日美在太平洋势力的起落。在日美关系对立的形势下，美国竟放弃"远东政策关键"的菲列宾，自然引起各种歧异的解释。据吾人观察，菲岛独立案成立，大半由于经济的动机，而美国内政转变，亦为促成此案之原因，所以我们决不能认为是美国放弃远东的表示。试看独立法中，包含两个重要的原则：一、美总统得与各国协商缔结保障菲岛中立条约；二、美国在菲岛的海军根据地暂不放弃，俟将来独立后，再由双方当局协商处理。因此我们知道美政府，对于菲岛并未忘情，它决不愿毁弃数十年经营的基础，使菲列宾如"成熟的果实"，轻易堕入樱花园中。如此，则美之远东劲敌——日本，将如虎附翼，益发雄飞太平洋了！菲岛的马尼拉海港，素为美国在"远东的前卫"，一旦沦为异域，美国商品将失却积货的总栈。美国海军将彷徨于远海中，没有栖息的场所。影响所及，将如美国名作家吉朋斯（Gibbors）所说："美政府对于通商路线，将无权过问。对于日本侵略的范畴和方法，更无法干预了。"现在距独立法施行时期，还有十二年之久。在这过渡时期，美国将静待太平洋情势的流转，再决定对菲海港弃留的态度。但是事实上证明，马尼拉远在东方，距美国太平洋主要海港——珍珠港，有四千九百海哩途程。凭现在技术的发达，亦不易取得联络，况且在日本的领岛控制下，菲列宾早失却美国"东亚的延长"的资格了。在将来的海军席上，或其他的太平洋会议中，美国势必与列强协商，缔结公约保障菲岛中立，将它划出太平洋纠纷之外，藉此防止日本势力的南侵。那时美国或许可以不增防菲港，甚至完全放弃在菲岛海军根据地。此又与海军问题有连带关系的。

C.委托管理群岛问题——日本受国联委托所管理的岛屿——马里安（Mariaunes）、加罗林（Carolines）、秘罗（Pelew）、马沙（Marsholl）等岛，战前原是德国的领土。日本攫取此等岛屿，来历既很复杂，所以最后处理，便生问题。在一九一七年，日本曾得协约国的密许，一九一九年五月，又得协约国军事最高会议（Supreme Council）的公认。凡尔赛条约中（第一一九条），德国将该群岛主权，转让协约国及联合国，自由处理。后来国际联盟理事会，便根据最高会议议案，将这些岛屿，委托日本代管，并付与受委托者行政及立法全权。同时规定不准武装民众，不准增设防御，更不能建筑海军根据地。其实这许多限制，日本并不重视，十余年来，日人在该处，还是增防，还是封闭门户，只不过一年一度的向国联报告成绩，便算塞责了。这样延长下去，本可不生问题，然而事实上凑巧，一九三三年三月，日本因东北问题，退出国联，委托管理群岛处理问题，突引起世人的注意。在法律上，国联原有令其交还的权利，德国也希望物归旧主。然而日本必根据密约，和最高会议的议决案，否认国联有最后的主权。另外还有美国，它将根据凡尔赛条约，以联合国资格，也来参加意见。这些法律问题，已可以引起无限纠纷。然而实际上，还是一个政治上和海权上的争执。因为这群岛屿，地理形势重要。南临英领婆罗洲和澳大利亚，北接小笠原岛，东达菲列宾，西望夏威夷。日本据此，可以横断美国的交通，封锁关岛的出路，在军事上占重要地位。日人认为是国防上的"生命线"，无论如何不肯放弃的。所以南洋群岛的去留，日本目为明年危机的一种（见桥爪明男著《一九三六年的危机》载《经济往来》卷八号十一）。然而华盛顿政府，将同样的不肯轻易放过，他必不让日本无限制的长期占领。大战后日美曾以微小的雅蒲岛，引起热烈的争执。何况在海军形势上，举足轻重的一群岛屿呢！就是美法荷（兰）也不愿日本在南太平洋的边际，占军事优势，它们必也和美国同清。将来列强不建议分沾互惠，便提倡国际共管，至少也必限制日本在该岛的军事自由权。海军会议的时候，确是日本退盟生效时期。无疑的委托管理群岛问题，又将复现在青毡之上，做外交谈判的对象。它的解决，和海缩问题自有密切关系。

D.中国问题——法国政论家辟维（Pinon）说得好："太平洋问题，不啻是中国问题：海洋不过是交通线，岛屿不过是栖息所，中国才是最后的目的。"自从"九一八"后，日本强占东北四省，伪造傀儡帝国，撕破国际条约，违背国联议案，垄断东北商业。在"四一七"的天羽申明中，更明白的排除列强在华权利。华盛顿会议所构成的均势，完全推翻。远东情势被日本推转到大战后状态。英美等国，尤其是美国不甘放弃远东利益，很想和日本一算旧账。今年海军会议中，它们将利用时机，牵连到远东问题。效法前次的华盛顿会议，对于日本侵略行为，或许再给一个否认。所以日本在伦敦谈判前，就开宗明义的申明，拒谈政治问题。所谓不谈政治问题，确有两个作用：一、不准列强干涉它已得的权益，默认满洲伪国为已成的事实；二、不准列强干涉整个的远东问题，拿东亚的半壁河山，做它的禁脔，实行荒谬的"东亚门罗主义"。假若投机取巧的英商，和眷念同盟旧梦的英国保守党人，甚至一般所谓爱好"和平"的美人，竟承认"满洲国"和日本在中国的特殊权利，那时日本政府何尝不肯在军备上，及其他问题上让步，作为报酬呢？如此，则所谓不谈政治问题，也不过是个讨价还价勾当罢了！再则日本对于"满洲国"以外的问题，也不拒绝讨论。它何尝不希望与英美诸国协议，将太平洋划成势力范围，日本占西太平

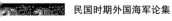

洋，美国占檀香山以东的太平洋，英国占赤道以南的太平洋。在中国再作一个新划分。然而英美政府，为着本身利益，在现状下，恐不肯轻易赞同的。总之远东均势，为日本侵华行为失却平衡了，将来列强对于中国问题，能否得着一个新协调，便是未来的海军会议成败的关键。

论一九三五年之海军会议[1]　　周　还

一

欧战以后海上霸王英吉利，心余力绌，已不能不放弃其夙所采取之两强标准原则，改用一强标准政策。海军国家后起之雄，如美洲之美，亚洲之日，建立舰队，突飞猛进。然长此角逐，民力亦苦未胜。乃欲藉国际会议之力量，为海军减缩之方略，一九二一年华盛顿会议即由此产生。

华盛顿会议实创英美日五、五、三之比率。惟华盛顿会议仅将主力舰及航空母舰问题解决，对于辅助舰各巡洋舰、驱逐舰、潜水舰等之总吨数，则仍听各国自由制造，未有何等限制。于是曩之注意于主力舰者，一转而为辅助舰之竞争。各海军国整军经武之雄心，依然勃勃。

一九二七年春，美总统柯立支，鉴于国联军缩会议预备会之历久无成，乃唱召华府协约各国，另行讨论海军裁减问题。英日赞同提议，法意拒绝参加，故第二次海军会议在日内瓦开会时，仅有英美日三国。自六月二十日、八月四日，主力舰问题因英美争执，未能解决。辅助舰中之巡洋舰问题，三国主张，更互相抵触。其间调停之案，修正之点，戎费思量，不获一共同之点，卒由三国发表"延长会议"之共同宣言，以遮掩会议之破裂而已。

伦敦海军会议，系根据华盛顿条约第二十一条而召开者。英美于事前且曾先行成立英美平等原则，藉以避免后来之纠纷。此第三次海军会议于一九三〇年一月二十一日开幕。法意海军之平等争持，终陷于僵局。英美日三国乃就

〔1〕此文发表于《外交评论》1934年第3卷第10期。

意见妥协之点，订立条约。故伦敦海军条约，有只为三国所签订者（第十四条至第二十一条）。但为全约最重要之款项，亦为是会最大之收获。巡洋舰、驱逐舰及潜水艇之总吨数，均经确定，足以补充华盛顿海军会议之缺点。在一九三六年以前可以避免过度之造舰竞争。

华盛顿海军条约与伦敦海军条约之效力，均规定至一九三六年十二月三十一日为止。伦敦海军条约，并规定"各缔约国应于一九三五年举行会议，订立新条约以替代本约及实见本约之目的"。（第二十三条）是各国第四次海军会议，必须于明年举行。各海军国鉴于历届会议时之争执太甚，易致决裂，乃有初步谈话，以沟通分歧之意见。此最近海军预备会议之来因也。

二

海军预备会议系出英国于五月二十四日发出请柬而于六月十八日开始举行。美法日意各海军国家，先后派遣代表专赴伦敦，分组会谈。美代表台维斯等与英首相麦唐纳等，首在唐宁街相邸，交换海军会议范围之初步意见。其后美国台维斯与驻英日使松平共同讨论；日英之间亦经一度磋议；法国外长巴尔都偕同海长庇特利与英美代表分别洽商；意国代表波西亚上校与英国代表贝莱尔斯少将之会谈，成为海军初步谈话之尾声。英美日三国之谈话最为重要，而竟未有良好结果。七月十六日，三国乃各别声明，海军预备会议须至十月间继续在伦敦举行。此继续谈话，有定十月二十日开始之说。在此暂时停开之际，各国正钩心斗角，积极准备对策。未来舌战，不难想象得之。

各国初步会谈，关于技术问题，美英两国以舰型之不同，地理形势之差异，美主少数大舰，英则愿有多数小舰，日法颇偏向于英。法国曾声明法国所有吨数，超过一千八百五十吨，炮位口径达五英寸或一百二十九公厘之军舰，不能称为巡洋舰。英国则根据条约反驳之。华盛顿会议所定英美日之五、五、三比率，英美均主维持，日本则极力反对此比率主义，而要求海军绝对平等。意见既纷，遂不得不归于停顿。

政治问题尤为相左。日本主张下届军缩议题，仅限于手续问题与实质问题。若必欲涉及政治问题，则将根据退出国联之外交方针，持绝对态度。是明明以脱退海军预备会议为要挟也。英美则有偏于讨论太平洋问题与中国满洲问题之趋势。美国海军界耆宿Pratt认定限制军备之真正困难不在技术，而在政治。此种观察最为透彻，按诸事实，具有同感。

三

日本坚持不谈政治问题，认为徒使会议纠纷，不能达到海军会议本来之目的。所持理由，实至脆薄。纠纷之来，岂容恝置？若不迎机解决，则会议之开，宁非多此一举。况政治问题与技术问题，实难划成鸿沟。技术问题，必须由各国政治问题先有妥善办法，而后可以连带解决。舍政治而独谈技术，磋商之时，将何所依据。原日本所以不愿涉及者，殆恐因讨论满洲之事，而引起英美之责言，使其艰于置答；或转予英美干涉之机会，而打破其亚洲孟罗主义之政策。实则远东问题为华盛顿会议时主要问题。当时所订九国公约，缔约国家除中国外，约定尊重中国主权独立，及领土与行政之完全（第一条）。中国领土主权，既经各国负责尊重，则远东处于和平之境，太平洋之海军竞争，即失去其标的，各海军国又何须扩充军备，以增重人民之负担？故九国公约与华盛顿海军条约实有相互关联之作用。惟自"九一八事变"，而情势显然变迁。日本既破坏其自署尊重我领土主权之诺言，会议之时自不愿重提此等事，而受会议国家之责备或干涉，故有不谈政治问题之无理要求。殊不知海军会议苟不涉及政治问题，尤其远东问题，则下届会议，即属毫无意味。徒使各代表劳倦于舟车中之跋涉，焦疲于口舌之辩难耳！

其实日本又何尝不欲讨论政治问题。惟日本之意，欲与英美成立协定，将世界各大洋划分为若干势力范围，每一国家，各在其势力范围之中，保持其独霸之权力。日本此项计划，盖欲在中国及西部太平洋，获得自由行动之权。明言之，西太平洋之制霸权，日本必欲获得之。其所持之国防安全政策，即依此计划而定。故与英美所争海军平等权，明谓日本所求在于西太平洋决战时，决不被任何强大国家所战败，然日本亦明知此不能为英美所许，故特撇开不谈以刁难之。英美而果表示可以接受其此项提议者，日本方欢迎讨论政治问题之不暇，而何有于拒绝？即日人所争之绝对平等的比率主义，亦未尝不可略事退步以为转圜之余地。而其他专属于技术问题者，不妨从容讨论矣。

海军会议下届开会时之万难有何良好之成就，就最近各方情势推测，已属无疑。因之美国方面，颇主展期至一九四〇年举行；英国亦有此项动向。盖延期五年，日本要求加增比率之议，不能提出，争端可暂不发生。又可在此延长之时期中，预为政治上谅解之接洽。然日本深惧美国利用此五年时间，将伦敦条约所许之限度，尽量扩充其造舰计划，而在下届会议之时，以世界海军第一之实力，以压抑其要求。故以延期为违背华盛顿伦敦两会议之精神为言，绝不接受，而此路遂不能通。然如日本九月七日阁议所决定之军缩根本方针拟以国家生存权之绝对平等权为起点，以缔结新军缩条约。英美两国，均未易赞同。英美意见，虽亦初歧，然对于日本比率平等之要求，则颇有联合一致之抗拒。日本若不甘退让以示弱，海军会议又将步军缩会议之后尘，纠纷迭起，终且如游丝之袅袅不绝耳。日本并已决定根据华盛顿海军条约第二十三条之明文行使通告废弃之权利。是海约条文，行且不能拘束日本，其他各国必由军缩而回至军扩。一如华盛顿会议前之漫无限制。太平洋之风云，乃愈益危殆矣。

国际会议以和平为目的者，成功较易。以安全为目的者，成功较难。以衡国际军缩会议，尤能相合。果以和平为怀则首倡缩军，以示与人无竞，各国必继起效尤，而会议之圆满可期；若以安全为前提，则我既疑惧国境之不能安全而拒绝军缩，人亦自有其不能安全之恐慌而发同样之辩难。猜嫌未释，虞诈相尚，会议时阻力横生，安能有成功之望。下届海军会议，日本必以国防安全为藉口者，海会前途必呈暗淡之色。

吾国亦为太平洋之一国，甲午以前，海军力量，且优越于日。自中日一役，溃败不复成军。今以若干陈旧之舰，载浮载沉已失海军战斗之力，海军会议，不复有资格列席。各国之纵横捭阖，又以远东问题为主眼，国人思之，吾国果处于何等地位？言念及此，良用慨然！

二三年九月三十日南京

新加坡英帝国海军会议之谜[1]　林云谷

一、英美日的三角关系

因为日本现在第一不肯停止侵略中国而取消其一手造成的伪国，第二不肯交出其在过去十年中受国联的委任而统治的马里亚纳和加罗林等群岛的统治权，第三极力经营其在太平洋的军事根据地及扩充其海陆空军的兵力，第四极力宣传其在一九三五年的海军军缩会议将向英美两国要求海军军备平等，所以目前如果英美两国对于日本不持强烈的反抗态度，则日本虽未必能于最短期间用武力囊括亚细亚席卷太平洋，但当可以逐渐实现其东亚门罗主义树立其西太平洋的霸权。倘若日本的东亚门罗主义能够实现西太平洋的霸权能够树立，则北至西伯利亚，南至澳大利亚，东至夏威夷群岛，西至新疆西藏，均将沦为日本的势力范围。英美两国不惟将如俄法荷葡等国一样被迫放弃在这范围内的一切经济的政治的权益，而且美国势将不能与日本再争太平洋的霸权，英国在印度洋的霸权也将发生重大的动摇。英美两国对其这种未来的危机是很明白的。所以随着一九三四年的开始，美国国会既承认总统罗斯福提出的巨额建舰预算案，复通过海军委员会主席文生提出的五年建舰计划案。同时加紧在夏威夷建筑大规模的海空军根据地的进行，并在旧金山及夏威夷间作空军结队大飞行，为夏威夷受西方攻击时从美国本土派遣空军驰援的初次试验，亦为美国海空军有无远征威力的初次试验，预备将来能与日本争一日的短长。至于英国，对日本也很少退让的余地。为应付万一的变故，也有

---

〔1〕此文发表于《中央时事周报》1934年第3卷第6、7合期。

种种的准备：（一）澳大利亚及新西兰两自由领均致力扩充海空军，巩固国防；（二）赓续在新加坡建筑军港的工程，期在一九三九年以前完成；（三）远东舰队添入机器水雷敷设舰，担当中国方面的警备；（四）增加新加坡驻防空军及防空设备；（五）增加香港驻防陆军及防空设备；（六）从今年起在香港英侨中募集海军义勇队；（七）受了美海军飞机远洋结队飞行的刺激，亦在伊拉克、新加坡间作空军结队大飞行，为新加坡受东方攻击时从近东或印度抑缅甸等地派遣空军驰援的初次试验；（八）今年维多利亚百年祭的时候，拟以澳洲及新加坡两地的军港为中心，联合澳洲、新西兰及东洋三舰队，举行西南太平洋的攻守大演习。

英美日是现世三大海军国，太平洋在事实上也是受着三国海军的支配。自华盛顿会议以来，在海军军缩条约的限制之下，三国的海军力虽作成五、五、三之比，然而美国为求其国防上的安全，须将兵力分布在大西、太平两洋。英国的国防范围更大，其兵力须分布在全世界海洋上以保障其领土。惟独日本可以将其海军兵力全部集结于东亚一隅。所以近十年来三国在太平洋是维持着一种势均力敌的形势。无论日本或者美国，决不能漠视英国的意思而谬然开战。至少也要确实相信英国必守中立。同样的，英日或英美在太平洋开始战争的场合，美国和日本均处于举足轻重的地位。

"九一八"变起以来，因为日本侵略中国已得逞其大欲，英美日三国在太平洋的均势已随之而失了平衡，论理英美两国为着维持其在远东的政治的经济的权益，对于日本横行霸道，早应联合干涉或者单独攻击。无如单就太平洋来说，固为英美日三国三分的天下，若就整个世界而言，却是英美两国争霸的天下。所以"九一八事变"发生，英美都怀着鬼胎，彼此均期望对方单独与日本发生战争，自己坐收渔人之利。日本乃乘着英美两国缺乏谅解合作未成的机会，大肆横行，造成今日不单要与英美争霸太平洋，而且要争霸世界的局势。知道现在，英美虽均致力扩充其在太平洋的军备，与日本竞争在太平洋的海权，然而日本的野心勃勃是否能使英美互相谅解而取反日的一致行动，现在尚不十分明了。假定美国向日本进攻的时候，英国是援助美国还是帮忙日本？反之，英国如果向日本进攻的时候，美国是援助英国还是帮忙日本？这些疑问现在都是没有法子解答。惟其如此，所以世人对于英美两国的态度和行动，自然而然要予以严密的注意。对于最近在新加坡举行的英国远东海军会议亦不能不予以非常的重视。

二、新加坡海军会议之谜

英国召集其驻远东各舰队总司令及太平洋西南部各属领的关系长官在新加坡举行海军会议，早在一九二一年即已有之。但自一九二五年以来，迄今已有九年。此会并未再开，忽于英美日三国极力竞争太平洋海权的现在，重行召开此会，而且会议内容，一切均守秘密。所以一般舆情，始终相信这次会议必然关系重大。同时对于这次会议，也有种种的传说。例如：

一、英人路透社伦敦一月十五日电："新加坡不日复将举行海军会议，其结果对于英国远东海军政策将有重大影响。"

二、法人哈瓦斯社伦敦一月廿三日电："统率澳洲舰队、新西兰舰队及英帝国驻远东舰队之各海军大将，将于本日在新加坡开始举行会议，研究增强英帝国国防的适当方法。英国欧战时名将爱伦比将军最近曾赴爪哇，与荷兰当局磋商，遇英属印度、荷属东印度[1]及澳洲、新西兰等地遭侵犯时，由英荷两国海军共同加以抵抗。据若干报纸载称，爱伦比将军自爪哇返，亦将参加新加坡会议，似此则可知此次会议所讨论事项之尤关重要。"

三、路透社伦敦一月廿四日电："新加坡海军会议，出席的代表为驻华、驻东印度、驻澳之海军总司令，他们负有保护太平洋西部英国利益的责任，议程中必列有使新加坡新时代化，而成强固的海军根据地。"

四、美人国民社新加坡一月廿五日电："据称，今日远东海军会议决定对于新加坡海军根据地，将有大（规）模的防守建筑。"

五、国民社新加坡一月廿六日电："海军会议情形，当局现仍严守秘密，闻昨会讨论马来海滨防务事，砂磱越土王、白种人伯鲁克曾登英舰甘特号，历一小时余。现信因砂磱越与英属马来有重要关系，故特参加讨论。"

六、俄人塔斯社莫斯科一月廿七日电："真理报评论新加坡海军会议说：'最近英国方面颇有菲律宾须让给英国而非让给日本之说，由此可知新加坡会

---

〔1〕指1800年至1949年期间荷兰统治下的印度尼西亚。

议的主要议题，乃在对美作开战准备。'"

七、日人电通社伦敦一月廿八日电："今日每日快报载称，此次在新加坡召集的英国远东海军会议，曾议及英法将南太平洋诸岛卖给美国的问题。即是美国向法国买收马克萨斯群岛，向英国买收俾士麦等岛，以图包抄日本委任统治诸岛的南方，与菲律宾取连络形势。至其收买费，大约将以战债的一部抵消之。"

八、国民社新加坡一月廿九日电："在旗舰甘特号上举行之英帝国远东海军会议，经一周讨论后，于今日结束。会议始终保守极端的秘密。闭幕后并未发表宣言。参加讨论的海军军官拒绝向新闻记者发表谈话。惟据传在已往一周的讨论，集中于英海军的远东政策。关于及早兴筑新加坡防御工事与完成新加坡海军根据地的问题，已获妥协。但真实程度如何，尚难确定。"

九、国民社伦敦二月四日电："今日雷诺兹画报载称，最近新加坡英国海军会议曾决定在南美洲东南的福克兰岛设立一大军港，俾遇一旦美日开战，巴拿马运河不能通航时，可以保障英国在远东的利益。因为福克兰岛如不建筑大海军军港，则英海军将不能保护由英国绕道南美宏恩角至远东的海道。在福克兰岛建设大海军港事将与修葺新加坡港同时进行，因新加坡港可以保护由苏彝士河与印度通远东的航线。英官方对于新加坡会议的内容，仍守缄默。海军官员对于一切消息如上述画报所登载的，均置之不理。"

综合上述种种消息而观，可知这次新加坡会议究竟有什么结果，因为英国当局讳莫如深，完全是一个任人猜测的大谜。尤其是英国当局对于日本到底持怎样的态度？是与美国合作予日本以严重的打击呢，还是与日本妥协而排斥美国退出远东？这个问题在这次会议中不会不加以严密的讨论，也不会没有相当的决定。然而英国当局竟守口如瓶，所以这个问题更成谜中之谜。

三、目前英国所处的地位

英国当局今日不愿公开新加坡会议的内容，是证明英国今日尚不愿表示其对美日的真实态度。世界到处都有英国的领土，对美国则因加拿大及西印度群岛，对日本则因印度澳洲等地，均有重大的关系。假使这次新加坡会议所决定的英国海军的远东政策是准备对美作战，打算与日本妥协而攫取菲律宾群岛，并在福克兰海岛建筑军港以保护由英国本土绕道南美洲宏恩角至新西兰、澳洲的航线，而英国亦有守秘密的必要，否则有先失掉加拿大的危险。如果是准备对日作战，打算出卖新几内亚北面的俾士麦海岛给美国，构成包围日本委任统治地的形势，并与荷兰缔结攻守同盟以保障南洋群岛的安全，英国亦有守秘密的必要，否则澳洲有先受日本袭击的危险。所以英国今日的处境，无论联日排美，抑或亲美反日，在时机尚未成熟以前，绝不能随便表示其真实态度，亦不能轻易任他人探悉其真实态度。

进一步来说，英国今日自处的最善之道，是从速充实在太平洋的作战能力，使其在太平洋的领土先得到安全的保障。例如澳洲、新西兰两自治领的海防均极薄弱，随时有受敌人袭击的危险。而这两自治领亦早已敦促英国当局建筑新加坡军港，使成为强固的海军根据地，俾一朝有事，英国海军可以新加坡为大本营，设法救援澳洲、新西兰。倘若新加坡军港尚未筑成及澳洲、新西兰的军备尚未充实，而美日间的战争已先爆发，则无论英国持援美或助日抑中立的态度，而澳洲、新西兰两地均有受日本或美国侵袭的危险。尤其是日本的海空军如果可以压迫英国舰队退出中国海，在战略上必然先袭香港、新加坡、澳洲等地，期在麻六甲海峡以东，作成固守西太平洋以迎击美国舰队的阵势。

况自"九一八事变"发生以来，日本外交家是利用英美两国互相猜忌的心理极尽离间挑拨的能事。松冈洋右之流，且极力煽动美国，使其与日本合作反英。当此英美两国尚缺乏真正的谅解，不能合作反日的现在，英国对于尚未实现的美日反英联合战线，实不能不有所预防。倘若新加坡及福克兰两处的军港不能于美日联合反英的战事发生以前筑成，则英国海军在麻六甲及麦哲伦两海峡便缺乏强固的根据地，纵令那时澳洲、新西兰两自治领的海防已有相当的准备，然因英国舰队不能驰援之故，终必成美日的囊中物。何况麻六甲海峡如果成为日军西侵的孔道，则印缅亦有受日军袭击的危险。

英国人对于其自身的处境当然不会比我们旁观者更不清楚，所以这次新加坡海军会议，对于新加坡、福克兰两处的军港建筑及澳洲、新西兰两自治领的海防充实，也许已有相当的讨论和决定。甚至与荷兰缔结印度尼西亚方面的攻守同盟，这种策略亦有作成决议的可能。因为新加坡军港筑成之后，如果荷兰在太平洋战事爆发之时，竟不与英国取一致的行动，则荷属东印度便将随时被人侵袭，而新加坡与澳洲间的联络必将受极大的阻碍。至若说新加坡会议的主要议题是准备对美作战，或者说新加坡会议的讨论焦点是准备攻击日本，恐怕时期尚嫌早些。

因为当新加坡会议开幕的前夕，美日两国对于英国均极力拉拢。例如一月十九日伦敦《每日电闻报》载称，美总统罗斯福近对左右说，将待时机到来，便向英国提议扩充太平洋方面的英国海军兵力，且英美两国应扩充太平洋方面的海军根据地，以协力防御任何方面的威胁。这是美国对英谋合作的消息。再如一月二十三日日本外相广田在国会演说，宣称日本与英国的传统关系，虽在今日，并无何等动摇，对于英日间的通商贸易问题，拟调解双方的利害关系以增进两国的邦交。这是日本对英送秋波的事实。美日两国既均拉拢英国，而英国朝野的对外意见，近来也分为两派，一派主张恢复英日同盟，又一派主张新结英美同盟，前者多属保守党人，后者多属自由党人。至于海军界虽有不少赞成恢复英日同盟，但澳洲、新西兰等自治领却倾向新结英美同盟。这两派意见在这次新加坡会议中当然有一番的争执，即是对于亲美有利还是亲日有利的问题，必曾经过一番剧烈的论战。至其结果如何，只有外间尚无所闻而已。

四、联美呢？亲日呢？

不过，英国如要保守其在太平洋的利益，则其今后的外交政策，对于联美还是亲日的问题，终不能没有相当的决定。就现势而论，美日如鹬蚌相持，固于英国最为有利，所以目前英国要努力充实其远东舰队的作战能力，增强其太平洋属领的保障，自然含有积极的与消极的两种用意：积极的用意是遇美日作鹬蚌之争的场合，英国在太平洋可以用实力巩固中立的地位，俾美日两俱伤疲后，真能坐收渔人的利益。消极的用意是遇美日联合反英的场合，英国至少可以藉新加坡军港为保全控制麻六甲海峡的根据地，退守英帝国在印度洋的利益。但是前一种场合，虽为英国所渴望，然而美日均未必于不明英国的真实态度之前，遽然开战，所以将来日美战争如果不能避免，则英国对于亲美联日两条路，终须择一而行。至于后一种场合，既为英国所不喜，英国自须设法使之不致实现。而今后英国的最好办法，只有决定联美或亲日的方针，以阻止美日结成反英的联合战线。

据一月廿八日伦敦《每日快报》所载，新加坡会议曾议及英国将俾士麦等海岛卖给美国作军事根（据）地以包抄日本的南洋委任统治地的问题，是则英国好像已决定联美制日的方针。再据二月四日伦敦《雷诺兹画报》所载，新加坡会议曾议决在福克兰岛建筑军港，因为此举仅在英美开衅时较有军事价值，所以英国又好像已决定亲日反美的方针。但是，《每日快报》的消息，一月廿九日美国国务院已予以否认。而《雷诺兹画报》的消息，二月九日英国海军部亦已予以否认。英美两国当局既然作此正式的否认，所以新加坡会议到底决定联美还是亲日，目前殊属无法判明。如果我们要推论英国将来所走的路是联美还是亲日，据作者之意，不妨试作如下的比较：

一、如果联美制日，则战场当不出太平洋，而英国的属领如澳洲、新西兰等地有受日军侵袭的危险，对中国的通商贸易也有受日军断绝的可能。反之，则战场当兼波及大西洋，而英国属领如加拿大、西印度群岛等地有受美军侵袭的危险，对南美的通商贸易也有受美军侵袭的危险。但是，英美联合制日，则有击溃日军的可能。所以开战之始，澳洲等地虽有失陷的危险，尚有克复的希望。至英日联合反美，则未必能覆灭美军，如果加拿大等地一旦失守，恐永无物归旧主的可能。况且英国对南美的经济关系远比对中国的通商贸易为重，所以照此说来，英国似乎联美较为有利。

二、但是如果联美制日，则战时英国在太平洋的属领必受祸最烈，且不能取得什么补偿，而战后日本帝国主义如果崩溃，则英美争霸世界的局势将更紧张，终必发生战争，因英国在战略上只许守不能攻，较多弱点，恐将为美所乘。反之，如联日制美，则战时英国在大西洋的属领必受祸最烈，但可攫取菲律宾为补偿品，而战后美国帝国主义退守美洲，则日本帝国主义的势力必然膨胀，英日对于远东的争霸仍将成为战争的导火线，英国在战略上也是较多弱点，恐将徒然造成日本独霸太平洋的机会。不过，假定如此，英国仍能守着印度洋的霸权，与美日成鼎足之势，未必即行崩溃。所以，由此观之，英国似乎联日较有利。

三、如果联美制日，则有促成日本联俄的可能，反过来说，则有促成美国联俄的可能。日俄同盟，则英美虽可击溃日本的阵势，但未必能进一步而击溃苏俄。美俄同盟，则英日虽不能消灭美国的海军，但有藉日本陆军侵入苏俄的可能。苏俄一日存在，则其世界革命运动一日不止，大英帝国便一日不能安枕。所以，为对俄计，英国或将联日反美，兼事反俄。不过，苏俄的陆空军与美国海空军合作，则英日联军殊不易撄其锋。况且美俄两国，资源充裕，利于持久战争，英日合作，固然可以对抗，但中国、印度两大民族的向背，将决定大英帝国的崩溃时期，所以最终结局，联日以反美俄，恐仍非英国之利。

综上的比较而观，英国今后到底是联俄还是亲日，实在颇费抉择。英国人的老成持算，久已驰名。他们对于未来战争，如果没有百分之百的优胜把握，未必遽然动手。何况因近代空军技术的进步，英伦三岛已不能再如过去一样，仅恃海军即可以保其安全，欧洲大陆如再发生大战，则英国本土便随时将受敌人空军的袭击。现在欧洲大陆，因德国亟图复兴，意国力谋发展，法国绝不示弱，战机早已四伏，英国势须左右调和，以冀欧洲大战，不致重演。英国既须兼顾西欧的安全，则对远东自难全神贯注。说不定为保守其在太平洋的利益计，目前还是继续观望政策，静以待时。

国际情势，瞬息万变，究竟英国走向哪一条路，我们旁观的人实在不能断言。不过太平洋英美日三角关系，因为苏俄的国力增强，刻已发生很大的转变。假使我们中国今后能努力图强，太平洋的形势当有更大的转变。也许决定英国今后的态度的，是在于我国今后的活动呢！

二月十一日

新加坡海军会议与远东[1]　　赵公皎

一、引言

时至今日，恐无人尚能对世界和平，再抱乐观。在欧洲与远东，均已布满战争之种子，俟机爆发，难复规避。就中尤以远东之危机，至最近益形露骨，盖帝国主义者在远东之冲突，近已入于尖锐之局，无复调协之望也。

在最近数月来，远东新发展之足以启示吾人者，为美国之承认苏俄也，日美之海军竞扩也，荒木之托病辞职也，溥仪之准备称帝也，美国之扩充夏威夷（珍）珠港，众议院之通过海军军费案也。凡此种种，在在均足以显示太平洋情势之恶化。而对此恶化情势，颂言加以说明者，则有法国众院外交委员长前总理赫礼欧，意首相墨索里尼。而苏俄执政要人，如斯他林、伏罗希洛夫加仑将军等，对此尤多警策透辟之论。盖远东之今日，诚如斯他林最近在共党大会所云，"与一九一四年大战前无异"矣。

而恰在此时，大英帝国有召集新加坡海军会议之举。与会人员，皆为英国远东舰队中之负有官守言责者。而开会情形，则严守秘密，一切消息，均拒绝公表。是则以时地境会而论，此次会议之关系重要也，自不待论。兹特据搜集情报之所得，对该会议内容，加以检讨，并论英国在远东之地位，及其与日美相互之冲突。一得之愚，对菲见采，国人其览观焉。

---

[1] 此文发表于《外交周报》1934年第1卷第9期。

二、英国在远东之地位

英国势力之在远东者，与日本美国形成解角。无论在经济上抑在政治上，此三大强国互相对立矛盾之处弥多，迄难调处。此种矛盾与对立，本为帝国主义者间之普通现象，惟在太平洋上，此三强之角斗，旗帜盖尤鲜明而已。间尝察此三强，日本与美国因利害冲突特甚，水火相伐，形成尖锐之对抗。英国介于二国之间，于日于美，均有相与之道，亦均有相伐之点。英国能利用此"相与"与"相伐"，纵横而捭阖之，颇能坐收操纵双方之渔利。此盖英国所以重视远东之实力也。

何言乎英国之与日美，均有相与之道也？

英国与日本，向曾结为盟好，此为举世周知之实。欧战以后，盟约虽毁，而两国在远东应相提携之处仍多：共同钳制美国经济势力向远东之发展，一也。日本以反苏联之先锋队自认，建反苏联之根据地于东三省，英国自然乐予援助，二也。日本侵略中国，取术至为阴刻，而制止中国之排斥与解放运动，尤为出力，此颇于英帝国在华权益有利，三也。扶持日本，使日美纷争延长，陷于两败，而居间坐收经济之渔利，以期于本国之萧条有补，四也。英国在华势力范围，偏在西南，而日本在华势力范围，则偏在东北。在此西南、东北两大势力尚未至全盘接触，而发生猛烈冲突之时，对共管中国或瓜分中国之侵略阴谋上，最宜互相协助，共同努力，五也。

其次，英之与美，联谊亦复如是。英国与美国为同文同种之邦，是在基本因素上，两国有相与之道，一也。美国对华，自一九二二年提倡签订九国公约，保障中国土地主权之完整，至一九二八年又由美国主动签订凯洛克非战公约，此并足为美国在华无主权领土野心之明证，英国对此，自甚满意，二也。美国对于欧洲，向以战债为武器，而掌握其生死安危之权柄，年来世界经济萧条，欧洲之创痕最深，美国遂辄以"缓债"或"减债"，市惠欧洲，而英国实特蒙其惠，三也。美国对欧洲希望裁减军备至切，而英国对于裁军，因乃多所努力，此亦为英美接近之征，四也。英国在太平洋上之属地至多，一旦有事，日本可以随时攻取，今联美以制之，可收守望相助之利，五也。东三省事变爆发以来，日本在中国之行为，已开罪于国联与全世界，英国不敢公然撄世界反日之锋，故殊有与美国委蛇容与之必要，六也。

何言乎英国之与日美，均有相伐之道也？

欧战以还，日本资本主义突飞猛进，其轻工业品（尤其是纤维工业品）进攻中国、印度支那、马来半岛、澳洲等英国市场甚厉，遂使英国对上项市场之贸易数字，逐渐降低，一也。年来日本在海运业上资本之扩展，颇足以剥夺英国在太平洋、印度洋及中国沿岸海运业之权威，二也。日本在中国东北、华北、华南各地经济活动力量之逐渐增加，与英国资本已渐入于激烈之竞争，三也。日本军阀方在醋作军国主义之迷梦，故思积极扩充其领土，用以弥补其帝国主义先天的缺陷，则英国在远东之属地，颇感威胁，四也。日人贯倡"大亚细亚主义"[1]与"亚洲门罗主义"，日人之所以为此，事实上殆不异自己划定其势力范畴。则此主义之范畴，固已囊括印度、印度支那及马来半岛以去，五也。

复次，英国与美国在远东之矛盾，近亦日趋于尖锐。美国为资本主义后起之秀，而在大战以后，势已凌驾英国衰老帝国主义之上。英国一向高踞世界霸主之宝座，今乃不得不匍匐让之美国，英国之衔恨美国，可以想知。在远东方面，关于精制品英国市场，如印度、印度支那、马来半岛、海峡殖民地、澳洲、中国等处，均已渐被美资攘夺占据，英国无可如何。去岁南美玻利维亚与巴拉圭之战争，秘鲁与哥伦比亚之哄斗，盖皆为英美两帝国主义者之间接的冲突。英国在中国之特权最为广泛，美国对中国所抱之"门户开放""机会均等"之政策，有时直接与英国之广泛的特权发生冲突。东三省事变以后，英国与美国势在力远东之对立，表面缓而实甚剧烈。此为皎然之事实，无人能加以否认者也。

是故，英国在远东之地位，介于日美之间，均衡所系，有举足轻重之要。悬想太平洋烽烟大举之时，日美胜负之运，颇有决诸英国一举手一投足之势。近来太平洋上之风云日紧，大战爆发，定不在远。英国在远东海军实力之充实，在必要时，一方可以之保障远东之属地与权益，一方可以操纵双方，坐收其利。此所以在日美海军竞扩之时，而英国乃突有新加坡海军会议之应运而生也。

---

〔1〕"大亚细亚主义"是萌生与形成于甲午战争以后指导日本军国主义在亚洲，特别是在中国与西方列强争衡策略或手段的侵略理论，其实质是对外侵略扩张。

三、对新加坡帝国海军会议之推测

英国鉴于世界危机之迫切，殊有在远东方面增厚实力之必要，特于本年一月二十二日召开英帝国海军会议（British Empire Naval Affair Conference）于新加坡。会场在英巡洋舰"肯特"（Kent）号上。与会者，计有驻中国海军司令德莱雅中将（Sir Frederick Dreyer），东印度舰队司令奈司米斯中将（Dunber Nasmath），澳大利亚海军司令海德中将（G, F. Hyde）及驻纽西兰海军提督威臣少将（F B. Watson）等远东海军要人。

会议自一月二十日开幕，至同月三十日结束，其间经过日期，约有一旬。而议会情形及结果，则严守秘密，绝不发表。截至现在止，吾人对此重要而含神秘性质之会议，迄未获得较为正式而确切之情报，用资研讨。惟吾人综集一月以来关于该会之非正式消息，而加以分析，则固不难规划该会议之轮廓也。

会议开幕之第二日，伦敦哈瓦斯社电称："新加坡会议，研究增强英帝国国防之适当方法。"该电又称："英国欧战时名将阿伦比将军（Sir Johu Allenby）最近曾赴爪哇，与荷属当局磋商，如英属印度、荷属东印度及澳洲、新西兰等地，遭侵犯时，由英荷两国海军，共同加以抵抗。"是在会议开幕之前，英国对远东荷兰海军，已有默契，则此次会议意义之重大可知也。

同时路透社廿五日电传：此次会议议程有下列四项：

一、新加坡前途为海军集中点之讨论；二、关于海军根据地各种工程之进行；三、远东时局；四、与当地有关之一般事件。此所传议程，虽非由英政府或英海军部正式公布者，然不得谓之无丝毫真性，虽嫌其过于抽象，不着边际耳。

据伦敦哈瓦斯社廿三日电载：《伦敦标准晚报》发表社论有云："各方均主张对新加坡海军根据地，应善于利用。今此次会议，不啻对此主张，加以批准。英国在远东，绝对有驻扎海军之必要。英国为保护商务所必经之海道，虽被人指为准备战争，亦所不惜。"又据伦敦路透社廿四日电称："每日电闻社论有云：新加坡海军会议所引起之注意，证明英帝国远东海上及太平洋上之政策问题，渐臻重要，美日两国前趋的海军政策所造成之状态，使英国觉有重行考虑新加坡防务之必要。"此论会议之动机，颇中肯綮。

此外对于此秘密会议之继，多所揣测。路透社廿四日伦敦电又传："一般舆论，咸觉此次会议实为作与帝国、与世界、与新加坡本身有极重要关系的决议之初步。议程中必列有使新加坡新时代化，而成强固之海军根据地。"同时又有一传说，来自香港，据谓英国大舰队将于春间开往远东，而虹级潜艇队（Rainbow Snbmerines）将全部移驻中国（见伦敦廿五日路透社）。又据廿五日新加坡国民社电称："帝国海军会议，决定对于新加坡海军根据地，将有大规模之防御工程，又据东印度群岛传来消息，谓此程防守工程，即将着手进行。"廿六日新加坡国民社电又称："闻新加坡海军会议昨曾讨论马来海滨防务事，萨拉瓦克（Sarawak）白种土王白鲁克，曾登英舰肯特号，历时一小时余始下。"按萨拉瓦克为英属地，在婆罗洲北部，与马来半岛防务关系弥切。该电又称："新加坡盛传当局视马来沿海之防务，与新加坡海军根据地增固防务事有关。而新加坡增防事，已于上次会议中议决，但会议仍秘密进行，官场迄无明文发表。"此种消息，虽纯出之臆测悬想，顾究不能与事实毫无关涉，甚为显然也。

关于新加坡海军会议之推测，略如上述。此外，在最近又有该会曾决定兴筑法鲁克兰（Falkland）海军根据地之传说。该项消息系由伦敦二月十五日塔斯社电讯传来，兹照录该社之原电如次：

"伦敦雷诺尔得画报称：新加坡海军会议已将帝国主义者为夺取太平洋斗争之各种主要策略问题，加以检讨。该报称：'就报章之报告，英帝国主义者刻正计算日美战争之可能性，并努力巩固其自身地位，造成与彼有利之条件。'又据该报称：新加坡海军会议对于巴拿马运河问题，曾加极大注意。英国海军部因鉴于大战爆发后，美国决不允许英国舰队通行该运河，故正努力寻求其他可以沟通大西、太平两洋之交通方法。现该部已决定在南美南部麦哲伦海峡附近之法鲁克兰群岛，建立一海军根据地。因新加坡之海军根据地固系同可对美对日的一种潜在威胁，但法鲁克兰群岛则专门在英美冲突爆发时，始有军事上之价值云。"

在新加坡海军会议之前后，关于该会所传之非正式消息，除"虹级潜艇全部移驻中国"外，以此电所传材料为最新颖。而其论英美冲突之海军的角斗，关系尤大，最宜谛认也。

在会议未开之前，日本即已对英国远东军备，甚多异感。据东京二月十一日电通社电称：

"据某处接电，最近英国对于远东军备之充实，予以极大之注意。在新加坡香港与其他地点，扩大设备如下：

一、新加坡飞行队之增设：从来驻据该地之航空队为一百一十架，现决增设。由二十架编成空军队一个，其机体人员，已由本国发表，一月中旬，即可到新加坡。

二、香港飞机场之增设：香港'庆德飞机场'之预算，为三万美金，现已着手进行，结果将使该处于夜间飞行，亦可自由降落。

三、香港陆军之充实，增加香港驻军四营，并在九龙半岛附近，建筑兵营，其基础工事现已完成。

四、义勇团之设置，决由香港英侨中，募集海军义勇团。该团于每年一月二十九日召集，训练一年而毕。此外香港之高射炮数，最近亦大增加。"

此消息由日方传来，容或未可尽信。惟日方公布此消息时，距新加坡海军会议开幕，尚有十余日。则其所谓"某该接电"者，或亦有所根据，不必尽为日人臆造。则其与海军会议之议决事项，自必发生关系，无疑义也。

综上所述，则此次会议，由参与人员之现在地位，集议之地点与夫关防严密之情形观之，知此次会议与远东未来之形势，关系至为重大，可以断言。兹就归纳所得，此次会议所讨论事项之一部，应如次列：

一、讨论远东纠纷之发展，与英国之对策。

二、在会议未开之前，英国业与荷兰，签有攻守同盟之协定。则此次会议，必决定如何运用此项协定，以增厚英海军在远东战斗力。

三、改造新加坡军港并建筑大规模新加坡防守工程，使之强固化与现代化。

四、扩充远东海军，抽调舰队前往增防。

五、重视马来（半）岛防务，扩充澳大利亚海军（据二十八日新加坡国民社电）。

六、计划兴筑南美南部法鲁克兰海军根据地。

七、计划增设新加坡航空队与香港飞机场，并增加新加坡之海陆军。

八、日本潜艇威力，现居世界第一，此次新加坡会议，有调"虹级"潜艇队东来消息。则在此次会议中，必赅有如何应付日本潜艇袭击之计划。

九、英国在太平、印度两洋上之殖民地，如新西兰、澳大利亚、北婆罗洲马来、东印度等地，因防御线过长，有随时遭致敌人袭击之虑。在此次海军会议中，必计划此项殖民地之联防办法。

十、因英国海军之防御线过长，则对作战目标，不能不有畸轻畸重之计划，在此次会议中必对此项计划，详加研讨。

四、新加坡与英国远东海军之战略

此次新加坡帝国海军之会议议程，虽未正式公表，然其必与太平洋之形势，发生重要关系，固可断言。此义前已申明，兹不具论。在此次会议中，决定兴筑新加坡军港一案，最关重要，故不可不将新加坡军港之形势，及其在英国海军战略上之关系，加以论列。

新加坡军港在英属马来半岛南端，适处于太平、印度两洋冲要之点。西有长二百英里阔二十五英里之海峡，东则岛屿环抱，星罗棋布。港北距新加坡十二英里有爵河罗（Jaholo）水道，遮断陆地。河之西方入口极狭，船行困难。且有堤坎道之封锁。为军港之直接防备。距新加坡港十四英里有埠曰堪忌（Changi），在新加坡岛之东端。扼爵河罗水道之口，附近多大丛林，棕榈繁茂，足资掩蔽。而山麓崎岖，岩鹬险隘，尤便于防守。新加坡距菲律宾之马尼拉（Manila）一千三百四十浬，距香港一千四百四十浬，距澳洲达尔文港（Darwin）一千九百六十浬，位在太平、印度两大洋之要冲，扼欧亚两大洲交通之枢纽，形势险要，无与伦比，言者谓为英帝国地理上之中心点，非过词也。

在一八一九年，东印度公司之拉佛尔斯爵士，首以英政府名义，占领该地。一八二八年，开始筑港。一九二一年英保守党政府向会议提案，请拨款一千零五十万镑，兴筑大港。旋以需费浩繁，一度搁置，年来太平洋上之风云，日趋紧张，日美军扩，竞逐无已。英国殖民地遍于世界，一旦战起，难免不随时蒙受威胁。故此次海军会议重申筑港之议也。

新加坡军港之形势，既如前述，则其在英国海军战略上之关系，自极重要，不可不一申论：

设若日美战起，则日本在太平洋上之战垒，为北起于千岛列岛、日本本部，琉球列岛、台湾，而联小笠原群岛与加罗林群岛，成为一线。美国则由旧金山联夏威夷、萨摩亚岛（Sarnoa），再西联甘模岛与菲律宾，而成一线。此两条交错战线，姑勿论美国战线之首尾两端，距离太远，难于联络，即在事实上，美国之甘模岛、菲律宾与夏威夷之联络，实已被日本加罗林与小笠原群岛之线，冲成两橛，不能相顾。台湾距菲律宾仅六百海里，菲岛之防御工事无论如何强固与周密，其难敌日本海军之环袭，甚为明显。是故大战一起，日本可于最短期内，占领菲律宾，此对美国太平洋战略上为最失利。今设英国新加坡海军根据地建筑既成，则在太平洋上，可使与香港、澳大利亚联成一线，而其资源则取给于印度、缅甸。英国握有此战略上之优势，若祖日反美，则美必覆败；若祖美反日，则日亦难胜。是则新加坡一港，足以绾美日太平洋大战胜负之枢机，其重要宁待繁言？

复次，英帝国殖民地遍于世界，凡属地所在地，皆应为海陆军力所至之地，用资保护。此英国之海军政策，所以高倡"保障本国安宁"之口号也。职是之故，英国海军对"本国安宁"之防御线，至为修长，而英国之海军实力，遂因分散支解，而失其优越地位。加以此辽远之防御线，在联络上，又复困难滋多，难收大效。考英国之舰队，区分为大西洋、地中海、远东（中国）、东印度、非洲、西印度、加拿大及纽芬兰、澳洲、新西兰等九个集团。就中大西洋与地中海两舰队，为英国海军之主力。远东舰队之编制，有巡洋舰六艘，驱逐舰十八艘，飞机母舰一艘，浅水炮舰十七艘，此外尚有补助舰数艘，而无主力舰。而澳洲与新西兰舰队，又系由该自治领所管辖。设若远东大战一起，英国在太平洋上之属地，有随时被交战国双方占领或袭击之虑。彼时，英国在太平洋之西岸，受胁于日本，东岸则受胁于美国。巴拿马运河既锁，海峡殖民地与南洋之领地复失，则英国大西洋舰队，与夫地中海印度舰队，将皆对太平洋无能为力！如此，则日美在太平洋之战争，转使英帝国大吃其亏。此为今日衰老的英帝国最严重之问题，谅英人必不能漠然视之。是以，英国为今之计，唯有一方增厚远东舰队之实力，一方将大西、印度两洋与太平洋之联络，迅速完成，以期在必要时，使英国舰队，首尾得以相顾。是故英国此次兴筑新加坡港，即所以作成印度洋与太平洋联络之准备；兴筑法鲁克兰港，即所以作成大西洋与太平洋联络之准备。此两大准备完成之后，英帝国在远东之权益，始克保全也。

新加坡强大海军根据地既成，除可以钳制日美外，又可以予荷属苏门达腊、爪哇、婆罗洲、新几内亚，及法属安南，与日本接近之暹罗，以直接之威胁。一旦有事，英国可以新加坡之强大海军力，任情摆布。法国、荷兰，恐亦无可如何。此新加坡军港价值在之南洋群岛者，亦使甚伟。是以综上所述，则此次新加坡帝国海军会议意义之重大，可想知矣。

五、结论

综前所论，吾人愿以下列诸义，昭示国人，以终吾篇：

一、英国与日美，在太平洋上为三大帝国主义者之犄角势力。日美之备突绝不可免，而英国则介于两大势力之间，而有掉纵双方之便。

二、职是之故，英国在太平洋上，祖美祖日，正自难言。英国与日本之冲突，原不若与美国冲突之更为根深蒂固，盖英美之根本冲突，为资本主义先进与后进之冲突，其在于太平洋上者仅为此冲突之一角，是故太平洋大战之胜负，势又必须决诸英美间各问题之完满解决。惟以现势而论，英美合作之可能较多，而英日合作之可能则较少。

三、在此次新加坡海军会议中，业经决定若干计划，其中应包括：（一）新加坡军港之兴筑及改造计划；（二）英荷联防计划；（三）远东海军实力增厚计划；（四）法鲁克兰军港兴筑计划；（五）在太平洋大战时，英国远东舰队之防守及其与大西、印度两洋舰队之联络计划。

四、此次新加坡帝国海军会议，内容秘密，不肯公开示人，而英国政府对之，亦讳莫如深，迄无文告发表。如此，姑勿论其内容果属何等，而其易于启人疑窦，乃势所必然。日美两国，或因此而加速其海军扩张之进程，使大战提前其期限。

五、英国在远东之实力，既大扩张，设若日美战争不起，则英国必将转嫁其余力，对远东弱小国家，更加紧其侵略，则中国西南边疆，必更日益多事矣。

呜呼！太平洋之战争，帝国主义者抢夺殖民地市场之战争也。而其争斗之核心，则在于中国。我中国拥有广大之国土，亿兆之人民，际此帝国主义者冲突角逐走投无路之时，应如何纵横捭阖而善用之，则谋国者，宜荷其任矣。

本文参考资料：

一、H. K. Tong: "Far east center Atteneion on Big singapore Cnference," China Press. Jan 28, 1934.

二、"The Japanese Attempt on Ahenby's Life," Coicago Tribune, Jan, 18, 1934.

三、"The Japanese Monroe Dactrine," Foreign Affairs, Jnly, 1933.

四、胡秋原、樊仲云：《太平洋现势之分析》，见《东方杂志》第十卷第六号，二十二年三月十六日出版。

五、《外交月报》一九三三年国际外交检讨专号，一九三四，一二月。

六、《上海时事新报》一九三四年一二月份。

七、《天津大公报》二月一日社评。

八、《日美可战乎》，《北平晨报》社出版。

九、《海军杂志》第六卷第三、八、九、十一、十二各期。

十、《知行半月刊》，第二卷第二期。

十一、《军事杂志》第二十六期。

三五年海军军缩会议预备会谈之前途[1]

王明哲

一、一九三五年海缩会议之难关

一九三五年之海军军缩会议系根据伦敦条约所规定而举行者，因一九三〇年伦敦会议之英美日间妥协诸点将于一九三六年末失其效力，为求继续其妥协用以防止各国之竞争造舰以免战祸之来临遂有一九三五年海缩会议之必要。此会议之成功与否即为今后世界之和平能否保障，其惹起世界各国之注目本为当然。就目前之世界情势观察之，明年海缩会议之前途实堪忧虑。过去之华盛顿会议及第一次伦敦会议所以未决裂，而未来一九三五年之会议何以其成功之危险性甚大？一言以蔽之，为归究于环境之恶化。军缩成功之环境以一九二一年为最佳，一九三〇年则渐劣，及至一九三五年更为恶劣。考究其原因，一因国家主义之强调。国家主义之所以加强之原因，半由于外交之情势所迫，半由于意识的夸张。国家主义为国家的自己主义，为利己排他的，因此军缩扩充乃为必要的。其次为和平机构之破产，由原则上言之，如世界上有战争之发生则军缩实为难题，如决定战争不再发生，始可谈到正真之军缩。最近国际间之状态发生骤变，各国皆深信战争之将临，如一九三六年及一九三八年危机之推测，日美日俄必战等说，影响各国之心理作用甚大。再如国联之军缩会议，法国要求安全之保障即与德国之要求正面冲突，因此会议曾陷于濒死之状态，嗣后有法俄同盟之上台，德波之联合，意奥匈三国同盟之出现，演成欧战前夕之合纵连横时代，危机日渐迫切。由上述之种种恶影响，给与一九三五年之海缩会议以决大之难关。

---

〔1〕此文发表于《外交周报》1934年第2卷第6期。

二、海军军缩预备会谈之具体化

军缩预备会谈为以往军缩会议所无，盖因一九三五年之海缩会议其为重要，且其前途尤复暗淡，如无预备工作正式会议之成功实为疑问。换言之，一九三五年之海缩会议较诸华盛顿会议及第一次伦敦会议有难以成立之危险性，如无预备会谈不免为失计之举。并于此会谈可探悉关系各国之心腹，同时此次会谈可将明年正式会议能否成功之材料供给于世界，更为决定可否举行正式会议之重要关键。由此吾人可以窥得此次预备会谈之重要性。

海缩预备会谈召集之发起者为英国，被请加入者为美日法意四海军强国。其召请为五月十七日以口头发出者，此种提议立刻成为世界舆论之大问题，其提议之内容亦有种种推测，其容以此次预备会谈为二国间正式会议前之商谈，其会谈之题目为技术问题。英国政府于五月二十五日发表如次之意见："此次英国政府所以发起会议召集之目的，在于将最近各地偶然的举行之各海军国间之预备的会谈统一集中，于预备交涉之时期交涉之，其责任不由海军方面负担，先委之于外交官之手。"

美国接受英国政府之提议后，由驻英美大使回答表示赞成。如次英美两国间之交涉解决甚为迅速。一方接受英国同样提议之法国政府于五月二十六日决定承诺参加，法外长巴尔都偕同海军部长庇特利于七月八日前往伦敦与英国政府作海缩会议之预备会谈。

日本于五月十七日由驻英松平大使向广田外长报告英国之提议，经过外交海军二部之种种研究讨论之结果，至五月二十八日午后遂作回答案。日本之回答书于为五月三十日松平大使访问英国外交部时递交于英外务次官。如此预备会谈遂于六月十九日开始。

三、会谈预想的内容

西门氏之提案对于伦敦条约所规定之一九三五年有开会义务的海军军缩会议，有如何关联之意义？于其预备工作所应讨论之内容范围，究由何而决定之？由各方面考察之结果可得预想的具体之会谈议题，兹列举如下：

1.海军缩小及限制之技术方面，换言之，即关于主力舰、补助舰等之比率、舰型等变更或缩小问题，备炮限制问题等。

2.技术的问题以外可否包含国际政治问题。

3.太平洋防备限制条约之扩充，即防备撤废地域可否更行扩大。

4.不战条约与海军军缩条约之关系可否明确规定等。

关于右项诸问题仅拟于讨论范围内决定根本方针，首先提出之论题当为一九三五年海缩会议之指导原理在何？换言之，即现行之五、五、三比率原则之能否继续问题。英国对于预备会谈之最近希望为：1.以会谈权委诸外交家之手中；2.不仅触及海军问题且触及政治问题。嗣后斟酌各国之意见，现今仅以专事讨论海军之专门事项为主要。

四、日美之态度

此次预备会谈之重心在于日美两国之态度，如两国之主张各走极端则会谈即归决裂；如可得妥协之点则会谈不无成效。因此日美两国之态度颇为各国所注意。兹先述美国之态度如下：

五月二十六日美国国务总理哈尔发表言论如下："美国并无意提出海军军缩预备交涉须在华盛顿举行，希望在伦敦一处集中讨论，可使各种手续简单。"

罗斯福大总统于六月六日关于美国之海军军缩政策有如下之谈话：

> 美国关于海军军缩之方针，将依伦敦军缩预备会之进行渐次而现出，美国之代表于伦敦不可持有何等确定之成案，仅对于明年正式会议具有甚大之希望，为明了其条件以指导预备会谈之方针而临此会议。"更由海军部长史璜生之声明可以窥得美国海军政策之大要。其内容大要如下："于未来海军会议美国绝不变更其维持五、五、三比率之意见，并主张美国之海军应保持本国国防上最适当之舰种，然其他列强如实行适当程度之海军缩小，美国亦有缩小其总吨数之准备……

美国海军提督普拉德攻击日本要求海军军备平等等甚力，普氏以为日本之国家安全，并不需要与英美海军之平等力量，因日本已有安全之防御线，而英国无之，并于美国则有太平洋及大西洋之防线，日本只须对讨一方，亦不必与美国平等，且过去五十年中，英美两国均无与日本对敌之表示，故普氏以为日本之要求，既非为和平起见，则必有其他深意存在。

今再述日本之态度。五月二十六日日外相广田向驻美大使斋藤、驻英大使松平等分别发出训令，就海军会议之日政府态度与方针有所阐明，即："一九三五年之海军会议系根据伦敦条约所规定而举行者，乃为纯然的决定海军兵力量之会议，且有此项性质之该会，如以海军兵力以外之东亚诸问题作为议题提出讨议，则将埋没该会本来性质，此乃日政府断难承认之事。故若将不合理之此等问题提出预备会谈讨论，则日本虽退出海军会议亦不辞，具有此断然决意。"

日外相广田拟于附以条件下而参加此次预备会谈，其主张之五大原则如下：（一）确立军备均等权原则。一国之国防兵力量与军备，宜适应其国情定，不当强其接受限制数量。（二）比率主义之再检讨。比率主义事实上等于扩张一两国之军备数量，因之应力图发见新的军约方式。（三）局地的特别协定须随各国之地理地位与近邻国间之特殊情形。（四）攻击舰船之全废。国防之原则在进攻不足而防守有余，故有全废航空母舰之必要。（五）太平洋防备限制地之扩大。无战争危险而增设海军根据地，足以招致各国间之不安，故希望英美允许将夏威夷、菲律宾、新加坡等地亦包含于防备限制地区内。

要之，日本以专门讨论海军问题而不触及政治问题为条件，而参加此次会谈，其主要希望为废除现有之比率，而要求海军军备之平等。美国则明显表示其始终拟维持五、五、三之比率，即与日本之要求正面冲突。此次预备会谈之妥协难点即在于此。

五、会谈前途之推测

明年正式会议能否成功，当然以此次预备会谈观测。参加此次会谈之主要国英美日皆各具有不同之意见。如美国为保持两大洋之交通，坚持其大舰巨炮主义，主张延长伦敦海约。英国为确保其世界海上殖民地安全起见，拟扩张军实以求胜过其他各国。日本为求独霸远东与英美争雄，故极力主张废除比率以安全平等主义代之。凡此种种，皆为预备会谈之暗礁。

总之，此次会谈之最大障碍为比率问题，如能保持调协则可免于决裂，而正式会议亦可续开。再次为政治问题之除外，如以明年之海缩会议仅视为第一次伦敦会议之继续，讨论之范围纯然为海军问题，则可免去关系国之反对，同时会谈之成功性比较浓厚。

伦敦召集之海军预备会议，曾于六月十九日开英美日三国之会谈，英美间虽已入于实质的交涉，但关于主力舰并巡洋舰问题，意见距离尚远。英法间虽亦经英海长孟塞尔与法海长庇特利一度会商，然仅为初步谈判，而关于潜水艇问题，两国见解亦复不同。至于英日交涉，因日本专门委员岩下未抵伦敦，松平大使以立场关系不能全般应付。而意大利之代表，亦未正式派遣。如此情形之下，倘仍继续其预备交涉，亦无裨益，因此在伦敦之英美日三国代表约定将预备会议延期至十月再开。

要之，此次之海缩预备会谈，英美日三国之军缩根本意见隔离甚远，其所争者不仅限于所谓技术问题，故其不能有所成就，早在一般人意料之中，其停顿展期亦不足使世人惊讶。既十月会谈之再开，亦殊难获得一致点而成立妥协，如协定成立亦不过技术的妥协，数量上之限制殊不足以弭战争之危机。

六、结论

国际会议成功之秘诀在于目标之简单，同时参加国愈少愈增大成功之可能性，海缩预备会谈亦不能除此例外。此次预备会谈如不能有若何之收成，对于一九三五年之会议，则不免发生悲观。故此次会谈实为今后太平洋上和平之重要关键。会议如失败后，各国将更行猛烈之造舰竞争，设各国之经济财政状态不发生好转，军备扩张亦不得不再加某种程度之限制。

在现今海缩会谈之过程中，各国一面商谈军缩，一面又努力大海军计划等之军扩，其矛盾情形自甚显著。再由目前各国正竞争造舰观之，则明年海缩会议之失败，似已成为必然之事实，战争之危机亦日趋迫切，实堪为世界人类恐怖而忧虑。

英德海军协定的意义与影响[1] 赵奉生

英德两国的代表自六月四日开始在伦敦谈判两国的海军问题，中经一度停顿，终于在十八日获得妥协，签订英德海军协定，这一个协定无疑的对于欧洲政局将发生重大的影响，也是欧洲国际关系转变的枢纽，其重要性不在一月七日的法意罗马协定，与五月二日的法俄互助公约之下。本文试就它产生的背景，和它对于欧洲外交与海军问题的影响上，探求其在欧洲国际关系上的意义。

一、背景

英德海军协定的成立当然是种因在德国的扩充海军，而德国的扩充海军并不仅是因为德国国社党要求国际地位的平等，和作武力向外发展的准备，更重要的因为受经济命运的驱使。我们知道希特勒的经济政策并未能挽救德国经济的劫运。德国依旧是患人口过剩、食粮恐慌、财政亏空和债台高筑，在各国都排斥德国货物的时候，仍不能不以出口贸易来维持国民的生计，其困苦可知。大战以后，殖民地与海外市场几全被剥夺的德国急需商品市场，原料供给地与外国的投资，因为它是一个高度发展的工业国家，国民经济的维持多赖工业品的输出。但是欧战与世界经济恐慌给德国经济以致命的打击。近来虽稍有起色，但因各国实行经济国家主义，排斥德国货物，因国社党的反犹太人运动与停付外债等引起各国的反响。因英美日各国的通货膨胀政策，使德国马克相

---

〔1〕此文发表于《东方杂志》1935年第23卷第17号。

对的增高，于是德国的对外贸易遂陷于极不利的地位。此外如生产费用因滥用人工而增高，时间因原料缺乏而浪费，和外国干涉与行政积弊等都加重德国对外贸易的困难。因此德国在一九三二年还有八千九百万马克的出超，到了一九三四年便变为三千九百万马克的入超。同时德国需要大量的原料，但各国对德需要或禁止供给，或用独占方法抬高其价格，使德国无力购买，这都是德国最感痛苦的。因此德国对于殖民地与海外市场的要求异常迫切。然而要开拓海外市场，需要海军保护商船；要夺取殖民地，更非有强大的海军不可。"支配海上才能支配商业，支配商业才能支配世界"，瓦他尼这句话仍旧可以解释德国扩充海军的经济的背景。

然而德国要扩充海军，尽可仿效陆军空军的例子，不顾他国的反对与条约的限制，尽力扩充。为什么还要和欧战前海上敌人的英国订立条约，永远限制自己的海军呢？这岂不是自相矛盾？不，要了解这一点，便须看看最近欧洲的外交情势，与英德二国的外交政策。只有从外交关系上才能明了英德海军协定的意义，其重要性也在此。

自希特勒掌握德国政权后，他的横冲直撞的外交与准备战争的狰狞面孔，深使欧洲各国惴惴不安。大家都把希氏看作破坏和平的魔王。除了因特殊的经济与政治的原因与德保持友好关系的波兰和些弱小的中立国家不计外，多数欧洲国家都团结起来，造成包围德国的长城。一九三四年三月十五日的意奥匈三国的罗马协定[1]，二月六日的巴尔干公约[2]，九月十二日的波罗的海公约[3]，本年一月七日法意协定[4]，二月三日的英法协定，五月二日的法俄互助公约[5]，五

---

〔1〕1934年3月17日，意大利、匈牙利和奥地利三国为维护奥地利的独立地位，在罗马签订了《罗马议定书》，该约就发展三国经济作了一系列规定。

〔2〕全称《巴尔干协商公约》，1934年2月9日由希腊、罗马尼亚、土耳其和南斯拉夫四国在雅典签订。主要内容是维持现状，反对修改战后疆界；缔约各国相互保证巴尔干地区的现有领土秩序和全部边界的安全；如遇发生破坏本协定的规定时，缔约国应协商采取共同措施。

〔3〕1934年9月12日由立陶宛、拉脱维亚和爱沙尼亚三国签订的《谅解与合作条约》，其内容是三国一方受攻击时，其他两国应给予援助；三国在外交上与政治上相互支持等。

〔4〕1935年1月7日，法国外长赖伐尔与意大利总理墨索里尼在罗马签署了一系列改善两国关系的协定和文件，统称罗马协定。该协定的缔结恶化了当时的国际形势，最严重的后果是导致了意大利入侵阿尼西亚亚（即埃塞俄比亚）。

〔5〕即《法苏互助条约》，全称《法兰西和苏维埃社会主义共和国联盟互助条约》，1935年5月2日在巴黎签订，1936年6月27日生效。主要内容是苏联或法国在遭到任何一个欧洲国家无端侵略时，双方应立即协商，相互进行支援。

月十六日的俄捷互助公约[1]，这许多条约大体上都是以德国为对象而缔结，于是德国便陷在孤立的地位。这时欧洲形成德国与反德两大阵营。反德阵营本身虽不见得坚固，但对德国国社党的侵略主义却是很大的阻碍。希特勒虽心雄万夫，到此也不免叹无用武之地。希氏要突出重围，唯有牺牲一部分利益来交结友邦，利用反德阵线的弱点，而分散其势力。况且上次大战的经验，德国深知失败于疆场者小，失败于外交者大，德国虽强，决不能同时与英法俄数国为敌。此时环顾全欧，惟有英国与德感情较好，英国的均势主义的政策常有扶德抑法的倾向。德法既是世仇不能调和，德意又因奥国问题而决裂，德俄因主义不同也变成仇雠，在这种情势之下，德国外交的唯一出路，只有交驩英国，以打开危局了。

英国虽在二月三日与法国发展（表）英法宣言，主张拥护国联与集体安全制度，说："嗣后对于两国本身之问题，与在国联提出之问题，所采政策当仍本协调及合作之同一精神以行之。"其实它始终未忘记它的传统政策，那就是只注重本国的利益，而忽略他国的利益。本来任何一国的外交政策都是以本国的利益为基础，不过英国对于本国利益好像看得特别实在，所取的方法也特别实在。英国因德国积极扩军，感到安全的可虑，海防的不安，在英法宣言中，它以拥护国联、赞助东欧公约、中欧公约为条件取得法国对于西欧天空公约的赞同。但是英国心目中却只有西欧天空公约，而没有东欧公约、中欧公约这些东西。因为前者对英国有切肤的关系，后者则无之。法国主张东欧公约、中欧公约、西欧天空公约，缩军以及德国重返国联等问题是不可分割的，要解决须同时解决，也唯有同时解决才能保持欧洲的和平。从理论上讲，法国与苏俄这种"不可分的和平"说也许是对的，但在实利主义的聪明的英国人看来，这全是空想。在充满了矛盾与纠纷的欧洲，大概除了战争之外，再也找不到可以同时解决这许多问题的锁钥。世无亚历山大，谁能解这个 Gordian knot？而且英国的传统政策是避免卷入不必要的纠纷漩涡。保守的英国人对于法俄互助条约

---

〔1〕即《苏捷互助条约》，全称《捷克斯洛伐克共和国和苏维埃社会主义共和国联盟互助条约》，1935 年 5 月 16 日在布拉格签订。主要内容是当苏或捷受到任何一个欧洲国家威胁和遭侵略危险时，两国应立即互相援助。在捷方的坚持下，条约规定只有在法国对被侵略国提供援助时，苏捷双方才有义务互相援助。

那种变相的军事同盟非常嫌恶，一因反德军事同盟的成立只有促进德国扩军的速率与战争的爆发，但英国却需要和平，和平可以发展它的经济利益。二因法俄勾结过于密切是英国最嫉视嫌恶的，英国此时虽与苏俄维持友谊关系，暂时放下反俄的企图，但终不愿坐视苏俄之日渐强大，与法国联合称霸欧陆，所以英国之扶助德国扩军，从外交观点来说，是既为对法，又为对俄，英国可以操纵德国与法俄二大集团，以坐收渔人之利，英国外交的妙用即是如此。

在这种情势之下，英国找到外交的新途径，那就是以两国和平的原则代替"不可分的和平"的原则，以两国间的条约代替集团的条约。三月二十四日英外相西门的柏林之行，表面上是为欧洲和平呼吁，实则为英国利益奔走。法俄方面也深恐西门与希特勒勾结起来，所以拉伐尔定要西门先到巴黎，再去柏林。李维诺夫也再以不可分的和平唤西门的注意，但法俄的努力终不能阻止英德的勾结，这就是英德海军协定的来源。

二、协定的意义——海军

英德海军协定的要点是：（一）德国海军总吨数永远不超过英帝国各部分海军总吨数的百分之三十五；（二）在任何情势之下，德国皆遵守一百对三十之比率，即此比率不受他国造舰的影响；（三）但各国海军均势因他国之非常的造舰而被破坏时，德国政府保留与英国政府研究此新情势之权；（四）关于将来海军限制事，德国主张将军舰分若干种类，限定每种的最高吨数与军备，各国军舰的吨数皆按种别加以限制，因此在原则上德国愿将百分之三十五的比率应用于各种军舰上，惟潜艇除外；（五）此种比率如需变更须基下列原则，即某种军舰的吨数如增加，他种军舰的吨数便要减少，以保持总吨数百分之三十五的比率；（六）关于潜艇，在总吨数不超过百分之三十五的比率的范围内，德国潜艇之总吨数可与英帝国各部分潜艇之总吨数相等，但在平时，德国潜艇吨数将不超过英国的百分之四十五。如遇特别情形须超过此比率时，德国应先行通知英国，并与英国作友谊的磋商。这是英国白皮书发表的英外相贺尔与德代表李宾特罗甫的来往公函中所提出的协定的要点。还有几点也是英德妥协的条件：一、德国答应将每年造舰程序通知英国；二、德国以答应不建航空母舰为条件换得潜艇吨数的增加；三、德国答应不以潜艇为漫无限制的攻击；

四、德国允于七年中完成造舰程序，这是贺尔等人表示过的。此外也许还有其他的条件为我们所不知，也只好置之不论。

从上面几点看来，显然是德国海军获得绝大的胜利。根据日本海军省于五月二十三日发表的最近各大海军国的实力调查，各国军舰总吨数如下：英国一，二〇九，〇〇九；美国一，一四五，七八五；日本七五三，三六七；法国五六六，四二一；意国三七二，一〇〇；苏联二四七，六〇〇；德国一一一，五八〇。各大国中德国吨数最小，如今英德海军协定规定德国海军总吨数当英国的百分之三十五，就是说德国可有四十二万吨。这虽不能和英美日相颉颃，但已接近法国，超过意俄。再就欧洲各国的潜艇来说，英国有五七只，共五九，九六九吨；法国有九七只，共八三，八九〇吨；意国有六八只，共四六，二〇四吨；苏联有七五只，共六四，四〇〇吨。德国的潜艇如发展至英国的百分之四十五，只有二五，六〇〇吨，似尚不足惧，但若与英国平等，便大可为各国的威胁了。

还有，上述比率他国是新旧大小合计，德国则全系新造。德国所造之袖珍战舰，重量较轻，效力较大，非旧式战舰所能比。七月八日德国当局宣布一九三四年之造舰程序，根据英德海军协定，其已造与将造之舰，总吨数为一八，五〇〇吨，加旧有吨数合计，共为二二〇，〇〇〇吨，如此突飞猛进，无怪一般海军专家估计，德国海军必将凌驾法意，与英抗衡。七月十一日英外相贺尔在下院演说谓："英德海军协定已予以永久的优势，盖战前法国海军逊于德国者百分之三十，今后法海军胜于德国者百分之四十三也。"（十一日路透电）这法对德百分之四十三的优势真不知从哪里说起！

至于英国方面也得到相当的成功：一、永远限定德国海军在总吨数与各级吨数上，居英国之下，不能漫无限制的扩张，以威胁英国；二、德国海军不能因他国之扩充而扩充，即情势变迁，德国海军居不利地位须改变比率时，亦须先与英国磋商，得其同意；三、德造舰程序须通知英国，英国可知德海军之确实力量；四、德国答应不以潜艇为任意攻击，英国海上安全便形稳固；五、德国答应不建航空母舰，英国天空的危险也因之减少。

我们知道，英国对欧洲海军的传统政策是二国标准主义。大战前德国海军之勃兴几乎推翻了英国的绝对优势的地位。战后德国海军一败涂地，华盛顿条约规定关于主力舰与航空母舰，法意合计对英为十对七，英国又居绝对优势。今日德国既决心扩军，争取国际地位的平等，海军必随陆空军之后而扩充起来，这是必然的事实。而德国海军若听其自由发展，不加限制，终必有推翻英国海军的优势地位。所以深谋远虑的英国政治家觉得与其放纵德国无限制的扩军，不如加以条约上的限制。如果弄得好，也许这一个协定会成为一个榜样，引导各国走上裁军的途径。不过这一点，若说是英国政治家的计划，似不如说是野心还较妥当。关于潜艇，英国鉴于上次大战中的教训，似乎不应当允许德国潜艇平时为英国的百分之四十五，并有权发展至于英国平等，但是现代的战争，空军的威力已超过海陆军之上，英国怕德国的飞机比潜艇更甚。英国的空军正在努力扩充，似可应付德国的空军，如德国有多数航空母舰，德国的空军便可威胁散布全球的殖民地，英国便有鞭长莫及之感，所以在这次协定中，英国以允许德国扩充潜艇的条件，换得德国答应不建航空母舰。

三、协定的意义——外交

从外交关系上来看，英德海军协定的意义恐怕更为重大。这一个协定很明显的表示，这是英国与反德集团的分离，是英德合作的开始。今后的欧洲将演成三角鼎立，或双雄对峙的局面，可以说是以此为转变的枢纽。英国的外交家虽一再声明，这协定并不违背英国过去的外交政策与宣言，但是法意方面，甚至远在大西洋彼岸的美国报纸，都一致攻击英国违背了和约、国联、英法宣言与斯德莱柴会议的精神。我们以第三者的眼光来批评，也不能不承认，英国此举确是与从来的主义与立场不能相容。凡尔赛和约对德国海军加以严格的限制，不许违约扩军，而自本年三月十六日德国发表扩军宣言，国联行政院于四月十七日的特别会议上，便对德国毁约的行为决议申斥，今英国竟公然承认德国扩充海军为合法，显然是违反条约。二月三日的伦敦公报中的要点之一，是"英国对法意协定所不承认之德国或其他战败国家单独改变军备条约一点，表示满意"，法外长拉伐尔亲自宣读的英法宣言中也说："……英法两国阁员特宣称，嗣后对于两国本身之问题，及在国联所提出之问题，仍当本协调及合作之同一精神以行其政策。……英法两国同意向德声明，任何国家，其军备已由条约规定者，决无以单方面行动变更是项义务之权利。"斯德莱柴会议公报最后一节也说："英法意三国政策均以在国联范围内维持集体和平为目的，故三国完全同意，凡遇单方面废除条约，足使欧洲和平发生危险时，则应采取适宜之方法以应付之；遇有此等情事，英法意三国当谋密切诚信之合作。"试拿这些宣言公报等来衡量英德海军协定，英国之离弃从来拥护和约国联与英法合作的立场，已是非常显明，英伦外交家虽狡辩，也难逃世人的公论。英法宣言虽说："此项宣言承认在安全制度中，德国得享军备平等之权，其解决之方法，乃在一般的军备措置，以代替凡尔赛和约第五部分，限制德国军备及军额之条款。"但"此种解决方法有一要素，即德国须重返国联，并积极合作是也"。如今英德协定虽成立了，德国并未重返国联，更无积极合作，何况这一个协定只是英德私自的协定，并不是各国共同拟定的"一般的军备措置"呢？

法意诸国又遇到一个既成事实，反对也无用了！我们从英德海军协定上可以看到下列诸点：（一）英国外交政策的真面目从此又露出来，不再遮掩在集体安全或英法合作那些假面具之下了。（二）英法合作经此打击便不啻受了致命伤，因此法俄与法意的结合必更加密切。理由很简单，法国是维持现状集团的首领，俄意是它有力的同志。法国在一般情况之下，不能不维持和约与国联盟约的尊严，它原来极力主张集体安全制度，订立区约公约来维持和平，但因德国的反对与英国的冷淡，始终未能成功，因而重走入同盟外交的旧路。现在英国且更进一步正式承认德国违约扩军的合法，这不仅予法国一个大的打击，并且欧洲和平也受了严重的威胁，法国自然非密切联结意俄不可，否则维持现状的集团便有崩溃之虞！所以我们觉得这个协定在蔑视和约与国联上所关较小，在打断英法合作之路上所关甚大。（三）英德两国因此更为接近。本来战后英人始终同情德国，常有扶德抑法的倾向，近来更形显著，如两国参战退伍军人团的拜访，威尔斯亲王（Prince of Wales）的亲德演说，英外相贺尔所举出英国外交政策的三大纲领，第一项就是英德合作。所以今后英德合作，从外交关系上来说，已是毫无疑问。此外联合反俄一点也是英德合作的有力的因素。德国国社党外交主脑的罗森堡（Rosenburg）说："现在决定一切的权力完全在英国手里，所谓决定权，即对于威胁欧亚两方的苏联的陆空军是否再加讨论的必要，并且是否有排除此种威胁以显示我们文明国之威力的必要。"（见六月三十日日本《读卖新闻》）这不是向英国送秋波吗？这是多么大的诱惑！我们虽不敢说，现在英国便有意组织反赤十字军，但是这一点，在英德关系以及全欧的国际关系中，无疑的是一个重要的因素，这是我们不可忽视的。

至于德国对于英德海军协定当然是踌躇满志了，无怪德国报纸一致认为德国外交的大胜利。德国的胜利不仅是它的扩军行动正式得到国联会员国的承认，而且英德的接近可以突破反德集团的包围。希特勒知道很清楚，欲图向外发展，外交的胜利是军事胜利的基础。

四、协定对海军问题的影响

英德海军协定对于欧洲海军问题与外交关系将发生怎样的影响呢？兹先就海军问题来说。今后欧洲海军问题不外走下面三条路中的一条：（一）如英国所希望的那样，先请法意俄诸国的代表与海军专家来英作预备谈话，在本年中开海军会议，共同解决海军问题；（二）继英德协定之后，英法、英意与德法、法意间也分别订立海军协定，来限制军备的扩充；（三）上述方法皆失败，各国开始作海军竞赛。

关于第一条路，我们认为很难走得通。六月二十二日英国向法国建议召开海军会议，并请法国海军专家来伦敦商谈。法国对于这个建议的态度是，"法政府虽准备参加会议，但因英德海军协定具有双方性质，非法国所能认可，故与此协定有关之任何谈判，非法国所愿进行"。（二十四日哈瓦斯电）"盖就法国言之，深恐一旦接受此议，即有认可英德海军协定之嫌。至于意俄两国政府亦与法国政府同一见地，至少在最近将来不致派专家来英"。（二十五日哈瓦斯电）法意诸国此种态度早在我们意料之中，也是逻辑上必有的结论。总之，英德海军协定已成海军会议的最大礁石。英国与法意不能得到妥协，法意便不能改变敌视英德的态度，而此种态度不变，海军会议便永无开会的可能，即使能开会也不会得到什么结果。第一条路既不能通，便只有希望第二条路，就是各海军国效法英德海军协定，彼此订立两国间的海军协定。但就目前情势来说，此种希望也不免过奢。六月二十五日法参议院海军委员会通过一决议，切实拒绝英德海军协定。英法间之难于成立海军协定不难想象。意则因用兵东非，正大事扩军，两国感情亦非意与亚比西尼亚的纠纷而恶化，所以英意协定亦不可能。至于德法世仇，近因德国一再违约扩军，已是势不两立。虽然拉伐尔于二十六日在法参院外交海军两委员会联席会议上说："果使法德两国能在尊重一切国家之完整原则下，实行提携，渠必竭尽全力以实现欧洲之和平与建设。"但这种究竟是一个大的假定，而且不免有造空气的意味。若说法德二国能一旦幡然觉悟，彼此携手，似乎是不可理解，否则法国海长何必申明法国在海军方面有自由行动之权呢？所以第二条路也是死巷一条。

事实给我们很好的证明，英德海军协定签订后，各国扩军的呼声与行动的消息便充满新闻纸上。试举几个例：法国方面，六月二十五日参院海军委员会决议"续请政府取必要之计划，以保法国在地中海与太平洋恒有保持其安全之军力"。英国方面，已决定建新式巡洋舰二十艘（二十五日哈瓦斯电）。意国方面，墨索里尼自七月二日起连日召集海军大将开会，决议扩充海军，提高海军效率。又"意国政府拟作种种准备，以法国扩张海军，意国亦即照行"。（五日路透电）该会议决定先造潜艇十艘（十五日哈瓦斯电）。德国方面，一九三五年的造舰程序已经公布，计战舰二，巡洋舰二，驱逐舰十六，潜艇二十八，共八七，〇〇〇吨（八日路透社电）。苏俄方面，在英德协定成立之前就有一万万卢布扩充海军之说（十日海洋社电），德既决定大造军舰，俄自不能后人，此后波罗的海便成德俄海军角逐之场。美国方面，文生大海军案已在国会通过，六月二十五日罗斯福已签字海军经费案，该案规定海军经费四亿七千一百六十九万元。七月十日美海长史横逊宣布美国造舰程序，本年先造驱逐舰三十六艘，潜艇十八艘，一九三六年造驱逐舰十二艘，潜艇六艘。美国这样积极扩充海军，虽不起因于英德海军协定，然该协定必更促进美国造舰之努力，则是事实。因为英国若因德国建舰为藉口而增建军舰，世界的海军力便会失掉平衡，尤其是美国受影响最大，更非扩充海军力不可。总之，英德海军协定成立后，各国唯一的反响就是积极建舰，德国要取得对欧洲大陆各国海军力的平等，后者要极力保持其海军优势，双方的竞争必越演越烈。英相包尔温于六月二十九日在里资演讲说："英德海军协定为趋向国际军备限制之实际的进步……为大战后第一次趋向军缩之真正有实效之运动。"但是理论与事实都可以证明，该协定所产生的结果正和包氏所预期的相反！

五、协定对外交关系的影响

从外交关系上来看，英德海军协定所生的影响恐怕更为远大。今后举足轻重的英国对于欧洲大陆的关系，大概也不出下列三条路：

（一）英国与法意诸国继续合作，维持所谓集体安全制度；（二）英德渐渐接近，形成英德对法、意、俄之局；（三）英国保持中立，利用德国与反德两大集团的斗争，从中取利。第一条路，我们认为希望甚少，英法当局虽屡次声言，继续合作，那只是一种外交辞令，不足置信。因为英德协定根本毁坏了英法合作的基础，法国对英不满，不仅是英国抛弃了法国，单独与德订立协定，还有英国于征求法国意见之后，竟置之不理，依旧签订英德协定（六月十九日伦敦《泰晤士报》《巴黎通信》）。六月十九日法总理拉伐尔在参院外交委员会讨论海军问题时说："英国放弃斯德莱柴会议之义务，与德国签订片面之条约，法国甚觉遗憾。"又说："法国亦因此恢复完全自由。"同日法众院外交委员会开会，对英德一致抨击，认为违反凡尔赛和约与二月之英法协定（同日路透社电）。意国认英德协定为日本退出国联后，对国联威信之最大打击，墨索里尼言，此后关于国际协调事，将效法英国，不与国联商议（同日合众社电）。可见法意两方反响之恶劣！艾顿于二十日、二十四日先后到巴黎、罗马向拉伐尔与墨索里尼解释英德海军协定的理由，但结果并未见圆满。这可以从下列几点看出：一、二十一日拉伐尔与艾顿会谈时，英国主张速订西欧天空公约，法国则以斯德莱柴会议为根据，再度声明二月三日伦敦宣言所载各点虽可分别谈判，但须于同时成立协定。可见英法皆坚持本国的主张，不稍让步。二人的会谈并未使两国关系有新的进展。二、艾顿赴法意的目的除了说明英国立场之外，还负着召开海军会议，成立西欧天空公约，调停意亚纠纷诸问题的使命，但是法意对英国的建议非常冷淡，致艾顿毫无结果而返。三、墨索里尼决心要吞并亚比西尼亚，置国联盟约、非战公约于不顾。英国调停既不成功，欲根据国联盟约制裁意国又不可能。因法意已形成对英的联合战线，法不但不与英合作，反对英敌视。七月五日《巴黎时报》著论说："意亚纠纷，倘提出经济制裁办法，关系既极复杂，解决又倍形困难，无论就拥护国联或英国政策言，均属不智之甚，今英国人士竟贸然提出，诚令人大惑不解。根据国联盟约由主要会员国合作，以维持国际和平固属当务之急，任何人不得否认。无如今日英国虽有此觉悟，而为时实已过迟。盖在不久以前，曾有一国公然违反英国共同签字之国联盟约，蔑视国联所规定之义务，有意使军缩会议陷于失败，使国联威信受严重打击，然英国对之竟予同情。今英国乃忽以国联义务为言，促会员国共同遵守，惜已晚矣！"（当日哈瓦斯电）这种反唇之讥明示英法间已形成不可逾越的鸿沟。因此我们觉得，在最近欧洲外交关系上，英国与法意等国的密切合作，因英德协定的成立，受了重大的挫折。

英国既因政策不同与法意分道扬镳，今后它将与德为更进一步的合作，以对抗法意呢？还是在德国与反德的两大势力之外，保持超然中立的态度呢？我们知道，英德合作一方有海军协定之事实的证明，一方英外相贺尔又以英德合作为外交政策的基础之一，已无疑问。不过我们还不能因此便预言，英德将结成集团，以对抗法意。虽然一八九八年至一九〇二年间，英外相张伯伦（Joseph Chamberlain）曾向德皇提议缔结英日同盟，但当时英法正争夺非洲殖民地，英俄也在中亚与远东方面斗争，而列强对南非战争都不直英国所为，当时的德国尚未大规模扩充海军，英国鉴于环境的险恶，故不惜牺牲其孤立主义的政策，提议与德联盟。如今情势非昔比，维持和平是英法二国的共同的利益，目前的争执似还不足以推翻二国的共同立场。而英意在非洲的冲突也还不至于迫使英国与德国结合。反之，英德的合作是以德国不与英争霸为条件，过此限度，两国的合作便不可能。所以根据英德曾有同盟拟议的往事，就推论英德将联合以抗法意，这种观察似乎距事实尚远。虽然欧洲究竟将变成怎样的局势，自然要看各国的外交政策与国际关系的推移而定，但就目前情势看来，英国似乎是要恢复欧洲大陆上的均势，自己却站在超然中立的地位，不轻易和他国联盟以卷入欧洲纠纷的漩涡。英国所注重的是与本国有密切关系的问题如海军军缩、西欧天空条约等，其他问题便不愿过问。换句话说，它将重返传统的均势主义与超然的孤立主义的路上去。意大利《人民报》说："英国将恢复其维持欧洲均势的传统政策，以举足轻重之势，获取霸权。"这确是洞见目前英国外交的真相。

六、结语

在英国看来，英德海军协定有很强的理由，因为"德国重整海军之举出于该国片面行动，并非英德协定所产生之结果，而英德协定反以限制德国海军军备为目标。……英国虽愿与法意两国合作……巩固集体安全制度，但亦不愿海军军缩因他项谈判停顿，而迁延不决，此所以单独与德国举行谈判，成立协定之故"。（六月二十二日英国覆法国照会）"英政府视此举甚关重要，盖可永远免除英德海军竞争之可能性。……吾人今所为者乃与德国商定，使德国片面决议所可发生之影响有一范围。"（二十一日英海相孟塞尔在下院之演说）英国政治家虽振振有词，但是他们忘记了，他们的理论完全以英国利益着眼，忽视了友国的利益，所以英德海军协定的结果，法意诸维持现状的国家定要仇视英德，海军竞赛将从此有新的发展，而尤其重要的是，德国自其扩充海军受英国的鼓励之后，必更进一步为争取国家平等而奋斗，如莱茵河左岸非武装地带的废除、殖民地或委任统治地的取得、失地的收复等。德国向外发展的野心与气焰必更增高。使欧洲问题如治丝益棼，国际风云更为阴暗。一旦德国羽翼既丰，便要雄飞世界，一纸协定如何能束缚强德手足？英国外交家虽深谋远虑，到此恐也要后悔作茧自缚之失策了！所以英德协定在表面上像是实际上达到军缩目的的方法，然而影响所及，恐有非英伦政治家所及料者，这是我们不能不注意的。

海军军缩会议之成败[1]　王正廷

海缩会议预伏之暗礁

海缩预备会议，在英伦召集，已一月有余，英日美三角磋商，迂回曲折，裂痕愈显，美日意见，极端冲突，失败征象，不难预料。局外人仅据海军之比率，以为质量之参差，难期妥协，故令谈话之趋势，终归破裂，殊不知别有重要之暗礁，预伏已久，即所谓太平洋之政治问题是也。溯自一九二一年，华盛顿举行五国会议，其时标榜之主旨，固在限制战后列强，作无益之造舰竞争，而力谋军费之缩减。其实则在维持太平洋之均势，预防日本之独霸东亚。所云机会均等，门户开放，保全中国领土之完整，悉为政治问题之序幕焉尔。故一方面订立五大国海军之裁减条约，规定五、五、三、一.六七、一.六七之比率，一方面则讨论太平洋政治问题，而有九国公约之缔结。质言之，盖美国欲预制日本之势力，藉此订约，以为束缚之具耳。惟时日本势力未充，不足抵抗，且因美国自愿在菲律宾、萨摩亚、阿留地安等处，限制前哨之防御线，以为交换条件，遂隐忍授受，不作违言。美国过视条约之尊严，误认日本为可信，以为太平洋之均势，可永藉以维持，不知日本之处心积虑，固以独霸东亚为期，国际条约，早以废纸视之。十年之间，扩充实力，海上纵横，已堪自负，一举而进占吾东北四省，再举而退出国联，强权即公理，时至则为之，彼乌知条约之足重哉？而美国犹欲以海缩之精神，条约之比率，绳日本以共守，此日本所以傲然不屑，弗惮于摧毁无余也！是则海缩之暗礁，预伏已久，固不待今日之暴露，始知其成败矣。

---

〔1〕此文发表于《东方杂志》1935年第32卷第1号。

海缩应以限制侵略为标准

日人蓄意侵略，逞势海洋，不受条约之束缚，敢于毁弃盟言，亦固其所。惟吾人基于人类之正义，国际之公道，以客观之态度，作持平之批评，冀免造舰之竞争，期待海缩之成效，殊以五、五、三之比率，应始终维持之。试按太平洋之形势，就英美日之地位一检讨之，即可知五、五、三之比率，为适于限制侵略之标准。夫英国海军国也，国势之盛衰，系乎海军之强弱，属地散处，商务遍布，如地中海也，大西洋也，悉赖雄厚之海军，资其各方之控制。又自大战以后，东亚形势大变，其属地之在东方者，更非充实海军，不足以言捍卫，故美国之需要高额海军，为预防侵略计，诚有充分之理由。以言英国，近数十年来，商务发展，奄及全球，海上利益，非有雄厚海军，无从掩护，且属地之在太平洋者，棋布星罗，联络非易，兼无雄大之军港，坚强之防御，足资镇慑，又如夏威夷、菲律宾等地，复有狡焉思逞者，窥伺其旁，形势密接，袭夺可虞，故太平洋之舰队，有不得不增厚之势，是美国之需要高额海军，为预防侵略计，亦有充分之理由。再观日本，其海军之势力，固已雄长东方，属地与本国，距离不远，联络易周，战后代管德领各岛，均居形胜之地，防卫既便，进攻亦易，据现有海军，足资防御而有余。且征诸四十年之事实，日本之侵略他国，则史不绝书，从未有其他国家，侵犯其尺寸之土，是日本只有侵略他国，而无虑他国之侵略明矣。然则日本之需要高额海军，乃企图侵略，而非防御侵略亦明矣！故为海上之和平计，五、五、三之比率应始终维持，藉以限制侵略之野心，诚碻乎其不可移易矣！

海缩失败之责任

综如上述，海缩比率，既属平允，日本承认于前，今乃坚执异议者何哉？直欲毁而弃之耳！一年以来，其政府之所讨论，军部之所号召，对于海缩比率并九国公约，皆主张废弃之。近复诱致法意，共同废约，明示定期，单独废约，盖根本废约，蓄志已久，不在此比率问题，讨论决裂也。其目的所在，一则期获高额比率，俾海军实力，并驾英美，英美尚须兼顾他方，分其势力，彼则集中东方，力专而势厚，既利自卫，更利攻人，太平洋上，乃可纵横自如。复次则废约以后，解除政治之束缚，南退北进，随意所之，肆其侵略之野心，无虑国际之口实。复次，则藉废约为要挟，抵制政治之讨论，推翻国际联盟之决议，固定占据吾东北四省之根基。盖欲废弃华府条约，以偿其独霸东亚之夙愿而已。壮哉日本，不惮手毁海缩公约，力肩此不韪之责任哉!

英美应协力合作维持太平洋之均势

日本既敢负废约之责任矣，美国之态度，亦表示坚决不移矣。而英国犹依违其间，不欲过拂日本之意者，实大误也!今日之日本，非昔日之日本，今日之太平洋，非昔日之太平洋也。英美合作则俱利，英美分携则两伤，试以现今之形势论列之。美之太平洋属地，最为重镇，而居胜败之枢纽者，夏威夷与菲律宾两群岛是矣。假使日美开战，日本海军从琉球、台湾，直趋菲律宾，而代管各岛如马里亚纳、耶普、加罗林、马绍尔等处，均已秘设军备，又出师以附菲律宾之背，则菲律宾之形势危。再从千岛、小笠原岛直取夏威夷，而上述代管各岛，又出师以冲夏威夷之前，复有预居之二十余万日人，隐为内应，则夏威夷之形势又危。如英美不合作，则无以掣日本之势，日本以形势之优越，美将不能与抗，南太平洋上，美之势力，必扫荡以尽。美之势力既尽，英将何如乎?日岂有爱于英乎?太平洋西南各属地，英之商务，不已为日本所蹂躏乎?日本不曾运用阴谋，假意收买印度亡命，以威胁英国，为对付新加坡筑港乎?不曾企图在暹罗克拉土腰，开一运河，造成直达印度洋捷径乎?最近伪满煤油专卖制，非隐予英国以教训乎?日本之视英美，二五与一十耳。太平洋上既无美国之势力，更何惧而交欢于英乎?一旦英日失和，日本以南洋代管各岛为根据，可以直接威胁印度，而利用夺得之菲律宾为根据，与琉球、台湾之海军，更可近袭香港，远侵新加坡，则英国在太平洋之形势，当为大变，胜算之操，恐不在海王国矣。如英美立时谅解，以互助之精神，为海缩之合作，庶可戢侵略者之野心，藉保太平洋之均势。纵使日人不悛，决绝废约，而英美以合作之力，则可另树海军大计，以防共同之敌。此诚英美两利之切图，非吾人欲藉英美之均势，期免强暴之侵凌也。

海缩失败后我国应有之努力

察往以知来，因微而知著。海缩失败，殆无疑问。纵使英国斡旋，另辟途径，然侵略之野心弗戢，则海军之竞争难免，将见太平洋上，日本发挥其武力，赌国命于一掷，而狂涛激荡，必波及吾国，左袒不可，中立弗能，险恶环境，难乎幸免。吾人未雨绸缪，亟应努力。方今剿匪成功，秩序渐定，安内方可攘外，自强正在斯时；允宜精诚团结，统一国民之意志；巩固中央，促进政治之效能；发展生产，以培植富力；集中金融，以统制经济；训育战斗技能，养成全国之武装；制造精良武备，储待临时之防御；有备可以无患，自强斯能制人；救亡图存，间不容发，慎勿谓海军之竞争，乃列强之角逐，海缩之失败，无关吾国之重轻也！

海军会议前途之观察[1]　马星野

如果我们把这个不安的世界比一只破船，当它开始驶进一九三五的海面，它发现船面上余留下的一条破碎船帆，在昨夜已经被狂风吹掉，桅杆断了，舵儿折了，桨儿也早完了，而在风狂浪恶的当中，一九三五的海面，显现一片漆黑可怕。华盛顿条约是这破船样的世界最后一条船帆，它虽然已破碎不堪，到底是十三年来勉强敷衍远东以至于世界局面的一面幌子。四国公约规定停止太平洋面的添造海军根据地，而在加罗林群岛一带，日本已秘密造起军港与飞机场来；九国公约规定尊重中国"领土完整"与"门户开放"，而日本已经在中国东北割去了一大块；"门户开放"，已经成为云烟；现在日本人在高唱着"中国之事，不许第三者置喙"。五国海约有关于海军比例的规定，事实上英美日三国之海力比例，已经不是五、五、三。然而连这些破碎无力的和平维系，日本在去年（一九三四）年底，竟把它一刀连根斫断。世界是虚飘飘地，远东的局面，充满着火药气，火药气会渐渐化成血腥气。

根据华盛顿条约的规定，签约国中任何一国，在一九三四年年底以前宣布废约，则此项条约在一九三六年年底失效。惟在一九三五年以内，当召集会议，以商订新约。本年的海军会议会有什么结果呢？当然，会议召集与否，尚为不可知。召集时期，有人主张是夏天，召集地点，有人主张是伦敦，然而这些都不大成问题的。我们所问的是，这个会议，如果是举行的话，如果在举行前，国际局面没有过大的转化的话，各国内政没有很激烈的变动的话，会有

---

[1] 此文发表于《东方杂志》1935 年第 32 卷第 1 号。

些什么结局？同时要问，那样的结局，会引起怎样的变故？我以为前面一个问题，是不必问的，事实已经很明显地放在我们面前。去年十月开始的海军谈话，已经把整个图画展开。至于第二个问题，那是太严重了，我们所知道的，是世界的前面只是一片黑漆新的旧的帝国，其命运将在这一片黑漆中打赌，而做这阵恶暴的足球战中皮球的中国，亦将因此而决定其命运。受裁判的时间已经迫在眼前，日本、美国、英国、中国以至全世界，没有例外。

现在我们眼中脑中，被什么比例主义，总吨数主义，大型舰小型舰，攻击武器防御武器，质的裁军量的裁军等技术上的名辞，同什么山本、斯丹雷、马苏尔等人物姓名，以至于打高尔夫球、偷译电报等外交花样，弄得昏乱。而报纸上连篇累牍的记载也只有增加我们对于前途观察的模糊。然而如果我们假定自己是一九四五年的人，来观察一九三四到三五年间的事，那也不过是帝国主义发展史中一个硕大波澜罢了。在这个大波澜之中，第一，我们会看出英国帝国主义之命运，行将决定。在一九三五年的海军会议前后，如果英国坚执与日本相提携，或许会弄到帝国内部之瓦解，而英吉利式的红色，将在地图上消褪，消褪到仅仅限于不列颠诸岛及几块直属的殖民地如苏丹，如印度等。而美国式的绿色，或者会涂上加拿大、澳洲、新西兰以至于南非自治领上面去。

大英帝国的面前，横着一条十字路。这个老大帝国，在它急速的趋于衰老的关头，对于"从美"或"从日"两个可能，要择取一个的。如果走前一条路的话，日本的被压迫，便是苏俄赤色势力南下的受鼓励；英日的相仇，也便是帝国各自治领对美热度的加高。因为英国舰队，无论如何不能扑灭日本到加拿大西海岸袭击的武力，太平洋英国的各子国，因此要积极向美国亲近的。在中国海方面，英国没有阻止日本舰队自由行动的能力，如果把维持中国"门户开放"的责任，交给美国的舰队，则美国在商务上之夺取英国之地位，曾无稍异于日本。如果英国走"从日"的一条路，则不但帝国内部之瓦解，更其迅速，且日本即使为满足英国而将印度市场让给英国独占，中国市场，是不许英国参与的。

新兴的美帝国主义，在本年海军会议席上，也要做很严重的决定。它的面前是两条路：放弃远东或者是美日大战。在过去，美国的外交，是走双路的：一方面要在海外取得与各国同等之利益，或者是取得超于任何国之利益；一方面是怕国力有所损失，不愿意积极的用美国的海军，为美国商务及国家光荣而牺牲。换言之，它是徘徊在干涉主义与孤立主义之间，是事实上走帝国主义之路而形式上还不肯放弃国家主义之名义的。这个矛盾，在"九一八事件"以后，已经暴露。"不承认主义"之弄得成"掩耳盗铃"的喜剧，已经够给华盛顿国务部以教训。而在本年海军会议席上，这个矛盾，要有最后之解决。它或者是承认了"满洲国"，退出了菲列宾，让日本垄断一切中国方面的事，而把海军退到夏威夷以东的洋面去。或者为着国家的面子，民族的光荣，中国市场及将来美帝国主义的命运，而痛快的与日本拼一下。日本已声明过："任何条件，只是有异于绝对海军平等的，日本都不能接受。"美国也曾声明过："日本造舰三只，美国便造五只。"这个竞争是不会长久继续的。战争是它的唯一解决法。

日本帝国主义之命运，也要在本年海军会议中求个答覆。这个火药压成的国家，迟早是要炸开的，炸开时要有很大的声音，和惊人的结果。从伦敦谈判中日本代表的态度看来，它是坐待着海军会议之破裂，而图以全部人命财力同岛国上所有的一切，拼一下死活的。现在日本的军备费用，已经超过国家预算百分之四十以上，美国的军费，还不到全国支出百分之十五。从"日本造三个，美国便造五个"的恫吓看来，日本全国人民，是希望快一点开战的，因为日本的财力，决不能支持长久的军备竞争。何况苏俄的势力，日益巩固，而中国的统一，渐渐地由希望或为事实。要日本退出满洲，和要美国承认满洲一样的不可能；要日本放弃加罗林群岛，和要美国海军马上退出马尼拉一样的不可能；要日本接受比例主义的裁军，和要美国取消航空母舰的一样不可能。海军会议的谈判，或者会做海军大战的序幕。

据说海军会议是不讨论政治问题的，日本之参加去年十月开始的海军谈判，是以不谈政治问题为条件，而且据日本的说法，五国海军条约虽废，而九国的保障中国领土公约及四国的停止太平洋筑防的公约，依然不受影响的。这个说法，谁都知道是滑稽的。海军为什么要裁，因为有海军之存在，然海军存在之目的，在于各国要推展其国家政策，如果没有政治上的冲突，谁高兴拿国库来换海军。华盛顿会议所以有点成功，是因为政治问题有相当的决定。英美平等，太平洋上互不相侵犯，中国市场之开放，都是解决政治问题的原则。一九二二年会议之有成，与一九三五年会议前途之黑暗，也因为政治环境之不同。太平洋上风云之恶化，是由于列强宰割中国市场所抱政策之不一致。在"门户开放"和"亚洲门罗主义"两个政策未得妥协之先，任何"比率主义""总吨数主义"，都是纸上之空谈。而说到这里，中国命运和海军会议关系，可以看出来了。

如果英国为保持印度市场，为防止赤俄南下，为限制美国经济的金融的帝国主义之发展，而来和日本妥协；或者如果美国的孤立主义派在国会中得势，而主张美国把挂在马尼拉的花旗拿下来，平安归国，保持住新大陆与不再干涉旧世界的事，则海军会议成功之日，便是中国化为日本的殖民地之时。中国之将化为日本之殖民地，使中国与日本的关系，化成古巴和美国的关系，乃是目前很明显的趋势。当日本外务省代言人天羽在去年春间发表了谈话，要各国停止干涉中国的事情以后，中日法律上的关系，有何变化虽尚在混沌之中，事实上，列强已渐渐视此种趋势，为无可奈何之事实。故英国的海军专家曾劝告英国政治家再也不必想干涉日本在华之行动，因为（Sir Rogers Keyes 的话）"日本是动不得的"（untouchable）。同时，美的专家们，也承认如果美国真的要向日本挑战，变更日本在远东之地位，至少要先造一个比日本海军大一倍的舰队，同时要把太平洋海军根据地，建造起来。

"日本在远东应有什么地位"，或者更明白地说，"日本支配中国，应该到什么程度"，才是本年海军会议的最重要议题。日本之目的，你称它是"允许日本有与英美平等之海军"也好，称它"承认日本在东亚已成之事实"也好，称它"承认亚洲门罗主义"也好，其意义乃是一样的。综合的说来，海军会议的问题只有一个：便是如何决定中国的命运。美国说：中国市场是不能让任何国独占的，"门户开放"和"领土保全"二大原则是要维持的，中国独立与安定，是世界和平之基石。日本说：只有日本才配得认识中国，怎样才是于中国有利，只有日本才能决定，日本在亚洲的行动，不许任何人干涉。在这两种说法的中间，英国取模棱两可的态度。如果会议决定不下中国的命运，战争是唯一的方法。

上面说的是在政治方面看海军会议所遇到的问题及其可能的结果。如果我们把政治上的意义弄清楚，技术上的问题，乃是比较简单的事。而且技术上的争执，都可以用政治问题去解释的。从过去两个多月的海军谈话经过看来，各方面技术上的立场，是很明显了。在质的方面，是日本的潜艇主义、英国的小型巡洋舰主义对着美国的大型主义；在量的方面，是日本的绝对平等主义，总吨数限制主义对着美国的安全平等主义和比例限制主义。英国在量的方面，也主张废除现存的比例而代以需要标准主义。因为在日本看来，为使远东的命运绝对受日本之支配，则日本非有压倒任何强国在太平洋联合的海军之能力不可。只有与美国同等的海军力，加上日本在东亚地理上的优势，才可以使日本在中国干那美国在巴拿马和英国在埃及所干的同样的事。

美国如果承认了英美日海力平等，那便是承认日本的亚洲门罗主义。因为按现在的情形，日本在西太平洋海面，已可以独霸，所恐惧的是英美二国的舰队，联合以对日。如果它有与英或美平等的海力，则美国人之要干涉马尼拉方面的事，同日本人要干涉巴拿马运河方面的事，一样的不可能。日本的代言人，已经重重复复的说明，它之所以要求海力平等，因为它是远东和平的唯一保障人。针对着日本的绝对平等主义，是美国的相对平等主义。美国以为安全是要平等的，然军力平等与安全平等异趣。在海军谈话中，斯丹雷曾对山本说过："依实力计算，日本已与美国平等。"日本的答覆是："那么，彼此舰队交换一下好不好？"斯丹雷所指实力，乃是指相对的保障安全之力。五、五、三之比例，已给日本平等的安全，这是我们不能否认的事。在这个比例之下，美国已经除了"不承认主义"外无法使日本遵守九国公约，那么，在下次正式海军会议中，美国在量的方面，不肯在此项比例外，更有所让步，是无可置疑的。

英国对于五、五、三比例之无热诚与信心，已很明显。英国方面的理由，以为在一九二二年，欧洲方面，德意志的海军已经扑灭，法国和意国的海军力尚在不足计较之列，所以接受五、五、三比例，于帝国的安全还不至于有害。然十三年来，欧洲情势已经不同，法国海军力，到了本年夏间，比之于英国本部的海军已有超过；意大利是紧跟着法国，和法国求实际上之平等的。去年十月二十八日，意大利的两个三万五千吨的主力舰业已动工，而法国正预备造三个三万吨的军舰以谋对付。同时，德国方面不但袖珍军舰为英国初料所不及，且现在努力扩充海军力，不久有重建德意志海军之可能。英国对于欧洲，要维持等于二国海军力的海军力，不然，地中海的英国商船航路是要受到侵害的。所以五、五、三比例的海军，已非英国所能赞同。现在，美国方面对于英国巡洋舰吨数之斟酌增加，虽已示同情，然英美对于维持旧的比例一点，在本年海军会议中会起冲突，乃是必然的。

在质的方面那久议而无决的防御武器与侵略武器的区别问题，又要占着本年海军会议的大部分时间。其实，防御与侵略，根本是无一定标准的，最富于侵略性的武器，也便是防御最利的工具。英美二国间最大的冲突，是船只的大小问题。英国以为大型舰最富于侵略性。英国的殖民地散在世界各部分，海军根据地密布四方，在一定吨数之下，舰型小些，可以多造一些，而其作用，与大舰相同。如舰型太大，则有许多根据地是不好停泊的。美国情形却是相反。美国海军的目标，是在远东，从旧金山经过夏威夷到驼拉，中间无充分的根据地，兵舰跑那样远的路，藏煤油之量，藏军火及军需之量要很丰富。一只军舰，便要等于一个海军根据地。所以在华盛顿会议席上，决定以三万五千吨为主力舰限度，以十六时口径为所装炮径之限度。在伦敦会议上，规定以一万吨为甲级巡洋舰最大吨位，以八英寸为炮径之限度。英国对此非常不满，更因为怕美国更大口径的炮，对于英国较小口径之炮有压迫的可能，又不得不急起直追，而来造大型舰，这是对于帝国防务一个很不经济的事情。海军会议对于这个问题，免不了又要一场争执。

日本方面认为侵略性的武器，据伦敦预备谈判中日本代表所提出的，第一是航空母舰，第二是主力舰，第三是甲级巡洋舰。日本所最恐惧的是美国航空母舰带着大队飞机，来轰炸东京与大阪。同时，在日美战争之中，美国为救菲列宾或向日本舰队迎击，非远涉重洋，结队西航不可，而主力舰乃是最重要的分子。主力舰炮径之大，可以自远处轰着日本的防御工程。甲级巡洋舰其航海之力亦很大，日本为要把持全部东亚，最怕美国海军能够随时西来，所以主张废除此三项武器。同时日本认为最有防御性的是潜水艇和小型巡洋舰。这一类军舰，能航海之路程不远，需要密布着的海军根据地，而破坏商船及大舰之力量，却是很丰富的。日本现在保有世界第一位的潜水艇数目，小型巡洋舰之数目，又远过美英二国，而在加罗林群岛以西，星罗棋布着的是日本的海军根据地。英国虽然也认定主力舰之为侵略，对于潜水艇是最存戒心的。法国现在的潜水艇，过去德国的潜水艇，都是英国人民为之寝食不安的。至于美国见解之与日本处在绝对相反地位，那更是不言可喻了。

在本年海军会议席上，那些代表们又要在这些技术问题上努力争辩。然而如果技术问题本身有解决办法，那海军问题早就不是问题了。我们看日内瓦方面的裁军会议，从一九三二年正式开幕而到现在，在技术问题上转着圈子，弄不通了再转上政治问题，到现在还没有半点的结果，便可断定离开政治问题而谈裁军，乃是一种梦想。然而政治问题又何从谈起呢？英美平等原则已为英所不满，中国"门户开放"原则已为日本所推翻，日美平等不是美国所能轻易接受，而亚洲门罗主义又是日本生死力争的东西。海军会议的前途怎样？是不必多作费辞了。

问题乃是：海军会议失败以后会怎样？各帝国主义会有怎样的最后命运？在群虎争噬下的中国民族，会有怎样的一个前途？这是我们每个中国人要关心，也是每个中国人要准备着应付的。

十二月十日于南京

英德海军协定及其反响^[1]　张道行

一、英德海军协定成立的原因

近半月来的欧洲外交上最大而最值得注意的一件事，便是英德两国的海军协定。我们要明白英德海军协定的重要性及其反响，便不能不先追溯两国之所以单独成立协定的原因。

谁都知道德国自从希特拉于一九三三年正月握政以来，无时无刻不在积极地扩充军备，以为要求军备平等的先声，况且希特拉所领导的国社党的政纲，志在建立"第三帝国"，对内力求统一，对外则在殖民地的拓殖和市场的夺取，因此军备的坚强，乃是必要的条件，陆军固然重要，就是海军、空军也不能完全忽视，所以当今年三月十六日希特拉宣布废除凡尔赛和约，实行强迫军役制的时候，德国已有主力舰二六艘，大巡洋舰十九艘，海岸巡洋舰四艘，鱼雷艇八三艘，潜水艇三一五艘，以及二一艘练习船与特务舰。较之和约所允许的限度，实际上已经超过了好几倍。依该约第五章之规定，只许有一万吨主力舰六艘，轻便巡洋舰六艘，驱逐舰十二艘，水雷艇十二艘。海军人数则限为一万八千，至于潜水艇及军用飞机，则根本禁止设置，这种既成的事实，英国当局是洞若观火，观察得很是清楚。为使德国无限制的扩充，当然须要有个办法来抑制，这便是英国愿和德国成立海军协定的第一个原因。

至于第二个原因，便是德国的正式废除凡尔赛和约，而公然宣布重整军备。所谓重整军备包括海陆空军，德国陆空军的扩充，最为法国所反对，而海

─────────────────────

〔1〕此文发表于《国衡》1935年第1卷第5期。

军则最为英国所惶恐，而感受极大的不安。不但如此，当英外相西门于三月下旬访问柏林时，希特拉亲自提出扩充海军的要求，即德国的海军力量应等于英国海军力的百分之三十五，共约四十万吨。及后（五月二十一日）希特拉于其重要的外交演说中，一面宣示"德国承认英国海军有占优越地位的必要"，一面仍坚决要求德国的海军吨数，须达英国百分之三十五。可见德国对于海军扩充则要求非常坚决。

英德海军协定成立的第三个原因，便是历史上所昭示的教训。我们知道在大战以前，英国之所以加入法俄阵线以对抗德奥等同盟国，便是因为德帝国对于海军方面，不愿与英国结约限制。英国向以"海上霸王"自豪，可是到了十九纪的末叶，德国已由内部的统一巩固，而转向海外发展，因而对于海上武力，便力事扩充，接连地通过了两个海军整顿案，威廉第二深信世界领袖和海上霸权有连锁关系，所以喊出"德国的未来全在海上"的口号，最可惊的便是一九〇〇年海军扩充案中所说："德国海军必须有伟大的力量，能与最强国决战，冲突时定能一战胜敌，而使之永无复兴的可能。"所谓最强的海军国当然是指着英国，英国因此非常担忧，深恐海上霸权为德国所夺，因而努力于军舰构造的改良，和战斗力的加增，至一九〇六年而势力大增，然而不到三年，德国在技术方面的步武，已足与英国向拮抗，因此两国的海军竞赛，愈演愈烈，结果因财力不继，英国乃于一九一二年提出"海军休战"的要求，接着两国信使往还，磋商该项办法，终因德国态度的倔强而告失败。这时候英国便不能不和法俄携手，而进行葛雷（Grey）所谓军事谈话（Military Conversations）。到了大战爆发的时候，英国便不能不转入漩涡而向德国攻击。而德国在欧战之所以失败，也未始不是因为海陆夹攻，腹背受敌所致。希特拉早就有见于此，因在所著《我的斗争》一书中，对于战前德国的海军政策，乃大加抨击，而主张与英国协调，英国本来便属意于"海军休战"，当然赞成希氏这种主张，何况德国更承认英国海军有优越的地位呢？具此三因，英德海军协定，自不难成立的了。

二、英德海军协定之内容

英德海军谈话于六月初旬开始，嗣因德代表里宾特罗甫（Ribben trop）回国请训，于同月十五日继续举行，十八日即告结束，成立协定，该协定系采取互换函件方式。英相霍尔于致德代表函中述及基本原则如次："英国政府接受德国所建议德国舰队的将来力量，应占英帝国海军实力百分之三十五。"英国认为此项建议对于将来海缩贡献甚大，更信现在两国所订的协定，既自即日起发生效力，且为永久而肯定的协定，将使所有海强容易起而订立普遍的海缩条约。至于适用上述原则的办法有如下述：

（1）如果将来普遍的海缩条约并未含有上项比率（100∶35），德国将不坚持此比例之列入，但须予德国以维持此种比例的充分担保。

（2）德国在任何情形之下，均当遵守此百分之三十五之比例，如遇正常的海军军缩的普遍均势，遭遇其他任何国家之特别海军建造而又剧烈扰乱时，德国政府得保留邀请英国政府共同研究此新局势之权。

（3）德国政府，除下述（5）项保留而外，在原则上愿将百分之三十五的比例吨数，分配于各级军舰，若将来限制海军军备之普遍公约有其他规定，则德国得根据此种普遍规定，对现有吨数比例，得加以任何修正，但此种修正，在原则上一级军舰吨数之加增，须以减少他级军舰之吨数为条件。设无此项普遍条约缔结或缔结而无各级军舰限制办法，德国仍有权在此比例的限度内，就一级或数级军舰的吨数，酌予更改，但需商得英国政府之同意。

（4）如其他重要海强对巡洋舰与驱逐舰认为一级时，德国虽愿将此两种军舰分为两类，亦可并合二者为一级。

（5）关于潜艇方面，亦不得超过大英帝国海军总吨数百分之三十五，德国有权得有与大英帝国各属领潜艇总吨数相等的吨数。同时德国亦应限制其潜艇总吨数至英国总吨数百分之四十五为度，然遇紧急事态发生，德国政府可以保留超越此项比例之权，但须于事先提出与英政府作友谊之讨论。

（6）百分之三十五的比例吨数，分配于各级军舰，诚为两国所应遵守，然在建造则决难恰如其数，必须于某级或他级之间，稍留补偿的自由，德国始可充分利用其吨数。此项补偿，须依两国政府间的特别协定行事，且不得运用此种便宜，永久的距百分之三十五之比例太远。

总观以上各点，英国所得不为不大，大战前英国屡次遣使至柏林要求海军协定而不获，现竟能于旬日之间，取得了德国的同意，同时德国自愿屈居下风，赞成百分之三十五之比率，并以七年为期，在此七年之内，英国自可高枕无忧，更重要的便是此三成五之比率，不仅适用于总吨数，且适用于各级军舰，这个办法，最初为德国所反对，后几经折冲，德国始行让步。这样，德国自不能在任何特种军舰之上，驾英国而过之，因此英国仍可保持其在北海上优势，这是它所处心积虑，"寤寐以求之"的地方，这次果然如愿以偿，无怪乎英国的踌躇满志了。

那末，德国所得的是什么呢？德国所得的比英国的还要大。百分之三十五之比例，表面上是五与三之比，较之英国的海军力量，当然要差得多。可是目前德国财力所能担负的也不过如此，何况凡尔赛和约只许德国有十万八千吨的海军力量，现在可以扩充到四十万吨，这不啻是德国的海军军备是由百分之十升得百分之三十五，不但如此，在普遍的海军条约成立之后，还可作任何修正，而各级军舰比例吨数，虽经规定，仍保有伸缩的余地，无怪乎德国是乐于接受此种比例的限制了。

可是此百分之三十五的比例，并不是英国所提出，乃是德国所要求，德国为什么作如是的要求呢？一方面这个比例是容易取得英国的同意，可是另一方面，其最重要的意义，是在于取得与法国相等的海军力量。我们知道法国现有的海军军备，依照华盛顿海约之所规定，也不过百分之三十五，因此，德国的海军力量可与法国相等，且法国有比德国较长的海岸线和广大的海外殖民地需要加以保护，故事事实上德国海军力量，将超过法国之所有的了。

三、各国对于英德海协的反响

所以，英德海军协定成立之后，最感觉不安的是法国，而反对最烈的也是法国。认为英国不当与德国成立协定，所以在其对英照会复文中便说，海军问题不宜与其他军备问题分开，而一切军备问题，须在安全制度的范围以内通盘解决。现在德国既经重整军备，法国自当准备造舰计划，最后并询问，一旦苏联进行造舰，则德国将如何对付？法国政界更认为英德海军协定，足以危害西欧天空公约的成立，盖依二月三日英法两国伦敦宣言书，海军问题须与天空公约同时解决。

法国政府当局是如此，法国舆论界更是如此。例如半官式的"Le yemps"便说英德海协将生种种不安之因，百分之三十五的德国海军军备，足使法国在北海感受威胁，而使法国的安全顿生重大的影响。"L'Homme Libre"也说：
"新兴的德意志舰队将以崭新的船只组成，集中于波罗的及北海之中间，法国的军舰全在战前造成，当然是古老而陈旧，且将分布于地中海与北海之间。显然是不平等，德国的海军自然胜过法国多多。"另有一报，则以为英国海军谈话，早使斯特莱萨的精神丧失。因为英法意三国于四月十一日尚在斯特莱萨开会[1]，认为对于欧洲和平，尤其是裁军问题，有采取一致步骤的必要。

因此，英国和德国单独成立海军协定，不但法国表示惶恐，就是意大利也深为骇异。同样的认为英国不应单独与德国缔结海军协定，而损害斯特莱萨三国会议的团结精神，并可使一切军备限制受其影响。《罗马人民日报》称英国"以最大速度，直接讨好德国"，已有多日。此次英国突然改变其在斯特莱萨所议定的方针，无异是明白表示它已回复其维持欧洲均势的传统政策，藉以保持主宰时局的地位。《罗马人民报》更谓：承认不可改易事实，固属顺易，可是此项办法，很难造成为法国所接受的程序，法国可进一步指陈英德协定，业已造成凡尔赛和约的新破坏运动。这是英国所不应冒犯的，因为它在不久以前，对于此种破坏行为，还曾提出抗议。按此即指斯特莱萨会议后之四一七国联行政院所通过的谴德案。

国联行政院的四一七的决议案，虽为对德废除凡尔赛和约而通过，可是日内瓦方面，对于此次英德海协的意见，则因立场不同而异常分歧。有谓该项协定，不啻对军缩会议的失败，增添一种新的证明；有谓此项协定无异是予日内瓦迭次会议所得的结果以一种新的曙光，以后关于一切具体问题，大可援用此种由有关两方直接讨论的新方法，加以解决。

偏居西半球的美国，对于此次英德海协并未表示多少意见，依我们所得到的消息，仅说美国于事前表示希望该项协定及早成立，事后则深信该协定可以促一般军缩条约的成立。可见美国对于这个协定并不十分欢迎，因为对德军备的限制固然载在凡尔赛和约，但亦见之于美德条约。最可使美国惊异的便是英

---

〔1〕即斯特雷萨会议。1935年3月16日，德国公然违反《凡尔赛和约》有关军事条款的规定，宣布实行普遍义务兵役制。针对这种情况，在法国倡议下，英、法、意三国于4月11日至14日在意大利北部特雷萨召开国际会议，讨论如何应对，但会上除了发表空洞决议外，并无提出实际措施。

国藉口德国添制新舰而准备大规模的造舰程序以补换现有的陈旧军舰。至于远处在远东的日本对于英德海协，则亦加深刻注意，日本新闻界对于英国图将该协定成为一般海缩模范的计划，而愿与美国合作一切，极为怀疑，因美国仍坚守固有的比率的方式与分类的限制，而各国对于此种限制方式，显示强烈的反对，恐法国或将和德国对抗，而引起造舰竞争。

最后，俄国的报纸对于英德海协，也没有好感表示，"Pravda"便说："因德国的增加海军军备而使英国也起而建造军舰，结果必致使法意诸国，也随之效尤。所以这个协定实乃开海军竞赛之门，而订以裁军的棺材的最后一钉。"塔斯社也说英外相无论说得如何巧妙动听，英德海协既不能推进一般的海军限制条约，又不能增加欧洲的安全。

观于上述种种反响，各国对于英德之单独成立协定，皆责英违背信诺而鲜有訾议德国，因德国早就宣告不再为凡尔赛和约所束缚，所以对于各国的批评，很少解释的地方，而且也毋庸解释，只认这次协定的成立，乃是德国外交上的重大成功，并可为各项国际谈判之一新出发点。海军专使里宾特罗甫便说，许多年来的国际会议及谈话，使各国阁员仆仆风尘，而很少如今日英德海协之成功的，实因中了"贪多嚼不烂"的弊病。最重要的便是（a）各项问题，应当次序解决的，而各国乃欲一举而加以解决。（b）一切问题，如集关系各国于一堂，而欲同时求得解决，这种缘木以求鱼的办法，岂能有何结果？树立和平之道，须以现实态为基础。各项有关生存利益的问题，自当双方协议解决，然后其他问题自可迎刃而解，英德协定，即本此旨。其目的并非如某报（指"yemps"）所谓在于离间英法两国，而在于英德法三国的合作，并深信三国合作乃可打破目前的一切困难。

至于英国对于上述种种反响的回声，则和德国不同。各地报纸虽都视为英德海军竞争，从此归于消灭，同时对于普遍的裁军和和平的维持有很大的贡献。"New-Chronicle"甚或说英德海协乃开世界史上的新纪录。可是英国政府的态度，似乎露出了很大的不安，一面即刻派艾登（Eden）遄赴巴黎、罗马，向法意当局加以解释。并由海相莫塞尔（Monsell）在英下院公开申述英德海协成立的理由，更由英国政府对于本月十七日法政府所提照会加以答复。除了艾登聘问法意的意义留待下节再说外，莫塞尔及对法复照所提理由，大要如下：

（1）英德海协纯为应付事实而缔结，因为德国现在所建造的军舰，已踰越凡尔赛和约所许之限度，现在两国所订的海军协定，即在使德国片面决议所可发生的影响，有一范围，不但英德海军竞争的可能性，可以免除，即其他海军国亦可蒙受利益。（2）或者有人说英国不应弃陆地与天空军缩问题，而单独办理海军限制问题，英国政府不能赞同此说，因为海缩条约，早已存在，如不能续订，则贻害必大，何况英政府决非绝对不再努力于其他军备限制呢？（3）二月三日伦敦宣言书所载各项建议，英国政府仍然赞成；英德海协正与此项宣言书相符合，德国的重整军备，乃出于该国的片面行为，并非英德协定所产生的结果。而英德协定，正所以限制德国海军军备。至于苏联造舰程序，只要不违反常态而进行，则德国当然没有再度扩充海军的藉口了。

从此看来，英法两方，各执一词，各有理由。本来，这些问题都是政治性质，无所谓是非。只有一点值得我们注意，那依据凡尔赛和约之所规定，如有涉及变更该约任何条款之谈判，必须先得各签字国之同意，才能举行。英国和法意两国在伦敦与斯特莱萨会议中，都负责声明对于解决德国与其他列强间未决的问题皆应联合进行。今英国不先商诸法意政府而迳自与德成立协定，自属违背信诺。所以英上院议员如路易及斯脱拉波齐等皆责政府不应以片面行动，昧然准许德国变更凡尔赛和约，致引起各国的扰攘不安。

四、结论——对于海缩前途的观察

我们在上面已经提到英国因法意当局的不满意于英德海协而派遣艾登前往巴黎、罗马游说和解释，据路透社所传消息，艾登在巴黎谈话的结果，甚为圆满，因艾登曾告诉赖伐尔说，英德海军协定，并未使得德国完全自由，随意增加海军实力，同时承认英法两国，必仍当以集体安全组织，以求得欧洲的和平。因此各国报纸盛传英法合谈以后，两国间因英德海协而起的误会，已经完全祛除。艾登似乎也很满意地离开了巴黎而转往罗马与意相墨沙利尼会晤。可是这次会晤，不但没有良好的结果，并且碰了一鼻子灰。意首相对于英德协定，虽表示谅解，可是他坚决主张西欧天空公约与东欧互助条约不能分开，以后一切尤其需要依照斯特莱萨会议的决议案，为继续进行绥靖欧洲之工作的基础。这些都还是比较过得去的话，最予人难堪的，便是当艾登于六月二十六日将离罗马回国的时候，墨沙利尼提出三项关于阿比西尼亚的要求，这些要求实际上就是等于兼并阿国。艾登所提的调和的办法，当然完全是在拒绝之列。所以我们可以说艾登的罗马之行是全部失败，就是巴黎谈话也未必完全胜利，因为当艾登于六月二十四日离法赴意之第三日，法众院海军委员会即通过一案，大意是说凡尔赛和约是因英德海协而失败，以后法国对于现存的海军比率，在新条约未成之前，可不受任何拘束，因为现在的比率乃根据华盛顿条约而来，而法国签字该约乃以凡尔赛条约之有效为条件。这个决议岂非把艾登最近所努力的成绩一概付诸东流吗？

因此我们可以知道欧洲和平前途，荆棘是非常之多。整个的欧洲和平是如此，军缩前途也未尝不是如此。再缩小一点说，就是一般的海缩会议也不易召集，就是开成了会也不一定就能够安然产生良好的结果。在英国方面，因为已经取得了德国的协定比率，当然愿意及早开成一般的海缩会议，可是海缩的本身困难是非常之多，最重大的更是：（1）法国要求比德国更强的海军军备，因为不是这样，在法国人的眼光里，不足以保障法国的安全。（2）法国人所提出的苏俄设置军舰问题，是否会引起德国再度要求扩充海军。（3）日本要求与英美海军平等问题，去年年底英美日三国在伦敦谈话之所以失败，其主要原因，便是美国不肯答应日本的海军与美国的对等。（4）就是在英美之间，也未始没有冲突，最显著的便是美国因为缺少短距离间的海军根据地，所以一向主张大战舰主义，大的可以建造到三万五千吨，而可用十六英寸口径的炮。至于英国则不然，英国因为五大洲皆有殖民地。故海军根据地几乎所在皆有，因而常反对美国这种主张。于此我们可以知道海缩困难的一班了。

那末，这种僵局怎样才可以打开呢？我以为海军决不能和其他问题完全隔开，它不但和空军陆军有关，就是和一般的安全制度也有密切的关系。欲求得安全，裁军固然是一种办法，然而最重要的还是在乎各国是否有不侵略他国以共同维持和平的意愿。如果大多数的国家都愿意维护正义和平，问题便较为简单，而其重心是在于如何制裁实行侵略战争的国家。所以裁军、安全、制裁三者须得连带的解决，而后真正的和平，才可以实现。

二十四年六月二十八日于南京中政校

战后复兴之德国海军[1]　张泽善

　　大战告终，德国以战败之故，不得不屈服于凡尔赛和约之限制。当时德海军，尚有新式巡洋舰七艘，驱逐舰一队，但均被迫移归协约国管辖，其一部分，迄今仍在法意海军服役。至其本国遗留者，则有一九○二至一九○六年下水之"Braunschweig"与"Deutschland"两级小型陈旧战斗舰八艘。一八九九至一九○三年之Gazelle与Berlin两级更旧巡洋舰八艘。一九○六至一九一三年尚属可用之鱼雷艇驱逐舰三十二艘。以及无足重轻之小舰多艘而已。战后，德国海军首任总司令培恩克上将，为战时德海军军官中才器优越，功绩卓著者之一，曾于蒙孙德海战一役获胜，以海陆军合破俄国舰队。以及在得哥厄塞尔蒙各岛之海堡，而在侧面防卫德国之东线，使其转危为安。

　　培氏鉴于德国海军之物质人才，俱极腐败不堪，乃努力改革，其伟大之工作，在将军中赤化势力，扫荡无遗。并回复秩序与个人效率。至于革新旧式之舰，亦属匪易。此等军舰，尽为废料，惟培氏必有以处之。

　　最初乃将最旧之巡洋舰，交予威廉港海军造船所办理，其仍留于德国海军者，不过一艘，并经加以革新矣。其次，即于一九二一年着手新造巡洋舰"Emden"号，惟因全国厌战之故，海军之预算甚低，致无的款充科学上之研究，是以此舰之设计，仅能就旧式"Koln Ⅱ"级略加改良，自不足以言新式。

　　"Emden"号于一九二五年完成时，见其酷类旧式之"Koln"号，惟仅少一烟囱，速率为二十九浬。其唯一改良之处，为装设独脚桅，上置射击指挥楼。

---

　　〔1〕此文发表于《海军杂志》1935年第7卷第9期。

此舰自始即不能称为新式。第其建造最为急务，最少几可成为新式之练习舰，因其环航世界，练习巡洋，故名闻遐迩。

巡洋舰"Konigsberg"与"Karlsruhe"两号于一九二七年，"Koln"号于一九二八年先后下水，皆有新式射击指挥装置，劲强之鱼雷军械与高射炮，并装五吋九主炮九尊于三联炮塔中。"Leipzig"号之设计，系就"Konigsberg"号加以改良，于一九二九年下水，在中央线有炮位三，而K级则反是。电气锻接之法，K级使用较少，而"Leipzig"号所用之规模较大，但舰身之大部分，则仍用钉缀。

一切巡洋舰，于水线处皆装小带甲，舰上并有寻常之装甲甲板、装甲司令塔与在独脚桅上之防弹求向器桅楼。"Emden"号系装四万六千五百匹轴马力之齿轮联动特宾机，速率不过二十九浬。而嗣后建造之燃油巡洋舰四艘，每艘全副机械之设备，则可产生六万五千匹或七万二千匹轴马力，其K级之二千匹马力。"Leipzig"号之一万二千匹马力，皆为迪瑟机所产，速率二十二浬至二十三浬，或略多。

此等巡洋舰，并载寻常装具，如探照灯、信号灯、破雷卫、测远镜，以及其他附属品，可称优等经济之海舰。是以德国在凡尔赛条约严厉限制之六千吨标准排水量中，已获差强人意之精锐轻巡洋舰矣。

德国设计家在六千吨之标准，设备攻击力稍强之巡洋舰，较为易举。因当时德国最新式巡洋舰之排水量，大都不过五千六百吨也。但欲于八百吨之标准，设备有用之驱逐舰，一万吨之标准，设备精锐之战斗舰，则颇感苦难。然而德国设计家，将一九一八年"H.145"号（通常排水量一千零三十吨，速率三十四浬）之设计，略加缩小，制成一种最有力之驱逐舰。于一九二六至二八年造成三十三浬之Mowe级及三十四浬之Wolf级，皆装四吋一炮三尊，一磅高射炮两尊，十九吋七鱼雷发射管六门，列成三联式。据所得之种种经验观之，皆可证明其利。按照一九三一年造舰程序，于一九三四年着手建造之后备驱逐舰四艘，或仍依此方针而进行也。其最困难者，即在一万吨之标准，而造稍为有效之战斗舰，但最后亦或成功，即今日举世闻名众议纷纷之"Deutschland"型是也。其标准排水量为一万吨，通常排水量可达一万一千五百吨或一万二千吨。但因求强固之装甲，不免于速率方面，略见牺牲。甲板与隔壁之装甲，及小区划之设备，使抵御飞机与鱼雷最为有效。电气锻接之法，虽经采用，以求尽量节省重量，并经免设不需要之部分。但此装甲重量系数之高，可以指示此等战斗舰设备高速率之不可能。然而竟能获得二十六浬者，不可不归功于德国海军设计家也。主炮为十一时者六尊，装于三联炮塔；五时九炮八尊，则单独安置；一时至三时四之高射炮颇多；十九时七之四联鱼雷发射管则有两排。凡此皆为是舰之攻击力。机械为七千匹马力之迪瑟机八座，在二十浬之经济速率时，可耐航一万海里，无须加给燃料。

"Admiral Scheer"级之轮廓与大小，大抵俱仿"Deutschland"号之设计，但其外观则稍异。德国因凡尔赛条约之束缚，不得设置飞机母舰及潜水舰故实际上之作战兵力，止此而已。他如扫雷艇、附属舰以及小型练习舰、补助舰仅约十艘。

德国有练习舰数艘，颇为新式。为欲使优秀青年军官，获得实用舰船运用术起见，将练习驶帆列入海军学生重要科程之一。三桅帆驶练习舰"Niobe"号，于一九三二年六月二十六日遇风倾覆，而令优秀青年七十人与波臣为伍，旋于一九三三年集资新造一艘，名"Gorch Fock"，百日以内，即告完成。

旧式射击练习舰，皆为一九〇五至一九〇七年之物，故必加以更换。由是乃造"Bremse"号，于一九三二年竣工。德舰之建造，原以迪瑟机单独推进者，此为第一艘，速率逾二十七浬，装备四时一之炮四尊，高射机关炮数尊，毫无防护，尽用为炮术校舰故也。

一九三二年并造新式护渔巡舰二艘，名为"Elbe"与"Weser"，皆装用迪瑟机。至于战时建造用为防卫职务至UZ及UZ（S）两级各舰，现皆从事以R及S两级类似而新式之舰更易之。今者战斗舰"Admiral Graf Spee"号，业已下水。"Admiral Scheer"号亦经编队服役。轻巡洋舰"Nurnberg"号，亦于去年十二月间下水，此为德国巡洋舰之第六艘，有六千吨之标准排水量及五时九之主炮九尊，与"Leipzig"号之设计，大抵相同，第少有改良而已。此外尚有炮舰"Saar"及"Tsingtau"两号，亦于去年十月初编队服役。

今昔之英国海军航空[1]　　张泽善

　　近年来英国朝野，咸以军缩无望，各国竞事扩军，因感本国空防之弱点，乃决定一种空防新政策，从事扩充航空军备。鲍尔温氏曾于去年七月，在下院声称，英国空军，准备增加四十一中队，嗣并宣布，其中三中队，拟以补充舰队航空队。今年三月间，英国会通过扩充空军四年计划，规定于一九三八年末，增加空军四十一中队有半。可见英国扩张空军之进行，不后于人也。

　　英国海军航空之历史，不过二十五年。一九一〇年，英国航空协会，首次发给摩尔布拉巴松氏飞行员证书。一九一一年初，第一批海军军官四人，得海部准许学习飞行。同年二月，英国航空大队成立。

　　一九一一年末，英海军有两要事发生：一为英舰"Hermione"号之军官数人，以私置之飞机一架，装设浮筒，作为试验，并于十一月八日，由海军中校什凡氏首次自水面起飞，得获成功。数星期之后，海军上尉萨姆号氏于战斗舰"Africa"自前甲板特别装设之台，首次驾驶飞机出，亦庆成功。

　　一九一二年五月十五日，废除航空大队之名目，而改为英国飞行团，设置海陆军用飞机。同月，英王在韦马斯巡视国内舰队，历时凡四日，飞机自战斗舰"Hibernia"号飞出若干次。七月，舰队在朴次茅斯检阅，飞机曾自舍彼岛之伊斯特彻赤飞往，事毕，返抵原处。此为当时堪以注目之事也。

　　英国自"Africa"号飞机飞行之结果，令人于一九一二年研究特别建造水上飞机母舰之问题，但先以旧式轻巡洋舰"Hermes"号实行试验。一九一三

---

　　〔1〕此文发表于《海军杂志》1935年第7卷第10期。

年，将建造中之货船一艘，改为第一艘飞机母舰，至一九一四年末，始编队服役，名为"Ark Royal"，尝参加达达尼尔之役，至今仍用为试验之需，惟近已易名"Pegasus"矣。

大战爆发时，有横渡英法海峡之轮船"Engadine"、"Empress"、"Riviera"等三艘，改为水上机母舰，装载侦察机。嗣后更用类似之舰。一九一五年，将二万吨商船"Campania"号，加大更改，以备追随大舰队服役。惟经试验之后，乃于是年末，令其离队装设改良之飞出甲板，至一九一六年春末，始重归原队。

"Campania"号经更改后，使飞机在一切状态，均能自舰上飞出，惜不及参加遮特兰一役，未能一显身手。计某一次舰队作战时，"Engadine"号曾飞出水上机一架，随战斗巡洋舰队，作初次侦察飞行。一九一七年七月，二万二千四百五十吨"Furious"号，编队服役。此舰本设计为一大型巡洋舰，嗣改为飞机母舰，于前面装设飞出甲板。秋间，随大舰队在黑耳郭兰湾作战，其飞机顺利飞出，但必须于驱逐舰附近之海面下降，庶能令该舰救助人员与飞机。

嗣后"Furious"号脱离舰队，于后部装一飞行甲板，至一九一八年三月，始重编原队。惟降落甲板之试验，未获成功。预料如不能在甲板上降落，则必恢复使用以前下降海面之法。

是故在大战时，英国飞机之设计，与其在军事上之使用，虽有长足之进步，然在舰队方面之工作，则无甚进展。且飞机在舰队战术上，甚少真正使用，其原因无他，乃为未曾制成实用之飞机母舰故也。

大战后，飞机母舰之设计，大有进展。大型轻巡洋舰，除"Furious"号不计外，并有"Glorious"与"Courageous"两号。战斗舰"Eagle"号，皆加以更改，装设全长之飞行甲板，以供飞机飞出与降落。是以能用新式飞机，以供舰队侦察、雷击、轰击之用。

英国舰队航空队，于一九二四年创立，自此海部所辖之海军航空，得有较大之范围。第于过去十年间，在物质上，虽对于飞机与装载飞机之法，大有进步，但飞机之数目，则并无同样之增进。目下英国有载于母舰之飞机一百三十八架，用射出机射出之飞机二十七架。今年更准备每种增加六架。至主力舰十艘，巡洋舰二十九艘，则皆未有搭载飞机，仅有巡洋舰两艘，装载两架而已。美日两国海军之舰，常有装载二三架，甚至装载五六架者。

除以上纯粹海军飞机一百六十五架外，尚有若干空军队伍，用为训练舰队航空队人员及充与海军合作之职务，其数大约一百三十六架。二者合计，共有三百架。但归海部直辖者，不过半数，与他国海军相较，似有逊色。

美国现已批准另增飞机约一千二百架，于五年内将海军航空队，自一千架增加一倍以上。日本海军飞机之数，据云目下虽不及四百架，惟在将来三年间，必大有增加也。

英海相在去年海军预算说明书声称，在主力舰炮塔装设射出机，已进行无间。至于人员方面，有海军军官飞行员一百三十七人，侦查员八十六人，其练习飞行者十六人，练习侦察者九人。今年二月六日，海相在下院答覆开则氏之问，谓英国现有载于飞机母舰之飞机一百三十八架，用射出机射出之飞机二十七架。而美国则各有二百四十四架与一百二十八架云。

三月间，下院通过之一九三五年度海军预算，内有舰队航空队经费五十三万五千镑，同年度之空军预算，增加三百六十八万五千镑。规定舰队航空队，增加第一线飞机十九架。英人之锐意经营，于斯可见矣。

德国重整海军欧洲各海军国所受之影响如何[1]　　晨　园

一、绪言

本年三月十六日德国政府宣言废弃凡尔赛条约之军事条款，重整军备，除陆军组织十二军团立时成立外，关于海军问题，前据报载拟建造四十五万吨，迄五月二十一日希忒拉在国会演说，宣称"德国海军仅以英国海军百分之三十五为度，若与法之吨数比，尚少百分之十五"，则四十五万吨海军之建设，自为其确定的方针。夫希忒拉一手撕破条约，论者每怪其过于操切不无鲁莽灭裂之嫌。实则希忒拉之重整军备，亦有其相当之理由在，并非纯出于意气用事也。凡尔赛和平条约第一款对于德国军备之所以严加限制者，各国自身之军备亦应准此减缩。无如日内瓦军缩会议，扰攘数年，不仅无丝毫成绩之表现，而且各国对于军备，有加无已，德国自不能再负此片面之义务，独受条约上之限制，此所以希忒拉对于日内瓦国际联盟通过英法意三国共同提出之谴责案，犹复振振有词也。要之德国自萨尔规复后，以此为契机，意欲将其近年来之理想的主张，一气呵成，图恢复战前德意志之伟烈。无论陆军、海军或空军，同时并进。兹所论者，德国果整备海军，其影响所及于欧洲各海军国者如何。而为了明此点，有先检讨德国海军所受条约上之限制及战后海军现状必要。

---

〔1〕此文发表于《海事月刊》1935年第9卷第1期。

二、德国海军之受条约上限制

凡尔赛条约关于海军条项大略如下：

（1）舰艇之限制

第八十一条　本条约实施二个月期满后，德国之常备海军兵力，不得超过如下之定数：

"德意志兰"或"罗多林肯"之战舰六艘。

轻巡洋舰	六艘
驱逐舰	十二艘
水雷艇	十二艘

又据第百九十条之规定，上述各舰艇，作为代舰而建造之同数舰艇。

在前项之海军力，不包含潜水舰。

其余舰艇，在本条约中苟无反对之规定，均应编入预备或供商业上之用。

（2）人员之限制

第百八十三条　德国海军所述人员，综合舰队人员及在沿岸防御、望楼、官署并其他陆上勤务者，自准尉官以上至士兵不得超过一万五千人。

准尉官以上之总员数，不得超过一千五百人。

前述定员以外之人员，不得编入与海军有关系之海上或陆上部队或预备兵力。

（3）代舰建造之限制

第百九十条　除依第百八十一条所规定常备舰艇之代舰建造外，不得建造或取得任何舰艇。

代舰建造，不得超过如次所定之排水量。

装甲舰一万吨，轻巡洋舰六千吨，驱逐舰八百吨，水雷艇二百吨。

各种舰艇，除有丧失之情形外，由进水时起算，战舰及巡洋舰非超过二十年，驱逐舰及水雷艇非超过十五年之期间，不得建造代舰。

（4）潜水舰之禁止建造

德国不得建造或取得任何之潜水舰船，其供商业上目的之用者亦同。

（5）关于舰内兵器弹药之限制等

第百九十二条　德国常备舰艇，仅得备具联合国所指定之兵员数目，弹药及军用材料，或作为预备而保有之。

在德国版图内不得为外国制造上述之物件，并禁止向外国输出。

（6）征兵制度之禁止

第百九十四条　海军人员凡准尉官以上继续二十五年，士兵继续十二年，作为最短期间之志愿契约，均依此采用之。

服役期间满届前，不问理由如何，因免役而充补之人员数，每年不得超过本款（第百八十三条）所定总人员数百分之五。凡免海军服务者，不得受各种海陆军之军事教育，又不得再服海陆军之勤务。

凡准尉官以上未及复员者，除因正当之理由罢免服役者外，约定服务至四十五岁。

德国商船内之高级船员或其他人员，不得在海军受任何教育。

观上所述，是凡尔赛条约之限制德国海军军备，所谓无微不至。严格言之，几丧失独立国之资格。然而气魄雄伟之德国人，虽一时忍气吞声，勉为屈服，而蛟龙终非池中物，决非外力所能压迫到底。在此条约束缚之中，卧薪尝胆，对于复兴海军之念，不肯一刻或忘，以视一经败衄，意气消沉，无复再振兴其民族之自信力者，诚不可同日而语。

三、战后之德国海军现状

当一九一八年欧洲战事将终之际，除德国大海舰队之大部，向英国投降，由英国大舰队严密包围，押赴英国海军大海军根据地斯加巴夫罗外，在休战状态之期间内，尚有新式巡洋舰七艘，驱逐舰一队，未几因和平条约成立，是等各舰，被联合国分割，至今尚有一部为法意两国所使用。

凡尔赛条约允许德国所遗留之军舰如次：

旧式战舰八艘（为一九〇二年至一九〇六年进水之"德意志兰"等型）。

旧式巡洋舰八艘（为一八九九年至一九〇三年进水之"凯撒"等型）。

仅堪使用之驱逐舰、水雷艇合计三十二艘，并其他毫无战斗力之小舰艇若干艘。

德国海军，至此毫无实力可言。然而德国抱残守缺，对此仅存之硕果，犹复重新整顿，孜孜不懈。自德国成立新政体后，第一任之舰队司令长官为白坚（Behnke）上将。彼在大战中，具有优秀伎俩，且为成功者之一人，于摩十敦海战，曾建立殊勋者也。及其被任为舰队司令长官也，对此仅存而且不足指数之海军——人及物质——亦善为运用，力图向上。

第一煞费苦心者，为人事问题。自大战末期，德国水兵在威廉港及基尔暴动以来，赤之思想，蔓延全军，德国终因此濒于总崩溃。及休战后，赤党仍盘踞要津，一切大权操之于少数暴徒之手，军规尽废，纲纪荡然。白氏苦心奋斗，首先将赤之思想，由海军驱逐，以挽狂颓而固根本。

第二整顿老朽舰艇。由普通状态言之，将此等老朽舰改造为近代的舰队，不过消费材料，其不合于经济，自不待言。而白氏对此尽其最善之道，利用当时仅有之威廉港海军工厂，将老朽舰艇大加修理，俾臻于近代化。

至是德国海军实力虽极微弱，然在精神方面已趋于再振之途矣。至一九二一年，乃开始建造新巡洋舰"A"，此为旧巡洋舰"尼鄂堡"之代舰建造，其后又命名"爱姆顿"（Emden），以纪念大战时在印度洋及南洋方面纵横活动，曾举惊人之伟绩，终为澳洲军舰"悉得尼"所击沉之第一代"爱姆顿"也。惟当此之时，德国之海军预算极小，加之国民为战争所疲惫，马克之货币价值，一落千丈，如建造军舰等之发挥科学事业，往往为经济所限，而力有未逮。故"爱姆顿"之竣工，不过较之旧式巡洋舰稍加以改良而已，至对于近代的要求，犹相去甚远。关于"爱姆顿"之舣装，德国海军当局原拟装载二联装五.九时炮八尊，终不为联合国军事监督委员所许，此尤德国历史上之奇耻大辱。

自"爱姆顿"完成后，至一九二六年，继之以建造"科尼斯堡"（Konigsberg）、"卡尔斯鲁希"（Korlsruhe）巡洋舰二艘。一九二七年，更建造巡洋舰"科痕"（Koln）一艘。是等巡洋舰，均为最新之计划建造之，采用射击指挥装置，及坚强之鱼雷发射管装置，即向与联合国军事监督委员所争论之主炮武装，亦得以实施五.九时炮三联装之德国式矣。

一九二九年又建造巡洋舰"雷布吉"（Leipzig）一艘，该舰为"科尼斯堡"之改良型。三炮塔装置于龙骨一线之上，较之"K"级等舰，其炮塔分置于两舷侧者，自较整齐划一，而增加其炮火之攻击力。即速力之点，亦较前者增加一浬。并且舰体之大部分，均应用电气镕接法，尤为一大进步。

此外更有"纽隆堡"（Niirnberg）巡洋舰一艘，在去年十二月八日进水。是日适为大战时东亚舰队司令长官彼中将在福克兰岛海战之纪念日，司彼中将身殉是役，其舰队之中一舰名"纽隆堡"者，随舰队全部被强敌击沉，故特建造此二代舰，以纪念其伟烈。该舰之构造，大体同于"雷布吉"，不过加以多少之改良而已。

以上所述，为凡尔赛条约所允许之新巡洋舰六艘，至此均已完成。至战舰则有一九二九年所造之"德意志兰"（Deutschland）、一九三一年所造之"司令薛尔"（Adm. Scheer）、一九三二年所造之"司令司彼"（Adm. Grag Spee）均系一万吨，装载十一吋炮六尊，即世所称之袖珍舰者是也。是等各舰之舰体，均系用电气镕接法，集科学之大成，构造新奇，尤为举世所注目。据凡尔赛条约，尚有三艘悬而未造。至驱逐舰在一九二六年进水者六艘，一九二七年进水者二艘，一九二八年进水者四艘，每艘排水量八〇〇吨。战后之德国海军现状，大略已尽于此。此后如果脱离凡尔赛条约之桎梏，实行希忒拉宣言，建造四十五万吨海军，其影响于欧洲各海军国者若何，斯即本文所论之主旨，以下就此点一述之。

四、德国再兴海军欧洲各海军国所受之影响如何

（1）英国　在昔德意志帝国，以与英国竞争海军，致酿成欧洲大战之一因素。惟当时德国对于海军为无限制之扩张，俾英国穷于应付，英国拟与之互订协定，又欲以包围法国之政治协商为交换条件，自与英国向来在欧洲之传统政策不相容。论者谓英国之加入大战，实德国有以促成之。此次德国要求建设海军，仅为英国之百分之三十五，并由希忒拉宣称"德国承认大英世界帝国之海防为其所必需……德国诚意努力与英帝国在此种基础上缔结一定之关系"。此项表示，足征希忒拉之聪明远在威廉第二以上。则其所要求，如能与英国于舰种兵器，换言之即技术方面，缔结一定之关系，当不致启英国之猜忌与不安。以德国之四十五万吨海军，决无损于英国在欧洲之海权，且藉德国海军以牵制法国在北海之海上势力，更为英人平衡欧陆之凤愿。

（2）意国　意之海军政策，对法争持平等，尤思在地中海有较优越之势

力。兹德国复兴海军，不仅与意大利痛痒相关之情较浅，反使与彼关于海军问题素相争持之法国，穷于应付，或且转变锋向，仿欧战前英法海军协商之故事，进而与意国携手，缔结一法意海军协定，将地中海海权暂时让于意国，集全力于北海方面，以资对付德国，自为意中之事。如果推衍至此，是德国之再兴海军，不啻促成意国增长其在地中海之势力，尤为意国所祷祀以求而不得者也。

（3）法国　法国因北海与地中海分为两截，不能联系，为法国国防上之天然的缺陷。其海军政策，以确保阿尔泽、马赛及塔加尔、波尔多之两海上交通为绝对的必要。据希忒拉宣称，谓德国建造海军四十五万吨，较之法国犹少百分之十五。须知德国之四十五万吨可集中于北海，而法国之五十余万吨海军，不能不分置于北海及地中海两方面。由全体言之，德国固少于法国百分之十五，而专由北海言之，法国海军反少于德国海军约百分之四十二，故德国之复兴海军，惟法国所感之冲动独大，而应付亦綦难。

五、结论

夫法德世仇，大战后缔结和平条约，对德国军事条款之所以限制綦严者，纯出于当时法揆克里蒙梭之意，特取此复前仇绝后患之手段也。惟意气盛旺之日尔曼民族，决无久甘雌伏之理，十余年来茹苦含辛，终于脱笼而出，此次之重整军备，亦自以法国为第一对象。然则法德其将一战乎，是又未必尽然。欧洲局势，自本世纪初期以来，往往因某项问题发生，屡濒于战乱之绝壁时，无不以英国所采之态度为其经过之决定的要素。试征之前次欧洲大战，成为战争之直接原因，固在于巴尔干之近东，然假使无英德之竞争海军介其间，战争或不至发生，亦所难言。现在英国对于欧洲局面，仍秉其向来之传统观念，努力于集体安全制度之出现，以保持欧陆之均势，既不愿袒德以抗法，亦不愿附法以制德，英国抱此稳定政策，无论德国不敢向法国启衅，即法国亦未必能向德国进攻。换言之，苟英国不作左右袒，欧洲形势不致破裂，昔日如是，今日亦如是也。

伦敦海军预备会议与中国前途^{〔1〕}

万目睽睽之英美日三国海军军缩预备会议，曾于本年六月十八日由英政府召集，在伦敦开第一次会议。后因日本尚未决定具体方案，亦未派遣专门代表，故开议未及一月，即于七月十六日宣告停会。今又于十月廿三日，开二次会议，历时已将两月，而又有停会之先声。即继续开会，据报纸之推测，亦终不免陷于僵局。果如是，则太平洋上之军缩，殆将失败矣。但观已往之军缩史，太平洋上军缩之成功，即中国之福，其失败，即中国之祸。是以此次伦敦海军预备会议，关系中国前途，非浅鲜也。兹将此次会议之经过，英、美、日三国之军缩立场，其采取之原因，以及对华之关系，详论于左：

伦敦海军预备会议之代表——代表之任选，实为决定政策之关键，故先将英美日三国代表人选，略述于后。此次预备会议，三国所派代表，可别为二：一为政治代表，一为专门代表。日本所派之政治代表，则为松平恒雄及加藤外松，前者系现任驻英大使，后者系驻英使馆之参事。专门代表，则为山本五十六、岩下保太郎及冈新。山本少将系日本海军硬派之中坚份子，曾任驻美使馆之海军武官，一九三○年伦敦海军会议全权委员之随员，及航空本部技术部长兼海军技术会议议员，现调海军省办事。岩下保太郎系海军大佐，现出任海军省。冈新亦系大佐，现任驻英使馆海军武官。山本一少将耳，三年前仅充伦敦海军会议全权委员之随员，而今忽被命为专门全权代表，则其中必有因

---

〔1〕此文由中国驻某国使馆编写，原文馆名从略，发表于《外交部公报》1935年第8卷第1号。

也。一则山本与加藤宽治一派，素为后者所器重。再则山本力主废弃华府条约，取消五、五、三制，适合海军方面大多数之主张。三则山本曾任驻美使馆海军武官，对美海上军备之设置，技术上之改进，及其攻守进退之策略，与日本海军之究应如何扩充戒备，尤富见地。故山本一经被命为专门代表，日本于此次海军会议，所取之立场，可未卜先知矣。

美国所派之政治代表，则为特维斯（Norman Davis）、图门（Eugene Dooman）及亚塞顿（Ray Atherton）。特氏曾历任世界军缩会议美国首席代表，为出席军缩会议之老手。图氏为远东问题之专家，对中日情形，尤为熟悉。亚氏则为驻英使馆之参事。专门代表，则为司顿特莱大将、许□□大佐。司氏为美国海军总指挥，向持大海军主义者，所谓美国"大海军派"，司氏即其领袖之一。许氏为海军股之秘书长，亦属该派。此次罗斯福总统任命司氏为专门代表，即所以证明罗氏本人，颇同情于此派者也。罗氏于威尔逊任内，曾任海军次长，当时罗氏即为提倡大海军政策之有力份子，威尔逊之一九一六年海军计划，实出罗氏之手。今罗氏对此主张，不特未尝稍易，或且变本加厉，即罗氏之海军部长史璜生亦为"大海军派"之著名健将。是以美政府内，由总统而至海军部长，由海长而至海军总指挥，几无一不主张大海军者。迨司顿特莱大将被命为专门代表，则美国于此次军缩会议席上所取之态度，其为强硬也必矣。

英国所派之政治代表，则为首相麦克唐，外相西门，海相蒙塞尔（Sir Eyres-Monsell）、外部参事柯兰奇（Robert Craigic）及财部次长费许（Warren Fisher）。费氏为财政专家，军备与财政，关系之密切，固如唇齿。费氏之被命为代表，即便于必要扩张军备时，可示其本国代表，以预算之来源，财政之规划，俾免国家军备财力逸失平衡。英国之专门代表，则为洽德非尔（Ernle Chatfield）大将及力脱尔少将（Charles Little）。前者系海军部首席参事，后者系次席参事。如以英国宪政上之习惯而论，决定政策者，固为首相及阁僚。各部公务员仅得详呈事实，收集资料，贡献其研究所得，经历所及，以备各大臣参考而已。然近年以来，凡百事务，日益繁复，非根据事实，经专家之分析考求，各大臣虽学识宏通，亦无由指示方针，议定政策。海军军备，进步既速，技术又精，计划增减，不赖专家，更难捉摸。是以主持英国之海军大政者，名为海外二相，实则多系海部之公务员。今其中最有力者，则推洽德非尔及力脱尔。此二者均认英之海军，已缩无可缩，倘继续缩减，则英国国防必生危险，是以力主抛弃昔日之"以身作则之军缩政策"（Disarmament by Example），扩充现有之军备。此次计划英国军缩政策者，即此二专门代表也。由是观之，英国军缩态度，必取强化之势，亦不言而喻。

预备会议开会程序之议定——伦敦海军预备会议召集之目的，在于交换英美日三国之军缩意见，确定彼此所取之立场，草拟一和衷共济之方案，作一九三五年正式海军会议之准备。会议之目的既定，则如何能于极短期间，使各国之政策，开诚布公，遂成为会议之要题矣。因此预备会议开议之前，不得不先行讨论开会之程序。当时之主张有二：美国力主三国代表，会集于一圆桌上，共同讨议，然后一国发表之意见，其他两国皆得而闻。若是则不特可节省时间，且能收开诚布公之效。日本则主张三国分头磋商，轮流交换意见，然后可以自由谈论，尽所欲言，苟三国集议一桌，则成正式会议之形式，不但言语间，恐生冲突，即国会场中墨砚相投之习，亦难避免。正议论纷争之际，英国即起而赞助日本之主张。其理由则谓：军缩历史已久，向来参与者，不仅限于英美日三国，法意两国，亦有深切之关系，今日三国集议一桌，由法意观之，自不免待遇特异，致生误会，故不如取三国分头谈议形式。且分头磋商，不独精神上格外亲密，谈话更可自由，即偶而措辞失当，言论非难，亦易更改、收回，或取消。不特此也，即两国发生正面冲突，则尚有第三国，可从旁调解。若是则会议结果，必更可圆满。唯甲乙两国，谈议之内容，须立即通知丙国，其他依次类推。并须将英美日三国交换之意见，立即通知法意两国政府。因此遂决定三国分头磋商为预备会议开会程序。

各国军缩立场——日本于此次海军会议所取之立场，首在废弃华府条约，取消五、五、三制，议订新约，规定一最高总吨数制以代之。次在缩减攻击军备，使三国互有保障，是以主张军备应分攻击与防御两种。所有之主力舰、飞机母舰及一万吨以上之巡洋舰，均为攻击军备。此项军备，应大加缩减，减缩之方，应分数量与质量。所谓数量者，即英美两国之主力舰及一万吨之巡洋舰，应由五减为三，飞机母舰应一律取消。若不可能，则其吨数应大加限制。所谓质量者，即三万五千吨之主力舰，应减为二万五千吨，十六时径之大炮，应减为十二时，一万吨之巡洋舰，应减为七千吨，八英寸口径之炮，应减为六英寸。关于此项主张山本曾向洽德非尔提出详细建议，其内容如下：如英国能将其（一）主力舰由五二五，〇〇〇吨减至三七五，〇〇〇吨，共减一五〇，〇〇〇吨。（二）其主力舰每艘吨数，由三万五千减至二万五千吨。（三）其大巡洋舰由一四六，八〇〇吨减至一一六，八〇〇吨，即将其一万（吨）之大巡洋舰，毁灭二三艘。（四）其飞机母舰由一三五，〇〇〇吨，减为六〇，〇〇〇吨或七〇，〇〇〇吨，然后日本将允英国扩张其巡洋舰队，增造廿艘六千吨之小舰，由现有之五十艘增至七十艘（参阅Japan Advertiser, Dec.3, 1934）。防御军备，则包括六千吨以下之巡洋舰、驱逐舰及潜水艇。此项军备，应于新约中定一最高总吨数，英美日三国均等，然后三国各得就此总吨数之范围，按其国防之需要，支配防御军备中各项军舰吨数之多寡。总之，日本坚持之原则有四：（甲）取消现有之不平等军缩条约及比例率制，另订总吨数制以代之。（乙）军缩应以保障日本之安全及维持远东之和平为目的。（丙）国防之设置，日本应有自主之权。（丁）拥大数量军备之国家，应自动减缩，使三国军备平等，至互不能侵犯而后止。此日本之立场也。

美国之立场，适与日本相反。美国力主维持五、五、三制，因华府会议规定此制时，系以三国之需要，三国之安全为原则，故无取消之理。再日本所定之攻击与防御军备之界说，异当牵强。譬诸飞机母舰，谓之防御军备可也，谓之攻击军备亦可也，全在一时使用之方法与目的而定。譬诸潜水艇，由美国观之，为当然攻击军备。大战时，德之潜艇政策，可为佐证。而今日反以潜水艇为防御军备，以飞机母舰为攻击军备，此种分法殊欠逻辑，故美国未敢赞同。至于质量上之缩减，美国处于两大洋间，海岸线长于日本数倍，且少海军根据地。为防御其海岸，保护其商业计，巡洋舰之质量，非一万吨以上不可，故万无减缩之必要。三万五千吨之主力舰及十六时径之巨炮，亦为美国必需之军备，如英日两国，务须缩减，则其吨数略减二三千，炮径略减一二时，或可通融。如将三万五千吨之主力舰减为二万五千吨，十六时径之巨炮减为十二时径，则美国亦未敢赞同。今若不以攻击或防御为军备分类之标准，亦不以质量之限制为军缩之依归，而以三国现有巨舰之总吨数量，仍照五、三比例略减百分之一二十，则尚有磋商之余地，此美国之立场也。

英国虽不主废止五、五、三制，然其维持此制之心，亦不若美之坚决。英国向以其经济能力，国防需要，为军备之转移，是以英国此次首主张质量上之缩减。主力舰当由三万五千吨减至二万五千或二万二千吨，炮径由十六减至十二或十一时；巡洋舰由一万吨减至七千或六千吨，炮径由八英寸减至六英寸。次主张扩充其巡洋舰队。现英国仅有十五艘一万吨之大巡洋舰，卅五艘六千吨之小巡洋舰，共计五十艘已不敷用，故须添造六千吨之小舰廿艘，凑成大小七十艘，则英之国防，方可稳固。三主张取消所有之潜水艇，如不获日美之同意，则每艇之吨数，至多不得过二百五十吨。盖二百五十吨以下之潜艇，不能畅驶于狂洋大海，仅能巡逻海滨。若是则潜水艇将尽失其攻击之效用，方得为防御军备，此英国之立场也。

三国军备立场不同之原因——先论日本采取上述立场之原因：

（一）自"满洲国"建设以后，日本帝国之前途，焕然一新。日本国民之心理与希望，亦勃然大变。由日人观之，满国之设立，即日本进窥亚洲大陆之初步，将来其政治、经济，及土地之发展，当蒸蒸日上，未未可限量。是以日本要求军缩平等，若是之坚决也。即或此次会议决裂，而致英美日三国竞造海军，则日本可利用满洲之财富，为竞造海军之后盾。且按美国国会于本年三月六日通过之菲生海军议案（Vison Fill），美国须添造军舰百有余艘，需款七万万五千万元美金（参阅 *New York Times* Mar.7,1934），历时至少五年，至多八年（参阅 *Japan Advertiser*, Dec.14,1934），方可达伦敦条约规定之限度，是故美国欲如竞造，亦必于一九三九年后，方能开始进行。但一九三九年，距今尚隔五载。而五载之后，日本在满之工业、农业、经济、铁路计划、石油、金矿、烟叶专卖计划，以及其他种种计划，均可有相当之成绩，故届时虽与美国竞争海军，日本亦有十分把握。此日本决意废弃华府条约之第一原因也。（参阅 Washio, S.*Japan Ready to let Corference Drop and Build Without Limits.Japan Advertiser*, Nov.24,1934）

（二）日本"九一八"之出兵满洲，向中国不宣而战，破坏其土地完整，违反救国协定，弃非战公约如废纸，背盟败约，横行不法，一至于斯，而英美未敢干预者，实恃其海军之势大力强耳。盖日本海军，与英美相较，名为五、三，实则驾十七而上之。故自满洲事件发生以后，日本深觉，欲向亚洲大陆继续发展，非有强大之海军不可，此日本要求军备平等，废止五、五、三比例之第二原因也。

（三）海军为施行国家政策之工具，一国之政策既变，则其海上军备，亦必随之而异。今日本对华政策与华府时代截然不同。华府时代，日本内则政治昌明，为德谟克拉西极盛之秋，外则美国崛起于新大陆，为战前之第二德国，日本之唯一劲敌。是以日本对华所取之政策，系缓进与和平之经济侵略，其政策既为和平缓进，则其实施之工具，自不必十分强大，五、五、三已绰绰乎有余矣。此当时日本，对五、五、三比例，所以一诺无辞也。今日本之对华政策，截然不同。由缓进而为急进矣，由和平而为强硬矣，由经济侵略而兼政治土地侵略矣。换言之，今日本之对华政策，即"亚洲门罗主义"也。四月十七日，日外务省之声明，禁止他国予中国以技术合作，经济援助，及军火买卖，即其明证也。日本欲实施此政策，非有强大之海军为其工具不可，此日本要求军备平等之第三原因也。

（四）远东形势之变迁，亦为日本更改其海备政策之一大动力。十三年前，苏俄乃一衰弱之帝国，外则败于德国，作城下之盟，内则共产革命，方兴未艾；经济破坏，民不聊生；政局混乱，国几不国。但今日之俄国，果何如耶？在内则政治修明，改共产为国家社会，经济复兴，由第一五年计划进而至第二五年。陆空军备，骎骎日上，俨然一强国也。在外则言好邻邦，订互不侵犯条约；加入国联，暗中恢复俄法同盟。其外交政策虽仍属保守，然安知异日不弃保守而取侵略耶？苏俄之迁其工业中心于西伯利亚，显然为向太平洋发展之动机，日本盖亦洞鉴之矣。昔者美之罗斯福总统尝言曰："任何一国，欲在满洲操胜，则其陆军必如德国之强（战前之德国），海军必如英国之大。"罗氏此言，日人当亦早有所闻（参阅 Sekine Captain Gumpei, *Japan's Crse for Sea Power, Current History*, Nov.1934）。故日本为抵抗苏俄防止其向东发展计，其海军非与英美平等不可。此日本要求海军平等之第四原因也。

（五）最近各国军备之设置，技术之改进，真日新月异，其影响日本军备，自非浅鲜。以地理论，日本领土集中，海岸线短而易防，帝国四周，密布海军根据地，作战时，攻难守易，其抵抗能力，强猛异常，虽以五攻三，亦未能必操胜券。但近来美国海空进步一日千里，阿拉斯加（Alrska）与美国本部间，航空路线之开辟；阿留地安群岛（Aleutian Islands）建设海军根据地之动议；三千英里以上长途飞机之发明，皆足以缩短太平洋两岸间之距离，变更日本地理上之形势，影响日本海上军备之设置。不但此也，英属新加坡之海军根据地，正在加工扩大，如一旦英美两国，以一部分之联合舰队，利用新加坡，干预日本在远东之行动，则日本现有之海军，必九败一胜（英文注释略）。凡此皆足影响日本之战略，此日本要求军备平等之第五原因也。

再论美国采取上述立场之原因：

（一）美国东则大西洋，西则太平洋，其海军全部，须分驻两洋，各守本防，若以其海军全部，与日本比较，其比率固为五、三，但以其驻太平洋舰队与日本之全部相较，则其比率□不及三、三。如一旦日美军备平等，则两国在太平洋上之军力，将成日五美三，果如是，则美属之菲力滨（Philippine）哥阿摩（Guam）群岛，必陷于日本势力范围之下。菲岛十年后，行将独立，但于未独立前，美国应负保护全责；即独立之后，美国亦不愿菲岛为日本之保护国。哥岛乃西太平洋之重镇，战略上之险要（参阅Bywater, II.C.*Sea Power in the Pacific*），美国岂可轻于放弃。此美国力主维持五、五、三制，不允日本军备平等之第一原因也。

（二）美国远处新大陆，在亚东既无土地之野心，又无政治之侵略，其所需者，即中国之市场，远东之商业。美国素主中国门户开放，即此故也。如日本军备平等，由美观之，中国商业门户，势必尽为日本所紧闭。此次"满国"之石油统制计划，即门户紧闭之第一声。美国虽迭次抗议，然迄今尚无结果，将来"满洲"之烟叶、矿产，以及其他富源，势将次第被日本收为"满国"所有，统制或专卖。即中国本部之市场，亦难免不为日本所垄断。此美国力主维持华府条约，不允日本军备平等之第二原因也。

（三）"海上自由"美国商业进展之要键也。一九一七年，德国实行潜艇政策，对中立国商船，往往未经警告，即肆意轰击，阻止中立国与交战国之通商。美国商船，亦在被击之列，"海上自由"遂成乌有。美政府虽迭经抗议，然终无效，不得已乃对德作战，自是以后，美国深知欲得"海上自由"非拥强有力之海军不可。但欧战以还，能阻美之"海上自由"者，唯英一国耳。故美国力向英国要求军备平等。迨至今日，"海上自由"仍为英美两国间之争点。今日本亦要求军备平等，惟平等之后，一旦远东战祸发生，日本偶为交战国之一，则必挟其庞大之海军，阻止中立国、交战国在远东之商业。日本之海军愈大，则其阻力愈强，则美之"海上自由"必发生障碍；障碍一生，美国必极力抗争；力争不得，必继以宣战。因此美国卷入战争漩涡之机会更多矣。故世界多一海军平等之国家，美国参战之可能，必更甚于昔。此美国力争维持五、五、三制，不允日本军备平等之第三原因也。

末论英国采取上述立场之原因：

（一）英国海军之重心，不在太平洋而在大西洋与地中海，故其海军政策，亦以大西洋与地中海之形势而转移（参阅Bywater, Ⅱ.C.*the Coming Sruggle for Sea Power*, *Current History* Oct.1934）。廿世纪之初叶，地中海为英国国防重心，其主力舰队，悉驻其上。及德国实行大海军政策，开始与英国竞造军备，英国乃移驻其主力舰队于大西洋。欧战后，德国舰队消灭殆尽，英国复将其主力舰队，调回地中海原防。直至今日，其主力舰队，仍留该海。是故地中海之于英国，犹加勒比海之于美国，日本海之于日本。其所以若此之重要者，一则地中海西通英国本部，东通印度、澳洲，及其他远东属地，为英国粮食运输之干路，通商之要道。再则英国石油富源不在其本土，而在地中海之美索不达迷亚（Mesopotamia）、巴勒士登（Palestine）及波斯等处。石油不特为工业要素，且为海军命脉。地中海既为石油之贮藏所，则其关系英国国力，至深且巨也明矣。三则当此民族运动，极盛之秋，英属各地民族，自不无影响。爱尔兰之共和运动，印度之独立运动，南非联邦之鲍亚（Boer）民族运动，皆其铁证也。民族运动既若是之盛，而英帝国迄未瓦解者，全赖其海军之强，保护之周也。地中海乃军输之大路，调遣舰只之捷径，为保护全英帝国之生命线。是故英国海军之重心不在太平洋而在地中海也。但今日之地中海，与曩日迥然不同。曩日地中海上，英国之海军根据地，密布如云。直布罗陀（Gibratlar）为地中海之咽喉，于一七〇四年割让英国。马耳他（Malta）为该海中区要塞，战败拿破仑后，于一八一四年归并英国。塞普洛斯（Cyprus）为东地中海之重镇，苏彝士运河之门户，于一八七八年由希腊租借英国，至一九一四年始正式并吞。有此三岛，英国在地中海上，攻守兼易，几居不败地位。然自空军技术发达以来，昔日牢不可破之直布罗陀，今日亦可由西班牙本土或西属之摩洛哥（Morocco）以飞机重弹毁之。马耳他处于意属西西里（Sicily），与法属都尼司（Tunis）之间，然西西里之马萨拉（Marzala）与都尼司之崩角（Cape Bon），其间相隔仅百有余里，如以飞机由该处轰击，马耳他亦可毁灭于旦夕。其他要塞，不为飞机攻击力所及者，仅塞普洛斯及巴勒士登之海法（Haifa）耳。但海法只有建筑轰击根据地之动议，却无炮垒之设置。故今后如在地中海上发生战争，英国欲维持其直马两岛，东地中海之石油富源，及苏彝士运河之航路，则英国非增造六千吨以下之巡洋舰不可。此项巡洋舰，以其面积较小，空中弹击，易于逃避。本年秋季，海军演习，已证实其效用，此英国力主扩充其巡洋舰队与缩减军舰质量之第一原因也。（参阅 Stragolgi, Lord: Sea Power and the Mediteranean Nineteanth Century, Oct. 1934）

（二）地中海上各国之海军政策，大多以欧洲之政局为依归，今欧洲政局，混异杂常。德之多瑙河各邦经济联合政策，意之保障奥大利独立及其亚得利亚海上（Adriatic Sea）进展政策，法之地中海沿岸各国提携政策。凡此种种，皆足以左右英、法、意三国之海军。现法意两国，虽有转敌为友之动响，然安知今日之友非明日之敌，故法意竞造海军，仍进行无已。法国已增建主力舰两艘，每艘容量在二万六千五百吨以上，需款三千万元美金之巨，意大利亦正在添造中，每艘约三万五千吨。英国既为平衡欧洲势力之强国，又为欧西政治之重心，岂可坐视法意增造海军，而自失其操欧洲均势之权耶？此英国力主扩充其海军之第二原因也。

结论——今海军预备会议，已若断若续。英国试案，虽已提交日本，承认其军备平等原则，而提倡三国各自宣布其海军计划，并得于五载之中，按已定之计划，自由增造。日本对此试案，不特迄未具体答复，且将于本年岁末，正式宣告废弃华府条约。故此次军缩成败，系铃解铃，其责显在日本。但亚洲大陆侵略政策，乃日本富强之基，六十年来之国家大计，决无变更之理，则其军缩立场，亦必坚强如旧。英国则鉴欧洲战云弥漫，危急非常，不得不竭其全力，应付欧局，远东政治，势难顾及。且为谋其东亚之利益，求其帝国全部之安宁，于海军军缩，势必见好于日本。例如此次伦敦会议之际，澳洲政府照会英国，请其以和缓态度，对待日本，俾免日澳商业，再行恶化。因此英政府遂以承认日本军备平等，为扩张其巡洋舰队之交换条件（参阅 Japan Advertiser, Oct.1934）。是则无异英日携手，暗中同盟，美国则劳资争抗，国基动摇，百业凋零，日甚一日；经济复兴，尚难实现，虽欲竞造海军，一时亦非财力可及。由此观之，在最近之将来，日本必继续称雄于东亚，而我国前途之险恶，则更甚矣。

十二月二十七日编

煤油问题与日本海军 [1]　　驻纽约总领事馆

一、日本煤油之需给概况

日本国防上之弱点，就海军一方面言，其重要关键不在舰数吨数与英美比率之不平等，而在煤油与海军燃料之缺乏。关于平等比率问题，日本力争不得，继之以宣布废约，问题固犹未决也。关于煤油及燃料问题，日本之生产量，仅足供其本国消耗总量十分之一需要。日本群岛本部所产之煤油生产量，仅稍多于日本海军在和平时期所需要之二分之一，故就实际上言，日本如欲建筑强大海军，其仰赖国外煤油之供给更巨，同时日本海军之发展，更须顾及英美海军之同时发展，其相互间之煤油需给关系，亦为不可免之争持，而俄油对于日本之重要，更不可忽视。

其尤要者，日本所仰赖供给煤之三大强国，其所受日本海军扩张政策之影响最为密切，质言之，如英美俄三国不愿日本得到别国油的供给，日本即无法得到，此实为日本海军在军事观点上之最大弱点。

据日本官方统计，日本油的消耗总量其用于普通非军事目的者平均每年约一，八〇〇，〇〇〇吨，海军所用油之总量虽无正式统计可查，但据一般估计，至少年需四〇〇，〇〇〇吨，两者合计，日本每年所需油的消耗总量达二，二〇〇，〇〇〇吨。

为满足此种需要，日本本土年产二四二，〇〇〇吨，另由台湾得到三五，〇〇〇吨，并由我国东三省取得二五，〇〇〇吨，三者合计，为

---

〔1〕此文发表于《外交部公报》1935年第8卷第3号。

三〇二,〇〇〇吨,以与上述之日本油的消耗总量较,则日本本身所控制之油的来源实仅七分之一。

此外俄属库页岛北端(Island of Sakhalin)之油井,由日本公司租自俄国经营,此公司由日本政府资助,其油之出产用于日本海军,总计库页岛出产每年约二〇〇,〇〇〇吨。

二、美国对日本之煤油供给

就上述日本煤油之产销情形观之,其需给不均衡之现象可知。日本国内外每年所能产出之油的总量为五〇〇,〇〇〇吨,而其消耗总量为二,二〇〇,〇〇〇吨,相差之数为一,七〇〇,〇〇〇吨,全恃由各产油国输入以补足之。其中百分之六十来自美国,换言之即日本每年由美国输入之油约一,〇〇〇,〇〇〇吨,此项商业,大部分由美国美孚煤油公司经营,其余七〇〇,〇〇〇吨多由荷属东印度群岛(Dutch East Indies)输入,经营此项商业者为亚细亚煤油公司(Asiatic Petroleum Company)。

三、日本之储油准备

关于日本储存油量之实际数目,现在尚无法确知,各外国公司通常在日本本土内储存足供三个月之油量,换言之,如遇非常时期,则日本政府即可攫取此四〇〇,〇〇〇吨之存油以供应用。又据调查,日本海军已储存足供和平时期一年需要之油量四〇〇,〇〇〇吨,而最近日本计划中之满洲煤油统制政策,谓将于大连(Dairen)储存足供三年需要之煤油,如此计划实行,则一遇战时,日本可利用此种存油以供海军之用。

据专家估计,战时日本海军所消耗之油量,每年约需八〇〇,〇〇〇吨,故日本现有之储存量,似可供一年之需,但事实上,如遇大战爆发,日本国内各种非军用事业所消耗之油,亦决不能完全不用。因此,依目前日本储油之实际状况计算,倘战争立发,则日本所储存之油,至多仅够日本海军六个月之用。

四、英美日与世界煤油生产之控制

假定日本与其他海军国发生战争,如战事延长,而日本煤油输入复受各国之封锁，则日本必感受最大不利。足供燃烧之用之油似不能由豆油中取出，据研究煤油问题之油业商人一般意见，认东三省油池之出产并无大望，故日本在远东之军事侵占，单就攫取煤油及燃料而言，殊不能满足日本预期之欲望。

大战果一旦爆发，日本势将用武力夺取库页岛之油田以为供给资源，然除此以外，若谓苏俄将越西伯利亚之长途运油以接济日本，在政治关系上殆不可能。纵令日美或英日间发生战事，日本海军欲求于俄国获得煤油接济，其希望恐亦至微。

如日本与任何海军国发生战争，则日本之困难更多，举例言之，英日间如发生战事，英国随时可以阻断日本从下列各地输入煤油之来源，如米索不达米亚（Mesopotamia）、南俄（Southern Russia）、波斯（Porsia）、印度等。荷属东印度煤油之源泉百分之五十为英国所有，而且英国在新加坡驻有巨大海军，欲于战时截断日本在荷属东印度之煤油供给，并非难事。如是则其余所能供给日本之煤油者，仅美国、墨西哥、委内瑞拉（Venezula）三处，后二者天然的受美国之无形控制，但英日果发生战事，美国运油接济日本，将引起英国之严重抗议，殆无疑义。

再就日美情形言之，如日本与美国果发生战事，日本当然不能从美国、墨西哥、委内瑞拉三处获得煤油之供给，所余者仅荷属东印度群岛而已，但英国果于美日战争时给日本以油之接济，则其必为美国所不愿，殆又无庸深论。

理论上的英美联合对日之战争果将有爆发之日乎？问题的回答或将为否定的。如真有此种战争时，则英美两国直可静待日本海军之集中，同时更可静待日本海军因煤油缺乏而自趋失败。

无论就任何方面观察，日本燃料问题实反映英美两国在远东政策及海军政策上有切实合作之必要，日本知其然也，深惧英美两国合作之足以阻梗日本之企图，故于伦敦海军谈判，力图挑拨英美感情，破坏英美合作。今日本已宣布废约矣，英美果欲合力以制日本独霸远东之企图乎？抑将坐视其纵横捭阖着着成功以抗英美乎？此不能不望两国有识之士作深长思也。

二月二日编

西班牙海军之设备^{〔1〕}　　驻西班牙公使馆

一、西班牙海军史

西班牙最初之民族为山耳脱（Celtes）及意徘亚（Iberes）土著混居，故后人称其他地意徘里克半岛（Péninsule Iberique）旋被腓尼亚（Phenicie）及希腊征服，收其沿海为属地。至第五世纪迦大基（Carthage）海军方强，蚕食半岛而统治之后，为罗马所败，恃海军之力，称雄地中海。至第十五世纪，西班牙成统一之国家，称霸海隅，开拓疆土，亦恃海军之力。故历史上西班牙之盛衰，大抵可以其海军之强弱卜之。自一四九二年，哥伦布发现新大陆后，西班牙海军雄心益炽，四出侵略，属地日广，墨西哥（Mexique）、佛兰西斯科（Francisco）、秘鲁（Pérou）及菲律宾岛，均次第征服，列入版图。一五七二年，勒邦脱（Lepante）之役，又将土耳其击溃，于是地中海一带，悉为西班牙所慑服，海军称霸全欧，为西班牙全盛时代。及斐利泼第二（Philippe II）得法国、荷兰之援助，练"必胜军"（Invincible armada）大举攻英，因天时失宜及主将失职，于一五八八年七月卅一日为英将 Francis Drake 所击败，西军战舰一百三十一艘，仅存六十五艘，水军二万四千人，生还者不及半数。西国海军受此巨创，军力渐薄，而英国海军自此崛兴矣。

必胜军既败，西班牙海军于物质及精神上，均受极大损失，幸西班牙幅员辽阔，实力雄厚，尚能出其余力，争霸欧美。格的司（Cadix）虽于一五九六年为英人所据，但西国于一六〇五年出征新墨西哥及加利福尼海湾（Golfe de

---

〔1〕此文发表于《外交部公报》1935年第8卷第4号。

Californie）收为己有，改称为圣佛兰西斯科（San Francisco）得偿所失。

至第十七及十八世纪，西国海军衰弱日甚，恩山那特侯爵（Marquis de Ensenada 一七〇二——一七八一）承前人改革海军未竟之业，继续努力整顿，至一七八八年，西国海军计有装置八十至一百架重炮之大战船（Naves）六十四艘，二等大战船（Fregates）五十三艘，及普通战船（Vaisseaux）六十艘，海军五万人，海军陆战队二万人，炮兵三千人，军威稍振。惟于一八〇五年，西班牙海军在Trafalgar复为英将纳尔孙Nelson所击败，几全军覆没，国势因之日替。一八九五至一八九八年间，西班牙与美国拘衅，又为美国所败，于是古巴、菲律宾及沿太平洋之其他属地，均非西班牙所有矣。

西班牙海军虽为英美所败，但恢复军力之志，数十年来，未尝稍减。今共和告成，百政新建，更以今年一月法意联合，订有罗马协定，于地中海均势有密切关系，报纸舆论一致主张有增建海军之必要，谓"西班牙本国地位，既居地中海之要冲，而所有属地，亦皆邻海，故整顿海军，为西国唯一之急务，如目前海军之衰弱情形，设有争端，能不示弱于人乎"。一月二十八日，外交部长Rocha君在议院发表对于地中海政策重要宣言，略谓"西班牙对于地中海问题之关系，较任何国家为密切，因其沿海土地及排兰亚群岛（Hes Baleares）为西国最繁盛之区域，其他非洲海岸（Cote Africaine）为西属地，而摩洛哥又系西国之保护国，故凡与地中海有关之会议，不问其内容及性质之若何，西班牙务必参加"云。一月卅日海军部长Abad Conde君在国会宣读建造十二艘炮舰之计划草案，该项建造需费西币一千五百万，加入一九三五年之预算，三月初海军部长又提出整顿海防计划（详见下第三节），该项计划，于西班牙海军前途，有莫大关系，不久可在国会正式通过。

二、西班牙现在之海军状况

一九三三年至三四年，西班牙水兵计有一万四千人，常备军佐一千七百二十九人，后备军三百七十四人，每年海军费用，共西币一万七千四百二十一万（见另表）。

西班牙现有军舰计：

（一）铁甲舰（Cuirassé）二艘，各重一万五千吨，马力一万五千五百匹，速率每点钟十九海里又五，装有十二英寸口径炮八架，四英寸口径炮二十架。

（一）巡洋舰（Croiseur）五艘各有马力八万匹，速率每点钟三十三海里，装有六英寸口径炮九架，射放鱼雷机四架。

（一）鱼雷驱逐舰（Destroger）九艘，各重一千六百五十吨。

（一）新式鱼雷艇（Torpilleur）十二艘。

（一）炮舰（Canoniére）五艘。

（一）军港及军中所有之附属船只六十艘。

西班牙造舰工厂有二，分设在Cartagéna及Ferrol两地，在Ferrol之舰厂，系由英商管理，但工人均西班牙人。此厂所造载重一万吨之巡洋舰二艘（Baleares及Canaries）不日即可竣工。该二舰，各装有八英寸口径炮八架，四英寸口径炮六架。在Cortagena之舰厂，正在督造潜水艇十二艘，及鱼雷驱逐舰八艘，该两地均设有海军无线电台，而在San Fernondo地方所设之电台，规模较大，机器均由Téléfunken工厂所造，播音四周可达三百海里，在马德里于一九三四年创设军舰试验所，专门研究改良军舰之制造。

三、西班牙新提出国会之海防计划

整顿海防及海军费用，预算四万四千七百五十万西币，分五期支付，第一期加入一九三五年预算内，其各期拟造之军舰及费用分配如下：

	军舰	费用（西币）
第一期	改新铁甲舰	一千六百万
	放置水雷艇（Poseur de mines）二艘	一千六百万（开工）
	载运水雷拖船（Barca se pour mines）六只	七百五十万
	添置军港各种设备	一千三百五十万
	水雷	六百万
	共五千九百万	
第二期	改新铁甲舰	一千六百万
	放置水雷艇二艘	一千六百万（完工）
	潜水艇六艘	二千零四十万（开工）
	鱼雷艇六艘	二千六百四十万（开工）

（续表）

	军舰	费用（西币）
第二期	添置军港各种设备	一千三百万
	水雷	八百万
	共九千九百八十万	
第三期	潜水艇六艘	二千零四十万（完工）
	鱼雷艇六艘	二千六百四十万（完工）
	拖船机船（Remorqueur）三只	三百万
	驱逐潜水艇汽船六只	一千二百万
	载运水雷拖船六只	七百五十万
	添置军港各种设备	一千三百万
	水雷	八百万
	共九千零三十万	
第四期	潜水艇六艘	二千零四十万（开工）
	鱼雷艇六艘	二千六百四十万（开工）
	起水雷艇（Dragueur de mines）八艘	一千零八十万（开工）
	驱逐潜水艇汽船六只	一千二百万
	网及障碍物	七百万
	添置军港各种设备	一千三百万
	水雷	一千四百三十万
	共一万零三百九十万	
第五期	潜水艇六艘	二千零四十万（完工）
	鱼雷艇六艘	二千六百四十万（完工）
	起水雷艇八艘	一千零八十万（完工）
	鱼雷汽船十二艘	六百万
	无线电及电话等设备	三百六十万
	添置军港各种设备	一千三百万
	水雷	一千四百三十万
	共九千四百五十万	
五期共计西币	四万四千七百五十万	

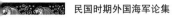

西班牙海军预算表（一九三三年至一九三四年）

经常费	西币
（一）中央行政机关	
职员薪	九一八，二一七
材料	二九五，二五〇
（一）舰厂船坞及沿海各省军港	
职员薪	五，二九七，一八六
材料	一，四三五，二六七
（一）军佐及后备队等	
职员薪	二三，六六一，二五〇
（一）海军费	
职员薪	二四，六七五，七一三
材料	二九，三五八，七八一
（一）海军陆战〇队	
职员薪	二，〇四七，三一八
材料	二七四，三三〇
（一）海军学校及研究所	
职员薪	二，三七三，九四五
材料	四一三，三九八
（一）杂项	
职员薪	五，八二三，〇〇〇
材料	一一，三九〇，五九〇
暂时工	六六，二五四，六三二
共计西币	一七四，二一八，八七七

四月一日编

苏联之海军与空军^[1]

苏联海军力，远不如其陆、空两军。其空军力，允堪称为世界的一大势力。但于讨论苏联空军之前，应预先就其航空化学协会（Osoavlakhlm）加以观察。

航空化学协会系为促进及增大苏维埃之空军而设，凡属于苏维埃国籍者，无论男女，于七岁时，得加入该会，至十四岁时，得为正式会员。一九三〇年，该会会员已超过五百万，一九三二年会员计达一千二百万，该会会员包括：（一）已终了兵役义务之劳动者；（二）未达兵役年龄之青年；（三）在学校未受军事教育者；（四）不服兵役之男子，以及未被中央及地方正规军征集之男子等，均施以军事教育及航空知识。会员既无男女之限制，故会员中有多数女子。女会员中以女劳动者占大多数。该会对于女会员亦予以在战线上及处理后方等事务之教育，及施行比较的高级政治教育。该会以一定额数为一加的尔（Quadrille 即一个大队）以此为单位统一之。其对于会员所采取之统一教育方法如下：

（一）在中央分别设立特别班，施行实际的教育。

（二）以中央发行之教科书为标准，采取通讯教育。

（三）散在各地之军事教育普及会，对于会员施行适当的教育。

（四）由国防委员会及一般军事研究会随时随地协助该会开讲演会，或实

---

[1] 此文由中国驻某国使馆编写，原文馆名从略，发表于《外交部公报》1935年第8卷第7号。

习会等，教育之。

至其所施行之教育，系以无线电、有线电、电器等专门技术为主。该会为宣传国防观念起见，在国防人民委员会指导下，对于在乡军人，亦施行教育。在一九三一年度曾受该会再度教育之人员，计步兵五十六万，骑兵五十万，及海军七千六百名。

空军力——空军计分为：轰炸、战斗、侦察及特别气球等队。一九三一年飞机总数已有七百五十架，计三十一万四百马力，至现有之飞机总数已达四千。关于此事杜洛斯基曾经发表下列之谈话：

"苏维埃国民对于航空问题，曾为祖国发挥非常的努力及能力，在苏联革命之初，空军力极为幼稚，在数目上亦不过三百架耳。而在今日则已完全一变，苏联之空军力且已成为世界的一大威胁矣。自一九二〇年，苏联努力学习德国之技术，并招聘多数专门家，举国致力于空军力之扩大，在所谓'第一五年计划'，对于民间航空机之建造，共用去三亿卢布，所开拓之航路计有五万基罗米突。在一九三一年度往来此项航空路之旅客，其数共达四万人，所载之货物，计有二千吨。在数字上虽未能算为巨大，然其重要之点，系于异常的进展也。且在第二次五年计划中，并有建造数千架飞机及搭载数百万旅客之计划，故在一九三二年度所建造之飞机数连同民间及军用者共计二千三百架，发动机数共四千个。预计在一九三四年当更有伟大的数目。"是故对于苏联空军力之伟大，感觉惊异者，当不止德国航空部长一人，尤其关于苏维埃重轰炸机之威力，法国专门家亦颇为惊讶。此种有往返一千二百基罗米突继续飞航力之重轰炸机，在将来如远东方面发生战事时，可以由沿海州及海参崴中心地往返日本全境之重要工业地。去岁英国《每日邮报》曾载有苏联能每日完成重轰炸机一架，且在特殊的努力下，或紧急时，并于一年内有完成重轰炸机一万架之制造能力。在一九三二年一月，苏联向国际联盟之报告，陆军航空机总数为七百五十架，但当时伏洛希罗夫并称苏维埃在一年间可将其现有势力增加两倍。由此数字观察时，则至一九三四年中，军用机当达四千架。至据飞谢尔（Fisher）之统计，谓苏联之军事力，平时陆军一百二十万，战时七百万；自动发火器三十万，大炮五千；陆军用飞机二千五百架；军舰十二万吨。其中固与其他之情报有显著的差异，但实际上恐较该数目更多。又据最近之柏林电，德空军当事者比洛夫，以国防部代表资格，对新闻界发表苏俄之惊人空军扩充计划，有威胁全世界之势。据谓：现在苏俄之空军，共达七十团，并有九十个特别飞机队，共有飞机三千二百架，另有补助性质之飞机一千一百架，总共四千三百架。根据第二次五年计划，拟再建造五千架军用飞机。故于数年后，苏俄之飞机，将增至惊人之数字，其空军力之庞大，为现今世界任何国家所未有云云。

至苏联之海军用机，较诸陆军用机远不相及，且亦无如陆军用机之经过特别努力之特征，大概不外系外国海军用机之仿造品耳。

海军力——目下苏联军力中最劣者为海军力。自一九〇四年日俄战争时，丧失全舰队后，帝俄时代，曾努力于海军之复活，至欧洲大战时海军力计达五十四万八千吨，形成波罗的海上之一大势力，但于欧洲大战时复使其海军力损害，兼以国内革命时又复受极大之牺牲，舰队之一部分，被法国夺取，将其系留于北亚菲利加洲之突尼斯（Tunis）。苏维埃政府成立之时，仅不过继承八万二千吨耳，尔来复努力于第二次复活。据一般观察，谓其现在海军力，计共有十九万八千吨，且均施设有最新装备，其二万六千吨之战舰，速力计为二十四浬至二十四浬[1]，载有三十公厘口径之大炮十二门，十二公厘口径之大炮十六门，七公厘半口径炮四门，七公厘半口径之高射炮四门，机关枪七架，四百五十七公毫之鱼形水雷发射管四门，海军士官三十名及水兵一千二百名，与其他各国之精锐军舰相比，并无逊色。但据法国海军研究家之说，即苏维埃之海军虽在一九二六年起至一九三四年止，八年之间，曾将舰内各部之设备更新，但仍远不如苏联当局所宣传者，二万六千吨之战斗舰速力不过系十八海里耳。

故关于苏维埃军舰之实力能力，究系如何，尚不得正确之报告，兹将苏维埃政府于一九三四年向国际联盟提出之报告抄录如下：

---

〔1〕原文如此。

战斗舰四艘	总吨数计九万三千四百八十吨
巡洋舰七艘	总吨数计四万九千九百八十吨
驱逐舰三十八艘	总吨数计四万一千七百七十六吨
潜水舰二十二艘	总吨数计一万九千二百二十九吨
共计七十一艘	计十九万四百六十五吨

　　以上系苏联政府自称之现有势力。上述之潜水舰中六只，系正在建造中尚未竣工；又上述军舰所装载之大炮共为四百二十门，水雷发射管四百四十三门。除上述外，尚有若干海防舰、水雷敷设舰，以及练习舰等共有七十二艘，而以其中之战舰一艘，巡洋舰五艘，驱逐舰十艘编成黑海舰队。至现时建造中之潜水舰，均系备作防御远东之用；至现役海军总数，计各级军官二千三百九十七人，水兵二万九千三十九人。

　　至现在海参崴停泊者有小战斗舰三艘，巡洋舰一艘，假装巡洋舰三艘，驱逐舰四艘及潜水舰十艘，水兵计共四千。除上述外，军用仓库中尚置有解体之各种舰船，且决定于海参崴相接之波塞多湾（Pochet）内设置军港，已于去岁八月开始测量，并将各项筑港需用材料陆续集中云。

六月编

伦敦海军会议中日本主张的检讨^{〔1〕}　　杨　樾

一、引言

一九二二年华盛顿条约中的"海军条约"及一九三〇年伦敦海军条约，已经日本宣告废除，于今年年底满期之后，即要变成为废纸。英国根据该两约的规定，邀请各关系国于去年十二月在伦敦进行会议，讨论此后的海军问题，各国代表不远千里，联翩莅临。惟自开会以来，因各国对于日本的主张，不能同意，辩论激烈，中间虽经英法的斡旋，终不能稍得日本的让步。最近日本已因其主张不能实现，宣告退出会议，只存英美法意四国支持残局。此后设使这四国间能够成立任何协定，其限制也不能及于日本了。

二、日本的主张

日本当局对于此次伦敦海军会议，早已决定其主张，其要点如下：

（一）日本认为各国的海军力量，应当一律平等，不应有高低的比率。海军会议应议定各国的共同最高保有量，各国的海军力不能超过此额数。从来基于比率主义的舰种舰级别主义，应予以废除。

（二）各种军舰应分别为防御的及攻击的两种。凡为防御别国进攻者即为防御的军舰，凡能进攻别国者即为攻击的军舰。实际言之，主力舰、航空母舰以及甲级巡洋舰，即属于后一种，乙级巡洋舰、驱逐舰，尤其是潜水艇，则属于前一种。攻击的军舰必须大加减缩，使无一国能够威胁及别国，防御的军舰

---

〔1〕此文发表于《东方杂志》1936年第33卷第5号。

则可应需要而增加之。

（三）华盛顿条约中关于限制各国在太平洋上的属土设防的条例，仍然保留，不予变更。

日本此三种主张，以第一种为最重要，第二种次之，第三种又次之。以性质别之，第一种为关于海军的量的问题，第二种为关于海军的质的问题，第三种为华盛顿会议所定的一种条例。以步骤言之，第一种为最先决的问题，第二种为次决的问题，第三种又次之。日本必欲各国承认其第一种主张，即是各国应有平等的海军力，然后讨论质的问题。并且关于量的问题，必欲各国通过其原则，然后提出它所定的最高吨数。所以此次会议自开幕后十余日，会场中所讨论者，只空泛地反覆辩论日本代表所提的量的平等的原则，丝毫不着边际。

现在我们先观看英美代表对于日本主张的态度，然后再加以检讨。

三、英国态度

民国二十四年十二月三日伦敦路透电：英国对于攻击性的主力舰，非特不能同意日本的废除主张，并且改变其向来主张建造较小的舰型。盖自地中海形势紧张后，英国海军部正深虑二万六千吨战舰，不足以抵抗敌机的轰炸。

九日伦敦路透电：关于潜水艇方面，英国也愿意其废除。本日海军会议开幕时，英国首相包尔温置词中，曾谓如果不能获得废除潜水艇的同意，也不可不有防止其滥用的协定。

十日伦敦电：今日海军会议继续开会时，闻英代表团发言人建议，延长华盛顿与伦敦海军条约的原则，但为适应国际形势的变更，得予各国应需有的修改。该发言人并建议废除潜水艇。

十二日伦敦哈瓦斯电：海军会议第一委会开会时，英国代表对于日本平等权利的要求，提出一问题，即是问此项要求，究系纯粹原则的问题，抑系日本确欲扩充，以与英美平等。不论任何办法，凡可使日本海军与英美海军，在实际上享有平等权利者，绝非英国所能接受。

二十一日伦敦哈瓦斯电：《标准晚报》顷评论日本关于海军共同最高额的要求云："此项要求若果予以实现，则日本在太平洋西部所处的地位，自必牢不可破，而英美两国在该处所保有的利益，他日发生争执时，惟有听命于日本而已。日本在西太平洋实有生存攸关的利益，正与英国在英伦海峡与北海相同，此固无可否认。但英美两国均因现行条约的拘束，未能在太平洋中邻近日本各岛屿，设置海军根据地则海军比率，即使维持原状，日本的海军力量，已足抵抗攻击而有余，又安可赋以平等的权利。此在日本也说，海军平等的权利，非由安全问题而起，实乃该国威望所必需。所惜者是各项要求，凡以国家的威望为基础，即要使各方面互相猜疑，互相嫉妒。而一般不安全的观念，因而重加战争爆发的危险，亦甚堪虞也。然则海军会议，务须以各关系国为对象，乃与实质有裨益云。"

四、美国的态度

十二月十日伦敦哈瓦斯电：据悉海军会议第一委会今晨开会时，日美两国主张，业已发生冲突。当日代表应英代表之请，将日本的态度普泛说明之后，美代表即指出日本提出海军平等以达到安全平等的主张，实际上为不安全平等。并谓欲图实现安全平等，其法莫妙于使各国海军力量与其地理上与军略上的需要相适应云。

十二日伦敦哈瓦斯电：海军第一委会今晨开会时，美代表曾提出重大异议三项，用以驳覆日本共同最高额的主张计：（一）英美两国海军吨位，若须减至日本海军的水准，以便实现平等权利，英国既已坚决反对，则所谓共同最高额者，欲付诸实施，自须提高日本海军的水准，这与美国所主张限制海军，缩减海军的原则，背道而驰。（二）拟议中的共同最高额，可使华府海约所规定的均势，完全推翻。此项均势，实乃美国所认为维持远东与太平洋局势的主要因素。（三）日本所提的主张，并未顾及各国在地理上与军略上的特别情形，及其所负的责任。但美国所谓责任，与日本所谓易受攻击，未可混为一谈云。

十七日美联电：伦敦海军会议十七日继续开会，日代表永野与美代表台维斯，对于日本的平等要求，舌战甚烈。永野谓共同最高额如实行，则享有平等的国家，自不敢互施攻击。台维斯驳称，此种限制不能防止一武备雄厚的国家，侵略一弱而无武备的国家，美代表之意，显系指日本蚕食中国而言。

五、日本主张的检讨

日本的废除华盛顿及伦敦两海约，实为日本应有的权利。不过此两海约所定的五、五、三比率，系为适应英美日三国的需要，既经日本认可于前，而现在它要废除此两约的比率，要求平等的军力，则非有充足的理由，英美两国自然不能许可。一九三四年十一月号美国《现代史料》所登的Japan's case for sea-power一文，说明日本对于海权的立场，列出日本所以亟亟要废除五、五、三比率的理由，共有七项：（一）自华盛顿会议以来，因为军舰及其他武器的进步，以及国际形势的变化，影响到地理的形势。譬如交通及运输工具的进步，一般相信已把世界的距离缩短这件事即大可以证实上面的道理。（二）日本虽与英美远隔，但舰队是可以自由移动的。战争的胜负，系决于军力的厚薄，不关距离的远近。（三）日本系一岛国，胥赖海上的交通，它的海军若遭失败，即可影响及其民族的存在。（四）日本海岸线虽短，但战争系取决于军力，并非取决于海岸线的长短。（五）若谓日本的海军已几乎达到条约上所许的饱和点，而英美两国，尤其是美国，则相离尚远。这是因为美国认为无需要，而日本则非达到此额数不足以保障其安全。（六）菲律宾虽已独立，但仍不减少美国优势海军对于日本的威胁。（七）各国在太平洋上的属土设防的问题，与海军力是两件事，不能一并而谈。这篇文章是日本政府废除海军比率及要求平等军力的理由。查该文第一项，为日本废除旧比率的最大理由。第二、第三、第四项，不能认为理由，因为日本既无言于前，现在不应再提异议。第五、第六项，非但不能认为理由，反可证明美国并无威胁日本的存心。第七项实与事实不符，盖在华盛顿会议时，因为日本所得的比率低于英美，才提出此项限制，使英美的优势海军不能威胁及日本，所以此两事，实为连带的关系的。

在此次伦敦海军会议中，日本代表解释废除旧比率的理由，则只谓因为国际形势的变化，华盛顿海约所规定的比率，已不适应于今日的情势。

所以现在我们特将军舰及其他武器的进步，以及国际形势的变化二点，分别讨论之。

不错，现在的军舰及其他武器，的确比较十余年前进步，因此增加了作战的能力，把世界的距离缩短。但这种进步是普遍的。各国的军舰及其他武器进步，日本的也一同进步。且英美两国在太平洋上的属土，因受条约的限制而不能设防，而日本则在其委任统治地中，暗中设置防备。兼且日本自从东北事变以后，它对于我国的支配势力益强。所以从地理上说，日本现在的有利形势，比较华盛顿会议时，有过之而无不及。

现在再论国际形势的变化。欧洲大陆各国，自来与日本无重大关系。至今日太平洋上的形势，本与华盛顿会议时也无大差异。中国依然是一个自顾不暇的弱国，苏俄则标榜和平，自谓无向外侵略的野心，美国的海军比率虽高于日本，但在东北事变以前，它并不想扩展其海军，以达到条约上所许的额数。所不同者，只由于日本未能尊重条约的义务，因而引起远东的紧张局势。但此事日本不但不能藉为废除旧比率的理由，尚须自加反省。日本果能反省，则太平洋上的紧张形势，自然立即改变。

我们细察日本所以主张海军力的平等者，实为它的大陆政策所使然。盖它自发动满洲事变以后，又复进迫华北数省，它最后的希望，自然是要把全中国支配。不过中国政府纵不与之抵抗，俯首低心，听命于它，英美各国岂能熟视无睹，愿意放弃其在中国的利益么？日本要英美退出中国的市场，当非与英美以武力相见不可。它在太平洋上，虽是得着地利，但照条约的规定，它的海军力并不及于英美，若英美能够合作，则更非它所可比拟。故它为梦想一手支配全中国，为应付未来的战事，它不得不有更大的海军力。所以毅然决然宣布废约于前，又复退出此次伦敦海军会议，而无些微迟疑。

日本的第二种主张，可以说是一种利己的主张。盖美国的菲律宾、关岛、阿留申群岛，英国的香港，既因为华府条约的限制，不能设防，而美国的夏威夷群岛与阿拉斯加，及英国的新加坡，又与日本相隔甚远，英国或美国如与日本作战，必须由远道进攻，故非用主力舰、航空母舰及甲种巡洋舰等巨型战舰不可，而日本则特别需用潜水舰。所以它特别提议把军舰区别为攻击的及防御的两种，并谓攻击的必须大加减缩，而防御的则可因需要而扩充之。

日本的第三种主张，可以表现日本的自相矛盾，不顾事实。我们在上面已经说过，华盛顿会议的限制各国在太平洋上的属土设防，实因为日本见英美两国的比率高，才提出此项限制。所以此项条例实与海军比率为连带的关系。日本既欲废除海军比率，又欲保留此项条例，其将何以自解？

大凡一种国际条约的成立，尤其是关系列强生存命脉的海军的，其能成功与否，应以各关系国是否有合作的诚意以为断。譬如在先前华盛顿会议的时候，各国因感于海军军费的巨大，财政堪虞，兼且当时各国人民对于欧战的惨酷状态，尚在痛定思痛，故无不厌恶战争，愿意讨论各国的协调。英国愿意放弃它在海上独尊的主义，美国愿意牺牲正在建造中的大批军舰，及同意不在其太平洋上的属土设防，日本对于欧战中从中国所夺去的利益及海军比率，虽稍有争持，但因英美两国已肯作重大的牺牲，也不能不有相当的退让。故结果那次会议，卒能底于成功。此次伦敦海军会议中，因为日本的无诚意合作，坚持己见，强人所难，英美等国不便退让，故自然不能收得良好的结果。盖英国为一岛国，其民族的生存，须依靠其散布于世界各洲的殖民地的接济，而且与之隔一海峡的欧洲大陆，强国林立，故它的欲拥有世界最强大的海军，实为势所必须。美国两面临海，它为保护其领土及其海外商业的安全，也非有最强大的海军不可。惟日本则不然。盖在远东方面，既无一海军国可以与之竞争，而英美两国又远处欧美两洲，而此两国在太平洋上的属土，又有条约的限制，不能自由设防，日本以现在的海军力，大可以称雄于远东。但它仍不满足，坚欲与英美有同等的海军力，此莫怪英美的不能同意。假使日本过去对于国际信义的遵守，有相当美誉，则英美两国或许在原则上许其有平等的海军力，以增加其威望。惟日本既已公然撕毁华盛顿九国公约，且观其意，必不满意于原则上的平等，则英美等国当然更加不能轻易同意。

六、结论

夫海军会议的召开，旨在限制世界各大海军国的海军力，对于世界的和平，极有裨益。例如过去十余年间世界各大海军国的得免罹战祸，节省海军费，不能不归功于华盛顿及伦敦两海约的存在。前年年底日本既公然宣告废除此两海约，现在又复退出伦敦会议。它此种举动，对于将来世界的和平，实有极大的影响。

大概日本退出海军会议后，不远它即可自由行动，将来它必积极造舰。而英美两国必不甘屈服，结果必与之竞造，并得在其太平洋上的属土设防，则太平洋上大战的爆发，当更加不可幸免。

我国为太平洋间的大而无力的国家，素为列强所垂涎。假如此次英美日各大海军国间对于海军的问题，能够成立协定，对于我国的收回失地，固为无利，然而各国间不能成立协定，则日本必变本加厉，加紧其步骤。我们处于此种紧张的形势，危险的地带，只有一致的行动，加倍的努力，才可以获救。

民国二十五年一月二十日完稿

日本明治维新陆海军之回顾[1]　　刘旭辉

前言

日本明治维新，可说是日本社会动向一大转变。也可说是日本民族军国主义的抬头，产业资本主义的萌芽。无论是兵制、政治、财政、外交、教育、农业、工业等等的革新，都已获得伟大的成功。

日本开国至今已两千五百九十多年，较之中国建国从三皇五帝算起五千余年历史，虽为稍短，然其宝贵历史的展开，颇足惊人。就土地与人口来说，在幕末时代，日本仅有二万三千方里之土地，不及三千万之人口，至明治四十五年，其土地面积已增加至四万三千方里，人口已达六千万。

当德川幕府时代，日本仍是完全与外不生接触的一个岛国，严守着宽永时代（一六三九年）的锁国令，与欧美文明相差足足有二百五十年。无论是经济组织，政治机构，文化水准及其他等等，均远不及欧美诸国。及至安政元年（一八五二年）二月，美国哈鲁里提督率领军舰四艘，强迫与日本通商和亲，订立《神奈川条约》[2]。更在安政五年（一八五六年）九月，又继续与荷兰、俄、英、法等国，缔结《安政五国条约》[3]，承认治外法权，及限制税权。日本自受此次外力压迫以后，就促进了日本内政改革与其他设施之决心，使过去日

---

〔1〕此文发表于《大钟》1936年第2卷第1期。

〔2〕即《日美和好条约》。1853年7月和1854年2月，美国东印度舰队司令佩里，两次率领舰队闯入日本，强迫日本于1854年3月31日在神奈川缔结此约，规定了日本开放下田、函馆两港口、美国派驻领事并享受最惠国待遇等内容。

〔3〕也称《安政条约》，是日本德川幕府于安政五年（1858年）与美、荷、俄、英、法五国缔结的"友好通商条约"的总称。

本王权坠地七百多年——武人专权，封建诸藩，四方割据，大者据二三县，小者则一郡一邑，无形皆有其世袭专制之君权——一转而在"王政复古""尊王攘夷""尊王讨幕"等口号之下，确立其对内对外政策。查当时对内者四：如统一全国，废止封建制度，集权力于中央君主之手。日本对列国求独立，对外者三：如划定边境，改正条约，消灭韩国等等。这都是明治维新初年，发展国运最有价值之深谋远略。

明治六年征韩论起，七年对外征台成功，对内平乱胜利，因以求得英法驻兵撤退，这是当时最初使用武力较大之收获。再于明治十二年之取得琉球，明治十八年，与中国订立天津条约，至十九年即获得各国对日条约改正的谅解，始得渐渐洗刷过去在国际上之耻辱。更于明治廿七年获得中日战争胜利，卅八九年获得日俄战争胜利，这时可说是日本已建立了立国稳固的根基。这一切一切的成功，确非偶然，尤其是军事上的胜利与其发展过程，更可使人注意。兹特将明治时代之陆海军情形，作详细的记述：

陆军

（一）陆军之纪元前史

A.陆军基础之确立

明治陆军之发达，其源虽已在明治之初年，但至明治五年，在大政官之下，始设置陆海军两省，并施行征兵令。及后明治六年，又设置六管镇台，此乃明治陆军之基础。至廿一年始有六个师团之兵力，将镇台改称为师团司令部，并配属步骑炮工辎之各种，使有独立作战能力。此为日本陆军具有科学组织化之第一阶段。及后又将中日战争后之偿金三亿六千万元，悉数用于海陆军之扩张，陆军则由六个师团，扩充为十二个师团；其次又在日俄战争中又增设四个师团，战后又增设三个师团。至明治末年，即有十八个师团，再加近卫一师团，合计实有十九师团。

B.军队组织之革新

日本陆军组织，开始则采用洋式，在德川幕府时代文久二年，即组织步骑炮三兵队，对于驻屯国外之兵士，始施以训练之习制，即随幕府时代而崩溃。至明治政府时代，始重新计划洋式军队之创设，虽当时有征夷大将德川庆喜奉还大政，然其他诸藩主，犹领有土地、人民，至财力兵力未能实行中央集权制。若再从明治陆军端绪来说，在明治元年正月，经总裁议定，设置参与三职，议定于陆海军总督设置海陆军务处，使之共同处理军务。然在新设草创之际，陆海军之官制，确有朝令夕改之状态，仅仅在一个年间，各种名称，随时变更。然在此时代最可注意之设施，厥为军学事校（兵学寮）之设立，并颁布诸藩征兵细目等。但对当时所教之阵中要务、数学、练兵等，今日观之，觉极幼稚。至于诸藩征兵细目，则以有一万石者，选派京畿常备兵十人，藩地得设置预备兵五十人，课军务资金三百两。当初则为常备兵制度从幕末时代，诸藩即努力于洋式之军事训练，然其所谓洋式训练者，诸藩又多不一致。有法国式者，有英国式者，有荷兰式者。至于服装，效法于洋式者有之，袭用日本古装服者有之。诸藩兵因多区别，其所用之肩章、领章等，均不一致，各各不同。

C.设立军事学校

明治二年七月，即废止以前所定之官制，设置兵部省，统辖海陆军，发表嘉彰亲王为兵部卿，以大辅大村益次郎为辅佐，力图兵制之改善。同时设立军事学校于京都，召集山口冈山二藩士，先受训练，并以旧幕府时代受过法国人训练者，招聘数名为教官，赖以专门养成下级干部人才，为将来发展军事之基础。然不久军事学校迁移于大阪，其时大村益次郎对关于长藩之士的军制，怀抱种种改革之企图，致为凶手所杀。后经兵部大丞山田显义本其遗志，专门致力军制之改善，颇有进步。

D.派遣军事考察员

明治三年八月，明治政府开始派遣军事视察员至欧美考察军事，及后山县元帅及西乡侯归国，锐意改革军制，决定于陆军采用法国式，海军则采用英国式。其次即制定军服，以状观瞻。其实施办法，则先从大阪之士兵着手，渐次以及其他诸藩。

明治四年，以萨长土三藩之士兵，组成为御亲兵，翌年又改称为近卫兵。此时在军制改革上有极大之进步，废藩改县，解散诸藩兵，设置东京、大阪、仙台、熊本四镇台，重新征集各藩兵。至将五年之时，全国军权，已归于朝廷。日本派遣军事考察大员，实与国家有莫大之裨益。以上所言各点皆为日本不可磨灭之陆军纪元前史也。

（二）励行国民皆兵制度

A.颁发征兵令

明治五年，明治政府即采用山县元帅[1]所提倡之国民皆兵主义，随而颁发征兵命令，征集壮丁，授以军事教育，作为国家之干城。此年废止兵部省，分设海陆军二省，且当时海陆两省尚未设卿，后经山县元帅提请，始行采用。按当时日本史家的记载，谓山县的征兵制实施之始，国民极多非难，内心忧惧。盖以百姓町人（即农工商各阶级人民）组成军队，可用与否，尚属疑问。适其时佐贺之乱起，长州之乱继起，熊本之神风乱亦甚炽，远征台湾又不愿再延，即以由农工商所组成之新兵应战。不料此等惟知算盘，锹镰而无其他任何经验者，已夺取了伟大的胜利，日本国民至此疑团始解。及后征平萨摩，又得力于百姓町人所组成之军队，屡战皆捷，已足为山县征兵制度有效的保证，此时日本国民始翕然信服。再当时之征兵令，常备三年，后备第一第二各二年，服役年限为七年。

B.确定军区师团组织

明治六年又在广岛、名古屋新设二镇台，成为全国六军管，即系在东京、仙台、名古屋、大阪、广岛、熊本等六处设立镇台，为设置六师团之基础。其队数，则有步兵十四联队，骑兵三大队，炮兵十八小队，工兵十小队，辎重兵六小队，海岸炮兵九队。兵员平时三万一千六百八十人，战时四万六千三百人。此外，近卫兵士步兵有四大队，炮兵一大队。封建时代，全国各藩士兵之数量，约有四十万，至此时期其陆军数量锐减者，实因当时财政困难之故也。

C.无秩序之进级制度

当初征兵制度实施时最感困难者，厥为干部学员之不足，全赖军事学校短期卒业生，并采用旧藩士之有才干者，以此补充之。因此，故当时之进级制度，则成极度之无秩序，仅在一年中，由下士升进上尉者甚多，且有由一士兵，忽然被拔擢而为将校者亦有之。此可知当时日本军人进级制度为如何也。

D.招募士族子弟

明治七年初，授予步兵联队军旗，于八年始颁布北海道屯田兵制，招募近县之士族，以补充之。

明治十年当西南之役起，战争互八月之久，当局遂觉镇台兵之不足，有募集壮丁补充之必要。然此时之壮兵，皆以士族组成之者，当时日本人士，虽不预期此镇台兵放一异彩，然实际上结果，适得其反，远不及镇台兵之有组织的整齐动作。至此，征兵制之有利，更为日本一般人士所认识。此次战役，军官所用之大炮，皆为黄铜所制，均由炮口装药者（迫击炮），仅近卫炮兵队，有七生半钢铁制之加农炮十二门而已。

E.确立平时战时之指挥

战后十一年十二月，设置参谋本部，以规划国防作战之机谋。及至十二年一月，又成立军监部，划分全国镇海台为三部，各设置部长，在平时则同军令出纳，在战时则合所管镇台，重新编制，以便指挥战时军事。

F.诏谕扩张陆军

战后十五年，明治天皇以宇内形势日变，遂诏书扩张海陆军军备，计划编成步兵十二旅团，机关炮各六队，工辎重兵各六大队。从十七年着手，即将步兵联队，渐次组成为旅团编制。同时，并扩张各兵种，作为师团编成之基础。至明治廿一年，一方面又充实各兵种，一方面又将旅团编制改为师团编制，更将镇台改称为师团司令部，在军师团中，又配备骑炮工辎重的各兵科，使皆有独立作战之能力，以日本陆军发达史而言，在此时期，可说是日本的陆军发展之新阶段。

（三）两大战役前后增设师团

在中日战争以前，日本陆军在战时可以动员廿二万，马匹四万七千头，野战炮二百九十门，实际上参与中日战役之兵员，已有二十万人，其数量亦属不少。

中日战争后，松方内阁，又以中日战争之偿金三亿六千万元，扩张军备，新设六个师团，旭川、弘前、金泽、姬路、丸龟、小仓并设新师团司令部。

再次为卅七八年日俄战争，在战争中，新设四个师团，但在战役中曾使用过者，仅其中一个半师团，更在战役后，增设二个师团。此皆中日、日俄两大战役前后增设师团之概况。

（四）采用德式之军事教育

明治初年，设军事学校于京都，不久即迁大阪，以此专门养成下级干部人才，已如上述。但在明治五年，军事学校始招聘法国中校参谋马露枯里等数十名为教官，施行法国式之军事教育。及后普法战争，普国获得胜利时，日本陆军方面又有招聘德国教官之呼声甚高，然以当时日本没有能翻译德语者，因此遂打消此种企图。明治十五年十一月初，始成立陆军大学，由参谋本部直辖，赖此培养参谋将校人才。至十六年始招聘德国少校参谋姆初克露氏，为参谋本部顾问，同时并负日本将校教育之责。此为日本施行德式军事教育之始。

（五）日本兵器之制造

日本兵器，虽已在幕末时代即行制造，然至明治时代始有所谓发明，能独自制造。明治十三年时使用村田铳（该铳为村田氏所发明）及有坂炮（有坂炮为有坂氏所发明者）。当时铳身的铁料，在日本尚无法制造，若偶一自行铸造，则与铳身之铁料硬度，有极大之差异，因此只有向外购入铁料，以供制造铳身之用。在中日战时之铳炮，日本使用无烟火药者不多，仅步兵二个师团而已，其他师团仅在征伐台湾时，有少数部队中使用。

日俄战争时，日本社会阶级争斗颇烈，当此之时，军需资源之筹划，不无困难之处。故当时各师团之兵器，彼此之间均多不同。然当时俄国即有多量之机关炮，日方深觉受其威胁，不得已亦急速的制造，更或从外国购买，因此，遂成立机关炮队。此外当攻击旅顺之时，两军所使用之手榴弹，相差极远。俄兵所用者，则为完全铁制，火发迅速，而日军当时所用者，据其史记谓：手榴弹外以竹木为之，俨若火花筒，多不能发火。由此可知其当时兵器制造之困难与幼稚之实况。

（六）日本军队之精神教育

日俄战争，两军兵器相差悬殊，以言物质，则俄胜于日，自不待言。然所得之结果，日胜于俄，适得其反。故日人多谓日俄战争之胜利，非物质之胜利，是日本军队精神教育之胜利。当明治五年之时，颁发征兵令，天皇亲任大元帅，统率两军，督励将士。且于十五年敕谕五条，赐予陆海军人，即以此作为日本军队精神，使上下同心，一意奉公，为其意志。再加以日本有一贯的提倡武士道精神[1]，忠君爱国，敬神崇祖，为国民争取生存唯一中心口号，其能胜俄者，日人皆认为如此也。

---

[1]武士道是日本武士的封建道德观念，始于镰仓幕府时期，其主要内容是效忠主上，重名轻死，崇尚武勇，廉耻守信等。武士道精神是日本封建制度的重要精神支柱，虽于明治维新时废除，但仍被日本统治者长期宣扬和利用。

海军

（一）幕府时代之创立海军

A.日本海军之产生

由幕末至明治十四年之间，为日本海军产生时期。当黑船来航之时（黑船者是当时从欧美诸国来航之船，其船体涂以黑色，故称之为黑船），始惊醒日人于桃园梦里。至幕末时代，日本当局正有意修整海防之时，适接荷兰王书，劝告创立海军并赠以军舰一只，藉使幕府注意，遂于安政二年在长崎设立海军传习所，招聘荷兰人为教官，以旗本及诸藩子弟，先使之就学，胜麟太郎其时正卅三岁，亦在其中就学。其次又在江户筑地设置海军教授所，由荷兰购入"咸临""朝阳"两军舰。英国矮伊窟吐里野女皇，亦赠送军舰"蟠龙"号一只，此乃日本海军之创始。后幕府又在长崎、横滨、横须贺等处，设立造船所，派遣留学生至欧美学习海军，派榎木釜二郎于荷兰，研究监督制舰并造船航海之术，同时萨长、熊本、佐贺诸藩，亦锐意学习欧式之海军。

B.日本军舰远航之开始

幕府因为当时受外力之压迫，不得已解除锁国令，与外国订立通商条约。以后欲派胜麟太郎驻节于美国，胜麟太郎等以日本最初驻外之使节，应搭乘日本人所驾驶之日本军舰前往，始无危险，乃有光荣，否则，不允前往就职，幕府是时亦无可奈何，只好以"咸临丸"派送前往，并以胜麟太郎暂充该舰舰长。查当时"咸临丸"仅二百五十吨，不及明治末年之驱逐舰之一小舰，算是当时日本最大军舰，此次"咸临丸"之远航美国，算是日本舰队远航之开始。但在幕末时期，日本海军虽已渐渐发达，然因当时之变乱，社会秩序之不安，其势又不免稍经挫折，有所影响。

（二）明治初年之海军建设

A.确定海军之基础

明治大帝即位之初，即遣念创设海军，曾诏谕曰："海军乃当今第一要务，应速确立其基础。"遂设置海军局，收编幕府及诸藩的军舰，重新整刷，力求完备。此为日本海军再开展之一重要时期。更当榎本釜二郎等率舰占据函馆时，明治政府迅即调遣"甲铁""春日""阳春""丁卯""飞龙""丰安""戊辰""晨风"专八舰讨伐，得到胜利，更巩固海军之发展基础。

B.造就海军人才

明治二年，废军务官，设置兵务省，继幕府的海军教授所之后，在东京筑地设立海军操练所，明治三年改称海军兵学寮。海军则专门效法于英国，招聘英人为教官，又派留学生在英舰练习，同时并派留学生至各国研究海军种种设施。当普法开战之时（明治三年六月），日本宣布中立，即配备军舰于全国诸要港。明治四年，日本之测量舰与英舰在北海道测量，得制定海防地图。此为日本海防设施进行之开始。

明治五年，发布征兵制令，废兵部省，改为海陆军两省，以河村纯义为海军卿。当时有铁甲舰二只，铁骨木皮舰一只，木制之小舰，共有十七只，排水吨数共有一万四千吨。当时日本总岁出五千万元，海军费约二百万元（明治四年海军费约九十万元，五年增加海军费数目，以当时情形观之，颇足惊人也）。当时明治天皇，曾以第一等军舰二百吨之"龙攘"号，至伊势神宫参拜，并至九州地方巡游，日本航海术进步之速，由此可以想见。明治六年正月，明治大帝亲临举行海军首创纪念式。同年海军兵学寮招聘英国海军少佐答窟兰斯等数十名为教官。明治七年更由海军兵学寮，分设机关学校，以训育人才。八年以兵学寮卒业生搭乘"筑波"舰，开始练习远航。至于日本海军大学之建立，则在明治廿一年后之事也。

C.建造军舰技术之进步

再以日本在明治时代造舰事业而言，则在幕府时代庆应二年，于石川岛建造"千田代"型百卅八吨之军舰，此乃日本蒸汽军舰建造之始创。至明治时代始将该造船所，及横须贺造船所扩张。明治六年，始下令建造"海迅鲸"千四五十吨，及"清辉"军舰九百吨，前于明治九年造成，后于明治八年造成。日本对于造舰技术进步，颇可惊人也，至明治九年间，无论船舰之建造，及其修理等事，日本均能自力为之。明治十一年，以"清辉"舰远航于欧洲。此乃日本自力建舰远航之开端。同时亦于此时，致力于炮术、水雷术之研究，并着手火药之制造及航路事业之发展等等。至明治十五年，在外人指导之下的日本海军教育，至此时期，一改旧习，几乎完全转入日本自力之手，至于军政之经营，仅以外人充顾问耳。

D.使用军舰之开始

普法战争之时，日本即能自力武装警备海边，当明治七年，征台湾之役起时，即能以征讨三邦的四舰，护送都督西乡从道以下陆军三千六百名于台湾。明治八年，日本军舰寄泊于朝鲜江华岛，当其欲取得粮秣之时，朝鲜驻该地之守兵，突然发炮射击，日舰士兵，极为不满，即以武力夺取其堡砦，强迫与之订约。此事虽小，然日本当时即敢使用海军威力，以获得对邻国之胜利，其海军有用至明。明治十年，国内西南之役起，日本海军又有莫大之功绩，盖当时出征者，计有"东""龙""筑波""春日""清辉""浅间""日进""凤翔""孟春""第二丁卯""高雄"等十一舰，扼据九州沿海要地，以切断萨军东向之兵力，且能出没自如，向其背面攻击，于是大挫敌势，使得其早殁，内乱得以荡平，社会由此安定。至此日本人士初未明海军力量与其必要者，至此更得深切之认识；事前对海军力量已具有认识者，经此对外对内数次战役之后，则更感觉目前海军最迫切需要。因受此种种刺激，与解决朝鲜问题之迫切不愿再延，遂于明治十五年，产生海军大扩张计划。此乃日本海军史上所谓海军第一期之扩张时期也。

（三）确立海军发展计划

A.增加海军军费

当时日本之军政、教育、造舰等，已不在外人指导之下努力以后，则进一步注意于整饬制度，及其他关于海防之一切设施，且海军人才又已至过剩之时，惟有增加海防舰队，以应需要。且因当时时局紧迫，即将造舰计划次第实施。明治十五年，又有建造大舰六只，中小舰各十二只，水雷炮舰十二只之提议。在十六年至十八年之间，又逐渐建造大舰三只，中舰五只，小舰一只，水雷艇一只。其海军军费，在明治时代不及二百万元，占当时总岁出二十五分之一，然至十六年时，则增多至三倍，其数为六百二十三万元，而占当岁出十二分之一。

B.设立海军根据地

与前海军扩张计划同时决定者，又有设置横须贺、吴、佐世保、舞鹤、室兰等处五镇守府，以为当时日本海军之根据地。明治十五年十七年两次朝鲜变乱问题与中国进行交涉时，海军又尤感重要。

C.伊藤内阁扩张海军之新计划

明治十八年，废大政官，实行新内阁制度，以伊藤博文为总理。当西乡从道为海军大臣时，伊藤博文即仿法于意大利建国宰相卡布卢氏，企图海军大扩张，成为世界一海军国。明治十九年发行海军公债，计划新造军舰大小五十四只。二十年三月唤起全国人民注意海防，作献金之举，明治大帝即赐助三十万元，以补充海军军费。伊藤博文更于当年三月廿三日在鹿鸣馆，召集各府县知事宴会，藉以唤起各地富豪献金之注意，结果共得二百十四万元，献金者授予官爵，以资表彰。

D.海军五年建舰计划

明治二十五年又有一个造舰计划，由二十六年度起，继续努力五年，建造战舰二只，其他种舰二只。明治大帝曾诏群臣百官赐曰："朕兹特节省宫中用费，于六年间，每年发给三十万元，至文武百官，除有特别事者外，从同年月日起，以其薪俸十分之一，悉数充作制舰补助费。"

E.海军十年建舰计划

明治廿七年，中日断绝国交，挫折中国北洋舰队之后，始打破各国以日本为中国附属一群岛之观念，同时世界各国，始知东方尚有日本岛国。当时日本的军舰大小二十八只，五万七千余吨，其中水雷艇二十四只。海军之费在一千四百万元之谱，占总裁出第一位。中日战争日本胜利的结果，订立马关条约，然为三国突起干涉，辽东半岛又不能垂乎而得，心头痛恨之余，益感海军势力之不足，又有第二扩张海军之企图，同时又将战利品——清舰十七只收容，再加购入军舰一只，并遵照明治十五年及二十五之海军计划进行，新建军舰又陆续竣工下水，日本海军军力，至此时期，益更庞大。但犹以为不能应付世界大势，继伊藤内阁之后的松方内阁，又将偿金三亿七千万，悉数投诸于扩张军备，海军则五万吨，一跃而增加至二十万吨。明治廿九年第九会议又决定：从二十九年度起，实行十年之海军计划，建造战舰四只，巡洋舰大小十六只，驱逐舰二十三只，水雷艇六十三只，合计一百零六只。

F.海军第二次十年计划

十年计划完成以后，继之又确定了海军第二次十年计划，新造军舰八只。当日俄战争之初，日本海军势力，有一等战斗舰六只，二等战斗舰二只，一等巡洋舰八只，二等巡洋舰四只，三等巡洋舰七只，水雷母舰一只，海防舰十只，通报舰九只，炮舰十五只，驱逐舰十七只，合计八十只，二十万五千吨。此外又有水雷艇六十五只。

G.日俄战役之日本海军

日俄战役，日本以第一战舰六只（四只约一万五千吨，其中二只约一万三千吨），及巡洋军舰八只（六只约九千八百吨，二只约七千七百吨）编为主力舰，以东乡平八郎为联合司令长官，卅七年八月与俄国之东洋舰队十九只会战于黄海，日本将俄舰队击破。至卅九年五月，日舰卅八只，与巴鲁直兹枯舰队战于日本海，击沉俄舰二十只，捕获俄舰五只。至此日本海军始为世界各国所注意。

战后，日本海军收编战利舰二十一只，计有十三万余吨。同时日本自建之军舰"香取""鹿岛"两舰均各有一万六千吨，"筑波"有一万四千吨等舰，先后竣工。最后又有"生驹""最上""淀""萨摩""安艺""鞍马""伊吹""利根"及其他驱逐舰、潜航艇十二只，遂次建造完成。此外，又有正在建造中者，二万吨军舰二只，驱逐舰四只，其海军势力，日益增大。至大正初年时，即有军舰二百余只，计有五十万吨，其海军发展如此之速，实足惊人。兹再将其海军发达情况，以数字列表于下：

年次	船数	排水吨数	马力	军人数
明治四年	一七	六，〇〇六	二，三七五	一，九八〇
明治二〇年	三二	三二，一五八	三九，九一〇	一〇，七〇六
明治三〇年	四七	一一五，六二六	一八四，一三八	一九，六二一
明治四〇年	一二四	四九六，六二二	一，〇五一，八〇一	四七，七四一

结语

事实已击破了虚伪与苟安，努力已证明了稳全与成功。我们根据上面之记述，可以知道日本明治维新的成功。虽曾经多角之努力与奋斗，然无一不是以武力作前锋，其他作后盾；就内政、外交、财政、教育，乃至于其他种种建设事业，无一非伴着军事胜利，得到安定而趋于进步。我们由此更可以总括地说：日本明治维新的成功，是明治武力统治的成功，努力实干的结果。

　　历史的证据，已明白的摆在我们前面，过去日本的文明，与欧美等国相差甚远，然经幕末、明治、大正、昭和历代不断的努力，已成为世界一大强国。

　　本文用历史的记事叙述，虽极平凡，然其意义，当不止阐发日本陆海军发展之过程，而是欲藉此更认识日本明治维新之如何"维新"，日本国民在内忧外患之时，如何突破当时之难关也。

一九三六，三，二〇，于东京阿佐ケ谷

　　附记：作者正在草拟《日本陆海军过去与现在》一文作日本军史的考察与现实的说明。原拟分三部记述（即明治、大正、昭和三个时期），本篇仅为该文前部而已。

海军问题最近的阶段 [1] 赵奉生

这一次伦敦海军会议自去年十二月九日在英外部开幕以来，会场的空气颇形紧张，几次有破裂的危险，终经各国代表努力折冲，经过多少波折，始于本年三月二十五日签订了英美法三国的海军条约，成为现存唯一的限制各国海军的条约。当各国代表初到伦敦集会的时候，因各国利害的冲突，政策的抵触，大家都预料会议必无结果，但我们分析客观情势，认为英美、英法都有妥协的可能，所以这个英美法三国海约的产生并不完全是意料之外的收获。（见拙作《论海军会议的展望》一文，见本志第十二卷第四十八期）现在我们对三国海约的成立经过，海约内容及该约成立后的海军问题，略加论述，与前篇合观，可以窥见现今海军问题的大势。

一、伦敦海会的经过

参加这次伦敦会议的国家仍旧是参加华盛顿海约会议的英、美、日、法、意五大海军国，关于各国的基本主张与态度，作者在前文中已经指出，不必重述。海会自开幕直到三国海约的签字，中间经过三大波折，即是（一）在量的限制问题上，日本与其他四国冲突，结果日本退会；（二）在质的问题上，英法二国意见参差；（三）因为政治问题，意国拒绝签字海约。兹将三个波折的经过略述于次。

---

[1] 此文发表于《国闻周报》1936 年第 13 卷第 29 期。

（一）量的限制与日本退会

海会开幕后的形势，显然是日本和其他四国对立起来：日本主张先讨论量的限制，即设立吨数的共同最高限度，其他四国则注重质的限制，反对共同最高限度的设立。其他四国都赞同交换造舰程序的方案，日本则加反对，因为它认这种方案未规定共同最高限度，仍含比率制的意味。九日是海会的第一日，各国代表演说，提出本国的基本主张。美代表台维斯即提出罗斯福总统的建议，照现行条约所许可的吨数，将各国空军力一律缩减百分之二十，如不可能则减少百分之十五、百分之十，甚至百分之五亦可。这个提议仍维持现行比例制度，不消说日本绝对反对，无形中便被打消。日代表永野提出设立共同最大限度的建议，主张一，各国的海军力应一律平等。二，各种军舰分为攻击的与防御的两种，前者为主力舰，甲级巡洋舰及航空母舰，后者为乙级巡洋舰、驱逐舰、潜艇。前者应逐渐废除，后者应保留或增强。三，华盛顿条约所规定，限制各国在太平洋领土上设防，应该保留。

海会于十日成立第一委员会，在该委员会历次会议中，日本始终坚持设立共同最大限度的主张，并认为量的问题不能解决，便不谈质的问题。但是其他四国对于日本的主张都表示反对，尤其是英美两国。英国的理由是：一，英国属地遍全球，不能不维持较大海军力，以保护帝国的安全；二，远东局势如果发生危险，英国所能派到远东去的海军决不能超过全部舰队半数以上，日本的海军力若与英国平等，日本在太平洋的兵力将两倍于英国，英国在太平洋的广大利益将无法保护。三，日本在远东已有庞大海军，地理上占绝对优势，无受他国攻击的危险，就国家安全言，日本要求平等权利，理由太不充足。在英日代表团所举行的数次谈话中，英代表始终坚持这种主张。美国的理由是：一，海军平等，违反安全平等的原则，因它未顾到各国的地理军略上的特殊情形，和所负责任的不等；二，共同最高限度之主张可使华盛顿海约所定的均势完全推翻，此项均势是美国所认为维持远东与太平洋安全局势的主要因素；三，若实施共同最高限度的主张便须提高日本的海军力，这和美国缩减海军的本意不合。英国各自治领与法意代表都反对日本的主张。后来经过多次会议与英日、日美间代表团的谈话，僵局仍无法打开。

十六日海会第一委员会开会时，各国代表向日代表要求提出所谓共同最高限度的数字，但日代表始终主张先确立原则，说原则确立后，数字问题不难解决。于是会议仍无进步。次日第一委员会再开会时，决定关于量的限制问题由日代表与各国代表继续作个别的讨论，大会开始讨论英国代表孟塞尔所提出的交换造舰程序与质的限制的议案。该案的要点是："一，由各国政府自主宣言，并通告他国在一定年限内之造舰计划；二，各国适应其需要而立造舰计划，预先协定各种军舰之最大保有量，在该期间内，不得造舰至超出限度之上；三，为适应国际情势之变化，通告期间务求其短，并为避免屡次协商之繁，有预定相当年限之必要，此项年限以六年为适当。"同时在绪言里面承认各签字国对于安全的平等权利，及设置因维持安全所必需的军备权利。

英国这个提案自然为日本所反对，日本反对的理由是：一、英国在该案绪言中只认各国的安全平等，未承认各国海军力的平等；二、英国希望各国在未来造舰程序中所规定的吨位，不致超过现行海军均势太多，这等于维持现行海军的比率；三、该方案未减少攻击性的军舰，各主力舰、甲级巡洋舰、航空母舰。然而这只是表面上的理由，实质上还有两点更重要的理由：一、交换造舰程序实行后，各国将以日本造舰程序作本国造舰程序的标准，英美对于日本可始终维持五、五、三的比率；二、交换造舰程序实行后，日本的秘密军备，将无法隐匿，这样无论在质和量上，日本的海军都不能不在英美之下了。至于美国代表大体上赞同英国提案；法意代表则不能完全满意。

海会于去年圣诞节休会，本年一月六日重开。法意代表团对于英国方案提出修正案。法国修正案要点如下：一、造舰计划由条约签字国政府自主决定；二、各国政府每年由国联对各国报告其造舰计划；三、德国必须参加造舰宣言；四、通告后，最少须经过六个月始能动工建造；五、如他国的造舰计划对于一国有威胁时，可互相会商，如不能成立妥协，得自由变更造舰计划。意国修正案的要点是：一、各国政府于每年年初互相通告本国的建舰计划；二、期间与各国预算相同，均为一年；三、主力舰、航空母舰、甲乙级巡洋舰、驱逐舰、潜艇等，分为舰种别，对于舰型装备等必要条项，予以通告。

法意两国的修正案在原则上赞成英国的交换造舰程序的办法，不过在技术上稍有差别；差别的地方是：一、法意修正案都将通告期限缩短为一年；二、法国更特别以德国参加交换造舰程序为必要条件。日本既在原则上根本反对英国的提案，当然对于大同小异的法意修正案，也表示反对。

日本代表既坚决反对英法意所提的方案，会议已陷于僵局，日代表电本国政府请示办法。日外务海军两省接电后，于十一日午后开会讨论，结论电日代表团，坚持原来主张，不能让步，日方主张不能通过，即退出海会，仅留一二代表列席旁听。因此于十五日第一委员会，日代表与各国代表又经一番辩论后，遂正式退出会议。

（二）造舰通告与质的限制

但海会并未因日本退出而解体，第一委员会于十六日继续开会，讨论英法意三国代表所提出的造舰通告案。原则上一致通过该案。但关于技术问题则组织一小组委员会，负责研究，并起草方案。三十一日该小组委员会将草案提交第一委员会通过，内容如下：

"（一）签约国造舰程序，当在每年之一月一日至一月五日间，通知其他签约国。（二）关于各种军舰之特点，即吨位、速率、备炮口径及其数额、高射炮口径及其数额、鱼雷放射管、飞机出发及终落之甲板、助飞机出发之飞行器及所载飞机数额（最后三项专指航空母舰）等等均须交换情报。（三）建造军舰当于通知期限届满之后，始可动工。易言之，即通知之期若为四月三十日，则最迟可于九月一日动工建造。又每一军舰于安置龙骨，及完工之时，均当分别宣告。（四）签约国于宣告造舰程序之后，若在此四个月内，对于已定之程序有所变更；或任何一国对于某一国之造舰程序提出异议时，则各签约国得由外交途径，互相谘商；惟谘商与否全听各国自便，并无强制性质。（五）签约国若购置新舰，不论其是否为全部分，或一部分完成者，亦当以关于该舰之情报，供给其他签约国。（此一条款系特别为次要海军而设，以其亦能加入英美法意四国协定也）（六）签约国若为非签约国代造军舰，亦当向其他各国宣告之。"（据三十一日哈瓦斯电）

此草案后来成为英美法三国海约的第三部分，关于造舰通告的问题总算很顺利的解决了。

然而此后海会重大的难关还是在质的限制问题。在这问题还有几个较小的问题，即是一、各类军舰的定义；二、各种军舰的标准排水量；三、各种军舰的最高服务年龄。对于这三个问题，海会组织一个小组委员会加以研究，结果决定：关于各种军舰之定义与区别全以华盛顿条约所规定的为准，小型舰如浅水海防舰仍不受质的限制。关于各军舰标准排水量，亦分别规定（此项无关重要从略）。关于各军舰之最高服务年龄，决定采纳美国的提议，将主力舰的年龄自二十年增至二十六年，巡洋舰定为二十年，驱逐舰定为十六年，潜艇定为十三年。

关于质的限制问题，英代表孟塞尔于一月二十九日第一委员会开会时，提出议案，内容要点如下："一、主力舰以三万五千吨，与十四吋口径炮为限；二、航空母舰以二万二千吨，与六吋一口径炮为限；三、万吨巡洋舰，暂时停造；四、乙级巡洋舰与驱逐舰并为一类，以七千五百吨至八千吨，与六吋一口径炮为限；五、潜艇以二千吨，与五吋一口径炮为限。"英代表这个提案，比起英国原来的主张，对美法已经让步很多了。

美法意三国都同意以这个提案为讨论的基础：但这里发生很大的争执，就是美国与法意两国对于主力舰吨位的争执。本来关于主力舰吨位的问题，美国一向主张大舰主义，吨位不能低于三万五千吨，英法意诸国一向主张小舰主义，吨位不能高于二万五千吨，二者相去甚远。但在这次会议中，英国因日本废弃华盛顿条约后，西太平洋上，日本几可独霸，英国为保护远东利益起见，不能不向美妥协；同时美国坚持大舰主义，不稍让步，态度异常强决，英法诸国若不能屈就它海会必破裂无疑。所以英代表的提案即规定主力舰之吨位为三万五千吨。但是法国却坚持这种大舰，因为法国不需要它，法国的军港设备又容纳不下这种大舰，还要靡费巨款，开浚海港，增加船坞长度。在造舰费用上，三万五千吨与二万五千吨相差约三万五千万佛郎，和海会原来目的在减轻军费的目的相反。意国也根据差不多的理由，反对三万五千吨的大舰。双方既相持不下，只好由英国提出折衷的办法，即暂时允许英美建造三万五千吨的大舰若干艘，过后再加减低。法意代表各携英国提案回国请训，结果由法国让步，允暂时接受三万五千吨主力舰的规定。双方于三月三日成立协定。

（三）意国拒绝签字

主力舰的争执虽勉强成立妥协，但还有几个问题没有解决。以后，海会正在草拟议定书时，法意二国又提出政治问题。法代表表示，法国希望：一、切实申明海陆空军的互相密切关系；二、恢复已破裂的斯特雷撒阵线[1]。意代表表示，意国目前不愿涉及制裁问题或英舰队退出地中海事，现静待议定书的告成，其措词须使此项政治问题俟海军条约签订第一字后，从事进行处理。美代表坚决反对于海会中讨论政治问题，并认美代表无此权力。英代表知道将政治问题和海军问题掺在一起，海会非失败不可，因此居中调停各国的意见，法代表的态度比较和缓下来。意代表的态度则十分强硬，竟以拒签海约为要挟。这不消说，是意代表回国请训的结果。意代表格兰第于二十六日与美代表台维斯谈话，竟声明反对主力舰三万五千吨与甲级巡洋舰一万吨之数字。二十七日格兰第又和英外相艾顿会谈，据外部所发表的公报说："意国代表团因遇技术上之困难，如战舰吨位及战舰与巡洋舰间差量问题等，以及手续上之困难，故以表示目前不准备与闻海军协定。"很明显，意国之不愿参加海约，完全是政治问题，因为在技术上，意国的主张并不是不能妥协的。所谓政治问题即是国联对意实施制裁问题，与英国军舰地中海问题。在实施制裁期间，意国即以拒绝参加欧洲任何集体安全制的计划为抵抗的手段，如今的海约也是集体安全制的一部分，墨索里尼拒绝参加，即是利用机会压迫英法诸国撤销对意制裁。同时英舰地中海未完全撤退，威胁着意国的安全；英舰不撤退，意国也不能签署海约。所以意国无形中退出会议，海会只剩英美法三国了。

此外还有一事值得一提的，就是英国要求德国加入海约的问题。英国因不满意于法意两国提出政治问题，曾有非正式的建议，如海会失败，便由英美德三国缔结海军协定。这当然是法国所反对的，故极力加以阻止。关于英国愿邀德国参加海会，因去年六月十八日所订的英德海军协定，只规定质的限制，未规定量的限制，所以愿德国加入海约，加以质的限制。法国则反对德国参加，因承认德国参加海会，便等于承认德国违反凡尔赛和约扩军为合法了。因法国的反对，英国遂与德国作个别谈判，详见后。

二、海约的内容

这难产的英美法三国海军条约终于三月二十五日在伦敦圣哲姆士宫签字，

---

[1] 指英、法、意为对抗德国破坏《凡尔赛和约》而结成的阵线。

几经波折的海军会议也告结束。三国海约会议共分五部分，又附件两项，兹摘其要点如下：

第一部分，系关于各类军舰之定义，及航行水面或潜行水内各种舰艇之吨位及舰型，均有说明。航行水面者分下列数种：（甲）一万吨以上者为主力舰；（乙）至八千吨为止者为巡洋舰；（丙）凡装有特别甲板以供飞机出发及降落之用者为航空母舰；（丁）轻型军舰，如驱逐舰是；（戊）小型军舰，如海防浅水舰是；（己）辅助舰及斥候舰。

第二部分，关于质的限制办法，计（甲）主力舰吨位以三万五千吨为限，但禁止建造八千吨以上一万七千吨以下的军舰；备炮口径以二五四公厘至三五六公厘为限（即自十英寸至十四英寸）。（乙）航空母舰吨位，以二万三千吨为限，备炮口径以一五五公厘为限（即六英寸又十二分之一），炮不得超过十门。（丙）潜艇吨位以二千吨为限，备炮口径以一三〇公厘为限（即五英寸又十二分之一）。（丁）万吨甲级巡洋舰，即备炮口径二〇三公厘（即八英寸）之巡洋舰，在非签字国不建造此类军舰期间，不许建造。

第三部分，系关于先期通告造舰程序之办法。各签字国每年造舰程序应在本年最初四个月之内，互相通知。又每次造舰应在动工四个月前，将新造军舰之吨位速率，备炮口径，人员数额通知其他各签字国。

第四部分，系所谓保障条款，共有三项：（甲）发生战争时；（乙）非签字国不遵守本约所载质的限制办法时；（丙）任何情势变迁，凡为甲乙两项所未规定者。一遇发生上述各项情事，签字国之一欲实施保障条款者，当向其他签字国提出通告；若经三个月，犹未成立折衷办法，则各签字国，即得恢复自由行动。

第五部分，规定于一九四〇年，即本约满期前两年，当召集会议讨论量的限制办法。

两项附件的内容是：（一）本约六年期满之后，各签字国交换造舰程序办法仍当继续实施；（二）各签字国相约自即日起，即当尊重本约精神。此后数月中，即在本月批准之前，其他海军国若有违反本约精神之情事发生，各国应互相咨询。

看上面的摘要，便知这个海约完全是一个残缺不完的条约，它的缺点很多：（一）参加这海约的只是英美法三国，效力所及最多只能到这三国。意国将来或能参加，但日本则毫无希望。至于德俄两国虽由英国分头进行谈判，但二国加入这海约的可能性也很小。（二）对于量的限制根本未加规定，因此各国很容易藉口军力不平等，和安全受威胁，而增造新舰，引起各国的造舰竞争。但在英国人看起来，不设量的限制对于英帝国不是没有利益，因为就英国本国来说，它要赶快恢复国防力量，在北海和地中海方面都不能不设置相当海军，以防意外。就英国各治领地来说，它们的国防都嫌不足，有增强海军力的需要，如海军总吨数加以限制，英帝国的海军便无法发展。（见 The New Naval Treaty, The Round Table, June, 1936 526–527P.）但英国能扩充海军，他国也能扩充海军，不要说德国有去年六月十八日的英德海军协定作扩军的口实，即无此口实，各国要扩充海军，英国除了作造舰竞赛外，也无法可想，恐非英国之福。（三）关于质的限制规定虽有进步，但因有保障条款的规定，效力便大大减小，因如非签字国不遵守本约的规定，各国得自由行动，该约便成废纸。此外规定：如在非签字国不建造万吨巡洋舰的条件下，才不许建造此类军舰，美国声明，主力舰备炮口径十四吋的规定，须以日本接受为条件等，都使条约的效力大为减少。

此外值得注意的是，该约中规定交换造舰程序的办法，可以知道各国彼此的实力，减少相互的疑忌，这是前此所无的。但它是否能限制各国扩军，却是疑问。

三、今日的海军问题

三国海约是签订了，多少可弥补海军方面无条约状态的缺憾。但是残缺不完的海约决不足以解决今日的海军问题。因此我们于讨论海约之后，再一叙海军问题的现势。而今日的海军问题，我们可以分下列几个题目来加以说明。

（一）地中海的争霸

地中海沿岸虽有法意两大强国，但霸权一向是在英人手里。因为英人握着直布罗陀、苏彝士两个锁钥，中部还有马尔他岛海军根据地。地中海是英国通达东方、印度、澳洲等地通路，关系帝国的安危，故对于地中海上的霸权从来不许他人问鼎。但近来的情形不同了，意国实力发展的结果，亟图向外扩张势力，对于英人纵横地中海上，尤其视同眼中之针。在法西斯党人看来，英国的霸权日渐没落，意大利应恢复古罗马的光荣，将地中海变作意大利湖。英意这种冲突明显的表现于意亚战争[1]中。英且联地中海沿岸各国成立海上互助协定以制意。从此以后，英意在地中海上的斗争成为今世海军问题上一个严重的事件。同时也是左右欧洲政局上的一个有力因素。如今虽说是意亚战争已成过去，对意制裁也将撤销，英意关系较为和缓，但这一个基本的矛盾，却不是轻易能够解决的。今英美法三国海约，意已拒绝签字，即令他日意国参加，也不能消解英意的冲突。现在英国不是已提出保留多余四万吨的驱逐舰的问题吗？这很显然是对意而发，将来两国的造舰竞争恐怕是难免的。至于外报载，英国将以海军根据地自地中海移到印度来，为的是避免对远东交通被意截断，似不免言之过早。英国决不会轻易将地中海拱手送人，这是非常明显的。

（二）土耳其海峡问题

自地中海到黑海，中间经土耳其的两个海峡，即是驰名的达达尼尔与普斯博鲁斯[2]两海峡。根据一九三一年洛桑会议的规定禁止土耳其在两海峡区域内设立军事设备，准许各国军舰自由通过海峡。如今情势不同，地中海上风云日急，这种规定不仅有损土国主权，抑且危及土国的安全。因此土政府于本年四月间通告洛桑条约签字国，开会讨论修改此种规定，允许土耳其在海峡设防。因此洛桑条约国于六月二十日在瑞士的孟特娄开会，直到本文起稿时，会议尚未了结，不惟尚未了结，还遇到严重难题。这难题有二,一是苏与英的冲突；二是意国不参加会议。英俄主要的争执是，英国主张无论在战时平时，各国军舰都可自由通过海峡，进入黑海；苏俄则主张苏俄军舰有自黑海自由驶出海峡之权，在战时海峡应加封锁。七月六日孟特娄会议举行大会时，英代表提出对土国所提原案之修正案，其中提议，"在战时，如土国中立，交战国得以其无限海军力通过海峡，驶入黑海"（据六日孟特娄路透电）。这话果真，显然是针对苏俄而发。无怪八日孟特娄电传说苏俄代表李维诺夫已接莫斯科训令，嘱其

---

〔1〕即意大利侵略阿比尼西亚（今埃塞俄比亚）的意阿战争。
〔2〕应为博斯普鲁斯。

退出会议了。

意国是地中海上的一强，又是洛桑条约签字国之一，可是它竟不参加孟特娄会议，理由是制裁尚未撤销，英国和地中海各国所结的互助协定还未废止。可是意国在海峡的关系非常密切，它果否参加会议，则将来一切决议或条约都毫无用处了。罗马政界曾警告列强，说："勿以为意国将接受孟特娄会议所成立之任何协定。若黑海成一苏俄之湖，而泊有可随意驶入地中海之俄舰队，则意本国之海上均势将为之一变，意或将以为有扩充其海军之必要。"（罗马一日路透电）这话决不是虚声恫吓，苏俄军舰果能自由驶出海峡，不加限制，对意真是很大的威胁，他当然不会必定接受孟特娄会议所成立的协定。同时德国对于海峡问题也非常关心。德外长纽拉特曾对驻柏林的英大使说："如允许苏俄军舰自由驶入地中海，而不受拘束，则海军之均势必将大有变动，盖如是则法军舰能由地中海调至北海也。处此情势下，英德最近海军条约必将受危害。"（伦敦八日路透电）可见海峡问题实际上是关系地中海上的均势，甚至全欧均势的问题。

（三）英德与英俄海军谈判

在北海方面对立的国家是英国与德国；在波罗的海对立的国家是德国与苏俄。所以这里要谈英、德、俄三国间的海军均势问题。一九三五年六月英德间曾成立海军协定，但该协定只规定量的限制，没有顾到质的限制。当伦敦海会开会时，英国曾提议邀请德俄诸国参加，但此议因法国的反对而被打消。遂由英国分别与德俄等国谈判。英德的谈判始于二月下旬，由英外相艾顿与德大使赫许交换意见。英国本来希望和德国再成立质的限制，因以伦敦海会的会议结果通告德方，希望德国能接受三国海约中所规定的限制办法，而另订一个英德海军协定。德国对于质的限制当然有异议，但这并不关重要，问题在苏俄是否能接受这个质的限制办法，所以如苏俄能接受，大概英俄海军谈话可得良好结果。

至于英俄的谈话于五月中旬在伦敦开始，英国希望两点：一、仿照去年的英德海军协定，成立量的限制办法；二、仿照现今的三国海约，成立质的限制办法。苏俄的海军问题是有两方面的，一是远东，二是欧洲。所以它的要求，根据最近的消息是：一、在欧洲方面，苏俄海军须和德国平等；二、在远东方面，拒绝实行通告造舰程序的办法；三、建造主力舰若干艘，备炮口径十六英寸，甲级巡洋舰十艘，备炮口径八英寸或六英寸；四、苏俄可接受三国海约所定质的限制办法，但以日德两国接受为条件。苏俄这些要求大半不是英国能接受的，因为一经接受，现今的海约便全被推翻。所以英俄海军谈判多日，终成僵局。今后这僵局如何打开，真是值得注意的。

（四）太平洋的均势

太平洋方面的海军问题，主要的可分为两个：一是太平洋均势的维持问题；二是华盛顿海约所规定关于太平洋各岛不增设军事设备的问题。

本来太平洋的均势是赖华盛顿五国海约来维持的，远东的均势是赖华盛顿的九国公约来维持的。但自这两个条约先后被日本撕毁，远东的均势不消说已根本推翻，太平洋的均势也因之不保。因为就整个太平洋来说，日美似可平分天下，但就西太平洋来说，日本却占绝对的优势。而且日本是要求向外发展的国家，它的海洋政策并不因大陆政策的着着成功而放弃，而海洋政策的进展便直接威胁英美两国的利益。所以从这点看来，太平洋均势的维持是必要的。日本之废弃华府海约，反对比率制度，要求废除所谓攻击的武器和主力舰等，保留防守的武器如潜水艇等，这都不外要达到两个目的：一、独占中国，使英美根本不能以武力，向它问罪；二、向南洋群岛方面发展，夺取英美荷诸国的利益，这是非常明显的。英国《圆桌季刊》曾有文论到今后英日的关系，它说英国在太平洋方面将遇到三种可能的情形：一、日俄在北方冲突，如此英美在太平洋的利益可免受威胁；二、日本向香港、马尼拉及新加坡方面发展，如此引起美国的抵抗；三、此种发展如不引起美国的抵抗，日本即入英帝国自印度洋到太平洋交通的腹地。又说第一种情形最可能；在第二种情形下，英国一定援助美国；第三种情形虽不能立刻实现，但并非决不可能。（The End of Washington Naval Treaty The Round Table, March, 1936）这种分析是对的，本来维持西太平洋均势的是日俄英美四国，就今日情势来说，英美是协调的，日本对其余三国都是对立，而日俄的对立更见尖锐。在最近的英俄海军谈判中，苏俄的两种要求，都和远东太平洋有重大的影响。一、关于造舰通告的办法，不能行于太平洋舰队，理由是"日俄关系现颇紧张，故苏俄对太平洋造舰程序及各项情报，自当严守秘密"。二、苏俄又接受三国海约所定质的限制办法，但以日本也接受为条件。在双方积极备战的情形下，苏俄决不能对日本通告造舰程序，反之日本对苏俄亦然；同时日本决无意接受三国海约中所规定的质的限制办法，因之苏俄亦将不接受。这样因日俄间的造舰竞争会引起英美，乃至所有海军国的造舰竞争，都是很可能的。

作者以为今后太平洋均势的维持只有赖于英美的合作，或苏俄与英美的间接的合作。三国海约签字后，英美代表都声明彼此维持海军力的平等，不作造舰竞争；同时英美两国对于远东问题，似乎都不愿放弃真利益，而又感难于制止侵略国的活动。所以两国的合作来维持太平洋均势，是切于事实的论断。至于苏俄虽难与英美接近，但因与日立正面冲突的地位，遂间接成为维持太平洋均势的支柱。

华盛顿海约第十九条规定英美日三国在太平洋的属地上都不准增筑军事设备或建海军根据地。这一条在维持太平洋安全上是很有用的。但三国海约中对此并无规定。这也难怪，日本既未签字海约，则海约中作此规定也无用，因为日本是太平洋的重要海军国，而这种不设防的规定无疑的是和日本有密切关系的。据说英国拟和日美两国谈判，希望对此问题有所解决；但同时又传来英国在香港设防的事，至于新加坡的修筑军港则距完成不远。如果对此问题不能成立妥协，英美日三国必要竞筑军港，作军事设备。现闻菲律宾国会正讨论创设海军，建筑军港的议案呢。

（五）英要求增加驱逐舰问题

最后还有一个悬而未决的问题，是英国要求增加其驱逐舰的吨数的问题。本年五月十八日英政府以照会分致日美两国，要求将伦敦海约所规定英国驱逐舰的总吨数，自十五万吨增至十九万吨。在一九三六年底，英国所有驱逐舰的总吨数将超过伦敦海约所定吨位四万余吨；同时因其他各国近年来增造舰艇达二百余艘，所以英国要求保留此多余的吨数。但英国并不援引伦敦海约中之梯形条款，而愿与各国作友谊谈判。美国的回答是，英国既作此要求，必须援引梯形条款。日本的回答是，英国的要求有违伦敦海约的精神。若必要保留驱逐舰的多余吨数，日本亦要保留超过条约限额之潜艇吨数。此后英国还未提出办法，问题似暂时搁置起来。

四、余论

对于这残缺不完的三国海约和今日的海军问题，本文所述不过是粗枝大叶，然已占去不少篇幅。我们所以重视海约，因为自一九三七年一月一日起，它将代替华府伦敦两海约而为世界大海军国的限制军备条约。但它的效力如何，却要看各未签字海军国，尤其是日本，是否能加入，或不加入而能遵守该约的精神。但这种希望，与其说是希望，勿宁说是幻想。所以该约的价值如何不难窥见了。

当三月二十五日海约在伦敦签字后，美代表台维斯与英代表艾顿交换函件，载英美代表团几次会谈时所得的谅解。台氏函中声明，英美间不得有造舰竞争，英美海军平等原则，维持不变。艾氏之函对此表示完全同意。外报称之为英美间的绅士协定。这个绅士协定并非官样文章，盖远东与欧洲的风云皆迫使两英语国家不能不相提携，维持均势。我很觉得在维持世界海军均势上，三国海约的价值还抵不过这绅士协定。如今在战神的威胁之下，各国都感觉国防不充实，军力不足，拼命增加军事预算，建筑新舰，修筑海军根据地。我恐怕三国海约还未生效，而各国的造舰竞赛便已开始。虽说各国限于财力，不能无限制的扩军，但大势所趋，恐怕各国也只有剜肉补疮地干下去。这都留待事实去证明罢！

七月十日

海战战胜之要诀[1]　唐宝镐

一、独断专行与主将之信念

战斗之要旨，全在击败敌人，而使之屈服为目的。一旦战衅既开，务采取决战手段歼灭敌人为第一要着。设使未至决战时期，而已陷落无可避免之战争状态中，须知即使决战，并无若何危险。盖战略上，仓猝遭遇敌人，明知无法避免，自当乘机立断，积极决战，歼灭当前之敌，为唯一要诀。

虽然所谓决战者，以何者为要诀，即先发与集中二大方针，为决战之最大要诀。申言之，洞察战势，不失时机，出其不意，迅速攻击，一面与各部队合作，以我全力击破敌人分力，同时又从战局之大势上观察，务与主将之意思不相背驰。采取独断独行，以达到战胜之目的，吾人所当留意者也。

凡为主将者临战之际，无论如何须要抱持战争上确乎不拔之信念，部下亦须体会主将解释明了，上下相依，立于不败之地。由是倾注全力，奋然决斗。且当随机应变，有时或取协同动作方针，有时或采独断独行手段。又须对于主将之计谋，须确实遵行，战争始有曙光发现。

所谓主将抱持确乎不拔之信念云者，例如日本海之战[2]，东乡司令，出动镇海湾之际，致大本营一电，谓已接见敌来之警报，现联合舰队，立即出动击灭之云云。此电中"击灭"二字，即表示主将确乎不拔之明证。又如特拉伐加一海战[3]，法将维廉纽普司令，惊惧奈尔逊优势之舰队突然出现，立即反转舰

---

〔1〕此文发表于《海军杂志》1936年第8卷第7期。
〔2〕即日俄海战。
〔3〕即特拉法尔加角海战。

首，函图退归加契斯根据地，卒遭歼灭。又如日本海海战，俄将洛杰斯文司令，一意避免战争，而以潜入海参湾为目的，因之舰队全灭。此皆主将缺乏战时确乎不拔之信念所致，当引为深戒。

二、哥本哈根海战与奈尔逊[1]之独断独行

日本海之一战，当俄主力舰正陷于苦战之中，忽寻出一条生路，遽调转其舰首，欲从日本主力队后方，脱出重围而北上。日本东乡司令，立即抑制其北上，亲率第一战队，令在左九十度，一齐回头，向北应付之。此际上村长官，一直往前航进，恰与东乡舰队，反成夹击敌舰之对势，随后见机而作，追踪东乡舰队，作协同运动。是全与主将计划一致而又为临时独断独行之一例。

兹再举将在外军令有所不受之例述之如下：

一八〇一年四月二日，哥本哈根海战，是为历史上有名之一海战。当时英国舰队司令长官为海德巴刻大将，而锐气勃勃之奈尔逊中将，亦随之行。奈尔逊谓战争者，当取积极锐进主义，一到战场，即请拨战舰十二艘，归其调度。既完成攻击之准备，乃亲率舰队先导，突从敌人深狭水道，闯入哥本哈根内港，与丹麦舰队舷侧相摩，开始刃战。

是日午前三十分，英国海德巴刻总司令，又率战舰八艘，在哥本哈根港外，遥为援助。然突入虎穴之奈尔逊，困斗后，损害渐大，卒丧失兵力四分之一，而丹麦舰队依然未失战斗力。在港外之海德巴刻长官，虽欲突入救援，无奈风与潮之状况不佳，不能航进内港。

时已至正午一时，巴刻总司令早已束手，不得已，悬"停战"号令。奈尔逊舰队参谋，从港内遥见之，一面回旗应答，一面报告奈尔逊。奈尔逊窃思停战是何语也，今只可回旗应答，切不可传于全军知晓。奈尔逊曾在尼罗海战，失去一眼，今故意以盲目架望远镜，遥为观望，曰予如何不见司令长官之信号旗乎？遂为之一笑，仍于其旗舰"挨利芬特"樯上，悬"接战到底"之旗，继

---

〔1〕即英国舰队司令纳尔逊。

续奋斗。此时奈尔逊果依照巴刻总司命令，引舰退出重围，则敌之舰队及炮台炮火，必四面环集，势必歼灭而后已，是为后世兵家所一齐定论者也。今奈尔逊毅然独断独行，不受退却命令，继续奋战。不出一小时，丹麦舰队炮火渐衰，至午后二时三十分，寂然无声，即行屈服，申请和议。此次战争英军获大胜利而告终局。回思司令长官停战之信号，实为一发千钧之危机，奈尔逊出其坚韧不拔之精神，与果断之手段，能使濒危之地，起死回生，所以成为奈尔逊者欤。

又如日本海之一战，东乡司令训令，有七分三分互相均衡之一语，细绎其意义，即可思过半矣。所谓七分三分均衡者，在战场中，须认敌只有三分损伤，而我已有损伤七分，其实只有五分损伤，惟对于我之损伤，须过于扩大之倾向。敌与我始各各认为五分损伤，其实我只损伤三分，而敌已损伤七分。如能喻此理，则遇战时，即能愈加奋斗，而入于胜利之境。

三、阿克斯罗兹海战与英军之独断不独行

兹再举一独断不独行最显著之战例。言之如下：

即经哥本哈根海战，八年后，西历一八〇九年四月，英国舰队正拟从阿克斯罗兹水道，封锁法国罗节福特军港之入口，一面放入火船，欲乘机焚烧港内之法舰队，此则与日俄战争时，日本闭塞旅顺港口之敢死队，及欧洲大战中，英海军闭塞歧普尔兹港口之闭塞队，同一意义。至其计划内容，即从英国舰队中，编成敢死队，乘充满火药之大船三艘，与装载燃烧物之小船二十五艘，黑夜突进港口，越过防御物，深入港内，即将满船之物焚燃，船内敢死队立即退入舢板中。如此计划，当视风与潮是否顺利后，方可施行。因火船须乘风与潮水，始向敌战舰及巡洋舰而起燃烧也。

当时有三十四岁之一中校科克郎氏（后为英国海军大将），则奉海军部命，受此火袭计划者也。其停泊罗节福特港口，有阿尔曼中将麾下之法舰队，共战舰十艘，巡洋舰五艘。突遭火船之袭击，非常恐慌，甚至各舰均弃锚链，开入

岸上。所有舰员，亦弃舰，仓皇登陆。英国舰队中"威利安"舰长布拉上校，翌朝又率领巡洋舰与炮舰等舰队，直入港内进击，法国军舰降者无数，英军大获胜利。但至日暮，不明港内情状，而港外英国封锁队司令长官加姆俾尔大将，忽悬"归还本队"之信号旗，命之退出。

此际突入港内之指挥官布拉上校，虽一勇敢有为之舰长，赠张两眼无从生出奇谋，大有空入宝山之慨。至翌朝止，布拉率领舰队，由港内尽行退出。其逃入陆上之法国舰员，顿觉英舰队并未积极进攻，相率归还原舰，所有归降英国之法舰，或触礁之舰，复归法国手中。

是战中，有一趣味之事，即布拉上校奉令退出港内之半夜，英舰队有一十四五岁之候补少尉，同水兵四人，乘最小划艇，正亦退却，忽生好奇心，入法军一观究竟，乃于黑夜，靠近法舰。斯时法军舰队中，有大战斗舰三艘，一并排列。此五人以为船员已逃亡，无人在内，忽闻舰内发出尖锐之声曰：何人来乎？五人惊遁而归，相叹幸侥。讵知三艘法国大战斗舰中，只有舵手一人。此舵手系一忠实男子，谓愿与此可爱之战舰，同遭危难，故不逃走，一人独留舰内。此次英国候补少尉等五人，本可赤手将此三大战舰驶归，不意为一舵手之一喝而遁，是法国此役，实赖一忠实之老水手，而保持此大战舰三艘。

战时草木皆兵之一语，甚有意义。实际此次海战，颇为奇妙之一战，其后拿破仑谪居圣赫勒拿时，向英国侍者俄米拉曰：昔时阿克斯罗兹海战，法国一方之舰队司令官，当然脑筋不清，此为不可掩之事实。但英舰队司令长官，并不见如何高明。侍者面赤，无法回答。

总之战斗实况，未曾明了以前，唯为危惧之念所驱使，漠然下退却之令，实为主将者断乎所不取也。其不问事情如何，只知唯命是听，断然退却，因之使决死之科克郎氏，垂成之功，尽化为乌泡影，所有已捕获之舰，复归入敌手中，实为一独断不独行之实例，应当引为深戒者也。

新加坡与海军地理^[1]　王师复

新加坡对于英国经济政治之重要，在一八一八年已为英国爪哇副总督拉福尔斯氏（Stamford Raffles）所认识。惟其时纯为经济性质，仅欲在东方取得一殖民地，以发展其贸易而已。自一九一八年欧战结束之后，欧洲衰落，美日勃兴，世界经济之重心，已由地中海及大西洋，转移至太平洋。于是曩昔冗立于太平洋中之新加坡，遂从殖民地，进而为英国在太平洋角逐之根据地矣。

在一九二二年，英日太平洋防守同盟条约废止之后，英国政府已决在新加坡设立海军根据地，遂于一九二四年成立新加坡军港七年计划，本年开始即已完成，共费三千万镑。现该地除有长八五五呎，阔一七八呎之巨大浮坞外，并有占地六百英亩之海陆军用飞机场，以及一切军需仓栈、机械工厂、电台与防空设备。于是前之防御薄弱的世界贸易中心，一变而为世界上最强有力之海军根据地矣。

兹将新加坡与英国海军战略之关系，用军事地理之观点，叙述如下，以飨关心太平洋问题之读者。

在华府条约，对于海军军备之限制下，英国不得在其东方海军军港、香港建置巨大干坞，以资新式巨舰之修理。而与东方距离最近之军港，堪为海军根据地者，厥惟新加坡。该岛位于东经一一〇度（即华盛顿线）之西三七〇海哩（第四三〇陆哩），较之日本军港至香港之距离，多一，三五〇海哩（横滨至香港计一，〇七九浬，横滨至新加坡计二，四二八浬）。

---

〔1〕此文发表于《海军杂志》1936年第8卷第7期。

兹以现代军舰，因欲维持速力之效率，每六个月，即须油船一次并时应入坞修理。设在离英属马达（Malta）英国地中海海军根据地一二,〇〇〇浬之东方，缺乏干坞，足纳其巨舰，则在平时不但感到往返之不便，而在战时，更有苏彝士运河封锁之虞，故建设新加坡军港，在英国海军战略上，实为当务之急。

至欲详究新加坡地理，与战略之影响，不独应察世界地图，且须改正之，以求适应战略之需要。一般研究各大陆与海洋位置者，均用半球图，盖整个地球型，不能窥其全豹故也。至半球图之分割，系沿各子午线中，择其西二〇度，与东一六〇度两线划之，故一面以大西洋为界线，一面则终止于太平洋。此种分法，在大陆之位置上，确为适用。即虽不能使新西兰（New Zealand）与澳大利亚连在一起，仍不失其效用也。

至一般常用地图，仅划断一线，以分世界东西之交通，其分割处，系止太平洋，以免大陆位置之分开，与大西洋贸易航线之割断。其划断之子午线，为一八〇度，以格林尼治（Greenwich）子午线为地图之中心点。此种分法，虽便于处置时计，而从地形学方面观之，划点似以西一六〇度子午线为较优。盖其位置，不但系稍处于太平洋之中心，且可使南太平洋群岛，得连合于澳大利亚之部。麦搡式氏地图亦曾将亚奥西洲之海岸线，复画于图之左右，使太平洋不至分割为二。此种地图虽便为参考，但终觉错乱。以吾人今日对于世界政治之理解，端赖一精确之地图，故麦搡式地图，亦不适用。至海军军事所需者，应为一种地图，其划分无碍太平洋。澳亚海岸，西至欧洲，东至北美之交通者，故吾人意中之划分线，应位于为各国海军航线所不经之处。此种位置，在巴拿马运河未竣之前，诚难获取。盖前此美国军舰，欲从大西洋沿岸之船坞，驶至太平洋，而达夏威夷岛之珍珠港，应东渡大西洋一角，至巴西。故其航线必须伸至西三五度子午线，而驶之东。今日则不然，盖可以沿西七五度子午线，从哈姆普呑罗斯（Hampton Road）（位于折撒比克海湾Ceespeake Bay口）至海地（Haiti）与古巴（Cuba）间之温得瓦得（Windward），复以古巴岛之爪登纳姆（Quantanomo）为航站，而达巴拿马运河之要塞可伦（Colon），该河道之范围，系一,〇〇〇呎长，一一〇呎阔，上流淡水，深四一呎九时，等于盐水四〇呎深。

百慕大群岛（Bermuda）与加拿大之大西洋海口，位于西经七〇度之东，英国海军站线，即从该处而东伸经大西洋、印度洋直至南太平洋西部。故西七〇度子午线，实为列强海军地理之划分点。此一子午线，西隔美洲波特兰（Portland），横切戈特角（Cape Cod）半岛，经过南塔开特岛（Nantucket Lsland），因使美国各重要海口，划归西部，而置新不伦瑞克（New Brunswick）与诺法斯科细亚（Nova Scotia）诸处于东方。又横切海地（Haiti）而北至南美洲。此子午线划英国加勒比（Caribbean）海上之领地于其西，美国领地于其东，而该两方与英美主要海军军港均不连续，是以足资为英美海军航线之划分点。

西经七〇子午线除经过 Tierra de Fuego（距阿根廷、智利间之界线六十哩）外，直贯南美洲大陆至 Magellan 海峡止。而 Falkland 岛则在此线之东。

兹以海军地图，应以西经七〇度为划分点，于是结果使图中之中心点，位在东一一〇度子午线。至于此线在航海上之重要，因其适处联络印度洋及太平洋西部之南印度各海洋之中心，且使印度支那半岛与澳大利亚东西分峙，界线显明。但此线在普通地图中，不易发现。因一般地图，恒以便利各地时计计，多在格林尼治线之东西每隔二〇度，或一五度间，始画一子午线（即每两子午线间时计相差一小时）。当欧战后，东京一一〇之子午线，常为世人所注视，因华府条约，曾限制美国不得在此线之东各地（除新西兰与澳大利亚外），设置海军根据地也。现将吾人所定之世界地图（以东一一〇度为中心，以西七〇度为划断线），与华府条约第十九节相持并究，可见图之中心点，与右部间之当正子午线。西一六〇度，即虽不载于条约中，亦含有军事政治之重要性。致其地形上之重要，吾人已知其为太平洋之中心子午线矣。依照条约，美国同意在阿留西安岛（Aleutian Lsland）与其他一太平洋岛屿（除夏威夷群岛外）不设要塞，而西一六〇度子午线，正经过夏威夷岛（包括海军军港之珍珠岛及商埠之檀香山），瓦胡（Oahu）之西而其他主要诸岛，则位其东。惟该处与美洲间，美国无领岛，故条约上对于西经一六〇度东部之限制，与美无关痛痒。兹以不至设为要塞诸处，如阿留西安岛、美属萨摩亚（American Samoa）、爪汗（Guam）与菲律宾等地，划为一部（以西一六〇度与东一一〇度为界限），称曰西太平洋四分图。以珍珠港、巴拿马运河与美国领岸不受条约限制者（以西一六〇度与西七〇度为界限），称为东太平洋四分图。

英属太平洋各岛，属有细微战略性质者，为设有电台之芬宁（Fanning），岛位于西经一五八度又二三分，为惟一之岛屿，不属西太平洋四分图内。至于日本及其属岛与委任群岛，及从前德属诸岛，则在此一四分图之内。德属诸岛其在赤道之北者，既委于日本，其在赤道以南者，则分属澳大利亚与属新西兰。故此一赤道，遂成为横跨西太平洋四分图之政治区域。假设吾人从子午线与纬线之交叉上，而细察之，则见巴拿马运河之对蹠地，距新加坡海峡，并不遥远。而孙巽他海峡（Strait of Sumda）系南苏门答腊（South Sumatra）之印度洋门户更近，荷属东印度群岛之首都巴达维亚（Batavia）最近。但平面图解，往往迷乱立体模型，而即虽圆形半球，亦易使人忽略赤道之形体。以故只有利用子午线与纬线，方足以定从巴拿马横渡太平洋。取道回归线之航路，实非捷径。盖实际上，从巴拿马取道珍珠港与爪汗，至马尼拉之航线，系与取道旧金山与横滨之航线相等。倘吾人从球型之北极上参看地势，则见美亚两洲之海岸线，环境太平洋北部，成一大弧线。设举球型使与目齐，沿美洲大陆沿岸，从智利之亚里加（Arica）沿阿拉斯加（Alasak）与堪察加（Kamchatka）而与新加坡，则见美洲之海岸线，实非一围绕之弧线，而亚洲海岸蜿蜒而下，实与美洲同向，其直几与赤道同。此种事实，即系美国不设要塞于阿留西安，日本不设要塞于千岛群岛间，互相谅解之原因。

其次，日本并同意不在琉球群岛、台湾与澎湖列岛诸处，设立海军根据地。至澎湖岛，系位于台湾海峡，与香港仅隔三〇〇海里。对峙而立者，为汕头。台湾海峡乃日本与西属诸岛间之鸿沟，诚一要道。故澎湖实占抗制之地位。琉球与其他岛屿，连接台湾，与日本本区，成为海军巩固交通线。是以日本前之愿从该数处，从北纬二一度至北纬二九度，撤回海军设备，实属重要之让步。在此互谅中，美国愿弃菲律宾、爪汗（位于珍珠港与菲律宾之中，爪汗之北属于日本者亦不设军备）两处海军根据地，英国亦愿舍香港。此为东西太平洋两四分图，其地势与海军之关系也。

再论英国交通线。从西方加拿大海岸东至印度乃澳大利亚，一直接航线，连络哈黎法克斯（Halifax）、诺法斯科细亚，而东至佛利曼特勒（Fremantle）与西澳大利亚，一端接加拿大铁路，他端连澳大利亚铁路，其间通过苏彝士运河，故在加拿大与东方澳大利亚间航线，从未经过任一外国之海港。虽地中海航线，稍近于他国如法意等，仍有直布罗陀（Gibraltar）与马达两站，设备巩固。惟英国交通之关键，实在苏彝士运河。英国曾驻重兵于埃及，以护此河，且对其改良，不遗余力。十年前，深度已达三二呎，较其将英国所有军舰吃水量，均过无不及。嗣后复拟增至四二呎八吋，足容吃水三五呎，或三六呎之巨舰通过。从埃及至印度之航线，在巴布厄尔曼得（Bad-el-Mandeh）海峡，因有丕林岛（Perim），愈增巩固。而亚丁（Aden）之雄厚要塞，更足为中途继油站。其次为科罗姆菩（Colombo）从此分道，航往远东或澳大利亚。在澳大利亚航线中，科罗姆菩至佛利曼特勒，计长三，一二一哩，中杂东印度群岛及其水道，其东北为日本，拥有雄厚军舰，且处优越地势，故一在战争，此地实为重要。意一九○三年日俄战争时，俄国舰队驶往旅顺，道经波赛，日本舰队在琉球各岛上巡逻，美国战斗舰队、俄国巡洋舰队，驻于海参崴。当日列强在远东海上竞争之情形，已极显著。故前英国未受条约限制之时，曾以香港为根据地，以扼其要。今日情势仍旧是以东印度群岛之安全，不得不藉附近之新加坡。惟此主要海军根据地，须求其完备，不求其多。故在新加坡政策未成立之前，须细察美国交通线中，其他各处，其重要性有如新加坡者否。先从直布罗陀沿南而下，不经地中海，直达南菲，则英国与南菲间之交通线，已有自由市（Freetown），足资保护。南菲与印度间之交通线，亦有毛里西亚岛（Mauritias Isd）之路易司（Louis）。从好望角至塔斯马尼亚（Tasmania）与新西兰因距列强军港甚远可以不计。自美国至新西兰之太平洋航线，可以放弃。新西兰既远处于南向，为他国海军注意所不及。而大西洋之加拿大海岸，又可利用铁路，联络英属哥伦比亚。是则太平洋航线与英厥无关系矣。惟好望角线，必经法国及法属北非洲之海口，遂与法国利益，息息相关。故英国战略交通线，必以印度洋及东印度群岛为关键，此新加坡所以必要。

兹述东印度半球图，该图系从东二○度，至西一六○度止，内括印度洋与西太平洋两四分图。从人种历史方面而观，该半球称为东半球，实为较妥。因普通所设东半球者以东经七○度为中心，一面既联络欧亚，一面又分隔欧美。在此半球图中，以君士坦丁堡与开罗（Cairo）连入亚洲，至俄国莫斯科，所以亦含在内者。盖以地形关系，其水流非入大西洋，而系入亚洲内部之故，之半球中心之内四○○浬，新加坡在焉，故实为西北、东北与东南航线之中心点，且亦为航空之站所。至英国海军最近之一等海外根据地马达，不在此一半球之内。而美国海军驻防区夏威尔之珍珠港，远处右向，为地形所遮，而在此半球中，拥有巨舰者，惟日本一国耳。西太平洋四分图之澳大利亚与新西兰，则远离白种区域孤立其间。从人口密度而观，则最稠者，系在亚洲之季风区域与东印度群岛，惟欲知新加坡海峡之重要，尚须参考山志地理，藉知西藏高原与喜马那雅山，如何横绝中印陆路交通，遂足证明新加坡实为印度之门户也。距新加坡五二五浬有巴达维亚，近选他峡九六三浬有琅波克（Lombok），在爪哇之东一八八七浬有达尔文港埠。澳大利亚北岸此等处皆为印度洋近东之要区。

然新加坡靡但为海军战略之要区，且如上述，为联络印澳航空之站所，故为英澳航空交通之要点。即将来保护交线之任务，由海军移与空军时，新加坡亦不失为一重地。其岛势面积，适与怀特岛相同，其东南岸面埠之位置，相若于怀特岛之文特那（Ventnor）。港口低潮时水深四〇呎，岛屿所面之交通水道，即为新加坡海峡。之岛与大陆相隔之海峡，称为柔佛峡（Johore Strait），又曰旧峡（Old Strait）。新加坡海峡阔九哩，横达巴坦（Batam）与宾坦（Bintang）诸岛，该处系属荷兰。新加坡岛直归英国，为"金冠殖民地"之都市部分，其邻土马来半岛，为柔佛之区，系经埃及国王同意，由英代管者，设有英总顾问。

新加坡商埠，位于亚洲转南之处，系远东大埠之一，东印度群岛之商品运输，均以该处为中心区，其繁盛堪与香港科罗姆菩诸埠相比肩。前曾设有五干坞，其大者为国王坞，计长八七三尺，宽九三尺，高潮时水深三〇尺九寸。惟太狭不足容纳鱼雷保护甲之巨舰，因该舰宽计一〇一至一〇六英尺。国之在亚洲各埠，无一干坞，足以容之，故于新加坡北，海军造船所内，曾拟造石坞及浮坞，足以容纳此等巨舰，及飞机母舰等。惟船坞之西，为横贯海峡之铁路高桥，不能吊开，故船舰只能由东口入坞。

现以英国曾依华府条约建造新式巨大战舰，故须新造大坞。其大者，即晚近所建之浮坞，称为第九号船坞，长八五五尺，宽一七八尺，可容五万吨巨舰。浮坞之面积，可立六万人。船坞系设在岛之薛尔脱地方，其面积占二，八〇〇英亩，又有占地六〇〇英亩之海陆军用飞机场。飞行场以南，有高大无线电台，可直接与英本国通达。

新加坡根据地之建设，不但与白色澳洲政策（White Australia Policy）有关，而在我国之问题亦有莫大意义。英国科尼什博士（Vaughan Corniih D.Sc. F.R.G.S.）于一九二五年六月廿三日，在英国殖民部会议中，曾发表谓"当年马达建设根据地时，对巴尔干事件帝国意见内得有举足轻重之力量，而新加坡根据地之建立，其将足以影响中国之问题欤"。盖英国在华利益极大，设东方缺乏军事根据地，势必受到损害，而难越国鄙远也。

新加坡军港之设立，最受威胁者为日本。虽然以新岛远隔南方，英国难从其地进攻日本，惟其地势如上述者，一在战争，足以阻绝日本对澳洲伯尔兹（Perth）之进攻，且新岛根据地，既已成立，与澳洲之达尔文港及香港，一贯联络，势成鼎足。日本大洋洲之贸易，将感困难发展矣。

总之，在今日世界危机已达最高峰之际，太平洋战争一触即发，新加坡军港恂有莫大之意义也。

附图说明：

本篇海洋战略叙述之原则，系将地图分为四部，其分线乃东二〇度、东一一〇度、西一六〇度与西七〇度四子午线。全图以东一一〇度为中心点，划断线在西七〇度。此外并附以半球图四张[1]，以上述四条子午线为其中心点。图上标以影线，说明各地人口密度之稀稠，主要航路划线粗细，藉以表明贸易总数之多寡。第一半球图中心在东二〇度，包括大西洋及印度洋两四分图，其中心子午线，通过非洲之南端，为南大西洋与印度洋之枢轴点，在赤道之北，横过地中海，藉苏彝士运河，联接北大西洋与印度洋，故此图为地中海半球图，以合海军地图之目的。浓厚影线，标识西欧与亚洲季风部人口稠密之区，系示苏彝士运河贯其中，为贸易紧要之航路。转地球型至东九〇度，又一半球图，以华盛顿子午线东一一〇度为中心，称为东印度半球图，其内含已见上述。

再向东转九〇度，以一六〇度子午线为中心，包括西太平洋与东太平洋两四分图，称为太平洋半球图，其中部多为海洋，对于海军之自由活动，有极大关系。兹以距离之远大，独立根据地甚为必需，其处仅有珍珠港，位近西一六〇度。

---

〔1〕四图均略去。

此一半球系与地中海半球相对，以其贸易航线相比较，可见横渡太平洋者，较少于大西洋。图之右边止于西七〇度。

第四图以西七〇度子午线为中心，包括东太平洋与大西洋两四分图，其中心子午线经过西印度群岛，位于加勒比海（Caribbean Sea）。该海系藉巴拿马运河，联合太平洋与大西洋，因称此半球为西印度半球，在赤道之南中心子午线，与提厄拉午得尔腓哥交叉点（Tierra del Fuego），遂成太平洋与南大西洋之枢轴。此图并括美国从大西洋船坞至哥伦（Colon）、巴拿马及珍珠港之海军航站，从此图足见美国大西洋各海港，正与南美洲太平洋各港，凡位于同一子午线上，因证明巴拿马运河，对于美国海军之便利。惟就人口分配上观察贸易情形，则巴拿马运河，远逊东半球之苏彝士运河，适与东印度半球相峙，包括一切白种工业国，及其建造巨舰之船坞。

最后尚须将各图之航流枢轴点与水道的焦点，加以比较。在第一图为荷恩角与巴拿马运河；第二图为好望角与苏彝士运河；第三图为威尔逊岬（Wilson Promontary）澳大利亚南转之点，与折入新加坡海峡之麻剌甲峡（Malacca Strait）。

巴尔干各国之海军[1]　润

一、希腊海军

数世纪前，认为时常扰乱欧洲和平之策源地，实为巴尔干半岛各小国，其海陆军备，究具如何规模，想必咸具有决心扩张。至各强国之军备为止，孰知其与事实相去太远。

在原始时代，希腊海军，曾以强大势力，扩张至地中海，但当时之海军国，不能与今日之海军比，希腊今日之在巴尔干各国中，仍不失为大海军国之一。试视一九一二年，希土一海战，大可证其海军活跃之一斑。今则大战舰，一艘已不存在。

希土战争后，一九一四年希腊曾向美国购入一四,四六五吨旧式战舰Idaho、Mississsppi二艘，改名Kilkio、Lemnos，作为主力舰，今已变成废舰。尚有四八〇八吨之海防舰Psara、Spetsai、Hydra三艘，系一八八九年及一八九〇进水。以舰身过于腐旧，虽经大加修理，亦已作废。现在所认为主力舰者，唯装甲巡洋舰Averoff一艘，及Helle二艘而已。Averoff舰系由意大利Orlonda公司建造，与意大利Pisa同一舰型，于一九一〇年三月进水，为当时希腊热心爱国而富有财产名Giorgios Averoff者，一人出资一大半购入之。希腊有此一舰，海军势力为之一振，诚可与英领Muray半岛居民，购赠战舰Muray与英国，又于大战前购赠巡洋战舰New Zealand与英国，先后媲美。

Averoff号排水量为九,四五〇吨，身长一三〇米突，阔二一.一米突，吃

---

〔1〕此文发表于《海军杂志》1936年第9卷第3期。

水七.四米突。备炮装有二三.四厘炮四门，一九厘炮八门，七.六厘炮十六门四.七厘炮四门，七.六厘高射炮二门，机关枪二门，发射管四五厘者三门。马力为一九,〇〇〇匹，速力二二.五浬。进水为一九一〇年三月十二日。

希腊除向美国于一九一四年购入二艘上述之旧式战舰外，同时又在美国纽约造船所，购入巡洋舰名Helle者一艘，是舰就役十二年后，于一九二六年至一九二八年间，在法国La Seine地中海造船所，大加修理，锅炉本为煤炭与重油两用者，今已改为专烧重油，并变成布雷巡洋舰，能搭约一百十个水雷，同时对于舰侧四门十厘炮，亦已除去。

Helle号排水量为二,一一五吨，身长九八.一米突，阔一一.九米突，吃水四.三米突。备炮一五.二厘炮三门，七.六厘高射炮一门，四.七厘炮四门，发射管为四五厘者六门，马力为七,五〇〇匹，速力二〇.五浬。进水为一九一二年五月。

Averoff与Helle号即为希腊现时主力舰。此外驱逐舰Hydra级四艘，Aetos级四艘。Hydra级系极新之舰，外观极似意大利之Dardo级，但备炮配置之点，则截然不同。本年中又在英国着手建造二艘驱逐舰。

Hydra级即Hydra、Psara、Speisai、Admiral Conduriotis四艘，其排水量为一,三五〇吨，身长九二.三米突，阔九.八米突，吃水三.三米突。备炮装有一二厘者四门，四厘高射炮二门，发射管五三.三厘者六门，马力五二,〇〇〇匹，速力三九.五浬。进水为一九三一年一九三二年，制造所为意大利O-dero公司。

Aetos级即Aetos、Ierax、Leon、Panther四艘，排水量为一,〇一三吨，舰长八九.三米突，阔八.四米突，吃水二.五米突。备炮有一〇.二厘者四门，四厘高射炮四门，发射管五三.三厘者六门。马力一九,七五〇匹，速力三二浬。进水一九一一年，制造所为英国。

希腊之Aetos级四艘，早已陈旧，近因改装新式化，博得非常声誉。要之Aetos等四舰，于一九一一年，本对南美Argentine起见，而向英国定造之者，于一九一二年十月即已竣工，航归本国。至上述之Hydra等四艘，至未建造新舰以前，即在旧式舰中，亦已成为一种最劣势之驱逐舰。但自一九二四年一九二五年，在英国White公司，每艘约费十一万镑之改装费，竟改成与英舰

W级同一式样之新舰。至Aetos与Panther二舰，且均能搭载水雷四十个，并可兼作布雷舰之用。

希腊鱼雷艇共有八艘。名Thyella、Sphendoni二艘，排水量各为三〇五吨，长六七米突，阔六.三米突，吃水二七米突。装有八.八厘炮二门，七厘高射炮一门，发射管四五.六厘者二门。马力六五〇〇浬。进水年月为一九〇六年七月，制造所由英国Yarrow公司承造。名Aspis、Niki二艘，排水量各为二七五吨，长六.七米突，宽六.三米突，吃水二.七米突。装有七.六厘炮二门，五.七厘炮四门，发射管五三.三厘者二门。马力六七〇〇匹，速力三〇浬。进水年月为一九〇六年，制造所为德国Vulcan公司。名Aigl、Alkyonis、Arethua、Doris等四舰，排水量各一四五吨。长四五米突，宽五.〇米突，吃水一.二米突。装有五.七厘炮二门，发射管四五.六厘三门。马力二六〇〇匹，速力二五浬。进水年月为一九一三年，制造所为德国Vulcan公司。

此外哨戒艇五艘，由旧奥国鱼雷艇改装而成，如Pergamos（旧九五F）、Proassa（旧九二F），排水量各为二四一吨。长六〇米突，阔五.五米突，吃水一.五米突。备炮七厘炮一门，机枪一门，发射管四五.六厘者二门。马力五〇〇〇匹，速力二八浬。进水为一九一四年、一九一五年，制造所为奥国。

又如Kyzikos（旧九八M）、Kios（旧九九M）、Kydonia（旧一〇〇M）三艘，排水量各为二四一吨。长五七.四米突，五.七米突，吃水二.四米突。装有七厘炮一门，机枪一门，发射管四五.六厘者二门。马力五〇〇〇匹，速力二八浬。进水为一九一四年，制造所为Monfalmon。

潜艇六艘，全由法国制成之新式舰，舰名Nereus、Proteus、Triton、Glaucos四舰。排水量自七〇〇吨至九三〇吨。长六九米突，幅五.七米突，吃水四米突。备有一〇.二厘炮一门，四厘高射炮一门，发射管五三.三厘者八门。马力一二〇〇至一四二〇匹，速力一四—九.五浬。进水为一九二七年十月、一九二七年十二月、一九二八年四月四日，制造所为法国Caen公司及CH, de France公司。舰名Katsonis、Papanicolis二舰，排水量为五七六—七七五吨。长六三米突，幅五.四米突，吃水三.六米突。备有一〇.二厘炮一门，四厘高射炮一门，发射管五三.三厘者六门。马力一〇〇〇至一三〇〇匹，速力一四—九.五浬。进水为一九二六年三月、一九二六年十一月，制造所为法国Gironde

造船所及La loire公司。

其他尚有三八〇至五二〇吨小型机雷敷设舰四艘，旧式炮舰二艘，供给油用舰船一艘，潜水母舰兼工作舰大小共三艘，扫海艇二艘，用帆航行练习舰一艘，小型驱逐舰二艘。

二、罗马尼亚海军

罗马尼亚国境虽小，其海军诚有长久之历史，但不可与新兴海军国，较一日之长。其现在海军，如各国主力舰之大者，一艘无存，唯以小舰艇充当国防。至其舰队分警备黑海与多瑙河二队，对于警备多瑙河之舰队，大概以旧奥国小河用之舰艇编成。罗马尼亚有驱逐舰四艘（编入黑海舰队中者），舰名Regele Ferdinand I及Regina、Naria，排水量为一九〇〇吨。长一〇二米突，幅九.六米突，吃水三.五米突。备有一二厘炮五门，四厘炮二门，七.六厘高射炮一门，机枪二门，发射管五三.三厘者六门。马力四八,〇〇〇匹，速力三四浬。进水为一九二八年十二月、一九二九年三月二日，制造所为意大利Pattison公司及Naples。但此二艘驱逐舰，初由英国Thornycroft公司所设计，后由意大利照此设计建造，舰上各能搭载水雷五十个，实为罗马尼亚一九三〇年竣工各舰中最新之一舰。

驱逐舰中舰名Marasti、Miarasesti二艘，排水量各为一三九一吨。长九四.三米突，幅九.四米突，吃水三.五米突。备炮有一二厘炮五门，七.六厘炮四门，机枪二架，发射管四五厘者四门。马力四五,〇〇〇匹，速力三四浬。进水为一九一九年、一九一八年，制造所为意大利Pattison公司。

在欧战未发之前，罗马尼亚曾托意大利建造驱逐舰四艘，开战后，意大利将此四舰，收供本国舰队之用。及休战，复将其中二艘，售与罗马尼亚，即Marasti、Marasesti二舰。是二舰之名，系当时战场中之地名云。至一九二五年、一九二六年，二舰虽在意大利改装一次，现尚未能认为强力之舰。

其他鱼雷艇三艘（旧奥国鱼雷艇），潜舰一艘，即Sborul（八一T）、Naluca（八二F）、Smeul（八三F）三艘鱼雷艇，排水量为二六六至二六二吨。长五七.八米突，幅五.七米突，吃水一.五米突。备有六.六厘炮二门，机枪二架，发射管四五厘者四门。马力五〇〇〇匹，速力二八浬。进水为一九一三年、一九一四年，制造所为 Trieste Ganz danubius 公司。又有潜舰名 Delphin 者，排水量为六五〇吨—九〇〇吨。长六八.六米突，幅五.九米突，吃水三.六米突。备有一〇.二厘炮一门，发射管五三.三厘者八门，马力未详，速力一四、一九浬。进水为一九三〇年，制造所为意大利 Quarnaro 公司。

是项潜舰已于一九三一年竣工，但以罗马尼亚延未接收，变成无国籍之潜舰。在罗马一方，虽系违反契约，至完成后，是否有不完善之处，亦不详悉，第知为一新式舰耳。

潜水母舰 Constanta 号，排水量为二，三〇〇吨，长七七.九米突，幅一一.二米突，吃水四.〇米突，备有一〇厘炮二门，四厘高射炮二门，机关系用迪瑟机，马力一〇〇〇匹，速力一三浬，一九二八年十一月八日进水，制造所为意国 Quarnaro 公司。

此外尚有多瑙河用之 Monitor 舰七艘，哨戒舰三艘。其七艘舰中，舰名 Rucovina 者（旧奥国 Sava），排水量五五〇吨。长五八米突，幅一〇.五米突，吃水一.三米突。备有一二厘炮二门，三厘野炮二门，六.六厘炮二门，四.七厘炮二门，机枪六架。马力一六〇〇〇匹，速力一二浬。进水为一九一五年，制造所为旧奥国。尚有同一式样舰名 Vardar 者，则为南斯拉夫所得。舰名 Basarabia 者（旧奥国 Inn），排水量五五〇吨。长六二米突，幅一〇.五米突，吃水一.三米突。备有一二厘炮二门，一二厘野炮三门，四.七厘炮二门，机枪四架。马力一五〇〇匹，速力一二浬。进水为一九一五年，制造所为旧奥国。其同一式之舰 Drava 则归南斯拉夫所有。舰名 Ioan C. Bratianes、Mihail Kogalniceanu、Alexandru lahovari、Lascar Catargire 者，排水量均为六八〇吨。长六一米突，幅一〇.三米突，吃水一.六米突，备有一二厘炮三门，七.五厘高射炮一门，四.七厘炮二门，机枪四架。马力一八〇〇匹，速力一三浬。进水为一九〇七年、一九〇八年，制造所为意大利 Treist 公司。舰名 Ardeal（旧奥国 Temes）者，排水量为四五〇吨。长五五.六米突，幅九.五米突，吃水一.二米突。备有一二厘炮二门，九厘炮一门，四.七厘炮二门，机枪二架。马力一四〇〇匹，速力一〇浬。进水为一九〇四年、一九一四年十月，曾经沉没一次，及一九一六年捞起，已加改装。

哨戒舰三艘，即 Capitan Romano Mihail、Locatenent calinescu Dimetrie、

Maior Sonte Gheorghe均各五〇吨。长三〇米突，幅四米突，吃水〇.九二米突。备有四.七厘炮一门，机枪一架。马力五九〇至六二〇匹，速力一八浬。进水为一九〇六年，制造所为英国Thomesiron work。

此外警备国境军队中，尚附属有小艇四艘，此则由海军军官指挥之下，而为陆军兵员所乘之一种特殊军舰。另有旧式炮舰三艘，警戒海上。

三、南斯拉夫海军

南斯拉夫系位于欧洲东南之一新国，建造之舰艇艘数虽少，但其中不少优良之舰。故在今日之巴尔干各国中，除希腊外，亦可称为持有海军之国。南斯拉夫之主力舰，即为一九二六年向德国购买之旧式巡洋舰Dalmaciya号，但于一九三一年，大加修理改装后，已成为相当有力之舰。

Dalmaciya（即系旧德舰Niobe）排水量为二，三七〇吨。长一〇八米突，幅一一.八米突，吃水四.八米突。备有八.三厘高射炮六门，四.七厘炮四门，机枪二架，发射管五〇厘者二门。马力八，〇〇〇匹，速力二一浬。一八九九年七月十八日进水，制造所为德国威比尔工厂。去年南斯拉夫国王遭难之时，所乘新式领队驱逐舰Dubrovnik，则为南斯拉夫国中唯一快速之主力舰。

Dubrovnik排水量为一，八八〇吨。长一〇五米突，幅一〇.七米突，吃水五米突。备有一四厘炮四门，四.三厘高射炮二门，发射管五三厘者六门。马力四二，〇〇〇匹，速力三七浬。一九三一年十月十一日进水，制造所为英国Yarrow公司。

南斯拉夫尚有飞机母舰名Zmaj者，是与各大海军国所有之飞机母舰目的略殊，此则以专门运搬飞机及预备各舰修缮为主，舰中装备之迪瑟机，亦为南斯拉夫之特殊设计者，故是国得列入革新海军国之资格。但是舰于一九二八年竣工时，曾罹火灾，后复重新建造，以Zmaj为名，取其如风等快速之意。

Zmaj排水量一，八七〇吨。长七六.五米突，幅一三.七米突，吃水三.六米突。备有八.三厘高射炮四门。马力三，二六〇匹，速力一五浬。一九二九年进水，制造所为德国Hamburg市之Deutsche Werft公司。

南斯拉夫鱼雷艇八艘，全系旧奥国之鱼雷艇改造而成，舰名T一至T四四舰（为旧奥七六T一七九T）。其排水量均为二六二吨。长五七.四米突，幅五.七米突，吃水一.五米突。备有七厘高射炮一门，七厘炮一门，机枪二架，发射管四二厘者二门。马力五〇〇〇匹，速力二八浬。进水为一九一三一一五年，制造所为Triest工厂。T五—T八（四艘旧奥八七F、九三F、九六F、九七F），排水量均为二六六吨。长五七.八米突，幅五.七米突，吃水一.五米突，备有七厘高射炮一门，七厘炮一门，机枪二架，发射管四五厘二门。马力五〇〇〇匹，速力二八浬。进水为一九一三一一五年，制造所为Ganz-Danubius公司。

潜舰四艘，系新式舰，与希腊之六艘新潜舰，遥相对峙。其中二艘由英国代制，与英国"L五〇"之型相同。尚有二艘，名Osvetnik、Smeli者，其排水量为六〇〇—八〇九吨。长六六.五米突，幅五.四米突，吃水三.八米突。备有一〇厘炮一门，机枪二架，发射管五五厘者六门。马力一四八〇—一一〇〇匹，速力一四.五一九.二浬。进水为一九二九年二月十四日，制造所为法国Loire公司。

上述英国代制之二艘，一名Hrabro，一名Nebojsca者，排水量为九七五吨、一一六四吨。长七一.六米突，幅七.三米突，吃水四.〇米突。备有一〇厘高射炮二门，机枪二架，发射管五三.三厘者六门。马力二四〇〇—一六〇〇匹，速力一五.七一一〇浬。进水为一九二七年，制造所即系英国Armstrong公司。

南斯拉夫海军中，沿岸哨戒艇二艘，即Uskok、Cetnik，排水量为一五吨。长一六.七米突，幅三.三米突，吃水一米突。备有机枪二架，发射管四五厘者二门。马力七五〇匹，速力三七浬。进水为一九二七年五月，制造所为英国Thornycroft公司。

布雷舰六艘，系德国旧舰改成，即Galeb（M一〇〇）、Jastreb（M一一二）、Sokol（M一四四）、Kobatz（M一二一）、Labud（M一〇六）、Orao（M九七）等，排水量为三三〇吨。长五六.一米突，幅七.三米突，吃水二.二米突。备有九厘高射炮二门，机枪二架。马力二〇〇〇匹，速力一六.五浬。进水为一九一七年一一九一八年，制造所为德国。

扫海艇六艘（内一艘系奥国旧鱼雷艇改造），其中即Malinska、Marjan、Meljine、Mljet、Mosor等五舰，排水量为一三〇吨。长三〇米突，吃水一.六米突。备有六.六厘炮一门。马力二八〇匹，速力九浬。进水为一九三一年，制造所为Yarrow公司及Adriatic Works设立之分工场。又有从奥国得来之舰一艘，改名D二号者（奥旧时名为三六），排水量七八吨。长三九米突，幅四.九米突，吃水一.〇米突。备有三.七厘炮二门，机枪一架。马力九〇〇匹，速力一七浬。进水为一八八六年，制造所为德国。

南斯拉夫警备多瑙河之Monitor舰四艘（全系旧奥舰改造）。舰名Drava者（旧奥Emss），排水量五三〇吨。长五八米突，幅一〇.三米突，吃水一.三米突。备有一二厘炮二门，一二厘野炮二门，六.六厘高射炮二门，机枪六架。马力一五〇〇匹，速力一三浬，进水为一九一三年，制造所为德国。

备考：罗马尼亚之Basarabia号与Drava号系同型舰。

舰名Morava（旧奥Körös），排水量三九〇吨。长五四米突，幅九.〇米突，吃水一.二米突。备有一二厘炮二门，六.六厘炮二门，机枪四架。马力一二〇〇匹，速力一〇浬，进水为一八九二年，制造所为奥国。舰名Vardar（旧奥Basna），排水量五三〇吨。长六一米突，幅一〇.三米突，吃水一.五米突。备有一二厘炮二门，一二厘野炮二门，六.六厘高射炮三门，四.七厘炮二门，机枪三架。马力一六〇〇匹，速力一二浬。进水为一九一五年，制造所为奥国。

备考：是舰与罗马尼亚之Bucovina号系同型舰。

舰名Sava（旧奥Bodrog），排水量三八〇吨。长五六米突，幅九.五米突，吃水一.二米突。备有一二厘炮二门，一二厘野炮一门，六.六厘高射炮一门，六.六厘炮一门，机枪五架。马力一二〇〇匹，速力九浬。进水为一九〇四年三月，制造所为Neupest。

此外潜水母舰共有二艘，一即Hvar号，三六〇〇吨；一即Sitnica号，三七〇〇吨。其余曳船六艘，快艇一艘，七二〇吨之悬帆航行练习舰一艘。

四、布加利亚[1]海军

布加利亚于大战终了后，依和平条约，仅许保有四艘快速哨戒艇与六艘税关用之小艇，以作警备多瑙河之用。

---

〔1〕即保加利亚。

五、阿尔巴利亚[1]海军

阿尔巴利亚有炮舰二艘，一名Skindelbeg，一名Skoipnia，均系德国旧（FM型）舰改造。排水量二三〇吨。长四二.六米突，六百马力，速力十二浬。装有七厘、六厘炮各一门。此外有小艇四艘，排水量为四六吨。长二四米突，三八马力四五〇匹，速力一七浬。装有七.六厘炮一门，机枪二架。舰名Tirane、Saranda、Durres、Vlore者是也。均于一九二六年之意大利Venice建造之舰。

六、土耳其海军

一八七七年至一八七八年，自俄土战争后，土国海军锐意扩张，其结果，于欧战开始前早已成为巴尔干各国中第一之强国。现在比当时海军势力，虽较薄弱，然依然在巴尔干中保持昔日之势力。

土国海军共有战舰一艘，名Yavouz，本系一九〇九年八月德国Hamburg市Blohm & Voss公司起工之巡洋战舰Goeben号（与一九〇九年德国建舰计中之Moltke舰同一舰型），竣工于一九一二年七月。当大战初期，即一九一四年，与巡洋舰Breslan号共从德国军港脱出，而遁入土国，即转隶籍于土国海军中。改名为Yavouz号，一直至今。土耳其有是舰后，西除意大利，东除日本外，计在欧亚中间之各国中，实无有一舰可与之并驾齐驱者。故巴尔干半岛各国无不大受此舰之威压。

Yavouz号排水量为二二,六四〇吨。长一八六米突，幅二九.五米突，吃水八.一米突。装有二八厘炮十门，一五厘炮十门，八.八厘炮四门，八.八厘高射炮四门，机枪二架，发射管五〇厘者四门。马力五二,〇〇〇匹，速力二五.五浬。一九一一年进水，制造所德国Blohm & Voss公司。在大战中，曾触五次水雷，虽大受损害，而终免沉没。复于一九二六年十二月，与法国Saint nazaire造船所订立改装契约，拟在土耳其Ismid着手修理，但以对于收容此巨舰之浮坞，未曾完备，因之至一九三〇年，尚未能改装完成。

土耳其除Yavouz战舰外，尚有巡洋舰二艘，一名Hamiduh，排水量

---

〔1〕即阿尔巴尼亚。

三八三〇吨，长一一二米突，幅一四.五米突，吃水五.三米突。装有一五厘炮二门，七.五厘炮八门，发射管四五厘者二门。马力一二〇〇〇匹，速力二二浬。进水为一九〇三年九月，制造所英国Armstrong公司。一名Medjidieh号者，排水量为三三〇〇吨，长一〇一米突，幅一二.三米突，吃水四.九米突。装有一三厘炮六门，七.五厘炮四门，发射管未详。马力一二〇〇〇匹，速力一八浬。进水为一九〇三年七月二十五日，制造所为美国Philadelphia市Cramp公司。

Hamiduh号能搭载水雷七十个，故可作为布雷之用。今以候补生之此舰中练习，故亦可作为练习舰之用。Medjidieh号在大战中，于一九一五年曾在黑海触俄国水雷沉没，而由俄国海军捞起修理后，改名普尔特号。至一九一八年德奥陆军包围Sebastopol时，再入土国之手，于一九三〇年改装锅炉等，现仍照旧使用。

土耳其尚有鱼雷炮舰二艘，即Peik Shwket与Berkisatvet二舰，排水量一〇一四吨。长八〇米突，幅八.四米突，吃水四.五米突。装有八.八厘炮二门，三.七厘炮四门，发射管四五厘者三门。马力五一〇〇匹，速力二二浬。进水年月为一九〇六年十一月，制造所为德国Kiel Krupp's Germania公司。

以上二舰于一九一五年曾受英国潜艇F十四号鱼雷袭击，搁浅于砂礁上，后经捞起修理，使用至今日。每舰各能搭载二十五个水雷。

驱逐舰四艘，均系意大利型之最新式舰，舰名Kocatepe、Adatepe二艘，排水量各一二五〇吨。长九七.七米突，幅九.四米突，吃水二.九米突。装有一二厘炮四门，四厘高射炮三门，机枪二架，发射管五三.三厘者六门，马力四〇〇〇〇匹，速力三八浬。进水年月为一九三一年二月、一九三一年三月，制造所为意大利Ansaldo公司。舰名Tinaztepe、Zafer二艘，排水量各为一，三五〇吨。长九四.二米突，幅九.二米突，吃水三.四米突。备有一二厘炮四门，四厘高射炮二门，机枪二架，发射管五三.三厘者六门。马力三五〇〇〇匹，速力三六浬。进水年月一九三一年七月、一九三一年九月，制造所为意大利Del Tirreno公司。

备考：以上二舰，与意大利之Turbine级大体相似。

鱼雷艇三艘（法国型之旧艇），即Samsun、Basra、Tasoz三舰，排水量各二九〇吨。长五六米突，幅六.三米突，吃水二.八米突。装有六.五厘炮一门，四.七厘炮六门，发射管四五厘者二门。马力六〇〇〇匹，速力二九浬。进水为一九〇七年，制造所为法国Bordeaux、Creusot公司。

潜舰四艘，均为最新式舰，舰名Sakarya者，排水量为六一〇一九四〇吨（水上与水中之排水量）。长五九.八米突，幅六.二米突，吃水四米突。备有一〇.二厘炮一门，机枪一架，发射管五三.二厘者六门。马力一六〇〇一一一〇〇匹，速力一六浬一九.五浬。进水年月为一九三一年二月，制造所意大利Monlfalcone。舰名Dumlapinar者，排水量为九二〇一一一五〇吨。长七三.五米突，幅八米突，吃水四.四米突。备有一〇.二厘炮一门，机枪一架，发射管五三.三厘者六门。马力三〇〇〇一一〇〇〇匹，速力一七.五一九浬。进水年月为一九三一年三月，制造所意大利Monlfalcone及Trieste公司。舰名No1、No2者，排水量五〇五一六二〇吨（水上水中）。长五八.七米突，幅五.八米突，吃水三.五米突。备有七.五厘高射炮一门，二厘高射炮一门，发射管四五厘者六门。马力一一〇〇匹，速力一三.五一八.五浬。进水年月为一九二七年二月一日、一九二七年三月十二日，制造所荷兰Feijenoord公司。

备考：以上中之Sakarya号，又作为布雷舰之用。

土耳其除上述之舰外，尚有测量舰一艘，扫海艇三艘，布雷舰一艘，海洋拖船一艘，快艇二艘，发动机艇十六艘。

当欧洲大战未发生时，土耳其曾在英国Vickes公司，定建有二万三千吨之连斯哈狄伊号一艘，后英国改名为Hillin号。尚有南美某国在英国定购之二万七千五百吨战舰一艘，中途已改由土耳其购入，定名为萨尔吞奥斯孟一世号者，亦于大战开始后，为英国没收，改名为阿琴克特号。设使此二舰今日仍在土耳其手中，则其海军决不至如今日之薄弱势力。惜哉！

英国对于海军根据地之整顿[1]　　张泽善

英国属地遍于五洲，其海军分布全球。故欲使舰队有效，并得到处运用，不可不有设备完全之根据地，位于英帝国交通线适宜之处，以供军舰修理补充之需。英国海军根据地原不缺乏，但自大战以后，除新加坡一处外，大都皆中止发展，其一部分原因，虽为国际限制军备协定之订立，然大半则为节省经济，是以缺点重重，非短期所能弥补。最近地中海之危机，将英国在该海东部战略上之弱点，暴露无遗。世人皆认该处为英帝国防御组织之第一要害。英政府自兹所得之教训，立即决定将摩尔太岛之防务，加以彻底革新。同时与埃及当局商妥，在亚历山大里亚设立舰队补助根据地。在形势危急之十个月中，摩尔太及其他地中海军港之防务，业经大事改良，海陆空军曾密切合作。关于防护碇泊所之临时设施，以及海空军应付敌方行动之方法，颇著伟绩。海军方面，曾于去年八月成立关于地中海根据地防务之应急机关，其中工作人员约有海军军官与陆战队军官一百员。当时所取之方法，乃使该根据地得免侵略，而获相当安全。现正发展上项计划，俾得永久适用。

但英海军岸上设备，正在从事改良者，非仅地中海一隅也，本届海军预算，有国内外海军工厂及建筑物之费二百八十一万一千二百镑，较之去年同一预算费增加六十万镑。其最大一项，即为罗西斯区之改良费八十五万镑，大部分准备用以设立新兵训练所，以供广增新兵之需。

过去若干时，英国在弥尔福港，曾有重要海军工厂之进行，今已发觉该处

---

〔1〕此文发表于《海军杂志》1936年第9卷第3期。

正在建筑水雷库一所，预计共值七十七万三千六百镑。弥尔福港将来虽或有恢复以前状态，充为舰队根据地之可能，但选择彼处为新库之基址，大抵系受军需中心西迁之政策所影响。此外英政府并将用十万镑，以设置其他水雷库及港口防御水栅机之贮藏设备。

直布罗陀之第一号船坞，今年正在开始展宽，该坞现长八百六十三呎，宽九十五呎，在船坞户限之深度于满潮时，几达三十九呎。依照目下情形，此坞似嫌狭窄，不足容纳英国主力舰与大型飞机母舰，但其宽度若增加二十呎，则英海军任何巨舰，俱能容纳。展宽之意，显在于斯。在此可以附带提之者摩尔太已有浮船坞一座，长九百六十二呎，宽一百四十呎，最大之舰，咸能进坞。

至于新加坡，自英海相最近之演说观之，即知新根据地之工程大有进步，能容任何军舰之浮船坞一座，已配足员额充役。一百五十吨之浮动起重机一架，及临时工厂均在运用，从事修理舰船，码头壁现已筑成，供舰船停靠之用。巨大干船坞一座，在构造上，业已完工，同时能容最大舰船两艘。新加坡根据地之总预算，经修正后，定为九百二十万镑，尚余一百八十二万六千镑，留待一九三六年及将来各年度使用。今年追加预算内，增拨二百万镑，以充新加坡根据地经费，将用以赶速完成码头仓库及军舰装粮之用所，并用以购置挖泥及造船所之设备，现经拨用巨款建筑海军戍兵营所矣。英海相曾郑重声明新根据地之重要，谓英帝国政策之基本原则，在完全保护远东门户，全部帝国皆要求新加坡应成为帝国防御组织最强固地点之一。海相对于摩尔太及新加坡极为注意。海部现正考虑帝国根据地之全部问题，及最优保护方法。

香港系位于华盛顿条约不设防条款所包括之区域以内，近来除新建军械库外并无其他重要设施。在此应加注意者，该约系于今年底满期，倘非经英美日三国共同改订设防条款，将来则香港成为海军根据地之问题，必大有考虑之余地。

据英国许多海军军官之意见，英国现在澳洲洋面，并无大型船坞，足以容纳其国现有主力舰，使非积极设备，以便军舰进坞，则英国在太平洋之战略上地位不能巩固。此事在广义上，虽与英帝国全部有关，但其主要厥为自治领地政府内部之事，听其自行决定。英人皆望明年帝国会议，将迅速解决将来太平洋船坞收容力之问题也。

南非政府国防部长毕罗氏最近之往英国，证明英帝国防御政策有远大之变更。因毕罗之游英，闻与发展南非联邦港口船坞以及一般海运设备有关，故一般人士皆以好望角大约将成为一等海军根据地，及雄厚舰队之永久司令部，该队将以现在地中海服务之舰组成。此项报告，迄未证实。且实际上与海相最近之宣言相背驰，海相谓地中海舰队，不但仍留原处，且准备改良根据地设备，以增实力。众信英国与南非政府最近之交换意见，乃关于英国一旦与地中海强国发生冲突时，则英国常用地中海航路之商船，将改由好望角而达远东。在兹想象之环境，不得不改变贸易航路，因以武力维持西西里与突尼斯间之狭窄水道，自为不可免之事。而使巨量非战斗之商船，获得充分安全，则为另一问题也。就英人之见地而言，掌握地中海霸权，在政治上、军事上虽甚重要，顾非为英国家生存之绝对需要。因如至无可奈何之时，自东方输来之粮食物品，纵经远涉重洋，辗转需时，但仍可经过好望角而达英国也。

英国内若干造船所之前途，自成为其政府注意之问题。因德国重整军备之故，北海形势为之一变，致令业经停用多年之罗西斯大造船所，将重行开办。因该处为英国东岸唯一设备完全之根据地，可供大舰出入。在欧战以前及欧战时期所设立之制造厂，历时既久，自已损坏，将费巨款加以整顿，使其再有全部工作之能力也。

由历史上观察英国海军之动向
与英美合作问题[1]　　晨　园

英国海军所负国家之使命

英国昔以海军之不断争斗而成为领土遍世界之大国，今则以海军之紧握海权而维持其领土之统一，故英国国脉，向由海军负之。所谓海军削弱之日，即英国灭亡之秋，非虚语也。然英国国运之所以日臻强盛，固由于自国海军之伟大力量，而观其历次与邻近强国之争夺战，无一次不利用乙以制丙，或利用丙以制乙，俾他国海军常为己用。凡斯传统的捭阖政策，数百年来如一日，昔日之所以开拓其国度者以此，今日之所以保持其国度者亦以此。兹试由历史上加以检讨，而一一缕述之。

英国联合荷兰之对西班牙战

一八五五年西班牙国王腓力二世以大小舰船一三〇艘编成无敌舰队，搭载兵员三万，向荷兰进攻。英国知西班牙于击破荷兰之后，必回戈攻英，即决心助荷。当无敌舰队在英法海峡进航中，举其舰队屡次与之交战。是年八月趁西班牙舰队停泊于荷兰海岸格纳威林肯（Gravelingen）之际，猛力向其攻击，使之大受损害。西舰队迫不得已，乃迂回苏格兰北方，拟遄返故国，适会暴风雨，所受之损失尤甚。

以是之故，西班牙之号称无敌舰队，以英国之联合荷兰迭次袭击，而趋于微弱。至一六三九年终于在端斯（Downs）为荷兰舰队所全灭。于是英

---

〔1〕此文发表于《海事月刊》1936年第9卷第9期。

国向感重大威胁之强敌西班牙，一蹶不复振，而英国国运之隆盛，遂于兹开始。

英国联合法国之对荷兰战

夫狡兔死，走狗烹，西班牙海军虽灭，而荷兰海上之贸易犹盛，不去此眼中钉，英国决不能雄飞海上。一六五一年，英国克林威尔颁布航海条例，藉以排除荷兰对于英本国及其殖民地之贸易，其结果引起自一六五二年至一六五四年之第一英荷战争。英国利用其天然之地势，封锁荷兰对于北海以西之贸易。荷兰则以优势军舰，护卫其商船队。英国又用军舰，捕拿其商船队。在英法海峡，起屡战斗。

至一六五四年，英荷两国始在韦士敏士德（Westminster）缔结和平条约。然此不过为一时之休战，因荷兰之海上贸易，尚未扑灭，英国终不甘心。一六六五年至一六六七年，两国再起干戈，此为第二英荷战争。战争起因，据英国海军司令官满克（Monk）极露骨之公然表示，谓英国有夺取荷兰商业之必要。斯时法王路易十四，意欲英荷两国之长期争斗，而两败俱伤，藉收渔人之利，对于交战国，特持首鼠两端，不作左右袒之态度。战争之幕，由于约克（York）公爵之封锁荷兰海岸开始。其洛威斯它佛德（Lowestoft）海战一役，荷兰军不利，司令官华雪瑙（Wassenaer）死之。自从舰队之总指挥，由鲁韬（Ruyter）将军代理执行。在一六六六年六月世所称之四日海战，鲁韬大发挥其战术之手腕。又如是年八月，北佛兰（Nort Foreland）一役，以其部下之不听调度，结果致遭失败。然在海战中，鲁韬亦得以发挥其伟大之智勇，而永留令名于后世。至一六六七年之夏，彼又大举迫泰晤士河，致使英国束手无策。惟荷兰于海上虽占胜利，而因国家经济的疲惫，希望停战之心甚切，是年八月，在布勒达（Breda）缔结和平条约。

英国对于荷兰虽经过两次之长期战争，仍未与以大创。一六七二年，更开始第三英荷战争。此次战争，英国运用其外交手腕，引诱法王路易十四，以荷兰为敌，而援助英国。在海上由英法联合舰队以攻击荷兰舰队，而在陆上则由路易十四大举进攻荷兰国境。一六七四年，英荷两国又缔结韦士敏士德和平条约，英国在该条约上所得之利益甚大。

英荷两国虽恢复和平，法国对荷兰之敌意未消，依然在海上继续争斗。而发起战端之英国，反袖手作壁上观。法荷双方数次交战之后，荷将鲁韬终于战死。荷兰地中海舰队，遂在巴勒摩（Palermo）港受袭击而归于全灭。

自是以后，向来支配世界海上之荷兰舰队，至丧失其地位，完全由英国起而代之。故当时之评语曰："英国之巡洋舰，形成曳航荷国之轻快舰。"

百余年间之英法轧轹

如上所述，英国于一六〇〇年一举而屠西班牙，一七〇〇年又驱逐荷兰之海上贸易，其次所当排除者，则为法国之海上势力。

英国当击灭西班牙舰队之际，与荷兰联合，而击破荷兰舰队之时，又求法国之援助。今欲征服法国，仍非单独行动所能为力，于欧洲大陆，有急需同盟国之必要。适其时法国之莱茵地方，抱有野心，遂促成英国获得同盟国之绝好机会。

世称法王路易十四之掠夺战争，之法尔次（Pfalz）王位继承战争中，荷兰又甘心受英国之颐使，与之联合。自一六八八年至一六九七年与法国之海上交战者不止一次。其中如一六九二年六月二日法国舰队在近于拉哈格（La Hague）停泊中，为英国之舢板队所夜袭，以致打败。其精神的所受之影响，卒开英国打破法国海上优势之端绪。

自一七〇二年至一七一三年为西班牙之王位继承问题，英法两国虽启纠纷，惟尚无重大海战，英国海军概以战略的政略的压迫法国海军而已。至一七〇四年，英国占领直布罗陀，其舰队侵入地中海，自后扼守地中海之咽喉，全欧罗巴遂为英国海军所包围。

自一七五六年至一七六三年之腓特烈大王七年战争，英国亦与法国在海上争持者亘及七年之久。因法国改变向来之反哈布斯堡（Habsburg）政策，联合奥国。英国则加入素与奥国为敌之普鲁士，并乘腓特烈大王以其独特之战术与强韧之抵抗，束缚法国之际，在北美及印度，占领法国之广大殖民地。后人谓"亚美利加为普鲁士所征服"，盖即指此事也。

一七五九年十一月英将霍克（Hawke）在吉布纶（Guiberion）击破法国本国舰队。一七六一年英将开伯尔（Keppel）又在比士开湾获得一根据地。由是英

之全部目的已达，再不感同盟国之不要，遂将当时因长期战争而极度疲惫之普
鲁士王，弃之如遗矣。

一考察英法之长期轧轹间，英国之惟一失败，厥为一七八五年北美独立战
争之际。法国及西班牙拟乘机脱其羁绊，两国舰队屡与英国海军交战，致使英
国失去其最大殖民地。然英国虽丧失殖民地，仍能维持其制海权。而法西两
国，徒为他人作嫁，反一无所得。盖法西两国，每事各自为谋，终未能一致协
力也。

迄至拿破仑雄飞欧洲，震撼全局。自一七九三年至一八一五年之间，英国
隐执欧洲之牛耳，操纵大陆各国，与拿破仑为敌。一八〇五年纳尔逊之于特拉
法加一役，与法国在海上以致命的打击。自特拉法加海战后，英国已完全获得
其最大目的之海上权，由是施行海上封锁，虽以拿破仑之雄才大略，亦无能为
役，终被流窜以死。

克里米亚战争

俄国之欲伸伸其势力于地中海，为彼得大帝以来之夙志。至尼古拉一世时
代，乘土耳其内政纷乱之际，愈思达到其宿望。彼于一八四四年访问英国，曾
语女皇维多利亚曰："我朝廷关于土耳其，向有二说，一说谓彼国今将濒于灭
亡，一说谓彼国既已灭亡，要之彼国之命脉，危在旦夕，则为事实。"则其视
土耳其为俎上肉，已昭然若揭矣。

一八五三年，俄国竟向土耳其公然要求"凡在土耳其全国内之希腊正教
徒，应受俄国之管辖保护"。土耳其对此要求，为之大哗，彼此交涉无效，两
国终于开战。

英国以俄土战争，土决非俄之敌，土被击破，则俄之势力及于地中海，英
国之海上交通将至感受最大威胁。乃与法国同盟，共同援助土国。一八五三年
十月二十二日，英法联合舰队通过鞑靼烈尔海峡，已而通过坡斯坡罗斯海峡，
扼守黑海之咽喉。其时俄国并无与英法开战之意，犹诘责英法联合舰队开入黑
海之理由，且询问是否将援助土国。一八五四年一月，两国直率答覆，断然援
助。是年三月二十七日，即公布对俄宣战，斯即世所称之克里米亚战争也。

战争结果，俄军不利，乃于一八五五年四月二十七日，缔结巴黎媾和条

约，该条约之重要条件如下：

黑海作为中立，永久禁止各国军舰之航行，土耳其及俄国均不得在黑海沿岸设立海军造兵厂。为海上之警备，除轻小之武装船外，不得用一切战舰。

确认信教之自由，凡在土耳其领内之基督教徒，应与回教徒相等，保证其身体财产之安全。

根据此项条件，俄国南下之野心，终被英国联合法国以武力制止之矣。

日俄战争与英国

俄国虽未能得志于地中海方面，然于亚洲拥有广大无边之领土，而且与英国领土接壤。对于由土耳其、波斯、阿富汗国至印度之通路，与印度本身，仍不无威胁。以英国之海军强大，俄国在海上，虽非其敌。惟以俄国为一大农业国，凡事颇能自给自足，英国仅运用其海上权，万难使之退缩，故对于俄国，则与向来之战争颇异，欲挫折其锋，有不能不求助于强大陆军国之势。斯时在欧洲之强大陆军国，自以德国为首屈一指，惟无使与俄为敌之理由。适俄乘我国义和团之变乱，以兵力占领满洲，行将危及日本所欲囊括之朝鲜。英国乃巧为操纵日本，使之冒险与俄决一雌雄。故此役英国虽未直接参加，而发纵指使者英国也。且英对于日本所与财政上之援助尤多。

世界大战

自拿破仑战争后，德国以联邦之统一运动而勃兴。一八四八年之佛兰克福德国民会议（Frankfurter Parlament），高唱德国统一及建设海军之必要。当时意大利政治家富尔之言曰："英国因佛兰克福德国民会议，对于德国之新兴势力，怀有极大之猜疑心。以为德国民族，将破裂欧罗巴之均势而争夺霸权。佛兰克福德国民会议，直率表明扩张德国势力于北海，又大有成就其海国之意。为欲凌驾英国，或与荷兰成立协定乎，否则加以压迫，务于此处得一据点。英国见有此谋策横于面前，其嫉视德国之新兴势力，而抱恶感，宁属当然。"是英国之嫉视德国向海上发展，已蓄于此时矣。

迄威廉第二时代，席卷先人余业，国势蒸蒸日上，果一意向海上雄飞。自一九〇〇年制定舰队法以后，至世界大战勃发时止，海军问题，为英德两国邦交上之一焦点。其间双方协商者，不止一次，终以德国之凌厉无前，不易就范。英国乃与法国捐弃旧怨，与之修好，而成立英法海军协定。英将地中海海权暂时委之法国，集中全舰队之势力于北海以制对德之机先。迨战争一旦勃发，其封锁德国，杜绝其海上交通之方策，应手而成，卒使德国国民经济疲惫不堪，而自行崩溃。

最近之意亚纷争与英国

世界大战以还，英意之关系较为亲密，十余年来，彼此之间，殆少怨言。去岁意大利之所以敢向亚比西尼亚发难者，深信英国不致横加干涉。迄事机爆发，英国乃舍弃旧好，率为天下倡而仗义执言。盖由公言之，国联盟约，一再被人撕毁，无论国际和平之机构，瓦解无存，即英国所倡之集体安全制度，亦毫无意义。而由私言之，意大利并吞亚比西尼亚，英国在苏丹之地位，行将动摇，而苏彝士河之交通，尤被威胁。为公私两方面所交迫，此其所以不能熟视无睹也。夫以意大利之国度与英国较，慕索里尼非超人，万非英国之敌，而英国不以此自恃。始则援引国联盟约，务使法国地中海海军入于自己之怀抱，而同任攻守，终且与沿地中海各小海军国缔结协定。凡斯目前之事实，当为世人所共睹，尤无赘述之必要。此事虽尚在进展之中，未见解决，然而意大利之前途，大略大可睹矣。

英美合作问题

如上所述，凡某事件发生有侵及英国之利益，或因某事件发生之结果，洞察其推衍所至，将危及英国之利益者，英国总是千方百计，利用与国立于共同战线上，以期扑灭之，历史上之明训，昭昭不爽。今则英国在远东已遇到最严重之时机矣。百年来所筑成之地盘，将被新兴之势力攘夺以去，英国于此，当然不出于妥协、放弃与抗争之三途。以言妥协，固英国所深愿。惟在满洲事变后莱顿报告书之不值对方一顾，与夫去岁李滋罗斯之在东京碰壁，此路既已不通。更观此次伦敦海会之决裂，尤反映其毫无妥协之余地。夫海会问题与远东问题，本为两位一体。日本人之言曰："今世界政治的、经济的分野，应由三大海军国三分之，即英国之分领欧罗巴，美国之分领美洲，日本之分领亚细亚是也。"此次伦敦海会之不辞决裂，实明示其有三分天下作亚细亚主人翁之决心，其志既不在小，自非口舌所能动其毫末。至于放弃，姑无论百年来苦心经营所得之利益，对方不发一弹，不放一矢，拱手相让，盎格鲁撒逊克民族，恐无此雅量。即退百步言，英国甘心退让，而对方之大欲无穷，今日满洲，明日华北，再明日中原，最后必且及于华南，以如汤如饫雪之势，中国全部果被其囊括以去，则南邻之缅甸、南洋群岛，以及西方之印度，又将"与某某等国毗连而为帝国所关心"。势之所趋，行见澳洲、新西兰、印度均将不保。是其放弃远东利益，冀纾祸于目前者，反种祸于异日，以英国人之深谋远虑，洞察机先，宁见不及此，而遗噬脐不及之累乎。

妥协既有不能，放弃势又不可，计惟有抗争之一途耳。惟言及抗争，因英本国与远东之相隔辽远，战略上优点，几尽为对方所占，非有强大海军之与国，无以致其死命，而此强大海军国之最合于英国之需要者，自以美国为第一。则英之必引诱美国以资抗争，尤为其死活问题。自然，在英美本身，亦自有其错综复杂之关系，利害未必尽同。而且在"九一八事变"后，美国本拟联络英国，共同制裁，徒以英国之认识不清，畏首畏尾，逡巡不前，美国乃改变其积极的态度。知待敌坐大，英国所感受之威胁必较美更为迫切，英既不前，何必单独多事，故仅宣布司蒂生之不承认主义而止，此后并毫无积极的行动。其意盖欲静观英国之自作自受也。兹英国以事机迫切，反来求援，美或抱前此之怨望，以其治人之道，还治其人之身，故意刁难，亦所难料。然而由前之说，凡国际情事，任何亲密之两国间，亦不无利害相反之处，不过一遇共同之目标，横于面前，则轻重取舍之间自知所择，征之英国在欧洲之往事，可为明证。而由后之说，美国决不至因与英国之稍有嫌隙，而放弃其传统之国策。近年来对于东方问题之所以故持冷静态度者，正欲激动英国人之心理，俟水到渠成之日，能切实与之合作，以维持其所首创之神圣条约。然则英美海军合作问题，当被对方所促成而无有疑义。由是言之，中国命运之决定，不在于外力之横加压迫。压迫愈紧，解决之期或愈近。而问题解决以后，能否不至被人处分，实为国家运命之所系。此则须视国人于问题之解决过程中，能有以自见否耳。

英苏海军谈判之探讨^[1]　　立　达

　　在伦敦举行的英苏海军谈判，截至笔者属稿时为止，已正式开过两次会议了。第三次会议定本月四日继续举行，且有到时可望告一结束的消息。这虽然不是近来国际间顶重要的事件，但也总不失为一件具有若干重大意义的事情吧。

　　这回英苏海军的谈判，是英国主动，而经苏联同意它的邀请才开成功的。一般说来，苏联并不是一个海军国，为什么这"海上之王"的大英帝国，现在却要拿苏联来做谈判的对手呢？不用说，它是抱有某种目的的，然则这目的又是什么呢？这些问题，是我们首先应知道清楚的。

英苏为什么要有这一回谈判？

　　要清楚地理解这一谈判产生的来由，现在我们不妨把眼光一直回顾到一年前去。

　　一年前，就是说一九三五年六月，英国与德国间曾经成立了一个英德海军协定。依据这个协定，德国的海军总吨数，规定只能有英国的百分之三十五，再不能超过这个限度。表面上看来，英国海军已对德取得法定的优势，这是英国的胜利。然而，若是深入一点加以观察，则真正胜利的倒不是英国，而是希特拉。话怎样说呢？

　　我们大概还记得，希特拉曾经于去年三月间正式宣布废弃凡尔赛条约军事

――――――――――

〔1〕此文发表于《苏俄评论》1936年第10卷第6期。

条款，实行重整军备。可是，那只是他单方面的废约行动而已，显然是违反条约的义务的。但把这种行动合理化的，就是上述的英德海军协定，它正式承认德国有恢复军备的权利了。这难道不是希特拉所欲而求之不得的吗？这一点，英国这老狐狸精岂有不知道的道理，它是明知故纵的。大家都知道，战后英国一贯的政策，是扬德以抑法，尤其是在组织反苏的十字军，而希特拉却恰好是它认为合意的选手。

英国既然已纵容德国，让它好有大队舰队活动于波罗的海而以列宁格拉为目标，那英国为什么现在不可以（正确地说是不需要）再来一手，使有被侵略可能的苏联海军也受同样限制，致其不能有比攻击力较大的防御力呢？这是最主要的一点。

其次，我们跟着且把目光移到两个多月前才成立的英美法三国海军协定上边看一看吧。这个协定，它的主要内容只有两点，那就是"建舰通知"和"质的限制"。这里头，要找出"军缩"的意义是很困难的，更何况日意两国并没有参加，这又使得签约国都提出保留的附件，声明若非签约国开始建舰竞争，则协定就自动不发生效力。结果，这简直是等于一张废纸而已。然而，就以这空洞的限制而论，英国也是不肯放过苏联的。它要苏联也一样要有条约的约束，如果它自己一天受着条约的约束的话。这是第二点。

依据客观的分析，英国之邀请苏联举行海军谈判，其动机不外乎上述两点。再者，苏联的国力，由于第二个五年计划的提前实现，是惊人地大大增加了；为了东西两黩武国的威胁加深，国防的设备，因之更以加速的速率完成起来。苏联国防力增加一分（虽然它只是防御性质的），无疑的就是表示资本主义世界的势力相对的减弱一分。英国又哪里能够坐视呢？

谈判的是些什么？

由于上述的动机，英国只抱着一个目的，那就是"在于成立一双方条约"。这条约的内容，依英国的亦欲，将是怎样呢？这可从英国政府所持的态度看得出来，那就是：

（一）探询苏联对于英美法三国海军协定所抱的见解；换言之，即在企图缔结英苏双方条约，将伦敦海军条约中之质的限制与预先交换造舰程序之规定，并合于双方条约中。

（二）依据去年六月间所缔结之英德两国海军协定（德国海军吨位定为英国吨位百分之三十五），而与苏联订立同样的协定。（见哈瓦斯电、路透电）

英国方面发言人曾一度宣称，"双方谈话，与量的限制无关。"现在就上面的看来，果真是"与量的限制无关"么？

不用说，苏联方面自然也有它自己的立场的。关于此，苏联著名政论家拉狄克在《伊士维斯栖亚报》上发表了一篇文章，里面说：

"苏联必须重建海军，使能防卫国家，抵抗公然宣布及苏联战争计划各国之新兴海军。然而苏联仍愿接受英国政府之建议，谈判限制新建舰质，规定战舰、巡洋舰之吨位及大炮口径。显然，此种苏英协定，其成败将系于德国是愿与英国缔结同样的条约。"

"苏联之第二保留为远东方面……苏联在与日本成立协定以前，不能讨论远东军舰质的限制问题，亦不能讨论报告远东海军军力问题。"（塔斯电）

不错，他这些意见可以说是苏联的代表意见，因为他能够洞察国际的情势，深深体认出本国国防上的必要。据路透社探悉，这两个保留条件，在开会十日前已正式以出面送交英国外交部了。

苏联之所以特别提出这两点作为保留条件，无非是为着自国的安全，以防止东西两军事冒险家的袭击；"它所赖于舰队者，仅在防止"，并没有丝毫攻击的意味。这在苏联方面是最低限度的要求。然而在英国看来，却不啻是针锋相对的对策了。英国的宣传机关如路透社，屡屡放出消息，不是说"近今订成之伦敦海军条约，其或可为此海军谈话之障碍者，唯不建造八千吨至二万吨间之军舰一款耳"，就是说"其唯一障碍，厥为伦敦条约中不建造八千吨至二万吨之军舰一款"，好像除了这一点，便可万事皆了的样子。其实这倒是无关重要的问题，因为苏联并不要向谁侵略，只要大家同意，它甚至赞成全部解除军备的。打开窗子说亮话，成问题的，这也就说是英国认为不能同意的，就是苏联所提出的两个保留条件——特别是后者。因为英国以为"苏联虽已提出要求波罗的海该国舰队，当与德国舰队并驾齐驱，但一时断难达到平等地位，以故苏联海军，在若干时期内，当不足为德国之患"。（哈瓦斯电）然而"英政府对于第二条保留（按即指苏联远东舰队不列入讨论范围一条而言——笔者）不予

同意"，因为"如英国承认苏联保留，则使人发生英国承认苏联舰队可在远东海上自由行动之误解"。（路透电）

这已经说得很够了。苏联海军一时不足为德国之患，还可以暂时将就一下；若苏联舰队可在远东海上自由行动，那就不能承认。英国的用心不是表现得十分明白了么？

谈判的前途将是怎样？

自从上月二十五日开过第二次会议以后，因为苏联代表团须向本国政府请训，谈判决定于本月四日继续进行。现在，第三次会议也果开过了，结果，"双方意见仍有参商"，因"苏联仍坚持原来主张"（哈瓦斯四日电）。但据同日路透社电传，则"讨论双方质的限制条约之全部范围，闻已获有满意之进步"。总之，谈判仍有待于今后的谈判，却是千真万确的事实了。

那末，今后谈判的发展趋向将是怎样的呢？

上方一再说过，苏联的海军正如它一切的军备一样，是并不含有丝毫攻击性质的。它所提出的保留条件，亦是为着防卫本国的最低限度的要求。苏联方面最大限度的让步，恐怕只能是"缔结欧洲海军军备质的限制协定"（拉狄克）吧。其实，问题的关键，倒是在于日德方面的啊。

我们先看德国。最近德海军部公布了海军舰队表，里面有军舰九艘是秘密建造，前所未知的；质的方面，也有许多地方与英美法三国海约相抵触。英国报纸也认为"乃希特拉元首之惯技，即以既成事实置于各国之前"，而表示不满之意。德国既如此，要苏联承认三国海约所约束的，实在是不可能的。至于日本，它现在根本就没有参加海约，更没有丝毫意思要和苏联缔结海约。它的海军新预算已突破八万万元，只是拼命地在进行造舰竞争。连英国自己也承认"质的限制之运用，当然将视日本之态度而定，亦犹伦敦条约之本身须视日本造舰程序而发生效力"（路透电）。那还有什么理由要苏联在日本的严重威胁之前解除自己防卫的武装？

综合起来看，英国既然除了为着保持本国海军的优势之外，还抱着某种意图而欲苏联和它缔结协定，而苏联却又坚持自己的主张，不肯入彀，那结果将只能是一个不了了之的僵局。不过，若英国能适可而止，则如哈瓦斯四日电所传"此际谈话趋势，苏联主张（即英苏未来海约，仅适用于欧洲方面），似占上风，将来解决途径，似当以此为根据"，或有可能也未可知。不过，这亦有待于客观情势的决定。

英俄缔结海军及借款两协定^[1]　松　山

英美法三国海军条约于本年三月二十五日签字后，依照该约附件所规定之英俄海军谈判，亦于五月十日在伦敦举行，各情均志前载。现英俄两国海军谈判已于七月三十日成立协定草案，不日即将正式签字。同时，两国复于七月二十九日成立英金一千万镑商业信用借款协定，以便苏俄发行债券，向英国购买货物。英俄邦交之好转，此殆其兆朕欤？

英俄成立海军协定

英俄两国，自本年五月二十日开始海军谈判以来，至七月三十日始行成立协定草案，英国政府即以草案内容，分别通知华盛顿海军条约各签约国（即美法意日四国）暨德国、波兰两国，其大要规定：（一）两国造舰程序，互相通知之办法；（二）各项质的限制办法；而以主力舰吨位，不得超过三万五千吨一项，尤为重要。按英俄两国海军协定成立之后，不但英德两国海军谈判，可以加速进行（德国系待英俄两国成立协定之后，始与英国进行谈判）。又英国与波兰两国之谈判，可以较易着手。即此后意国对于英法美三国所签订之伦敦海军条约，自亦易于签字加入矣。

关于英俄两国海军协定，据伦敦海军界人士宣称，两国目前仅在原则上成立协定，当俟他国，尤其是德国表示赞同之后，始可实行生效。又据负责方面所知，英俄两国协定，对于太平洋方面，另有条款，但其内容，现尚未悉。按

---

〔1〕此文发表于《外交评论》1936年第7卷第2期。

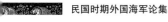

英俄两国，前于五月间开始谈判之后，苏俄代表曾称，日本对于伦敦三国海军条约所规定造舰程序相互通知及各项质的限制办法，拒不接受，则苏联所属之太平洋舰队自亦不能适用此项办法。此外，苏俄拟建造甲级巡洋舰（一万吨）六艘，故对于三国海军条约所载，此项巡洋舰停止建造之条款，亦表反对。当时英国代表，即答以英美对于日本所处地位，正与苏俄所处者相同，此际日本对于海军条约虽拒不签字，但在事实上，或当遵守该约各项条款。至于万吨巡洋舰，苏俄如定欲建造，将使德日两国起而效尤，以致引起造舰竞争。该两国造舰能力，非苏俄所能望其项背，故就苏联言之，实以不造万吨巡洋舰为宜云。一般人相信以为英俄两国现所成立之海军协定，系属附有条件的，以故苏俄对于上项见解，至少维持其一部分也。

千万商业信用借款

英俄成立海军协定之前一日，两国于七月二十九日成立一千万镑商业信用借款协定。据英国商部大臣任锡曼（Walter Runciman）七月三十日午后在下议院宣称，此项协定，系由本部出口信用担保司与苏联商务代表，会同商定。借款总额，定为英金一千万镑，俾苏联得用以向英国工厂定购货物，惟军火一项，不在其内。至于货款，则由苏联陆续发行债券，加以偿付。债息常年五厘计算。苏联政府当于一九三七年九月三十日以前，开始定购英货。苏联代表并已切实允诺，准于每次成交后，三十天内，用债券付清货款云。此外商务部出口信用担保司代表，亦向新闻记者声称：苏联政府所发行之债券，当由英国各银行予以承兑，而不拟交由证券交易所承兑云。同时苏联商务代表亦声称，苏联工业设备，虽有进步，然政府仍拟与外国商借长期借款，而以信用方式购买外国货物，特其条件，（一）须纯金融性质；（二）利息不得过高耳。至于应向何家工厂订购货物，定货合同，应具何种条款，则选择之权，仍由苏联政府操之。渠相信现所成立之借款协定，可使英俄商业关系愈形稳固，且日益发展云。

按此之由来，原于英国商界人士，鉴于德国对俄贸易数字，较前锐减，故自本年一月以还，即主张以购货便利，畀予苏联，藉以利用时机，推广英国出口贸易。英俄两国，即于是时开始谈判，迄至最近始告成功。政界人士以为借款得告成立，乃系英俄两国在政治上互相接近之朕兆云。关于此项借款，证券交易所人士谓，近来国内贸易状况，萧条不振，亟应推广出口商业，以资补救，故借款成立，确有理由可言。此在银行界人士，则主张借款一部分，当用以清理帝俄时代欠英旧债。伦敦苏联人士谓该国国外贸易人民委员罗森霍尔近曾就国外贸易新政策发表宣言，声明外国货款，凡与下列条件不符者，概当拒绝。即（甲）债权者系私营公司；（乙）年息在六厘上；（丙）期限在五年以下。今兹借款条件，实与此款政策相吻合云。

英苏海军协定与远东[1]　　凌遇选

一、"更上一层楼"的英苏关系

从来就以反苏战线领导者自居的大英帝国，怀着亲德抑法和日敌苏的锦囊妙计，左右了大战以后的欧亚政局。可是自从今年六月蒙德娄会议以后，出乎意料的英国竟然一变其传统的反苏政策而有亲法苏而远德日的倾向。虽然它的转向，还不致产生对付德日的强力外交，可是这举动在英国外交史上，无疑地要占很重要的一页，尤其是它对于远东政局的影响，更不容丝毫忽视。

记得在蒙会未开始以前，柏林的《政治月报》（*Zeitshrift für Poltik*）在《鞑鞑尼尔的今昔》一文中曾经预测，这海峡问题只是英苏两国间的角逐，说"英国想利用土耳其的恢复海峡设防，来限制苏联黑海舰队的自由出入地中海"，他的理由不外两点：一是历史的原因，举出一八〇九年与一八六四年英苏两度争夺海峡的故事，一是现实的原因，说明洛桑条约后十四年的苏联海军，已非一九二三年时的实力可比，为欲防止苏联海军之侵入地中海，则海峡问题在所必争。可是事实每每与理想相背驰，上面很合情理的推测，竟会碰到意外的失败，英国起初虽然反对新海峡公约予苏联以从黑海调遣苏联海军至其他驻地及由他处调至黑海的权利，并且也反对苏联以新海峡公约并入国联规约范围内的要求，但是经过几度的折冲，又加艾顿与斯太林的一晤，英国终于对苏谅解，新海峡公约于七月二十日安然签订，鞑鞑尼尔海峡，竟在英苏土善意谅解之下，成为法苏同盟的工具，阻遏德国东进的雄图，这划时代的外交转向，实不

---

〔1〕此文发表于《中外月刊》1936年第1卷第10期。

能不令人吃惊。

不仅如此，在新海峡公约签字后不久，英苏借款协定也随之成立，该协定在七月二十八日由苏联驻英商务代表奥柴斯基（Ozersky）与英国出口放款部部长尼克生（Nixon）签订，债额一千万英镑，期限五年，债息五厘半，以供苏俄在英购货之用。虽则声明军火品在限制购买之列，似乎与军事政治少有关系，可是我们怎知道这两国经济合作不含有其他作用。诚如法国《新时代报》所谓："吾人深信英苏借款协定，乃为此两大国家经济关系广大发展之一起点。此种经济合作，不得不认为英苏两国将在各国际事件作更密切之合作，因两国均正渴望集体安全组织与和平之得保证也。"则借款协定之足以显示两国政治上之接近亲善，大概可以没有疑问。

接着在七月三十日，伦敦又传出英苏海军协定草签的消息，一时国际间空气突形紧张，尤以德日两国，大感威胁，反对声浪甚炽。可是"既成的事实"很少能够挽回，英苏的"亲善"，终于无法破坏，到最近十月二日英苏海军协定终于达到完全妥协。虽然协定的正式调印，还待英德海军会议开过，德国履行一九三六年英美法三国所签订的伦敦海军条约以后，可是，英苏关系的日趋良好，已经显示无余，其影响于远东政局者，当亦匪浅。

二、酝酿成熟的英苏海协

英苏海协的酝酿，远在本年三月二十五日英美法三国缔结伦敦海军条约之时，那时条约所规定的是，主力舰最高吨位为三万五千吨，炮的最大口径为十四时，巡洋舰吨位为八千吨炮口径为六.一时，这时英国就向苏联建议根据三国条约，订立英苏海约，草案上规定两国相互通知造舰程序与三国条约相同。五月间，苏联乃接受建议，与英开始谈判，不过当时苏联主张：

（一）日本对于伦敦三国海军条约所规定造舰程序互相通知，以及各项质的限制办法等拒不接受，故苏联所属之太平洋舰队自亦不能适用此项办法。

（二）苏联拟在欧洲方面建造甲级巡洋舰（万吨）六艘，在太平洋方面建造十艘，故对于此项巡洋舰停止造舰之条款，亦表反对。

但当时英国代表即答以日本对于此际海军条约，虽拒不签字，但在事实上，或当遵守该项条款，至万吨巡舰，苏联如定欲建造，必将使德日傚尤，引起造舰竞争。该两国造舰能力，非苏联所能望其项背，故就苏联设想，当以不建为宜云。英苏意见不能协调，海协因是迁延不能签订。

蒙德娄会议[1]开英苏接近的先河，英苏商业贷款协定，又作英苏亲善的基石，至是英苏海协的谈判，遂急转直下。英苏关系的改善，乃"百尺竿头，更进一步"。

据外电传七月二十九日苏联驻英大使梅斯基（M.Maisky）偕海军参赞赴英外部续商缔结海协事，当日与外务次官克莱奇（Craigie）爵士及海部代表成立谅解，签定海协草案，并将草案内容通知伦敦条约签字国之法、美，以及意、德、波、日等有关国家。据伦敦《泰晤士报》之意见，此种谅解足以促成英国与德国及波罗的海重要国间未谈妥之海军协定。至协定内容，当时所传者有二：（一）两国造舰程序，相互通知之办法；（二）各项质的限制办法其中以主力舰吨位，不超过三万五千吨为最重要。

一直到十月二日，英苏两国对于那草签的海军协定，已经达到完全妥协的程度，不过要发生条约的效力，那还得等两国政府的许可，尤其是要等德国履行一九三六年的伦敦海约以后。英苏海约的内容，与伦敦海约相仿，不过稍有不同之点：

（一）苏联得建造装有七.一吋口径炮位的巡洋舰七艘，以代伦敦条约的六.一吋口径。

（二）苏联对于远东，将有自由活动之权，唯一限制，即不得在远东造舰超过一九三六年海约的限制，换言之，即日本如果超逾条约之规定，苏联亦可效尤。

（三）苏联不准将远东所造任何军舰之超过伦敦海约质的限制者，调往欧洲或黑海，惟关于远东方面之造舰，苏联并无与英国交换消息之责任。

至于伦敦条约的规定，如造舰通知，质的限制，主力舰炮位不得过十四吋口径，在八千吨与一万五千吨军舰之间，设立一种"缺口"，或各为"不建造区域"，将舰龄延长至二十六年，航空母舰吨位自二万七千吨改至二万三千

---

[1] 即蒙特娄会议，于1936年7月20日在瑞士蒙特娄召开，参加国有苏、英、法、土、保、希、罗、南、日、奥等十国，签订了关于黑海海峡制度的《蒙特娄公约》。

吨，潜艇限止二千吨，炮位口径五.一吋，巡洋舰则在条约有效期内，仅能建造八千吨以下装有六.六吋口径炮位者，至其他则凡口径在六.一吋口径以上者，均不得建造等，此种规定，苏联除特别例外外均须遵守。

三、英苏协定的反响

协定草签的消息传布后，首感威胁的当然是日德。据同盟社八月一日的电讯，称"英国藉此协定与苏联约为应付日本造舰计划起见，不适用在远东水面之质的限制造舰通知条款，若系事实，是与日本政府以极不愉快的印象，而日本海军不得不因此更充实强化"。又谓"新海军条约，系英国破坏自己所企图之军缩事业，故日本政府惟有遂行既定之自主的海军国防计划，以资应付而已"。其次德国因知此项协定将准许苏联建造主力舰二艘，甲级巡洋舰七艘，故称德将不予承认，谓前次海军限制之种种努力，将成泡影云。

待至英苏两国对海协全文，在十月二日达到完全妥协以后，首先需要的是德国的谅解，如果它能履行一九三六年的伦敦条约，那英苏的海协，就不成问题。可是德国却仍执意反对，原定十月八日起开始的英德海军会议，亦延不举行。据路透社电：德国驻英代办毕斯麦克氏在十二日送致照会于英外部，对于英苏海协表示不满，谓协定中英方让步过甚，其中最要者，莫过于宽容苏俄以日本为例，如日本违反伦敦海约之质的限制时，苏俄亦得援引。如此则无异纵容苏俄大扩海军，殊与一九三六年三国伦敦条约的原则相乖离。照会中虽未有修改英国海军协定的要求，实则消极的反对，早已有此种暗示。如英国对苏联让步，不予改动，则德国亦将提请修改。苏俄常有表示德俄应受同等的质的限制，因此两国在质的限制上如未能同意，则非特英苏海协无法生效，且英国欲将伦敦海约之原则，推行于波罗的海与斯干的那维亚各海军国的努力，终将成为泡影。即伦敦海约本身，亦将因"梯形条款"之关系而丧失其效能。此外英苏海协之价值如何，还当视日本之能否遵守伦敦海约之质的限制而定，所以关键所在，当视德国与日本之态度如何。

日本对英苏海协本抱反感，因海协成立后，苏俄将在远东方面扩充无限制军备，自予日本以极大威胁。故当上述德国提出照会的消息传布后，日电即作正面的共鸣，陈述日海军界的见解如下："德国在波罗的海现有优势海军，若依英苏协定，苏俄得在该处保持新兴军力，则德国必感受重大之威胁。该协定一旦成立时，若依英德海军协定，德国海军为对英之三成半，则对苏俄海军显必难保优势，因此德国要求英国对于英苏海协定重行考虑。且英苏协定成立时，更将要求公开英德协定，此亦不得不谓为当然之事也云。"于此可见德日对于英苏海协实同具戒心。

四、苏俄海军的现势

苏俄在"一国社会主义建设"的口号下，固然在种种建设方面，立下不少伟绩，不过年来当局在对外夸耀其军事威武之下，独不涉及海军，可见苏俄海军的落后。苏俄的海岸线，比一般的大陆国家都要长，可是它的海军设备却比一般大陆国家差。领海各部在革命后，已呈隔离状态，领海间的联络，要靠他国统治下的海洋，在战略上自然屈居下风。所以要保护领海安全，也很困难。苏俄海军自始即不见健全，世界大战与列强干涉，使得帝俄时代的海军，荡然无存。一九一八年，因为避免德国夺取，曾将黑海舰队之一部自行凿沉，其残余部分则又为受革命军痛击之，佛郎格里男爵诱至法国的卑泽尔达军港，其极东舰队又被斯达克提督诱卖于美国，至此残弱的俄国军舰，遂告全军覆没。其后经五年计划之鼓励，苏联海军始渐有生气。一九三〇年时有军官约千，员士兵约九千，现则官兵合计，已达五万五千之多。

据二十四年底莫斯科所传消息，苏联主要海军力之布置有如下表：

	主力舰	飞机母舰	重巡洋舰	轻巡洋舰	驱逐舰	潜水艇
波罗的海	二	一	一	一	二七	十八
黑海	一	一	一	四	五	十一
远东		一			二	二五
加斯比湾					三	
合计	三	三	二	五	三七	五四

从上表可以知道，苏联海军特别注重于波罗的海及黑海，而在远东则特别注重于潜水艇的设置。自从赤色太平洋舰队司令官维克特罗夫在一九三二年就任以后，专门训练远东潜水舰队。现苏联全部潜水艇数共有七十五艘，

其中六十艘为一九三〇年造，排水量九百至一千吨，四吋炮一门，发射管八门。最近以海参崴海岸为游弋中心的五十艘潜艇，实为最精锐的。虽攻略不足，可是防御则绰有余裕。在今年六月苏俄国防副委员长杜嘉契夫斯基（Tukhachevsky）曾宣称：

> 吾人现正积极建设强力海军，业已集中全力于潜水舰队的发展，今后即将致力于水上舰队的发展，以与潜艇平行。吾国海军必须是立在全武力的一般水上的强有力海军，尤其就海岸防备而言，现正显著强化中。

可见苏联的海军，正在迈步发展中，等到第二次五年计划完成，重工业发展成熟之后，伏罗希洛夫的五十万吨海军计划，未始不能成功。现有海军实力，据英海军记者白华德去年三月在《每日电闻》（Daily Telegraph）所载，有如下表：

舰别	艘数	每艘吨数	装置	速率	备注
主力舰	四	三六,〇〇〇	十二吋炮十八门	二三哩	
新型巡洋舰	四	六,七〇〇至七,九〇〇	五吋炮十五门，高角炮八门，鱼雷发射管十二门	三〇哩	旧巡洋舰全部改装，另装飞机发射机Catapult及飞机各一
旧型巡洋舰	三				
驱逐舰	二七	一,三〇〇	四吋炮四门，发射管九门	二八——三〇哩	
水雷艇	七〇				

上述的数目，虽然有限得很，可是我们试注意它积极扩张的企图，那前途的发展，岂容忽视。诚如伏氏所谓"吾人着手施设海军对策，系因绝对必要所驱使"，那苏联海军之不甘落后可知。此次英苏海协成立谅解后，苏联政府更着手扩充海军计划。现潜水艇队，均集中于克仑斯特茨德及乌拉齐阿斯特茨克两根据地，新锐的五十艘潜水艇就在后面这根据地，阵容特别严整，准备着非常时的到临。且现在海军资料的供给，已因第二次五年计划重工业发达之结果较前更见充裕，可以不必仰赖外国，故前途发展，当更能顺手。现预定之

计划有二：（一）增设太平洋及哈巴诺夫斯克两舰队，及黑海里海各战斗队；（二）建筑沿海岸线坚固要塞，充实空军设备。这样看来英苏海协后的苏俄海军设备，无疑地将有加速的进展。

五、英苏海协予远东之影响

英国在远东利害最切，在华投资与对华贸易，都居首位。它的一举一动，无疑的关系于远东政局不浅。过去日本在华侵略政策的进展，大部分要归结于英国外交政策的暧昧，否则，处于英美俄三国胁视下的日本，又哪敢目空一切，横行无忌！英国保守党的短视，总以为日本之占有满蒙，可以促成日苏的大战，它哪里料到星星之火，竟会燎原！从东北一直而扩张至南北中，难填老饕的欲望。它又哪里料到养虎反以伤身！非特反苏愿望没有达到，况且威胁到自己在华的生存。日本在中国的迈步，给英国保守党人一个当头棒喝，这也许就是这次英苏海协签订的基本要素。固然这次英国之所以对苏再三退让，另有其欧陆方面的原因，就是英国本想独霸地中海，而因意国吞并阿比西尼亚后，意国势力的增大，又加最近德意法西斯势力的活跃抬头，遂不得不援引横跨欧亚的苏俄，一面分意国之势，一面威胁德国，想依然维持它霸主的地位。不过，据我们的观察看，此次海约的目的，与其说是牵制德意，毋宁说是恫吓日本。

因为英国要顾全北欧乃至其他部分的安全，而联络苏俄，可是它究竟不能放弃或者激怒德国，来与德意作正面冲突。况且英德海协，早成事实。所以英人为兼顾苏德双方利益，乃由英方向德担保，苏联新创海军，至少有主力舰二艘，甲级巡洋舰七艘，驻在远东。这样一来，苏俄既得扩充远东舰队的机会，而德国又可不至感受威胁，与英德海协自无冲突。如此三方兼利之下，对象当然是日本。其次英苏海协内容，虽系仿照伦敦海约，可是苏俄在远东特别有自由活动之权，质的限制，也可随日本之意向而转移。如是无异于监视日本履行伦敦海约之质的限制。故此次海协，对于欧西部分，犹未脱技术范围，仍受质的限制，以符三国海约；对远东部分，则已超技术范围，对炮位口径，造舰通知，一一解除约束，且更界以对日梯形条款援用权，使相度情势，能为无限之扩张。所以我们可以说英苏海协的主要作用，实在是对付日本。姑无论英国之是否以友好苏联视为一种外交工具，英苏在对日的立场上，已经取得相互间的了解，那是可以断言的。

日本对于英苏的亲善，当然是最感威胁，"不愉快"当所难免。所以它曾竭力地想和缓英日关系，甚至希望同盟的复活。日本议员芦田均博士曾把英国之所以一变阻俄西进与日合作的态度而为亲苏阻日侵略的原因，说明一是英国在华利益的被侵犯，一是日本海军的扩充减弱了英国在南洋马来半岛及澳洲的海军势力，所以他竭力主张英日间要调和合作在华利益，并且要缔结海军协定。他并且老实地说："日本非常害怕英苏美和它成为敌人。日本将另外展开一个新局面设法避免这种危机，希望英日双方交换意见，并且找出两个共同之点来合作。"这很可以反映出日本对于海协的恐惧。日本有田外相当时在解释外交政策时，曾谓"重心在于力行对苏政策，对于南进政策，应该特别审慎。对英力谋友好关系"。当局的意旨，也可以情见乎辞了。

英苏接近之意义，我们也可以从近来中英的亲善上看出。我上面说过，英国远东外交的苦闷与转变，这转变自然予我国有利。虽然它的外交，一向是注重实利，而不是为人着想，但是中英的亲善，依现在的情景衡量，自然是利多害少。去年我国币制改革得到了英国的撑腰，经济建设方面，也得相当的鼓励。今年当局安定后，港督的频频拜访，最近又有类似英苏借款的中英借款协定的成立，数额一千万镑，并由保守党议员喀伯脱克为输出信用部驻华代表，负责一切。英国驻华大使许格森曾谓，英国远东政策系取维持商业权益第一主义，但如危及商业利益时则不得不起而维护云。又上月念九日，天津中英协会会长在欢宴大使席上曾称，拥护在华权益为英人之传统态度，足以代表国人之一般心理。同时观英近加派五飞机赴新加坡增厚远东实力一事，亦足见其对远东局势之注意云。于此可见中英的亲善，同样的是为了对付日本。

英苏海协的成立，改变了远东的局势，至少在日本方面，不得不有顾虑，南进北进策，都一时不敢轻于尝试。英苏的亲善，至少在抗日的目标下，不至于融化。这样看来，夹攻下的日本，必定要加紧亲英的工作，加速对俄的谈判，以缓和外交局面。同时，在南北不进的局面下，一定要努力夺取华北，作它反攻的堡垒。

二十五年十月二十四日南京

海军与空军之威力的检讨[1] 张立民

一、战争的涵义

宇宙间物质的存在，本来就在相对的条件下维持。大自然界生物的生存，也就在适应环境的条件下生活。我们看那绿色的小虫，它因为需要生活，所以就天生着这和草木同色的保护色，使它有适合环境的生存力。自太古兽与兽的争斗，进而至兽与人的争斗，以至有历史的人和人的争斗，数千年来人类的争斗，方造成了这一部可歌可泣的历史，弱肉强食，适者生存，天演公例也。不论和平主义者的口号叫得怎样高，这大自然界的生存竞争律是不灭的。我们判断一件事物的真谛，需要拿科学的头脑来鉴察和分析，因为哲学的本身仍然是淹没在人类争斗的环境里。战争是人类的生存竞争，并不是一件怎样可恶，可怕，可奇的行为。同志们，号称独立的中华民族被压迫得"不像样"了！我们需要什么力量来挽救中华民族？

二、现代战争的动态和要求

何谓现代战争？简单地说，人类因为是进化了，科学是昌明了，今日的人类争斗不仅是拿起一支枪杆子叫着杀呀，冲呀就算为战争的。现代战争是需要一个集团或民族的人力、物力、财力的总动员，以达到整个集团或民族力量的争斗。科学的昌明，就改变了人群的生活方式。近世的工业革命，就显然的引导社会走向机械的道路。战争为集团之力的争斗，有新奇的工具和手段可以利

---

〔1〕此文发表于《航空杂志》1937年第7卷第1期。

用和发挥，也就可以决定它的胜利。现代战争是拿飞机代替了大炮，正如中世纪时的运用火枪而代替了刀箭。整个战争是兵器和弹药的战争，不是人力血肉的争斗，所以将来的战争开始不久就会开始宣告完毕的。现代战争不仅要求火器破坏力的巨大，同时将时间认为最主要的作战因素，这就是今日各国要采取不宣而战的手段的原因。

三、海军和空军的特性

人类果然天赋着可贵的体力，但是不能在水中生活，更不能脱离平面而升入空中，所以在事实上所表示的只是望洋兴叹和仰天嘘气而已。为适应人类生活需要的船只的生产，到现在有三千余年的历史，轻于空气的航空器的完成到现在已经有一百五十余年的历史，重于空气的航空器到现在有三十余年的历史。军事人员就造兵舰和航空器在这人类不能生存和到达的自然界里做火器。这是海军和空军的特性，是显着人力在行动上的低能，也就是表示作战在近代是变为兵器的战争了。

四、海军的史绩和价值

当中世纪的时候，各国就在船只上装配火器而征服敌人，数百年来显然为任何国家独立的兵器。英帝国因为它环境的诱导，所以建设了强大的舰队而战胜了中世纪时海上王葡萄牙和西班牙的海军，和抵拒了拿破仑与德皇威廉二世的侵略。自从英皇亨利八世以来，英国就是海上皇，同时也就使英帝国的国旗飘耀于世界而得到今日的繁荣。我们邻国日本的海军的发挥，也总算是对它报效了不少兴荣的事绩！问题是很复杂，但是，确然，在岛国如英、日的国家，不论在平时或战时都是需要兵舰的，尤其像它们两位帝国的海外殖民地实在不少呢！

海军的工具是兵舰，自从十八世纪末年发明了鱼雷艇以后，当时就有海军人员感觉得这个火器的威力是很容易击沉任何兵舰，所以提议废除兵舰。待一九〇五年发现潜水艇之制造宣告完成后，当时英国的史各脱爵士（Scott）就宣称，潜水艇的威力足以驱逐战斗舰于海洋中，但是潜水艇虽然经过了三十余年的发展，而海军中的主力舰仍然存在。当大战时，德国虽然用了破坏性极大的 U 艇（即潜水艇）向英法的海军猛攻，但是结果并没有一艘战斗舰被潜水艇击沉。不过英国海上的运输总量，却被德国的海军击沉六百七十五万吨之多。这就是说，战斗舰因为有完善的防御设备，所以很难击沉的。再进一步说，就是有凶猛的火器能攻击兵舰，兵舰也未必因之而废除。这也好像我国明知敌不住敌人，但决不能因之就宣告长期不抵抗！在上次大战中，驱逐舰被水雷击沉的共计十四艘，但是驱逐舰并不由之废除，并且它的效用也没有因之而减小。当前次大战时，英国海军主力和德国海军主力混战于丹麦国的求特兰（Jutland）半岛[1]时"雪特力次"（Seydlitz）号兵舰身中鱼雷一个和大型炮弹二十四发，但结果此兵舰并没有沉没。兵舰因为有很大的耐航力和应付自然环境的能力，所以在战时广大洋面的环境里实是需要它维护海洋交通的统治权。海军在海洋的活动因地球上有一片大水，所以它仍然有它存在的价值。同时我们需要了解海军的范围，果然，海军的武器是兵舰，但是不单为浮在水面上的兵舰，还有大批可以活动在水面下部的武器，如果这些武器的本身性能加以改良，同时配备良好的火炮，则它的力量也可以大增。在事实上，海军还有大可发展的途径存在。

五、空军的史绩和价值

自从十七世纪末年完成轻于空气之航空机之飞行后，当时即有法德两国的军事人员欲利用它补助作战，但是当时的飞艇还不能如意操纵，所以未能如愿应用。不过也曾在战争中做过侦察的补助工作。待一九○三年重于空气之航空器宣告完成后，即有军事家欲应用它于战争中，并且很聪明的就想用金属来制造。但是实际上航空机的发展和引起欧美人士的注意是开始于一九○九年在法国利姆司（Rheims）所开的第一次国际飞行集会，并且在这期间也没有大规模的战争需要应用飞机。待一九一四年大战发生，因为侦察上的需要，所以协约和联盟两军都用飞机作侦察工作，此后因侦察机甚为活动，在事实上须遭遇敌人的飞机，所以战斗行动和战斗机仍随之产生。继之为适合作战上的需要，轰炸机亦随之大行活动，并制造大批轰炸机出现于双方战场。此历史上第一次空

---

〔1〕即日德兰海战。

中战争，也就将空军在现代战争中的地位宣示于吾人之前。

关于空军在战争上的价值如何，读者诸君谅都能洞鉴其详，所以毋庸赘述。不过我们可以得一个概念，就是：现代战争的主要作战因素是凶猛的火器和运动性极大的兵器。在这种作战的要求上，今日的空军力量的发挥已可满足之，所以时代的条件是由空军把握住了。今后的战争不仅是两军阵地的争斗，它最有效的作战手段还是要根本于一短促之时间内，破坏敌军的资源，这个任务不是陆军与海军所能满足的。在另一方面言，今后战争中的陆、海军行动，非有空军协助不可。我国古北口的抗敌战争，意亚战争，和现在还在争斗中的西班牙内战，都在事实上赐给了我们许多明证。进一步说，空军的活动历史实在很短，如果再经一个相当时间的发展，确然，在这伟大的空间的环境里，它的前途是很远大的，是继续的可以告诉我们许多新奇的事绩。

六、今日各国对海军所取的态度

海军的价值和空军的价值如上述，今日各国对海军所取的态度又怎样？国际间的争斗环境是压迫着各国仍然努力建造兵舰以供作战的需要。英帝国的海运交通线长到八万五千哩，地中海生命交通线长约二千四百哩，英国本部每日所需食品就有五万吨重，每日日用必需品约十一万吨。大英帝国的生命是寄托在海运上，所以海军的重要当可想见。查英国今日将完成，或在建造中，及在设计中的（已由政府下令定造）共计各式兵舰有八十艘之多，所以它扩张海军的程度也不必说了。现任英国海军部长忽而（Hoare）曾在一九二二年至一九二四年，及一九二四年至一九二九年复任英国航空部长（其间有汤姆生爵士Lord Thomson任航空部长，后不幸因R·一〇一号飞艇毁损而遭损命），他对于空军的实情是很清楚的。最近他在爱丁堡演说谓："关于海军对空军的问题，当局已经接到多方机关正式的查询，后经帝国国防委员会根据各种理论和实际的究讨，结果一致同意认为战斗舰在舰队中是不可少的。"

英国因为它地理上的环境，根据它的攻守政策是不可缺少海军的。在事实上，它的海军军费是增加了，各式兵舰也在那里建造，并且在海军会议里一向是坚决的主张大型兵舰主义，战斗舰的火炮口径亦想超过十六吋。日本的造舰热忱也很高，我想这里不必再提。法国因为德国的海军自从一九三五年与英国订立英德海军协定以来的努力发展，使它对于海军亦决心加以扩充。在事实上，海军费是增加了，新兵舰也在那里造。意大利自墨索里尼执政后，兵舰是加速的在制造着，它的性能也比较过去者大增。德国自与英国订立海军条约规定它得造英国兵舰总吨数约百分之三十五后，德国的兵舰是日夜在那里赶造，二万吨以上的战斗舰也复活了。苏俄自实行五年计划建筑工业基础以来，近年所注意的是陆军和空军，对于海军是因为地理上的关系而造了不少小型的舰艇，但是这次经过远东和波罗的海舰队的秋季演习后，苏俄国防委员会委员长伏洛西罗夫已代表政府宣布苏俄的海军要扩充到和它的陆空军一般的强大。

七、今日各国对空军所取的态度

今日各国对海军所取的态度如上述，对空军所取的态度又怎样？概言之，各国是较海军来得注重。英帝国因为它环境的特殊，在过去是采裁军而欲以"集体安全"保饭碗政策对付陆、海、空三军的，但是国际的环境不允许它这样，所以它现在是决心扩张军备了，尤其空军方面下了苦心。这个绅士式的动态，在一般是仍然难发现它的程度的。美国因为它地理与外交的关系，同时有完善的航空工业基础，所以对于空军发展的姿态也和他国不同，但是在事实上它的空军费是增加了，空军部队的飞机也增加了。法国的空军也就因为德国的迅速发展而使它加倍努力，事实上它的空军经费大增，当局的首步计划是将新式的飞机代替全部的旧式飞机，各重要的航空工厂是日夜的在努力。日本的空军亦努力在发展，并且成立了和训练总监部同级的航空机关，以扩大空军的力量。在事实上，它的空军经费和飞机数亦都增加了。意大利的空军是在近年异常迅速的发展，阿比西尼亚的被征服，使它的雄心气焰更高了。德国自大战后，是禁止设立空军的，所以它在商业航空上恢复空中的活跃。一九三五年的宣告成立空军部，也就鼓励着它自身加倍的努力。工作是日夜从事的，空军经费是惊人的，力量和机数是一个神秘问题。苏俄的空军是随着它五年计划的进行而进行，它采着强大的空军和陆军做了波而希维克的幌子，确然，在它的自然环境和国际冲突下是使它非常的努力。其他各小国也无不努力扩充空军，尤其是在欧洲的那些小国家。

八、海空两军作战的场合

关于海军的兵舰和空军的飞机的作战场合，在实际上的效率现在还不能确定，因为实际作战和平时演习或实验是不同的。英国虽然有无线电操纵的飞机"蜜蜂皇后"号做实验，但是这飞机是由地面的人员操纵，所以不能适合真正作战的条件。在另一方面言，战斗舰的防空火器在平时是不能得一个完全的实验的，将来作战的时候，一只战斗舰决不单独行动于海中，除非本军已占空中优势或其他特殊的情况和需要下，并且各舰队的出动都随时准备着防空工作。当飞机遇着兵舰的时候，空中人员所采用的轰炸方法不外三途，现在分别讨论如下：

施行第一种高空轰炸法的时候，在飞机方面言，它所掷下的炸弹的命中率是很小的，这个情况我们不能拿平时的实验作一个正确的标准，因为在战时的飞机，它的行动是决没有平时那般自由的，所以我们不能确定它的命中率。在海军兵舰的防空火器方面言，今日一般的防空炮都有二万呎左右的射程，德国的防空炮据说有八千余米达（约三万呎）的有效射程，所以在作战的场合是难预测其概况的。空中的第二个轰炸法是俯冲轰炸（Dive bombing），当空中人员欲实施此轰炸法时，必须考虑当时的环境怎样后，才可实行这危险性比较大的轰炸法。当空中人员俯冲至某个程度欲发射鱼雷或是炸弹的时候，必须对于这目标有准确的把握才可以下手，否则是否能达到任务和自身的安全都是问题。这俯冲轰炸的速度是高到每小时三百五十哩以上，所以在驾驶员的操纵和体力方面都须特别经过考虑。这种轰炸的结果是可以毁坏一般兵舰的外层（Superstructures），但是今日的兵舰制造是没有外层的。炸弹的下落是随着它的高度大小而产生一种不同的破坏力。这种俯冲轰炸因为它的高度是很低，因之有一有限制的速度而随之减小它的破坏力，所以在一般的情况下是不易穿过兵舰的钢甲板。在航空火器的制造方面因为要满足这个要求，所以今日在制造能于低空中穿过甲板的炸弹。第三种轰炸法是鱼雷轰炸，这个手段比较上述两法的效率来得大，不过在空军人员的实施任务方面也是最难。鱼雷轰炸不仅它的效率高超，并且可以得到战术上的利益，即当舰队被迫改变其航线之时，鱼雷的目标面积就大增了。

今后海空军会战的时候，兵舰的驱逐机一定会起而抵抗的。从大战中所得经验的结果，和今日无线电定向器、侦探情报、空中侦察，以及空中巡逻的指示，一定可以知道在一百哩以内的范围中是否有敌机存在或经过。在这三种轰炸方面言，俯冲轰炸对目标的行动是可以得一个很大的安定度，但是当飞机下冲的时候第一是会遭遇兵舰六吋或是四.七吋（亦有四吋）防空快火炮的射击；当这个未完结以前又遭遇一种"彭彭"（Pompom）机关枪的射击，这种机关枪在英国的军队中称之谓"支加哥钢琴"；继之又有机关枪用爆炸弹及燃烧弹发射，又可用其他火枪射击，它的密度是很大的。致于鱼雷轰炸实施的时候，飞机得先在空中飞行想定目标，这时就会遭遇兵舰上的战斗机和防空炮的发射。鱼雷轰炸机因为载了笨重的鱼雷，所以它的灵敏性大失，所以在争斗中不但难抗舰队的战斗机，即侦察机亦难应付，此时又遭敌舰的防空炮和"彭彭"机关枪的炮火的射击，不过如果敌人的飞机也在这个范围内，则就发生敌舰射击上对目标的问题，这个时候舰队中可由驱逐舰放散烟幕以减少兵舰的暴露。所以飞机对于它欲采取的发射高度是不易决定，如果在烟幕中飞行，则本身的飞行可发生危险，不过驱逐舰的放散烟幕能否这样迅速却是一个问题。

九、空中轰炸与攻击的效率

航空机的发展确是在近年达到很高的程度，但是航空机本身并没有多大的破坏能力，所以要检讨空军的威力，我们须对航空兵器加以极大的注意。

航空火器不外下列五种：（一）射击用；（二）爆击用；（三）雷击用；（四）瓦斯攻击用；（五）各种杂用。在射击方面可分两种，即机关枪和机关炮。机关枪如"不郎令"（Bronwing）及"维克斯"（Vickers）等枪的发射速度每分钟都在一千发以上，它的命中率是比较普通者佳，因应作战上的要求，所以在大战中之一九一五年时，即有机关炮装于飞机上，但是飞机本身的性能尚低弱，所以并没有继续装配应用。今日飞机中的机关炮在各国都极注意研究。例如美国今已有七十三米厘米达（一.四五七吋）之快火机关炮出现，可发射爆炸弹丸，其有效射程自六百至七百呎，按普通者仅约二百呎，其弹丸重一磅，仰角为七十五度，发射迅速每分钟一百发。在法国亦有一凶猛之快火炮出现。在爆击用之炸弹方面可分为：（一）破弹（榴弹）；（二）地雷弹；（三）烧夷弹；

（四）瓦斯弹；（五）细菌弹等。在空中对兵舰的轰炸方面，当以最强有力的炸弹轰炸其舰身。炸弹因为对发射不如炮弹之须考虑火炮炮膛压力等问题，所以可装填百分之四十至六十的炸药，因之一个三百公斤的炸弹就等于四十二公分的炮弹了！炸弹除了本身直接的接触可以破坏物件外，它的震动威力也可毁坏物件。如以一个中型的炸弹投于一只三十公分厚甲板的兵舰的数米达外，亦可使兵舰发生致命伤。兹将地雷炸弹的威力例表如后。

第一表　　　　　　　　　　　　　　穿击之能力

弹重	普通地面	良质混泥土	劣质混泥土	克鲁伯钢
一〇〇公斤	七.五三公尺	〇.四六公尺	〇.五七公尺	〇.〇〇八八公尺
二〇〇公斤	七.九四公尺	〇.五六公尺	〇.六七公尺	〇.一〇七公尺
备注	若用三百公斤以上者，则可贯穿数层铁骨之房屋			

第二表　　　　　　　　　　　　　　震动之破坏力

弹重	效力
十二公斤	可以破坏十公尺以内的玻璃窗，并可损害木造房屋。
五〇公斤	可以击破五公尺以内的坚固房屋的石壁。
一〇〇公斤	可以击破十公尺以内的坚固石壁。
三〇〇公斤	可以击破五十公尺以内的坚厚板，五十公分的石壁，并且还有余力可以破坏后部。若是直击，则可击破数层高的房屋。
五〇〇公斤	可以破坏附近的大房屋。若是直击，则可击坏聚集的房屋。
一〇〇〇公斤	情况同上。不过很显明，它的威力更大。

烧夷弹在大战时就出现，当时，在德国方面于大战末年因显示已失有力之抵抗力，同时顾虑在人道方面的关系，所以这可怕的烧夷弹也没有大用，不过在下次大战中，则可保险会用！烧夷弹的药剂是"手米特"（Thermite）（五铅和酸化铁粉的混合物），它的重量在制造方面普通自六个盎司起至二十磅左右，它的热度自华氏二千度起至三千度左右，其热力能使在其三十五呎以内的一切生物焦死。今日经各国秘密努力的研究，我们相信它的热力更大。今日可载一顿重量的轰炸机中可载多少？它的防御法除用干沙可以扑灭稍有效果外，实无他法可施。如果用水去扑灭，则不但不能扑灭，并且更较旺盛起来，同得

还得产生一种爆炸瓦斯杀人。除上述的"手米特"弹外，又有别种同样作用的烧夷弹，如电子烧夷弹（Electron），它的重量普通在一公斤以下，其温度亦可达华氏二千度至三千度。我们同时反省铁的情况又若何？铁当一千四百度左右时即溶为液体，所以它的结果是可以想象得到的。瓦斯弹的效果又若何？关于瓦斯的总数和它的效率若何，各国军事当局何不努力秘密研究，但是依照国际公法这种瓦斯弹的制造是禁止的，所以各国研究的情况更须保守秘密，结果吾人不求自身研究，也就莫名其妙了。在空中对水面的攻击，可以利用一种"依力特"（Ellite）弹，它遇水就发生一种很毒无色、甜味、有腐蛋臭觉的毒气（Sulphretted hydrogen）。这种毒瓦斯在表面观之似无应用之处，但是在空中作战的战略和战术上是有相当的价值的。显明地说，它最少可和芥气一般的运用。瓦斯弹的运用，依其种类，发射处之地形，当时之气候、风速等情况而决定它的效力。在一般情况下，它的效率标准如下表。

弹重 （公斤）	瓦斯量 （百分率）	一弹的有效面积 （平方公尺）	一百平方公尺之散毒面 所需的瓦斯弹数
30	30	250	40
50	40	500	20
100	50	1200	8
200	50	2500	4
300	50	3700	3

致于细菌炸弹，则亦为今日各国秘密努力研究中的一种，以航空器发射之更可得巨大的生物破坏力，不过在空军（飞机）对海军（今单于舰队方面言）之作战场合，它发挥效率的机会是太少了。其次再论破甲弹。破甲弹对兵舰的对敌地位是最密切。

在英国已有惊人的十六时炮弹（能击穿厚度十二时的钢板而本身不炸裂）出现，此弹由英国最著名之冶金专家哈敌非而特（Hadfield）发明。不过在空中的运用炸弹和由枪炮的发射是不同的，因为弹丸的贯穿力是随其运动之力而定，可是炸弹之掷下并不产生初速，它的速度仅仅是它自身的重量和加速。结言之，落体的终速大，则其贯穿力亦大，但在实验上每秒钟难超过三百公尺，所以它的效率也受限制，因之如在低空中轰炸兵舰，则其效率并不如吾人理想中那么大。在兵舰的甲板方面言，今日各国所造的兵舰的甲板的强度较之过去约高三倍，如英国的战斗舰"纳尔逊"（Nelson）号的甲板厚六.二五时，决非一般的穿甲弹所能破坏的。在飞机对兵舰的作战场合讲，穿甲弹在某种时机须以地雷炸弹代之为佳，所以在今日的轰炸机炸弹装配中，有同时装载地雷弹和穿甲弹者，以使应当时有利场合的需要。因为鱼雷有极大的破坏力，可以击毁兵舰，所以飞机上亦采用鱼雷，并且它的爆发较海军中用者更大，惟其射程较小，但速度比较大。为减少其发射操作时间起见，今日各国皆用电力法操纵之。其他空中战争之兵器亦有多种，如空中手榴弹等，惟在对海军舰队之作战上言，并不能发生多大效果，不过我们可以鉴察的，就是我们不知道的火器至少还有几种呢！在今日已知的火器中，飞机在海洋战场可于某种时机应用烟幕弹（海军亦可运用），其效力亦依烟剂种类，当时之天候、风速等而定。它的效率普通的标准如下表：

弹重（公斤）	烟剂量（百分率）	烟面积（公尺）	烟幕有效时间（分）
10	30	20	2
20	40	150	3
30	50	200	4

其他如照明弹亦可运用于战场上，不过它的性能是补助性的，如当飞机欲行奇袭而判定目标物之标准所在地时，可先发射强光照明弹，此则不但可发觉目标物之标准所在，同时可使地面之防空击手在强光耀目下失却空中目标之所在。

十、海军的防御力

航空兵器的效率如上述，海军舰队和海军根据地的防御力又若何？海军兵舰的防御装置，大别可分为六种，现在将它最简要的情况记之如下：（一）对于沉没的防御，关于这点有三种防御方法。在大型兵舰中则皆用之，在小型兵舰中选用其二，或仅用其一。（A）区划。即在水线上下两舱板间纵横区划许多小室。（B）防御舱板，此板装配于水线附近之梁骨上，普通厚约五时，轮机室、弹药室即赖其保护。（C）舰身护甲。此护甲装于水线附近处，为一厚铁甲板。在普通之战斗舰之中部约厚十吋至十五吋。巡洋舰之装甲者，其中部约厚六吋，普通以克虏伯钢板装置之。（二）致命部的防御。此防御的经济法为利用天然之海水保护，再以防御舱板覆护之，舷侧之铁板厚度亦可增加。（三）舰舵机及舵的防御。此部的防御和致命部的利用海水的防御法相同，即使其不露出于水面。（四）炮和炮架的防御。炮和炮架的防御，因为它装置的不同，所以所采用的防御法亦不同。（A）舷侧炮台。舷侧炮台因装置之不利和当舰尾及舰首时不能发射，所以在新式的兵舰中皆不采用。（B）炮塔。即将炮装配于一铁甲的圆塔中，其利点为可一广大射界，其短处则为当受敌弹后，其回旋动行每不能自在，但今已改良。（C）护炮甲板。此种护炮甲板乃保护中口径副炮之用，其前板普通厚约六吋。（五）人员的防御。用铁甲板造成圆形的司令塔，以保护指挥官和驾驶人员的行动。在防御舱板之下部的两侧，特造运送弹药的道路，以保护运送弹药的人员。（六）通信装置的防御。各通信装置如电话、指示器、传话管等，其两端因在司令塔或炮塔等处，所以不必加以特别防御。如有不得不经过装甲部分之外者，则另造装甲筒保护之。

由上述情况观之，一般之兵器颇不易破坏兵舰也，即能破坏其一部，亦不易使之沉没。吾人反顾大战间的飞机轰炸活动，实验上被炸沉的兵舰很少。最显著的是德国载鱼雷的飞机在英国泰晤士河口语低空中击沉该处的舰船。英国的飞机曾以鱼雷由飞机中发射击沉联盟方面的土耳其运兵船。根据过去的实验，知道一百公斤重的破甲弹可以侵彻克虏伯钢〇.〇〇八八公尺，二百公斤的可以侵彻〇.一〇七二公尺，所以在这个条件下，我们不能否认兵舰的甲板尚有相当的抵抗力。兵舰除本身的强度有相当的抵抗力外，对于它所装备多数良好的防空枪炮，亦使它增加了相当的对空防御力。如在今日各国的战斗舰中，最少有四.七吋的快火防空炮六架，它的发射速度亦较过去大数倍。在一个舰队中言，即至少有快火防空炮二十四架，同时各巡行舰及驱逐舰也都有四.七吋的防空炮多架，所以各飞机在二万呎以下就可遭遇弹火。日本最新式的四只轻巡洋舰中如"高马奴"（Kumano）号者，计排水量八千五百吨，装有六吋火炮十五架之多，其防空火炮亦特别加多。意大利的五千二百吨级的轻型巡洋舰中亦装有四吋的快火防空炮六架，当意亚事件发生的时候，英国舰队即奉密令试验实弹轰炸效果。最近英国本部舰队在苏格兰海秋操时，亦曾实验射击及轰炸效果，结果当局的意见是，兵舰的制造能采用相当的材料，则可抵抗由任何高度由飞机中掷下的炸弹。英国今日的舰队中的主力舰及巡洋舰皆装四时的快火防空炮八时。据当局的意见，不久将在各新造的兵舰中装配四时，或四.七时的快火防空炮十二架，或以上，并且将第二组枪炮（Secondary Battery）加大改良，使之能同样射击空中飞机和水面敌军。惟在海军舰队的活动方面，兵舰愈多，则所需要的用品也愈多；所需要的用品愈多，则其被攻击的目标也愈大。因之在这连击而狭长的生命线上被隔断的时机也多且容易。兵舰上的火器供给，普通约可维持三小时的有限时间，但是飞机在一相当的距离内可以随时尽量补充。此次意亚战争时，那些意大利帝国的空中忠勇斗士，曾有多人不断往返添装炸弹多到一百次的，这些都是兵舰的弊点。飞机当轰炸或攻击兵舰时，可由四方攻击，使兵舰火炮发射不能集中，但是兵舰火器发射的密度若何也是一个问题。在另一方面，飞机的行动总得受气候的变更而不能自由，但是兵舰无甚问题。关于空中轰炸的效率，吾人可注意的就是：当一九二一年七月时，美国空军在维及尼亚（Virginia）海湾中轰炸德国旧战斗舰"奥斯特弗利斯兰得"（Ostfriesland）号，其排水量为二万三千吨，当时之情况是：（一）投下的炸弹共计五十个，它的重量自二百三十磅至六百磅，结果有十三个命中，但是此舰并没有受重大的损坏，继之又用轰炸机五架，又投下一千磅的炸弹四个，结果有三个命中，但此舰仍未沉没。（二）最后又有大型轰炸机六架，投下二千磅重的炸弹两个，结果在此舰的左舷爆炸，兵舰方向左倾侧而于二十五分钟内沉没。此舰乃于一九〇九年制造，并且在轰炸时是停止着并且不抵抗的，所以如果拿今日的战斗舰和凶猛的快火防空枪炮来对抗，当然没有这样顺利和容易。其次，飞机可应用地雷弹破坏兵舰的下部，但是在实际上，这个情况是实难遭遇的，并且炸弹的破坏力因运动力的关系也不能超过十五英寸的炮弹。海军因为要供应兵舰的停泊和修理，所以不能不有海军根据地，但是在战争的场合上言，这是和地理有关的。如英国拿香港来做海军根据地，则与我国开始战争时已失去其价值，但和德国开战，则其价值仍然存在。同时海军根据地的素以海军自身力量自卫，这是海军三百年来的因袭政策，但是并不是说是无法改良了。海军在三十年前是被认为整个的，但是大战期间空军的产生，就使海洋区域自然的划分，如大战时的认波罗的海为一区域，北海亦为一区域。因为当时的飞机活动力已能到达这个地步。现在进一步说，航空器的性能大增，海洋区域的划分也显然的不同了。所以某国的海军根据地如果在敌国飞机的飞行范围内，则已失去其可贵之价值。但是，即使海军根据地已失去价值，然而海军的力量并不因之消失。

十一、空军的威力和在战略及战术上的发挥

空军的威力可分为直接和间接的二种，也可以说是物质的和精神的。关于这个问题，近来是在各国的防空工作下宣示于民众前，所以可以不必多说。航空机的活动，使整个国家成为战场。在这由平时的状态突变为战争的状态的短期间内，这采用迅速的攻击手段确为上策。空军的行动可以秘密，但是海军非先行动员而后始能集中。这个，在未来的战争动向中已失去可贵的价值，空军是由茫茫无际的大空向地面攻击，但是兵舰只能防而不能如意行动，这个，在作战的运动性上也失去可贵的价值。近代的战争是火器战争，飞行如火药，已将战争产生了革命。由今日主张空军三元论，同时已为各国默认将行采取爆炸、燃烧、瓦斯攻击三途的空袭动态下，海军只能消磨着物质和精力去维持抵抗时间，这也可以说是很可怜的。所以各国军事家都这样说："将来的战争在空中开始，在空中争斗，在空中决定。"在大战全期中，当时以飞船、水面飞机或陆上飞机保护商船航行，结果没有一只商船沉没于海中，因为潜水艇在海水中行驶时，它上部的水面必现一个V字形的轨迹，这个轨迹在水面的舰艇是不易发现的，但是在空中观之却如观火，所以海中狮的潜水艇在今日飞机的出现下是大告难堪了。兵舰在涌涛的海水及战斗的环境中欲瞄准射飞机，在实际上较之平时又难。大战中德国飞机至英国轰炸，结果损失飞机百分之五。及大战末年时，则损失百分之十四。这个比例，在今日的情况下是值得我们考虑的。战争乃遂行政策的一种手段，亦就是两交战国国民意志的争夺。这种意志的征服手段，不是海军所能办到的。关于此点，福煦元帅已早谓："惟空军能够行之彻底。"海军舰队所惧的鱼雷，英国当一九一三年就实验了，当一九一九年时，英国曾用之攻击驱逐舰，结果之六架成队之射击中命中四发。一九二一年时曾射击战斗舰八只，结果命中其五只。英国于一九二二年时曾用二十架鱼雷机袭击大西

洋舰队中之三只，结果十七发中命中七发。致于弹炸方面之精度，当随各应用仪器与瞄准器之进步而进步。在多年前时，英国皇家空军曾在海中实验轰炸精度，乃以一无线电操纵之兵舰作目标，其轰炸高度为八千呎，结果命中者占百分之二，在危险界（离舰身约十五呎）中者占百分之十七。后又在一万五千呎试验，其结果经当局宣布认为满意云。经各国多年前实验的结果，在当时即认为自三千公尺的高度轰炸一边长五十公尺的四方建筑物时，在投下的十发炸弹中，必可命中二发，当然，这情况已在近年改进了不少。

关于轰炸兵舰的实际效果若何，英、美、日等皆曾实验之，惟英、日两国未行公开，故其情况亦不知。日本曾用"石见"兵舰试验于东京湾。美国自一九二〇年至一九二三年间，曾以战斗舰六只，巡洋舰、驱逐舰及潜水艇各一只作空中轰炸威力试验，兹列表如后：

舰名	舰类	吨位	试验年月	轰炸情况	效果
印台阿那	战斗舰	一〇，二八八	一九二〇年十月	直接轰炸，命中五	
U一七	德国潜水艇	一，一六四	一九二一年六月		炸沉
阿以奥洼	战斗舰	一一，三四六	一九二一年六月	直接轰炸二，投弹八〇	
G一〇二	德国驱逐舰	一，一九八	一九二一年七月	直接轰炸二三，投弹九一，命中二三	炸沉
法郎克富而	德国巡洋舰	五，一〇〇	一九二一年七月	直接轰炸六，投弹七七，命中六	炸沉
奥司特弗利斯兰特（Ostfriesland）	德国战斗舰	二三，〇〇〇	一九二一年七月	投弹六九，命中一六	炸沉
阿拉巴马	战斗舰	一一，五五二	一九二一年十月	直接轰炸多发	炸沉
维及尼亚（Virginia）	战斗舰	一四，九四八	一九二三年九月	直接轰炸一，投弹一四	炸沉
纽求手（NewJersey）	战斗舰	一四，九四八	一九二三年九月	直接轰炸五，投弹四〇	炸沉

此等兵舰当实验轰炸之时皆停泊于海湾中。致于炸弹之在水中爆发，其危害半径在过去之经验中知当在水面下十公尺时如下表：

炸弹种类 舰类	二吨重炸弹	一吨重炸弹	五〇〇公斤炸弹	二〇〇公斤炸弹
主力舰	约二十公尺	约十四公尺	八公尺	五公尺
补助舰	约二十七公尺	二十公尺	十四公尺	七公尺
潜水艇	约三十五公尺	二十七公尺	二十公尺	十五公尺

上表皆为过去多年之实验结果，在今日当大不同。兵舰的防御力是增加了，炸弹的力量也是增加了，不过兵舰防御力的增加率不及炸弹效率的增加那么大，这是我们可以承认的。

近数年来，航空机的性能是迅速的增加；在另一方面，它的应用火器也出现了多种。现在将空军袭击的威力简单地举几个例述之如后。

在飞机本身的性能方面，如英国发明的"晶洞"系构造法（Geodetic），在今日初步的发展中，一架中型的飞机如果不载军火可以作八千哩的不停飞行，如此，则海军舰队的远洋航行特性失却了相当的价值。其次是"梅姚复合机"（Mayo Composite Aircraft）的出现，可以使飞机装载过量的重量，换句话说，就是飞机的火力增加了。这个，在今日各国空军皆有抱负的牺牲主义下，是更加增大了轰炸的威力。过去人类所期望和恐惧的从天而降，在今日科学的进步已满足了人类的欲望，在另一方面说，古人所谓攻心，兵法中所谓置之死地而后生，军事学中的士气，这都是精神上的重要战斗条件。空军可以牺牲，但是海军不可能（在海空的争斗立场言），所以在战斗的行动上讲，空军是有伟大的争斗力存在。同温层飞行的成功，可以使数千百哩外的敌军在奇袭下轰炸之，这是军舰做不到和难于抵抗的。航空机的活动不能固定在一处，同时载量不很大，航程不很远，为满足这种要求，苏俄已有所谓空中火车出现，如果再加以相当时间的研究，则对远洋舰队的轰炸工作又可得到帮助。在攻击兵舰的火器方面，今日各国已有空中鱼雷出现，普通以无线电波操纵之，同时由地面或空中发出一种不可见之光，待遇兵舰时即起反射作用，此时空中之鱼雷即感其光而向兵舰爆炸。美国科学促进会中的乌特（Prof Wood）教授，前在圣路易地方发表一种含碘氮的高爆炸性火药，此火药之性能为如有一只飞蝇停于其上，亦能立即爆发，其威力可想而知了。无声飞机之创造，虽经各国秘密研究，但尚未如愿成功。余于去载查得英国"不列士多"（Bristol）航空工厂之工程师番镫（A.H.R.Fedden），当大战前即开始研究此问题，经政府和航空界的协助，在彼二十余年苦心的研究下，今已得一相当之结果，今日所留下的问题是排气减音的问题，故再加一时间的研究，当能达运用的地步。在这里我希望读者注意的就是，在今日的世局下，英国即使已经成功，也不愿宣布的。无线电操纵的飞机，也已出现多时了。查英国在"地海维来特"（De Havilland）飞机公司秘密制造大批无线电操纵飞机，其情况严守秘密，惟悉机中装配"定时炸弹"（Timed bomb），以作目标物轰炸之用。在新兵器的发现中，各国对于死光皆极注意，此光线利用一极强之电流导之发射，所以在战场上是难于应用的。它可破坏飞机引擎"关于各兵舰的防空枪炮的弹火密度，是海空作战中的一个重要因素，希望读者能加以补充"。

　　飞机欲轰炸舰队时所遭遇之敌舰防空火力范围之情况中的电磁器的组成，所以在汽油（内燃）引擎中是须设法防御，德国的努力制造重油（压缩燃烧）引擎，即包含着一点这种顾虑。凡此种种，都是空中袭击的威力。最后，今后的战争的兵器战争，是火力战争，在威力的发挥方面，包含火器的质与量两个因素，现在海空二军的质暂且不说，在量方面是空军占了绝对的优势。十八年前的英国，当大战末年平均每月即造飞机二千数百架，今日的制造力又怎样了？每只兵舰的完成需要多少时间？在海空二军作战的场合言，一架两架飞机不易击沉兵舰，十架二十架就可应付了，如果需要，那么一百架二百架的出动在未来的战争中也是平凡的事！

再论海军与空军之威力[1] 　张立民

　　战争的本身和它的工具是随时代的演进而演进了，现代的战争是需要人力、物力和财力三个作战的因素的培养和发挥，方才可以得到争斗之力。船舶的运用和机械的创明，使近世欧美各国利用了它作为有力的争斗工具。各国依赖着它的海军的活动，始能向海外各弱小殖民地发展，然而这一部有价值的海军史，或须在不久的将来会消失在空军的竞争里？一九一四年世界大战的爆发，就将人类有史以来的平面战争一变而为立体战争，列强依赖着它的海军力，才侵略了地球上的各弱小殖民地，然而空军的滋张对于一个弱小的民族又将怎样？很明显，这是饿虎生翼。在另一方面，我们这一个欲求自强自立的民族，更显着力量的薄弱，"航空救国"的意味，并不是像叫着口号那么的单调！如果我们希望中国有民族的生存力，那就毋忘建设时代的实力。

　　中国今日的建设空军，不但是期望着应付环境，而是要在应付环境中加速的建设中华民族的力量。进一步说，整个世局的动态是走向世界资源重分配的途径，换句话说，就是弱小民族的宰割，对于这点，我们是需要深切认清的呀！要谈建设空军，就得建设空军之母的航空工业。航空工业的建设，也就是一个欲独立自强的国家之各种重要工业的建设。中华民族，现在要想复兴，要想建设，那么不需要建设工业基础吗？

　　英帝国依靠了它强大的海军，在近世征服了满布地球的弱小民族，而使它的国旗得到无日落的光荣。确然，数百年的海上活跃一直到现在，英国仍是海

<hr />

　　〔1〕此文发表于《航空杂志》1937年第7卷第5期。

上霸主。它的海运交通线是长到八万数千哩，请问怎样是能使它忘却这祖传的力量呢？当一九一四年大战发生时，英国的空军是近乎鸦雀无声，但在依靠着它优良的科学学术，和健全的工业基础，到了一九一八年底大战宣告停战时，英国的空军是一跃而达世界上最强的空军国，和它的海军同样耀武于战场，扬威于世界了。请问有这样的实力的英国，怎样能不表彼之绅士态于世呢？自大战宣告停战后，英国的空军就大打折扣，这折扣是有背景存在的。这里并不是讨论什么外交和政治，不过可以提出的，是有下列几个缘因：（一）英国自大战后已感受和平和自由的愉快，并且在大战的时候已是饱尝战争的风味，岂有再欲战之理；（二）英国是在和平之神的国联占了领导的地位，军缩也是它首创，所以怎样可以自己先告奋勇地扩张军备呢；（三）英国自己了解它军力之基的力量，它知道造飞机并不是难事，所以何苦化着大批金钱去维持空军呢；（四）各弱小民族的民族思想的抬头，英帝国知道打仗是打不得的；（五）在德国未宣告破坏凡尔赛据约以前，世局的动向并不诱导英国有扩张空军的必要；现在的情况却不同了，未来的战争是会不宣而战的，他国的空军是突飞猛进，英国本部的地位是易于被袭击等等，所以使英国不得不也来干一下了。确然，大战后的英国的空军是退化了，今日德、意、俄三国的空军的迅速扩张，是使英国显得更落伍了，但是，试查查事实怎样？在数量上，英帝国在今日仍占据优势，这是指军用机言。在质量上讲，英国的轰炸机是在这一二年内由时速二百余哩的旧式者，突然跳到时速三百哩以上呀！能作八千哩不停飞行的"晶洞系"（Geodotic System）构造法，能多载重量作长距离飞行的"梅姚复合机"（Mayo Composito Aircraft），能实施空军牺牲主义的无线电操纵飞机等等，都是英国空军的法宝呀！谁说英国不注意空军？总之，英国的空军并不如我们一般人想像那样的落伍，因为英国本身，领悟空军的力量，和了解自己的环境和力量的资源。英国是和水发生了密切的关系，所以它对于海军与空军之力的问题，是较任何国家来的关心。自从九一八事变后，空军是渐渐地与世人见面了。当一九三五年意亚战争未产生以前，当然，英国当局早已注意或可遭遇的海军与空军的问题了。英国军事当局也知道墨索里尼是采用了什么空军作战手段，因之在夏季的时候，英国就特别的在英国国防委员会中成立了一个附属委员会，专门研究兵舰对抗飞机的问题。经过了一年余的特别研究，这附属委员会才把研究的结果宣布出来，但是一切重要的报告都严守秘密，所以我们也仅仅拿它来做一个概念的参考罢了。

英国国防委员会附属委员会拿了过去的事实，各国的实验的结果，和目前兵舰和飞机的性能和最大武装能力，以及理论上等等作为材料而加以检讨，它的结论是，最完备的装甲主力舰是毫无疑异的不能毁坏，或可受重伤而残废（即不能活动）。今日的真实问题是要观察此种主力舰的设计，是否能对空中的攻击得一最大的保障。关于此步工作的进行，并没有多大的困难，不过需要花费大量的金钱，和需要精巧的技术，以及由海军与空军两部密切合作进行才可解决。从这点看来，我们就可以知道一般兵舰是难以保障被空中攻击时的安全。要想每只兵舰都如上述的那么去造，在事实当然是一个问题。现有的兵舰是难以改，未来的也难于造，海军在对空的问题的不决下，我们不能不对海军的前途悲观了。关于海军根据地的安全问题，是寄托在整个防空的问题上，所以我们不必加以讨论。防空问题的研究，在附属委员会中得到许多实验和理论上的报告，但是都保守着秘密不能宣布。自一九一八年大战宣告停战后，英国军事当局即感空军的活动是前途无量，当时海军部即预料空中袭击以后必将发展，不但所用的炸弹的大小都将增加到可惧的地步，并且空中飞机所采取的攻击法亦将发展。关于这点，今日最显明的就是俯冲轰炸。又在兵器方面言，今日可利用的兵器不但有直接破坏效率的火器，并且有现代战争中极重要的间接破坏效率，这就是包含精神、工作等等方面。关于用炸弹轰炸兵舰的实验，美国在一九二二年和一九二五年都试过，英国亦在多年前试过，日本亦已试过，它的结果是显示着炸弹有相当的威力。但是这些兵舰都是外国的古董，并不是各国今日的摩登军舰，所以还得加深重的考虑。要用今日的摩登兵舰来做实验的靶子，各强国虽富，但是还舍不能，因之英国决定拿甲板来做实验。这种实验在英国当一九二〇年就开始了，一直到现在都在不断地进行中。这实验的目的是测定各种不同重量和种类的炸弹的轰炸下，甲板需要多少的厚度才可以抵抗它的浸彻（穿入）力。这实验由各种不同条件下的小规模实验，以到全尺度的实验，它轰炸结果的最大浸彻量，已求得一相当的结果。各工作人员之又加以理论上的探讨。此次英国计划建造的主力舰，即由海军部和空军部订立一合同商讨，它能抵抗各种炸弹的条件。据海军部长忽而爵士最近的宣布，谓今日英国在建造的两艘战斗舰，在事先已经大加对空袭击问题的讨论。这两艘战斗舰的设计是任何国家不能及的，它在决定定造以前，曾经设计图样十六种的选择。关于各兵舰所采用的甲板，都拿炸弹在各种不同的示位作轰炸试验，以决定其中板室（Suporstructure）的可能毁坏度，和炸弹稍稍错过的爆炸效果（即在舰旁）。美国在一九二二年及一九二五年作轰炸兵舰的试验，它的结果所得的报告是：美国政府虽然在这实验中得了各种知识，但是并不因之诱导主力舰的停造。英国对新造的两艘主力舰，本来想在本年秋季的时候作某种实验，后来因为经费材料等等的问题不决，所以也延迟实验。

在另一方面，今日的防空枪炮的效果都大增进，空中轰炸决不能如平时或理论上那么准确。关于这点，空军部认为接近飞机所爆发的弹丸，并不怎样的可以鉴赏；在海军部方面，则认非致命的炮火虽不怎样的可以鉴赏，但是它的效果比最严重的冲突气流还要厉害，这个对于空中人员的生理上大有妨害，并且气候的幻变，对于机中人员的工作亦大有妨害。在今日防空炮和飞机的发展中，防空枪炮的正确效率怎样，是附属委员会中最感困难的一个问题。关于这个问题，海军部和空军部的不同的观点，在今日是已经走向平时的实验使之和战时的情况相符合的途径中。换句话说，就是不能拿平时的实验来判断战时的情况。今日的防空枪炮的口径，弹丸的重量，命中精度，发射速度等都增加了，但是飞机的速度也由每分钟两哩增加到五哩以上，它的灵敏性也增加了，不过它的尺度是随之增大，所以双方的发展都是相对的。海军部为解决对空的问题，它的意见是：将来的主力舰的设计，可以使之应付被空中袭击受致命伤的问题。如果这个计划在目前就实行，那么海军的活跃的前途是光明的。在这个整个兵舰遇飞机的问题中，还有一个极重要的空中袭击手段须加以深重的考虑的，就是飞机如果实行大规模的集中攻击时，那么兵舰怎样抵抗？附属委员会中今日所注意的问题就是这个，当局尚须加以试验才可得一个比较确切的概念。当然，这个攻击须依照空军队的多少而定。附属委员会对于这个整个问题所得的结论是：主力舰的构造若佳是不易击沉的，今日的防空火器是很凶的。至于兵舰要设计之能抵抗空袭的造价，则不在这个问题讨论范围以内。不过我们可以知道的就是：任何兵种的编组，应该适合些什么条件才有存在的价值？据附属委员会的估计，认为一艘战斗舰的造价是等于今日新式的中型双引擎轰炸机四十三架的造价，并不如普通一般航空述那么的相像可以造几百架飞机。关于这点，如果在一个需要作战的国家里，就可以对四十三架飞机是否能保险击沉一只战斗舰的问题加以考虑，弱国更应加以考虑。在另一方面，兵舰普通平均有效年限二十五年，而飞机如果常常运用，它的有效年限不过数年，但这是基于是否准备作战的立场上加以采取的。兵舰之在英、美、日和其他需要在海上活动的国家，确然是需要它保护海运贸易线的，不过这不是兵舰对飞机的问题，但是在整个战争上言，也包含重要的资源供应等问题。

确然，战争的手段和工具都是随时代的进展而摩登了。在事物的演进中，消灭和滋张是相对的。近世各国在海上活动，是夸道着它向富强的地位进展，今日如在空中活动，请问能否使一个民族走向同样的途径？依据着历史的演进，在我个人敢说"然"，因为人类的集团生活，不但需要一个适合时代的力量去维持它的完整，同时在集团本身的文化、政治、经济等等的发展中，都需要重要的时、空因素去补助它；人家到了某个所在，而我们还在原地没有动身，这是不适合时代的生存竞争条件的。换句话说，人家有一天的长进，我们愈显得加一步的落伍。

再在整个海军和空军的争斗场合讲，现代战争已使海军在一个相当大的水面上失却它的独羁性。我们试拿这复杂的欧洲来说，地中海、波罗的海和北海方面，任何强国的海军也难发挥其威力了。我们再考查大战时期的情形，当时英国和其他协约国方面的海军力量是大于德国，又从美国宣告参战之后，协约方面的海军力量更大，但是德国的飞机和这笨大的气艇都曾驾临格兰作多次的轰炸。确然，今日的兵舰的性能是增进了，但是我们可以肯定地说，就是兵舰性能的改进不及航空器性能改进那么大。不过在兵舰和飞机的对抗中言，今日防空兵器效果的增进，在空中人员方面决不如平时或理想中那么的对于袭击可以坦然，这个是包含作战时炮火的遭遇，和空中人员本身心理和生理上的两个问题。

又兵舰如果在夜间抵抗空中的袭击，那么更感困难。这个问题包含夜间空战的战术和兵舰装备以及技术的问题，在这里写起来似乎太长，所以在以后的通信中将个人幼稚的观感作一个小小的介绍。再在作战资源的人这一方面讲，兵舰中所有的人员都得有一个相当时间的训练，才能联合达到作战的任务。可是空中人员的训练是比较的便利。如果空军人员能抱敢死的作战精神去实施牺牲主义，那么这个问题更易解决。在整个民族动员的战争情况中，我们对于这个问题是应当注意一下。又在整个战争中言，海军舰队仍负有侦察敌军的任务，然较之飞机又若何？又进一步说，海军舰队有保护海运交通线的重大使命，现在我们姑且承认今日的飞机不能击沉主力舰，但是请问哪一个国家有这许多主力舰来保护轮船等等。如果这样，那么海军除不能顺利的达到他的任务外，并且是暴露在空中不时的袭击下。一个兵种和它的工具是达到这个被动的战斗地位，我们可以知道它的价值了。至于飞机的活动对于兵舰的行动的影响是怎样？远当飞机幼稚的一九一八年时，水面飞机和陆上飞机担任护送舰队活动飞行的，共计四千八百六十九次，其中仅两船被攻击。所以今日一段的兵舰的行动非但须受空军的威胁，同时需要飞机协助而活动，尤其在未来的战争中，更需要飞机的配备。所以在整个海军价值的问题的讨论里，岂知它的本身还需要飞机呢。在这里要请读者注意的，就是本文不是单讨论飞机对兵舰的问题，而是海军与空军的问题。英国名将"司蒂令"少将（Yates Stirling）是海军界中一位著名的战略家，据他的意见是认为：今日的海军没有抵抗空中袭击的力量。确然，军事的问题不能单靠理论就能得一比较明确的判断。自从一九一八年后，海军对空军的作战可说没有，中国的丁队长是驾着飞机，载了炸弹炸沉了"逸仙"兵舰[1]，意亚战争可惜阿比西尼亚没有兵舰，否则也可以做一个靶子！但是这次西班牙的内战，却赐给了我们一点事实，就是：西班牙政府方面的无畏舰"界米"一号（Jaime 1.）和"以司班那"（Espana）是遭叛军方面的飞机的轰炸，结果被中型炸弹命中左舷而宣告回船坞修补。

现在再把军舰遭遇飞机袭击时的几个理论现象讨论一下。

第（A）图是俯冲轰炸的情况。当这个时候，俯冲轰炸的飞机可以从各方面轰炸舰队，但是炮少也是可以向着四周发射的，所以也满不在乎。而在空中的飞机，却非选择一个适当的方位不可，因为如果太高，则俯冲的时间要延长，在工作方面和驾驶员的生理方面都是问题；如果太低，则一方面须受敌军炮火的射击，在另一方面炸弹的威力不易发挥；如果由平面进袭，那就失去了

---

[1] "逸仙"舰在中国海军的长江抗战中被日军飞机所炸沉。

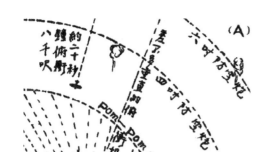

俯冲轰炸的本意。所以要实施俯冲轰炸，驾驶员对于自己所取的方位须深重的加以考虑，这种随机应变的能力，都靠在平时多多的练习。空中人员为避免舰队的炮火击中瞄射起见，所以须向各方袭击，同时须分析相当的飞机对付主力舰以外的巡洋舰、驱逐舰等，须知能合力击毁敌人一只兵舰，就是自已增加一分力量。

当遭遇这个场合的时候，飞机是用着约二十秒下降八千呎的高速，成差不多垂直的角度向敌舰俯冲投弹。可是在兵舰方面有四道防线：第一道是六吋口径的防空炮，第二道是四吋口径的防空炮。这个是要靠兵舰和飞机的命运了。经过了这两道防线以后，就遭遇第三条Pom-Pom快火防空炮的发射，这是今日最有效的防火炮，也是俯冲轰炸达到任务中最重要的一个关头，迨飞机俯冲到这个范围而达弹火极密的机关枪射程以内时，空中人员就实行投弹，使命能否达到，当然，就决定在这一瞬间。

第（B）图所示是鱼雷轰炸时的情况。当实施鱼雷轰炸时，飞机须作不规则的飞行路下降。在一段的情况来讲，飞机可先作一段适当角度的俯冲，以免炮火的射击，同时可以满足所想定的发射时机。不过待接近离舰相当距离的时候，就得平飞一段而于约离舰一千码以外处发射鱼雷。然

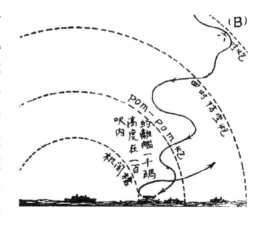

而在这个时候的飞机的活动范围受了它任务上的限制，并且是在最凶的快火防火炮有效距离以内，所以这个问题是很严重的。

第（C）图所示为高空轰炸时的情况，当飞机实行高空轰炸时，如果一架

飞机从事轰炸，当然，它的希望是难达到的。反之，如果仅以一架防空炮发射，它的期望也是渺乎小哉的。所以在这个场合，我们是拿多数飞机和多架防空炮来讨论。此时高空的轰炸机可以利用它的精巧的瞄准器，作一个比较准确的观察，然后才投下炸弹。因为飞机很多，所以它的命中率当然比较大。反之，空中有了大批飞机，也就增加了防空炮的命中率。关于这两点，是难以理论来判断的，我们且等着事实的驾临罢！可是军舰的防御装备怎样呢？下面这一个图是表示一般兵舰的防御装备的情况。

第（D）图所示，是兵舰的横断面的情况。其中甲是指二英寸厚的"裂片甲板"（Splinterdeck），乙为侧舷护甲，丙为四英寸厚的致命部（机器室、弹药室等）护甲，并且有舱室划分的防御，所以要击沉它确不很容易。不过兵舰是有它的弱点的，它的弱点是：（一）头部甲板较薄，如果毁坏，则减少它的速度；（二）驾驶室及管理

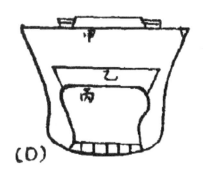

塔；（三）由烟囱直接下落而毁坏引擎室锅炉的烟囱；（四）炮塔的下部，足使各机械损坏而不能用；（五）较薄甲板的尾部，螺旋桨有损坏的可能。

第（E）图所示是从飞机中俯视水面战斗舰所见的尺度的比例。当在一万四千呎高空中所见的战斗舰只有这么大，空中人员的瞄准当然是很难了。

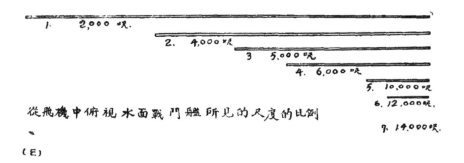

從飛機中俯視水面戰鬥艦所見的尺度的比例

（E）

炸弹的下落又须随各种不同时间的不同的风速、空气密度、飞机和兵舰的速度等等而影响炸弹的真确飞行路。如果轰炸巡洋舰、驱逐舰等，那么目标的尺度还要小一半呢。所以高空轰炸在某种场合外，是需要加以考虑的。

最后，在这个海军与空军的整个问题中，除了军舰本身构造的强度和飞机的优良的性能以外，最重要的还是要看双方的火器的威力若何，才可以对它的力量得一个比较可靠的概念。根据兵器的特性和它的发展而言，我们可以承认航空兵器的效率比兵舰防空兵器的效率来得大。

又关于英国航空部估计每艘主力舰的代价可以造四十三架双引擎中型轰炸机一则，我现在在这里作一个重要的解释。英国国防委员会中认为主力舰的年龄是二十五年，而飞机的年龄是四、五年左右，所以绝对主力舰的代价是拿二十五年的运用期间作为一个标准，所以飞机亦须能运用二十五年，因之在飞机的代价中是包含复置（Replacement）的条件。如果全部代价仅能造四十三架双引擎中型轰炸机的话，那么每架不是约需英金约二十万镑之数吗？然而事实上并不如此贵。今拿四年余复置一次来计算，其中就包含复置六次。我们现在如果在国防的立场上来说，飞机的制造是拿时日来做单位的，兵舰是拿年月来做单位的，飞机已经满天飞，而那兵舰还不过龙骨几条。又在效力方面讲，主力舰当第二十五年时，已经是有可称古董的资格了，然而飞机在最后一批讲，只不过四年多的落伍资格。在今日科学学术一日千里的环境中，要发挥某种兵器的力量，我们对于这点应该大加注意。

最后，我们需要毋忘列强的海军是侵略了中国，但是"空军足亡中国"呀！"航空救国"的意义，并不是像我们叫叫口号么的"单纯"！

太平洋海军形势[1]　季　廉

　　自本年起太平洋海军根据地愈加重要，因为日本宣布废弃之华盛顿海军条约，自本年一月起生效。一九二二年的华盛顿会议有三大成就，即九国公约、英美日三海军列强间对于主力舰成立五、五、三的比例协定，以及三国同意不在太平洋属地建筑要塞。这三种成就，现在都成了历史。一九三一年"九一八事变"以来，日本侵占中国四省，漠视国联，已将九国公约撕碎。

　　海军协定现在也步政治协定的后尘而被宣告废弃了。一九三四年十二月二十九日日本通告英美，废弃华盛顿海军条约。以后虽然举行过许多次谈话，因为日本坚持海军平等的要求，美国极端不愿接受关于五、五、三比例的修正，因此毫无结果。日本代表所以提出此种要求，有几种原因。第一，这是一国的尊严问题；第二，日本海军人士认为五、五、三的比例显然强迫日本处于此等地位。日本因为建立了"满洲国"及向华北采取前进政策，伊在亚洲大陆的冒险及责任为之增加，再则近年战舰的航行半径以及海陆空军的速度与作战能力的增加，这些变迁使一九二二年规定的日本安全程度大为减少，所以日本要求海军平等。

　　不过日本欲利用平等的自由，与英美实行造舰竞争，也很困难。最重要的是日本有经济上的阻碍。尤其是日本陆军计划在六年之内以二十万万元强化空军及机械化队，在财政上颇有顾此失彼之虞。日本海军当局时常不满华府海约所定的种类限制。他们所欢迎的是能有能力自由建造他们认为适宜的各种

---

[1] 此文发表于《励志》1937年第5卷第20期。

军舰。日本在太平洋的战略，不考虑航行几千英里，去进攻美国海岸，他们所注意的在防守的战略，希望能利用较小而迅速的军舰如驱逐舰、巡洋舰、潜水艇，以日本群岛的地位，去击退劳师远征美国或英国的海军。

此地应加注意，海军根据地与军舰在现代海军战争中，有同等的价值，尤其在广大的太平洋战争舞台为然。如果世界最强大的海军航行几千英里去进攻敌人，中途没有足供增加燃料，修理停泊的海军根据地，那是很容易遭受打击的。并且有时海军根据地且远较在前线的军舰还要重要。日本对于美国在菲律宾及英国海军问题专家白华德（Bywater）认为是西太平洋锁钥之关岛，建筑海军根据地，较之美国多造若干军舰，尤加厌恶。

在华盛顿会议时，三海军列强同意放弃在太平洋建筑要塞。美国不在阿留辛群岛、菲律宾、关岛、威克岛及沙莫亚（Samoa），英国不在香港及南洋群岛，日本不在北方之古利尔群岛（Kuriles），南方之台湾、琉球及委任统治地之加罗林、马夏尔、马利安等岛设置防务。

此种协定无疑的可以减少太平洋武装冲突的可能。这种办法与在两个大陆国家中间设置非武装区域完全一样。如果美国在阿留辛，日本在古利尔群岛建筑海军、空军、潜水艇根据地，结果自然要增加两国的猜忌，疑虑及紧张。

自海军技术方面言，这种不建造海军根据地的协定，美国所受的损失，远较日本要大。比方说，日本在台湾建筑海军根据地，并不会增加日本进攻夏威夷或加州的可能。不过日本在台湾及委任统治地建筑的根据地，却是可以包围菲律宾。许多美国海军评论家早已认为一旦日美冲突，日本首先要占领菲律宾。但在另一方面，美国若果在关岛建造像夏威夷珍珠港那样的海军根据地，其距离横滨不过一千五百英里，自然日本要认为是一种直接威胁。最近美国邓林杰（Sutherland Denlinger）及盖莱（Charles B. Gary）合著的《太平洋战争》（War in the Pacific）新书中论及日美战争的策略说："日本帝国主义的神经中枢，在亚洲的生命线，以及南洋各处，皆在关岛容易达到的范围之内，我们的海军舰队，可以集中在那里，与珍珠港，由威克岛中途岛，或加罗林群岛、马夏尔群岛、珍珠港与美国联络起来。"

阿留辛群岛对于美国也很有价值。该群岛中最西之阿杜（Attu）距日本最东的领土只有八百英里。距横滨只有二千英里，如果美国的荷兰港（Dutch

Habour）或阿留辛群岛中其他地方变成设备齐全的海军根据地，美国在北太平洋攻击日本的力量，自要大大增加。

菲律宾现时受美国潜在军力，而不是屯驻该地军队的保护。美国驻在菲律宾的军队计有陆军四千，及菲人巡队六千。由旗舰驱逐舰十九只，潜水艇十二只，及若干辅助舰所组成之亚洲舰队，冬天常川驻在马尼拉湾海军根据地Gavite，夏间到烟台、青岛一带演习。Cavite的设备，只能容纳小的军舰，故实际在珍珠港以西，美国并没有容纳大军舰的船坞设备。

美国放弃在阿留辛群岛、关岛及在菲律宾建造要塞，对于日本的安全是一个很大的让步，无疑的使日本同意接受海军的五、五、三比例。也就是美国自愿放弃在太平洋岛屿上军事优越地位。也就是一旦美国与日本在太平洋冲突时，除非与在远东有根据地的海军列强成立同盟，要想给他们的敌人直接打击，那是有重大阻碍的。

在去年下半年，英国试探日本的态度，曾提议将华盛顿海约第十九条限制设防之规定，予以延长。美国对此建议甚为冷淡，除非太平洋列强成立谅解，难以产生结果。美国观点以为关于海军根据地的规定，只是华盛顿其他政治协定的一部分，若是其他条约皆被废弃，这个条款没有单独存在的理由。

为什么英国要提出这种方案呢？英国外部有一部分人赞同不惜以任何代价避免与日本决裂，并且希望英国在日美之间能处于调解地位。但是在战略上有利于日本的提议，东京将认为是对于日本观点的让步。

再者英国此种动机，另有原因在焉。日本海军力量向南进展，自然要引起英国的反对。英国在南太平洋的利益很多，而且很是重要。英国本部与澳洲、纽西兰的交通枢纽，都在南洋。马来殖民地的橡皮产量占世界总额百分之四十五，锡的产量占世界总额百分之三十。荷属东印度也在南洋，如果该处受人攻击，伦敦将认大英帝国遭受攻击。自英国观点言，延长不设防务的条款，日本不在台湾及南洋群岛中建筑海军根据地，是英国的理想目的。因为在政治及军事上具有重大意义的新加坡根据地行将完成，英国这种动议大概出于至诚。保有强大海军根据地之新加坡及香港之英国，如果西太平洋根据地及要塞现状有了变更，英国只有损失，没有利益。

新加坡城在新加坡岛的南岸，该岛在马来半岛的南端。海军根据地建筑在该岛北部，四面皆有屏障，不易看见，更不容易进攻。中间为该岛与大陆分开的玖赫尔海峡，一旦有事，英国海军即扼持亚洲与欧洲的海上交通。新加坡海军根据地有三大特点：（一）巨大浮坞，可以分成几部，曳出海港，停泊该地的军舰，现已可以利用。（二）水泥建造之干船坞，其伟大居世界第三位。（三）二千二百英尺长直伸入海中之码头，干船坞长一千英尺，宽一百三十英尺，深八十英尺，备有抽水机器，能以修理像"玛丽皇后"号轮船或任何浮起之军舰。其他一切修缮船只及屯驻海军之设备，甚为齐全。

新加坡不仅是一个海军根据地，并且是海陆空军的联络地方。距海军根据地约两英里之塞拉达（Selatar）村，就是远东最大的航空站，英帝国航空线及荷兰皇家航空线的飞机，时常经过该地。自从有英国皇家空军士官六百人驻扎该地，建筑有钢铁停机厂，庞大的兵营，及防空设备，一时武备空气甚浓厚。现时新加坡的空军，计有两个轰炸机队，其中编制有火雷轰炸机，及适宜于在该岛及附近飞行的飞船队。此外正在建造专供军用的飞行厂。该地空军今后自要大大增加。现时已经常举行巡阅飞行及海上练习轰炸。志愿空军预备队业已成立。对于防守新加坡的安全上，空军要占很重要的地位。还有一个重要地方就是在该岛东北角，玖赫尔海峡东面进口之Changi，该地建有十六座兵房，可以驻扎一千四百军队，在沿岸装设有水雷、探海灯、高射炮，在丛林之中更装置有射程二十英里的大炮多尊。

原来决定建造新加坡海军根据地，乃是放弃英日同盟的结果。近年英国要积极完成这个海军根据地，乃是日本在亚洲大陆加速发展的结果。无论如何美妙的外交辞令，都不能掩饰新加坡根据地的目的在防卫日本。

在南洋方面，除日本外，没有旁的国家能够威胁英国的利益。前传有一日本商人因为企图将关于新加坡根据地秘密的文件私递出去，中途失败自杀，并有同谋者亦被监禁，日本注意这个地方可见一斑。下面我们可以引证石丸藤太所著《日本必须与英国战》书中一段，可见日本海军方面对于新加坡的重视。他说："英国在太平洋战略的胜利发展，有两个重要条件，一个是完成新加坡海军根据地，一个是在紧急时期英国舰队能够达到该地。海军根据地不久即可完成，但是在适当时期没有舰队，及实行作战，日本舰队即可自由活动。澳洲纽西兰、印度、其他属地，以及印度洋的拱制，皆将落在敌人手中……在英国的战略中，新加坡根据地或将较香港还重要。如果进攻，而且攻入的危险很大，英国舰队即要在旁的地方找寻根据地，比较近而安全的，只有澳洲。所以无论冒如何危险，我们进攻新加坡总是有利。"

新加坡距台湾南部为一千六百七十二英里，距日本本州最大海军根据地佐世保为二千五百二十英里。因为距离很远，所以新加坡不能用作直接进攻日本的根据地，因此即令一旦发生冲突，英国也不会计划进攻有天然屏障的日本帝国。但在新加坡集中庞大海军及空军，却同时有好几种作用。新加坡可以作印度的前哨，断切日本通欧洲的重要贸易航路，保护荷属东印度，阻止日本向澳洲的发展。

还有一种形势促成英国决定建造新加坡根据地的，就是一九四六年后菲律宾地位的不稳定。只要美国旗帜常在菲岛飘扬，即不会有外人来侵略。现时日本对于菲岛的态度是慎重小心。就是日本的移民也有限度。如果在一九四六年七月四日，菲岛与英国的政治经济联系完全断绝，新的不安情势就要发生。无心能够预料，如果菲律宾完全独立，能够保持政治社会的安定，或则美国退出之后，日本将取而代之。菲律宾位置在自新加坡至香港及上海航线侧面，南接荷属东印度。无论是英国或是安南保有很大利益的法国，对于日本在这方面的称霸，能够漠然。

远东美国海军将校一般认为英美海军的关系，从没有近来的敦睦。最近美国亚洲舰队到新加坡时，马来总督举行盛大欢迎。《新加坡自由日报》认为这种访问是将来英美海军在太平洋合作的象征。另一方面在远东英人社会中时常听到对一九三一年斯蒂生向英国提议合作，西门淡然置之不满呼声。英美关系的日趋密切，与英日关系愈形冷淡，成了一个相反的对照。

在十九世纪末叶，英国认俄国威胁印度，是英国在远东的敌人。但英俄并未发生冲突。世界大战中，两国且站在一边。今日英日虽有冲突的可能，但是日本仍很尊重英国的海军力量，对于英国的财政经济力量，深为重视。在欧洲情势不安之际，英国自然也不愿甘冒危险，与亚洲海陆军最强的国家发生冲突。

英国注意保护在中国的巨大投资，所以在远东外交金融上的地位，远较美国重要。近年美国的政策，显然有点消极。英国之积极完成新加坡根据地，就是表示不愿远东现状有严重的变更。以前美日因为受华盛顿条约的限制，所以建造海军根据地并有进行。据说日本在委任统治地的岛屿上设置防务，国联方面曾举行调查，日人辩护，说是由于商业及经济上的需要。但其比例则超过经济上的发展。故在目前尚未发现日本有显著的非法行动。

不过美日皆尚未利用没有条约束缚，而从事建造海军根据地。没有疑问，彼此行动互有影响。在美国政府及舆论决定在某时期内要支配太平洋的战争或和平时，对于下列问题需要加以考虑。在菲律宾完全独立后，美国对之应负何种责任？美国在中国的政治经济利益，是否需要美国冒战争的危险，在可直接威胁日本安全的地方，建造根据地来予以保护？美国舰队应否在西太平洋实行攻击的战争抑应只防守阿拉斯加至夏威夷之海防比较容易？英美在远东的合作到何种程度？

好在这些问题可以从容研究，目前美国在远东的地位似无采取积极行动的象征。

各国海军竞争与海约
满期以后的形势[1] 金云峰

　　华盛顿海军条约与伦敦海军协定，均于一九三六年十二月卅一日午夜十二时满期，世界大战后，对于限制军备比较成功的条约，就是这两个条约，华盛顿条约的订立，是在一九二二年二月六日，其主要内容是五、五、三、一.六七比率，就是英美两国主力舰为五十二万五千吨，日本三十一万五千吨，法意各十七万吨；补助舰每艘不得超过一万吨；载炮口径不得过八吋；航空母舰英美各五艘，十三万五千吨；日本三艘，八万一千吨；法意各二艘，六万吨。除量的限制外，并维持英美日在太平洋上的均势。而伦敦协定之签订，是在一九三○年四月二十二日，内容除主力舰代换年代由华盛顿条约规定的一九三一年延长到一九三六年外，法意两国仍得在一九二七年及一九二九年开始建造代舰。补助舰的总吨数是英国五四一，七○○吨；美国五二六，二二○吨；日本三六七，○五○吨。我们知道缔约各国终年在积极扩充军备，建造军舰，竞争海上霸权，但多少总顾虑到条约的限制，不能充分的扩张。现在两个条约既已失效，则缔约国将毫无疑异地积极建造军舰了。

　　海约未满期之前，各国均想调整军备，重新订立新海军协约，曾于一九三四年六月召集过一次非正式谈话，作初步的交换意见，但并未得着良好结果。知道前年（一九三五）十二月九日才在伦敦正式召集海军会议，此次会议之最大任务是想缔结新条约，藉此调整华盛顿及伦敦两条约签字国之海军力量，不料会议开始，日本代表提出共同最高限制的建议。日本之所以提出共同

---

　　〔1〕此文发表于《世界文化》1937年第1卷第5期。

最高限制者，不过想藉此打破华盛顿海约中之五、五、三比率，而建立一种海军均势倾向，就是成功一个五、五、五的新比率。英美两国为着自身的特殊地位，决不能与日本海军实力平等，否则日本无论在进攻或防御方面，均能占优势。所以在很长的海岸线和很多的海外殖民地的英美，坚决的反对是项建议，至于法意也拒绝接受。故日本于一九三六年一月十四日退出了海军会议。日本主要一国退出，虽其他各国努力不懈，可是限制海军的基本问题，是难以进行了。最后会议的结果，是在一九三六年三月廿五日，签订一种新海军协定，这不过是一种聊以自慰的条约。这次海军协定，意国虽出席到底，因声明意阿战争未解决以前，不签任何协定，所以实际上这新协定之签字国只有英美法三国。

以前两个协定，均包括量的限制，而新协定因其他各国不愿甘居英美之下，所以只有质的限制，没有量的限制了。所以这协定的目的是维持海军限制的原则，和设法防止各国海军竞争，故除质的限制外，还有互相通知造舰的程序。为实现目的起见，订立下列七条：

一、主力舰最高吨数为三万五千吨，大炮口径不得超过十四英寸。

二、主力舰年龄从二十年延长至二十六年。

三、主力舰最低吨数为一万七千五百吨，巡洋舰最高为八千吨，在一万七千五百吨与八千吨之间，各国不得建造任何军舰。主力舰大炮口径，不得小于十英寸。

四、航空母舰最高吨数为二万七千吨，减为二万三千吨。

五、潜水艇最高吨数，定为二千吨。

六、巡洋舰和驱逐舰分为甲乙丙三种，凡排水量不过一万吨，大炮口径在六时与八时之间者为甲种；凡排水量不过一万吨，大炮口径在六时以下者，为乙种；凡排水量不过八千吨，大炮口径在六时以下者为丙种。在六年内，各国不得添造八千吨以上的甲乙两种巡洋舰或驱逐舰。假使缔约国以外的任何国家，添造八千吨以上的巡洋舰，那么，缔约国也可以同样添造，不受本协定拘束。

七、缔约各国如拟添造军舰，至少须在四个月以前，预先通知其他各国。

以上七条，虽然英美两国声明不从事于造舰竞争，而仍维持平等原则。不过缔约国任何一方，其造舰超过了任何一国，其他各国，即须急起直追。所谓防止军备竞争，又从何防起？所以这个协定虽为预先商议，可成为几个主要海军国在将谈判与缔结新约的基础，但它不能阻碍军备之竞争。这次的协定已经证明，并未获到代替华盛顿条约和伦敦协定的新基础。

在此协定签订后英国即向苏联建议，订立英苏海约，规定苏联海军质量限制应以三国协定为准。苏联鉴于伦敦谈判之失败，与帝国主义矛盾之尖锐化，为防卫很长的海岸线，不得不建造军舰。日本之废除华盛顿条约乃为解除海军的束缚，而大部分之海军又集中于苏联海岸附近，故苏联虽接受英国缔结海约，但在远东，日本未缔结海约限制之前，不能接受远东舰队质量的限制。苏联这种立场，并不影响欧洲海军关系，实为日本废除海约，退出伦敦会议的结果，英国允许苏联可以自由建造军舰，而与苏联成立协定。苏联在太平洋既有建筑海军的自由，那么，今后太平洋上的海军强国，除英美日外，又增加苏联一国了。英国在这次协定中，本想拉拢日意德等国，但日本因为不能实现新五、五、五制，拒绝参加新协定。而意国又因英国在国联干涉其侵略阿比西尼亚政策，故亦拒绝参加。德国于英国本定有一九三五年海军协定，毋庸参加此次协定。德英两国协定，为德国海军之总吨数永以英国所有之百分之三十五为限。当英德海军协定订立后，德国仍积极建造军舰，并宣布一九三五年的造舰纲领，共须造四十八艘，吨位总数为一〇七，五〇〇吨，其所发表之造舰纲领，为表明德政府在未订约前并未破坏凡尔赛条约，可是在英德协定签订后的一年，竟建造了二十二艘潜水艇，四艘驱逐舰，还有六艘护卫舰及许多鱼雷艇。在去年（一九三六）更加扩充造舰，虽造舰纲领德当局严守秘密，但已超过上次计划实属无疑。据新纲领规定建造三艘三〇，〇〇〇吨以上的主力舰，两艘航空母舰，三艘巡洋舰，十九艘驱逐舰，六—八艘大规模的海洋潜水艇，各具排水量一，六五〇—二，〇〇〇吨。而对水上飞机亦甚注意，德国在波罗的海与北海岸上，已建设许多航空根据地。一切海外防御工程亦积极建设起来，据一九三六年十一月十一日路透电：目前德国在建造中之军舰有三万五千吨之战舰一艘，一万九千吨之航空母舰一艘，一万吨之巡洋舰三艘，驱逐舰六艘，鱼雷艇十二艘，潜水艇十四艘，并在基尔建造二万六千吨之战舰一艘，此为上月行下水礼的"夏思霍斯特"号之姊妹舰。德国是在积极准备海战了。

法国海军部长茹斯尼亦发表一九三七年度海军造舰程序谈话，其内容为添造新舰乃替代服务年龄届满之旧舰，不在扩充舰队实力。其造舰程序为八千吨巡洋舰一艘，主力舰四艘，两艘为二万六千吨，其余两艘则为三万五千吨。旧主力舰二艘，加以改造赓续服务，并决定添造大型驱逐舰多艘。此外更造潜水舰多艘，运油舰一艘，小型补助舰二十六艘暨大型水上飞机数架。英国亦于一九三七年开始建造三万五千吨之主力舰两艘。

太平洋上英国曾向日美提议，保留华盛顿条约第十九条规定，太平洋中海军根据地不建造防御工程，但日本已置之不理。美海长史潢生并发警告，谓此举不能成立妥协，美将充分准备与太平洋任何国竞争建造军舰。随后美国就在太平洋半程岛建设空军根据地，同时进一步在接近日本代管南洋各岛之韦克岛，以百万经费建筑空军根据地，使日本直接受最大的威胁。因半程岛至东京有二千海里，韦克岛至东京仅一千二百海里，实为美国进攻远东之第一防线，故日本代管之南洋岛屿已受威吓。至于日本之海军计划有战斗舰九艘，练习舰一艘，巡洋舰三十七艘，航空母舰四艘，水上飞机母舰一艘，潜水母舰五艘，敷设舰七艘，海防舰七艘，炮舰十一艘，驱逐舰九十二艘，潜水艇五十六艘，水雷舰四艘，扫海艇十四艘，特务舰廿艘，合计二六九艘，一，一五三，一一四吨。尚有巡洋、驱逐等舰及潜水艇等二十八艘，正在建造中，而在本年无条约时代更加扩充。冀能摆脱干涉，独吞东亚。而英美是否继续扩充呢？请看事实吧！英国已向美日提出保留逾限驱逐舰四万吨，巡洋舰五艘，并建造主力舰二艘，均为三万五千吨，各装十四吋大炮五尊。而美国亦步英国后尘，宣布保留驱逐舰五万九千吨，并将建三万五千吨新主力舰两艘。我们现在已经看出英美法德日等国，均在积极扩充海军，争取海上霸权。英美日三国在太平洋建防问题，日趋开展。而英国在地中海与意大利之竞争，因缔结地中海君子协定暂可和缓一下，该协定的内容为两点，一、双方发表宣言，声明各该国在地中海所保有之利益，并非相反，实乃相成；二、双方互相约定，在地中海维持现状。此种协定不啻是英国自己放弃地中海的独霸统治。故英德冲突之日趋严重，实为必然之事。在这各国准备竞争造舰，扩充军备的当儿，美国虽有泛美和平会议，保持西半球之和平安全，但东半球之紧张局势，西半球是否可能得到摆脱？东半球之火药气，西半球是否可能不被波及呢？这是不难想象而知的。

我们知道，在华盛顿海军条约与伦敦海军协定未满期之前，各国之竞争造舰，已到白热化。虽在海约失效之前，曾一度露出曙光。英国曾于去年九月间向美日两国提出进行谈判太平洋各岛防御工事，及海军根据地维持现状一项问题，美日均未答复。后至十二月，日本始主张与美国进行谈判，但美国以为此种谈判，不应限于日美两国，凡属九国公约各国，以及苏联均应令其参加，因此这种谈判至今并未有何开展。

在条约未满期之前，各国就在积极扩充军备，而在这个毫无羁束的无条约时代，当然更要勾心斗角竞争造舰了。而第二次世界大战的危险亦将空前紧张起来，虽然老奸巨猾的英国，想建立"区域和平政策"，和美国的"西半球安全"，然而在目前的情况中，如果全球不能建立集体安全制度，则区域和平与西半球之安全，实为一种幻想。

远东的饿狼日本，在这无条约时代，更要横行无忌，台湾岛便能建筑军港，设置炮垒，所以英国观察到日本在远东的霸权，有并吞英国的自治领地之危险。而美国亦不愿将来放弃巨大的中国市场，故英国已在香港岛上照样设防，以防止日本所谓南进政策。美国则坚决宣言不让太平洋的武力对比有所改变。在西方，英国与德国订立海军协定后，其政策已脱离法国而独立，故法国之军备增加，势所必然。由此看来，各主要海军国，在伦敦海约满期后，将开始新的军备竞争。虽然根据去年的海约，以后要通知几年内的军备计划，但不能改变造舰竞争了。只有英国变更其以前投降侵略国的外交政策，积极从事巩固集体安全制度，制止法西国家的侵略政策，这种海上争霸的扩充海军，才能减轻，和平也才有希望，这是我们所期望于一九三七年后之英国的。英国外交有左右世界的力量，我们希望它积极起来，和美法及苏联合作，巩固和平阵线，这样才能放出和平的曙光！

廿六，一，九

未来大战中的海军根据地[1]　　金仲华

一、战舰的时代没有过去

自从上一次的大战以后，在军事竞争的世界，出现了一种新的武器，那就是翱翔在天空的飞机。这种新武器的移动速度和破坏力量，远过于陆上的坦克车和海上的战船，于是渐渐有人这样想：战舰的时代已经过去了，未来战争中的主角，应该让给这种空中的霸王。

然而，在近年来世界各国军备的发展中，有种种的情形，证明这样的推论还嫌过分一点。空中武器在未来战术中的渐占重要，是没有疑问的，但是出没在浪涛中的海上武器，在广大世界的战略中，却始终是占着不可动摇的地位。

在一九三五年春，美国海空军于旧金山、阿拉斯加和夏威夷之间，举行三角形阵地上的大演习，在这演习中间，还是以战舰作主体，以空军为辅佐力量的。就在那时候，地中海岸的希腊发生了海军叛变，叛军占领了一艘旧的巡洋舰"爱佛洛夫号"，用两架旧式的三英寸口径高射炮，和大队的新式轰炸机对抗，居然没有受到损伤，逃出希腊海口。当时英国的海军大臣蒙塞尔爵士在伦敦海军技术学院中演说，他说："空中的轰炸没有使战舰成为过时。在今后英国的国防计划中，战舰始终是主要的骨干。"

是的，在最近几年来，一般强大帝国主义的军备扩充，始终以海军占着主位，这从他们巨额的海军预算中，就可以知道。巨型战舰的建造，海军根据地与军火燃料站的修筑，在费用上要比空军设备昂贵得多。然而，为了战略上的

---

〔1〕此文发表于《新中华》1937年第5卷第1期。

需要，他们决不愿因为财政上的负担，就此放弃了这种计划。

海军的发展原是和资本帝国主义的势力伸张，不能分离的。资本帝国主义要保障他们的殖民地和势力范围，保障他们投资和原料获取的市场，他们就必须保有强大的海军；活跃在世界各处的海波上；他们还须要占据各处海洋上和殖民地的冲要岛屿及港口，作为舰队活动的根据地。在名义上，他们的目的是"保障航路的安全"，实际上，这样的布置，完全是为了准备未来军事上的争夺。

所以，在目前一部分帝国主义要求重分世界，准备第二次大战的前夜，我们又见到各国竞争扩充海军军备，增建海军根据地。一次次的海军军缩会议，都没有结果。而为了世界各处情势的急剧变化，许多关于原有舰队的分布和海军根据地的配置，都在军事专家的重行考量之中了。这后面的一点，在目前是十分重要的。那是说，在未来的世界大战中，关于列强海军根据地的布置与战略上的作用，现在正在一次重行调配之中。

那么，他们究竟是在怎样地重行调配呢？这种重行调配对于未来的大战，会有怎样的影响呢？这两个重要的问题，正是本文所要讨论的。

二、国际情势的三种变迁

在最近几年来，国际情势上有三种重要的变迁，影响到世界许多海军根据地的地位，使各国不得不考虑到重行调配的需要。这三种重要的变迁：

第一，是领土的变迁。第一次大战把世界的许多领土重行划分以后，国际间在一种苟安的均势局面之下，勉强维持了十几年的平安。但是，从一九三一年起，由于经济恐慌所给与资本帝国主义的严重打击，一部分"国际海盗"立刻舒展了"明火打劫"的惯技。在这一年，日本帝国主义发动向我国进攻，占领了我们的东北几省；这种领土侵略的行动，后来一直遍及于我国沿海各省，到现在还没有停止。继着日本之后，在一九三五年，意帝国主义又发动向阿比西尼亚进攻，在七八个月的时间，动员三十余万人，占领了红海边上的这一块重要地方。意军侵阿的行动刚得到一个表面上的结束，在去年七月底，由于西班牙的内战爆发，又引起了德意两个法西斯帝国主义的领土侵略的野心。德国帮助西班牙叛军，希望由此获得非洲西海岸附近的卡拿莱群岛；意国也帮助西班牙叛军，目的却在获得西地中海的巴里阿立克群岛——这两者的领土野心虽然还没有达到目的，但是他们的企图所给与其他海军国家的威胁，则从各方面的反响中，已经很显明的了。

这种领土的变迁对于世界原有海军根据地的地位，有什么影响呢？我们看，本来平静无事的亚洲东北部海岸，由于日帝国主义占领了我们东北，修筑军事性质的吉会路，通达朝鲜海岸新辟的巨大军事要港罗津和雄基，使苏联的东方唯一要港海参崴，在这样严重威胁之下，也不得不加紧戒备起来了。阿比西尼亚落在意帝国主义手中之后，英帝国主义对于从地中海到红海这一段航线，已经失去了绝对安全的感觉，因为英国既不能阻止意国的侵吞阿比西尼亚，则它自然也不能阻止意国在地中海和红海上的其他军事行动。这样，在地位上十分接近着意国势力范围的马尔太根据地，已不能在地中海上保持它原有的重心地位，而一向被认为东地中海门户的苏彝士，也同样要感觉到不够稳固了。至于西领卡拿莱群岛，一旦落在德国的手中，则英国在大西洋上的海军根据地，立刻会感到一种新的威胁。巴里阿立克群岛假若被意国占领，则不但英国所把持的西地中海门户的直布罗陀，要感到一种掣肘之患，连法国由吐龙军港连接北非阿尔日利亚的交通线，也有被截断的危险了。

现在要讲到第二种重要的变迁了，那是条约的变迁。在最近几年中间，国际间原有的条约，已经发生了最大的变化。有的被撕毁了，有的被修正了，也有仅保存着一个虚名而全无约束各国的效力了。凡尔塞和约已被德国撕毁，这个条约的撕毁对于世界海军根据地的影响，就是德国在北海和波罗的海上的一切军港，本来照条约应该禁止军事设备的，现在已经成为新出现的德国舰队的活动根据地了。在东方太平洋上，由于日帝国主义的宣言废止华府海军条约，本来规定不准设防的许多海军根据地，今后都将成为军事活动的重心了。至于这种海军根据地的恢复活动，对于太平洋上许多原有海军根据地的地位，自然会有着更重大的影响。有的也许会失去了原有的重要性，有的在形势上必然要更显著的增强。

除了这些被撕毁的条约变迁之外，有一些新订立的条约，对于许多海军根据地的形势，也有着不少的影响，一九三五年的英德海军协定，就等于英国在事实上承认德国恢复它在北海和波罗的海上一切海军根据地的活动。这个协定的结果，固然使苏联在波罗的海上的军港，受到威胁，但英国本部的军港

（Home bases），最后却也会受到多少的打击。一九三六年的英苏海军协定中，英国承认苏联在远东的海军力量，有充分的增加的自由，这对于海参崴军港的地位，自然增强了不少。至于一九三六年秋末的英埃协定，虽然表面上规定英国驻军应该从埃及内地撤退，而英海军对于亚历山大利亚军港的应用，却增加了一种保障。这条约的影响，不单在增强亚历山大利亚港的军事地位，同时也增强了英海军对于苏彝士这个重要根据地的控制力量。

至于"名存实亡"的条约变化，像日领南洋委任统治群岛，就是最好的例子。照国联会章中委任统治制度的规定，接受委任统治权的国家，不能在统治地上进行军事设备。然而日本在赛斑岛和帛琉群岛中的军事建筑工程，已成为一种公开的秘密。这种特殊的变迁情形，对于南太平洋一般军事根据地的影响，是非常重大的。美国的增强关岛和菲岛的军事设备，英国的巩固新加坡和香港的防务，都不免是受到这种变化的影响的。

第三种变迁是空军的出现。我们虽然否认空军在目前的国际战争中，就可以夺去海军的主要地位，但我们却不能不承认，空军这种力量的出现，已经使目前的军事战术上，发生多少的变化，最重要的变化是这样：在大洋上的战争中，空军不敌海军，而且要依附于海军。但在内海航线上的战争中，空军却可以发挥其充分的威胁海军的力量。因为战舰可以载运大量的燃料，在海洋上支持许多时候，而飞机每隔多少时候必需加添燃料，这是海洋战术中空军不及海军的地方。但在比较狭隘的内海，巨型的战舰不能以全速舒展活动，而飞机却可以在近岸的各处根据地，随时出动，威胁舰队，这就是内海战术中海军不如空军的地方了。然而现在许多海军的活动，都不能完全超脱内海的范围，而许多重要的海军根据地，还是建立在内海中间的。

英国在地中海上的主要海军根据地马尔太，就是一个例子。在一九三五到三六年的意阿战争中，英国把大批海军舰队集中到地中海，然而因为马尔太和意国的本部相离太近，正在意国空军轰炸的范围以内，英舰只能够谨慎从事，散布在其直布罗陀和巴力斯坦海岸一带。在东方，现在日本的大部分的海军根据地，也都在苏联巨型爆炸机的轰炸范围以内（假定以海参崴为出发点），所以在目前日苏的战略上，日本对于苏联始终不能不抱着顾忌的态度。

上述的三种国际情势的变迁，主要是在最近的四五年中发现的，这种重大的变迁，使世界上的一般强国，不得不在大战爆发的前夜，急速更调他们对于各个重要海军根据地的支配计划。

三、从大西洋到印度洋

在战略上需要把海军根据地的支配计划加以最大的更改的，是英国。英国的生命线是在海上的，而特别是从大西洋到印度洋的一段，中间要经过地中海和红海，现在最感到不安全。领土的变迁，空军的出现，使这两个内海周围的英国海军根据地，完全失去了原来的重心。英国要怎样恢复他的海上战略的重心呢？

关于英帝国的海上战略，这里应该附带提起以下。英国在海洋上的战略路线，可以分为四个方面：第一是靠近英国本部的北海，这一方面自然也把波罗的海包括在内；第二是大西洋方面，这包括由英国本部通达美洲沿岸的四个重要海军根据地，即海立符克斯（Halifox）、波麦达（Bermuda）、脱林尼达特（Trinidad）和杰麦加（Jamaica）；第三是由英国本部绕道非洲西海岸通达南非的海军根据地西门斯顿（Simoustown）的路线；第四则是英帝国的主要生命线，所谓英印航线（或再加以延长，所谓英澳航线）。在这方面，有着一大串的英国海军根据地，直布罗陀、马尔太、苏彝士、亚丁、哥仑坡、脱林可马立、孟罗、新加坡、达尔文、悉民与奥克兰。在这四个方面，北海与波罗的海上的海军根据地，由于英国的势力现在还足以控制北欧各国，同时在一九三五年的海军协定中，英国对德已保持相当的妥协，所以暂时可无问题；在大西洋方面，由于英美的关系现在日趋于友好，也可以照现状维持下去；通达非洲南端的路线，原是英国势力发展到东方的一条旧道，自从苏彝士运河凿通以来，它的重要性已大减了，但是自从意阿战争爆发过后，由于地中海与红海上的不够安全，这条旧路却已有恢复它原有的重要性之势了；至于英印航线或英澳航线，它对于英帝国海上交通的重要，和它在目前所受到的威胁，我们在前面已经讲过了。

在过去一年中，英国海军当局对于英印航线和非洲航线上许多海军根据地的支配，经过了一番最大的考虑。曾有一时，传说马尔太的海军根据地将被放弃，迁移到巴力斯坦海岸附近的塞浦洛斯岛。这用意就是要把英国在地中海上的海军重心点，迁到离开意国空军威胁较远的地方。然而这消息后来是被否认的，那自然是形式上的否认，目的仅在保持英国海上势力的表面的尊严。不过，无论如何，英国海军在地中海与红海上的独一无二的地位，现在确是动摇了。在这一段交通线，现在有三个重要地点，最易受到空军或潜艇的威胁：第一是直布罗陀入口处的二百哩路程；第二是地中海中腰，在意领西西里与非洲海岸相对的一段，这一段距离最狭，而马尔太根据地恰好又在这里；第三是由红海通达印度洋的一带海峡，现在意国已在这一带附近建立它的势力。至于把马尔太海军根据地移到塞浦洛斯，在一般海军专家的估量中，也不能算得计，因为整个地中海上的安全且不用说，而塞浦洛斯岛上的两个港口Famagusta与Limasol，都是需要极大的工事，才能够筑成，这地方离开洛特岛（Rhodes）上意国新筑的海空军港，也只有二百三十五哩，在军事上也不见得绝对安全的。

所以，最近英海军当局对于这一带军事根据地的计划，是一方面尽力设法保持地中海上的现状，另一方面则增强非洲西南海岸的连路线。马尔太岛防空力量的增强，塞浦洛斯岛一般军事工程的兴筑，对于巴力斯坦与埃及两个海岸的支配力量的增强，以至在外交上造成英意在地中海上的妥协，都可以看出英帝国当局为了维持地中海现状所下的苦心。同时，在非洲的路线方面，自从一九三六年六月南非联邦国防部长华洛氏（Oswald Pirow）亲往伦敦一度接洽之后，在开浦顿（Capetown）建筑一个巨大海军港的计划，已经决定切实地执行了。这个新的海军根据地，将成为英帝国海洋战略的新重心，它的规模比较新加坡还要巨大，建筑费预定为一千四百万镑，由英政府与南非联邦各担一半。现在在台勃而湾（Table Bay）口的五百亩地方，已经着手开垦，另有一个价值五百万镑的巨大船坞，也在开始建筑了。

开浦顿的巨大海军根据地造成之后，由英国本部到新加坡的海军航程，约比从苏彝士运河超过三千哩，即增加了百分之四十四的距离，但是从这条路到澳大利亚的悉尼，则仅增加了百分之十。将来英国的舰队主力将集中在这里，对于红海口上、印度洋海岸、东印度方面以至大洋洲一带任何敌人的威胁，都可作为一个坚强的接应的后方了。

从大西洋到印度洋，英国海军根据地所列成的阵势，像一个正三角形。自从一八六九年以来，英国的战略一直以两对角的正弦为活动的重心。但是，从一九三六年起，由于意国势力在地中海和红海上的扩大，英国不得不把这种战略加以改变，渐渐侧重到两条边线上去了。

四、太平洋上的海军根据地

从大西洋到印度洋方面，海军战略上的改变，主要是由于英意的对立，在太平洋方面，则是英日与日美的斗争，引起了种种的变化。日帝国主义的一步步加紧侵略中国，使它的海军可以在必要时候封锁亚洲的海岸，把英美完全排斥于亚洲的广大市场，这是英美所不能容忍的。英国和美国的海军力量，现在固然还在日本之上，但是它们的力量是分散在许多方面的，而日本的力量则可以集中在亚洲西海岸一带，尤其是这一带的险要岛屿和海港，渐渐地完全受到日本的控制，英美的海军要从远道到亚洲，已经显然处于不利的地位。

而且，日本不但向亚洲大陆进取，它又把势力伸展到南太平洋。南太平洋本来是英帝国主义的势力范围，但是，在近年来，日本的经济势力像排山倒海一样的侵入那里，跟着海军的势力也同样的伸张过去。日本军事当局对于英国在新加坡的扩大军港建筑工程，公然的表示是日本所不能坐视，所以日本就和暹罗当局勾搭，愈图在克拉土腰取得一条运河的开凿权，以破坏新加坡军港的价值。日本在台湾的海空军设备，现在也显然已经威胁到香港的军事地位。至于日领南洋委任统治群岛中的军事建筑，除了威胁英国保护下的荷属东印度以外，对于美国在东方的主要军事根据地关岛和菲列宾的威胁作用，也是极显明的。

对于新加坡的军港建筑，英国现在已绝对的不愿放松。但是对于由香港而到上海这一条海军路线，英国只能渐渐减少它的重视了。这是没有办法的，在日本势力积极威胁下的香港，英国当局只能看做和意国势力威胁下的马尔太一样，除了尽量维持它的现状，或者作为一个空军的联络站以外，只有准备在紧急时的放弃了。不过，在另一方面，对于从新加坡到澳大利亚的海军联络线，则在英国军事当局的估计中，还是要积极的增强。这从澳大利亚西北角达尔文港的增建军事防御，就可以得到证明。

美国对于太平洋上海军根据地的布置，现在是采取三种方策：在南太平洋方面，它准备与英国共同合作，防止日本势力的进攻，这从美国亚洲舰队的访问新加坡、香港的成为美国太平洋航空线的停落站，和美国许多军事专家的表示中，都可得到证明。在太平洋中部，特别是以前华府条约规定不设防的区域，美国现在正在把许多零星的岛屿，收归海军当局管辖之下，增强舰队移动的联络线，同时在军略上比较重要的军事根据地，如菲列滨、关岛、阿拉斯加的荷兰港及，则趁着不设防的条约限制已经取消的时期，竭力巩固其防御工事。至于在美国本部的西海岸，以至中美巴拿马运河地带和南美的海岸，则也以积极的军事布置和外交策略，巩固这些后方的阵地。美国西海岸的军事建筑工程，在最近一二年来美国的扩大军事预算中，是常常提到的。美国对于巴拿马的条约[1]关系，在一九三五年已经有过一次改订，这种外交上的布置，目的就在保障运河地带的安全。此外，如美国对于古巴和尼加拉瓜内政的放弃武装干涉政策，对于南美各国的施用睦邻政策，发起和平运动，在太平洋上遽变的局势中，都不能不说是含有间接的军事的作用。

现在，美国横渡太平洋的大飞机，已经规定了日期，由西海岸经夏威夷、密都威岛、瓦基岛、关岛、菲列滨而到亚洲来了。这一条空中联络线，事实上也就是一条海军联络线。在一九三五年美国海军的大演战中，它们的战舰，第一次以密都威岛作为演战的前哨根据地，当时日本军事当局曾经惊讶地说："美国的海军势力的前哨，又迎近了日本海岸千余哩了。"是的，在目前各帝国主义海军根据地的重行调配中，有的是以退为进，在避开敌对势力直接威胁的策略中，加紧巩固其基本的战线，有的则在可能范围内积极的拓展阵地，准备下未来战争中的优势。

"以威胁报威胁，以设防报设防"，一个美国海军的代言人曾经说过这样的话。而这句话恰是目前大战前夜各国把海军根据地重行布置的一个真确的写照。

一九三六年十二月二十五日写毕

---

〔1〕1903年11月13日，美国和刚刚独立的巴拿马签订了《美巴运河条约》，规定巴同意美在巴领土上开凿运河，同意美永久使用、占领、控制为建筑、经营、维护和保卫运河所需之领土；在此区内，美行使领土主权，巴承认美的全部权利、权力和权能；美保证巴的独立，付给巴现金1000万美元和每年年金25万美元。

新加坡军港对日之军事价值[1]　　燕　翁

英国新加坡军港建筑工程于今春告竣，为庆祝该港落成起见，举行陆海空军联合大演习，并邀请美国有力舰队前往参观，以示联欢，诚盛举也！窃以英之筹建新加坡军港，蓄意已久，决非出于一时之感情作用也。第以竣工之日，适逢中日战事方殷，英日外交龃龉之时，并于英美两国海军联欢声中，举行正式落成典礼，自易引起各方之注意耳。按新加坡（Singapare）系位于亚洲东南端马来半岛（Malay Penimsula）前之一小岛。此岛南岸为南洋群岛方面重要之一商港，往来于欧亚两洲之大小船只，多停泊于此。又自欧亚两洲航行于英领澳洲（Australia）、新西兰（New zealand）及荷领诸岛，其他南洋各埠之船舶，亦多在此寄港。在商业上之地位，颇为重要。就军事形势言之：当欧亚两洲之要冲，为南北两半球间之咽喉，颇有军事的价值，故在此处建筑大规模之军港，实为切要之图也。兹将该港建筑意义，及其现状，并对日之军事价值等，分疏如下，藉备留心时事者之浏览云尔。

一、新加坡军港建筑之动机

最初英国对于新加坡岛原未认有特别之军事价值，惟以之辟作普通商港，藉应往来于中国、日本，以及澳洲、新西兰等处船舶之下碇已耳。更欲期该港之繁荣，因以自由港相号召，欢迎各国船只不绝前往该处航行。迨后日本创办海军，逐渐加以扩充，实力日见雄厚，日俄战争之役，几将俄罗斯舰队悉

---

〔1〕此文发表于《近代杂志》1938年第1卷第7期。

行奸灭，欧美各国为之侧目。于是英国海军方面主张建筑新加坡大军港，藉以备日之声浪，随处均有所闻。迨世界大战发生后，英吉利本国由澳洲、新西兰等处运输粮食、兵卒前往欧洲，颇为必要。此际深以德意志东洋舰队之跋扈阻梗为苦，筹谋对抗，自应另组强固之东洋舰队，以资妥善。因之适当军港之建设，颇感切要。彼德意志当时在亚洲尚有胶州湾良好之军港，素以海上盟主自负之英吉利，宁可以此见逊耶？盖此实亦彼国防上之一憾事也。其后日本参加世界大战，援助英国海军，所有亚洲方面海洋之安全，由日完全负责。于是英得集其海军全力，安心从事于欧洲战争。除以少数留防地中海及大西洋之一部外，余均以之抵抗德意志海军，而得与德实施激烈之大海战，裨益良多。欧战终了后，英国由此所得经验，深感在西太平洋之海面，除香港外实有建设足以收容强力海军的大军港之必要。嗣后更以日本海军达于太平洋及印度洋各处，超越其原有活动之范围，前项大军港之添设，尤感切要。加之战后英日同盟业已解除，将来英日海军难免一决雌雄，不得不有相当之戒备也。所幸日本海军之扩充，因经一九二一年华盛顿军缩会议（Washington Conference on the Limitation of Armament）挫折后，强国大舰之比率，限定为五、五、三，即以英美为五，而以日本为三也。又在一九三〇年伦敦军缩会议巡洋舰之比率，英美为十，而日本为七，以此抑制日本海军之势力，始得暂时放怀。按一九二一年华盛顿举行军缩会议之时，英国保守党内阁特派柏尔福埃伯爵为英国代表，诣美参加会议。迨该会终了后，英国实行军缩条约，而一方则计划扩充亚洲海军，决意建设新加坡军港。惟继其后者为麦克唐纳特之劳动党内阁，将英国军国主义，一变而为平和主义。因通盘实施紧缩军备，对于新加坡军港之建设案，亦随之废弃。上述伦敦军缩会议，系在麦氏内阁时所举行，决定英、美、日三国巡洋舰之比率为十、十、七，日本方面虽均引为不平，而麦氏内阁主张废弃新军港建设案，则颇博得日人之好感。然其后保守党重又执政，于是新加坡军港之建设案，亦随之复活，今兹业已落成，盖在保守党方面确认此项建筑殊为必要，务须贯彻其主张也。

二、新加坡军港之现状与英国之海军力

新加坡军港筑于新加坡岛之北岸，与南岸商港距离约为三十海里。由商港越满植橡林之丘陵二三重，约计一小时即可直达军港。惟现时除英人外，不得自由闯入。该处地势稍形低下，其中设备最堪注意者，为五万吨之浮船渠，任何大舰均得入渠修缮。此外尚有干船渠，长一〇〇〇呎，幅一三〇呎，深八〇呎，三万吨左右之军舰得以入内修缮，为世界第三大渠。为防护此等船渠及兵营，并其他设备起见，筑有重炮台，装附发射距离二〇海里之十八英寸大炮。又离军港约二海里之处，建有东洋堪称第一之飞行场，配备空军十二中队之飞行机。又该港内筑有供给军舰用之大重油贮藏池，得贮一百二十五万吨之重油，足供英国全舰队半年之用。此外尚有三十万吨之石炭贮藏库，设备殊称完善。

此新加坡之新军港，在目下太平洋方面八个海军根据地中，当可首屈一指。彼日本之横须贺、佐世保、舞鹤等军港，均有望尘莫及之感。此大军港去日本之佐世保军港约二五二〇海里。又离台湾南端约一六二五海里，此在日本方面自不能等闲视之也。惟庞之大军港，苟无强有力之军舰以配之，则殊无价值可言。故英国对于新加坡军港拟行配备如何之海军力？实颇有检讨之价值也。

英国自近十余年来，因军备方面未有充分之进展，以致外交上失其重要之势力。从而世界和平亦多受其影响。为恢复其势力确保国际和平起见，实有大量扩张军备之必要。爰于一九三七年二月十六日发表扩张国防军备五年计划，预定军事费为十五亿镑，对于海陆空三方均拟竭力加以扩充，就中海军方面，致力尤多。其一九三七年度海军预算，计有战斗舰五只，巡洋舰二十一只，航空母舰五只，连同驱逐舰、潜水舰、扫海艇、巡视舰、测量舰、水雷舰等，共一百四十八只，均在建造中。应行增加海军员兵，约为十二万五千名。将来此项计划完成后，英国海军之总吨数，当可超过二百余万吨，较之现在势力，约计增加一倍左右。英国蓄有此二百余万吨之海军，将以如何之势力，划入于东洋舰队？其详细数字固难确知，大概当有主力舰及重巡洋舰、轻巡洋舰各一队，航空母舰数只，并配以相当数之驱逐舰及潜水舰，其势力约与现在之地中海舰队相埒。此英本国之舰队外，并佐以澳洲、新西兰舰队之重巡洋舰二只及轻巡洋舰三只，对于太平洋方面英国之权益，必得充分以保护之。

三、新加坡军港之对日价值

英国建筑此大军港，其最近动机，实由于前军令部长吉利哥元帅之建议。一九二〇年吉氏谓新加坡可筑为大军港，藉作英国亚细亚舰队之根据。此亚细亚舰队以战舰八只、巡洋舰四只为主干，佐以百余只之驱逐舰、潜水舰及其他战舰组织之。并谓此舰队之势力，足与当时日本所有全舰队略相伯仲。迨吉氏视察东洋归去后，始将此项计划确定。盖以世界战争之际，澳洲、新西兰等处之英国殖民地，英国海军无力顾及。而一方因日本海军之勃兴，深感不安。于是请求英本国树立适当之国防计划，以策安全。英国应此要求，派遣对于海军及海战具有最高知识经验之吉利哥元帅，前往调查考察，并有多数技师幕僚随行。经各方详细视察后，始有上述之计划也。并谓此项计划将来与日本海军角逐于太平洋面之时最为重要。英政府接得此报告后，就军事、财政、商业贸易等各方面详加研究，然迄未见诸事实。经种种之变迁后，另拟新案，开始建筑新加坡军港，即于本年正式落成，其处心积虑，固已非一朝一夕矣。

对于新加坡军港之建筑，英本国内议论颇不一致。劳动党方面认为此港殊无价值。而军人方面则主张颇烈。致今兹实行之新加坡军港建筑案，实系军人之大军港论与劳动党之军港无用论之折中姑息办法耳。此姑息办法不惟英本国人士多数反对之，即与此港保有密切关系之澳洲及新西兰政治家中，亦多以为不可。去年澳洲国会讨论自治领海军扩张案之际，劳动党首领卡尔庆氏对于扩张案反对殊烈，渠谓以澳洲自己之海军力，防护外敌，殊不可能。又英国积极保守帝国之中心，而同时并欲于西太平洋配备十分之海军，亦非易事。东洋之一等国，对于白人之澳洲主义，必将企图废除。一旦欧洲发生战争，英国卷入漩涡，此际英国能否派遣足以救护澳洲之十分舰队，前往东洋，实属疑问也。又当世界战争之际，澳洲首相海斯亦谓英国海军难以保障最早澳洲之安全。此外英国温斯顿察气尔氏更谓新加坡距离日本，何异英国朴兹茅斯（Portsmouth）之离纽约（New york），殊不足以威胁日本云。其后一般澳洲人士，亦均谓新加坡距离黄海过远，既难发挥其军事上的价值。且离澳洲之锡特尼（Sydney）不下一千海里，此军港焉能保护澳洲云云。至新西兰方面亦多持此种论调，印度本地人则更认为英之建此军港，不外用以抑压彼等印度人耳。惟此等或系片面之辞，或系出于特殊之情感作用，未可作为定评也。

次更进而就日本方面之感想言之：彼邦人士自谓日本对于今兹新加坡之建设，不感威胁。虽以此军港作为根据地之英国东亚舰队势力著形增加，亦属无碍。彼等引证英国熟谙海军事务之柏伊瓦泰氏所发表《海上之英国》(The British on the sea) 一文，对于英国此次海军之扩张计划，英国之假想敌国，及英国之极东作战并将来英国以新加坡军港为根据可资派遣之海军力等项，均经加以讨论。渠谓太平洋舰队将来扩充后，足与现在之地中海舰队相埒。战时再加以澳洲新西兰之五只大巡洋舰，此强大之舰队，足以十分保护太平洋方面英国之权益云。又谓此太平洋舰队较之日本之海军力，虽尚有未逮，然在防卫战略上，则得以发挥充分之效力云。又参加此次新加坡军港落成典礼之美国新闻记者维伊恩特根氏向本国通讯，于该港现状加以种种说明后，继谓此要塞之坚固，固属事实。惟其舰队空军之单薄，终非日本之敌云云。日人根据此种言论，于是扬言日本对于新加坡军港不感威胁云。然实际上将来究竟有无威胁？应视欧洲方面之外·交为转移也。即英国此次新加坡军港之建筑，及最近计划拟行扩充之海军力，较之曩时吉利哥元帅所拟之大海军案，即以足与日本全海军相匹敌为标准之海军力，而以长驻于东洋为原则者，虽云稍有出入，然最近英政府着手扩充之海军大计划案，将来一旦告成，则英国之海军，所有主力舰、巡洋舰、驱逐舰、潜水舰等，合计不下二百余万吨，全体员兵当在二十万以上。具有如此庞大之势力，自能相得益彰。倘以其半数常时派遣于亚洲方面，则亦足以扬威远东也。倘将来欧洲诸国之外交关系，幸能相安，则欧洲方面北海、地中海之兵力，更得酌量调剂，固未可胶柱鼓瑟也。

忆昔欧战之前，德曾与英竞争海军，预计对于英国全海军力之十，而以六之比例为建造标准，即足以制胜英国。盖误谓英虽具有十分之海军力，然实际上决不能倾其全力而与德意志舰队相周旋。意者英国舰队之一部，须配备之于地中海，又一部则须留驻东洋。矧知大战发生后，英将地中海及东洋方面防务委诸法兰西、日本等国海军，而以全体舰队对抗德意志。遂使德意志舰队一度交绥后，不敢重行正式对阵。日人鉴于上次德意志"冒险政策"之失败，自不致再蹈覆辙。然日人犹谓英国领土遍于世界各地，全世界七处之海面，英国均须配备相当之海军，即其海军力应分而为七，彼西太平洋方面之势力，决非日之所威，故彼辈均谓日本对于此次新加坡军港之建设，不感何等之威胁。惟就英本国言之：太平洋、印度洋方面英领、澳洲、新西兰、印度等处，均以日本为直接之假想敌国，因此次新加坡军港之建设，居住此等地方之英人，得以放怀。而一方足以威吓印度人、马来人，使彼等反对英国之声浪，为之消沉。加以迩来香港之防御价值日减，得此补充，亦多裨益也。

四、结论

英国新加坡军港对日之军事价值，依照日人之所估计，虽云不感威胁，然彼等对于英国海军之行动，有无误算，尚觉不无疑义。况观之曩年英国劳动党执政之时撤销新加坡军港建筑案，日人闻之欣欣然引以为慰。迨后正式落成，则又向英国大使表示反对，希望将业已完成之军港废弃之，而愿确保东洋方面英国之权益，嘱其以此正式传达之于本国政府。明知其为已成之事实，决无撤废之可能性，而又不惜唇舌，希冀于万一，则该港对日之价值，当可不言而喻矣。第是军港之真正价值，应视其中所配备之军舰而定。英既耗此巨大费用，自当分割强大之海军力，以充实此大军港也。英日海军力之比较，原亦不能仅以英之太平洋舰队为准。国际情势错综复杂，一旦外交上著有变化，则英之地中海、北海舰队，未始不能酌量抽调也。根据欧战之经验，彼比利时之莱及（Liege）炮垒及法兰西之凡尔登（Verdun）炮垒等牵制德国兵力，阻其深入，军事上均有巨大之价值。日俄之役，日本攻陷旅顺所耗代价，亦殊可观。故英之建筑新加坡军港，一旦太平洋上风云紧急之时，即不能迅作进攻之计，亦得凭此以待本国之来援，增强东方势力，实非浅鲜也。

一九三八年九月二日稿

美国扩充海军与日美关系之前途[1]

何　适

　　自中日战争开始以还，美国对于日本之侵略行动，始终取稳健之态度。其间虽经罗斯福总统屡次演说，表示美国维护和平反对侵略之意志，且于"巴纳"号事件[2]发生后，美国曾向日提出强烈抗议。然而事过情迁，又归沉寂。因此一般观察先乃以为美国已为侵略者所吓倒，行且退出远东，重唱门罗主义老调。此种见解，未始无因，关于美国孤立派之抬头，可见一斑。顾美国之与世界，关系绵密，万难闭门不问天下事，此乃客观环境所支配，断非孤立主义者闭目冥思所能左右。试观美国半世纪以来之外交历史，即知美国之终无孤立之可能也。

　　美国传统之外交政策，厥为门罗主义（Monroe Doctrine），此世人所深知也。惟欲实现门罗主义，以保障美国之安全，则不能不有赖于国际均势之维持，与和平之存在，非然者，则美国虽欲自保，亦必且困难丛生矣。美国历来主政者均明此义，故每须世界重大纠纷之发生，美国除形式上不与他国缔结密切之联盟外，仍不能不干与其事，一九一七年之参加欧战，此其明证也。今远东之战争，其严重不下于一九一四年之欧战，而远东侵略者伸张其势力于亚洲大陆之结果，其予美国之打击，有甚于欧战时之德国，若美国犹置身事外，坐令太平洋上之均势失其常态，将见美国且成为侵略国之对象矣，此种危机，已为美国眼光远大之政治家所憧憬，今观美国之积极扩充海军，斯知美国之已有

---

〔1〕此文发表于《轴心旬刊》1938年第3期。

〔2〕1937年12月12日，日军在长江江面击沉了美国长江巡逻舰队"巴纳"号炮舰，引起美日交涉。由于美国采取软弱政策，此事件以日本赔款了之，助长了日本的侵略气焰。

所戒惧也。

美国与日本在太平洋上之均势，已由一九二二年之华盛顿会议加以规定，即美日两国维持五与三比率之海军是也。然而此种比率，早为野心勃勃之日本所不满，自一九二二年至一九三一年之间，日本造舰吨数，几较美国同期造舰吨数加多一倍，此已充分表示日本无维持五与三比率之诚意。泊九一八事变后，日本垂手而得我东北四省，于是扩充海军之计划，愈形积极，要求与美国海军平等之呼声更高唱入云，例如日本海军少将石丸，即盛倡此说之人物。最近，因随侵华军事之扩大，秘密造舰之计划，且已见诸实行。日本在亚洲大陆，既已横行无忌，而在海上，又孜孜于从事扩军，此种现象，实暗示美国以虽欲置身于远东事外亦不可得之至理。"军事设防，必须报之以军事设防；威胁，必须报之以威胁。"此英海长史潢生语也。今以设防报设防，以威胁报威胁，正其时矣。

据报载，因日本拒绝以造舰程序通告英美法三国，美人已主张立即援行一九三六年伦敦海军条约之保障条款。（注）同时，美国海军扩充计划，已由众院于三月廿一日予以通过。依照此项计划，美国海军，可扩充百分之二十，用费将达十万万零八千四百万金元。拟造主力舰九艘，航空母舰二艘，巡洋舰九艘，驱逐舰廿三艘，潜艇九艘，（共需经费七万万三千一百万）各种辅助舰廿二艘，（共需经费二万万四千七百万）及海军用飞机九百五十架（共需经费一万万零六百万元）。

关于美国之积极扩军，可知其对于侵略者之态度，必且日趋于强硬。兹更引美之国务卿赫尔最近之演词，以见美国逐渐放弃孤立政策之趋势："国际间之非常势力日渐抬头，深为可虑，美政府于一九三七年七月十六日所宣布之美国政策各项原则，已得大多数国家之同情。倘此等原则能维持，则可安定世界秩序之基础，否则全世界将陷于无政府状态，人类文化，悉被摧残矣！国际无政府势力日长，美国若仍不积极巩固国防，则至为失策，而陷国家于不可预测之危险。美国若放弃其在国外之正当权利，则不啻放弃国际正义和平道德之原则。……美政府不只关切其在国外之侨民及财产之安全，而尤关切世界秩序之安定。今日唯一问题，在能否维持国际秩序之根本原则，以抵抗国际无政府势力。美国有一辈极端孤立派，主张美国无论如何须保持孤立地位，此理论殊为不通，倘美国不肯负一部分安定国际和平之责任，则美国自身亦受严重之后果所影响也。孤立主义并非可以增加本国之安全，反成为不安全之因素。美国之根本态度，认定武力侵略主义，系人类良知之大敌，故美政府之主要目的，在巩固世界之和平也。近数月来，美政府已以全力与爱护和平之各国合作，希望拥护和平原则，巩固世界和平。"最后，赫尔并声明："又有人提议，美国退出亚洲大陆，此种主张，在维持世界和平之立场观之，尤为危险，其实国内有许多人尚未明瞭美国在远东之地位，及其与远东时局之关系也。"

赫尔上项演词，切实证明美国反对侵略之决心，其对于远东纠纷，不能长此袖手旁观，亦已暗示无遗。美国之亟亟扩充海军，即为此种政策实行之具体准备。

美国扩充海军与主张放弃孤立，当然引起日人之极度不安，盖日本此举纯为对日而发也。据东京二月十八日路透电商业新评论批评英美扩大海军计划，"谓英国久已为世界最强大之海军国，而美国则尤无被攻击之危险，国防上亦无不安之处。今英美又拟扩大其海军，目的自在准备应付将来远东方面之战事，其共同目的，均为日本，已极明显。"看此批评，可见日人对于美国扩军之疑忌。而美日在太平洋上对立之愈形尖锐，与在远东方面竞争之愈趋严重，亦可由此种事实加以确证。

美国前驻德大使陶德尝云："大规模战争准备之天然结果，将为第二次大战。"此语可为美国扩军，与日美关系之前途作一注解也。

（注）按一九三六年伦敦海军条约之保障条款，规定万一缔约国从事战争，并认其国家安全之海军需要受实质上之影响时，或遇非签字国获得或拟获得不合本条约之限制与束缚之军舰时；或遇缔约国之国家，受上述或下述关于停造巡洋舰以外之环境，对于其国家安全有实质上之影响时，各缔约国必须会商，并迟延三个月，然后即可改变该约之义务。

倭寇南进与列强海军
战略上之对策[1] 张泽善

一九二二年华盛顿海军条约成立，日本接受五、五、三比率，以太平洋各岛不设防条款为交换条件。一九三四年底日本通告废弃该约，不设防之规定乃于一九三七年一月随之失去效力，由是美国在太平洋之属地，自檀香山以西，毫无防御，而英国又因欧洲多故，未克抽调军舰，充实远东海军实力，日本得挟其强大海军，横行于西太平洋矣。

日本海军素主南进政策，其推行之步骤，据云有下列各点：（一）夺取台湾琉球，利用台湾为南进根据地；（二）占据委任统治各岛；（三）占据菲律宾，与台湾成掎角之势；（四）夺取暹罗、荷属东印度、英属香港、新加坡、法属安南；（五）进窥缅甸、印度，将英国驱回大西洋。虽其计划未必一一遽得实现，但其企图攫取英意法荷四国之南洋属地，以及独霸太平洋之野心，则昭然若揭。

一九三八年十月我广州之被占，为倭寇推行南进政策之发轫。去年二月倭寇之占领海南岛，为其向南发展之进一步表现，盖是岛距法国租借地广州湾不过七十哩，距法属安南不过一百六十哩，位于新加坡、香港航线之间，与台湾及日本委任统治地之加罗林群岛适成一半圆形，环绕菲律宾群岛之东西北三方，其于军事上之重要不言而喻。倭寇之侵占海南岛，匪特对于美属菲律宾、英属香港、法属安南直接威胁，且可截断英美法各国在南太平洋各地之交通。况海南岛有海口及榆林两深水港，海口在岛之北端，榆林在岛之南端，据报倭

---

〔1〕此文发表于《海风》1940年创刊号。

寇已在榆林港建筑飞机场及潜水艇根据地，并在海口进行疏浚工作，俾令大舰可以驶入港内，将来完成时，此岛足以替代台湾为倭寇海军南进根据地，而便海军侵略之行动也。

去年四月，倭寇复进而侵占斯巴特莱群岛，置于台湾总督管理之下。此群岛之形势，极为险要，因其位于安南之东南，菲岛之西，婆罗洲之西北，马来之东北，在马尼剌与新加坡及新加坡与香港之间，为东西南北各重要商业联络线之总枢纽，据此可以控制新加坡与香港之交通，切断菲岛与安南之联络。今倭寇据为己有，又用以建筑空军根据地，其用意何在，不待智者而后知也。

倭寇之占领海南岛及斯巴特莱群岛，对于列强海军在远东战略既有重大影响，无怪各国咸有戒心，力筹对策，以备万一。去年三月间英国东印度舰队及远东舰队等所属军舰二十五艘，即在新加坡举行攻守演习，试验新加坡要塞之防御能力。四月间英国并在新西兰之首府惠灵吞召集苏彝士运河以东之各舰队司令，协议战时调整办法。六月间并邀法国远东海陆军将领在新加坡举行军事会议，讨论远东联防问题。会议内容虽未经官方发表，但闻有下列各项重要决议：（一）英法两国驻远东陆军统一指挥问题，总司令一席由英驻华舰队总司令担任，总司令部设于新加坡；（二）英法两国军械与资源在战时合并；（三）起草作战计划，先行研究日本海军优点，以便战事发生时，得以应付裕如；（四）安南之金兰湾由英法两国合力建筑海军根据地，使其成为"法国之新加坡"军港；（五）保卫英法两国在华各租界办法；（六）保卫英法两国远东商轮办法；（七）保卫远东交通线办法；（八）英法两国与美国暹罗及荷属东印度之相互关系。

法政府因海南岛与其属地相距甚迩，威胁较大，乃于去年二月间决将金兰湾辟为海军根据地，建筑大规模要塞，已于二月二十五日起禁止外轮航行。金兰湾之位置在于暹罗湾之东南部面对克拉海峡，俯瞰东浦塞角，西北仰窥曼谷出口之巴南，西南则与英属马来半岛遥遥相对。由此南往新加坡，北往上海，东往菲岛，距离略同。在军事上足以控制中国海南部，在经济商业上亦为安南与各大航线会合之点，并可与西贡通至河内铁路相衔接，形势险要，足以保护安南。

美国鉴于倭寇推行南进政策之积极，突于去年四月中旬将在大西洋加勒比海一带演习之大部分舰队调回太平洋，意在防止日寇于世界战争发生时趁火打劫，保护菲律宾以及英法荷各国远东属地。

欧战爆发后，英法海军集中力量以应付大西洋上之斗争，无暇东顾，日寇对英法在远东之权益侵害肆无忌惮，美国鉴于日寇趁火打劫之野心，乃将太平洋舰队调集夏威夷，并尽力增强其亚洲舰队之实力，加强菲岛防务，更于夏威夷举行大操，明言，"如日本将牺牲英法荷在远东之领土，则此大操将有牵制之作用"。不啻警告日本：英法虽有事大西洋上，然太平洋上仍不容渠非法横行，同时极力扩充海军实力，关岛设防之呼声亦日益高涨，是则欧战以后美国已实际负安定太平洋之使命矣。

倭寇以蕞尔小邦，侵略我国，经我抗战三年，国力消耗殆尽，已深陷泥沼而不能自拔，今竟不自量力，图与列强为敌，其必遭败亡无疑也。

英美海军协定及美加联防[1]　陈玉祥

英美订立海军协定

本刊第四期笔者将太平洋形势与英美海军合作作了个分析，结论说英美在太平洋的海军如能合作，日本便不敢再在太平洋上兴风作浪，为所欲为。七月初，东京传出消息谓，英美两国拟订秘密海军协定，七月三日的日本军部喉舌《国民新闻》载称："英国之匆匆撤退香港妇孺，证明英国对于日本之抗议将不准备予以满意之答覆。本报二日接到电讯，谓英国态度之强硬，实系美国在后面支撑，而英美两国，现正拟签订广泛之海军协定，包括整个太平洋，此项协定不久便可签订。美国参议院外交委员会委员长毕德门，对此业经加以核准，海军协定之大致如下：（一）太平洋上倘有国际新事态美（发）生，英美两国将互相承认两国之共通权利；（二）在上开之状态下英美两国将动员其海军作共同之防卫；（三）鉴于目前之形势，又鉴于香港在政治上及军事上之重要性，香港将交由美国统制；（四）香港、新加坡、达尔文港、檀香山及荷属各港口，将为英美两国之共通海军根据地。此项协定，其目的在包围日本，东京公私方面，对此均甚注意。"

这消息传出后二月的九月二日，英美海军协定正式在华盛顿签字，这协定的主要内容是美国租借英国在大西洋的领土，与日方七月初所传的不同，协定中规定美方以驱逐舰五十艘转让英方，而英方则以北美洲沿海之英国海空根据地数处租于予美方九十九年。该项驱逐舰，将由英国水手驾驶经大西洋

---

〔1〕此文发表于《海风》1940年第1卷第5、6期合刊。

赴英，英国驻美大使乐相于九月二日交于美国务卿赫尔的照会，系用函件方式，内称："英国政府鉴于英美两国之基本友谊，及英国对美国安全之关切，以及英国之愿与美洲其他国家加强有效合作之能力，以保卫西半球起见，英帝国政府愿允许即以西半球阿瓦隆（Ayalon）半岛，纽芬兰南部海岸百尔慕他岛（Barmudas）东海岸上之英国海空军根据地租于美国，美国有自由出入及予以保护之权，英方概不取值。又英帝国政府鉴于欲在加勒比海（Caribbeun）及英属圭亚那（Guiana）增加美海空军根据地，愿允许美国可立即建立并使用巴哈马（Bahama）之东岸，牙买加（Jamaica）之南部海岸，圣罗西亚（St.Lucia）之西岸，特里尼达（Trinidad）之西岸，安地瓜（Antigna）岛及英属圭那佐沼（George town）市周围五十英里之海空根据地，以为美国供给英国军器及物质等之交换，而不拟对各该地具体或非具体之权利及财富，索取任何金钱上之偿价。所有上述各根据地，将租予美国九十九年，除双方商定对私人财产予以赔偿外，英国政府并不索取任何租金，英国政府愿允许美国在租得之根据地内，及各该处之领海及领空，有建设通路及防务上必要之一切权利及权限，各海空根据地，所在确实地点及其界线，则将由两方协助规定之，英国拟即指派专家与美专家会谈此事。"赫尔致乐相大使的覆文中，表示乐于接受英国的建议，并宣称，鉴于英国的建议，美国政府愿即以一千二百吨型之驱逐舰五十艘转让英国政府。

增益美国的安全和防御

英美海军协定的最大的目的是在于增益美国的安全和加强西半球的防御。

阿瓦隆半岛居纽芬兰的极东。百尔慕他群岛位置在纽约的东南约一千二百公里，有航空通纽约。巴哈马群岛在百尔慕他的西南约一千六百公里，它由西至东横亘在古巴（Cuba）的北面。由巴哈马穿过古巴与海地之间，便到牙买加。牙买加西岸约一千公里正对着巴拿马（Panama）。从牙买加的南部海岸京斯敦（Kingston）向东约一千公里，到小安的列斯群岛（Lesserantilles）圣罗西亚便是小安的列斯群岛南部小岛之一。它东南的特里尼达，居于委内瑞拉（Venezuela）顶北，这里的航空线向西可到巴拿马，向北便是京斯敦，向东环绕着南亚美利加，经过英荷法圭那亚、巴西（Braz）沿海、乌拉圭（Uruguay）

的蒙德维的亚（Mantevidea）通过阿根廷（Argentina）再北经智利（Chile）、秘鲁（Peru）、厄瓜多尔（Ecuador）、可伦比亚（Colombia），把整个南美海环绕了一周，安地瓜在京斯敦的正东向约一千七百公里，亦属小安得列斯群岛。圭那亚在巴西的北面，西面毗邻委内瑞拉，分属于英荷法三国，英属最西，荷属居中，法属在东。

自从英国愿以上述西半球英属海空军根据地租与美国后，美海军当局随即拟定进一步的计划，将格陵兰以南特里尼达以北各海军根据地联成一气，加勒比海中本有很多重要岛屿林立，小安得列斯群岛是一连串的油站或要点，特里尼达位南美北端，百尔慕他居纽芬兰和南美的中心，更是重要之尤者，这对于美国在北大西洋的防务大有裨益。美国的侧面因之可以没有被侵之虞。本来德意在美海的法西斯活动，已促使美洲人的注意，现在德国在欧洲的叱咤风云，更使美洲深感威胁。英国的舰队是美国大西洋国防的第一线，美国对于欧陆的新威胁，现在惟一的依恃，就是仰仗英国独立的支持，英国代美国尽了前方抗战的功能，所以美国对于英方，也不能不代尽后方支持的责任。假设不列颠大战的结束，不幸把欧洲大战的火焰，扩大到加拿大，那末民治主义最后堡垒的美国，更不能不出而参战。为了顾虑这种场合的发生，所以便有英美海军协定的实现。

从经济一方面讲，这次希特勒发动的空前战争，若从历史上的眼光去观察，他的目标，不仅在若干领土的占领，也不是对凡尔赛体制的一个狭义的答覆，他是想压倒原有的世界资本主义制度，而建立一种极权的物质交换制的经济帝国主义。关于这点英国之外，金元王国的美国，当然是他的主要的敌人。现在美国存有占全世界的四分之三，约一百八十万万元的黄金，倘使欧洲新经济帝国主义一旦实现，那末黄金在国际贸易上的效用以及美国对英法十五万万元的投资便都要宣告死刑，所以美国正为它的"黄褐"鳃鳃忧虑。现在美国因英美海军协定所获取的海空军根据地，它的主要意义，便在禁止敌人侵入美国的大门，增加巴拿马区的防务。同时维护美国资本主义的存在。又英国租借土地与美，并不是主权的转让，但美国在此九十九年期中，对租借地有完全的权利。美国并将在哈里法克斯（Halifax）及布斯顿（Boston）、伍德（Wiidwood）岛设立空军根据地，使中立巡防办法更可顺利进行。美国且可将巡防制度北起格陵兰，南至加勒比海，均可实行。

罗斯福总统九月三日咨文国会说明协定的必要，咨文中说，英美的这种办法，对于美国和平的立场并无不合之处，更无威胁任何国家之意。美国既有遭遇严重危机的可能，对于西半球大陆的防务不能不作必要的准备。今日对英成立国防上重要的谈判，实为美国购买路易斯安那州以来国防上最大的成就。美国今日所最关切的，在防止海外对美国的进攻，现在获取这种保证，西半球安全的前哨据点，对美国国防上的价值，实属无法估计。美国负有国防责任的人员，早已认识这些海空军根据地对美的重要，因为这些根据地，除力能保护巴拿马运河、墨西哥及美国之东部及墨西哥湾外海外，对于整个西半球的防务有极大的重要性。

补充英国的海军实力

英美海军协定的第二项目的在补充英国的海军实力，以维持大西洋的控制能力。

美国这次转让给英国的驱逐舰五十艘都是在大战中或战后不久期内所建造，年龄约在二十年左右，建造费共一万万元。各舰航行速度，每小时可达三十哩以上，排水量一千二百吨，可载水手一百二十五人，舰上设有四吋口径大炮四尊，二十一吋直径的鱼雷十二个，高射炮一架，及各式机关枪五十架。最可贵的长处，在于它动作灵敏，由船尾施放水底炸弹时，极其便利。各舰武装整齐，可以立即参加作战。

据军事专家的意见，美国丧失这些驱逐舰对于美国海军实力，并没有严重的削减，因为美国海军的主力在于主力舰、巡洋舰及现有或正在建造中的大批新驱逐舰。

但在英国讲来，这些驱逐舰对于英国的海军力量，确有巨大的补助：

一、英国海军实力虽是世界最强的一国，它的外交原则亦在保持海上霸权，但是因为殖民地遍全球未能集中一处，而分布于各大可能战场，这些可能战场的敌人都有它的对象，英美作战是想象不到的事。所以英国愿意把海空军根据地租给美国，美国也愿意把驱逐舰让给英国。这些英国的海军根据地都靠近美国，与英国的关系小，给美国的利益大；美国的驱逐舰让些（给）英国，在美国并没有严重的削减，在以世界海上霸权为外交原则，而海军却分散各处的英国便有极大的补强效力。

二、在第二次欧洲战战争中，英国的军舰驱逐舰的损失可较诸其他各式军舰损失的总合尤大。

三、英国目前需要保卫海峡，防御德国的小型船只。

四、在苏格兰沿海作迅速灵快巡弋，这些驱逐舰都是极为适用的。

五、英本国的粮食向来不能自足，保护由加拿大、澳洲及帝国其他部分的粮运，及维持海上交通，以保护大英帝国布满世界的利益，是永世不变的原则。

尤其不可轻视的，英美海军协定不仅是美国防御线的增强和英国海军实力实质上的提高，而在美国所表示的态度。英美海军协定的缔结，无疑义的是美国支持英国作战。

此次协定可作为行政协定

根据美国宪法规定，总统对外缔结条约，要得三分之二的参院议员的批准。为什么这次总统竟直接订立海军协定呢？

美国联邦检察长杰克逊说，美英租借根据地的协定，可以毋需国会的批准，孤立派方面虽认为英美方面此次缔结的协定等于战争行为，但此项交换办法，法理上毫无疑问，初毋需参院的批准，渠拟劝告总统说明此办法可作为行政协定。

原来美国参院，是人数众多的集团，关于外交政策的讨论，法案的起草和审查，都由外交委员会来行使，这委员会的委员，有许多是数朝元老，于外内幕非常熟悉，并且富有声望，极有势力。例如前任的参院外交委员会主席波拉，他一个人对于过去美国外交政策的决定力，比任何议员为大，现在参院外交委员会主席毕德门，在罗斯福总统任内，对于外交问题，也有很大的发言权，而少数议员得有机会，阻碍少数议员所赞同的总统方面所提出的外交方案，使其不能凑满三分之二的多数。大总统为避免参议院的牵制，因此想出种种方案来避免参院干涉权，订立行政协定便是一种。这个缔约之权，是无限制的，协定缔立，不但不必参院之批准，连参院绝对不知道也是无妨的，过去美日蓝辛石井协定便是此类条约。

美加联防的意义

在英美订立海军协定之前半月，罗斯福总统于八月十七日下午一时抵纽伍德美加边境，与加拿大总理金氏讨论美国借用西半球军港问题，明日罗斯福总统便与金氏发表联合声明，谓美加已同意立即设立"永久联合防御部"，这种美加两国共同保护新世界以防受地球他部战祸延及的合作办法，是英美合作别开生面的新发展。

加拿大与美国一南一北，形成一种唇齿相依的南北毗邻。加拿大与英国一东一西，这是东西的联合。加拿大在军事上不能与美国抗衡，那是一件显而易见的事实。一旦战事发生，加拿大无抵抗能力。惟其如此，所以加拿大人士既不采取丝毫军事准备，也不预料会与美国发生武力冲突。加拿大人人都知道，他们如想保持本国独立，就须与美国维持友善关系，因此，他们不敢采行任何强硬政策，以免开罪美国。例如美国资本家在加拿大境内的巨额投资，他们决不敢擅自没收，他们所供给美国的大量电流，他们决不敢擅自停止，因为两国间必须维持友好关系。

加拿大是英帝国的一部分，加拿大人士对于英国当然尊之敬之，俾得相安无事。加拿大和英国的关系，与加拿大和美国的关系不同。加拿大即使完全独立，也不能与英国绝对分离。加拿大与英国间，有一种亲密感情，而加拿大与美国间却仅有一种和好友谊。即使抛弃情感，专就政治利害来说，加拿大也不能不与英国联合，因为它与英国联合，可以增加它的身价。其次，在经济方面，加拿大货物，以输入英国者为最多，英国便成为加拿大的最好主顾。最后，美国势力庞大，逼处加拿大之南，如果没有英国势力与他分庭抗礼，恐怕美国的势力更要嚣张了。加拿大与英国的关系，在政治方面极为重要，正好像加拿大与美国的关系，在北美大陆方面，亦有同等重要。加拿大整个政治生命，便建筑在这双重关系的上面，换言之，加拿大必须一面依靠美国，一面依靠英国，才能享受它独立自立的地位。

为加拿大自身利益计，它对于英美两国，应无分轩轻，不偏不倚。加拿大外交政策的基本原则，在与美国维持友善关系。此外，加拿大并负有斡旋英美两国，使它俩邦交日益敦睦的任务。倘使伦敦与华盛顿间发生裂痕，或竟发生冲突，加拿大便要感到，进退维谷，无所适从。英国保持加拿大，不令脱离英希国组织，足以增加英国威严。英美发生争执的时候，英国常常顾虑到加拿大的地位，不敢采取强硬政策，所以好几次国际事件里，英国绝对尊重加拿大的意见，以加拿大的主张，为英国外交政策的基础。加拿大曾做过英美在太平洋合作的桥梁，奠下太平洋均势局面的根基，这我们只要一按历史，便不难明瞭。英日同盟的废止，便是一个例证。

这种情形，大部分可以解释了加拿大军备平时松弛的原因。不过一年来欧局的剧变，加拿大也在警觉了。九世纪来，英国国土从没有受过敌人一次的践踏，但是不列颠的大战，现在已经开始，所以加拿大也不能不急起直追，作拱卫国土的准备。但是要巩固北美以至大西洋上的安全，美加联防的计划实在是有它的必要的。

英美海军协定能延伸至太平洋否

美加联防、英美海军协定等英美合作的渐进，会不会由大西洋延伸到太平洋呢？我们可以说是会的。

英美协定签订后，日本《国民新闻》说，英美在大西洋成立协定，亦将使英美在太平洋的关系，趋于密切，因此日本必须更重视对越南及荷印的政策。又香港四日电，据东京同盟电，关于英美两国成立海军协定一事，《读卖新闻》公开表示，英美有组织海军联合阵线，对付日本的可能。更说英美既在大西洋成立海军协定，则岂无将是项协定扩充至太平洋之可能？一九二八年英美两国曾对共管康迪（Gantan）、恩德柏利（Endenbgry）岛成立协议，最近退休海军军官斯德林及报界巨子霍华德的言论，均注意美国对日作战时新加坡地位的重要。自英国远东政策失败，英国正图将远东属地交付美国保护，英美目前虽在太平洋尚未成立协定，但孰能担保明日不致成立？《朝日新闻》则推测，德国进攻英伦，如获胜利，英国海军由本境撤退后所可引起的局面，明白地说："在印度、马来半岛、澳洲仍属英国之期间，日本必须考虑英国本境的舰一部调至远东后所将引起的局势。英海军如有一部东调，则新加坡海军根据地的重要性，便将倍增。吾人暂不谈英美海军联力作战的可能性，即《纽约时报》所载华盛顿通讯一则，已引起吾人之注意。该讯称，美国与澳洲正在进行非正式的谈判，其性质与美加成立的协议相同……吾人由美报业巨子霍华德的谈话，可见美国目前正集中注意力于南进，因此吾人必须预防日本的国防及向南发展经济的计划发生重要问题，预料此项问题的发生，为时或亦不在远。"

日本各报的持论，自然另有立场，但它的估计，我们可说没有错误。若干年前，美国与大英帝国缔有和解条约，（按即规定美国与英帝国发生争议时，可以国际和解方式处理）现在美政府又与英加澳三国个别缔结此项条约，而废除前此与英帝国缔结的条约，美方此举，一面在对加澳表示亲善，一面则实际承认加澳的自治领地位。关于美国另获海空根据地一事，据美国会消息灵通人士说，仍在军略上考虑范围之内，而以太平洋方面为尤然。美国前驻亚洲舰队司令颜露尔上将，对纽约《先锋论坛报》记者表示，说美国需要新加坡，可由美国根据类似此次英美海约的规定，利用太平洋上的英国海军根据地。颜露尔并主张英美舰队应于现下合力协作，两国舰队如能协力合作，就可击溃纳粹和日本。反之，如再事踌躇拖延，或者难免铸成大错！

关于英美海军太平洋合作的必要及力量，已有前文叙述，我们相信英美太平洋的海军合作，等待时机一至，就会瓜熟蒂落的。

论针对日本而通过的美国
两洋海军法案^[1]　　许汝祉

美国的两洋海军法案，已经在七月十二日通过于参众两院，送请罗斯福签署。这个计划，既由罗斯福总统发动，签署施行是没有问题的。这是美国惊天动地的一椿大事业。

中国政府的最高当局，把美国海军扩充案的通过，看得比欧战中一切惊人的发展还重要。因为欧战对于中日关系的影响是间接的，而美国扩充海军对于太平洋的影响是直接的。近代舰队，最富于移动性，美国尽管可以维持两洋舰队的制度，在太平洋与大西洋上分别拥有雄厚的独立舰队，但是一旦太平洋有事，美国轻易把两大舰队集中到太平洋上来，如果把战舰三十三艘，航空母舰十三艘，大巡洋舰三十五艘，轻巡洋舰三十九艘，驱逐舰三百十二艘，潜水艇一百二十六艘，其他式样的军舰二百五十艘，横阵在太平洋上美国战略据点的麦尔岛（Mate Island）军港之间，这对于暴日是多大的威胁。

两洋舰队实现的结果，等于把目前的美国舰队扩张了百分之六十六。这在几年以前甚至几个月以前，是不可想象的。就美国积极的内政与外交言，战后二十几年来一直没有什么表现。战后的美国，虽未必是孤立派支配的美国，然而是孤立思想支配的美国是千真万确的。美国高唱扩充海军，已非一日，扩军声浪每一次高起来不久，便为孤立思想压制下去，东京的侵略者熟习了这套老调，每次听到美国扩充海军的议论，多报之以会意的微笑。现在我们就东京传来的电讯观察，可以知道侵略者的一副笑脸已经消失了，侵略者内心的恐惧，

---

〔1〕此文发表于《日本评论》1940年第12卷第1期。

已经无法再掩饰了。

两洋海军法案之所以能以非常的速度，通过两院，是由于欧洲的惊人发展。法国的屈服，像一阵闪电，惊醒了美国的朝野，了然于罗斯福总统眼光的远大。罗斯福总统过去曾经警告过，一旦英法舰队，落入德国手里，继英法而受到蹂躏的，就要轮到美国了。罗斯福总统的议论，在当时被斥为狂妄好战的论调，现在终于实现了。两洋海军法案，就得以在最短的时间以内，并未经过如何激烈的辩论，完成了法定程序。

此次美国两洋海军法案的通过，使人回忆及一九一七年美国扩充海军的情形。过去一般论者多说，以美国国内意见的分裂，政府为内政关系，是否能够断然实行庞大的造舰计划。短短几年以内，要赶造一个舰队，技术上的困难，是否可以克服。关于这一层，我们只要一想到一九一七年的情形，就可以释然了，因为一九一七年，美国也曾创造了震动全世界的记录，一下子着手建造主力舰十六艘，而（在日本同时建造四艘就很困难了）同时又赶制巡洋舰十艘，驱逐舰八十几艘。（美国在一九一七——一九二〇年，三年间先后共造了驱逐舰二百艘以上）。可见此次两洋海军法案，技术上的困难，纵然不可抹杀，然而也不是不可以克服的。距今二十四年以前，美国也曾一度有过足与目前两洋海军法案对抗的计划，那是叫做丹尼斯扩军案，规定要建造主力舰十六艘，巡洋舰十艘，其他式样的军舰一百几十艘。这在廿四年以前，各方多斥之为梦呓。在一九一五年，美国的反战论异常激烈，颇与此次欧战爆前的情形相像。然而一年以后，这个丹尼斯计划竟得以毫无困难地完成了法律程序，造成了一番惊天动地的事业。

美国两洋海军法案的详细内容，我们还不清楚。据日本海军专家伊藤正德个人所得的情报，增造的军舰，约略要等于美国现有舰队的实力。

据四月十九日美国《新闻杂志》载，万一今日美国战斗舰队实地向东开驶，并与日本舰队发生冲突，则目前双方可用的战舰实力，其阵容大约是这样的：

	美国	日本
战斗舰	十四艘	九艘
航空母舰	五艘	六艘

（续表）

	美国	日本
大巡洋舰	十八艘	十二艘
轻巡洋舰	十七艘	十五艘
驱逐舰	六十七艘	八十四艘
潜水艇	三十艘	三五艘

以吨位论，美国方面，这些战舰的总吨位，约一百万吨，日本方面是七十三万二千吨，成为五与三.七之比。

据伊藤正德说，两洋海军法案，早经美国海军部规定了，增造的军舰要有：

主力战舰（十六吋炮）	十二艘
航空母舰（二万吨级）	六艘
大型巡洋舰（八吋炮）	十七艘
轻巡洋舰（六吋炮）	十八艘
驱逐舰（千八百吨级）	七十七艘
潜水艇（千八百吨级）	三十六艘
各种杂舰（见注）	五十六艘

（注）内中包有奇袭舰艇母舰、补助航空母舰、给油船、修理舰等。

这个内容是很庞大的，实力远超过日本海军联合舰队战时的兵力，如果实施紧急造舰计划，预订在四年内完成，比起英国的现有海军兵力还要优越。如是在大西洋中除英国外不拘哪国海军在今后四五年期间是不敢和美国舰队比赛了。至于略足以与之抗抗的德国亦只相当其五成弱。并且再加上现有兵力——建造中之舰艇在内——的话，则美国海军势力实际已打破世界海军纪录了。其惊人数字如下：

主力舰	三十三艘
航空母舰	十三艘
大巡洋舰	三十五艘
轻巡洋舰	三十九艘
驱逐舰	三百十二艘
潜水艇	一百二十六艘
各种杂舰	二百五十艘

这个海军兵力，要比英国一九四二年完成的新海军还强大，可以说是全世界的"无敌舰队"。

两洋海军法案是随着德意在欧洲的得势而实施的。美国海军从一九一〇年到一九一五年，就曾拿德国做假想敌。从一九一六年以后，二十四年来，美国海军始终拿日本做假想敌。就以此次美国一百三十艘战舰在太平洋上的海操而论，美国海军当局说是实验第二十一号的舰队问题。换言之，即举行春季秘密会操，据一般人推想，这是试验美国战斗舰队抗衡某一敌国的能力。至于哪一国是美国海军的假想敌，所有官方牒文当然没有提到。当前任海军部长爱迪逊赴塔罗安琪的舰队之前，曾有一段否认的表示，实际上恰更证实了一般的假设，因为正当美海军在太平洋演习的时候，爱迪逊说："日本或其他国家，对于美国海军在太平洋的会操，毫无焦灼的理由。"日本方面对于此次海操也十分注意的，这从东京方面传出的消息看来，极为明显。日本报纸曾劝告美国，这次的海军操演，最好只限于中太平洋的美国范围之内。此外，日本报纸更狡猾地故意"泄漏出消息来，报道日本海军建舰计划，业已收到不少的惊人的结果"。

两洋海军法案实现以后，即或是美国一国也可以对抗德意日三国的联合舰队。那时两方实力的对比，约略如下：

	日德意联合	美国	美国优劣
主力战舰	三一	三三	（＋）
航空母舰	一〇	一三	（＋）
大巡洋舰	二二	三五	（＋）

（续表）

	日德意联合	美国	美国优劣
轻巡洋舰	五八	三九	（－）
驱逐舰	二三五	三一二	（＋）
潜水艇	二七八	一二六	（－）
其他	五六〇	二五〇	（－）

　　同时，日本也在加紧赶造军舰，据四月十六日《纽约时报》载，四月十五日美参院海军委员会开会时，美海军作战部长史塔克上将，对日本加紧扩充海军，添建各种战舰及潜艇一项，曾有率直的报告。从一九三六年以还，日本建设海军计划，都是秘密进行的，所以史塔克上将所报告的数字，并非东京官方的数字，只是代表美国海军最高统帅部根据各方可靠消息而估计得来的。史塔克上将提到日本建造巨型舰的时候说："我们极有充分的理由可以相信日本已经有八艘巨型舰，现在切实建造之中。同时还有人认为，也许日本还有十二艘巨型舰正在建造，或是已经得到批准就可以建造。此外，日本业已添建有十艘现役的其他战舰。"史塔克上将并且说，我们敢于断定，日本已在增建巡洋舰，但我们不知道它的数字而已。另据东京方面消息，日本舰队不久就可加添新式无畏舰（数）艘，然而两年以后，一俟美国战舰大量增加以后，日本海军再要与美国海军相比，就好比大巫之见小巫了。

　　美国两洋海军法案的提出适在法国屈服之后，因而得以在短期间顺利通过。美国政府提出两洋海军法案的论据，是深恐德意先后征服英法，以英法交出舰队，为德意停战的条件，再用英法的舰队为侵入西半球的工具。在欧洲今日情势之下，美国政府这种论据，是无法驳倒的。而且法国屈服以后，德国也的确以交出法国舰队为停战条件之一，法国的确接受了德国的要求，可见美国政府对于这一层，早就具有远见。不过，以最近局势的发展而论，法国舰队已经大半为英国所扣留监视，法国舰队，不致落到德意手里去了。英德的战事，还没有展开，战事前途如何，以至将来英法舰队命运如何，自然还未便轻率预断，不过，现在领导英国作战的政府，是一个"战斗的内阁，从丘吉尔以来，以至于阿特里、格林武、辛克莱、艾登、古柏，都是最初就主战的分子。法相西门，已经为一般嘲笑的对象。枢象张伯伦，已经给其余的阁员缚手缚脚，无所施其'协相'的故技，与法国政府屈服时候的情形不可以同日而语"。英德战事展开以后，英国或者会失败，（这是没有敢预言的）但是英国政府在失败以后，还可以移到帝国其他部分继续作战（譬如说，加拿大、新西兰、澳洲，都是可能的），英国的舰队，似乎还不致有沦入德意掌握的危险。这一层，华盛顿方面，似乎也有深切的理解。在法国屈服以后，美国国内颇有不少人主张美国舰队调到大西洋，夏威夷舰队也有开回本国的谣言。但是一到法国舰队的安全确定以后，这一类主张，这一类谣言，就烟消云散了。美国舰队既得以专守在太平洋上，两年以内，日本是不敢蠢动的。两年以后，两洋海军法案中规定的重要军舰一经落成，侵略者的命运就注定了。

四月十三日草于病中

美国整军大预算及海军的
战时编制[1]　东　序

　　美总统罗斯福于一月六日在议会中发表"近于参战"的演说后，又于八日向议会提出破天荒的整军预算案。在此"新政与国防"兼筹并顾之预算案下，罗斯福总统曾经声名，除非将来之环境，需要更多之拨款外，美国在今后之三年期中，将支出国防经费二百五十万万元。氏称："美政府现已采取一民主国家全体国防之程序。威胁吾人的世界大局现已强迫吾人建设陆海空军之军力，藉以迎合与控制任何的事变。"此外，罗氏之国防程序并规定训练最"现代化"之机械化军队，使陆军军力于明年能增加至约一百五十万人，较海军兵员超过一倍，并继续建筑"全能"的海军舰只，大规模的增加飞机与空军，扩充生产能力，务令其竭尽所能，并规定一大的国民军训计划（现时积极加入者已有男女一百万人以上）。罗氏于筹划此大规模扩军程序之经费时，并明白表示，渠不拟放弃新政的社会原则。氏预先表示，政府对私家工业将具有重要的新权力。俾能阻止人力与物力浪费于国防之需要以外。罗氏更有力的暗示，对于军事工业利润，将加以限制，谓，渠本人"对于规定国防工业利润之现行法律，认为不充分满意"。据罗氏宣布之自一九四一年六月至一九四二年六月财政年度之预算数字，在支出项下，估计为一百七十四万万八千五百万元，据上年度之预算，增加至百分之二十九以上。其中有百分之六十二，即一百零八万万一千一百万元系为国防经费，较上年度之国防预算增加至百分之六十七。预算之赤字估计为九十二万万一千万元，而上年之赤字则为

---

〔1〕此文发表于《东方杂志》1941年第38卷第3号。

六十八万万八千九百万元。但罗氏声称，对于国债数额之增加，可以无须过虑。罗氏言及国防计划时云："吾人之国防计划，将着手于增加军舰、坦克、飞机与大炮之制造，藉以保护吾人不受侵略。吾人之问题，在外抗强权，内除积习。有人向吾等挑衅，谓民主国家不能充分利用其人力资源，技巧与工厂。吾人为辩诬计，应充分利用工厂与人力，并保持政府之机能，以企求社会的安全。整军计划现仍在扩展中，故其最后的代价若干，殆无人可以预料，盖无人对于前途，能以确言也。吾人苟一念及过去半年中，世局变幻之离奇，即不难明瞭现时一切的估计，只系一种临时假定。现时已订约兴筑之工厂，有一百二十五所，吾人更计划予以增加。在六个月中，业经订定之契约与货物，已价值一百万万元，故结果美国有若干工厂，现均愿迅速增加生产。社会安全之程序，仍将继续进行，保障农民利益之农业程序，亦将如之，在棉麦与烟草等各部门，农民现已失却其国外市场。此次之战争，倘果如余所望，结果能获得一善邻主义的世界和平，则军备竞争之完全消弭，将属可能。惟有在此等世界中，经济安全之恢复，方能有望"云云。

罗氏所提之预算案中，关于海军部分之经费，最令人注目。美国海军新预算中明白表示美国意欲建立一世界上最庞大之海军。查去年海军经费已特别巨大，但今年之经费，更超出去年几达十万万元。该预算指拨十一万三千五百万元为建筑新舰与机器经费，去年则为五万六千一百万元，另外拨三万八千万元为添置装甲、军械与弹药经费。下年度海军飞机费用为四万三千四百万元，舰队维持费二万零六百万元，大炮一万六千七百万元。海军舰员薪俸增至四万一千一百万元，前年度仅为二万八千四百万元，此事可表示海军人员增加之情形。下年度海军船坞经费为二万七千五百万元。

罗斯福总统并在其预算案中表明，意欲大规模的扩充太平洋之防务设备，凡关岛、菲律宾、萨摩亚、夏威夷、巴米拉、中途岛与詹森诸岛，均包罗在内。据估计，在此区域中之预算估计，将超过美金三千五百万元。美海军拟在关岛花费一百四十三万七千五百元，其中一百万元将用于置备海机停驻之便利。海军部又请求拨款五百五十万元供第十四军区修浚海峡与港口之用。据海军专家追述，美海部于一年前，曾建议由海军第十四军区之预算项下，拨款以供改进关岛防务之用，但因议会之反对，故此计划只得作为罢论。一般相信，美政府在进行关岛防务计划前，必将先获得议会之批准以及指拨的款。关于夏威夷之海军特种计划，已规定拨款一千三百万元。在改进关岛之一，四三七，五〇〇元之预算中，包括增筑军用公路款十八万七千五百元，改良电力厂二十五万元，此外供给海机升降便利之款一百万元。关于萨摩亚岛，海军部建议拨二十五万元，以供各种计划之用。其他之计划，包括在中途岛设置海机机库，在詹森岛修筑汽油库。海军省并建议拨款一百四十九万一千元，供阿拉斯加之锡特加港之用；拨款二百九十九万二千元供乌纳拉斯加之荷兰港设置海空军站台之用；拨款六万五千元供增强中太平洋第十四军区内之主教角之港防之用。陆军部对于国防经费之分配，尚未指定，但据料菲岛之防务经费，将占相当的比数。

罗斯福又于八日下令增强海军的力量，每一军舰之兵员，须配足战时的数额，将海军统帅部，加以全般改组，并授权将兵员数额，由一十九万二千人增加至二十三万二千人。海长诺克斯宣称，渠将设立三个舰队，一驻大西洋；一驻太平洋；一驻亚洲。每舰队各设一总司令。此次海军改组，可谓为"适应事实之部署。吾人已逐渐扩充大西洋舰队，且将此舰队分成数个单位"。现时未筹划改变大西洋舰队之数量，（按该舰队现有军舰一百二十五艘）美国舰队将定名"美国海军"，分为三队，两队以太平洋为根据地，其他一队则以大西洋为根据地。驻防太平洋者将定名为"太平洋舰队"，以夏威夷为根据地，该舰队之总司令将为所有三舰队之总司令。现由海军上将金穆尔继李察森为海军总司令。据诺氏称，此次海军改组，照目前所决定者而论，对于整个扩军计划，并无影响，今春美舰队将循例举行演习。海军后备队亦有增加，此乃舰队扩张必然之结果。所有美舰皆参加现役，且保持充分的战时实力。诺氏又称：罗斯福之命令，将于二月一日生效。

此次美国海军改组，设立亚洲舰队，意义颇为重大。故十日英国《每日电讯报》外交访员评称："美国决定建立亚洲舰队事，伦敦方面至为重视。由此可以明白看出，美国对于日本在远东之暴行具有加强抵抗之决心。此项舰队名义上虽以马尼拉为根据地，但如遇某种情势发生时，即将驶往新加坡英方之根据地，以保护美国在泰越二国之利益，该根据地乃阻挠日本海军作战之最佳地点。"据马尼拉九日合众社电："倘令太平洋战事，一旦爆发，则亚洲舰队之基本任务，将为扰乱日本舰队，袭击商航与截断日本之运输线。此间之海军军官，现时相信，亚洲舰队将不致成为'孤军'，因一般相信，日本不会派遣大队之战斗舰队南下，盖日方之不能不顾及以檀香山为根据之美国太平洋舰队，威胁其本国之领海也。美国之亚洲舰队，计包括巡洋舰两艘，'贺斯顿'与'大理石头'号；驱逐舰三队；长程侦察轰炸机二十六架；航空母舰'蓝格莱'号一艘；潜艇十八艘；快艇六艘及辅助舰若干艘。据海军军官谈称，该舰队颇足保护菲岛，以俟主力舰队之驰到赴援。此间大半军官不信日军将企图大规模登陆，盖菲岛周围，海水甚深，美方可以使用潜艇，而长程轰炸机更可集中轰炸也。顷悉，在过去若干月中，美海军曾在全岛各地，分储汽油与军火，以供海空军之需要，此项供给品，可供数月之用，惟美方之主要供给，则贮于坎维特港。一般相信，该港防务之巩固，殊无从攻下。亚洲舰队过去数周之演习，系注重在海底、水面与空中各战斗单位之合作。此间海军军官预料，亚洲舰队如一旦遇有战事发生时，即将分散至指定之根据地，从事袭击，日本之交通线甚长，极易受创；而新加坡与荷属东印度之根据地，亦可供美舰队之使用。据悉，日本在越南、台湾、海南岛与其委任统治各岛之根据（地），均为美国海军飞机航程所能及。海军方面相信，如遇开战时，美国对该根据地等，均将予以轰炸。美日两国均不能派遣驱逐机至此等遥远之地点，如派遣航空母舰前往，则又极易遭潜艇之袭击。一般对于美国驻马尼拉之驱逐机队，均认为最良之防卫武器。据此间有资格之观察人指陈，荷印有巡舰五艘，驱逐舰十二艘，潜艇二十艘，又飞机数百架，而英国在新加坡之实力，亦日见增加，再益以菲岛之美国军力，故日本在南太平洋之交通线，将遭遇多方面之攻击"云。

美国舆论之转变及其与太平洋海军政策之关系[1]

张荫良

美国历若干年之疑虑，在太平洋方面，终于造成一种实际的海军新政策。此举大半系因民众对于远东事件之态度有显著之转变。美国为民主政体，外交政策以民意为依归。美国与远东之关系，尤以民意为制定本国政策之一极重要因素。以前美国民众对于太平洋彼岸之事，认为无关痛痒，殊少置于脑海之中。此种情况足为美国在远东实现传统目标之一障碍，并反对保有相当海军实力，以维护此种目标。但近来美国舆论已有显著之转变矣。本文之目的，乃在分析美国舆论之转变，并研究其与太平洋海军政策之关系。

美国在远东之地位有一特殊性质。美国之政策目标向极明显，但其实施能力则不明。美国坚持国际条约为神圣不可侵犯，国际纠纷当用和平方法解决，尤其维护中国领土完整与政治独立，并主张美国在华机会均等，享有贸易特权。门户开放主义已被认为美国外交政策之一主要原则，但因地理上所处之地位，对于远东政策之实施极感困难。以前美国图以条约之协定，与他国之诚意，保持其权利，但实施方面终赖海军力。美海军战略家马罕于其所著之《海军战略》一书宣称："门户开放政策需要海军力，确属实情，殆不下门罗主义，此为显而易见之事。"

但美国从未备有马罕所认为必须用以维护远东政策之海军力，而反在客观形势须要充实此种力量之时，接受自我牺牲之条约，限制其海军。一九二二年华盛顿会议时，美国应允不于檀香山以西增设太平洋防御工事，并限制主力舰

---

[1] 此文发表于《海军建设》1941年第2卷第9期。

为对日五与三之比率。同时美国及其他各国接受日本保证，愿尊重中国之独立与完整，为此条约之一主要部分。美国相信日本之保证，使其当时已计划之大海军失去需要，乃允限制舰队，将在建造中或批准建造之舰若干万吨废弃，以为交换条件。

孰知美国应允不于夏威夷以外之岛属增设防务及承认主力舰之五三比率，乃将西太平洋之海军霸权拱手让与日本。此后美国贸易之发展与保护须仰日本之鼻息，而不能使用海军维护门户开放之传统国策。美国有一海军军官于一九三〇年五月在参院外交委员会报告伦敦海军条约时称："美日在西太平洋之冲突殆难幸免，而华盛顿条约之限制，使吾人在彼区仅能获得侥幸万一之胜利。"易言之，华盛顿条约赋予日本相当海军，俾其欲图实行亚洲大陆扩充政策时，足以保护其在西太平洋之地位。如此一旦对于门户开放政策感受威胁时，显须以美英合作与联合行动以资应付。但在二十年间，欧洲迭生事变，已令英国在远东方面不能保有充分海军力矣。

然而此种形势深得美国民众之赞许，华盛顿条约被认为哈定总统执政时代之一非常成就，民众对此协定深表满意。国会于此后若干年间不准拨款建设海军，甚至达到条约之限度，亦所不许，可以反映当时民众态度之一斑。民众与国会方面所以有此态度者，有数种原因，兹特说明如下：

第一，须忆最近五六年以前，美国民众多信赖能藉国际协定、条约以及寻常协商，以维持国际秩序。此种情绪曾经一部分团体特别有力表示，屡次要求美国加入世界法庭及国际联盟会，并提倡凯洛格白里安非战公约，所以美国舆论认为可以得到军缩之理想。此种理想主义之态度，对于华盛顿条约自加赞许，因而减低海军经费矣。

第二种原因，因与美国太平洋海军政策有关，特为重要。美国民众在不久以前，对于远东事件，咸见漠不关心，中日菲等国似与美国远隔。美国因文化经济与政治之关系，已将其注意力由亚洲转向欧洲。在海口城市及与其附近区域以外，美国人与远东贸易有关者，寥若晨星。美国取得菲律宾，尚未利用其经济能力，而菲岛要求独立，旋经妥恰。即于一九三一年沈阳事变[1]，

---

〔1〕即"九一八事变"。

一九三七年卢沟桥事变及一九三六年取消海军条约舍弃华盛顿条约之约束后，美国人民仍不轻认日本行动对其国家重要利益为一直接威胁。因此匪特并无要求而且反对修正美国太平洋海军政策，以适应变更之形势。

以往美国民众之不赞成在太平洋采取较为实际之海军政策，其第三原因则为顽固的孤立主义之作祟。此种孤立主义之观念，虽为美国与欧洲事件之关系而产生，但对于民众在太平洋事件之意见有深刻之影响。一九三五年美国民众深知欧战必将再起，不过时间问题而已。以国际联盟为中心而设立之集体安全制度，迅将瓦解。同时参院军火调查报告公开发表，曾骇人听闻。美国人民到处所表现之情绪，皆以美国参加上次世界大战乃由于不法之军火制造家、国际财政家与协约国宣传家所促成，所得究属无几。故美国为防患计，当于国外另一战争爆发之先，预定中立法，以免卷入漩涡。曾经一九三七年修正之一九三五年中立法，即因此而生。其基本原理规定一切交战国应一视同仁，不论战争之原因与争点，并使美国在危险区之权利与财产自受拘束。当美国人民要求制定此项法律时，即曾想见将来欧洲必将发生战争，而对于远东，亦取同样之态度，更加对于远东事件已具漠不关心，遂致顽强反对使用美国政治经济及海军力以对日矣。

适于孤立主义达到高峰之时，民众脑中，均富有国防之思想。国会乃制定法律，扩充舰队，先行达到以前条约之限度，然后再图扩充。但此扩充舰队，乃因美国海岸在海陆空方面逐渐需要防卫之结果。此确为国防之需要，非为需要设立武装部队，能在远离美国大陆之外实施其政策。美国会之辩论海陆军问题，足以反映孤立主义之得势，国会议员显未料及美海军用于维护远东政策之观念，而以海军几可完全用以抵御可能敌人，使其远离美国大陆之外。

此种孤立主义态度之势力，及其与有限制的太平洋海军政策之关系，可于一九三七年中日战争爆发后各月间所举行之盖氏民意投票测验之结果见之。是年九月曾就美国应否自华撤退驻军问题征询民意，在全答案中，赞成撤退驻军不必留为保护美侨者占百分之五十四。在"巴纳"号事件发生后一个月，即一九三八年一月间，要求撤兵者为数大增，主张应劝美侨撤退，并将陆海军调回者占百分之七十。且美国民众对于一九三七年十月罗斯福总统演说之反响，更可证明其坚决反对日实施经济压迫。美国人民对于日采取积极行动，多抱踌踌不决之态度，因恐此种行动或将引起日本之重大报复，遂致酿成战争，美国在远东之利益不得假作此等危险之口实。

但因远东战事于一九三七年以后继续进展，美国舆论开始转变，乃有赞成逐渐使用若干种经济压力以对日者。一九三八年九月慕尼黑危机以后，美国民众情绪有显著之转变，认为美国当以物资援助抵抗极权国侵略之国家。至于远东方面，此种态度造成禁运军用品赴日之逐渐要求，尤可于一九三八及一九三九年美国会紧急通过禁运法案见之。一九三九年八月，即美政府宣布废弃美日商约数星期之后，盖氏民意测验，曾就不应再将军用品售予日本问题征询民意，结果在全部投票中，赞成此议者占百分之八十八。嗣又举行数次投票，结果表示同意者日见增加。

但过此若干时，凡赞成对日采取较强硬立场者，均不出于有限制的使用禁运之范围。使美国传统政治经济政策得以维持，则民众对日行动，尚无需要一种新海军政策。反对对日采取行动，以免引起纠纷之声浪仍遍于全国，并得国会开会时之有力表示。一九三九年二月，美海部向国会要求拨款改良关岛港务，当时海军条约业已实效，原属许可，但因民众反对对日采取行动，而令国会得以顺利否决是案。美国会一部分人士之解释，认为此举乃美国在远东前哨最后设防之开端，且认扩充海军势力至西太平洋与美国全部远东政策有关。众信关岛改善港务，既不合于防务设施，而反将因此引起对日辔辖。否决关岛经费者，以为保护美国在华以及在菲律宾与东南亚洲之利益，极为危险。其对于关岛提案之主要异议，认为太平洋一种新海军政策之表现，此种政策不但倾向于防卫阿拉斯加、夏威夷、巴拿马及美国大陆，且有将来对日竞争西太平洋海上霸权之趋势。美国会最少非至能彻底澄清美国在华以及在菲律宾与远东其他部分之全部政策以前，并不准备通过是案，盖国会之情绪乃受民意之影响。一九三九年普通美国人民仍不愿拥护扩充海军力至西太平洋之措置。一年以后，美海部又向国会要求关岛经费，但复遭反对，而无结果。

美国会之不批准关岛经费，可以明白表示国会与民众不愿拥护此种海军政策，以维持美国在远东之传统政策。当时确曾批准巨款，扩充美国海军及岸上设备，其中且有数处系在东部及中太平洋者。但至一九四○年冬间，皆以此项扩充乃为防卫本国大陆。美国民众对于日本屡次轻视美国外交之既定原则，虽表反对，但仍不承认远东条约制度实效，需要采取积极海军政策也。

一九四〇年美国舆论已渐转变，较之中日战争第一年民众赞成对日禁运所表现者，更见积极。此种转变，乃因欧洲迭生事变，而对于远东，乃产生一种新态度。尤其自法国溃败后，罗斯福总统主张全力援助被侵略国家之政策，已得民众之拥护。民众赞成美国援英，必须对日采取较强硬行动。且因日本正式与轴心国家缔结军事同盟，以图对美，美国舆论因而益趋强硬矣。

试观最近数次盖氏民意测验，即可证明目下美国民意之进步。一九四〇年十月赞成当时政府实行禁运废铁赴日者，在全部投票中，占百分之九十六。今年二月因日本对美威胁日增，民意测验赞成美国应设法防止日本夺取荷印与新加坡者，占百分之五十六。但一般恐惧战争之心理仍表现于事实，即反对因此冒战争危险者，占百分四十六之最多数，而赞成冒险者不过百分之三十九，其余未置可否。但在今年三月间，民众情绪似有显著之倾向，愿冒战争之危险者较不愿冒险者略多，即前者占百分之四十，后者仅占百分之三十九。此种更强态度之倾向殊为重要。

较此更为重要者，即美国国会与民众卒已迅速允许海部之要求，拨款开始改良关岛设备。盖此为舆论最后赞成太平洋新海军政策之一重要步骤。以往各年之踌躇观念，弃而无存。此种行动似认美国若欲实施原则，坚强对日，则必于太平洋保有适当之海军力。

概括言之，吾人若回顾美国对于远东事件之意见，可知自一九二十年代和平日期以后有决定之反转。美国民众对于日本之行动，无时称意。但理想主义、孤立主义以及漠不关心之心理，先后继起，反对采取强硬政策。在一九三八年以前，美国民众反对对日使用经济压力，但旋即赞成禁运。其所以力持非常慎重态度者，乃恐惹起日本之报复，此举可以一九四〇年国会否决关岛改善一案证之。美国民众所以倾向拥护对日采取较强政策，包括可能使用海军力者，只因此举与阻止极权主义进展之较广大政策有关，显而易见也。

然则此种新态度对于美国海军政策有何重要关系？只此一端似为民众初次准备赞助将美国海军进至西太平洋之举。美国民众不愿华盛顿会议及其以后之海军军官意见，直至今春，始赞成如此根本变更政策。但尚未信美国在远东之利害关系，值得耗用巨资以建造及保有所需之军舰与根据地设备，今已达到无条件养成之地步矣。

本文所论，系与美国民众对于海军政策有关，尚未计及现在进行之实际工作，如建设两洋海军与在太平洋美根据地之改良或计划，至于英美海军合作之可能性，亦未计及。目下美国增加海军实力，较之舆论尤见进步。今日制定太平洋实际海军政策，不复再受民众踌躇不决态度之阻碍，为一重要之事也。

论地中海霸业之争夺战^[1]　陈潮中

一、绪论

欧洲战局，自巴尔干被德征服，英德在克里特岛进行之大规模空海陆军大战后，世界舆论，多已注重于地中海时事之发展。盖克里特岛在战略上，对于东地中海之出入咽喉——苏彝士，与近东丰富油田之资源，以及东非、北非等广大殖民地之争夺，颇有军事上决胜的价值。此岛原系属于希腊的，在弱小的国家所有，自然没有争论之必要，若是落于强大国家的手中，就会拿作侵略近东非洲的海空根据地。就地位而论，西进可以攻取英国在地中海中心枢纽的马尔太；东进又可攻掠英国代管的塞浦路斯岛，及近东英国石油输出管口的海法。若从东南方向出发，那可以进占英国出红海，通印度洋及太平洋航线咽喉的苏彝士运河，及其出入口的塞得港。再朝南一点的进攻，可以占领英国在北非埃及通海的亚历山大港。由此数点看来，地中海霸业争夺战之开始，不能不以希腊所属之克里特岛的战争为依归了。德国于结束巴尔干战事之余，希特拉毫不迟疑的决定，以空中跳伞部队为主要，立即发动克里特岛的战事，不惜任何重大的牺牲，志在争夺该岛，作为地中海战局的根据地。至于西地中海的情势，时紧时松，而欧洲仅存的两个独立小国——西班牙和葡萄牙，命运终难幸免。目前大西洋战事，尚在停顿，直布罗陀之攻守，又为英德在西地中海的主要争夺场，这是人所共知的事实。地中海之东西出入口，（即苏彝士与直布罗陀）皆为大英帝国所掌握，马尔太实为英国地中海舰队之集中点，东西巡逻，

---

〔1〕此文发表于《时事解剖》1941年第1卷第4期。

保障地中海航线，维护大英帝国之大动脉，英国不肯轻易放弃地中海之权益，那是理所固然的事，这场恶战，于克里特岛之争夺，亦可概见一般。

二、民主与轴心海军之比较

意国海军

意大利参战之前在海军方面，约有主力舰四艘，巡洋舰二十二艘，驱逐舰五十六艘，鱼雷艇七十二艘，潜艇一百零五艘，意大利的舰队，比较现代化，在地理上它又位于地中海的中心，控制欧亚航线的孔道，可谓近水楼台，得天独厚。而墨索里尼素来抱有重大的政治野心，企图步武凯撒和拿破仑的功业，梦想使地中海变成"罗马湖"，完全由他全权支配。意国参战之动机，与德国希望，背道而驰，致有意国舰队大遭惨败，而德国竟成观望之态度。

英国海军

就海军实力而论，英国海军自然强过德意轴心。英方新建航空母舰六艘，据称"光荣"号与"无畏"号业已编队，其余四艘为"胜利"号、"不屈"号、"不匮"号与"不挠"号。此等舰身之长，为七百五十三呎，排水量为二万三千吨，架设四.五时之大炮十六尊。此等航空母舰，将来虽不能全部用于地中海作战，然由英海航空队在地中海与他处之成功观之，对于主力舰、巡洋舰、驱逐舰等之活动，将有极大之贡献。据海军专家估计，各国现时在建造中之最新主力舰共有四十艘，英美共占三分之二有奇，除日本四艘袖珍主力舰每艘至少为三万五千吨外，尚有二十艘为四万吨或四万吨以上，而三万五千吨级之主力舰，有英国"狮"级者四艘，其最先二艘，将于一九四三年完成。目下"英王乔治五世"号之新设计，对于构造技术上之进步，由此次击沉德舰"俾斯麦"号观察，不难推想之。

德国海军

据未证实之报告称，德国现时建筑之主力舰，包括四万吨者有二艘，一名"弗里德烈大帝"，一名"兴登堡"。又已经编队服务之主力舰，除"俾斯麦"号外，尚有"透比兹"号。德国海军，一向注重"潜艇政策"，对于潜艇之建造数目，多少殊难加以猜度。根据美国之估计，德方有三百艘，但此说是否确实，抑或不止此数，亦未可料。英德两国海军之决斗，其主要战场不在地中海而为大西洋。所以专心致力于地中海战事者，只有意大利舰队而已。意国海军，在英国海军封锁政策之下，未敢越出地中海一步。

三、意国海军之挫败

英意海战

意国舰队于参战后，原拟在地中海及东非与北非扬威，藉以攫取近东、巴尔干及非洲殖民地，不料心有余而力不足，其结果实得其反，不但地未掠得，而老本钱倒反丧掉。对于轴心盟友，不敢扬眉吐气，只好言听计从，名做德国的伙伴，实为德国之附庸，这都是由于自己的实力不足。在地中海一败于英舰，在巴尔干再败于希军，屡图恢复，屡遭败北，有以致之。吾人专以地中海之英意海战而论，意大利之西西里岛，接近于英国地中海航运中心的马尔太岛。意国在地中海企图首先攫取之物，即为此马尔太根据地。意方参加欧战，仅有战斗舰六艘，即"列多里奥"号、"威尼杜"号与旧式的"加富尔"级舰四艘。至于"帝国"号、"罗马"号是否经已入役，仍堪置疑。意大利集中海军力量，进攻马尔太，此次海战，意巡舰"哥里安尼"号，竟被击沉。而意舰之屡次进攻，始终亦未曾得手，马尔太迄今安然无恙。

意国战舰被击沉

三月份东地中海之役，英国又曾予意舰队以最大打击，此次海战，为欧战爆发以来最大之海战，海空并举，奋力交绥，英海军占绝对优势，击沉意国巡舰、驱逐舰等五艘。罗马电台广播，承认意海军损失巡洋舰三艘，驱逐舰两艘，其巡洋舰名为"阜姆"号、"波拉"号与"柴拉"号。又有巨型驱逐舰"吉奥伯图"号与驱逐舰"米斯特拉尔"号均被击沉。此项舰中就"阜姆"号而言，装置重级配备，设有八吋口径大炮八门，其兵员连兵官与水手在内，计有七百零五人，该三巡舰，均有一万吨，而驱逐舰"吉奥伯图"号系于一九三六年落成，其排水量为一千七百吨，有兵员一百五十七人，与"米斯特拉尔"号之军备相同。意国海军经此挫折，毫无疑义的实力大减了。

德军参加意舰

四月份意舰队在德国下级军官协助之下，由西西里南端之巴沙鲁角附近向东行驶，企图攻击埃及至希腊之护航线，英国海军地中海舰队总司令克银汉上将，乃训令轻便舰队出发，由少将维普尔统率，驶往克里特岛之南某地，伺击敌舰。克银汉另率舰一队出发，自亚历山大港加速马力，向北驶去，希望截击敌舰。意国舰队多艘在加夫杜岛南三十五哩出现，向东南方开驶，其时维普尔所率领之轻便舰队，在敌人东南四十哩，而英国主力舰队仍向西北行驶，维普尔舰队乃改变航线，向北开行，于是与敌舰接触，并拟引诱敌舰驶近主力部队，使令各舰向东南行去。在一小时后，意舰发觉，立即逃遁，转向西北行驶，英舰乃追踪之。同时英国航空母舰"无畏"号，派出鱼雷飞机炸击意方主力舰。交战至下午十时，犹未停止。及敌舰受伤创后，始狼狈遁去。此一战，意方"列多里奥"号战斗舰被击重创，大减其速率。而巡舰与驱逐舰多艘被炸中，意方损失军官与水手，在三千人以上，而被俘生存者有九百人，内有三十五人为德国中士级海军军官。又重级巡洋舰三艘与驱逐舰二艘确被击沉，此外尚有配备六吋口径巡舰一艘及驱逐舰一艘或已沉没，意国舰队的覆灭，当以此次为最大。有人曾以此役，比拟英名将纳尔逊于一八零五年在特拉法加一役战败拿破仑以来，最有决定性之海战。就海军控制海洋的实权而论，当然意舰队敌不过英舰队，这是事实。意国海军牺牲重大，而无所获，只有徒呼负负而已。其于精神上之损失，实难以笔墨形容。

四、地中海的海军根据地
德国的根据地

意大利建国于地中海，处于英法势力包围中，这原是地理上的天然缺憾。然而自身实力雄厚，运用有方，地理上又会使为得天独厚的天然情势。在欧战发生之初，以及希特拉方起之前后，黑衣宰相墨索里尼何尝不用军事恫吓策略，时常威胁英法，获得有利的情势呢！尤其在意大利未参战前，地位上的重要，讨价还价，可以定夺时局，而有举足轻重的重要性。迨至墨索里尼宣布参战，屡遭败北以后，意大利之声威，一落千丈，几于无法收拾。吾人兹从地中海的海军根据地加以检讨，以观民主国家与轴心国家争夺霸业之归宿。德国在未占领希腊以前，在地中海方面，可以说毫无根据地之可言。如今大举进攻克里特岛，其根基始最初奠定。德国有权处置地中海问题，当以此次为最有力量之根据地。

法国的根据地

法国在地中海，原为主要的国家，而其海军根据地，多在地中海西部，如马赛、土伦、阿雅绰，及非洲北部之阿兰、摩斯特根勒、阿尔及尔、比塞大等。以土伦为法国舰队之集中地。此次欧战，法国大部分土地沦陷于德国人手中，而地中海之根据地，虽未沦入敌手，在维希政府副总理兼海军部长达兰极力奔走德法合作谈判的今日，法国海军根据地是否供德在争夺地中海霸业上使用，尚难判定。

意国的根据地

意大利在地中海的海军根据地，从极西直布罗陀对岸的修达港起，经马育加岛、卡利阿利岛、西西里岛，直到班泰雷利亚。此外尚有土耳其南面的罗得岛，都成为意大利的海军根据地。而且在亚得里亚海及意大利本部沿海领土，如阜姆、萨拉、大兰多、墨西拿、那不勒斯、热那亚等处，要港密布，造成意大利在地中海上的海军堡垒，而墨索里尼以此地理为天然的地中海上之霸业。

英国的根据地

谈到英国在地中海的海军根据地，那是很简单而重要的，地中海西部出入口的直布罗陀，及地中海中心地点之马尔太、埃及出入口的亚历山大利亚、沿巴尔干半岛的塞浦路斯岛、近东石油输出管口的海法，以及地中海东部出入口的苏彝士及其出入口塞得港等，皆为大英帝国在地中海维持航运的重要海军根据地。英国地中海舰队，集中于亚历山大利亚港，主力舰队则分驻于地中海西部、中部及东部，巡行地中海航线，确实把握英国交通中心的大动脉。目前地中海的海军根据地，已有相当的变迁，旧时地中海霸业之角逐，只有英、法、意三个国家，但是现在事情变迁，法国被德击败，意国被德附庸，而新兴老虎式的德国势力，侵入地中海的心脏。法意供给德国元首希特拉的指挥，地中海霸业之争夺战，实际上是英德的主要战场了。

五、海权霸业的争夺战略

德灭欧十四国

德国希特拉对于海战，向来不敢放胆妄为，德国对于地中海，从前亦未敢存染指之念，然自此次欧战发动以来，在欧洲十四个国家被德国征服。这些国家的资源，有煤铁，有石油，有农产品，都足以使德国军事力量的加强。如奥大利之供给各种工业设备及煤铁盐等矿产；如匈牙利之供给大量的五谷与畜产品；如捷克之供给兵工厂及轻重工业、农牧业之特产品；如波兰之供给黑麦、大麦、番薯、甜菜、煤、铁、铅、锌、岩盐，及石油；如丹麦之供给牛油、牛乳、牛酪，及牧产；如挪威之供给渔产、林产（造纸）及造船厂；如荷兰之供给农产品、矿产品、机器制造业、造船业，及煤、蔬菜和牧产品；如比利时之供给各部轻重工业；如卢森堡之供给铁砂、钢，及生铁；如法国之沦陷区域，所有工业、农业，及一切出产，均归德方据而有之。至于巴尔干国家之富藏资源，更为世人所周知，如罗马尼亚之谷仓及石油，保加利亚之食粮，南斯拉夫之玉蜀黍、小麦，及铜、铁、矾土，希腊之铅、银、铁等，均属宝贵之物，德国据而有之，此事自不容忽视。

地中海东西出入口

灭十四国后之德意志，经济战争力骤增，而且多得了优越的军略地位。在地中海全局战事之中，德国于取得克里特岛以后，不拟用海军正面作战，而采取进攻地中海东西两方，两方出入口的战略，德国在地中海西部，自然要压迫西班牙就范，掠取直布罗陀港。就目前情势观察，尚属于外交攻势，而非军事行动。德国既然在巴尔干有了办法，对于进攻直布罗陀的战略，属于第二步骤，不似从前那样积极了。因为直布罗陀虽然在西地中海攻略上颇重要，然而苏彝士在东地中海的战略上亦与直布罗陀居于同等重要的地位，甚或过之。就大英帝国在近东、印度的关系而言，苏彝士的重要性，实属过于直布罗陀。而且在德国征希腊得手以后的今日，进攻苏彝士比较有利，德国对于伊拉克战事，极力支持，这就是进攻苏彝士的准备。

克里特在战略上的价值

倘使克里特岛完全为德国占领，德方在地中海之争霸战上，可以分兵四路，向英进攻，以该岛为中心，一路向西进攻马尔太，南下进攻亚历山大利亚军港，东南行驶，进攻塞得港，封锁苏彝士之出入口，东进则可以进攻海法。东北方面，进攻塞浦路斯岛，兼以意大利所属之罗得岛，可以协助和利用，东地中海战场，是个恶斗的场所。德国最有利的攻略，是先在近东取得立足点，比较容易。海军方面，德国惟有施行潜艇破坏政策，可以威胁英国海军。英舰在地中海航行，自然非常注意。即使德国海军不能到达地中海作战，而探取漫无限制的潜艇进攻，英舰队在地中海不能不加倍努力，作殊死战。还有一点，德国控制了巴尔干以后，而其袖珍兵舰，可以从多瑙河经黑海的博斯普鲁斯海峡以达爱琴海，德舰到地中海不必经过直布罗陀的港口，这是英舰无法可以阻止的。不过目前德舰数量有限，又要在大西洋方面作战，能否抽调得来，这倒是个事实的问题。从希特拉决心不惜重大牺牲争夺克里特岛看来，德国欲在地中海建立海军根据地，以与英舰在地中海决斗，那是有根据之观察。

直布罗陀采用外交攻略

德国以强大的陆空两军控制欧洲大陆，在法意两国已经成了附庸，而西班牙与葡萄牙，虽为欧洲仅存的独立国家，在希特拉看来，已经没有问题，是会归到轴心怀抱来的。所以他对于西地中海的攻势，限于外交攻势，非至万不得已，不至于动武的。基于此种理由，直布罗陀的进攻，不如苏彝士的进攻来得迫切，而且直布罗陀方面，本身上没有经济价值，只有军事据点的重要性，德国即使压迫西班牙得到目的物——直布罗陀，那不过是封锁了英国到地中海的入口而已，英国尚可行驶好望角绕非洲沿岸而通印度，到太平洋，这个作用，在苏彝士亦有同样的效能。

苏彝士在经济上军事上的地位

德国与英国争夺地中海霸业，其目的固不仅限于军事上，一方面，在经济上的观点，当然还是要以争夺苏彝士为重心，因为苏彝士运河的特权，不是英国独占，法国人亦有极大的投资。"苏彝士世界公司"是在埃及的法律下注册的，运河的股份有六十五万余股，英国拥有三十五万三千五百零四股，其余大部分是在法国的各私人的手上，股东们有着操纵政策的全权，因为任何人握着二百五十股的，便可以投十票，三十二个董事，每人年薪一万七千元，这些董事之中，十九个是法国人，十个是英国人，一个是荷兰人，两个是埃及人。从一九三七年后是这样的规定。公司征收通过费，船重每吨一元四角，货重每吨七角，每个成年人乘客，以等于船重一吨计算，每一儿童乘客，以等于货重一吨计算付价。以一九三七年的统计，经过苏彝士的三六，四九一，○○○吨中，有一七，二五四，○○○吨是英国的；第二是意大利的五，八六六，○○○吨；第三是德国的三，三一五，○○○吨。其次便是荷兰、法国和日本的。墨索里尼久已梦想完全占领这条运河，只要能在运河的两岸地位巩固，便可以坐收船支行水的厚利，不幸意大利对于东非战事，不但毫无进步，反而把耗尽意大利人民血膏侵略得来的阿比西尼亚，这一回又断送了。英军在东非勇敢作战，使阿皇复国，这也是巩固红海区域，保卫苏彝士运河的战斗。意军无能，固无论矣。强有力的德意志，对于苏彝士的进攻，业已着着准备进行，叙利亚机场之供德使用，伊拉克之战，德国正式参加这些战略，都无非想从近东大陆，直接包围苏彝士而已。

六、结论

苏彝士之存亡关系于地中海之全局

总观上述各节，吾人可以得到一个概念，地中海霸业之争夺，其关键枢纽，在于苏彝士之争夺以为判断。目前战争，并无前方后方之分，飞机降落部队，可以从天空中纷纷下来，这次地中海形势的演变，在于希腊之失败，德军既控制巴尔干全局，又能利用爱琴海，德意的海军固软弱，终以德军控制空中，英希海军不能不放弃克里特岛。就此看来，地中海沿岸的海军根据地，德军皆有谋占的阴谋，只要是接近欧洲大陆的据点，德国无不想占用。本来法国的海军根据地，不能尽归德方使用，然以维希政府之软弱无能，贝当、达兰之欲保持法国尚未沦陷的部分，在此种环境之下，谁也不能保证决不落于德人之手。必要时德军亦将占领葡西两国，进而谋占直布罗陀。世人的眼光，均注意于德军强占克里特岛，估计德方从截断苏彝士交通方面去着手，英国保卫苏彝士之战，亦即保存地中海霸业之战，德方对于地中海作战的方略，势必从近东方面多用工夫，在叙利亚、伊拉克、外约旦、巴勒斯丁未有变动以前，苏彝士可保平安。倘使近东时局有变动，则于苏彝士的命运，大有问题，而地中海的交通，必被轴心国家所截断，苏彝士保守不住，则亚历山大港、马尔太，亦将失去作用，纵有直布罗陀，又属无益了。

苏彝士之胜负影响于太平洋的安危

所以论及地中海霸业之争夺战场，必然与非洲和近东的关系有深密作用。由于英舰之强，使意属里比亚和西西里包围马尔太亦无防害。如今德方一占克里特岛，在地中海的海军自然受到威迫，即远隔大西洋对岸的美国，也极动了心。由罗斯福总统对海洋自由的要求演说词中，也就提到苏彝士不甚安全的警语了。吾人认为世界全局的关键，系于英德地中海霸业之争夺。而远东、太平洋、印度洋，以及红海一带能否新起战云，则又属于苏彝士之决斗。看看英德两方面，谁胜谁负，以为判断点，因为轴心国家另一小伙伴的日本，正在观察这个风色，英国仍能保持苏彝士经红海通印度，达新加坡的航程，则日本认为时机未成熟。倘使德国在近东得着胜利，这个伙伴，又会在南进声中，从越南、泰国，向着星洲方面发动，这个问题，不在本文之列，兹不详论。惟于地中海之苏彝士在存亡争斗颇有关联，顺便提及耳。

一九四一，六，二，于香港

美国海军论[1]　冯翰文

大西洋上的英德决战，和太平洋上的未来战争形势，其重大关键，都在美国海军。研究世界战局的人，如不明白美国海军的真相，那简直是不知道世界战局之键。了解美国海军实力，是了解国际战争之一重大要素。所以特请冯翰文先生做了一篇《美国海军论》。内容分六段，材料相当充实，并附一图，可供参阅。敢请读者特别注意。（编者附志）

一、一个天然的海军国

美国原本是一个大陆国家，它的国土横跨北美大陆的中部，完全具备陆上的形势。我们试拿美国和英国相比较，那末英国的本土是岛屿，而美国的本土是大陆，虽则英美同样有着海外的领属，但是英国的海外领属远超过它的本土，而美国的本土却远超过它的海外领属。同时英国之所以为英国，完全靠着它的海外领属，反之美国之所以为美国，却又完全靠着它的本土。所以，姑无论英国的海外领属特多，美国的海外领属较少，英国总是整个的海上国家，美国总是离不了陆上形势。

然而，时至今日，海洋之为物，与其说是交通的障碍，毋宁说是交通的便利。现代的每一个国家和世界任何部分几乎都是息息相关，节节相连，其间海洋就是一种极端重要的联系。所以除非和海岸线根本隔绝，现代的国家无不着重海洋的通路，要利用海洋，控制海洋。英国之所以能够从蕞尔的岛邦，发展

---

〔1〕此文发表于《时事解剖》1941年第1卷第4期。

而成空前庞大的帝国，完全是因为它对于海洋能够利用，能够控制。美国虽然是一个大陆国家，可是美国人不但具有航海的历史遗传，抑且也决不能或予放弃海洋的利益。

美国虽然是建立在大陆之上，它在东面对着大西洋，在西面对着太平洋，向南又有大半的边界是在墨西哥湾的沿岸。这几方面不但海岸绵长，而且良港众多，对于海上的发展已经特别适宜。此外，加以美国势力所及的古巴、海地、圣多明哥、巴拿马，加以美国的领属的小安地利斯、亚拉斯加、檀香山、萨摩亚、密特威、韦克基、关岛、菲律宾等等，美国的海上形势实在也异常优越，并不亚于英国。

除了这地理的环境而外，美国的人力、物力以及产业进步的情况，也使它具有资格，建设伟大的海军。我们知道美国有异常优厚，莫之与京的国富，能够支付巨额的军费，美国有大量的人工，有充分的原料，更有高度发展的工业和技术来造背景，足以进行任何的造舰工程。我们知道美国人也具有航海的特性，他们的祖先远涉重洋而来，曾经和海洋作艰苦的奋斗，而事实上他们自己也尝表现他们在海上的优越，所以美国的海军实在有无限的前途。现时世界各国，甚至连同英国在内，都很难和它比拟。

以日前的国际形势而论，南北美洲以美国为盟主，唯美国的马首是瞻。可能和美国对敌的国家，却又远在重洋之外。所以，美国的地位还是比较安全。现在，唯一足以危及美国的只有欧亚两洲的侵略集团之独裁国家。它们如果真个是有这样的企图的话，那就不免要远渡重洋，才能攻击美国。从海洋而来的大敌，美国当然也要在海洋之上拒之，这是现在美国必须发展其海军的一因。同时，我们知道海军一定要有完善的根据地，一切的建筑、修理、修养、补充和驻扎都是有赖于良好的海港设施，此外这里又是舰队离开作战的一个安全憩息之所。英国因为和欧陆有一水之隔，从前也是发展海军的一个合乎理想的地方，但是自从空军突飞猛进之后，不列颠群岛究竟太过接近可能的敌对国家，易受空军的捶击，已经失去旧时的地位。这个地位，美国无疑的可以取而代之。

因为具备这种种的条件，所以大陆国家的美国，其海军在第一次大战后，居然能够和英国并驾齐驱，而在目下第二次大战当中，更有超越英国之势。

二、空军威胁下的海军

这里立刻便会发生一个严重的问题,因为航空已经大大地影响到航海。以目前的趋势而论,天空大有渐渐代替海洋而为交通大道的趋势。更有一层,我们从远东和欧西战场上的教训,已经知道空军对于海军的威胁是怎样的利害。然而,航空是不是可以代替航海,空军是不是可以代替海军呢?这还是不能一言而尽。未来的世界准许是这样,不过现在与最近的将来,航海比之航空仍然居较优的位置,海军依旧胜于空军。现时最大的巨型机总不过能够负担三十吨左右的重量,但是一只小货轮总可以装起百倍这个的数目,虽则飞机的速率特高,在同一时间内,轮船往返一次,飞机可以往返多次,计算起来,后者还是未能和前者比拟。战舰固然可以给飞机轰炸而沉没,不过战舰决不是不能沉没的,问题是在攻击力是怎样,抵抗力又是怎样。江阴的攻守战中,中国的诺斯罗卜轻轰炸机队也曾经将日本母舰“龙骧”号重创,修补了几个月,才能够再度出动。挪威之役,英国远征军不能免于撤退,主要的原因是为了德国空军先占得上风,由于天空的威胁使到英国海军不能支持它的远征部队。然而空军威胁的增加也正足以表现海军的优越。比方邓苟克一役[1],德国虽然稳稳握着制空权,在不断的轰炸之下,英国海军藉赖天时之助,竟然能够将它的远征军的大部分撤回本国,这证明海军捱得打击,负得起任务。直到今日,英国还是紧握海上的霸权,封锁德意,并且替自身取得接济,就是区区二十哩的英伦海峡,也是因为英国海军的保卫,使到希特勒望而生畏,迟迟不敢飞渡。总之,现在海军仍然保持它的价值,如果一个国家想称雄世界,少不免要建立它的海军。美国之亟亟于扩充舰队决不是虚掷人力物力,而是适应事实的需求。美国需要伟大的海军来维持它的地位,保障它的安全,负起它的国际任务。

海军虽然不因空军的进步而或失去其重要性,却也不能不因空军的影响而有所改变,以适应新的情势。海军的设计、战略、战术等等都需要加以彻底的革新。首先整个海军已经立体化起来,海军须包括海面、海底和海上的天空三限。海军必须把空军作为自己的一部分,而不能或缺,以完成它的防卫和攻击力量。从前近乎试验式的建筑航空母舰,以及在战斗舰、巡洋舰上搭载飞机,

---

〔1〕即敦刻尔克撤退。

现在已经成为当然的办法。至于其他的积极和消极防御方面，如高射枪炮的配备，飞机探测器的装置，舰面钢甲的加厚也必需尽力兼顾。就战略上来说，海军重心之由旧大陆转移于新大陆，就战术上来说，空军的代替驱逐舰执行一部分巡逻、侦察、雷击的任务，这些都是海军因空军的发展而顿然改观。美国海军对于空军的地位素来是另眼相看，老早便把空军作为海军的一个重要部分，舰队的空中防御力和攻击力都有深切的注意，所以美国海军的航空队始终保持优越的地位，比之他国海军都更胜一筹。美国海军既然得风气之先，更冷眼旁观各个战场中的教训，今后它的海军建设自然能够适合时宜。

要之，在空军威胁之下，美国还是要努力发展它的海军，不过它必须重新计较来适应已经改变的形势，这一层美国也已早着先鞭，无疑的一定能够善为处置。

三、美海军舰队的现状

一九四一年开始的时候，美国舰队就以罗斯福总统的命令全部改组：在"美国舰队"的名义之下，分设大西洋、太平洋和亚洲三个舰队，分由亚那斯少将，金美尔少将和哈特上将任司令官。金美尔少将更兼领"美国舰队"司令的地位以总其成。大西洋舰队有主力舰三艘，辅以其他舰艇，负巡逻和警戒的任务。太平洋舰队有主力舰十二艘，辅以其他舰艇，构成一个强有力的战斗单位，是美国海军的精华。亚洲舰队，实力颇为秘密，大致包括轻重巡洋舰及其下的各种舰艇若干艘，也是属于巡逻和警戒性质。各舰队都附有海军航空队和航空母舰，构成整个舰队的一部。这三个舰队完全属于战时的编制，其着重太平洋方面也显而易见。最近美政府又打算抽调一部分精锐，组织特务舰队，它的任务如何，现在还不明了，也许是和护航有关。

美海军航空队现在有三千五百架飞机，包括最新式的飞行堡垒在内。海军舰队有现役舰艇一千多艘，其中有三百多艘可以参加前线的战斗行列，计战斗舰十五、航空母舰六、巡洋舰三十七、驱逐舰一百五十九、潜水艇一百零五，此外燃料舰、军需舰、运输舰等等，大大小小的补助舰艇总计有六百多艘，居世界的第一位，和英国并驾齐驱。

然而这个空前庞大的舰队也有其优点和缺点。首先在数量上，还不敷两洋的支配。战斗舰方面，"维贞尼亚""马利兰""哥罗拉多"三艘都未有革新，具有古老的笼桅和虽厚而不甚适宜的甲板；"纽约""德萨斯""亚干萨斯"三艘也未能完全革新，仅有二十又半海里的时速，和仰角不甚够高的炮塔，实力尤逊于前三艘，其余"宾夕瓦尼亚"等几艘状况算是良好的，因为曾经充分现代化，不过时速亦只有二十三海里。一般的说来，美国战斗舰的炮火力和防卫力都很优越，速率不免较低。只有最近落成的"华盛顿"及"北加罗林那"两艘新舰才完全改观，是目下世界上最佳的战斗舰。

航空母舰方面，最早的一艘"兰格来"和稍后的"勒星顿""撒拿吐加"都是由其他的舰种改建，前一艘载机不过二十多，后两艘却增至八十架，要容纳新式的飞机，它们都得改装。"岳伦格"的装甲也嫌太薄。新近落成的"华斯普""约城""伟业"可以算是强有力的，但是后两艘发现有过度震荡的毛病，须得大加修改。

巡洋舰方面分开轻重两种。重巡洋舰有一万吨和八时炮，这就是一般的所谓条约舰，因为受条约限制的原故，装炮不能够过大，比起德国一万吨和十一时炮的袖珍舰显然较弱，装甲也嫌单薄，如"芝加哥"号因意外和英国轮船相撞，竟至侧舷洞穿，舱层可以一望而见。轻巡洋舰状况似乎比较良好，备炮六时径，装甲尚厚，火力也强，每分钟可以发射六时径炮弹一百个以上，如"布绿连"级的可称世界上的优秀的舰种了。

驱逐舰可以分为新旧两种。以一九三二年为界，那末一百五十九艘之中，差不多是半新半旧。旧式的驱逐舰大都优于供役，不过如"马罕"级的，其舰内设备不大便于运用。新式的驱逐舰是有更稳固的炮台，炮火力和雷击力都异常充分，加以有高角炮的配备，可以成为舰队的防空单位，巡逻半径也很长远，于是活动能力又大增，可是其中也发现有舰身上重下轻的毛病，而且高射机关炮的射击也没有适当的控制。

潜艇一百零五艘中，有六十六艘是一九三零年前所建的，其余都属新式。它们有很长的巡逻半径，如果以夏威夷的珍珠港为根据，最新式的潜艇可以远赴日本沿海作战。不过一般的说来，美国潜艇比之别国同一级的，备炮较小一点。又艇内所用的第日尔发动机也曾发现有些毛病，尤其是属于"HOR"型的。

遇有战事发生的时候，商船对于海军也是非常重要，因为它们可以改成战舰，或是充作补助舰。目前美国有百吨以上的商船九百三十万吨左右，约二千六百艘。

四、美海军人事的现状

一九四一年开始的时候，美国海军员兵，以罗斯福总统的命令，大加补充，使每一艘战舰的员兵都达到战时的数额，于是原来的十九万人便要增到四十八万人。

美国海军人员的质素很有值得讨论的地方，我们在第一节里说过，美国人有他们的航海的历史遗传，也有他们的优越的海上形势。一般的说来，美国人有的是勇于进取，勇于致胜的精神。因为这些原故，美国人很可以成为良好的海军员兵。再则，美海军本身也有它的传统观念，认海军为决战的工具，战舰为决战而存在，具有充分的积极的攻势，这也影响目下的海军人员不小。然而，美国究竟是大陆国家，美国人向陆上经营的机会很多，不像英国人那样必需直接或间接的要向海上，或倚赖海上去谋生，所以海员的地位，在社会上，自然是较低，海军的下级士兵募集时，入伍并不见得踊跃，而每年中的海军的逃兵，为数也有可观，好在这种情形在近几年来已经有迅速的改进。最后对于海军人员所必具的两个要素，航海的性能和专门的技术，美国海军人员也有所长短，以前者而论似乎较逊于英国，以后者而论则稳居世界的首席。这是由于美国科学的发达，教育的普及，加以训练的严密，美国人可以很快地变为舰上的成员，虽然美舰的运用又是比较专门的，复杂的。

美国海军的正规员兵大都是选集聪敏的，性近的，有自动力的青年，他们都乐于接受充分的训练。美各级海军员兵的训练可以说是世界上最完密的。军舰上的射击术，和航空队的轰炸术都是训练得非常优异。美海军员兵，一般的说来，比较更能够了解他们自身所负的任务，就专门的技术而论，他们可以更完善的支配一艘战舰，但是对于沉着镇定和领袖同侪的特性尚有应该增进的余地。品性上狭窄一点，固执一点也是常见的现象。大抵因为选拔员兵时没有很适当的品格测验，海军士官学校又盛行着级别的观念，当学生进入海军服务时，这种观念仍然携同出去，训练的内容又多偏于专业方面，未能周详顾及一般的修养，以至发生这些缺陷。所以，选拔的改良，级别观念的打破，机会的开放使一般过惯公民普通生活的人士，能够加入海军中级的队伍，训练的修正使一班受着专业教育的学生能够放开眼光，对于社会、政治、历史有更多的了解，这些似乎都是亟待进行的。

美国海军的岸上组织和制度也是古老一点。大约政务方面有海军部为最高机关，统率方面有作战部为最高机关。议院里也分设海军委员会，到战时总统名义上任海陆空军的总司令。直接负起舰队建设责任的有了下各局：军械局、航空局、航海局、造船局、军需局、军医局、伤坞局。海军作战部长原本是处于领导的地位，总各局之成，整调它们的工作，不过他没有法定的权力可以命令各局遵守执行，完全要靠它们的自动合作。各局的工作虽然互相关联，但是职权却完全独立，所以它们的势力很大。局长又多数充任海军部长的顾问，有左右海军部长的可能。各局的成绩有好有坏，军械局的效能极高，所以美国战舰的装甲和和备炮，一般的说来，比较他国都来得强有力；造船局的效能便不及，所以设计建舰每有不妥而须中途屡屡修改，进行既迟，完成后有时仍有缺陷。各局的重行改组整顿，使彼此能够达到分工合作的地步，这也是不容再缓的。

美国海军的升调制度本是按照高明的原则，但是有时却不甚能够充分实施。由于人事上或政治上的关系，经过长期忠实服务的人员，虽然不甚功勋卓著，每每可以高升。但就一般的情形而论，扒得上的仍然是优良的人物。不过有两种缺陷是很显明的：第一，升格太慢，使到高级的人员每每是年事很高，神经和心脏都比较衰弱，对于所负重责似不如较为年轻的之更能胜任。第二，调动太频，使到一个人员不能安于一种熟练的任务，转移到新的位置时，总不免有相当时期是生手，不能够如常的有效工作。这些缺陷，我们相信美国人现在已经着手改进。最近，几位海军校官以较轻的年龄破格升级就是一个明证。

要之，美国海军的人事方面保持一个很优越的形势，然而也有好些地方须待改进。

五、美海军根据地的建设

海军不能没有根据地而存在，也不能没有根据地而行动，此外根据地并且影响到海军的效能和战略，美国在东西两洋的沿岸都有设备完善的良好军港，沟通两大洋，使美国取得内线作战的便利的巴拿马运河，虽然开放给国际商运，也是一个警卫森严的根据地。两洋之中，美国也具有不少的良港，比如夏威夷的珍珠港是全世界数一数二的，但是其中因为有些并未设防，有些并不完备，有些坐落不甚适宜的位置，反之在军事要冲却找不到适宜的良港，足资建设，这些都是美国海军和它的防卫上的遗憾地方。最显而易见的就是，关岛的不设防使到日本的代管岛屿能够联成一气，截断檀香山和菲律宾的通路，菲律宾的卡威特港和阿留申的荷兰港也未有充分的建设起来，使美国难以防卫菲岛，并且将两地作为进攻日本的据点。南北大西洋上，美国在军事的要冲地位也没有根据地，以完成进一步的防卫，便利海军的行动。

现在美国人已经急起直追了。他们的办法就是：第一，将所有的良港都按其需要分别增防设防；第二，向友邦借取根据地，建设起来以为己用。前者的实施表现于太平洋上阿拉斯加、夏威夷、阿留申、密特威、韦克基、土土伊拉、菲律宾群岛等等的积极拨款经营；后者的实施表现于大西洋和加里比安海上英属良港的租借。纽芬兰和百慕大两处军港的取得使到美国在大西洋的外围大为巩固，而巴哈马斯、牙买加、安地夸、琉西亚、特立尼达各岛，以及圭亚那岸上根据地的取得，又使美国在加里比安海更为安全，并且进一步增进美国在北大西洋南部的势力。现在只剩下格林兰未能怎样加以控制。南北大西洋交界，南美巴西的纳陶和北非法属的达加尔之间这个要冲，还未有可以得而利用，影响南美的防卫不浅。

美国海军和它的航空队的根据地可以开列如下：（一）大西洋和墨西哥湾沿岸有波士顿、克利夫兰、费拉特非亚、诺尔福克、查里斯顿、哲克孙、启尔维斯、潘沙高拉、莫拜尔、新奥连。（二）大西洋和加里比安海上有纽芬兰（英）、百慕大（英）、巴哈马斯（英）、牙买加（英）、古巴（古）、波多黎哥、维尔金、安地夸（英）、琉西亚（英）、特立尼达（英）各岛之上，以及圭亚那的佐治市（英）。（三）太平洋沿岸有圣地亚哥、占柏独路、三藩市、伯里麦顿、薛特加、高狄克。（四）太平洋上有阿留申、夏威夷、金格曼、柏米拉、法拉基、约翰斯顿、坎特顿、土土伊拉、密特威、韦克基、关岛、菲律宾各岛上的。（五）大西洋和太平洋之间有巴拿马运河地带。这些包括已建未建以及在设防中的根据地。此外，在目前情势之下，美国如果有事于太平洋，那末英属的香港、星架坡、拉比安、达尔文、雪尼、奥克兰、美洋利、阿半尼。荷印的泗水、安波尼亚各港也许可以供美国的利用。其中星架坡的价值尤其是重要，没有它，美国在远东作战的胜利便不容易保证。

这些根据地的建设和租借，且不说攻略的价值究竟如何，至少可以使美国的内线与外围的防御可以达到完善而无懈可击的地步。

六、明日的美国海军

我们知道现代美国海军的基础是在第一次大战的时候奠定，第一次大战之后的四五个年头，美国仍然是一直的扩充它的舰队。可是自从华盛顿军缩会议成功，美国的建舰工程，除了所谓条约舰外，差不多陷入停顿的地步。到了一九三三年，罗斯福总统上场，鉴于国际形势的转变，再度开始扩充海军，首先依然产业复兴计划，拨出款项，兴建各级舰艇，以条约所允许的最高限度为准，后来日本脱离伦敦会议，废止华盛顿条约，美国的建舰便陆续加紧进行。主要的扩充程序是：

一九三三（复兴法案）	三二艘	一二零，零零零吨
一九三四（文生案）	九四艘	四零零，零零零吨
一九三六（伦敦条约）	三六艘	七八，五零零吨
一九三八（文生案二）	四五艘	二九五，零零零吨
一九四零（文生案三）	二二艘	一六七，零零零吨
一九四零（斯脱克案）	二零零艘	

这是主要的规定建舰程序，许多临时补充的还没有包括在内，比方今年二月尾又有拨款二万二千七百万元去建筑驱逐舰及其以下的舰艇约四百艘之多。我们如果以今年正月一日为准，美国舰队情形有如下表：

舰型	已成	未成	总计
战斗舰	一五	一七	三二
航空母舰	六	一二	一八
巡洋舰	三七	五四	九一
驱逐舰	一五九	二零五	三六四
潜水艇	一零五	八零	一八五
总计	三二二	三六八	六九零

这个舰队完成之后究竟庞大到怎样的一个程度呢？我们可以把同一时间中，英、法、苏、德、意、日六国已成未成的舰艇来作一比较。六国战斗舰已成四十四，未成十九，总计六十三；航空母舰十六，十二，共廿八；巡洋舰一五五，五零，共二零五；驱逐舰六零五，七五，共六八零；潜水艇五四五，二六三，共八零八。各舰艇已成一千三百六十五艘，未成四百一十九艘，共一千七百八十四艘。这些是在可能范围内求准确的一种约数，开战以来沉没的未有减去。由此可知，假定没有多大变迁，美国舰队以艘数而论，势将等于六国总和百分之四十弱，即使将来彼此竞造，美国也决不会后人。

美国这些新舰的完成，不但在世界海军史上创一新页，就是海军的战略和战术也会截然改观。比方，速度高而续航力远的四万五千以至五万五千吨战斗舰两艘，辅以航空母舰一艘、巡洋舰一队便可以构成一个远洋突击单位，由破坏敌人交通线，打击敌人商船队，以至于轰击敌人海港都优为之。美国的二千六百吨战斗巡洋舰，虽然吨数略轻，但是火力和速率都优于目下世界之任何巡洋舰，在远洋突击方面，其威力自然大有可观。又比方，航空母舰一艘，配合快速远航巡洋舰几艘，也可以成一航空突击队，能够独立或半独立的行动，在海战时可突击敌阵两翼和后方，毁灭敌母舰，在破坏敌方航运和骚扰敌方海岸也有很大的价值。

这些是目下我们可得而预见的，至于美国海军人事方面的改进，便不容易观察。然而我们看美国舆论界年来对于美海军，不断发生公开的批判，指出缺陷，要求改进，而美国政府对于若干地方已经彻底更新。明日的美国海军一定会成为未来世界上的最伟大的。

我们盼望这伟大的海军更能负起伟大的使命。

附志：本文参考 Harpers, vol, 182, H. W. Baldwin："The Naval Defence of America"；The New Republic, Vol.103 No.14, D. W. Mitchell："What's Wrong With Our Navy"，The New York Time Magazine, Mar, 30 1941: H. W. Baldwin："Defense of Our Ocean Ramparts"等著述颇多。又间有多少材料无法向出处重查，仅凭记忆所及写下，谬误不免，尚祈读者赐教。

美国海军的战略思想[1]　　陶涤亚

一

　　最近各民主国家人士对于太平洋战争的作战观念，曾经有过一番争论，起因于英美海军当局发表演说，仍认欧洲为主要战场，希特勒为主要敌人，其意似将太平洋作为世界战争中的副战场，将日本作为轴心强盗中的小尾巴。反之，中澳荷以及英美国内许多具有真知灼见之士，则认为英美海军当局对于太平洋战争的作战观念，实犯有根本错误。目前民主国家应该确定先解决日寇再打倒希特勒的作战观念，才能击破轴心东西呼应的战略，以"射人先射马"的手段，达到"擒贼先擒王"的目的。这番争论，现在虽因英美政府当局一再声明并不忽略远东战事，以及英美大批军队向远东增援，已告结束，但是许多人依旧不能释然于怀，始终不明白英美海军当局演说中的命意何在。

　　我是始终认为英美海军当局对于太平洋战争的作战观念，不会和我们有很远距离的一个人。在几次时事座谈会中，我都是以常识判断英美海军当局演说中的命意，不出下列几种作用：第一是"兵不厌诈"，使日寇认为英美不重视远东，乘其骄懈时予以致命打击；第二是提醒其国人勿因日寇兴风作浪及苏联获胜而忽视希特勒仍为民主国家的劲敌。我们绝不能将一种有时间性的而且公开发表的演说词，作为一种作战的指导思想。现在我们将英美增援远东的作战行动，和前不久英美海军当局发表的演说，两相对照，不就很明白了么？

　　也许有人说：目前英美增援远东，并不是既定的作战行动，而是受了中澳

---

〔1〕此文发表于《海军杂志》1942年第14卷第9期。

人士和荷英美国民纷加责职，以及新加坡和荷印情势危迫的刺激，故而出此。这种说法，看来似乎入情入理，其实依旧是含有感情的成分，而不是出于深刻的观察。这里抛开英国不谈，单就美国方面说，据我所知道，美国海军的存在价值，就是在立功太平洋及歼灭日寇的任务上，如果抛开了这个任务，美国的大海军政策，就是一种毫无意义的浪费，美国的许多战舰潜艇，就是一种供人观赏的玩具。为了证明以上的说法，我想就手头现有的材料，将美国海军的战略思想作一简单的介绍。

二

美国海军的战略思想，据一般人的研究，大约可以如下几点作为代表：第一是集中主义，第二是决战主义，第三是重战力主义。

美国伟大的海军战略家马罕于一九一一年出版的《海军战略论》，可说是美国海军战略思想的结晶品，他在那本巨著中认为美国海军做两部，一驻大西洋，一驻太平洋，这正和日俄战争时俄国舰队出驻于波罗的海及亚细亚海是一样的愚蠢，俄国曾因此错误，被日本海军横截击破，因此，马罕主张美国海军应记住"集中一字包含有用兵的全部效果"。一旦美国对欧洲国家或对日本发生战争，舰队应立即集中大兵力与敌决战，切不可让敌人抓住中央位置，隔断两部舰队，致中其各个击破之计。今日美国海军的集中主义、决战主义、重战力主义，都是以马罕的战略思想为师承。马罕以后的美国战略思想名著，如威廉·潘上校的"陆海军协同作战论"，玛耶思上校的"战略论"，无不是马罕的战略思想的一贯的发展。威廉·潘上校主张大规模的而且彻底的远征作战，一方面集中舰队与敌国舰队决战，以图掌握制海权；一方面以陆军联合作战夺取敌人控制的区域，歼灭敌人，使其完全屈服。玛耶思上校则比威廉·潘上校更进一步主张政治与军事一元化，认为"战争乃是最大的政治行动"，他认为须根据美国本身的政治要求而决定战略。美国的政治要求是什么？很明显的是要向太平洋发展。因此玛耶思上校的战略思想，等于是将马罕将军以来的战略思想作了一个总结论，就是马罕的集中主义、决战主义、重战力主义，和威廉·潘的陆海军协同远征作战，其目的都是为了美国要达到向太平洋发展的政治要求。

实践马罕将军战略思想的布郎特大将，一九三〇年曾在美国上议院海军委员会演说："我们在未来，不可不为中国的存亡而作战。"这话说得更是明白。此外，还有一位马罕的信徒塔耳博特少校，曾发表一篇"美国海军兵力论"，他爽直地说出美国的大海军政策，就是为了准备付太平洋大战，歼灭日寇。他说："我们所能想象的海战，或是对于大西洋强敌的舰队而战争，或是对于太平洋最后的战斗舰队而战争。但我们不愿和同一种族的盎格罗撒克逊的大英帝国作战，惟有太平洋的东西两面，有两大舰队，东西对峙，很有发生战争的可能。"一旦发生太平洋战争，他认为"菲律宾群岛将为敌方所占领，我们因为防守菲律宾的困难，也不愿意以有用的精力，用于无用之地，而愿集中全力于主要战场的决战，使敌人兵力全部覆灭"。以上这些话，显然指出美国大海军是为准备太平洋战争而存在的，美国海军在太平洋战争时，一定要集中全力与日本舰队决战，以期一鼓将日本海军全部歼灭。

以上介绍的都是美国海军正统派的战略思想，也就是现在美国海军作战的指导思想。我说美国海军的存在价值，就是在立功在太平洋及歼灭日寇的任务上，完全是有凭有据的。

<h2 style="text-align:center">三</h2>

其次，我再将美国海军中重要将领的言论与美国舆论的代表意见，作一简单的叙述，藉以阐明上述的美国海军的战略思想，确为美国海军作战的指导方针，并为美国国民政治意识的反映。

一九四〇年四月，美国参议院海军委员会开会时，美国海军将领都主张建立强大海军，并与英美荷合作，在远东取得军事新根据地，俾与日本作战时，可以击败日本。当时美国海军作战部长史塔克上将，竭力主张关岛设防，美国海军第五区司令托西格少将更指出美国与远东关系密切，日本海军南进野心终必实现，美海军必须为保卫美国在远东的利益与日本决战。他预料马尼剌这地方，"如与日本发生战争，它必被占领，因为我们没有充分保护这根据地及其外围的地方，他不能阻止企图占领该根据地而登陆的日军"。因此，他主张"应与英法荷成立协定，取得合作联系，以维持台湾以南各区的现状"。伊格特少校则具体的主张在澳洲与荷印寻新根据地，他说："如果我们为着荷兰而有所行动，我不知道荷兰在索拉巴雅的根据地是否有用。……似乎澳洲和我们对于日本南进之企图，应该同舟共济。如果我们获得澳洲根据地的援助，我们自能有所成就。"同时，他指出，美国在远东的主要利益，除了商务，还有与美国生活标准有关的原料——橡皮、锡与锰，这些原料不得由别地取得，美国必须要为了保护这些原料的商务航线而战争。

由上所述看来，美国海军当局所执行的政策，完全是根据美国海军一贯的战略思想而定，美国海军的重要将领，时时刻刻都在为应付太平洋大战想办法，美国海军必须集中在太平洋歼灭日寇是刻就注了的。两年以前，美海军将领所忧虑的根据地问题，现在因了英国星加坡、澳洲达尔文港，以及荷印的根据地都可供美海军利用，以告解决，美国海军有此千载一时的机会，岂肯轻轻放过？

我们再看美国舆论方面也无不是根据美国海军的战略思想，主张美海军应在太平洋大显身手，扑灭日寇。如美国合众社名记者施德森，曾著文论美国对日作战，即主张自南太平洋、西太平洋向日进攻，他说："一旦战事发生，美国最贤明之战略，莫如在最短期间采取攻势，美舰队即时向远东进发，以期保卫星加坡以供我用。……美国远征之军舰及空军，均应集中随同舰队出发，绝不可分兵作不必要之战斗，若美海军把握星加坡，则立可对日本实施封锁……日本将难逃崩溃之运命。"美名记者惠特，也曾于一九四〇年九月廿七日《纽约时报》上发表一文说："若美国舰队能停泊星加坡，则一切对于已濒危殆的亚洲民主国家利益，均将获救。"这些言论都不可否认是美国民意的反映，美国民意和美国海军的战略思想，及美国海军当局执行的政策，在观点上是没有什么不同的。

美国海军的战略思想既然指导着美国海军当局的作战方策，并且支配着美国国民的政治意识，如果说美国海军当局会将今日的太平洋战争放在次要的地位，那真是一种不可思议的事。何况今日太平洋战争的形势，已使美国海军必需的根据地和必需的物质，都有沦入敌手的危险，假使到这时候美国还不集中力量在太平洋歼灭日寇，美海军就等于否定了自己存在的意义，所谓集中主义、决战主义、重战力主义就等于是纸上谈兵，那更是一种不可思议的事。

四

综上所述，我们可以知道在新加坡危急的今日，美国一再声明不忽略远东战事，并大量向远东增援，乃是实践美国海军一贯的战略思想，执行美国海军既定的战争任务，美国对于太平洋战争的作战观念，并不和我们有很远的距离，我们对于不久以前美国海军诺克斯发表的演说，除了别有作用的解释以外，绝对寻不出可以作为美国作战的指导思想的根据。在今日的太平洋战争中，美国乃居于领导地位，美国既然如此，英国当然也是和美国一致的。我相信英美当局以后必不会再发表容易引起误解的言论，必同以全力保卫新加坡和荷印，并对日寇守势改为攻势，"射人先射马"，这应该是中英美澳荷等民主国家于太平洋战争一致努力的总目标！

太平洋战争中日本海军
战略之研讨[1]　张泽善

　　夫海战之胜负，大半取决于海军实力之厚薄，自古以来，罕有以劣势海军而能战胜优势海军者。英美海军之强大，自非日本所能望其项背，乃日本竟以一国之劣势海军，与英美两国绝对优势之联合海军为敌，无非以英美无暇东顾，可以趁火打劫。美国海军主力虽留驻于太平洋，但英国海军须在大西洋保护航运，并在地中海监视轴心及法国海军，不能将主力舰队大举增援太平洋，予日本海军以重大打击。日本又恃其在西太平洋战略上之优越地位，先发制人，以图攫取南洋军需资源，然后进行长期战争。

　　吾人今日欲明日本海军在太平洋战争中所取之战略，不可不先研究日本历来在西太平洋之军事布置，及其舰队之编配，从而测知其海军之动向也。

　　日本早怀侵略野心，独霸东亚。自日俄战争以后，匪特对于建造军舰不遗余力，即对于军港之建筑，亦无不锐意经营。日本本部之海军根据地如吴、横须贺、佐世保、舞鹤四大军港设备完全，东足控制日本海，西足扼守太平洋。中日、日俄二役，取得旅顺、基隆马公诸港，与佐世保成三角之连系，而控制我国沿岸各海。嗣在小笠原群岛及南洋委任统治各群岛设防，凡可作为海空军根据地之岛屿，无不加以设备，供为侵略据点。一九三九年又强占海南岛及斯巴特莱群岛，一九四一年日军开入法属越南之南圻，控制西贡，实为南进计划之发展。因此其内部防卫线自吴、佐世保、琉球、澎湖之马公，以至海南岛之榆林港、越南之金兰湾与斯巴特莱群岛。其外部防卫线乃自极北之占守，经函

---

　　〔1〕此文发表于《海军杂志》1942年第14卷第9期。

馆、大凑、横须贺、小笠原群岛，以至南洋委任统治各群岛。日本各军港相互之距离，不过四百哩至七百哩，在西太平洋作战，有内线作战之便利，防御不易为人突破。然以关岛之关系，外部防卫线尚未坚固，又以香港、马尼剌在英美手中，足以阻碍佐世保、台湾、海南岛、西贡间日舰之交通。此次贸然对英美两国宣战，乃利用马绍尔群岛之战略优势而夺取威克岛，利用马里亚纳群岛之战略优势而占领关岛，利用台湾与海南岛之战略优势而夺取马尼剌与香港，并以越南之金兰湾、泰国之曼谷，及斯巴特莱群岛为根据地，进兵婆罗洲与马来亚，以最东之雅鲁岛为根据地，使日舰出没于东太平洋，炮轰约翰斯敦及毛伊诸岛。

自威克岛、关岛、马尼剌、香港相继失陷后，日本海军第一道防线，向东展至威克岛，可与马绍尔群岛相呼应，向南展至马尼剌，可与榆林港、金兰湾互为犄角，其在西太平洋之地位益形巩固矣。

日本海军战略家估计美日海军力，常以根据地列为要素之一。两国远隔重洋，美海军重要根据地与日本之距离，系在舰队行动半径之外。美国驱逐舰之航续力不过三千哩，不能保护主力舰队至西太平洋，而日本则有许多岛屿，作为"天然飞机母舰"，可以飞袭美国舰队。日本陆军中将佐藤清胜于《日美必战论》一书中，主张乘美国主力舰队尚未集中夏威夷以前，即开始闪击夏威夷，将其夺取。倘不克实现，则日本海军即改取守势，避免与美国决战，避至日本海之轻津要塞与朝鲜海峡要塞掩护之下，待机发动进攻。一九四一年十二月七日，日本海空军对英美太平洋属地同时施行闪击战略，原冀一举而破坏美国之珍珠港，使其海空军无法应援其他据点，然后复取迅速行动，夺取关岛、威克岛、香港、马尼剌等地，使英美失去远东根据地，断绝海上之联络。

日人池崎忠孝预测美日战争，谓日本于攻下新加坡之前，将以迅雷不及掩耳之手段，攻占苏门答腊及婆罗洲之油田。新加坡一旦陷落，则战争仅为贸易破坏战与长期疲惫战而已。日海军战略家石丸藤太曾预测英日战争之形势，以为一旦战事爆发，日军可于英国援军尚在印度洋之时，以迅雷不及掩耳之势，夺取香港、婆罗洲、马剌甲等地，以完成对新加坡之大包围，甚至将其夺取。石丸藤太又云：假定新加坡为日本占领，形势将立即改观，太平洋上之反日战争，罕有成功之望。新加坡如为日本所有，则日本即可确保南中国海水面与空中之安全。因此能由南洋获得一切所需，如军需物资及粮食，并可自由通过南中国海与印度洋进行贸易。在此情况之下，日本将有进行长期战之能力矣。今日日本以全力猛扑新加坡，使用陆军遵陆而南，冀一举而攻下星洲，即为争取战略之优势也。

再观日本舰队之编配，更可测知日本海军战略之动向。日本海军原分三个舰队，第一、第二两舰队编成联合舰队，守卫日本本部，第三舰队派驻中国，为侵略之武力。在太平洋战争爆发以前，日本海军即已扩大舰队编制，设六个舰队，区分为十九个战队，七个航空战队，八个水雷战队，十个潜水战队，所有已成之舰艇，几尽编入，以资调遣，实力颇为雄厚，不容予以轻视。

第一、第二两舰队编为联合舰队，以横须贺及小笠原群岛为根据地，担任太平洋正面作战，攻击夏威夷即此部队。第一舰队设四个战队，第一战队由十六时炮旧式战斗舰"陆奥""长门"两艘，及十六时炮新式战斗舰"日进""香椎"两艘编成；第二战队由十四时炮旧式战斗舰"扶桑"山城""伊势""日向"四艘编成；第六战队由"古鹰"级八时炮一等巡洋舰四艘编成；第九战队由新式二等巡洋舰两艘编成。此外尚有两个水雷战队，两个航空战队及一个潜水战队。第二舰队亦设四个战队，第四战队由"爱宕"级八时炮一等巡洋舰四艘编成；第五战队由"那智"级八时炮一等巡洋舰三艘编成；第七战队由六.一时炮新式二等巡洋舰四艘编成；第八战队由同型之巡洋舰两艘编成。此外亦有两个水雷战队，两个航空战队，一个潜水战队。联合舰队占全部海军主力舰实力三分之二（即八艘），飞机母舰四分之三（即六艘）。

第三舰队以上海为指挥中心，分为三个遣华舰队，担任封锁中国海岸。第一遣华舰队设战队及水雷队各一，第十一战队由新旧炮舰十二艘编成，第二水雷队由布雷艇四艘编成，以汉口为根据地；第二遣华舰队设两个战队，一个水雷战队及一个水雷队，第十五战队由一二等巡洋舰各一艘编成，第十四战队由炮舰一艘及扫雷艇两艘编成，第一水雷队由鱼雷艇四艘编成，以海口为根据地；第三遣华舰队设战队及海防舰队各一，皆由海防舰编成。此外并设两个水雷队，各由鱼雷艇四艘编成，以青岛为根据地。

第四舰队设战队三，水雷战队、潜水战队及航空战队各一，第十战队由十四时炮旧式战斗舰"雾岛""比睿"两艘编成；第十八战队由新式二等巡洋舰一艘及旧式二等巡洋舰两艘编成；第十九战队由布雷舰两艘编成。

第五舰队设战队二，水雷战队、潜水战队及航空战队各一，第三战队由十四吋炮旧式战斗舰"金刚"及被美空军炸沉之"榛名"两艘编成；第十三战队由新式二等巡洋舰两艘编成。此次太平洋战争用以进攻南洋之海军，即第四、第五两舰队，其主力包括主力舰四艘、新式飞机母舰及水上机母舰各两艘。

第六舰队设战队二、水雷战队一、潜水战队六、航空战队一，第十六战队由新式袖珍战斗舰三艘编成；第十七战队由布雷舰两艘编成；航空战队由水上机母舰三艘编成。此舰队完全为突击部队，以其配有最适充为袭击舰之袖珍战斗舰与多量之潜水艇，出没于帛琉群岛一带，意在破坏美国迂回南方路线与南洋之海上交通。

综观日本舰队之配置，第一、第二两舰队用以对美，防卫本国，第三舰队用以对华，加紧侵略，第四、第五两舰队用以略取南洋，第六舰队则用以破坏英美南洋海上交通。

一九四一年十二月日本之攻击夏威夷，乃欲牵制美国舰队于夏威夷以东，作守势防御，使其不敢将舰队主力西调，以便全力争夺新加坡，控制西南太平洋。夏威夷为美国西部之前哨，防御巩固，且美国海空部队易于增援，诚为牢不可破。新加坡则海空军实力单薄，使非美国大举增援，非英国独立能支。日本之猛攻新加坡，为其战略要点，诚具有重大之意义也。

二月十日

海权与各国海军^[1]　丁　骕

一、今日的海权

过去"海权"两个字的意思，可以从战斗的及商业的船舶与港湾上面着想，今日空权的出现，已经改变了海军的战略、战术与舰只的设计，或许在将来飞机会成为联络世界，商业运输的主要工具，亦未可知。

挪威、地中海、北海各战场的战争，说明了海军如无实力充足的空军掩护之是无法抵御天空的袭击的。将来飞机也许可只代替船舶，但在今日国际贸易仍须倚赖船只的运输。目前世界最大的飞机——尚在设计中的——可以载重卅吨，而船只所载则百倍其数。

今日所争论之空军与海军孰优的问题，并不如一般人所想象那么简单。主力舰能被飞机炸沉，但主力舰并不是绝对不可击沉的船只。所以海空优劣的比较不在主力舰是否能抵抗飞机，不在巡洋舰是否能代替主力舰，也不在飞机能否控制潜艇，而在：

（一）飞机能否代替船舶在国际贸易上的地位；

（二）能否像战斗船只一样有效地保护或破坏商船。

除非飞机具备此二点，空权决不能代替海权。即以英国商船而论，为军舰所击沉者，实远较为空军炸沉者为多。

一个拥有海权的国家如英国，可以经济封锁为战争方式之一，可是有效的经济封锁必须有空军的协助。胜利是由各种武力的配合运用取得的。为了避免

---

〔1〕此文发表于《世界政治》1942年第7卷第15期。

空中的威胁，今日的封锁线不得不远离海岸，而巡逻邻岸的港湾的责任只有交给空军去负担。

挪威之战表示海军与空军的优劣，英国虽有强大的海军，但在奥斯陆港中就不得不受德国优势空军的威胁，然而英国因有强大的舰队，所以仍能在敌人优势空军下，登陆挪威。至于后来德国的胜利则尚有其他原因，诸如闪击、第五纵队、距离速度等等，皆是胜利的条件，而非纯粹海空优劣问题。

在地中海方面，海军的能力表现较挪威战场为优，英国之所以尚能保有马尔他，与埃及及中东的战略据点，无非是他有海军的原故。至于考克尔刻之役[1]，海军所表现的功绩，更是惊人。

就技术上言，今日的战争使我们获得若干有价值的试验。战斗舰仍旧是必需的。虽然他在今日必需张上蜘蛛网式的幕，以防磁性鱼雷，必需装上重甲，分隔船身以减少沉没的危险，安置高射炮以防御空军，设置回声器以测探潜艇，用费要七千万金元，然而只有战斗舰可以驶至前线与敌人的重军舰周旋。在海权国家，主力舰仍是海军中所不可少者。

巡洋舰等较轻舰只必需有种种避免鱼雷与炸弹的设备。英国的"爱萨特"（Exeter）号就全靠重甲才能与德国的"斯比上将"号周旋，而不致沉没。反之，"斯比上将"号乃一袖珍式战斗舰，装甲较薄，所以易于伤损，以致减低效能。巡洋舰必需更加迅速，方能及时掩护海阵的后与两翼。

没有装甲的驱逐舰，虽然速度很高，却很危险。尤其是怕空中轰炸，此次战争已屡见不鲜。故近代的驱逐舰必须安置高射炮，及若干高频数的炮位，甲板的厚度也必须能防御机枪子弹。

潜艇也是近代海军中所必需的。潜艇藉短波无线电与飞机的联络，对于敌人的运输路线是很大的威胁。潜艇与飞机所安置的水雷，也使扫雷艇的需要大为增加。

总之，今日的海战，是立体型的。"制海权"的获得，除了需要强有力的海面舰队之外，上面还需空军，下面还需潜艇。同时也需要抵御飞机与潜艇的工具。

---

〔1〕即敦刻尔克撤退。

二、美国的大海军

美国有战斗舰十五艘，其中十二艘在太平洋，三艘在大西洋。在大西洋的"纽约""特萨斯"与"阿干萨斯"号，都是旧舰（一九二六年改装）。其炮的射程不过二万二千码。速度一九至二〇.五浬。这三艘战斗舰，在近代战争中不甚优秀。因为任何一个八英寸口径的巡洋舰就可以将他们击沉。此外在东岸还有一艘"外窝明"号，已经解除武装，而尚未重新装配。

在太平洋方面的十二只，也并不是全部优秀的。在夏威夷击沉的"西维金尼亚"号及现存的"马里兰"号、"克罗累多"号是仅有的十六英寸口径的战斗舰，然而尚未完全近代化，甲板较薄，船身分隔亦不完善，其最大的缺点，就是速度太低，比全世界的舰只都低。

在建造中的有十七艘，其中"华盛顿"号，"北加罗林"号已经完成。今年可完工者尚有一艘，明年又可有三艘落成，即"马萨朱萨斯"号、"印第安那"号、"南得可塔"号三艘。美国航空母舰共计六艘，其中四艘在太平洋。"萨那托加"与"勒兴顿"二艘太旧。后者已被击沉，"罗加"号（Ranpev）未尝装甲，与"黄蜂"号同在大西洋，造舰计划本年度内已完成一艘新的"勒兴顿"号。

巡洋舰情形较佳，共计三十七艘，大部在太平洋，其中十八艘为重巡洋舰，上置八英寸口径大炮。凡名称后面有"金斯"二音者都属此级。另外有九艘"不鲁克林"级轻巡洋舰，炮口径为六英寸。此级船只，有相当厚的装甲，火力特强，每分钟可以发射百炮，实为全世界之冠。计划建造中之巡洋舰尚有五十四艘，已完成者重巡洋舰二艘，轻巡洋舰七艘。

驱逐舰现有一百五十九艘，计划中有二百〇五艘，已完成者六十三艘。美国新造驱逐舰比较优秀。鱼雷及炮火的放射额数甚高，且有高角度炮可兼用以防空。现存驱逐舰中，七十五艘是旧的。尚系上一次大战的遗留物，其余全是十年以来的产品。

潜艇方面美国共有一百〇五艘，其中六十六艘太旧。新式的潜艇航程较远，大约以珍珠港为根据，其航行范围可以远达日本海，计划中的八十艘已完成二十八艘。

此外美国拥有若干运输舰、油船等等非战斗船只，但为数少而速度小。昨年添购一百二十艘商船改装，其中油船速率有高至十八浬者。造舰计划中每年计划添造五十艘。截至今日为止，估计美国此等船只当在三千艘以上，总吨数约为九百五十五万吨至一千万吨。

三、比较

在表所列各国海军实力，可以作为比较的根据。

	战斗舰			航空母舰			巡洋舰			驱逐舰			潜水艇			现有总计
	现有	建造中	共计	现有	建造中	共计	现有	建造中	共计	现有	建造中	共计	现有	建造中	共计	
法	1	4（？）	5	1	2	3	14	3	17	52	30	82	60	25	85	128
英	16	7	23	7	5	12	62	21	83	221	18	239	52	4	56	358
美	15	17	32	6	12	18	37	54	91	159	205	364	105	80	185	322
俄	3	0	3	1	2	3	8	0	8	30	5	35	150	20	170	192
德	8	2	10	1	1	2	7	6	13	47	0	47	120	180	300	183
意	6	2	8				20	14	34	120	12	132	94	21	115	240
日	10	4	14	6	2	8	44	6	50	135	10	145	69	13	82	264

由上表观察美俄与德意日比较，前者在数目上实占优势。其中主力舰为三比二，航空母舰为二比一，巡洋舰十比七，驱逐舰相当，而潜艇则约为轴心五分之三。

英美俄虽在战舰方面占优势，但因远离根据地，以海军作有效的攻击，仍须有二倍至三倍以上的兵力。今日的问题，除非轴心国家能夺取民主国家一部分舰只，或者造舰的速率与数量能超过民主国家，则轴心国家在海上绝无制胜的可能。但以目前情势观察，夺取舰只的可能性很小，法国的舰队，一部分已经为英国所得，其余建造中的也驶离欧洲。由英美手中夺取，更是不可能的事。至于造舰方面，以今日轴心国家而论，资源与工厂环境都不及美国优越。

就以现有舰只而论，只有英美舰只配称大洋舰队，日本的舰队除为横越太平洋而建造者外，其余大都老旧。装甲亦不如美国之厚，其中战斗舰之有十六时口径者仅有二艘。不过日本之海军力量仍旧强大，因为在防卫方面，而且有最近完成三万五千吨至四万二千吨战斗舰二艘的希望。德国方面虽不积极于大战舰的创造，在潜艇方面，建造今年内达到最高潮。何况德国之"斯比"号与"俾斯麦"号（已沉）的设备效能，确在英美之上，故在反封锁与保卫方面仍有相当雄厚的能力。意大利方面亦有属于"李多利奥"级新舰完成。

故以实力比较，英美与德意日海军在今日仅能保持均势。不过明年以后，局势就会改观，因为在双方造舰计划完成之后，民主国家的驱逐舰也将为轴心的二倍。而且美国所造的新战斗舰皆四万五千至五万五千吨，速率三十五浬。巡洋舰大都为二万六千吨，那么两只战斗舰一只航空母舰及若干巡洋舰配合起来，可以成功一种"无敌舰队"。

联合国与轴心国海军实力之比较及世界战局之展望[1]

吕德元

现在世界的战局，无论从海陆空哪一方面去观察，联合国胜利的基础，已如泰山之稳，联合国光明的前途，在我们每一个人心里，当然是无一个不抱着极度乐观的，这并不是望梅止渴，这是事所必至，理有固然，何以呢？盖联合国为正义、自由、独立，及世界和平而战，所有宗旨物立场、人力，无一样不超胜轴心国，我拿迂腐的话来举几个引证，譬如拿中国历史说，汤以七十里，文王以百里，而能推倒桀纣，陈涉揭竿起义而亡暴秦。再拿外国历史说，萨拉密斯一战，波斯国王薛西斯，以一千二百零七艘战舰，约一百八十万的大军，而败于希腊[2]；第一次欧战，德皇维廉第二的气焰不可一世，强权终至战不过公理。现在日本军阀、希特勒及墨索里尼的横暴，胜过桀纣、秦政、薛西斯、凯撒，所以联合军所到之处，差不多都是箪食壶浆以迎。轴心军所到的地方，人民都视同蛇蝎魔鬼，这已经是胜败决定的重要因素，而况联合军的实力雄厚，天时地利人和无一不具优胜的条件，决不是以小敌大，以寡敌众，以弱敌强可比呢。这些话还是一种理论，兹再就事实来说，现在世界大战的战场，分作东西两方面，实际上是遥相呼应，有相互联系的作用。分开来看，形势上均已显然的于联合国极端有利，关于陆军空军的局势，有陆军空军专家向各位谈说，我现以一知半解的浅识，将有关海军情形向大家略述一点。

---

〔1〕此文发表于《军事与政治》1943年第4卷第1期。

〔2〕此役即萨拉米海战。公元前480年9月20日，波斯军队进攻希腊，其舰队在亚提加半岛西部的萨拉米与雅典海军遭遇，双方发生海战，雅典海军英勇抗击侵略，大获全胜。此役是希波战争中希腊人由防守转入进攻的转折点。

就表面上观之，东方的战场，为太平洋大战，似乎注重在海；西方战场，为欧洲大战，似乎注重在陆，而实际上仍完全脱离不了海的关系。兹先就东方的战场说，在太平洋战争爆发的初期，敌人真是踌躇满志，但是它所能使用的侵略力量，早已由抛物线的顶点一步一步往下降了，它对联合国已辟了四个战场，对中国，对西南太平洋，对缅印，对阿留申群岛，可称是兵力四散，四处碰壁，而且已是四面楚歌，等到西伯利亚战事发动，那时它就是四分五裂。

过去太平洋战事，差不多全是抢夺海岛战，就算是新加坡是个半岛，缅甸是联在大陆，然而运兵、运械、护航、袭击、登陆、增援、封锁海道、防守港口等等，依然有赖于由海上的运动。太平洋上联合军的反攻，业已开始，目前英国的海军，对于印度洋以东，尚无暇兼顾，这一方面的责任，只好权让美国来负担。故现在太平洋上的战争，亦可谓之为美倭战争。讲到美倭海军实力，在日人未破坏华盛顿条约以前，所谓海军休假期间，依照五、五、三的比率，即英美主力舰各十五艘，日本九艘，美国海军主力，已较日本为强。一九三六年以后，日人虽在秘密造舰，但至开展之日，美国海军仍较日本为强，其详细数字，想各位平常在报章杂志上已看到很多，且常有对于美倭海军情形发表过宏论者，似可不必赘述。至作战期间，关于新添舰只，双方多半不予公布，而对损失的舰只，则敌寇亦绝不肯说真话，欲得其准确数字，自属不易。但是我们可以绝对相信，日本造舰力量薄弱的很，无论它如何挣命的去赶，也属有限，哪里能赶得上美国。而其军舰运舰损失的纪录，则有兼程并进的气象。自一九四一年以来，美国的三万五千吨新战斗舰，如"北卡罗奈那"号、"华盛顿"号、"南达科大"号、"麻萨诸塞资"号、"印第安那"号、"阿拉巴马"号，皆已陆续观成。而四万五千吨战斗舰六艘中的第一艘"爱阿华"号，则已于本年八月二十七日下水，并有赶于本年内完成之说。美国两洋舰队原拟于一九四九年完成，现已加紧建造，将于一九四四年内实现。美国海军补充力量，实属惊人。五月间珊瑚海海战中损失"烈克辛顿"号飞机母舰一艘（日本人叫做航空母舰），九月间新"烈克辛顿"号业已下水，予以补充。现在海军之战术，已有变迁，主力舰自仍将居于决定的地位，巡洋舰、驱逐舰、潜艇等亦仍然各具有极大效用，而空军在海战中协助作战，已异常重要。故英美现正极力扩充海军航空队，今年六月间美国议会通过八十五万万元海军扩充费，一部分即用以添造飞机母舰五十万吨。此外则添造轻巡洋舰五十万吨，驱逐舰及防护舰九十万吨，钢质驱潜艇四百艘，尚有鱼雷艇及巡逻艇等数百艘。

至于敌人舰队实力，似不妨就各方纪述所得，将其择要列举出来，并将其所已损失者对照一下，可以见其整个命运已经注定。太平洋开战之初，它有战舰十艘（日本人叫战斗舰为战舰），建造中战舰五艘，预计于一九四一年一九四二年分别完成，其中名"日进""香椎"的二艘，或已造成；一等巡洋舰（即重巡洋舰）十二艘；二等巡洋舰（轻巡洋舰）二十八艘，建造中四艘；航空母舰十艘（其中一艘系由商船改造）；水上机母舰五艘；一等驱逐舰九十九艘，建造中三艘；二等驱逐舰三十艘；一等潜水艇四十八艘；二等潜水艇二十五艘，建造中有十三艘。尚有建造中袖珍战舰四艘。此数量在外表上似已颇有可观，而当时与美国相较，仍是瞠乎其后。至在质的方面，据美国海军专家评论称："美国之舰只与人员，由开战后的经验看来，素质上均较敌人为优，每次接触，舰对舰，人对人，皆足证明美国占优胜。"这并不是虚夸，已有累次的战绩为之佐证。计算敌人的损失，除主力舰"榛名"号在菲律宾为美国飞机利用新发明的罗登瞄准器（Nordon Sighi）击沉外，自本年三月以来，累次战役，如马加撒、峇厘、珊瑚海、中途岛，及最近所罗门，每战必败，其损失实在惨重。珊瑚海海战敌人出动的为第二舰队，此队虽无战舰在内，但包括有一等二等巡洋舰及航空母舰，皆系精锐。这次损失，计有一等巡洋舰三艘和二等巡洋舰一艘沉没，四艘受重伤；航空母舰一艘沉没，一艘重伤。中途岛海战，敌人出动的属于第一舰队，当即系前在孟加拉湾活动的一队。此次损失，有战舰三艘受伤，其中一艘且受重创；航空母舰二艘或三艘沉没，一艘或二艘受伤，所载飞机损失殆尽。尚有巡洋舰四艘受伤。中途岛一役，日方亦自承认损失重大。这次所罗门海战，则较前次各役损失更大了，敌方已自认主力舰一艘沉没，一艘受伤，巡洋舰及驱逐舰三艘沉没，运输舰七艘受伤，这其中当然已打了折扣，美方所传敌人损失，战舰、巡洋舰、驱逐舰，及运输舰，沉没与受伤者，共计二十八艘，自属可信。至敌人所传美方损失，则属荒唐可笑，我们试想美国重巡洋舰"旧金山"号一艘，即击毁它的巡洋舰一艘，击沉它的驱逐舰一艘，又击伤它的主力舰一艘，然后这主力舰由美国的驱逐舰和鱼雷艇轰炸机将其击沉。而"旧金山"号虽然受伤，仍带回港口而可修复。由这一幕壮剧，可以看到双方军舰的战斗力之优劣，已显然不同。敌方所说的击沉美方巡洋舰八艘，重伤美方主力舰二艘、巡洋舰三艘一节，可见完全是捏造。就退一万步说，美国假使竟如所虚报者沉伤了许多舰只，也拼得过它，美国的军舰愈拼愈多，就好像我们中国的陆军一样，与它愈拼愈多，而且愈拼愈强，何况美国这次所宣布的只损失轻巡洋舰二艘、驱逐舰六艘呢。美国人性气康爽，胸襟坦白，当不至说假话，而且它的实力雄厚，也用不着说假话。至于克莱亨少将为国捐躯，站在一艘巡洋舰的舰桥上，与敌方战舰作战，乃是它奋勇牺牲只是美国损失了一位海军人才，不是军事上的失利。这次敌人的舰队，以"金刚"级战舰四艘率同其他舰只作战，仍是属于第一舰队，但它的第一舰队，包括有第三和第七航空战队，这次并未见有敌人航空母舰出现，可想它的航空母舰已消耗殆尽了。以后就是拿商船改装，那更不经一击。罗斯福总统对日的战策，自始就是采用磨耗战（War of attrition）。罗斯福总统曾表示："对日战争，欲求胜利，必须消耗日本实力，并相信最后必能于陆海空三方面完全压倒日本。"中途岛是它自投罗网，所罗门是对它请君入瓮。按最近美方所发表的统计，自开战以来，日本主力舰已有二艘沉没，九艘受伤；航空母舰六艘沉没，九艘受伤；巡洋舰二十一艘沉没，伤者更不计其数。日本补充的力量，贫弱得可怜。日本缺乏钢铁，已达极点，纵能凑集若干，为数也不多。旧船已没有材料去修理，何况造新船。已造成的船，因为没有发动机，不能行走，何况另造新船。所罗门为消耗敌人实力最好的地带，上次欧战后，英国海军总司令杰立科氏视察所罗门群岛，曾谓杜拉吉及其附近之格佛图港，可同时容纳世界各国大部分海军。杜拉吉在战略上不亚于香港、新加坡、卡维特，可以吸引敌人船队而歼灭之。但是敌人此次费尽力量想夺回瓜岛，而所使用的主力舰，只"金刚"级战舰四艘，其新战舰（如果有的话），及"长门""陆奥"两艘，并未肯搬出来用，这或者是因为此等舰只为防卫本岛的最主要武器，大概轻易不肯使用的。不过在西南太平洋方面，消耗敌人的实力，似须要经过相当的艰巨工作，所以关心战局者，不免有希望美国将其大舰队，直接开到日本门前，进攻它的本岛，其意始谓不入虎穴，焉得虎子，这个似乎也不是万全之策。我们知道日本海军尚有一部分主力存在，它的小型潜艇、自杀潜艇、鱼雷电艇（所谓蚊子艇队），想或为数尚多。孙子军形篇云"善守者，藏于九地之下"，并且尚在其附近密布水雷，及以陆上为基地的空军之协助，亦属可虑。美国舰队倘若历数千里长途远征，以劳就佚，这种办法，似乎有点不大合算。孙子谋攻篇说："故上兵伐谋，其次伐交，其次伐兵，其下攻城，攻城之法，为不得已。"又云："故用兵之法，十则围之。"现在太平洋战事，我们可以希望用三面夹攻之法，西南太平洋由联合军逐步向前推进，收回各岛，使其无法攫得资源；印度方面，由联合军反攻，收复缅甸马来等处；北太平洋方面，如时机许可，由美苏联合进击，以资牵制。美国人士现已感觉远东战场与欧洲战场有同等重要性。印度陆军实力，据本年五月二十日新德里路透电，较诸战前已增加十二倍，经过完善的训练，并有优良的装备，素质甚佳。印度洋的海权，现已在英国海军控制中，英国大批护航队到达印度，途中未受丝毫阻碍。半年以来，英美在印度所准备的实力，相当的雄厚，印度自身工业，关于战时生产，亦非常丰富，且盟军在该区已获得制空权，故由印度之形势而论，其反攻似乎较之西南太平洋的无数岛屿争夺战，便利多矣。

北方战场如可利用之时，形势上于联合军当尤占优胜。苏联在远东有相当雄厚的实力，在海参崴外围的日本海，终年多雾，是潜艇可以活动的区域，日本的重要交通线，如间宫海峡、宗谷海峡、对马海峡等处，皆有受潜艇威胁的可能。由滨海省起飞之飞机航程，距三岛中心区域极近。美国海军并可利用堪察加南端的彼得罗甫斯克海军根据地，彼得罗波罗甫斯克之亚菲克湾，与荷兰港隔一衣带水，为天然的军港，形势极为险要，可容巨型舰船，联合军若在该区用兵时，正如六韬中动静篇所云："去寇十里，而伏其两旁，车骑百里，而越其前后。"又可采用六韬中临境篇所云："或袭其内，或袭其外，如此，则寇败必矣。"其在大陆上与孤岛上的部队，军心瓦解，不溃自溃。委员长于三十一年元旦指示我们说："反侵略各国等到他战场扩张到相当的程度，就要在海空方面，先给他一个最大的惩创，而后再在陆上彻底的予以整个歼灭。"东方的战场，敌人之整个解决，不过时间问题而已。

兹再就西方的战场说，自盟军在北非西非的胜利，法军的合作，史城地位的稳固，高加索山地的奏捷，局势已确实好转，若论海上方面，则更毫无问题，自大西洋以至地中海、红海、印度洋，各处海权，皆在盟军掌握之中，本年七月底英海相亚历山大即称："英国之海军，仍能阻止德意海军及商船队出入于一切大洋之中。"新近自"安森"与"浩威"两艘三万五千吨战斗舰编队服役后，亚历山大海相于九月间复称："英国过去两年又三个月中所损失之战斗舰、飞机母舰及巡洋舰，均已获得补充。过去曾损失颇多之驱逐舰，但今已获得更多之补充。"再则美国已有强大舰队开至欧洲水面，且有"华盛顿"级新战斗舰二艘，曾在印度洋发现。法国残余舰队，在亚历山大、土伦、卡萨布兰卡、达喀尔，及马提立克等处者，主力舰、巡洋舰、飞机母舰、驱逐舰及潜水艇等，亦尚有相当实力。除土伦一部分舰队之态度尚未明瞭外，其余都不成问题。现达尔朗已向美国表同情，土伦舰队的向背，不卜可知。法德本系世仇，而美法则有传统的友谊，尤其法国海军与美国有历史上关系，法国海军曾助美国独立，美国海军则于第一次欧洲援救法国。有此种种原因，可知欧洲方面联合军的海军实力，将益增强。至轴心国情形，则意国海军原居世界第五位，开战以来，损失重大，虽有补充，亦只如俗语所说的银样镴枪头而已，无足轻重。关于德国的海军，战斗舰"特必兹"号，自本年一月以来，即泊在挪威领海；袖珍战舰"希尔上将"号与"卢佐"号，或同泊一处；战斗舰"香霍斯特"号，经丧失行动力十六个月以后，现始修复；其姊妹舰"勒森洛"号，在荷兰东港修理；重巡洋舰"希伯"号与"友金亲王"号，刻亦修复。惟此有限的数舰，可揣想其决不敢轻动。其可令人注意者，仍在U艇，但此层已无足虑。现在U艇之威焰，已远不如前，其原因约有数种，一、盟国护航队实力强大；二、沿海岸之巡逻艇增多；三、美国海军巡逻汽艇（Blimp）效力伟大；四、驱潜艇之活跃。汽艇体积不大，巡航距离甚远，配有深水炸弹、机关炮、轻炮，并有许多之秘密仪器。此外巴西参战，尤于英美之护航队，有极大的助益，里约热内卢为一良好之海军根据地，设备周密，可容最大吨量之舰，并有完备之修理厂，由巴西之纳特尔（Natal）港，至英国西非口岸自由市（Free town）只一千五百海里左右，飞机数小时可达。南大西洋现已成为盟国之内湖，所以此次美国大护航队运送十余万大军，转瞬之间，到达非洲，而于数小时内登陆，捷报频传。此后美国之大量兵员军械军火及各种物资，横渡大西洋，更可毫无困难。推而至于地中海、印度洋，海权、空权，皆在盟国控制之中。地中海已为盟军之安全地带，印度洋之航线，更属康庄大道，而希特勒与日本军阀之末运，亦即于此决定，无可挽回，联合国之完全胜利，亦即如操左券，且将为期非远。

三一，十一，二二

论日本海军[1]　　李秋生

——从日本海军节说到日海军的没落

一、海军的再估价

在今天来说，此次大战的第一个阶段已经是过去了，而最后具有决定性的主力战却尚未到来，但各国的战争理论家已经收获了不少宝贵资料，在准备把他们的传统理论再重新写过，正有如百余年前拿破仑大战的改变了大陆派的作战原理一样。自然，我们相信在此后继续着的惨烈大战中一定会提供许多惊人的事实，但有两件事却是已经确定了的：那便是机械化部队与运动战之成为陆上战术主体，以及飞机与军舰的联合作战代替了以主力舰为骨干的海上作战。关于前者，法兰西已经付出了惨重的代价，不会再有人肯墨守着前此法国参谋部所笃信的以步兵和堡垒所组成的阵地战成规，而盟军在北非与西西里的成就，以至未来的大举向欧陆进攻，也都是采取着与纳粹一样的闪电战术。关于后者，则正是此际还继续在研究中的课题。

真正可以称为大海战的战役，在此次大战中是从去年五月七日珊瑚海之战开始的。那以前固然也有过南美拉布拉他河口之战（德袖珍舰"斯比上将"号被击沉）[2]、北大西洋与丹麦海峡之战（"胡德"号与"俾斯麦"号的被击沉）[3]，以

---

〔1〕此文发表于《安徽中央日报》创刊周年纪念刊《从奋斗到胜利》1943年7月出版。

〔2〕1939年12月13日，在拉普拉塔河口，德国小型主力舰"施佩伯爵"号与英国舰队三艘战舰相遇，双方发生战斗，"施佩伯爵"号被击伤。四天后，"施佩伯爵"号再次遭遇三艘英国战舰，被迫自沉。

〔3〕1941年5月24日，德国海军为打击英国海上交通线，在丹麦海峡发动了一场对英海战，英国战列巡洋舰"胡德"号被击沉，德国战列舰"俾斯麦"号受伤。几天后，"俾斯麦"号在英国海军的复仇行动中被击沉。

及太平洋大战爆发后的马加撒海峡之战（去年一月廿五日）[1]与爪哇之战（去年二月廿七日）[2]，却都不是双方海军主力的重大接触。而自珊瑚海一役[3]以后，继有六月四日的中途岛之役[4]，以及以瓜达康纳尔岛的争夺为中心的所罗门大战中六次重大海战，乃渐次展开了海上大舰队的对垒。然而在这些次海战当中，其纯属舰队对舰队之战的，只有所罗门战役中的萨伏岛、阿斯伦斯角与伦加角三役，（因为那几次是飞机不易发展威力的夜间战斗）此外诸役，都是海空双方的联合战斗，而且以其所收获战果而言，则俯冲轰炸机与空中鱼雷的功效实超过了主力舰上十六吋口径的重炮。更就击沉的各国主力舰而言，吐兰多的三艘意大利主力舰，最新锐的纳粹战舰"俾斯麦"号、英国的"威尔斯亲王"号与"却敌"号、美国"亚利桑那"号、"奥克拉哈马"号、"西佛吉尼亚"号（珍珠港之役），以及日本的"榛名"号。所罗门海战中另一"金刚"级的日主力舰，都是被来自空中的攻击所击沉。此外如英主力舰"皇家方舟"号与美舰"密士失必"号等则为潜艇与鱼雷之类所击沉，其直接因主力舰或其他舰种的炮击而致命者，则只有德国的"斯比上将"号与英国四万二千吨的"胡德"号，但二者又都是装甲比较薄弱的战斗巡洋舰之类（参看格洛斯文诺的《航空母舰》一文）。因为这种种事实，今日航空母舰在海军中的地位，已寖有取主力舰而代之的趋势，甚至有人认为主力舰在今日已成过时的武器。在美国，海军也已经把许多原来拟造巡洋舰的舰只改建航空母舰，像今年一月十七日下水的美航舰"考本斯"号，就是由巡洋舰改建而成的。因此现节段的海战，已经绝不仅仅是海面与水底的交绥，其最具有决定作用的，却是来自空中

---

〔1〕即望加锡海峡海战。1942年1月24日，美国海军驱逐舰编队四艘战舰在加里曼丹岛的巴厘巴板附近海域，攻击日本海军登陆输送队的四艘巡洋舰、十三艘驱逐舰和五艘运输舰，击沉日军运输船四艘。

〔2〕1942年2月27日至28日，日本舰队与美、英、荷兰、澳大利亚四国海军组成的盟军分舰队的五艘巡洋舰和十艘驱逐舰在爪哇海展开激战，经过巴厘巴板海战、爪哇海海战、邦加岛海战、巴厘岛海战、泗水海战后，盟军分舰队被击溃，日军开始在爪哇岛登陆。

〔3〕1942年5月5日至8日，美日在珊瑚海展开海空大战，双方互有损失，但美军成功挫败了日军向新几内亚战略要地莫尔兹比港进犯的企图。

〔4〕1942年6月3日至8日，日本舰队为歼灭美国太平洋舰队，夺取太平洋中部和北部的制海权，发动了攻占中途岛、基斯卡岛和阿留申群岛战役。美军预先判明日军意图，采取相应对策，双方在中途岛附近展开大规模航空作战。战役结果，日本遭到惨败，被迫退却，使太平洋海军兵力对比发生有利于美军的转变。

的威胁。

不过，倘使我们过分强调空军在海上的作用，则适与前此的过分迷信主力舰陷入同样的错误：第一，空军是最好的攻势武器，但是海洋上的防御就不能全靠空军来执行；第二，空军需要基地，在海上则不能离开航空母舰，而航舰却是个目标最大而且防御力最弱的舰种，截至现在为止，航舰的沉没在各个海军国家都要占舰艇损失表上的第一位，而航舰的行动又必须靠着巡洋舰与驱逐舰的保护；第三，在敌境登陆作战，空军只能尽到局部的掩护责任，最重要的工作还要靠着海上舰艇来施行；第四，对于海洋通路的确保，飞机的作用是有限的，它并不是适于护航的最好武器。这些理由，说明了为什么拥有绝对优势空军的纳粹却对于只隔二十英里一条多佛海峡的英伦三岛无如之何，而英美联军却能从北非逐渐渡过地中海向欧陆推进。

即使在空军实力强大的国家，海军的存在也是个无价的瑰宝，纳粹德国现在正领受着这一教训，而上次大战中一只"爱姆登"巡洋舰在太平洋、印度洋的剽袭曾使协约国人士为之谈虎变色，一只德国潜水艇"U字廿一"号的存在，竟使英军在达达尼尔海峡登陆作战的计划受到重大障碍，其发展的结果，当时任海相的丘吉尔乃不得不在舆论的攻击中引咎辞职。因此当二十七年九月敌军在大鹏湾登陆之际，就有友邦人士慨叹地说：倘使中国在那面有一只潜艇存在，则寇军的上岸就绝不会那样容易。在日本那样一个岛国，海军自然是它的生命线，即使飞机在海上战术中占了重要地位，只要日本舰队存在一天，它就有力量阻止盟军攻入三岛本土，虽然大陆上的决战也同样是个决定的因素。

现在南太平洋战事再起，更重大的海战显然在酝酿中，我们且从历史上对于日本海军做一个全盘的探讨。

二、夸大了的日本海战

五月二十七日，是日本海军节，也就是日俄战争中东乡平八郎所率日本联合舰队歼灭那"万里赴戎机"的帝俄波罗的海舰队的日子。日本在远东的霸权从那一役才告奠定，正有如英国之由歼灭西班牙无敌舰队与特拉伐尔加之战才树立海上霸权一样。因此这一节日，在敌人一向就看得相当郑重，并且对于东乡个人也几乎尊如天神。而今年的海军节，敌阀更不惜竭力铺张扬厉，踵事增华，在敌国本土，在各个占领地区，都举行盛大纪念。在宣传方面，更动员了所有的纸上谈兵专家，把日俄战争的往事搬弄出来，大肆夸张，其"盛况"殆为已往三十八年间所未有。一方面在南北太平洋不断扮演着海军的惨败，一方面却竭力卖弄历史上的功勋，这一成败悬殊的对照，正是使人感到绝大兴味的。

"好汉不谈当年勇"：只有破落户子弟才时在追怀着过去的光荣。因为关防的严密，敌国军民反战厌战情形我们无由确知，但仅就敌阀最近竭力表扬"战功"的事实看来，不难测知敌阀对于军民已经不能不利用这种刺激和兴奋的手段，像山本五十六的晋封元帅和举行盛大国葬，永野杉山寺内的升任元帅，对于阿图岛完全被歼的山崎部队的竭力表扬，都与此次之盛大庆祝海军节的用意相同。然而在再衰三竭之余，这种手段究竟能有几许效果，却正是个重大疑问。

日本对外海战的第一次胜利自然是甲午的黄海之战，以两万六千吨的弱势海军主力歼灭我四万吨的北洋舰队，那一役虽使全世界感到震惊，但主要却是满清黑暗而腐败的政治使然。当时"定远""镇远"两只七千五百吨的铁甲战舰虽使日本蒙受相当威胁，实则虚有其表，无论炮火威力和速度都逊日舰一筹，装甲虽厚，并不能抵御几千公尺以外的八英寸大炮，统帅丁汝昌对于海军是外行，其部下刘步蟾等又不服丁氏调遣，唯一可恃的作战将领倒是英籍的客卿，而且甚至有炮无弹，畏敌不敢从事正面作战。总而言之，是内部弱点重重，如果不一战而败倒真是怪事！黄海之战的形成一面倒，在当时深知中日双方内部情势的人并不感到惊奇，另一方面也正因为那一败绩把满清政府的内部弱点尽情暴露，乃使中国革命运动有了长足的进展。是以直到一九〇五年的日俄战争，日本才遇到第一个真正的海上劲敌。

日本从甲午一战而胜之后，才锐意建设海军，虽然关于舰艇的制造修理以至运用还不能不借重异邦的援助——特别是英国以及荷兰——而当时的明治皇帝极注重海军的扩张，公务人员都减支半薪，以另一半充海军建设金，民间也极力捐募，卒在十年之中，舰队总吨位增加到二六四，六八四吨，计有：

战斗舰六只、巡洋舰十八只、驱逐舰十九只、鱼雷艇七十六只。

但是以视帝俄海军仍有如小巫之见大巫。如同俄方波罗的海舰队中"斯沃罗夫"号、"亚力山大三世"号、"鲍罗廷"号、"奥斯拉维亚"号、"尼古拉一世"

号等五艘主力舰都是彼时全世界新而锐利的战舰。此外更有二级主力舰"诺瓦材"号、"西梭"号、"维鲁基"号三艘，即此已足威胁日方舰队的主力。日方的第一流主力舰是"三笠"号等四艘，吨位一五，〇〇〇吨，载有十二时大炮四门，而"斯沃罗夫""亚力山大三世""鲍罗廷""奥斯拉维亚"等号却比"三笠"号性能更强。俄国的远东舰队在旅顺一役战败后，沙皇调遣其强大的海军主力波罗的海舰队东驶赴援，计拥有战舰八艘、巡洋舰九艘，再加上海防舰、驱逐舰，共为三十八艘。但在一九〇五年五月二十七日下午二时十分在对马海峡与十二艘的日本第一（以"三笠"号为旗舰）第二（系巡洋舰队，以"出云"号为旗舰）两舰队的十二艘战斗舰和重巡洋舰接触中，俄旗舰"斯沃罗夫"号与"奥斯拉维亚"号在一小时之内相继沉没。下午四时的第二次交绥中，俄舰"鲍罗廷"号沉没，"亚力山大三世"号遭受致命打击，晚间的鱼雷夜战，又击沉了俄战斗舰"诺瓦材"号、"西梭"号与"维鲁基"号。次日上午八时，在朝鲜东海岸外郁陵岛附近继续交绥，参与的俄舰队，自"尼古拉一世"号、"奥斯拉维亚"号以下都分别被击沉，波罗的海舰队于是宣告完全溃灭。

就战果而论，这不能不算是二十世纪初年最出色的海战，日俄在亚洲东北角的霸权亦因此役而决定，但是那一战役，是不是真像敌国若干军事著作所描写，完全是"天神般的东乡"与其部属果敢善战的结果呢？当时的帝俄，其政治腐败的程度固不能与满清政府相提并论，但却也充分渗透到了作战的舰队中间。据苏联文学家在《对马》一书中关于那一战争的叙述，则波罗的海舰队的败绩正有其内在的原因，确乎不是新发于硎的日本海军对手。然而更主要的，却是日方占有许多便利的条件。

波罗的海舰队的远路赴援，在战略上本是绝大失策，那一辽远的航程需时半月，几乎等于绕世界一周。更加英国因英日同盟关系不准俄舰队通过苏彝士运河，要迂回好望角，与以逸待劳的日本舰队相较，已经立在绝对不利的地位。更何况在这迢迢长途之中，在任何中立港口的寄椗都不能超过四十八小时以上，且也沿途根本没有可资利用以从事舰只的整理和充分作战准备的根据地。唯一的海参崴港又被包围在日本海当中，非冲过日本的海上封锁线不能抵达。所以在对马接战之初，俄舰只是不得已而实行应战，其本意却要一直驶向海参崴去。这并不一定是俄舰的怯敌，而是事实上的困难所决定。在速度上，日舰队的平均速度约超过俄舰三分之一，（日舰队十五浬俄舰队十浬）所以东乡平八郎敢于运用了三次"一齐回头战法"（Swingaround Marouver），使日人到现在还觉得骄傲，其实只是因为战术速度条件的允许而已。同时也是因为战略速度较大，所以日舰队在二十七日晚间的接战以后，能够迅速驶到对马海峡东方的郁陵岛，准备截击逃往海参崴的俄舰队残余。最后，日本舰队是处在以逸待劳的地位，它们时刻在矜候着波罗的海舰队的到来。在五月二十七日拂晓，日方哨戒舰"信浓丸"首先发现了俄舰队，于是立即报告给旗舰"三笠"号，结果日舰队得以早一步把握住主动的地位。

综上所述，可见对马一役日舰队的胜利实在是许多客观条件所造成，并非东乡与其舰队本身发挥了何等超人的力量。而现在日方上下，就藉着对马一役大事夸张，用以激励其就衰的士气，这种心劳日拙的伎俩，其实是不值一笑的，有如敌海军政论家伊藤正德在两年以前曾以《新加坡论》一文盛称新加坡要塞不易攻略的特质以耸动世人听闻，最近则连著《日英战术思想的悬殊》《日本海海战与朱德兰海战[1]》诸文，极力夸张日本舰队，而把参与朱德兰海战的惹利科元帅（Admiral Jelicoe）及其主力舰队贬抑得一文不值。然而朱德兰一役，英军的对手最新锐的帝德海军，与一九〇五时衰朽的帝俄迥乎不同，而且仅以参加的主力舰数而论，双方合计达五十艘之多，（英三十七，德二十一）像英方"依利萨伯"（Elizabeth）、"布拉哈姆"（Bra-ham）等主力舰都是备有八门十五吋大炮的三万一千吨主力舰，以视日俄中日方仅有四门十二吋炮的一万五千吨"三笠"级战斗舰，双方实力悬殊，不可同日而语。到今天，"依利萨伯"号依旧是英国舰队的主力，"三笠"号则早已退出军役，就连彼时东乡所最倚重的"春日"号、"日进"号等重巡洋舰，也都因为过于陈旧，与当时的第二舰队旗舰"出云"号（就是淞沪战中我军屡次加以袭击的那只），同侪于海岸巡防舰之列，且逐渐以新舰代替，伊藤对此，却轻描淡写地说了一句"炮的破坏力与装甲的防御力比例，则一九〇五年与一九一六年几乎相等"，那只是自欺欺人。在对马海战中，东乡舰队大口径炮发炮共计不过数百发，朱德兰海战中则英舰队共发重炮四,五九八发，差不多是一与十之比。其命中率固然

---

〔1〕即日德兰海战。

是日舰队较高（百分之三.二，英为二.一七），那却是当时北海雾气极浓的缘故。再就当时情势而论，俄国的强力舰队如果安然驶抵海参崴，则日本将蒙受绝大威胁，其本土且有遭侵的危险，故东乡舰队不能不殊死战斗。而劣势的德舰队，一向就被英方封锁在北海之内，经过朱德兰大战之后，更雌伏不敢复出。就作战任务而言，虽然惹利科舰队受损较重，却和东乡舰队完成了同样的任务，日本并没有什么特别值得矜夸的地方。

三、日海军发达过程

日俄海战的结果自然是日本的胜利，而日本也就一跃为世界大海军国之一。但那时其舰队实力却贫弱得可怜，总计不过一百五十二艘，排水量二六四,六八〇吨。在当时，不但在海军技术方面，全靠英国及其他西方国家帮忙，就连舰艇本身，日本也还不能制造。在中日战争中，日本曾虏获我国军舰十七艘，一六,八四〇吨，等于当时日舰队总吨位的五分之三。此外，则各主要军舰全靠向西方国家订购，像对马海战中东乡所深深倚重的"日进""春日"两新锐战斗巡洋舰就是向阿根廷购进的。日俄战争中，又截获了俄方七十六只军舰和五只驱逐舰，共一三八,六二〇吨，等于日舰队的一半。至于潜水艇，也是在日俄战争中才由美国购进潜艇材料五艘，运来自行装配，这是日本有海军之始。直到一九〇六年一月，才自行建造重巡洋舰"筑波"号（一万三千七百五十吨，早已因陈旧退役），到一九〇八年竣工。从这里，日人才敢放胆自造巨型军舰。继又在横须贺造船厂自造一万九千三百七十吨的战斗舰"萨摩"号（现亦退役）。一九一二年，向英订造战斗巡洋舰"金刚"号，除却吨位较强而外（二九,三三〇吨），其设计多与日本自造的"萨摩"号相同。日人遂以此沾沾自喜，夸称其造舰技术已超过英国，但英国彼时已着手建造"伊利萨伯"级三一,一〇〇吨十五吋口径炮的新式主力舰，其所售予日本者当然是比较陈旧的军舰，而至今仍服役日本舰队中的"雾岛""榛名"（已沉）两号，却完全是模仿"金刚"号建造的，敌人的妄肆矜夸，适见其不自量而已。

第一次欧战开始不久，日本即对德宣战，表面上是履行英日同盟义务，实则乘机南进，相机攫取南太平洋的霸权。当时英国因为要专心应付欧陆战事，关于德舰在远东的剽袭（例如德巡舰"爱姆登"事件）与印度内部的镇压都不能不借重日方的帮忙。而日本即乘势竭力扩张其海上权利，首以第二舰队封锁胶州湾并加攻占，复编成"南遣支队"占领南太平洋中德属各群岛——马利亚纳群岛、加罗林群岛与马绍尔群岛。同时更一方则大肆造舰，扩充海上实力，一方肆行侵略我国，提出二十一条要求并利用安福系的亲日政权，凡此种种行径，实皆以英日同盟为护符。远自日俄战事结束时，若干日人即对于美国之极力促成朴资茅斯和约致使日方未能充分满足其贪欲表示不满——其实当时老罗斯福总统无宁倒是袒日的，日本业已打到筋疲力尽，俄国却还没有相当的后备力量，所以沙皇坚持不割地不赔款原则。俄方总代表维特伯爵在机会中更有"今日并无战败国故亦无战胜国"的豪语——到此际，更因日本的极力扩展促成美日间的尖锐冲突。巴黎和会对中国问题始终成为悬案，关于整个太平洋问题更复不暇顾及，于是乃在一九二一年另有华盛顿会议的召集以期对于此等问题作彻底解决。

华府会议的结果产生了九国公约与英美日法四国公约和海军协定，另一方面则废弃了英日同盟的延续。海军协定中所规定英美日海军五、五、三的比例，日本的急进军人都当作是一件极失体面的事，然而依照那比例，英美双方所必须拆毁的军□□□要比日本多，并且据说在华盛顿会议中的剧烈争执之下，英美已准备对日作更多的让步，但因从无线电中侦得日政府致其代表团的训令，表示对于五、五、三的比例可以接受，因此才坚持此一比数。至于当时日政府之所以如此"示弱"，一方面因为日本在欧战中的收获已多，一时还没有进行更大侵略的必要；另一方面，则美国对于菲岛、关岛建筑海军根据地的停止，已付出了重大的代价。太平洋大战发生后，敌寇之所以能够轻易占有关岛、菲岛者，还是深受华盛顿会议之赐。

一九三〇年在伦敦召开海军会议的时候，日本适遭世界经济恐慌的猛烈侵袭，急进派的军人已在酝酿着对外发动侵略，要求打破五、五、三的比例，提高到十、十、七。但是当时的滨口民政党内阁是采取着稳健的对外政策，出席海会的全权代表，除却在政治方面由若槻担负外，在海军方面则以保守派的财部彪大将负责，会议结果，在主力舰方面虽然仍旧维持着五、五、三的比例，巡洋舰则提高到十、十、七，潜水艇更增加到十、十、十。这二者都是日本对付美国巨舰大炮政策的利器。但是急进军人方面却哗然叫嚣，一致攻击政府对外的屈辱，主张对伦敦海约不予批准，一直吵到枢密院，结果虽然政府方面勉强胜利，反对派首领的军令部长加藤宽治也因而去职，而急进军人愤恨海约的心理也更深一层。是以不必等到一九三五年十二月第二次海军会议的开幕，华府海约的废止已成必然的趋势了。

从一九三七年一月一日，华盛顿海军条约开始失效，列强重新进入自由竞争造舰的时代。但在英美法国之间却依旧订立协定，规定限制，只有日本，却在单独秘密造舰。日方此项行动究竟起于何时，现在还是一个谜。但可断言其一定在华府条约失效以前，因为只有在日本海军实力业已对英美取得相当有利的比率之后，它才会极力破坏原有的限制。事实上，在第一次欧战停止后的十余年中，美国的造舰完全进入冬眠状态，甚至连华府条约所允许的最大限额都不曾补足。在这一点上不消说日本已占有现当利益，在海约满期之前，日本海军对英美海军的比例约如下表：

	日本对英比例	日本对美比例
主力舰	○.五七	○.六○
航空母舰	○.五九	○.七四
重巡洋舰	○.七五	○.七六
轻巡洋舰	○.五三	一.五二
驱逐舰	○.五九	○.四七
潜水艇	一.三一	一.○一
总吨位	○.六三	○.六九

从这一统计，可以看出当时日海军对美方占有何等的优势，更何况在舰龄方面，美舰多属陈旧，尤其是在太平洋上大海战所必需的轻重巡洋舰方面，美国占绝对劣势。第一、二、三次的文生案与史塔克案的建舰，虽然要把美海军吨位提高到三倍，但非到五十年代的中叶不能完成。就是这一事实，决定了太平洋大战爆发的时间。敌阀深深晓得：美国潜在的资源和实力，绝不是日本所能抗衡，而日本抢先秘密造舰所得到的一点便宜，也逐渐要随着时间的演进而被美国赶过，因此一九四一年的十二月八日，就被他们选定为对英美挑战的适宜时机。

四、日舰队实力试估

在太平洋战事爆发之初，究竟日本海军有多少实力，这与其造舰的详情同为无法确知的秘密。但有一点可以断言的，就是当时一般的估计都失之过低，因为自从一九三七年中日战事爆发后，日本新舰的造成与下水都概不公布，以是外间所周知的还只是海军条约失效时那一陈旧的舰艇数量，而未把其所新增加的力量包括在内。试看美国海军部历次公布的击沉敌方舰艇报告，除却其旧有的几只军舰以外，都不能确指出它的名称，可见敌阀对于造舰严守秘密的功效。我们现在姑且根据各方材料作一试估。

1.主力舰。比较起英美海军，这是日舰队最弱的一个部门。计原有战舰九艘，其中较旧的二万九千吨"金刚""雾岛""榛名"三艘，装甲薄而速度高，是属于战斗巡洋舰一类的。另有同级的"比睿"一艘，根据华府海约应予废弃，曾一度改作练习舰，一九三七以后又重整武装，加入主力舰的行列，一共成为十艘。真正的主力舰原有"扶桑"级四艘（"扶桑""山城""伊势""日向"，自二九，三〇〇吨至二九，九〇〇吨），是上次欧战中所建造，主炮都是十四时十二门。最新的"陆奥""长门"两舰，有三万七千二百吨，主炮十六时炮八门，副炮五.五时炮二十门，三.五时高射炮四门，竣工于一九二一年，是比照着英美最新式的"纳尔逊"号（三三，五〇〇吨）或"玛里兰"号（三二，五〇〇吨），主炮与两舰相若，而副炮则较强，速度每小时廿三海里，与英舰相等，而比美舰快。但在此以外，远自中日战事发生之前，日方已模仿英国在建造中的"狮子"号进行建筑四万吨主力舰四只，并已安放龙骨。但因钢铁缺乏（每艘约需钢铁三万吨），工作进行极迟缓。一九三八年四月一日，美政府向英法两国提出照会，声明美方已获得日方开始建造超越三万五千吨的战舰，经向日政府质询后，日方既不承认亦不否认，以是美国不能不宣布放弃原有关于主力舰的限制云云。这四万吨主力舰的最初二只，就是"日进"（日俄战时的"日进"已归废弃）和"香椎"，在太平洋战争爆发时已告完成。其次二只，相当于华府会议中禁造的"天城""上佐"两号，大概也应该在去年完成。这四舰的性能都不明瞭，只知主炮仍旧是十六时口径。另有"纪伊""尾张"两号，都是四万三千吨，据说可在今年年内完成。这些新主力舰大都由商船改建，合计起来，日本共应有正式主力舰十艘，战斗巡洋舰四艘（其作战损失者留到下面再说）。

2.航空母舰。和主力舰一样，这也不是日本海军最强的部门，但其实力更难估计，大致在大战初起时日寇共有航舰十一艘，最大的是二万八千吨的"赤城"与"加贺"，其中"加贺"是由主力舰改建，能载飞机六十架。其次是较小而新的"瑞鹤""翔鹤""高砂"和去年完成的"龙鹤"，排水量一万五千吨到二千吨，据称载机四十五架，实则倍之。又有一万吨的"凤翔"等三艘与七千吨的"龙骧"等二艘。这些航空母舰都没有什么特色，但在去岁中途岛一役以后，突又发现另有一万八千吨的"八幡"级二只，另有商船改建的二只，合计共十五只，适与英国准将西威尔的估计相同（见普拉茨所著《山本五十六》一文）。此外更有在建造中的一只，此际或已完成。此外另有水上机母舰至少六艘，是用弹射机使飞机起飞，如淞沪战争中的"能登吕"即其中之一。

3.巡洋舰。这是日本海军最强的一个部门，为敌人所引以自负的，我们且分开重型（八吋炮）与轻型（六吋炮）两种来说。

A.重巡洋舰。共有十二只，都是最近十余年间所陆续造成的。就中"加古""衣笠""青叶""大鹰"四号皆七千一百吨，备八吋炮六门，鱼雷管达十二门之多。又较新的"爱宕""高雄""鸟海""磨耶"四艘，皆一万吨，速度三十三浬，备八吋炮十门，五吋高射炮四门，鱼雷管八门。另有最新的"那智""足柄""黑羽""妙高"四艘，吨位主炮与"爱宕"级同，只五吋副炮增至六门，搭载飞机一架。这四艘最能代表日本舰只的特点，牺牲兵员居住的安适以求武装的扩充。比较起来，要算是当时世界最强的巡洋舰。此外，在太平洋大战爆发时，据说已有四艘一万三千吨（或谓一万五千吨）的四艘在建造中，速度较德国袖珍舰更大，备有十二吋炮与许多飞机，实专备海上劫掠之需。许多人认为，此种舰只在建造和使用上都不经济，但是美国普拉特大将则认为，在广阔的太平洋上声东击西行动飘忽，并且必须要对方动用主力舰来应付，要算这种军舰最为适宜（见普拉特所著《英日战争论》）。如果此四只均已完成，则新旧合计已达十六艘，适与"十六、十六舰队"的标榜相合。但是直到现在，还不曾见此种万吨以上的重巡洋舰发挥何等效果。

B.轻巡洋舰。日本的轻巡洋舰，早已超过了华府会议所规定的十万吨定额。旧有在欧战后建造的二十艘，计五千一百吨者十四艘："那珂"级的"那珂""神通""川内"三艘，"长良"级的"长良""名取""鬼怒""五十铃""由良""河武隈"等六艘，"球摩"级的"球摩""多摩""北上""本曾""大井"等五艘。都备有五吋主炮七门、三吋高射炮二门，飞机一架，鱼雷管八，速度三十三海里。另有更旧的"矢矧""平户""利根"三艘，与"天龙""龙田""夕张"三艘，都是四千吨左右小舰，"夕张"据闻曾在一九四〇年重新装备过。

其较新者则为一九三五—三九年所建的"最上"级六艘，名称是"最上""三隈""熊野""铃谷""筑摩""利根"，吨位不过八千五百吨，却要装十五门六.一吋大炮，结果船身上重下轻，颠簸太甚，并且那种不用铆钉而焊接的钢板也禁不住十五门大炮齐放的震动，在"最上"号初次试炮时竟宣告断裂。这问题曾使日本海军当局异常苦闷，最后只好减去一层排炮，改为十二门。而最后的"利根""筑摩"二舰则在设计中即改为十二门炮。除却主炮之外，更有五吋高射炮八门，鱼雷管十二门，弹射机两座，飞机四架，速度三十三海里，武装虽强，但因设计不良，保护力弱，成绩并不良好。其在一九三七年四月所批准建造的轻巡洋舰，有五只是九千吨，"桥立""岚""津轻"三只都已服役。另二只殆亦完成，武装与"最上"级同，只是装甲较厚，速度增至三十海里，恐怕还有更多的在建造中。同时建造的另有"香椎""鹿岛"两练习舰，五千八百吨，只能供练习之需。这样合计起来，日本至今共有三十三只轻巡洋舰。

至于敌方第三舰队的一些舰只，多系超过舰龄的旧舰，有如"浅间""磐手""出云""吾妻"，吨位虽在八九千吨，都陈旧不堪，只好列入海岸巡防舰之列，在没有海军的我国海面示威而已。

4.驱逐舰。在一九三七年日本共有一等驱逐舰（千吨以上）七十七只，二等驱逐舰（五百吨—一八〇吨）三十二只，据说还在竭力增建中，其舰只之多武力之强都是值得注意的，有如"吹雪""夕雾"级都备有五.一吋炮六门和九个鱼雷管，在日俄战争中日本曾以鱼雷战取胜，所以至今仍着重此种战术，其用途并且非对付潜水艇，而是为了伴随着大舰队作战，因此日本的驱逐舰阵容虽强，其损耗也最大。

5.潜水艇。日本潜艇总计在百只以上，就中"伊"字号航洋级有二十二艘，皆在一千五百吨左右，续航力一万六千浬，其中最大的八只有类轻巡洋舰，据称可有一个月的自给能力；渡海级二十一艘，在一千吨左右；敷雷用四艘，"吕"字号多为海岸防御用，约六百吨至一千吨。以艇型言，日艇多较他国为大，艇龄亦较新。又传日方已秘制四千五百吨超级潜艇四只，备有二时半炮四门，飞机二架，续航力二万浬是备作袭击美国海岸之用。此外，在珍珠港事变时的自杀潜艇，长仅四十呎，续航力二百浬，二人驾驶，其构造犹如鱼雷，俟临近目标，即引发火线使其爆炸。总之，关于潜艇的制造，敌阀是绞尽心血的。

在补助舰方面，据普拉特在《英日战争论》一文所指出，日方也有其特色，有如油船。英国油船速度都在十二浬以下，但日本却有十七浬到二十浬的油船在一打以上，因之日舰队可以很便利的在远洋续航而无须停靠添加燃料。

在短短的十年之间，日阀竟能把它的舰队扩充到这样程度，其蓄意在太平洋施行武力侵略不问可知，而若干西方政治家直到十二月八日的前夜，还幻想仅用政治力量就可以使日本屈服，可谓愚妄已极了。

五、没落了的日海军

海军是最靡费的兵种，其发展和一国的经济和工业技术直接关联着，所以只有在富强而且工业有高度发展的国家，才有力量支持一个强大的舰队，不然，即使勉强构成了高吨位的海军，却难免随处暴露出它先天的弱点，有如意大利占世界第五位海军的百无一用即其显例。日本也不过比意国略胜一筹而已。日本物资贫乏，技术落后，铜铁要靠从国外输入的废铁，工业所特别发达的只有轻工业部门，直到近年极力推进所谓"高度国防建设"，重工业才渐形发达，（在一九三三年，重工业仅占生产总量百分之三十八.九，到一九三七年已增高到百分之五十五.七，最近两年当更不止此）才能够从生铁炼制钢铁。这些弱点自然会反映到造舰方面。另一方面，又因国家贫乏而想在武力上出人头地，于是绞尽脑汁，在造舰上拼命以较小吨位装载较强武装。这一企图，在原则上是学步德国袖珍战舰，然而拉布拉他河口之役，证明六门十一时炮的一万吨"斯比上将"号竟敌不过英国六门八时炮的八千吨"爱克司透"与六门六时炮的七千吨"阿奇利司"两巡洋舰。而日本造舰成绩又更不如德国，结果虽然造成了强大舰队，却暴露出无数弱点。

第一，日舰的普遍弱点是装甲太薄弱，前此那种牺牲装甲以增强武装的观念已经在"斯比上将"号与"胡德"号被击沉之役被推翻了，但日本业经造成的军舰却无法加以修正。例如日本三万二千吨的主力舰"陆奥"号，甲板装甲只有三吋半到七吋，水线带十三吋，主炮塔十四吋。以"华盛顿"号或"纳尔逊"号十六吋口径的主炮，在二十公里的距离，一弹就可以贯彻炮塔。反观美国同级的"玛利兰"号，水线带达十六吋，炮塔达十八吋。就连珍珠港被炸沉的旧舰"奥克拉荷马"，装甲也有十三吋。至于"金刚"级的四艘则只有八吋钢甲，因之日本所损失的两只战斗舰都属于此级——"榛名"号在吕宋北部炸沉，"金刚"号则在十二月所罗门海战中竟被八吋炮的一万吨"旧金山"巡洋舰所击毁。在八吋炮的重巡洋舰，日舰装甲多为三吋，美舰则达五吋。至于轻巡洋舰，五千吨的"那珂"级十四艘，甲板和水线只有二吋，炮塔仅一吋；"最上"级六艘也只有二吋，一颗六吋炮弹即可将其击沉。只有"桥立"级的轻巡舰与"爱宕"级重巡舰装甲较厚，但仍不能与英美同级舰种相提并论。

第二，在船只的结构方面，日本一般是牺牲居住的安适与保卫力而增强武装的。但其结果往往弄得上重下轻，在远洋中作战倍感困难。如"最上"级巡洋舰所闹笑话已如上述，而一九三四年新驱逐舰"友鹤"号，竟因重心不稳在试航时被浪潮冲翻，因之许多舰只就不能不另加上一具安定器。如七千吨的"凤翔"号航舰，就需要装以一百九十吨的安定器以稳定船身，结果依然增加了船身的负担。

第三，日本造船的船坞虽多，但设备多不齐全，技术又差，一只军舰的建筑往往需要比西方国家多几倍的时间，而且需要由各个工厂拼凑起来做。据估计，日本造船厂的最大造船能力每年可造商船八十万吨，军舰十五万吨。这不过是美国造船力的若干分之一，相隔天渊。但事实上却万难达到这一标准，每年生产量还不到四十万吨。除却技术方面的弱点以外，钢材的缺乏也是一个主要原因。因之日本的造舰断乎无力和美国竞赛，也无力充分补充其海上损失。

第四，因为钢材缺乏，日方新造各舰，如"香椎""日进""上佐""天城"各主力舰、各航空母舰、一万三千吨的四艘重巡洋舰，都是由商船改建而成，这是一种应急之策。但由商船改建的军舰终无法避免许多先天上的弱点，其效能自然比纯粹为建造军舰而设计者要低。在另一方面又减少了商船的产量，像日本这样的岛国，商船正与军舰具有同等重要。

第五，虽然日寇从很早已在秘密造舰，但除却在太平洋的地理条件上较占便宜以外，它的海军主力是无法和美国太平洋舰队相颉颃的。因此当其南进之初，就需要偷袭珍珠港以歼灭美舰队主力，并且还要进一步摧毁美国造舰力，以免再被美国迎头追上。结果，珍珠港一役固使美方遭受重创，但在那浅水中连一些沉没了的军舰都容易打捞，受伤者更不难修复，于是在相隔五个月的珊瑚海战中，美舰已能远离基地遏阻敌人的南进，而造舰程序更在突飞猛进之中，未受丝毫障碍，现在已离两洋海军的完成期不远。而日寇的海军实力远落在美国后面，在这一点上，敌阀发动十二月八日事变的用心已完全落空。

第六，在航空母舰这一舰型上，日本是落后的，其向珍珠港的偷袭，又专在对付美国主力舰，反放松了美方的航舰，而由航舰与巡洋舰、驱逐舰（有时也有主力舰参加）编成的特殊舰队，在西南太平洋收获了绝大功效。虽然美国也有相当损失——"兰格雷"号沉于爪哇之役、"勒克星敦"号与"萨拉托加"号失于珊瑚海、"杰克敦"号丧于中途岛、"黄蜂"号毁于所罗门——但每一损失都索得了重大代价，而且现在已有更多的航舰来代替。至于敌方，则自"赤城""加贺"以至"瑞鹤""翔鹤""龙鹤""高砂"，都相继沉没，结果却是不能不被迫由南太平洋逐步退却。到去冬的后期所罗门之战，已不见有敌人的航舰参加了。

自从十二月八日以来，除却珍珠港与马来海面两度悲剧而外，日舰队只在马加撒与爪哇两役将其优势舰艇一度获胜，此外竟无往而不败绩。珊瑚海一役后再不敢冒险继续南进，中途岛一役后也再不敢窥向东太平洋，尤其是所罗门之战，敌阀四次以不充分的舰队企图解救瓜达康纳尔之围，结果舰队被歼了，瓜岛也被迫退出。美方军事评论家伊里奥少校至喻为彼等不仅派一孩童担任成人工作，且连续派遣孩童四人之多。最近数月中，盟军已以钳形攻势分由南北太平洋向敌土进迫，敌海军主力却始终潜伏不出，有如第一次欧战中朱德兰一役后的德舰队一样。以日俄战争中那样耀武扬威，由东乡大将建立的日海军，竟自衰颓至此，诚足令人惊异！其实这理由很简单，敌人实力已不能与其所占领的庞大地区相配合，并且其舰队不惟无法增强，且日在重大消耗中。

672

敌人海军损失的数量，据本月三日美国战时情报局所发表，自太平洋战争爆发到七月二日的一年半中间，日方舰艇之击沉击毁者共达一千〇三十一艘。其主要类别如下：

	击沉者	可能击沉者	负伤者
主力舰	三	——	九
航空母舰	六	一	三
巡洋舰	二十四	一	四十七
驱逐舰	七十六	十八	六十二
潜水艇	十六	——	六
运输舰	六十二		

这对于资源贫乏的日本是个过重的负担。其主力舰虽所余尚多，数量仅及美国之半，而航舰、巡洋舰与驱逐舰则几乎损失了三分之二以上，即使敌阀仍在拼命补充，也无法配合着其残存着的主力舰队去进行作战。这一事实说明了日本舰队何以长此沉寂无所动作，预料此后也未必会再作孤注一掷的主力会战，而仅以保护其本土与必要的交通线为已足。但是绝对优势的盟国海军，迟早总要进迫敌舰队出面应战，那也就将要是诺克斯所称完全歼灭敌国舰队的时机。

由西乡从道、东乡平八郎、山本权兵卫所手创的日海军，在太平洋上称雄了四十年，现在已濒于没落的末路，这是历史所注定了的命运。山本五十六、永野修身、古贺峰一之流只是不自觉地执行着这一历史任务而已。

卅二年七月十七日于率口

德国海军之战争理论[1]　　张泽善

　　德国海军对于战争之理论，谓其能破坏英国之制海权，不必于舰队战斗试图获胜，只须击沉英国之商船，使其不能继续战争，即可达到目的。并谓一旦英国制海权衰落，则战争将等于终止矣。但德国并未思及确保其自身之制海权，宁甘放弃其全部海洋贸易。

　　上次大战以前，德国海军上将特里比兹曾发明"冒险理论"，以备克服与优势舰队作战所现之困难，但此理论，实极危险。盖特氏以为当时英国必不愿冒险受重大之损失，接受德国之挑战，且未料及英国应战之后，并不试行严密封锁，而设立长距离封锁，使德国舰队不得不驶出，在有利于英方条件之下作战。英国因地势优越，无须设立严密封锁，仅将其大舰队驻于斯卡拍，并控制多维尔海峡。此谓德国舰队在北海方面稍获运用之自由，甚至可以轰击英格兰海岸，但因除一例外外，一切英国主要贸易航路，皆在北海之外，此举实无关重要。此一例外为何，即由勒威克至卑尔根之北海斯干的纳维亚航路屡被袭击。英方长距离之另一利益即将挪威、瑞典、丹麦、荷兰各中立国包括其范围之内。在战争之后期，此等国家之进口货予以限量，以防转售德国，并由英国当局在其原有装货地点给予中立国货物证明书，长距离封锁乃发展为普及全世界之控制。在英国以前各次战争中，英方最少须经一次主要舰队战斗，然后始行设立封锁，而获成功。一九一四年英方匪特设立封锁，未发一弹，且同时德国之商船队实际上绝迹于大海。因此英方一举而获过去常需数月甚至数年苦斗

---

　　〔1〕此文发表于《海军杂志》1944年第17卷第4期。

所得之成就，大都因德国缺乏自由通至大洋之出口，在英方本国部队有效射程之外。

上次大战以后之十年间，德人逐渐领悟战争之教训，并将其解释于众。一九二八年间，德海军上校格罗斯氏将其所著之《由世界大战所得海战之教训》一书加以翻印，其结论系载德官方战史之北海一段。其要点有二：（一）为德国果已夺取海峡各港口之控制权，则英国之地利能被抵消；（二）为大海舰队果能由屡次对于大舰队之零星胜利，即可消耗英人之实力。一九二九年发现德国海军中将未该纳氏所著《世界大战中之海军战略》一书，是书系于一九二六年初版，已在海军军官间秘密销行，对于上次大战中之德国海军战略抨击甚力，谓"不论英国有何错误，其战略之大方针自为正确"。彼作此言之根据，系假定英国之优势，乃因为其地势之故，得以保护其一切本国贸易航路，同时并切断德国之贸易航路，因此使黑尔郭兰湾成为"死海中之死角"。易言之，其海军战略之整个观念系以如下之理想为根据：即海上交通之控制，应为海战之唯一真正目的，但此控制若无制海权，亦能以某种方法得到。其意以为如用制海权之确保为一种方法，俾海上交通之控制能得行使，实无必要，因制海权为一"战略上无意义的"战争观念，用以支持需要一队锐不可当的战斗舰队之理想。因此若不行使制海权而得海上交通之控制，则敌方战斗舰队能在战略上以某种方法予以消灭。故彼主张，德国大海舰队如将其立足地进至挪威西南海岸，则能于彼区实行正式控制中立国之贸易，同时对于英国与斯干的纳维亚间之贸易航路有予以袭击之威胁。因其不能出此，故英方能于丹麦海岸附近布设水雷区，并将封锁线推广，直至基尔之门户。因此大海舰队在斯科角附近驻防，乃用某种方法准备将英国封锁形势由其所称为"地理上形势"加以改变。

未氏之根本错误，即其不能见及德国地势较劣仅为其整个海军劣势之一助成原因。德国大海舰队之运用，就其地位而言，其结果无论如何，不能将其实质上之劣势减至极小。此外，如格氏业已指出，大海舰队果已战胜英国，最少无论在何处作战均无关重要。至于斯科角附近之形势，不过使大海舰队招英方潜水艇之袭击，并不减轻长距离封锁之效力。未氏否认需要确保制海权为行使控制海上交通之一重要开端，不可目其为幻想。彼对战后之德国海军，确曾贡献若干甚为有用之理想。例如彼尝力主德国陆军应将法国之布勒斯特占领，用为一个海军根据地，如此系随格氏之方针。但在此方面，彼之主张更进一步，谓获得战略阵地，乃舰队平时海上战略之任务，但为保护德国之贸易，必须在大西洋方面获得战略阵地。彼亦为力主使用水雷袭击舰为破坏英国贸易之方法者。

未氏因此成为主张新主义之第一人。其著作之特点，为主张地理上之因素可以决定战略上之实力，如能由地利之补偿，则劣势舰队亦可获胜。因此暗示地利为一较大之决定因素，非优越之战斗舰队所能比拟。故彼主张（一）建造潜艇与水面袭击舰，与（二）尽量占领海岸领土，用为袭击基地。此种理论对于德国海军思想之形成，诚有重大之影响。

一九三六年德国海军之思想，有新的变更。德海军上校哈兹氏于是年德国《科学与国防》杂志发表论文一篇，题为《明日海战》者，扬言将来海军战略不受纯粹军事动机之束缚，大抵将代以与经济战有关者。过去对于贸易之攻击与保护为乃寻觅与破坏敌方军事上目标之助，但将来之形势完全相反。海军之方针完全对于破坏敌方船舶，并威吓敌人所倚赖之中立国。将来海战将成为小事，不足与过去大舰队作战其目的乃在确保一般军令权相比拟。故"新海军至上主义派"乃在企图于七大洋从事海上贸易及交通之战争，结果使海军力分散。商船与军舰之区别已不存在，二者均同为战斗者、攻击者与防守者。

哈氏主义有兴趣之要点，乃扬言此为将来之合理战略，寻觅"新海军至上主义者"一词，指示恢复一种较为基本而有力之海战。实际自然适得其反，因其违反四世纪间英国所建立之海战全部观念。

新主义对于制海权之防御作用，亦漠然视之，封锁本身藉此作用可使贸易之保护轻而易举。但对哈氏持平而论，必须勿忘其狂妄之主张，未曾亲见对英战争也。

德国海军既已创造一队世界上最为可畏袭击贸易之舰，最后又准备采取较未氏或哈氏所倡更为积极之海战理论。此种理论见于一九三八年克卢斯氏所著之《现代海战》一书，该书有未该纳上将之序言。纳粹战略在此书中已达到高等水平，并定一明确计划以实行此次战争。

克氏不但主张对于贸易无限制之战争为一个半海洋国家之最优海军战略，

且试证明此种战争可以控制将来，并实际上能获海上胜利。使用此种战略之一方，在水面军舰之实力纵即显然处于劣势之地位，亦属无妨。

克氏由上次大战之经验开始，继续谈论各大国对于世界工业之依赖。此举遂需海上运输，尤其运输油类，故海上交通乃成为重要，海上交通竞争将为未来海战之型式。在此彼之主张与其他欧陆作家（即半海洋国家之作家）相同。依照克氏之理论，半海洋国家必须极力攻击敌方贸易，俾迫其使用重舰为防卫之需。且潜艇必须辅以由母舰飞出之轰炸机，同时必用驻于岸上之飞机，袭击敌方商港及海军根据地。藉此继续不断之攻势，则"存在舰队"及一九一四至一八年所流行之不幸理想将完全消灭矣。克氏虽极力赞成使用飞机，但认大西洋之贸易航路系在驻于岸上飞机航程之外。氏作此言，自以飞机能由德国领土以内之根据地飞出为假定。彼奉卡斯泰克斯氏之理论，郑重声明飞机用以袭击军舰时有烦扰之效力，及对于较弱舰队欲避战争者有巨大之利益。且飞机在北海或尽巨大职守，援助德国舰队烦扰其敌方交通。德国必牺牲一切，维持其在大西洋之主要交通线，并确保苏格兰与卑尔根间一带之控制权，以及波罗的海洋面之控制权。但只有德国商船能避法国贸易袭击舰，如在比斯开湾运用者之捕获。在此克氏涉及对英作战所引起之结果，谓此项战争为不可能，因在两国之间并无海上竞争存在。顾此为一九三八年之时，彼觉说的能有几分可信。克氏亦主张对于较强海军国之巨大防守任务，当其企图在行使制海权，遇及有力敌人挑战时，必致一种"紊乱"，其利益实归于较弱之一方，不在较强之一方。易言之，凡有较多海上贸易保护之一方纵有优势之水面海军，将处于不利。此种议论诚属谬误，因其忽视全部防御情形。倘较强之舰队感觉保护贸易困难，则十有八九，较弱之一方将立即感觉毫无贸易保护，而较强之一方，由于利用封锁，设法将攻守之困难一举而解决之矣。

除海军战略之一般问题外，克氏并论及造舰问题。如上所见，彼为一极力主张在海上使用轰炸机并轰炸敌方港口及根据地者。彼注意依照一九三五年英德海军协定之条款，将来德国战斗舰队将有二万六千吨之舰两艘（"沙恩霍斯特"号及"格奈塞瑙"号），及三万七千吨之舰三艘（"俾斯麦"号、"特里比兹"号与其他一艘）时称：快速战斗舰而有巨大航续力者，将能攻击敌方贸易，并毁其掩护部队，同时亦能保护其本国护航队，运输舰与商船。此自为与法国作战之程式，以德国经过北海至大西洋之海上交通不受中立的英国切断为假定。同样情形亦可适用于对意大利之战争。彼曾特别述及一万吨之法国"阿尔及尔"级及意国"波拉"级巡洋舰于大西洋波涛汹涌之时，难逃德国快速战斗舰之破毁。英国之一万吨巡洋舰虽亦在同类之舰中提及，但大约系就纯粹技术之立场而言，并非有可能战争之用意。

克氏究被认为纳粹海军政策之原因或结果，颇难言之。顾袭击贸易之趋向，显然大都受初期建造袖珍战斗舰之反映，不受克氏之影响。就其他方面而言，现有理由判断彼之轻率保证其为海战理想方式，颇足证明袭击贸易之战略为正当。在此次战争开始时，德人已见其陷入此种战略。

慕尼黑会议不久之后，德人认对英战争显为不再可能，但实为可能之事。是时德国海军见克氏之理论可以适应所谓海上"全部"战争之需要，毫不踌躇开始进行，尽量迅速建造较多之潜艇，并未作任何准备，以保护其本国海洋贸易。

总之，德国海军对于战争之理论，自始至今，未尝脱离次等海军国之特有战略，即以袭击敌国贸易为主旨。以此种战略而欲称雄海上，独霸全欧，诚属梦想也。

菲律宾美日大海战之研论[1]　　　芸　生

　　好久以来，敌人的海军，只是在避战，这次竟大胆的以其大部分主力舰，几至倾巢出动，想在菲岛海面，以三路的合围，击溃该处附近的美国舰队。此举固不无存着一种侥幸心，但也可说是一种有计划的行动。敌酋曾表示过："日本海军所以未能出动的缘故，是因空军力量不足。"又曾称说："日本海军隐忍自重，以待望战机到来。"这似乎是假如一旦形势有利，即可作战。这种于彼有利的形势，究于何时能够得到，或竟永远不能得到。本年八月初，日本无线电广播又称：美舰队若直接进攻日本与上海、香港、马尼刺、西贡及新加坡连接之海路，即为日美海空军可能决斗之时机。同时，东京当局已相信美海空军有攻菲律宾之朕兆。本年八月底前，日本广播报告最近战局复称："敌人将进兵菲律宾，并在中国大陆建立前进基地，俾顺利切断我本土与南洋之交通线。"可见敌人对于美军之将规复菲律宾群岛，早已具有戒心。惟美军之登陆雷伊泰岛，及继续在萨马岛登陆，可以说是出乎敌人的计料之外。盖菲岛全部，共有敌机场七十余处，而雷伊泰岛则只有三处，萨马岛且未有一所机场，故敌人或未料到美军会择取此地登陆。迨美军在雷伊泰岛登陆成功后，对于日本的打击，可以说是大火业已烧在它的眉睫，敌海军在此种迫切的形势之下，并以菲岛有陆上基地的飞机之支助，又以菲岛之内部狭窄海面，美国舰队一时犹未敢驶入，且可利用美方久已视日本海军不敢出战的心理及美国别部舰队一时当不能赶到的机会，不妨以出其不意，攻其不备的手段，以两支舰队，穿越

---

〔1〕此文发表于《海军杂志》1944年第17卷第6期。

菲律宾群岛之中部狭窄海峡，用钳形形势，向美国掩护登陆的第七舰队进袭，其另一支舰队由北向南航行，则准备为援应与牵制的作用。

此次敌海军出动之计划，于美舰队袭琉球，迫台湾时，当已酝酿成熟。美舰队对台湾的攻势，日军界谓其仅系未来的更大事件之前奏。更因十月十二日至十六日之台湾海面海空战，敌方捏造击沉并击伤美舰多艘，当局为其骗蒙，遂视美国舰队为易与，此为日本主力舰队出动菲岛之又一原动力也。

日本大舰队自新加坡北驶，于十月二十一日与二十二日在婆罗洲西北海面，为美方潜艇所侦悉，并重创其巡洋舰一艘，该舰由驱逐舰两艘护送而折返新加坡，其余各舰则继续北驶。十月二十三日美机在菲律宾附近发现此舰队时，该队已分为两个编队，其中一队经由苏禄海向东航驶，包括有"山城"级之主力舰二艘，一等巡洋舰二艘，二等巡洋舰二艘，及驱逐舰七八艘；其另一队经由西布颜海向东航驶，包括有主力舰四艘，其中一艘似系"大和"号，一艘为"长门"号，余二艘属"金刚"级，巡洋舰八艘，内一等巡洋舰四艘，二等巡洋舰四艘，及驱逐舰十三艘。美方第七舰队探知此两支敌舰队由菲岛内海向东航驶后，当以经苏禄海前进之线□□，该支舰队可能的将先与美舰队接触，故预将战斗舰五艘，布置在苏利高海峡之出口处两侧，严阵以待。此五艘战斗舰中之四艘，系在珍珠港一役中曾受创伤而经修复者，其年龄虽较老，但经过改进，与新舰无异。其速力虽不能与海尔赛上将之第三舰队中各新式战斗舰比肩，但炮力□同，其中两艘装十六吋主炮，三艘装十四吋主炮，用之对付敌人的南路一支舰队，绰有余裕。待奏捷后，即可转舵向北，再协同护航航空母舰之一队，对付敌方之中路一支舰队，讵意敌之此路舰队虽在西布颜海为美机所袭击而受创，仍能冲过圣柏那狄诺海峡，先期到达萨马岛附近，而向美第七舰队之护航航空母舰攻击，此时美第七舰队得到第三舰队之飞机援助，曾将敌方之多数军舰击伤，并击沉其巡洋舰一艘与驱逐舰一艘。惟该舰队未经久战而即退出，以缓速力折向西北，经圣柏那狄诺海峡西去。其倏忽的退却，或由于下列三种原因：（一）或因苏禄海方面日舰队之消息中断，失去联络；（二）或已获悉该方面日舰队之惨败情形；（三）或已获悉该方面之美舰队炮火猛烈。至越过苏禄海向雷伊泰湾前进之一支舰队，则于二十四日上午二时已全部被美方所击沉，或遭遇决定性的挫败。

由日本本土开出之由北南下的一支舰队，系以战斗舰四艘、航空母舰四艘、巡洋舰与驱逐舰多艘编成，经由琉球、台湾之西部海面航行，以避免与美国海军在途中遭遇，俾能到达会战地点。原在某处补充供应品之海尔赛上将所率第三舰队，得到美潜艇发现敌方舰队的消息，即开始出动，在二十三日下午，于距吕宋岛北部安加诺角二百浬处，探知敌混合舰队由北南来之行踪后，以满速力竟夜北进，而于二十四日黎明向敌舰猛袭，击沉其航空母舰四艘，并将其他舰只击伤而使其溃败，美第三舰队，因某种缘故，未予穷追。

综计日方此次的损失，被击沉者，战斗舰二艘、航空母舰四艘、巡洋舰九艘，及驱逐舰十三艘；重伤者，战斗舰一艘、巡洋舰五艘，及驱逐舰四艘；受伤者，战斗舰六艘、巡洋舰五艘，及驱逐舰十艘。美方之损失，据美官方所发表者，则为轻型航空母舰"普林斯顿"号一艘，护航航空母舰二艘，驱逐舰二艘，护航驱逐舰一艘，及少数较小之船只。

此次美军登陆菲岛之运动，自十月十日晚起，美航舰特种混合部队袭击琉球群岛以来，即已着着进展，而自十二日至十七日的数日中，美太平洋舰队曾进袭台湾三日，复加以超级空中堡垒之连续袭击，战果丰硕，此系在未攻菲律宾以前，先软化琉球、台湾，使其不能援应菲岛。美军袭击台湾时，日本舰队虽经出动，但未与美国第三舰队交战，即行退却。据十八日美国官方公布，谓出袭台湾之收获，计击毁或创伤日船及小型船舰三百三十八艘，自十月九日以来，击毁日机九百三十四架。然日方损失虽如此惨重，但犹虚造情报，侈言战果，谓击沉美航舰十多艘，遂引起尼米兹上将于十九日以含有兴趣的语意宣称："海尔赛上将顷来电，谓已将东京电台最近所宣布击沉之第三舰队所有舰只捞起，刻正迫敌退却。"此种虚伪情报，所以使美国军队六万五千人，由距离一千三百浬之新几内亚，以超过六百艘的船舰输送，顺利地到达菲律宾，不受阻碍，并使此大批兵员连同装备，在十九日出乎敌人意料的，于二十四小时以内在雷伊泰岛完成登陆。而日本舰队之敢于向菲律宾出动，及海尔赛上将之第三舰队能够截击由北南下之日本舰队，亦可说是皆以此项伪报为其重要因素之一。由新加坡北驶之日本舰队，缺少航空母舰掩护，殆以菲岛陆上飞机可以利用，惟该队在婆罗洲西北海面，分为两支前进者，或系模仿孙子谋攻篇，"用兵之法，倍则分之"之意，一以当其前，一以随其后，拟使美国第七舰队，备前则后寡，备后则前寡。至越西布颜海东进之一支舰队，航线较长，而反先期冲过圣柏那狄诺海峡，到达阵地者，则或系测度美第七舰队当先向苏利高海峡方面防备，而本身则实力相当强大，可先乘虚而入，以占上风，此又似类乎孙子兵法虚实篇所说"出其所不趋，趋其所不意"的意思。孰料由苏禄海前进之一支舰队不经一击，在二十四日上午二时左右，于半小时内为美国第七舰队预先布置的战斗舰队所击败，而全军覆没，并予该战斗舰队回师北向之机会。此时日方之中路舰队，既知南路舰队之协作无望，而在北方遭受海尔赛上将所阻击的一支舰队，亦难期其及时到达，遂不得不见机而退，其退却时速力缓慢者，或系多数已受创伤之故。至敌舰队利用昏夜进袭，则想系怯于美国飞机之威胁，黑夜间可避免目标之显露耳。再则逃逸的敌舰，论者谓美海空军何不加以追击？关于这一层，或则因美舰之燃料不十分充足，或则因黑暗中目标不清，加以激战之后，不得不稍作喘息并从事整理部署。金氏上将对于此节已有所表示说："如穷追日舰，亦将置平时仔细考虑之若干因素于不顾，类此追击实有危险，盖水雷潜艇及飞机危险重重，遑论行动尚有所限制。"穷寇莫追，我国古代亦有明训。尼米兹上将似亦不以此时亟亟扫除残余敌舰为职志，他于此次战后表示说："美海军卸除保护陆军之任务，并夺获新基地后，到处搜索日舰队，并将其摧毁之时，即将来临，此日何时来临，余不愿确言，惟此日定将来临。"总之，日本舰队，此次大部出动后，所余之完整的主力舰，至多不过两三艘，航空母舰亦寥寥无几，巡洋舰与驱逐舰皆属有限。受伤之舰，至少非九个月至一年不能修复，但盟国海空军实力日趋雄厚，大包围之形势已成，敌舰队欲再作一次如菲律宾海面之大战，恐无其事。

第二次菲律宾海战之检讨[1] 张泽善

一、两年来美日海军策略——日本避战，美国求战

近年来日本海军始终保持避战策略，虽经美国海军之挑战并受其国民之责难，然仍不敢与美舰队一决雌雄。尤其自一九四二年五月十八日珊瑚海海战，同年六月六日中途岛海战，同年十二月十五日瓜达康纳尔海战诸役相继失败后，自审实力不敌，已由攻势采取守势，更不敢轻于尝试。一九四三年五月间美军在北太平洋一举收复阿图岛，八月间又收复吉斯卡岛，十一月间在中太平洋吉尔贝特群岛登陆，一九四四年二月间续在马绍尔群岛登陆，均未遇日本海军抵抗。六月间美军又在塞班岛登陆，截断日本与中太平洋间之一主要海空供应线。于是日寇认为局势严重，对于西太平洋日海空军防地将发生重大影响，因美军获得塞班海空军基地后，其军用机距离日本本土或菲律宾之飞行时间不过五小时，可用该岛为进攻菲律宾之跳板。因此日本舰队曾一度被迫于马里亚纳与菲律宾间与美第五舰队作战，是即第一次菲律宾海战，日舰队重创，乘黑夜逃遁。美方以其舰队所向无敌，更于七月间在关岛及狄宁登陆，九月间在帛琉群岛登陆，十月间在菲岛登陆，节节进迫，已威胁至日本帝国之内围防线，并可利用关岛、塞班、帛琉与摩罗泰四据点为向西前进之基地，目海军乃不能不放弃避战政策，拼死挣扎，以求一逞。

敌政府为防止其国民对于海军避战表示不满，并顾全其颜面起见，屡经发言人昭告世界，日本舰队非至日本本土遭受威胁，不与美海军作战。今年八月

[1] 此文发表于《海军杂志》1944年第17卷第6期。

间，日方电台广播称："日本海军除防守日本本土及日本内海供应线外，决不作战。美舰队是否将直接进攻日本与上海、香港、马尼剌、西贡及新加坡连接之海路乎，若然，则此即为日美海空军可能决斗之时机。日本所有者仅一联合舰队，倘此舰队被敌毁灭，则日本海路将被遮断，亦即等于以狭窄之日本本土令人任意处置矣。"九月间该电台又向亚洲占领区辩护日舰队未经出动之理由称："一俟吾人海军航空队准备妥当，联合舰队即将出动。"并谓"日本舰队除非自美海军手中夺得制空权，决不能作决战之行动"。广播并一反以前所称陆上飞机及岛屿根据地所构成之"不沉航空母舰"优于海军飞机之论调，而曰"日本必须击溃敌航空母舰以取得空中之优势，此一目标乃当务之急"。

敌海相米内曾于今年九月七日在临时议会宣称："本年之前半期，并不利于吾人，故吾人于再度之后退，实应料及。"又称："今日之战局，无论陆海军，制空权之获得，为作战实施之必要条件，故所要求者为新锐航空机之急速充实。"

敌著名海军战略家中村良二大将今年九月六日在《朝日新闻》发表一文称："现代海军战术已有根本之转变，故海军之主力必须包括空军。倘未先将我敌海军间现有空军实力之悬殊加以弥补，则我联合舰队与敌舰队贸然作决定性之海战，不啻走上自杀之途。我舰队与敌舰队空军实力之相当悬殊，与敌人在关岛狄宁取得立足点有关。海军航空队今日已负起主要战斗之责。海军航空队之进步及军舰无线电设备之迅速发展，已使海战无论攻势或守势均发生重要战术性之转变，故海上战事自亦发生基本之转变。目前敌我两方之主力舰，不必驶往最近之距离而交战。如一九○四年至一九○五年日俄海军之所为者，已成史迹。目前海战之结束，决定于双方主力舰于短距离内开火以前之空战。换言之，双方舰队相隔尚有数百哩时，双方之飞机即已出动，分别予对方以毁灭性之打击。"

敌海军大将末次信正曾称："太平洋战争为一长期战争，日美海军主力不易接触，而仅进行不断之空战。直至时机成熟，日海军始出面予敌人致命之打击。"今年十月四日东京广播末次大将之谈话称："一俟时机到来，吾人必须以全力作战，毫不犹豫，成败决于此一举。惟有如此，吾人方能获得决定胜利，皇国之命运，即决于此一战。"

敌海军大将高桥三吉今年九月十八日论太平洋战局之紧急时亦称："目前日本海军正以全力等待决定性战争之时机。"

敌海军评论家伊藤正德对于日本海军避战之原因解释较为详尽。据称：日本舰队未再出动，乃因"公算"尚未成立。所谓"公算"，乃根据（一）作战双方现有势力；（二）日本之补给兵力；（三）战场地理之三种条件而计算。有一未备，则日舰即不宜出而应战。伊藤论第一条件时称："舰队于制空权失败后，惟有退避，别无妙策。"论及第二条件时，期待日机"集结于今日之大战场上"。论及第三条件时，谓日海军应在"基地兵力协同作战之战场"作战。其结论为"日舰队采舰队保全主义，即避免无谓公算之决战，以保全舰队主力之战略方针"。

据以上敌海军方面之言论，一则曰日海军非俟日本本土及内海供应线受威胁，不拟决战。再则曰日海军非有充分之空军协助，掌握制空权，不能决战。易言之，日海军必俟有利之时机与地点，能受陆上基地之空军掩护时，始出而应战。

至于美国海军方面之言论，乃公开向日本海军挑战，而以日本舰队不愿"合作"为憾。本年之初，美海军著名评论家普拉特上将称："日方非迫不得已，将避免任何大会战。但其本部各岛屿如受封锁之威胁，其舰队必出而一战。"

美太平洋舰队总司令尼米兹上将于今年三月七日讲称："吾人现于太平洋已获有充分之实力，吾人刻正寻觅日本舰队与之一战。"

全美舰队总司令金上将于今年六月二十一日称："日本舰队出战愈速，吾人将愈感满意。"金氏复于中国对日抗战七周年纪念日发表谈话称："吾人虽已一再设法与日本舰队作一决战，惟日舰队迄今仍竭力避免。"

美海长福尔斯特尔亦于八月二十二日在伦敦答复某记者询问美舰队是否能迫日海军作战时称："本人认为在盟国对日本本土直接进攻之前，或不能迫其作战，惟日人行径难于逆料，甚或明日即以舰队与我作战，亦为可知。吾人所应认清者，即盟军愈向其本土基地前进，则敌人之陆上机队愈能为其本国舰队之掩护。"

美国海军力量现已无敌，并经集中于太平洋，造成坚强防御，又可以绝对优势之航舰飞机，对日方之飞机地面设备及舰船发动强有力之攻势，故切望日本舰队出而决战。美海军久已寻觅日本舰队，准备予以迎头痛击，将其歼灭。据美海长福尔斯特尔之估计，西太平洋美第三或第五舰队之力量，均足以对付日本一部分或整个之海军，无怪乎美海军之急于求战以速日寇之崩溃也。

二、日海军放弃避战策略之原因

此次菲律宾海战，日海军所以遽尔放弃避战策略而采取应战行动者，其原因如下：

（一）美军在菲律宾登陆，已冲入日本之内海交通线。菲岛一被美军收复，则日本本土与其南洋占领地之交通线，便告切断。日本既无法攫取南洋资源，而驻于南洋之数十万日军又不能获得本国之供应，接济断绝，惟有坐待消灭。且美军一在菲岛建立海空军基地，不仅易于进攻台湾，且可用作在中国海岸登陆之踏脚石。同时并可经由马里亚纳北向，占领小笠原群岛，而无左翼之威胁。战火迫近国门，海陆又受威胁，敌海军若不出而应战，其将何以对国人。

（二）此次菲律宾海战，日海军在战略方面，处于有利之地位。敌舰队去其本国海空军基地近，无论增援退却，均较美国海军便捷。且因交通线短，易于集中兵力。舰队有陆上基地之飞机掩护，战力增强，因此等飞机之性能，较航舰之飞机为优。今年十月间在菲岛以东台湾海面阵亡之敌其海军航空队司令有马正文海军少将曾称："陆上基地航空兵力，始能打破海战数学之法则。"敌方舰队此次之出动，大抵以为菲律宾岛屿各岛皆在日军控制之下。此等岛屿咸为"不沉母舰"，可以尽量调遣充分之飞机，驻于各处机场。恃此优势之陆上基地空军，作为舰队之庇护，足以发挥压倒之威力，以制美国海军。敌海军或以为处此有利之战略位置，时机已至，不宜错过，因而驶出应战。

（三）日寇或以为美军在菲岛登陆，不过出动第七舰队一队，实力尚不十分雄厚。以日方三支舰队应战，并有陆上基地之空军协同作战，实力悬殊，胜负可判。日寇又鉴于集中印度洋之英国东方舰队实力日增，已准备开往太平洋对日作战，并有发动进攻新加坡之迹象。驻于新加坡之日本舰队（美国欧洲舰队参谋长威尔逊少将今年四月四日称："在美军进攻土鲁克以前，已自该岛撤退之日舰队，今以新加坡菲律宾为根据地。"），若不愿出而应战，则须向北退却，集中实力，以免为英国之优势舰队所消灭。但因美国强大之舰队遍布于中太平洋各处，驻于新加坡之日本舰队无论何时向北退却，均有被美舰队截击之虞。不如乘此美军登陆菲岛之际，兼程北驶，作应援菲岛守军之表示，一面可得陆军方面之好感，一面可以缓和其国内舆论对于海军避战之不满。一旦侥幸获胜，匪特可以振起士气，且战局因而转变。

三、二次菲岛海战双方舰队之阵容

此次菲律宾海战初期，美国在菲律宾区域作战之舰队，仅有金开德海军中将所率第七舰队之两队。其一队为奥尔登道夫海军少将所统率之战斗舰队，日方称之为"运输船团及护卫舰队"，驻于雷伊泰湾。另一队为斯普拉格海军少将所统率之护航母舰队，日方称之为以航空母舰群组成之"机动部队"，驻于萨马岛以东海面。两队之实力计有业经革新之旧式战斗舰五艘、航空母舰五艘，及其他舰艇、护卫运输船团。其后海尔赛海军上将所率之第三舰队驶至应援。该舰队之实力较强，多为新式之战斗舰，并有航空母舰四十艘。

日本出动之舰队，计有三支。自新加坡向北航驶之大舰队一队，内有战斗舰六艘，轻重巡洋舰各三艘，驱逐舰二十一艘以上，及航空母舰一艘。但此航舰甲板上并无一架飞机，料系由日本本土装运飞机在南洋卸毕返航。除被美潜艇击中巡洋舰一艘，由驱逐舰二艘护送折回内洋外，余均继续北驶。各舰驶至菲律宾海面时，分为两支前进，一支在明多罗岛以南越西布颜海向东航驶，称为北支舰队；另一支在内革罗岛西南发现，越苏禄海向东航驶，称为南支舰队。此两支舰队均在狭窄之海峡中推进，倚赖陆上空军之掩护，向雷伊泰附近海面前进，攻击美国驶往雷伊泰岛登陆之运输舰队。第三支舰队系由日本本土开出，向南航驶，在台湾东部距吕宋岛北部安加诺角二百哩之海面发现，计有战斗舰四艘，航空母舰四艘，巡洋舰十艘以上，驱逐舰十五艘以上。但航舰甲板上均无飞机，料系飞往菲岛增援。

四、双方战略战术之研究

此次海战，日本之战略，乃图歼灭美国第七舰队之战斗舰队与机动部队，获得菲律宾之制海权，而令登陆雷伊泰岛之美军陷于孤立，然后予以消灭。其攻击之目标集于雷伊泰之美舰。其所取之战术，系以战斗舰牵制美方战斗舰，以水雷战队寻觅美方运输舰，予以袭击，并用机群俯冲轰炸。另目标则为美方航空母舰，除用陆上基地之机群结队轰炸外，并用海军航空队之"神风特别攻击队"作决死之轰炸，期以一机易得一舰。敌海军评论家伊藤正德于十月二十五日论菲岛海战时称："美国握战略主动，但战术主动则属于日本。"伊藤之意不啻承认日本不能歼灭美国海上势力，战略上已遭失败。

美国海军之战略乃于美军在菲岛登陆之前，先由第三舰队之航舰飞机及第二十轰炸队之超级空中堡垒连日施行轰炸琉球、台湾、菲岛等地，消灭敌方飞机舰船，绝其外援。然后探悉敌在菲岛有机场七十，而在菲律宾中部之雷伊泰岛仅有三个机场，在萨马岛无一机场，乃选择在此登陆，由第七舰队之战斗舰集中苏禄海，掩护登陆工作。美舰队侦悉日方南支舰队只有战斗舰两艘，实力较薄，路程较迩，必先期驶到，乃将其战斗舰五艘分布于海峡之两端，准备将其先行摧毁，然后回师北指，再行打击日方较强之北支舰队。不意日方北支舰队虽在西布颜海被美机袭击受创，然终于冲过圣柏那狄诺海峡，先期于二十四日晨在萨马岛附近袭击第七舰队之护航母舰队，是时美舰因实力悬殊，略受损失，然仍得力于轻型航舰队在此阻遏日舰队达整上午之久，直至午后海尔赛上将所率之援军开到为止。是以金开德中将对所属轻装航舰之伟绩，倍加赞扬。

至于越过苏禄海及民笞那峨海并企图经过苏利高海峡之日方南支舰队，则于二十三夜至二十四日未明时被美方战斗舰猛击，沉没战斗舰二艘，轻重巡洋舰六艘，驱逐舰九艘。日舰炮火甚不准确，或为致败之一原因。

日方所以由本部派出舰队者，或因所得情报不确，以为美航舰已被击沉十余艘，损失惨重，可以毫无忌惮。孰知在关岛、塞班、帛琉一带加油之美第三舰队，据报日舰队行踪后，即兼程前进，集中航舰特种部队多支，驶往攻击，出敌不意，将其航舰四艘，扫数击沉。时美舰因燃料关系，未及穷追。

五、日美损失之统计

此次海战，日寇因低估菲律宾附近海面美海军之实力，致遭惨败。据尼米兹总部十月二十九日所发表之公报，是役日舰沉伤共计五十八艘，但据最近可靠之情报，日舰沉伤五十九艘，其详细数字如下：

被击沉者：战斗舰二艘，航空母舰四艘，轻重巡洋舰九艘，驱逐舰十三艘，共计二十八艘。

重伤者：战斗舰一艘，轻重巡洋舰五艘，驱逐舰四艘，共计十艘。

受创者：战斗舰六艘，轻重巡洋舰五艘，驱逐舰十艘，共计二十一艘。

至于美方之损失，日方广播始终捏造战报，夸大其词，以欺骗其国民，不足令人置信。但据美海部十一月二十七日宣布：菲律宾最近之海战中，美方共损失军舰六艘，其中有一万吨小型航空母舰"普林斯敦"号一艘，护航航空母舰二艘，驱逐舰二艘，护航驱逐舰一艘。又据尼米兹总部十一月一日宣布：上周之菲岛海战中，有美舰数艘负伤。惟未说明其类型与负伤之程度。

六、二次菲岛海战大捷之意义

第二次菲律宾海战，日海军遭受太平洋战争以来最惨重之失败，美方获得空前之胜利，意义重大，无可否认，略述如次：

（一）日本舰只今年六月十九日第一次菲律宾海战沉伤十八艘，日本造船厂已经塞满损坏之舰待修。曾几何时，复于第二次菲律宾海战沉伤五十九艘，损失惨重，非经相当时间，不能完成巨量之修缮工程，因此不堪再受重大之打击。以日寇造船能力之薄弱与钢铁产量之不足，欲在短期内补充巨量舰只，更谈不到。就其他方面而言，美国造舰能力现达高峰。在此次海战以前，美国舰队有战斗舰二十三艘，其中十七艘系在太平洋充役；日本有战斗舰十二艘，经此损失后，连受创之战斗舰在内不过十艘。至于航空母舰，美国现有巨型"爱塞克斯"级十四艘；日本在此次海战以前，亦有大型十四艘，经此损失后，包括受创之舰在内，不过十艘。美国海军航空之优势，似在巨量小型快速之航舰，据云美国有此等航舰百艘以上驻于太平洋；日本此等小型航舰之数目则未详。美国现有巡洋舰四十艘以上；日本在此次海战以前有二十八艘，经此损失后，包括受创之舰在内，不过十九艘。至于驱逐舰，美有二百五十艘以上，而护航驱逐舰六百余艘尚未计及；日本在是役以前有六十艘，经此损失后，包括受创之舰在内，不过四十七艘。以言潜水艇，日本现有三十五艘左右，而美国除自开战以来损失三十三艘外，现有二百八十艘。美国飞机之生产，无论在量的与质的方面，均较日本占于绝对优势。据美官方公布之数字，美海军现有飞机三万四千架，益以强大之航舰势力，就可以造成世界最新锐之海上空军。美方海空军之补充能力诚属惊人。据美海长福尔斯特尔今年海军日发表演说称："美方于一九四四年增加飞机二万七千架，四万五千吨主力舰二艘，二万七千吨航空母舰七艘，护航航空母舰四十艘，巡洋舰十五艘，驱逐舰八十五艘，护航驱逐舰二百余艘及潜艇多艘。"是将来美日海军实力之悬殊，必较今日尤甚，敌海军更非美国敌手，况又有英国强大之海军以及法意之海军均可调来太平洋协同美舰作战，则日海军唯有屈降之一途。

（二）美国第五十八特种混合舰队司令密契尔中将于十一月三日称："日本本土大陆门户今几已洞开，我海军可畅所欲为矣。"敌海军在是役所受之惨重损失，即防御力量之削弱。今后美海军既握太平洋之制海权与制空权，自可长驱直入中国海，毫无顾忌。此举对于美军在中国沿海登陆，殊属有利。尼米兹将军主张由海上打通中国之路，必可提早实现。将来即在日本本土登陆，亦有可能。日海军如再避战，则美舰队亦可加以搜索，迫其应战，予以歼灭。尼米兹将军曾于今年十月二十八日发表广播，预言美海军卸除保护陆军之任务并夺获新基地后，即到处搜索日舰，并将其摧毁。此日即将来临。预料今后美军必占领吕宋岛北部，然后以空军摧毁台湾敌防务及其空军设备，扫除美海军在菲律宾以西海面活动之障碍，庶可在台湾以南如海南岛等处登陆，直抵中国海岸。

（三）今后菲岛之战事，将因日本舰队之败退，顺利进展，而加速胜利。美军一旦在菲岛巩固其立足地，则可在西太平洋建立陆上基地之空权，并利用菲岛之海空军基地，切断日本与南洋之海上交通。美国第十四航空队司令陈纳德少将今年十一月一日称："余望不久之将来，美第十四航空队自中国基地起飞，麦克阿瑟将军在菲空军自雷伊泰及萨马岛基地起飞，作穿梭之轰炸，将中国南海之日方供给线完全切断。"美太平洋舰队空军司令慕雷海军少将于同月十一日称："美空军巡逻机自雷伊泰新建基地出发，已使中国海全部入于盟国空军控制之下。"同时因有较多之机场，可使现有用以掩护陆军登陆行动之母舰飞机改用为海军攻势之需矣。

（四）综观今日世界各战场之局势，无不证明交战国之胜负，取决于空军实力之强弱。陆战如此，海战何莫不然。中途岛一役，美海军之获胜，乃因航空母舰及时赶到，抵抗机舰均占优势之敌军。日方因航舰损失重大，致其舰队不得不实行退却。此次菲岛海战，掩护麦克阿瑟将军所部远征军六百艘护航舰队之美第七舰队，曾将日本强大之战斗舰队冲散，非有美第三舰队之快速航空母舰四十艘驰至应援，则此远征军有覆灭之虞，绝难转败为胜。就其他方面而言，日寇出动之海军，尤其于战斗舰方面，堪称优势，顾其舰队仍不免败逃，无非因空军脆弱，未有掌握制空权所致。空中权力为海战不可少之因素，战斗舰只能于敌方无强大空军时，决定战局，否则未有空中优势，则海军决不能作攻击战而获胜。此次海战，更可判明美日空中实力之优劣，日本空军无论在量的或质的方面，均难与美国并驾齐驱，断无侥幸获胜之可能。

（五）敌海军之战斗舰与航空母舰，在此次战役既受重大损失，今后必改变其海军战略战术。其残余之主力，或将退守本土，获得陆上基地之飞机与潜艇之掩护，保全实力。最近敌海军乃用鱼雷舰只作海盗式之突袭，期以最小代价取得较大战果。此外并用"神风特别攻击队"出袭盟舰，尤其盟方航空母舰，以冀侥幸获逞，徒见其心劳日拙而已。

卅三，十一，十四

论太平洋空前大海战[1]　　郭寿生

一、太平洋对日进攻步骤

太平洋战争爆发的时候，我盟邦美国是处于守势地位，不过，当美国竭力作战时，它已从事一切准备，以尽可能及时夺取主动地位，并发动攻势作战。为了这个目的，美国舰队，支持遍及太平洋上的盟国部队作战，以保持关键地位，并阻遏日寇的进一步侵入。同时在中国方面，我们对日的战略，则采取消耗战、持久战，使敌泥足深陷，乘机反攻，打破它欲求解决中国事件的企图，而分散其力量，使它在大陆上和在太平洋上均无法进展。

珊瑚海及中途岛之后，大大夺去敌人的主动地位，并延宕其进一步前进，太平洋首次真正进攻作战，乃是一九四二年八月瓜达康纳尔之克复，这一战役以后，继之以普遍的攻势。这个攻势，由于普遍增强两栖部队及海军部队，而成为可能。这一点，在整个太平洋战线上继续获得动力。一九四四年二月底，日寇已从阿留申肃清，已自所罗门驱出，已由吉尔贝特群岛远走，其后在各地被攻，而不得不采取守势的延宕战略，同时，美国在太平洋上的地位，业已大大增强了。

日寇海军在太平洋海面，于过去十一个月内，受美国海军的打击，从吉尔贝特到摩罗泰，已后退三千五百浬。美军的前进步骤，最先的于去年十一月二十日吉尔贝特群岛中塔拉瓦和梅金岛的登陆战，日海军没有抵抗。本年一月卅一日马绍尔群岛的登陆战，这一仗日海军也没有抵抗；四月廿二日美军的攻

---

〔1〕此文发表于《海军杂志》1944年第17卷第6期。

克荷兰蒂亚，日海军仍旧没有抵抗。五月廿七日拜阿克岛的登陆战，新几内亚的作战，至此告一结束，盟机也开始从这里轰炸荷印各地，日海军这时仍旧没有抵抗。六月十四日，塞班岛的进攻战，到八月九日美军先后攻克塞班，狄宁和关岛、马里亚纳南部各岛之战宣告结束。九月十四日美军登陆帛琉群岛，于是美军离菲律宾群岛只有六百浬，同日美军登陆摩鹿加群岛的摩罗泰岛。十月十七一二十日，美军在菲律宾的雷伊泰岛登陆，进攻部队在麦克阿瑟将军指挥下，有太平洋上空前未有的庞大海军协助。雷伊泰离台湾七百浬，离中国则为八百五十浬。美军在菲岛得到立足点后，就可以切断日本通到南洋的生命线，并使中国沿海进入我们从东西两方发动钳形空袭的范围。美军既已登陆菲律宾，它在菲律宾的前进目标，必然向吕宋发展，它必须掌握台湾和吕宋之间的制空和制海权，而后才能由吕宋向中国南海前进，而达到最后向中国登陆的目标，把中美盟军由海陆打成一片，以击溃日本。

二、台湾、琉球与菲律宾的战略形势

日本的基本海防线，在战前是北自千岛群岛、日本本岛、琉球群岛以至台湾，战后则将此线延长，由菲律宾、婆罗洲以至新加坡，连香港、海南岛、中国南海各群岛都包括在内。日本的基本海军区，在战前有三个海军区，第一海军区管辖本州东南海面及北海道、库页岛，以横须贺、大凑为本区海军根据地；第二海军区管辖日本海内海及四国以南海面，以吴港、舞鹤为本区海军根据地；第三海军区管辖九州以西，南至台湾及朝鲜全部，以佐世保、竹敷、镇海及马公为本区海军根据地。战后它的海军区则扩张至南中国海，以香港、马尼拉、榆林港、西贡、新加坡为本区海军根据地。我们现在只将台湾、琉球与菲律宾周围海区的战略形势分述于下，以作研究美军登陆菲岛后所发生之太平洋首次大海战的参考。

（一）台湾。台湾是我国东南海间的第一大岛，当日寇进行攻势时，它是日本的前进基地或联络站，一旦台湾被我们围攻，它又是日寇基本海区的卫星或救应站。台湾在福建之东，相距约一百四十四浬，其间的海面便是台湾海峡。但这中间还有澎湖群岛，因此，东海和南洋的交通就被它严密地控制着了。日本本部在台湾之东北，以与九州之距离为最近，基隆与佐世保之距离为六百二十八浬，中间则有一连串的琉球群岛为之□接。台湾的南方，就是菲律宾群岛，中间隔着巴士海峡，其西南则为香港，相去则为三百八十浬，而由香港东南去马尼拉亦仅六百四十浬。故在太平洋战争未发生之前，南中国海的东北一隅之地，为英美日三国势力接触的地方，而此鼎足之形，英美占其二，是相当占有优势的。台湾是日寇着意经发的地方，若以此为防御的核心言之，其外围防线有港粤、浙江、菲律宾及九州的军略地点都在三百十一五浬至七百七十浬之间，内圈防线在二百浬左右者有琉球群岛的先岛群岛、福州、厦门及汕头。以台湾本岛的防御言之，台湾有两个军事中心，即是台北与高雄。台北的外围有基隆、淡水及苏澳，基隆是一个军港而兼商港，离淡水只有九浬，至苏澳是五十浬。苏澳三面环陆，港内深广，可泊巨舰，为船舶避风的极好去处。澳外多暗礁，是天然的防御线，陆上有铁路可通基隆。苏澳南方还有台东和花莲港。从基隆到高雄是有纵贯南北的铁路，高雄的外围有恒春（车城港）及安平，自高雄至恒春四十一浬，至安平只二十六浬。高雄因为适合于日寇南进的需要，故海军镇守府就由马公移到高雄，以配合军事工业的发展。但日寇舰队根据地依然是在马公，因为马公是一个军港，用以护卫南北的两军事中心，自马公至高雄是七十九浬，至于基隆则为一百九十五浬。

在台湾日寇海空军基地建设甚为完备，计有：基隆、淡水（水上）、松山、新竹（北部基地）、台中、鹿港（水上）、嘉义（航空兵团基地）、台南、高雄（水上及陆上各一）、屏东（第八航空队基地）、冈山、台东、花莲港、宜兰及马公二十八飞机场，而新竹、嘉义及屏东是空军的三大基地。新竹机场以保卫北部台湾，嘉义及屏东用以保卫南部台湾。并且将台南经旗山至恒春以南地带划为军事区，建筑海岸堡垒，到处新设兵营，过路军队随时可以休息，以待转运南洋各战场。该区驻扎转运的兵力，曾数达五师团。由此可知敌方设备规模之大。在海军方面除以马公为最大根据地外，则有社寮岛、苏澳、花莲港及小琉球都有舰艇根据地。凤山及恒春有海军无线电台做它的军事神经。至于日寇为防备台湾人的抗日计划，在全岛上建立了一千五百余座的小堡垒，每个堡垒间的距离，以跑步的速度，可于一小时内取得联络。于此，可见日寇对于台湾的军事设备是非常严密。

（二）琉球群岛。琉球群岛是日本本部的九州和台湾之间的连锁，也是东海和到太平洋的边界。这一连串的岛屿成一个弧形，由东北趋向西南，对我江苏南部和浙江、福建两省的海岸作包围的形势。中间的距离，北部较宽的五百浬，渐南渐近，福建海岸与琉球间之距离约三百浬。浙江舟山群岛突出于东海之中，与琉球中部的距离亦在四百浬之内。南部与台湾东北部之海岸相去约七八十浬。全部岛屿绵延达六百浬，分为四组，北部叫土噶喇群岛，其南叫奄美群岛，再南为冲绳群岛，最南为先岛群岛。这先岛群岛，西南接近台湾，东方则与小笠原群岛相望，其间相去约一千浬。关岛在其东南，相去则有一千五百浬，以横须贺为顶点，以小笠原与琉球为左右翼的三角形洋面，本来是日寇向南洋侵略的安全的航路和补给的捷径。自从美军相继占领塞班、关岛、帛琉与摩罗泰之后，由本州出发的舰船，再不能安然的经过小笠原以西的海面，开往菲律宾和荷印，而余下来比较安全的交通线，只有经由琉球群岛或琉球以西的东海，因此，在塞班、关岛、帛琉与摩罗泰岛既入美军之手以后，琉球群岛在日寇与南洋的交通上的价值顿然增加。

（三）菲律宾。菲律宾原是美国在太平洋上最西的根据地，北端与台湾相隔三百浬，西南以苏禄海与北婆罗洲相望，而以巴拉旺岛为两者之间的桥梁，相隔约一百浬；东南则有民答那峨岛，以荷属台洛尔群岛、摩罗泰岛及哈尔马克拉为桥梁，与荷属新几内亚相望，相距则约六百浬；西方则隔南海与越南相望，相距约七百浬，马尼拉与西贡的距离亦不过九百浬，马尼拉至新加坡的距离则约一千三百四十浬；西北与我广东省相望，距香港为六百四十浬，至厦门为六百七十五浬，若自吕宋北端之拉瓦格至广东之汕头，则仅约四百浬；在东方，马尼拉与关岛相距为一千四百九十九浬，雷伊泰与关岛相去则约一千三百余浬，帛琉与马尼拉相距约九百八十浬，帛琉离雷伊泰约为六百余浬，而雷伊泰与马尼拉相去则约为四百浬。

现在美军已在菲岛登陆，它为什么要在菲岛登陆呢？因为占领菲岛后，对于今后太平洋的攻势有四个大优点：第一，可以向北威胁或进攻台湾及琉球群岛；第二，美国海空军可以深入南海，与印度洋上的英国远东舰队及空军配合，以夹攻南海的日寇海军和封锁东南亚的敌军与其基地；第三，可以断绝日本本部与南洋的交通；第四，可以菲岛为打通中国海岸的前进基地。以上四点，在太平洋战局的进展，实有莫大的影响。

三、太平洋空前大海战

在美军没有登陆雷伊泰之前，从十月十日到十七日，是日寇在太平洋上经历了火烧的一周，这就是美军攻击的前奏落在北面的琉球和南面的吕宋身上。在攻击开始的第一日（十月十日），其目的显然是利用最大空间内的同时攻击，使敌人不知道，主要的攻击究竟落在何方。接着，真面目的进攻来了。十一日开始，目标在台湾西南部的敌军空军基地（高雄、冈山、屏东、台南），担当进攻任务的是海尔赛将军统率下的美国第三舰队的航舰飞机。这进攻持续了整整三天，十一、十二、十三。十二日夜起敌人用基地飞机还击，展开空战，这一天是美军全攻击过程中战斗达到最高峰的一天。十四日上午，美航舰飞机实际上已完成袭击台湾的任务，但犹作最后一次的告别轰炸，始行他去。航队飞机的任务完成了，基地空军的任务开始。十四日下午，超级空中堡垒从中国西部基地飞到，继续轰炸，从航舰飞机和基地空军的配合作战上看，这成就在太平洋战场上是空前的。

从十日到十四日整整五天连续不断轰炸中，据东京广播：十五日，"隐忍待机的日本海军终于出动了"，日本海军究竟出动了没有呢？可能是一部分海军在台湾、香港的内海之间巡逻了一番，看看美国海军并未靠得过近，也就算了，这是日本海军的无能。不过美国海军并未走到内海来打，所以当时海上没有发生海战。

十四日后，轰炸台湾的任务移交给超级空中堡垒，超级空中堡垒于十六日、十七日连续作了第二、第三次的轰炸，而美第三舰队的主攻方向却转移到吕宋方面来了。在这里，十三、十四、十五、十七日，它作了连续四日轰炸。另一方面，于十五日，从中国西南基地起飞的美第十四航空队亦在广州和香港截击了它的一部分舰队。这显示了不仅是长距离的基地空军可以和航舰飞机合作，而且短距离的基地空军同样可以完成这一合作，只是由于空军基地的丧失，使这一海空联合作战的效果，不能充分发挥，这更可证明中国基地为对日作战的重要性。所以日寇在退出它的海防外线之后，即致力于保守其内防线与中国大陆之进攻。

当十七日超级空中堡垒在台湾，第三舰队航舰飞机在马尼拉的最后一颗炸弹响了之后，茫茫的太平洋上，北起琉球，南迄吕宋，忽又遇着一片静寂。美军经过了十七、十八、十九日的炮火准备，终于二十日在吕宋和民答那峨之间的雷伊泰岛登陆。二十二日，解放了雷岛首府答柯罗板。二十四日解放了从东面屏障着雷岛的苏鲁安、霍蒙汉和迪那加特三小岛，于是日寇所谓难攻不破的内防线开始倾圮了。

这时此地，日寇的战略实已遭遇到一个严重的危机，从整个太平洋战争上来看，这是盟军攻击的新阶段，也是盟军向中国登陆的前奏。其对于日寇则是所谓"全国兴废，在此一举"，故小矶决定出动海军。但是日寇之决定出动海军不是突然的，那是经过了慎重的考虑来的。它认为陆上基地空军对海上航舰飞机占着优势；其次美军外线作战，力量分散，而日本则是内线作战，力量集中；美军补给线长，而日本的供应线短。日寇海军的出动与其整个作战的部署，完全是根据和利用这三大有利的条件。而我盟邦美国海军的部署，掩护美军在雷伊泰岛登陆的是金开德将军统帅下的第七舰队。二十二、二十三日左右，第七舰队分成两批，分别停泊在雷伊泰湾内和萨马岛东部海上。雷岛湾内的一批，包括战斗舰五艘、巡洋舰八艘，警卫着湾内七艘左右的运输舰，由德兰道夫将军指挥。这一部分舰队可名为警卫舰队。萨马岛海外的一批，包括十五艘护航航空母舰，由斯普拉格将军指挥，这一部分舰队可名为护航舰队。日寇海军出动的目的，就在毁灭或冲散护航舰队，然后集中力量，消灭警卫舰队。

日寇知道美军在西南太平洋活动中，除第七舰队外，还有第三舰队。假如第三舰队来增援第七舰队呢？因此，在贯彻毁灭或冲散第七舰队的护航舰队和消灭警卫舰队的战役目的当中，它是不能不同时顾到不分散自己的力量，而又同时能隔离第三舰队的战略任务。如所周知，日寇海军是从两个基地——新加坡和本土，分三路向菲律宾海面出发，南路从新加坡开出，进巴拉巴克海峡，经苏禄海到苏利高海峡。这一路的实力很小，计战斗舰二艘，巡洋舰一艘，驱逐舰四艘，其任务显然是和雷岛湾内的警卫舰队作前哨战，其任务之完成非等到它和中路敌军会合了以后不可。中路从新加坡开出，进明多罗海峡，经西布颜海到圣柏那狄诺海峡，这一路的兵力很大，计战斗舰四艘，巡洋舰十艘，驱逐舰十二艘，其任务显然在和萨马岛海外的护航舰队作主力战，它的目的是要毁灭或冲散护航舰队，南下和南路敌军会合，造成绝对优势，企图消灭雷岛湾内的警卫舰队。我们看敌方这两路舰队，值得注意的，敌人在这两路的兵力配备上，都没有航空母舰参加，这一方面是因为它所经过的一路上都有基地空军的掩护，另一方面则是因为日寇硬要在这两路的作战上，使陆上基地空军发挥其压倒的优势。中路敌军能否完成这一任务，一方面固然要靠着基地空军能否发挥绝对的优势，另一方面，更要看它能否阻止美国第三舰队的来援。北路的敌军是从本土方面出发，其实力计有战斗舰四艘，航空母舰四艘，巡洋舰九艘，驱逐舰十二艘。中路强，北路更强，这一支敌方最强舰队的任务，显然是有两种目的，一方面是要阻止第三舰队增援第七舰队，另一方面它自己北路的舰队能够来增援中路的敌军。以上所述是敌我双方的实力，和日寇战略的企图。

二十四日太平洋首次大海战开始，主要的是敌方基地空军对美航舰空军的战斗。二十四日清晨，中南两路的敌方海军达到了目的地，美第七舰队在全作战过程中的危机，在二十五日上午到达了最高峰。萨马岛海外的护航舰队，在中路敌人的优势海军和陆上空军的打击之下，坚忍地支持了一个上午。下午形势陡然好转，第三舰队的四十艘航空母舰开到了，不是敌军的北路增援了中路，而是美军的第三舰队增援了第七舰队，被隔离开来的不是美军的第三舰队和第七舰队，而是敌军的北路和中路。于是铜山倒而洛钟应，中路敌军在圣柏那狄诺海峡负伤而逃；南路敌军在苏利高海峡几至全军覆没，其两艘主力舰之沉没即在这一路；北路敌军在台湾和吕宋之间的茫茫海上已不知去向，这是二十六日的情况。

菲岛海战的结果，日寇遭受了重大的损失，据十月三十日尼米兹将军总部发表结果："自各方面向菲律宾集中的日舰队三支，共有主力舰九艘，巡洋舰十八艘，航空母舰四艘，驱逐舰二十七艘"，"三日海空作战，日舰沉伤共五十八艘，其中沉者二十四艘，十三艘重创或已沉没，另有二十一艘受创，沉没的日舰中，有主力舰二艘（'山城'与'扶桑'），航空母舰四艘，重巡洋舰六艘，驱逐舰十二艘，日方并损失飞机一百七十一架"。三十日的公报又说"菲岛战争进行以来，已至少击沉和击伤日舰六十二艘或六十四艘"，这样重大的损失，日寇自己是不肯公开承认的。它只承认损失主力舰二艘，航空母舰二艘，巡洋舰一艘，驱逐舰二艘。另一方面，它却夸张自己的战果，说是击沉和击伤美舰共一百三十五艘，这当然是瞎吹。它所以这样瞎吹，是为了，一方面振作日本民气，使支持自己的侵略战争，他方面可以解决日本国内叫嚣已久的海军出动问题。但这种瞎吹，在铁的事实之前，是会被粉碎的，任何人都会了解。不管美国军舰究竟有多少损失，而这次战争的结果，是美国胜利了。

纵使美国军舰真遭受不少的损失罢，但决不致削弱美国在太平洋上的实力，据罗斯福总统十月廿七日在费城发表竞选演说时，说："一九四〇年我海军有作战舰只三百六十九艘，人员八万九千人，今天我们的作战舰只达一千五百艘以上，另有登陆艇及其他船只五万艘，海军人员有三百五十万人以上，就中妇女十万人以上。"美海军部次长巴特在美国海军日宴会席上的演说，则谓："美海军现有作战舰只一千一百五十五艘以上，登陆艇四万五千艘以上，飞机三万四千架。在美舰队中有主力舰二十三艘和'爱塞克斯'级的航空母舰十四艘。"而在二十三艘主力舰中，据十月廿六日华盛顿合众社电说：美海军部宣布，至少有十七艘在太平洋上。这样雄厚的海军实力，纵使损失一百余艘军舰，也如九牛拔一毛，算不了什么，何况，实际的损失，据十月廿七日美海军部宣布，仅不过六艘呢？我们只要一看经过数小时的激烈战斗后，日寇舰队曳尾而逃，美海军向菲岛继续进攻这一事实，便可知美国在太平洋上的实力在这一海战并没有削弱。

四、结论

这一次的海战，日寇既不能阻止和击退美军向菲岛继续增援和进攻，便是严重的失败。菲岛日寇认为是它的基本海区很重要的一个堡垒，菲岛失，则日寇联络南洋的交通线便被截断，它便不能掠夺南洋的丰富物质，役使南洋的庞大人力，而美军更可能向中国海岸登陆，甚至日本本土也更受着被美军进袭的威胁。正因为是这样，所以日寇不能坐视美军登陆菲岛，而出动了它那一向避战的海军，向进攻菲岛的美海军第七舰队突袭，企图一举而把这舰队毁灭，它认为这是自己的海军重演一次对马海峡海战的拿手好戏的时候了。敌酋末次信正曾说："太平洋战争将是一个长期的战争，日美海军主力将不容易接触，而只是进行不断的空战，直到成熟的时机到来，日本海军始出而予敌人以致命的打击。"日寇认为这正是它给予美海军以致命打击的时候了，于是它集中力

量，突然出击，自信是有必胜的把握的。的确，在战斗的开始，它曾把美第七
舰队冲散，但是它没有估计到美海军第三舰队很迅速的赶来援助，扭转战争的
局势。最后的结果，不是美军被消灭，而是日寇被击败退。现在美军不断在增
援，不断在进攻，菲岛迟早会被美军全部攻克，敌这一海战的结果，对于日寇
的厄运实已被注定了。

那末，日寇将怎样挽救它的失败和冲破它的厄运呢？它今后必在岛上顽强
抵抗，在海上相机还击，它必不肯轻易放弃这个堡垒。但在必要时，它可能放
弃菲岛，退保台湾及本土。日寇海军虽已受重创，但它的舰队并没有完全消灭，
因而在它认为有利的条件下，它仍可能相机出击，以为岛上守军的声援。固
然，日寇为了保卫它自己的本土，必将力谋保存残余的海军力量，不肯轻易孤
注一掷地消耗在菲岛的争夺战上。但是如果它估计可能获得胜利，再来一次出
击，并不是绝对不可能的。美海长福尔斯特尔说："日舰队主力舰三分之二已
经沉没或受伤，日舰队在新主力舰造成和受伤的主力舰修理完成前，处境必然
困难。日方的航空母舰、巡洋舰和驱逐舰虽然曾受重大损失，但是它的残破的
舰队可能再来出战。"这看法是对的，我们不能说日寇的海军已经一蹶不振，再
不敢在海上作任何活动，菲岛美军登陆与进攻已决没有后顾之忧，那就错了。

日本海军造船能力的检讨[1]　　汪剑魂

　　打败德国，要以陆军为主力，打败日本，要以海军为主力。太平洋，或者东亚战场的胜败得失，完全以交战国的海军力量的强弱与消长为转移。而海军力量的强弱与消长，又是直接与它的造船能力，有着最密切的关系的。

　　日本是一个海军国家，在战前是曾经盛极一时而与先进的海军国家的英美分庭抗礼的。在这一次的大战当中，它同中国交手的时候，没有使用过海军，就是在太平洋战争初期同英美交手的时候，也是一路上风，几乎所向无敌。因此，大家对于日本海军，都存着一种"不可轻视"的心理，认为它的力量，始终还是保持着优势，始终没有什么损失，没有什么使用。一九四四年，虽然是风头逆转，在太平洋吃了好几个败仗，但大家还认为不是它的"重伤"。认为它还可以利用所有占领地的资源来增加它造船的能力，来补充它的损失。

　　现在，让我们很客观地来检讨一下日本的海军的造船能力吧，看看它究竟有多少？或者还能生产多少？

　　依据约翰·根室的调查，一九四〇年一月一日，日本海军力与美国的对比，其艘数与吨位如下表：

---

[1] 此文发表于《新使命》1944年第1卷第7期。

国别	美国		日本	
舰别	艘数	吨位	艘数	吨位
主力舰	一五	四六四,三〇〇	九	二七二,〇七〇
航空母舰	五	一二〇,一〇〇	六	八八,四七〇
重巡洋舰	一八	一七五,二〇〇	一二	一〇七,八〇〇
轻巡洋舰	一九	一五七,七七五	一五	九七,五五五
驱逐舰	一八二	一五六,〇七〇	八四	一一三,四七六
潜水艇	六三	七一,一七五	三五	五二,四三二

（见氏著《美国在太平洋上之国防》）

从右表看起来，日本的海军力量，不论是主力舰以至潜水艇，它的艘数和吨位，都是远逊于美国的。航空母舰虽然比美国多一艘，但是吨位还是不如美国。以上各舰，美国当然有的已经"逾龄"，但是，日本也一样的有。

依据巴克尔（Nael Barker）的调查，一九四二年二月一日，日本的海军力量如下表：

舰别	数量
战斗舰	一二
航空母舰	九
重巡洋舰	一二
轻巡洋舰	二三
驱逐舰	一二一
潜水艇	五八

（见氏著《日本有多强》）

从一九四二年的日本海军力量，我们可以看得出：还是逊于美国，逊于英国。日本航空母舰，在这两年内，增加了三艘，实有九艘，看起来比英美都要多。但是就吨位比较起来，还是不如英美。日本最大的航空母舰，为"赤城"号及"加贺"号，每艘约二万七千顿，有些航空母舰的排水量，还不到一万吨的。反之，美国的最小的航舰，排水量也达到一万一千五百吨。至于"勒克星敦"号，和"萨剌拓"号的排水量，均为三万三千吨。真是为日本望尘莫及的。

以上是日本海军的现有的力量，以下我们再来看看日本海军的造舰的能力吧。

日本的造船所，一部分是直隶于军部，一部分是散在民间。军部的造船所，以海军工厂为主，计有横须贺、吴、佐世保，及舞鹤四处。其中能够建造主力舰的，只有横须贺与吴。吴的规模相当大，计有五个船坞。第三船坞最大，可造四万吨以上的船，但是船坞虽大，设备却不齐全，尤其是船坞以外的设备更不全。因此，好些船坞，经常地在停工状态。吴工厂的规模虽大，但即使要造一个船，也必须求助于其他各厂。例如一九三七年在吴工厂建造的"苍龙"号航空母舰，所有的全部船梁，便都是向民间造船所订制的。而且当时在厂中新造的军舰，只有"八重山"和"苍龙"两号，其他都是做的改造和修理的工作。就是改造，也是颇为吃力，如像一九三五年改造的"扶桑"号，就整整费了三年工夫，而且所谓"改造"工作，也不过是换一个锅炉，装配防鱼雷外壳和将船尾稍加延长而已，其所需的时间，差不多和英美新造一艘军舰的时间相等。军部造船所的造船能力，举此一端，也就可以想见其余了。

民间造船所，在日本是不少的，在战前能够造轮船的造船所，计有三十家。战时被动员起来隶属于日本军部的，计十四家。其名称及资本额如下：

三菱造船所	二四〇〇〇万元
川崎造船所	二〇〇〇〇万元
玉造船所	一五〇〇万元
鹤见造船所	五一〇〇万元
播磨造船所	一〇〇〇万元
藤永田造船所	一六〇〇万元
浦贺造船所	一五〇〇万元
石川岛造船所	三二〇〇万元
大铁造船所	三〇〇〇万元
浪建造船所	一五〇万元
迳馆造船所	六〇〇万元

（续表）

笠户造船所	一〇〇万元
向岛造船所	二〇〇万元
川南造船所	一五〇〇万元

（见日人植进调查，青山研究室稿）

以上十四家造船所，只有三菱、川崎的资本较大，也只有它们能够承造主力舰。玉与浦贺，较称完善，其余十家，仅能承造小型轮船。据植进调查以上十四家造船所的造船率（一九四〇年至一九四一年）平均每月十一.六只，二七四〇〇吨。战前建造六千至八千吨的船，需十个月，二三千吨的船，也需要七八个月。现在因为钢铁来源的缺乏和劳力、电力的不足，需要的时间，当然更多了，造一只六千吨的船，要二十五个月，大型、中型、小型平均起来十九个月造一只。例如二千吨的货船"巳西九"，整整造了三十个月，五千二百七十四吨的"妙高丸"，造了二十九个月，九千三百吨的"佐渡丸"，造了二十八个月。其困难与迟滞，概可想见。

日本的引擎工业，并不发达，船内发动机的生产，战前已告不敷，战后更见缺乏。有很多新船，虽然一切都已经造好，但是，因为没有发动机，还是不能下水。日本《海运》杂志一九四〇年七月号，对于这一个问题，便曾经说过："很多新船，没有发动机，像一只纸鸢，顺着风，在水上漂来漂去。卧在船台上的船，万事俱备，只欠马达，眼巴巴地看着它安息，一月过一月地静静地睡下去。"

一九四〇年，日本的新船，在船坞里"静静地睡下去"等待着装发动机的，达五十万吨。

日本的钢铁的储藏量与生产量，本来就很贫乏。战前的用铁，就有五分之四靠由国外输入，海峡殖民地、中国、美国，都是供给日本钢铁最多的地方，战争发生以后，国外来源断绝，其造船能力之锐减，当然更是意料中的事。

因为一切材料的困难，日本军部没有办法，只好把商船一艘一艘折开来改装作军舰。主力舰"香椎"号，便是由商船改造而成。

日本全国各造船所的每年的造船能力，一般"敌情研究"者，其说不一，龙德柏民认为，日本每年的造船能力，大致在四十五万吨左右，五十万吨，为最高估计。龙氏所根据的材料，为日本金刚钻社出版之《经济统计年鉴》，该年鉴发表日本历年竣工之船舶如下（递信省公布）：

年别	只数	总吨位
昭和七年（一九三二年）	六五	四六，三五二
八年	六三	六六，一三五
九年	一七〇	一五五，三一二
十年	二〇五	一六一，七八四
十一年	二〇八	二四六，五八二
十二年	二九〇	四五五，〇一三
十三年	三一三	四五四，〇三〇
十四年	一四〇	一八六，四六一

根据上表，可知日本造船能力以昭和十二年（即一九三七年）为最高，一九三八年则稍低，但相差不达二千吨。一九三九年到五月止，共十八万六千吨，由六月到十二月，七个月间，也照前五个月之比率计算，亦只四十四万七千四百九十二吨。是日本造船能力，三年间均在四十五万吨左右。（见氏著《一九四二年的日本国力》）

即使日本的造船能力，能够每年都维持这一个四十五万吨的标准，但以之同每月百万吨以上的美国造船能力比较起来，真是可谓"小巫见大巫"。何况现在与今后的太平洋上的战争的损失，是一天比一天地加大加多呢。有人估计自太平洋战争发生至一九四二年十二月底为止，十三个月中，日本所损失的商船，为一百三十四万四千一百一十吨，平均每月的损失为十三万一千四百吨。至于船舶的损失，据美国海长诺克斯一九四三年十月十九日的宣称：自开战以来，仅为美国潜水艇所击沉者，即达三百一十九艘，可能击沉者一百卅六艘，击坏者一百零六艘。其损失之大，也是客观的。日本即使竭尽全力以造船，但结果还是"得不偿失"，"入不敷出"的。

日本金融界巨头藤原银次郎，在一九四三年二月一日出版的《实业之日本》，曾经发表了一篇文章说："关于日本现在战争上所必要之物资，其相当不足，实无可否认，就中尤以船舶为更甚。故目前第一需要船舶，第二需要船舶，第三还是需要船舶。"东条在议会里，也是常常声嘶力竭地强调着所谓"超重点产业"，强调着"国家重整备"，其恐慌与狼狈之情，于此可见一斑。

美国建设有史以来之强大海军[1]　张泽善

　　在今日机械发达之时代，海军之成就系恃舰船飞机大炮之巨量生产。最优秀之官兵，如无精锐战争工具之适当供应，恐亦无能为力。美国之政策，不仅以有适当战争工具为足，且求在质的方面有压倒敌人之优势，因此匪特确保胜利毫无问题，且可获得早日之胜利，而牺牲最少之性命。美国舰船飞机大炮之效力均驾于敌人之上，而在量的方面亦非敌人所能望其项背。美国之伟大生产力使其拥有有史以来之最强大海军，其获致成功，决非偶然。

　　在珍珠港事变以前，美舰队在物质方面之准备，较以前任何参战时期之情况为优。美在战争开始以后之数个月内，证明其实力尚不足与其所负之责任相称。同时因缺乏充分实力以担负一切之责任，故在太平洋仅能采取守势战略，与敌相持，在大西洋作反潜艇战。于一年之间亦不过得到甚微之功效，但能集中全力于绝对重要之工作，迅速建设新的战斗力，准备作将来之攻势。此种工作之实行，成绩卓著，而且神速，所以有一九四三年大西洋之胜利与目前在太平洋战局之改观。

　　美国建设历史上最强大之海军，早具雏形。一九四〇年之"两洋海军"法案即为建造大规模海军之发轫，当此次大战爆发时，此项巨大程序中多数之舰只或在建造之中，或已制成图样。一九四二年时并曾另定数种法案，其中有：（一）另造潜水艇二十万吨，一俟船厂空时，即开始进行；（二）建造巡洋舰五十万吨；（三）建造航空母舰五十万吨；（四）建造驱逐舰与护航驱

---

　　〔1〕此文发表于《海军杂志》1945年第18卷第2期。

逐舰九十万吨；（五）建造各级补助舰的一百二十万吨；（六）海军飞机自一万五千架增至二万七千架。依照此等法案，美海军作战舰只之吨数最终可达到五百六十五万吨，补助舰只之吨数达到二百五十五万吨，合计八百二十万吨。一九四二年至一九四四年之补充法案注意另增若干项目，如扩充干船坞设备、飞船，与增造登陆船只，凡此数点最初曾被遗漏。

此项巨大程序之实施，实际操于海军部次长与大约六位海军将官之手。前任海军次长福尔斯特尔对此程序之执行，不遗余力，但现在次长巴特之功亦不可忽（视）。造舰程序于一九四二年后期及一九四三与一九四四两年迅速进行，各种军舰按其需要之缓急，而定建造优先权之谁属。即在珍珠（港）事变之后，战斗舰程序中凡能迅速完成之舰均赶工建造，但"蒙大拉"级五万八千吨之舰则予以停工。战斗舰尽量使其不易沉没，或减少遭遇敌机之危险。至于"衣阿华"级六艘之建造，并不甚速。嗣后未曾宣布再造战斗舰之新程序。

就其他方面言之，由战争之经验表示航空母舰对于作战与护航之用，有莫大之需要。在一九四二与一九四三两年间，此种舰只之建造，有最大之优先权。其次则为巡逻艇与驱潜艇，在大西洋之战中用为代替护航驱逐舰与航空母舰之舰只，直至后者两种完成之时。一九四三年后期，因在未来进攻使用登陆船只之需要，而产生各型登陆船只。

第二次世界大战，主力舰之地位多为航空母舰夺取而代，故建造航舰程序乃成为极大重要。其详情虽须待至战争结束时方能知晓，但经报端公布者已有四五种不同之型式。其最大者当推四万五千吨之舰数艘，其设计乃以容纳较前由"大黄蜂"号起飞袭击东京之十六架陆军飞机为大，并有较长航程之中型轰炸机，因上项陆军飞机在"大黄蜂"号舰面降落，极感不适。较多之航舰，为二万七千吨之"艾塞克斯"级十三艘。此型系以"事业"型为根据，用实际作战所得之经验加以改良，故速率较快，防护较优。据非官方之报告，除小口径之炮外，装有五吋炮十六尊，速率三十五浬。首批八艘在一九四二年底以前均已下水，余在迅速完成之中，其中数艘并已参加一九四三年与一九四四年之海战。一九四二年海军法案所分配五十万吨之航空母舰，似均造为是型之舰。

较小而仍极可畏者，为一万吨之航舰，系由"克里夫兰"型巡洋舰之船壳改造。是型于一九四三年显均完成，计有"独立"号、"普林斯敦"号、"培罗武德"号、"考本斯"号、"蒙特雷"号、"加菩特"号、"兰格利"号、"巴丹"号、"圣查辛托"号等艘。由商船船壳改造之航舰，价值较小。其第一艘"长岛"号为一试验不甚成功之型式，可载战斗机逾二十一架。此型航舰之速率不过十六七浬，只能与普通护航船只比肩航行，并派出飞机寻觅潜艇。其他一种护航航舰由亨利凯撒公司在其太平洋沿岸船厂造成者，系以海湾、岛、河以及其他地理上之名名之。除悉该舰能于小圈旋转及设有长约五百呎之飞行甲板外，其他未详。此等航舰若干艘在太平洋特种舰队中甚为活跃，足证其巡航速率远较"长岛"号为高。是型航舰五十艘系于一九四三年完成，另有多艘于一九四四年竣工。

巡洋舰之建造，并无重大变更。美海军仍在建造六千吨快速之巡洋舰，一万吨"克里夫兰"级轻巡洋舰，一万三千吨重巡洋舰数艘，并"阿拉斯加"级战斗巡洋舰六艘。一九四二年程序之舰除少数外，其舰名未经发表。一九四〇年程序之重巡洋舰，目下或均已充役，内有"坤西"号、"罗彻斯特"号、"波士顿"号、"匹兹堡"号、"圣保罗"号、"阿尔巴尼"号、"哥伦布"号、"得麻恩"号、"坎伯刺"号等艘。一九四〇年定造之轻巡洋舰三十二艘，大抵多已完成，但有数舰改为航舰。总而言之，巡洋舰之建造工程，不过在中等速度进行。美海军在巡洋舰方面之设计，乃着重于装甲防护与防空炮力，而对于主炮炮力，不十分注重。因此"克里夫兰"级之六时炮火较"布鲁克林"级弱百分之二十，而高射炮火则较强，轰炸机之发达，亦使其不得不注重速率。因凡能航行三十浬或三十余浬之舰，有躲避空中炸弹与鱼雷之最优机会也。

除航舰外，在战斗舰种中最注重建造者当推驱逐舰级之舰，此种小舰在各方面均有需要。如在第一次世界大战者然，最少在战争初期，无一司令曾感到有充分之驱逐舰以为用。此次战争初期，驱逐舰之缺乏有两种方法予以补救，其一即于一九四二年间建造大批巡逻艇与驱潜艇；另一即发明一种特别型式称为护航驱逐舰者以供护航之用。护航驱逐舰之大小，约与一九一八年美国旧式"平坦甲板"之驱逐舰相若，装备较轻之炮，速率较缓数浬。此舰可使多数正式驱逐舰解除护航之职务。至一九四三年后期，防潜措置甚为奏效，护航驱逐舰之程序因能予以缩减。一九四四年美海军产生两种主要型式之驱逐舰，即二千吨之舰与稍大之二千二百吨领队驱逐舰。在太平洋海战中，发现日本驱逐舰常较美舰为大，装备为优，每易误认为轻巡洋舰。在一九四四年上半年间，美造船厂每周完成之驱逐舰当在二三艘之谱。

潜水艇在造舰计划中，并不如其他各型军舰同样重视。在开战时，除当时已有之三所造船厂外，不过新设造船厂二所。潜艇建造计划纵有巨大变更发现，亦未经公布。实则完成之艇皆为一千五百吨左右之长距离航行者，除装鱼雷发射管十门为主要兵器外，并载三时甲板炮与机关炮。

美海军参加第二次世界大战时，亦如过去，缺乏补助舰船。依照以前成例，接收大批补助舰船加以改造，并接收私人游船与画舫。此外，并定造大批新船，多数属于新式者。单就登陆船只而言，除杂种与就基本型式加以改变者外，已有十六种不同之型式。

美登陆船只之发展特堪注意，回顾至一九三七年止，美海军在此方面毫无所为。其后因战争之需要乃发展特种型式，并产生多种新模型。坦克登陆舰装载人员六十四人，全长三百二十八呎。步兵登陆艇为一吃水甚浅之船只，并用为特种登陆活动之需。此艇长一百五十七呎，可驶靠海滨，由左舷艇首斜路登陆二百人。船坞登陆舰长四百五十呎，实际为一浮船坞。坦克登陆艇为一较小之艇，长约一百零五呎，其目的乃在将坦克车与其他兵器在海滨登陆。其他型式则为人员登陆艇、水陆两用坦克车、攻击艇与登陆艇之修理舰。

美海部对于造舰之进行，时有发表报告。一九四三年之报告，表示造舰程序进展甚速。是年充役之舰船增加一倍，而作战舰只之吨数增至百分之六十。一九四三年九月十九日美海部生产报告称：水面舰队作战之舰与非作战者（包括海军区船只）共一万四千零七十二艘，约五百万吨，占最终总数百分之六十二。在美海军定额二万七千五百架之飞机中，有一万八千架制成即可应用。价值六万万五千万美元之岸上设备，业已完成。该时之战争损失包括战斗舰一艘，航空母舰四艘，巡洋舰九艘，驱逐舰三十二艘，潜水艇九艘。同时并有舰船一百二十九艘交予盟国或改为非战斗之用。舰只之损失或废弃达到四十八万四千吨。一九四二年间有八十四万七千吨军舰业已完成，而在一九四三年上半年则有一百零九万一千三百六十八吨竣工。后者之数字系包括三十七万五千吨之登陆船只在内。称为"攻击箭头"之军舰与飞机，在效率上均已大加改良。新式战斗舰高射炮火之重量较一九四〇年增加一百倍。

一九四四年初，美海军次长福尔斯特尔在纽约城演说时宣称：一九四三年作战飞机之数已增三倍。一九四四年一月二十六日美海部报告一九四三年造舰活动时宣称：除巡洋舰十一艘、航舰十五艘、护航航舰五十艘、驱逐舰一百二十八艘、护航驱逐舰三百零六艘、潜水艇五十六艘充役外，四万五千吨之"衣阿华"号与"新泽西"号亦已充役。在此一月又半之前，有一关于登陆船只之报告，谓计划建造者另有二万艘，并小艇一万五千艘。登陆船只之建造，继续迅速进行，至一九四四年中，对于进攻部队之供应运输问题似已圆满解决矣。

一九四四年三月二十八日杜鲁门委员会发表一篇关于海军获得实力非常宏富之报告，谓一九四〇年七月至一九四四年一月之间，有作战舰只七百六十二艘，计二百三十三万二千八百九十三吨，已加入美海军。较小舰只大部分为登陆船只，则达二万八千四百七十二艘，内有水雷艇七百六十四艘，巡逻艇一千二百三十九艘，海军区所用船只一千八百零二艘，共计增加于美海军者四百万吨。其中百分之七十五为一九四三年之工作，但建造工程尚未达到高峰。嗣后人力与设备之使用，更见有效。是以建造每艘驱逐舰所需之时间已由一百七十万人工小时，减至一百万人工小时，建造每艘护航驱逐舰所需之时间，已由一百二十万人工小时减至五十五万人工小时，巡逻艇由六万人工小时减至四万五千人工小时。有一造船厂于护航驱逐舰一艘安放龙骨起，不及五日之内，即将其下水。至于航空方面，亦属同样动人。一九四三年十二月制成交出之飞机，共计二千架，而在两年以前则不过二百八十八架。在同一期间飞航员由七千六百三十一人增至三万五千八百五十九人，海军航空站由七十五处增至二百三十五处，练习机场由五百一十七处增至七百五十二处。商船加以武装者，每年在二千艘之数，军官人数由三万五千人增至二十一万九千人，士兵由二十九万人增至二百零三万五千人。

使无前任海次福尔斯特尔及其幕僚继承前海长爱迪生所发轫赶速造船之良好成绩，则此巨大功业之完成颇成问题。各型军舰之建造时间，均已减少。在一九四二年末，战斗舰建造时间已由四十二个月减为三十六个月。巡洋舰之建造，不及寻常所需时间三分之二；驱逐舰建造时间由二十七点二个月减为十一点六个月；潜水艇之建造时间由二十一点二个月减为十一点五个月。金氏报告所发表之进度更为明显，计战斗舰为三十二个月，航空母舰为十六个月，驱逐舰为六个月，潜水艇为七个月。一千九百三十余年所定之时间虽往往过缓，但建造极为迅速。因此原定于一九四七年完成之两洋海军，似可于一九四五年底以前完工。在此期间完成巨大造舰计划，成为空前所未见也。

人员之扩充与军舰之扩充同时并进，或更积极，因在战时舰船所配之人员非常众多也。在美国参战九个月之后，美海军约有官兵七十万人，一九四三年底，此数字已超过三倍。前海长诺克斯于一九四四年三月十九日宣称：选拔机关可调士兵五十五万人充役，使一九四四年底美海军共有在役士兵三百七十万人。即此数目亦非最大之兵力，因当时美海军有军官二十四万人，士兵二百二十七万人，海军陆战队实力为四十二万四千人，海岸防巡队为一十七万一千人。

新人员之训练与教导，为一主要问题。平时之训练程序加以缩短，但予加强。并从战争之经验获知战前之训练，虽以一次太平洋战争为根据，但对于若干要目，如基地之设立，丛林作战，以及在炮火下登陆等，尚欠彻底，而加以注意。

岸上设备之最大扩充，乃发现于一九四二年，而非一九四三年。据一九四二年英国布拉西海军年鉴所载，美海军岸上设备，已由战前时期七个主要海军基地增至是年底共有二百零一处主要与补助基地及训练站。同时私立造船厂亦已更事扩充。一九四二年九月九日，美众院海军委员会主席文生报告称：在大西洋海岸有私立造船厂一百二十所，太平洋海岸有六十所，大湖有三十所，墨西哥湾有二十五所，密士失必河有二十所。其中建造商船者，自有多所。较大之军舰大抵在较老之私立造船公司或海军造船所建造。纽波特纽斯公司对于战斗舰与航空母舰，巴斯公司对于驱逐舰，伯利恒公司对于护航驱逐舰及登陆船只之建造，特别有优良之纪录。

美国当局因有先见之明，力图建设强大之海军，是以在此次世界大战中，能负大量艰巨之工作，而确保本国之安全与盟邦之胜利。

后 记

　　民国时期，国际上风云激荡，两次世界大战使国人深深感受到了帝国主义战争的残酷性和中华民族生存的危机，同时也感受到了海军在争夺和维护国家权益中所发挥的无可替代的作用，社会各界特别是海军界，发出了振兴海军的呼号。凝聚着国人强烈的建设中国海军愿望的相关文章，我们已经辑录成《民国时期中国海军论集》一书。在呼吁建设中国海军的同时，国人也在广泛关注和介绍世界海军的发展动向、海上战争的基本情况，以及海洋争夺对国家的影响等诸多问题，形成了若干颇有价值的思想观点。《民国时期外国海军论集》就是对这些思想观点较为全面的辑录，成为《民国时期中国海军论集》的姊妹篇。

　　在三十多年的海军史教学与研究中，我们积累了丰富的史料，其中民国期刊是极其重要的一类。民国时期海军建设的系列论集，是对民国期刊中有关中外海军建设的重要文章的汇集，它不仅为海军史研究提供了较为准确、翔实的佐证，而且包含着极有价值的理论观点，是海军学术史研究不可或缺的第一手资料。

　　本文集历时八年编辑完成，收录了论述外国海军问题的文章97篇，它们集中反映了当时社会各界对外国海军的认识程度及研究状况。

　　本文集的出版，得到了各方的大力支持，中国甲午战争博物院的领导和同事给予了诸多帮助和指导，山东画报出版社的怀志霄编辑付出了艰辛努力，对此，我们表示崇高的敬意和衷心的感谢！

　　由于我们水平有限，在本书的注释、校订过程中难免存在疏漏，万望读者批评指正！

编者
2023年10月于山东威海